HYPOGEAN ARCHAEOLOGY
Research and Documentation of Underground Stru
Edited under the Aegis of the
Federazione Nazionale Cavità Artificiali (F.N.C.A.
No 13

Incisioni rupestri nell'Alto Lario

Roberto Basilico e
Giovanni Beltramelli

BAR INTERNATIONAL SERIES 2924 | 2019

BAR
PUBLISHING

Published in 2019 by
BAR Publishing, Oxford

BAR International Series 2924

Hypogean Archaeology 13
Incisioni rupestri nell'Alto Lario

ISBN 978 1 4073 5641 9

COVER IMAGE *Gravedona e Uniti, Germasino. La stele, inserita capovolta nella spalla della porta rappresenta un antropomorfo che sovrasta due simboli, uno circolare e uno a volta. Foto R. Basilico.*

BAR
PUBLISHING

BAR titles are available from:

BAR Publishing
122 Banbury Rd, Oxford, OX2 7BP, UK
EMAIL   info@barpublishing.com
PHONE   +44 (0)1865 310431
FAX   +44 (0)1865 316916
www.barpublishing.com

HYPOGEAN ARCHAEOLOGY

Research and Documentation of Underground Structures

The study and registration of artificial cavities means the documentation of underground structures. Just as Man started creating buildings on the surface of the Earth, over the course of time, he also perforated the surface thus creating new spaces and handing down structures which are essentially intact, which can be studied, restored and even utilised. In fact there exists an underground heritage, consisting of structures both built and buried underground over the passing of time. Our interpretation and understanding of such structures is a source of interesting information on our past, in favour of the present.

This series was created under the aegis of the Federazione Nazionale Cavità Artificiali (F.N.C.A.). Both the logo and the title were especially created by the editors of this series (c/o British Archaeological Reports Publishing, 122 Banbury Road, Oxford OX2 7BP, England, Tel +44 (0)1865 310431; e-mail: info@barpublishing.com) and their use is reserved for the sole purpose of this product.

The aim is to create a base for the disclosure of relevant, scientific research studies, whether monographs, the works of various authors or documentation from conferences and conventions and a series of easily consultable tools for the development of artificial cavity research.

ARCHEOLOGIA DEL SOTTOSUOLO

Ricerca e Documentazione delle Strutture Sotterranee

Censire e studiare le cavità artificiali vuol dire documentare le architetture sotterranee. Come ha costruito in superficie, così nel corso del tempo l'essere umano ha perforato il sottosuolo creando spazi e lasciando architetture sostanzialmente integre, leggibili e pertanto studiabili, recuperabili e talora fruibili. Difatti nel mondo esiste un patrimonio sia ricavato nel sottosuolo, sia rimasto in esso sepolto nel corso del tempo. La sua lettura e la sua comprensione forniscono interessanti dati sul nostro passato, auspicabilmente in funzione del presente.

L'edizione di questa serie è creata sotto l'aegis della Federazione Nazionale Cavità Artificiali (F.N.C.A.). Sia il marchio sia il titolo sono stati creati appositamente dagli editori di questa serie (c/o British Archaeological Reports, 122 Banbury Road, Oxford OX2 7BP, England, Tel +44 (0)1865 310431; e-mail: info@barpublishing.com) e sono utilizzabili solo in rapporto a questo prodotto.

Lo scopo è la costituzione di una sede nella quale possano trovare divulgazione i lavori di ricerca meritevoli sul piano scientifico, siano essi monografie, opere di autori vari e atti di convegni e congressi, mettendo a punto una serie di strumenti di agevole consultazione ed utilizzo per lo sviluppo degli studi sulle cavità artificiali.

Autori / Authors:
Roberto Basilico, Giovanni Beltramelli

Coordinamento editoriale di / Editorial co-ordinator by:
Roberto Basilico

Grafica e impaginazione / Design and layout:
Roberto Basilico

Montecchio Sud, Colico. Incisione figurativa a reticolo. Sullo sfondo il monte Legnone.

Monolite inglobato nel muro di sostegno di un terrazzamento lungo una mulattiera.

But there's a Tree, of many one,
A single Field wich I have look'd upon,
Both of them speak of something that is gone:
The Pansy at my feet
Doth the same tale repeat:
Wither is fled the visionary gleam?
Where is it now, the glory and the dream?

William Wordsworth

Dongo. Ingresso principale della miniera di Barbignano.

INDICE

PREFAZIONE

Nel 2013 la Federazione Nazionale Cavità Artificiali ha dato inizio all'indagine analitica e conoscitiva del patrimonio minerario antico e moderno dell'Alto Lario. Nelle zone dei bacini minerari e nei pressi delle singole miniere si è riscontrata una significativa presenza di incisioni rupestri, presumibilmente legate alla frequentazione delle aree minerarie da parte di antiche popolazioni. Ciò ha suscitato un vivo interesse, tanto da intraprendere degli studi per comprendere il loro significato. L'occasione ha dato modo d'incontrare Giovanni Beltramelli, studioso di incisioni rupestri con il quale è iniziata una proficua collaborazione; l'evidenza di una continuità temporale protrattasi nei millenni, tra quanto realizzato dall'uomo nel sottosuolo e all'esterno, si è risolta nella comune volontà di documentare quanto presente sul territorio.

L'area indagata è un territorio caratterizzato da fasce costiere e montuose che, in funzione delle quote e dei versanti, alternano un'alta densità antropica ad aree totalmente selvagge. I fenomi migratori e di spopolamento che hanno colpito nel recente passato le zone alpine, si leggono in consistenti nuclei urbani abbandonati. Ultimamente si assiste a un modesto ma progressivo fenomeno di ripopolamento, dovuto al turismo e alla riscoperta di luoghi da vivere e in cui lavorare grazie alla ripresa di attività tradizionali. Per questo territorio, ricco di elementi turistici, storici, ambientali e culturali, si auspica un progetto globale in grado di veicolare queste potenzialità e restituirle alla popolazione sotto vari aspetti, non ultimo quello economico. Il patrimonio scoperto di incisioni rupestri non è del tutto svelato. La quantità, la diffusione e l'importanza di questi elementi potrebbe contribuire alla maggior valorizzazione della zona. Le ipotesi e le descrizioni esposte nel testo hanno come base di partenza la raccolta e l'analisi dei dati; la metodologia di studio adottata è propria della Federazione Nazionale Cavità Artificiali, sodalizio che si occupa di indagare, documentare e divulgare le opere sotterranee realizzate dall'uomo.

Lo studio del mondo dell'arte rupestre è assimilabile alla sensazione di sorpresa e illuminazione che si prova quando ci si accorge, improvvisamente, di non aver mai considerato un certo aspetto della realtà. È un ritorno alle nostre origini, che ci può far comprendere chi siamo stati e da dove veniamo e, soprattutto, ci deve far riflettere su quello che dovrem essere nel futuro.

I siti presentati nel testo sono i più rappresentativi del lavoro di ricerca; i dati raccolti e le analisi sono state svolte senza effettuare alcun tipo di scavo, sondaggio, asportazione superficiale o manomissione dei manufatti. Le incisioni rupestri sono state talvolta evidenziate con marcatori a gesso, poi puliti con acqua, e segnalati alle associazioni archeologiche di riferimento sul territorio. Le conoscenze specifiche di tutti gli attori coinvolti nel presente lavoro, sono state dirette sinergicamente verso la realizzazione di un'opera organica, nell'intento di raccogliere in un volume il materiale più significativo che ora viene per la prima volta pubblicato nei suoi aspetti salienti. Il lavoro svolto pone le basi per successivi studi e per la promozione, la valorizzazione e la tutela del territorio lariano.

Giovanni Beltramelli, possiede una profonda conoscenza del territorio montano dell'Alto Lario. Egli ha svolto fin dagli anni '80 dello scorso secolo una ricerca complessa che ha permesso di definire la localizzazione territoriale, la classificazione tipologica e lo studio di dettaglio dei supporti e delle loro incisioni. Il suo inesauribile entusiasmo, l'intuito e l'esperienza maturata in 40 anni di studi, lo hanno portato a collaborare con le più prestigiose istituzioni ed enti territoriali che si occupano del fenomeno delle incisioni rupestri; tra esse citiamo il Centro Camuno di Studi Preistorici e la Società Archeologica Comense. Il suo contributo ha portato allo studio e alla segnalazione di siti in zone prima mai considerate o analizzate quale il dosso tra S. Maria Rezzonico e Cremia, comuni afferenti alla fascia indagata. In seguito alle sue scoperte la Società Archeologica Comense ha svolto più campagne di studio; nelle stesse aree l'autore ha in seguito effettuato altri ritrovamenti e analisi.

Roberto Basilico, da anni attivo sul territorio altolariano, ha condotto come studioso nel contesto della Federazione Nazionale Cavità Artificiali e a livello professionale, campagne di ricerca, studio e divulgazione sul territorio nazionale e sull'arco alpino. Egli fa parte dell'aegis per la pubblicazione dei lavori di archeologia del sottosuolo nella collana Hypogean Archaeology, edita dai British Archaeological Reports (B.A.R.) di Oxford, a cui questo testo fa riferimento. Nell'ambito del territorio alpino si segnala il lavoro di studio del Trou de Touilles in Val di Susa, acquedotto tuttora funzionante scavato nel XVI sec. dal minatore Colombano Romean. In seno ai lavori svolti con la F.N.C.A. si occupa di rilievo e dello sviluppo di metodologie di indagine e sistemi analitici per lo studio del sottosuolo.

RINGRAZIAMENTI

Si ringraziano tutte le persone che a vario titolo hanno contribuito alla realizzazione del presente libro.

Ringraziamo in primo luogo:
Sara Bianchi per la partecipazione ai lavori sul campo, alle campagne di rilievo, all'ausilio nei lavori di trascrizione delle schede e alla compilazione del data base.
Lino Allio che ha fatto incontrare gli autori dei quali era conoscente e amico; raramente abbiamo incontrato persone con le sue competenze, capacità gestionali e interesse verso il proprio territorio. Senza il suo intervento questo lavoro non sarebbe confluito in una pubblicazione.
Bruno Mazzoleni per il meticoloso lavoro di elaborazione delle carte topografiche toponomastiche con la trascrizione dei termini dialettali.
Gianluca Padovan delle associazioni SCAM (Speleologia Cavità Artificiali Milano) e FNCA per il supporto nelle fasi di rilievo e indagine e per la revisione critica dei testi.

Si ringraziano Matilde ed Emma Basilico per la presenza attiva e costante sul campo di ricerca, l'architetto Maria Antonietta Breda e Davide Padovan della FNCA, il prof. Umberto Sansoni del Centro Camuno Studi Preistorici per l'ausilio nelle interpretazioni di alcuni manufatti, la Società Archeologica Comense nella persona di Alberto Pozzi e dei vari membri che hanno partecipato ai lavori di studio a Santa Maria Rezzonico, Roberto Rumi, l'ingegnere Andrea Pellegrini, Mario Calzoni, Mariella Meroni, la famiglia Pasina.

CAPITOLO I

INQUADRAMENTO DELL'AREA

Le ricerche presentate in questo testo sono state condotte nella propaggine settentrionale del lago di Como, area nota come Alto Lario. Questo territorio è caratterizzato da fasce costiere e montuose che, in funzione delle quote e del versante, alternano un'alta densità antropica ad aree totalmente selvagge. I fenomeni migratori e di spopolamento che hanno colpito nel recente passato le zone alpine, si riscontrano in nuclei urbani svuotati o abbandonati sebbene ultimamente si assista a un'inversione di tendenza con un modesto ma progressivo fenomeno di ripopolamento; ciò non è dovuto unicamente al turismo ma alla riscoperta di sentimenti di appartenenza, di luoghi da vivere e in cui lavorare spesso con la ripresa di attività tradizionali. Il territorio è ricco di potenzialità turistiche, storiche, ambientali e culturali, sebbene si legga la mancanza di un progetto globale in grado di veicolare queste potenzialità in una restituzione di tipo economico e motivante per la popolazione. Nel nostro caso si è scoperto un rilevante patrimonio di incisioni rupestri, solo parzialmente individuato e studiato. La quantità, la diffusione e l'importanza di questi elementi devono necessariamente essere contestualizzati in un discorso globale e non fine a se stesso; in questo modo si contribuirebbe in modo decisivo alla maggior valorizzazione della zona (fig. 1.1).

Per meglio chiarire le potenzialità del territorio si è deciso di affrontare questo approccio iniziale mostrandone il contesto globale, che si delinea come un complesso di relazioni tra l'uomo e l'ambiente vissuto createsi a più livelli nel corso del tempo.

I.1 - Inquadramento geografico e geologico

La zona altolariana è geograficamente circoscritta da catene montuose e zone pianeggianti da una parte e dalle sponde del lago dall'altra. Le aree montuose si configurano con cime aspre e rocciose o verdi e tondeggianti, mentre le zone pianeggianti sono costituite da terreni alluvionali e da zone umide formate dalle foci dei torrenti nel corso del tempo. L'aspetto generale dell'area deriva dalle grandi glaciazioni del Quaternario che hanno configurato un panorama vallivo profondamente scavato con la presenza di laghetti alpini in quota.

Geologicamente l'area è caratterizzata dalla presenza della linea insubrica che lungo l'arco alpino divide, secondo un attraversamento est-ovest, i domini penninico e austro alpino da quello subalpino delle Alpi Meridionali. Questa importante geosutura, costituita da un sistema di faglie regionali a giacitura subverticale impostate lungo l'asse prevalente est-ovest, divide la placca euroasiatica da quella adriatica separando in Valtellina le Alpi della Mesolcina dalle Prealpi Settentrionali (fig. 1.2).

In particolare all'interno dell'area indagata «la Linea Insubrica prende il nome di Linea del Tonale. Tale

Fig. 1.1. Scorcio dell'area altolariana dall'antica Via Regina tra Musso e Dongo (foto R. Basilico).

discontinuità rappresenta un importante confine geologico: la faglia separa i rilievi prealpini a sud dalle formazioni appartenenti al *complesso alpino* propriamente detto a nord. Le unità litologiche del complesso alpino sono costituite da gneiss e micascisti di origine metamorfica. Questi corpi rocciosi sono in stretto contatto con rocce granitiche magmatiche: il plutone Terziario delle valli Masino e Bregaglia (interamente costituito da diorite quarzifera, il noto serizzo) e il granito di San Fedelino (Sorico) (figg. 1.3, 1.4).

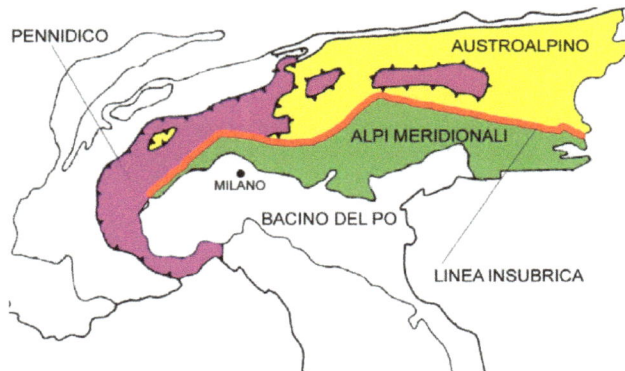

Fig. 1.2. rappresentazione della linea insubrica lungo l'arco alpino (Elaborazione degli autori da Amadeo, Piano di governo del territorio LR 12/05 e s.m.i. Documento di Piano 2012 / 2017 Relazione, Allegato 3, Analisi naturalistica e paessaggistica, Comune di Colico, Colico, 2013, 5).

Un'altra discontinuità che interessa marginalmente il territorio di Colico è la *Linea di Musso*. Tale Linea, nota anche come Linea di Dongo, inizia a nord di Dongo, sulla destra del Torrente Albano, e si dirige verso est attraverso il Lago di Piona. Come la linea della Grona, anche la linea di Musso presenta andamento est-ovest e pone a contatto rocce di età e natura diverse. L'eterogeneità geologica è evidente nella compresenza di calcari Norici (200 milioni di anni) e marmi cristallini (marmo di Musso). La presenza di frizioni e movimenti generati dall'attività passata di queste faglie hanno favorito la genesi di rocce metamorfiche (es. marmo di Musso, marmo di Dervio) o il trascinamento di depositi ancora oggi difficilmente interpretabili».[1]

La lettura della carta geologica fornisce i seguenti dati:
• Unità Pre-Permiane (Basamento Cristallino). Unità 48: Gneiss granitici e granodioritici; talora occhiadini (ortogneiss e gneiss chiari); Unità 51: Micascisti prevalenti («Micascisti dei laghi») Unità *52*: Paragneiss-Gneiss di Morbegno.

• Intercalazioni nei Basamenti Cristallini.
Unità 75: Pegmatiti, Unità 75an: Anfiboliti.
Queste unità generano i suoli rocciosi e la parte montuosa/stabile del territorio di Colico; le unità che seguono sono composte da substrati incoerenti e compongono i substrati su cui si sviluppa l'ambito urbano di Colico. Si ritrovano anche diffuse sul territorio delle Valli Albano, Liro e Livo.

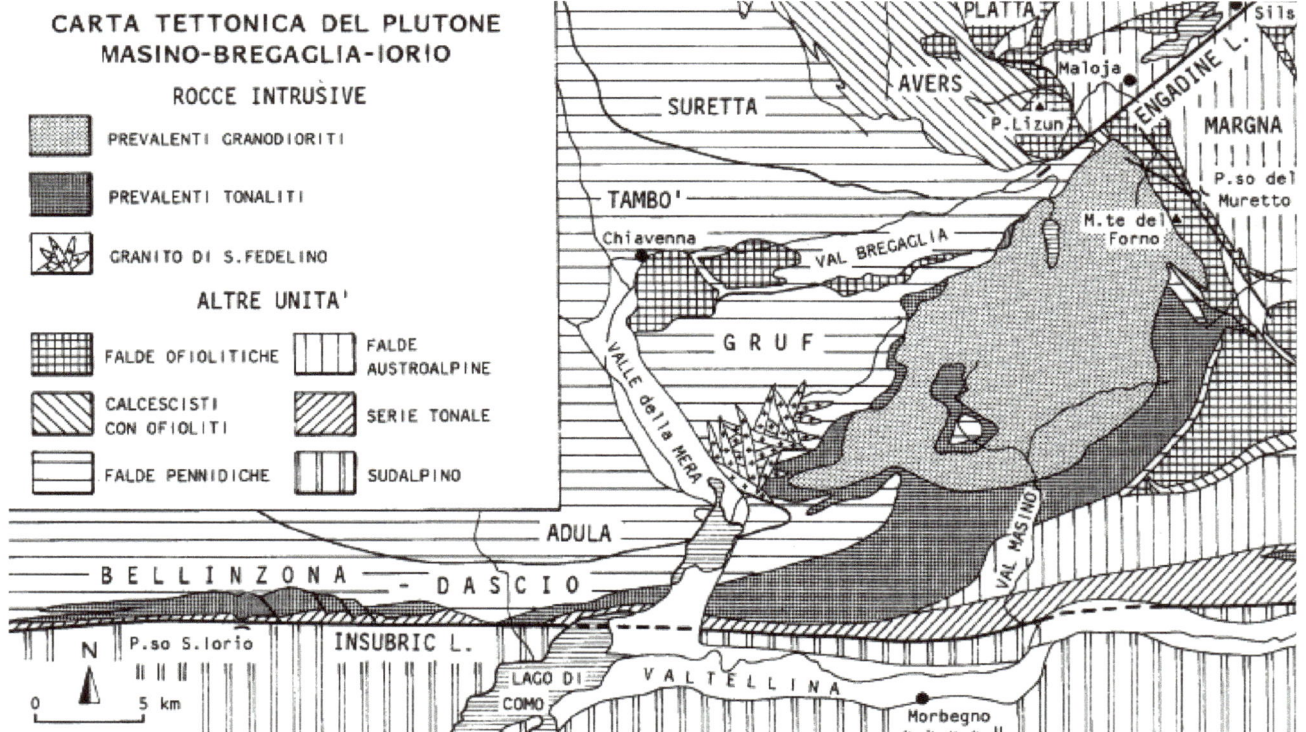

Fig. 1.3. Carta tettonica del Plutone Val Masino-Bregaglia-Iorio (elaborazione degli autori da Trommsdorff e Nievergelt, *The Bregaglia Iorio intrusive and its field relation*, Mem. Soc. Geol. It., Roma, 1983, 55-68, elaborazione da Enrico Sciesa, *Geologia delle Alpi Centrali lungo la traversa Colico-Passo dello Spluga, Il naturalista valtellinese*, Atti Muso Civico Storia Naturale, Morbegno, 1991, 10).

1. Giacomino Amadeo, *Piano di governo del territorio LR 12/05 e s.m.i. Documento di Piano 2012 / 2017 Relazione, Allegato 3, Analisi naturalistica e paessaggistica*, Comune di Colico (Colico, 2013), 4-5.

Fig. 1.4. Vista della linea insubrica dalla mulattiera che conduce al passo di S. Jorio. La valle insiste sulla Linea Jorio-Tonale; sulla destra abbiamo il rifugio del Giovo posto al termine della cresta che giunge dalla vetta del Cortafon e conserva alcune trincee appartenenti alla Linea Cadorna (foto R. Basilico).

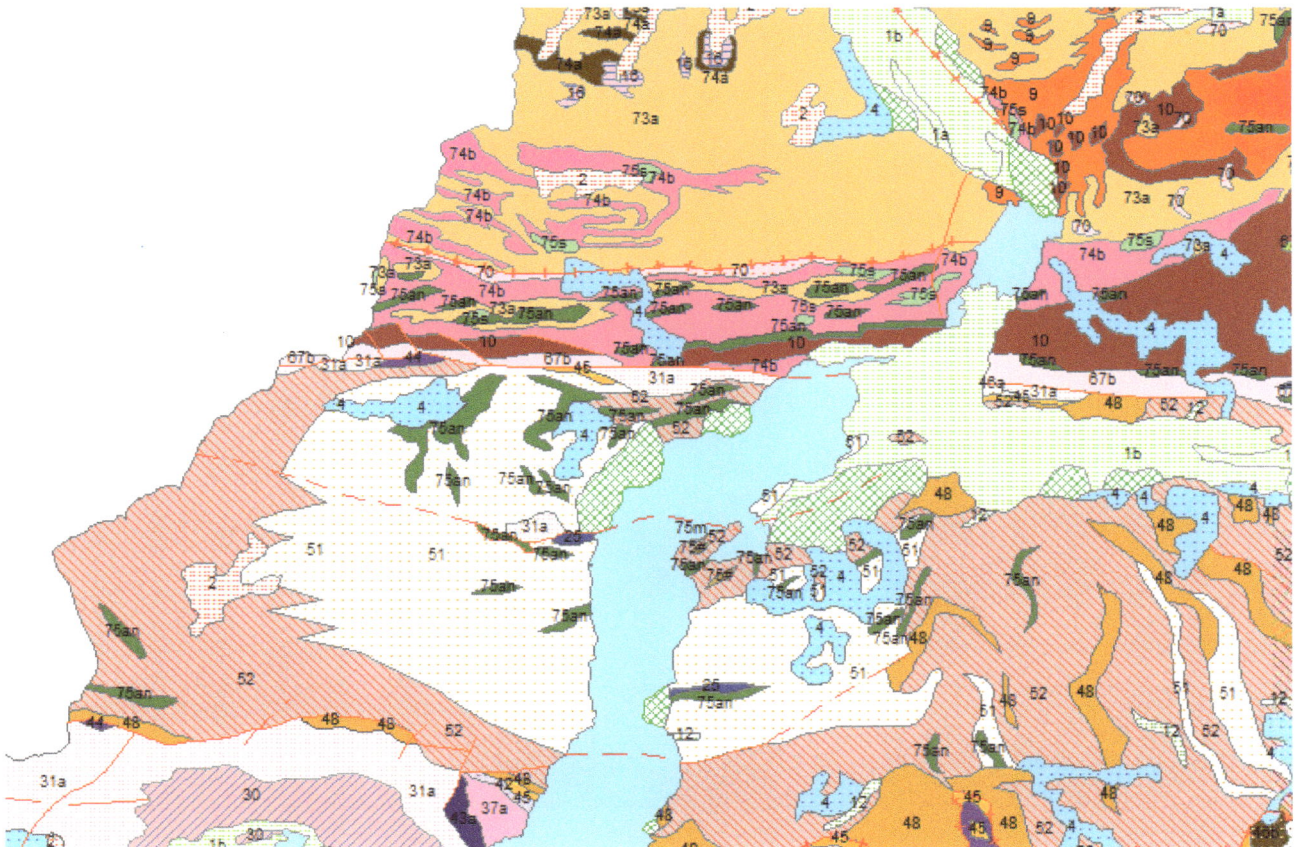

Fig. 1.5. Carta geologica dell'Alto Lario scala originale 1:100.000.

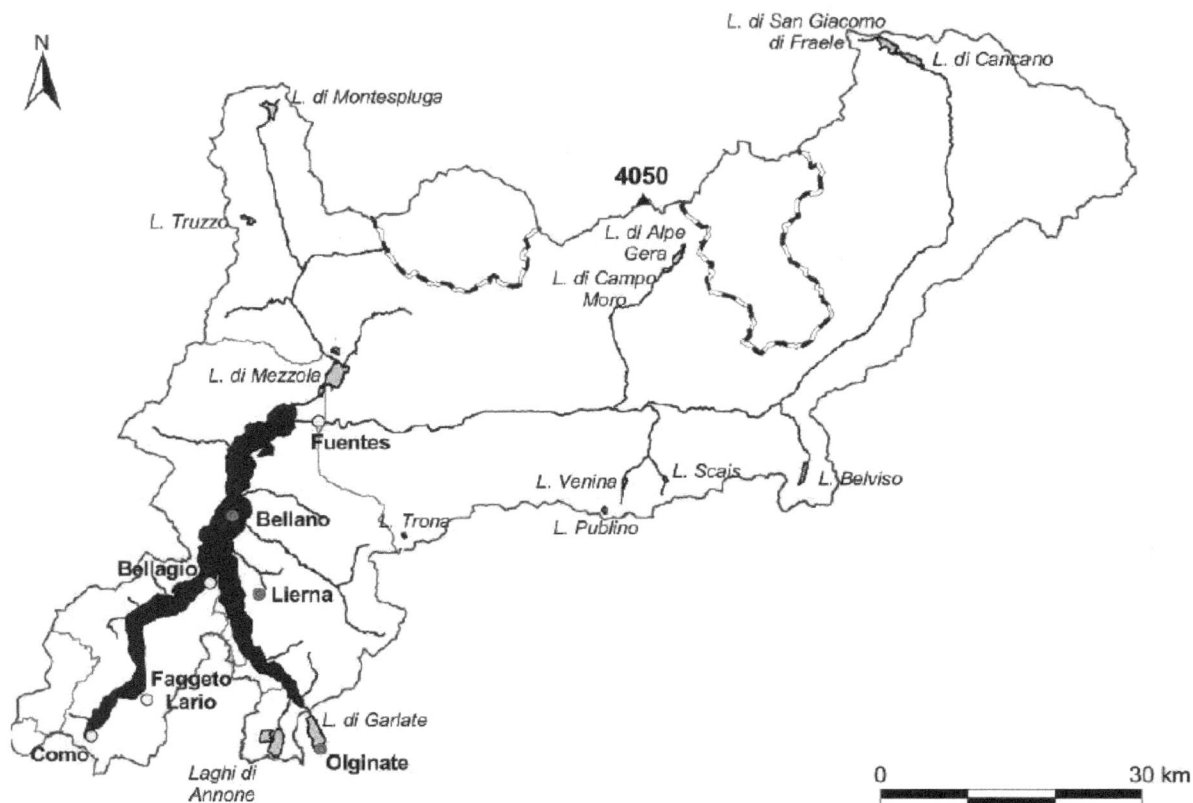

Fig. 1.6. Bacino idrografico del lago di Como (elaborazione degli autori da Elisa Martinelli, *Analisi palinologiche e geofisiche per la ricostruzione delle trasformazioni ambientali nella regione lariana tra Tardiglaciale e Olocene*, Università dell'Insubria, Como, 2014, 11).

Fig. 1.7. Vista dalla vetta del monte Legnone della parte terminale della Valtellina con il fiume Adda. Qui il fiume termina il suo andamento ad anse per incanalarsi nel tratto di immissione nel Lario, rettificato artificialmente (foto R. Basilico).

Fig. 1.8. Vista del Legnone dal crinale che collega il Berlinghera al Sasso Canale. La mole del Legnone è caratterizata da una forma piramidale identificabile da diversi punti di vista. Si notino la foce rettificata dell'Adda (A), i Montecchi (B) che emergono dal conoide su cui sorge l'abitato di Colico (C) e, in basso, il fiume Mera (D) che sfocia nel Lario dal Lago di Novate Mezzola. La pianura alluvionale è il Pian di Spagna (E) in cui confluiscono Valtellina e Val Chiavenna (foto R. Basilico).

• Depositi Quaternari.
Sul lato orientale abbiamo tre conoidi di deiezione prodotti dai materiali scaricati dai corsi d'acqua che scendono dalle pendici del Monte Legnone; costituiscono la porzione collinare/montana di Colico, sino al Lago. Sul lato occidentale abbiamo tre grossi conoidi in prossimità della foce dei torrenti principali.
Unità 1b: *Alluvium* antico, Quaternario Continentale. Comprende l'imponente coltre di detriti trasportati dal fiume Mera; interessa la zona di S. Agata.
Unità 1c: Ghiaie, sabbie e limi. Sono un complesso di depositi glaciali e fluvio-glaciali che sovrastano i conoidi di deiezione e si trovano sulle basse pendici del Monte Legnone[2] (figg. 1.4, 1.5).

L'idrografia della zona è piuttosto articolata: «Nel Lario affluiscono 37 corsi d'acqua, tra cui il più importante è l'Adda, seguito dal Mera. Il fiume Adda, lungo 313 km, nasce presso il Pizzo del Ferro a 2150 m, attraversa la Valtellina e sbocca nel lago di Como a circa 200 m s.l.m.. L'Adda è l'unico emissario del lago e le sue acque defluiscono dall'estremità meridionale del ramo di Lecco

(…). L'enorme bacino imbrifero del Lago di Como è ampio ben 4508 km[2] e si estende nella parte nord-occidentale della Regione Lombardia (Province di Como e Sondrio) e in misura minore nei territori del Canton Ticino e del Cantone dei Grigioni, in Svizzera»[3] (fig. 1.6).

I corsi d'acqua di maggior rilievo sono, sulla sponda occidentale, il torrente Albano che nasce nei pressi del rifugio Sommafiume e sfocia a Dongo, il torrente Liro che nasce a oltre 2000 m presso il pizzo Martello e il Mater de Paia e sfocia a Gravedona, e il torrente Livo, che nasce dal Lago Darengo e sfocia a Domaso. A nord, dal lago di Mezzola, giunge il Mera, mentre ad est dalla Valtellina giunge l'Adda, il cui percorso finale, imbrigliato e rettificato dalle opere austriache solo da metà ottocento, ha originato l'ampia pianura, denominata Pian di Spagna, posta all'imbocco della Valtellina (figg. 1.7, 1.8).

La zona costiera lacuste parte dalla sponda occidentale per giungere a quella orientale. Gli abitati rivieraschi inclusi nell'area ovest iniziano a Santa Maria Rezzonico,

---

2. Amadeo, *Piano di governo del territorio*, 6.

3. Elisa Martinelli, *Analisi palinologiche e geofisiche per la ricostruzione delle trasformazioni ambientali nella regione lariana tra Tardiglaciale e Olocene*, Università dell'Insubria (Como, 2014), 41.

Fig. 1.9. Vista della parte orientale dell'Alto Lario; l'area è dominata dalle presenze del Legnone e del Legnoncino che fungono da elemento separatore tra il Lario e la retrostante val Varrone (foto R. Basilico).

proseguono verso nord con Cremia, Musso, Dongo, Gravedona, Domaso e Gera Lario, giungono alla punta estrema di Sorico, piegano verso sud lungo il Pian di Spagna, attraversano Colico, e terminano ad est nel lago di Piona tra Montecchio sud e Olgiasca.

La zona montuosa comprende, nel medesimo ordine, il dosso di unione tra Santa Maria Rezzonico e Cremia, prosegue lungo il crinale del Sasso di Musso, passa per il Bregagno, giunge al pizzo di Gino, piega verso il passo di San Jorio, prosegue lungo la Mesolcina meridionale che tocca tra gli altri il Cardinello, il Mater de Paia, il Martello, il Cavregasco, il Ledù, e infine il Sasso Canale per poi scendere verso il lago. Si ha quindi una fascia pianeggiante, che parte dal Pian di Spagna e giunge a Colico, nella quale confluiscono gli imbocchi della Val Chiavenna e della Valtellina.

Le montagne ripartono alle spalle di Colico con il massiccio del monte Legnone, che comprende il Legnoncino andando a costituire la propaggine occidentale delle alpi Orobiche (fig. 1.9).

La parte occidentale della zona montuosa che racchiude l'area esaminata è caratterizzata dalla presenza della catena Mesolcina meridionale. «La catena Mesolcina, che

prende il nome dal fiume Moesa che la fiancheggia ad O, costituisce un'ultima diramazione delle Alpi Lepontine al loro limite orientale segnato dalla valle dello Spluga, e nella sua parte meridionale si divide in due rami: quello che continua nella direzione SSO forma il confine politico con la Confederazione Elvetica».[4]

Questa catena mostra due tipi paesistici differenti che cambiano in corrispondenza dei laghetti di Roggio: uno si configura come un ambiente caratterizzato da un paesaggio piuttosto morbido, l'altro con caratteri aspri e severi. Questo cambiamento è dovuto principalmente alla differente geologia riscontrabile lungo la linea insubrica che in questa zona risulta composta nella sua parte settentrionale da gneiss verticali resistenti alle azioni erosive che portano a cime acuminate con passi ripidi e stretti e presenza di sfasciumi che assumono consistenti dimensioni, mentre la parte meridionale è caratterizzata in genere da micascisti meno tenaci ed erodibili che portano a cime con morfologie tondeggianti, con passi ampi e pascoli estesi ed erbosi.

Procedendo a ritroso, per meglio descrivere l'aspetto geografico montuoso, si osserva che «poco a sud del

_____

4. Mariuccia Zecchinelli, *Le tre Pievi ...Gravedona, Dongo, Sorico*, Attilio Sampietro Editore (Menaggio, 2011), 1.

Fig. 1.10. Vista del dosso Santa Maria Rezzonico - Cremia. È questa la parte iniziale dell'area analizzata che parte dalle sponde lacustri per attestarsi alla fascia superiore del dosso. L'area prosegue fino al comune di Musso il cui sperone si staglia nella parte destra dell'immagine. Sullo sfondo si vede la vetta del Bregagno (foto R. Basilico).

Fig. 1.11. Vista dal rifugio del Giovo della cresta sovrastante la destra orografica della Valle Albano che dal Monte Bregagno visibile sulla sinistra giunge fino al Monte Pomodoro. Si noti nella metà destra la vetta piramidale del Pizzo di Gino. Questa zona dell'Alto Lario è ancora caratterizzata da una significativa presenza antropica, nonostante il fenomeno di abbandono della montagna che, fortunatamente, inizia a mostrare una tendenza inversa con la riappropriazione del territorio e la riscoperta delle attività economiche alpine (foto R. Basilico).

Fig. 1.12. Vista della sponda occidentale dell'alto Lario dalle pendici del Legnone. Lo sviluppo delle parti sommitali di questa catena corrisponde ad oltre la metà del tracciato del sentiero in alta quota conosciuto come Alta Via del Lario; si notino i due profondi solchi vallivi del Liro, che giungono a Gravedona, e della Valle del Livo, che giunge a Domaso. Sulla destra il monte Berlinghera posto in corrispondenza della punta settentrionale del lago (foto R. Basilico).

Fig. 1.13. Sella alla base del Bregagno, posta alla sommità del Sasso di Musso, su cui sorge la chiesetta di San Bernardo. Sullo sfondo l'imponente mole del Legnone che domina tutta l'area (foto R. Basilico).

Fig. 1.14. Vista della Valle Albano. L'area è caratterizzata da paesaggi di bassa e media quota con morfologie lievi che ben si adattano all'utilizzo a pascolo e antropico (foto R. Basilico).

passo di S Iorio, un dossone erboso scende alla sella del Giovo (1709 m) e prosegue più sottile e sfuggente, verso il Lario. Al prativo nodo della cima Averta (2079 m) la catena Moesolcina lascia l'alto Lario per proseguire verso il Ceresio, una consistente dorsale si stacca verso est, separando la valle Albano dalle valli che confluiscono nella Cavargna, alzandosi subito nella elegante sagoma del pizzo di Gino (2245 m). La costiera prosegue alternando ampie selle a motti prativi fino al cocuzzolo del monte Bregagno (2101 m). Da qui, due lunghi dossoni scendono fino al lago, verso est al sasso di Tegano (1140 m) a Dongo, e verso sud al monte Grona (1730 m) sopra Menaggio»[5] (figg. 1.10, 1.11, 1.12, 1.13, 1.14).

Dai laghetti di Roggio fino al Sasso Canale abbiamo invece un ambiente severo, con tre principali direttrici che confluiscono nel Pizzo Martello. «Qui si dipartono tre catene dirette ai punti cardinali. Verso est si stacca un'imponente ed aerea cresta separante la val Bodengo ed i suoi affluenti, di destra, val Soè e val Garzelli dalla val Darengo, con alte pareti di granito sul versante nord, culminante nelle vette del pizzo San Pio (2304 m), pizzo Cavregasco (2533 m), pizzo Rabbi (2452 m), pizzo Ledù (2505 m), sasso d'Alterno (2399 m), Sasso Canale (m. 2411 m), sasso Campedello (2309 m), per esaurirsi poi nei complicati dirupi del monte Berlinghera (1930 m) alternati da bastioni, boschi e d impossibili spiazzi erbosi con alpeggi, incisi da ripidi canali precipiti nel lago di Mezzola (figg. 1.15, 1.16, 1.17, 1.18, 1.19). Verso sud lo spigolo del pizzo Martello si protende in un rettilineo, tormentato e sinistro muraglione, la Scatta, che dividendo la val Darengo dalla val Magiam, unisce le cime dell'isolato monte Duria (2263 m). Per la sua posizione centrale, alta e scostata, quest'ultimo rappresenta il migliore e più completo punto panoramico dell'alto lago occidentale. Ad ovest per un primo tratto, poi verso sud ovest, infine si protende la cresta spartiacque che fa da confine Italo-Elvetico raggiungendo qui le quote più alte della catena Moesolcina meridionale: cima di Caurga (2514 m), cima di Portula (punta Michele, 2551 m), pizzo della Paglia (2593 m), vetta più elevata dell'alto Lario occidentale, per pochi metri spostato dallo spartiacque principale e per questo interamente in territorio Svizzero) che dividono la val di Cama dalla val Magiam. Il Mater de Paia (2482 m), sasso di Dernone (2424 m), monte Cardinello (2520 m) separano invece quest'ultima dalla val di Grono».[6]

La parte orientale della zona montuosa si configura con la presenza del Legnone e del Legnoncino che separano l'area lacustre dalla val Varrone, valle posta in adiacenza alla più conosciuta Valsassina. A livello geologico «l'origine del territorio di Colico, strettamente legata al modellamento geomorfologico dell'Alto Lario, si deve ai ripidi versanti del Monte Legnone, i cui torrenti, nel corso degli anni, hanno apportato numerosi detriti generando una successione di tre conoidi estesi tra Olgiasca e Pianteddo. Questi depositi, interposti tra la riva lacustre e i ripidi versanti del Legnone, hanno permesso la formazione di una

frangia collinare - montana sui cui è sorto l'ambito urbano di Colico. L'avvento delle glaciazioni, oltre a formare l'attuale conca lacustre del Lario, ha apportato consistenti depositi morenici e fluvio-glaciali sui conoidi di Colico, variegandone ulteriormente il quadro geomorfologico. Nel contesto territoriale non va trascurata la presenza del Pian di Spagna, una vasta piana alluvionale di origine relativamente recente e costituita da detriti trasportati e depositati dall'Adda nel corso del tempo.

Tali sedimenti, variabili in relazione all'energia di deposizione posseduta dal greto del fiume, sono costituiti da depositi a granulometria grossolana, in genere limoso - sabbiosa. L'area pianeggiante del Pian di Spagna entra in contrasto con i rilievi del Pian di Colico, meglio noti come *Montecchi*; tali elementi si raccordano con gli altri due dossi arrotondati che originano la baia di Piona. Queste protusioni rappresentano la reminescenza di un'antica dorsale che separava le valli dell'Adda e del Mera e poi demolita dall'avanzata delle glaciazioni quaternarie. I Montecchi e il dosso di Piona sono modellati sulle stesse rocce cristalline che costituiscono il settore occidentale del versante orobico valtellinese».[7]

Le direttrici viarie presenti nella zona sono numerose e importanti. Sulle due sponde, occidentale e orientale, sono collocati gli assi di percorrenza diretti rispettivamente verso Como e Lecco. Da qui si dipartono i tracciati di unione a Varese, Milano e Bergamo; queste strade hanno antichi natali che corrispondono alla Via Regina e al "Sentiero del viandante". La prima ha origini romane, mentre il secondo nasce da una denominazione recente volta a raggruppare una serie di tratti di percorrenza susseguenti posti a media quota, generalmente attestata tra 300 e 600 m, e utilizzati nel corso del tempo per unire i diversi punti rivieraschi. In realtà la viabilità primaria dovette essere, almeno fino agli inizi del XIX sec., il percorso che congiungeva Colico a Bellano, saliva in Valsassina e arrivava a Lecco, il cui utilizzo è testimoniato, ad esempio, dal passaggio di 28.000 lanzichenecchi, diretti a Mantova al soldo di Ferdinando II d'Asburgo durante la Guerra dei Trent'anni. Non dimentichiamo poi le strade del Ferro, un vero e proprio intreccio di vie ad utilizzo dello sfruttamento minerario e della sua distribuzione.

Sulla sponda occidentale abbiamo il passo di San Jorio, oggi di minore importanza, che mette in comunicazione la Valle Albano con la Val Morobbia. Si tratta di «un passo alpino modesto, oggi quasi dimenticato che s'apre a 2000 metri d'altezza lungo la catena Mesolcina Meridionale, mettendo in comunicazione la valle ticinese della Moesa con il lago di Como: da Giubiasco, non molto lontano da Bellinzona, si risale la val Morobbia per scendere poi, sul versante italiano, nelle vallate del Liro o dell'Albano che portano rispettivamente ai paesi rivieraschi di Gravedona e Dongo».[8]

---

5. Bruno Mazzoleni, *Alta via del Lario*, Nuova Editrice Delta (Gravedona, 1996), 30.
6. Ibidem, 29-30.

7. Amadeo, *Piano di governo del territorio*, 6-7.
8. Mariuccia Zecchinelli, *Il passo alpino di S. Jorio nella storia e nella leggenda*, in *Rivista archeologica dell'antica provincia e diocesi di Como*, Noseda (Como, *1956*), 65.

Fig. 1.15. Laghi di Roggio. In questo punto cambia la conformazione del paesaggio che da una morfologia addolcita assume caratterestiche ambientali aspre e severe. Sullo sfondo si vede il monte Cardinello (foto R. Basilico).

Fig. 1.16. A destra il Pizzo Cavregasco e al centro il Pizzo Paglia, la cima più alta della Catena dei Muncech. Tra queste due cime si sviluppa il Circo Darengo con l'omonimo lago. Le cime e le pareti assumono una conformazione alpina con cime impervie, sfasciumi e passaggi impegnativi (foto R. Basilico).

Fig. 1.17. Bivacco Petazzi Ledù. I laghetti glaciali alpini sono stati utilizzati nella preistoria come luoghi di deposizioni votive (foto R. Basilico).

Fig. 1.18. Vista del monte Ledù sulla destra; sulla sinistra il maestoso Pizzo Paglia (foto R. Basilico).

Fig. 1.19. Vista del Sasso Canale (foto R. Basilico).

Fig. 1.20. Passo di S.Jorio. Questo passo collega il territorio italiano con quello elvetico dei Grigioni. Utilizzato fino ad epoche storiche recenti nel passato ebbe un ruolo primario nei transiti di minerale. Come indica il toponimo l'origine del passo è preromana e probabilmente fu una via di percorrenza preistorica (foto R. Basilico).

Fig. 1.21. Posto sotto la Cima Vert e sopra il rifugio di Sommafiume, questo passo porta a Carena ed è parte della via del ferro che univa il territorio elvetico alle valli Cavargna e Albano (foto R. Basilico).

Fig. 1.22. Alpe di Possolo. Le attività legate alla pastorizia e alla tradizione casearia sono radicate sul territorio. Nel punto indicato si trova il riparo che veniva usato dai pastori fino agli anni Ottanta; la parete interna del riparo mostra delle incisioni coppellari che i malgari, ricordano presenti fin dalla loro infanzia (foto R. Basilico).

Questo passo è stato una via di transito risalente a tempi antichi; si può evidenziarne un utilizzo connesso ai transiti minerari se non addirittura ipotizzarne uno precedente legato alla mobilità territoriale alpina risalente al Paleolitico. Si legge in un manoscritto del sacerdote Rebecchi di Brenzio: «S. Jorio, va senza dirlo, è uno dei valici alpini migliori ed è anche, dal lato militare, una posizione strategica: si vuole che Teodolinda, regina dei Longobardi vi avesse fatto costruire una strada mulattiera per passare nei Grigioni, da lei stessa praticata e della quale mostransi pure alcune vestigia»[9] (figg. 1.20, 1.21).

Altro passo, d'importanza minore, è quello di Camedo il cui tracciato congiunge la valle del Liro al territorio elvetico: «si può osservare che la strada da Brenzio a Vincino è molto battuta e tale continua fino all'Alpe di Camedo sotto al passo omonimo; è l'itinerario classico frequentato dai concontrabbandieri della vallata di Gravedona che fanno capo a Rovereto. Venendo a conoscenza di questo itinerario vien da pensare ai Sacco: essi, dopo aver perduta Bellinzona si avviarono per questo nuovo itinerario *traverso* (Val Traversagna?) le merci della nuova fiera di Rovereto in modo da tenersi in collegamento col lago di Como? Per di lì certamente si affacciarono a Vincino ed

a Dosso Liro quegli abitanti di Rovereto che furono vinti, secondo la tradizione, nella *Battaglia della Battuta*».[10] L'importanza nel tempo di questo tracciato è correlabile a quella che avevano in antichità i nuclei abitativi che si attestavano sul percorso come, ad esempio, l'abitato di Brenzio.[11]

Nella parte settentrionale troviamo la direttrice che attraversa la Valchiavenna e, tramite il passo dello Spluga, giunge nella Valle del Reno superiore. Questo passo, che Geologicamente separa le Alpi Occidentali Lepontine, da quelle Orientali Retiche, risulta essere uno dei più importanti dell'arco alpino con ritrovamenti archeologici che ne indicano un uso precedente a quello romano.

L'ultimo asse viario fondamentale è la direttrice che collega la Valtellina a Colico. La Valtellina si sviluppa per oltre cento chilometri in prevalenza attorno al corso del fiume Adda, insinuandosi nel territorio alpino fino a toccare nell'estremità est, il Trentino Alto Adige. Numerosi sono i passi importanti che, dalle valli collegate al suo territorio, si diramano sul territorio circostante: Lo Stelvio (2758 m) che conduce in Val Venosta, il Gavia (2621 m),

9. Francesco Rebecchi, *S.Jorio e S.Anna, cenni storici sulla parrocchia di Germasino e i suoi oratori*, manoscritto, archivio parrocchiale di Germasino, (Germasino, 1926), 22.

10. Mariuccia Zecchinelli, *Il passo alpino di S. Jorio nella storia e nella leggenda*, 77-78.

11. Giuseppina Conca Muschialli, Giovanni Monti, *Brenzio, arte, vita incontri tra passato e futuro*, Arti grafiche Sampietro (Menaggio, 2001), 8.

Fig. 1.23. Su tutto il territorio coesistono numerose specie animali, molte delle quali allo stato brado (foto R. Basilico).

l'Aprica (1200 m) e il Mortirolo (1852 m) che portano in Val Camonica, il San Marco (1992 m) che porta in Val Brembana, il Foscagno (2291 m) e il Bernina (2323 m) che conducono in Engadina.

Tutta l'area si configura come un punto nodale del territorio con caratteri ambientali, morfologici e geologici che hanno influenzato gli insediamenti umani, dando luogo allo sviluppo di un paesaggio del tutto peculiare, con montagne ricoperte di boschi di olmi, castagni, betulle, faggi, abeti, pini e con fenomeni di inselvatichimento del sottobosco. Si hanno diffusamente sul territorio prati e pascoli destinati alla pastorizia e fenomeni di transumanza legata alla migrazione estiva di greggi dalle zone di fondovalle e mezza montagna verso i pascoli in alta quota. La selvaggina è abbondante e ben diffusa con la presenza tra gli altri di cervi, cinghiali, rapaci, rettili, ermellini nonchè recenti indicazioni di avvistamenti di esemplari di lupi (figg. 1.22, 1.23).

I.2 - Inquadramento storico

Lo studio delle popolazioni antiche porta ad evidenziare una mappa umana sul territorio le cui tracce sono riscontrabili nella toponomastica, nelle forme dialettali e nelle espressioni legate a tradizioni popolari. Storicamente la popolazione della fascia pedemontana occidentale, e più in generale la cultura dell'arco alpino nel periodo antecedente la colonizzazione romana, viene considerata un insieme di popolazioni composte da tribù divise e diversificate tra loro, la cui documentazione è da lasciare in secondo piano se non addirittura da considerare come corollario alla storia romana. In realtà tutta l'area delle «valli alpine e le zone pedemontane occidentali mostrano di essere da sempre zone stanziali e di possedere un'identità culturale propria che si sviluppa probabilmente già a partire dalla fine della Età del Bronzo, per delinearsi poi in modo sostanziale in tutta quella Età del ferro, che in queste zone fu prima Celtica e poi Celto Romana».[12]

Reputiamo fondamentale cercare di inquadrare la presenza umana nel territorio analizzato, illustrando il contesto storico che fa da sfondo allo sviluppo delle arti mineraria e rupestre nell'Alto Lario e, più in generale, nella zona limitrofa dell'arco alpino.

La fase di antropizzazione del paesaggio lariano appare nel periodo terminale dell'ultima glaciazione, quella di Wurm, iniziata culminata e terminata rispettivamennte circa 100000, 24000 e 8500 anni fa; al culmine della sua espansione creò in Europa una spessa crosta glaciale che ricopriva la superficie terrestre. I resti del fronte glaciale sono ben visibili in vari punti dell'arco alpino; basti pensare alle dimensioni della Serra d'Ivrea e alle colline moreniche di Avigliana e Rivoli o agli alvei scavati tra le montagne che hanno originato i laghi glaciali di Como, Garda, Iseo e Maggiore.

Nell'area lariana, nonostante l'azione esaratrice dei ghiacciai abbia cancellato numerose tracce delle attività antropiche, si hanno diversi ritrovamenti che attestano la presenza umana fin da queste fasi glaciali. «Nelle diverse fasi della glaciazione wurmiana, il ghiacciaio lariano raggiunse al massimo della sua espansione la zona di Cantù, per poi ritirarsi ed espandersi nuovamente fino a Cucciago. Durante queste fasi la coltre di ghiaccio, in corrispondenza della zona di Como, raggiunse anche gli 800 metri di altitudine (...). La fauna, durante il periodo tardoglaciale, era caratterizzata soprattutto dalla presenza di bovidi, in particolare di bisonti, mentre i cervidi e il *bos primigenius* erano più frequenti nelle zone montane. Poi il definitivo ritiro del ghiacciaio stabilizzò la situazione e il territorio comense assunse progressivamente un aspetto non molto dissimile da quello attuale».[13]

Le susseguenti espansioni e ritiri delle masse glaciali hanno determinato valli a forma di "U", con trascinamento di massi, pietre e ghiaia, determinando l'erosione delle rocce fino a levigare porzioni di fianchi montani, configurando un paesaggio inospitale ma non disabitato. Circa 15000 anni fa, verso la fine del periodo glaciale Wurmiano avvenne una fase di stabilizzazione del clima da freddo a caldo-umido (fig. 1.24).

Nel Paleolitico su tutto l'arco alpino e più in generale nelle zone montuose, si assiste ad antiche presenze umane in siti a quote elevate per ragioni legate principalmente alla caccia, alla percorrenza e alla difesa. Seguire le tracce degli animali in quota risultava più vantaggioso dal punto di vista della ricerca, dell'identificazione e della cattura. Spostarsi senza dover attraversare forre, dirupi, guadi e zone paludose concedeva una mobilità più rapida e sicura. L'appostamento su alture consentiva numerosi vantaggi logistici, militari e viari.

Le prime popolazioni di cui si hanno riscontri nella zona lariana «furono nomadi: gruppi di cacciatori e raccoglitori che durante l'epoca glaciale, o nei periodi caldi tra una glaciazione e l'altra, si spostavano da zona a zona, senza costruire insediamenti artificiali e limitandosi a sfruttare i ripari che il terreno offriva loro. Tracce di presenza umane, risalenti alla prima età della pietra (Paleolitico), sono state ritrovate a qualche distanza da Como nella grotta del Buco del Piombo sopra Albavilla (695 m) e del Tanum nell'alta valle del Cosia. Si tratta di selci lavorate che potrebbero riferirsi alla prima fase dell'ultima glaciazione (40000 a.C.)».[14]

Nell'arco alpino, alla fine delle glaciazioni, la scelta degli insediamenti era determinata da motivi funzionali che preferivano l'alta montagna ai fondovalli: «Uno sguardo veloce alla preistoria alpina permette di osservare come insediamenti preistorici siano sorti un poco ovunque a partire dal Paleolitico Superiore, con insediamenti dislocati in pianura, nella zona collinare e prealpina ed

12. Liam Allison Silcan, *I primi abitanti alpini*, Keltia Editrice (Aosta, 1996), 132-133.

13. Fabio Cani, Gerardo Monizza, *Como e la sua storia*, Nodo Libri (Como, 1993), 12.
14. Ibidem, 10.

Fig. 1.24. Evidenza di un circo glaciale. L'area non è stata plasmata unicamente dall'azione esaratrice dei ghiacciai ma dal fitto reticolo idrografico che ne ha determinato largamente la rugosità (foto ed elaborazione grafica R. Basilico).

anche nell'entroterra alpino, lungo il corso dei fiumi che solcano le vallate che, in maniera ordinata dalla pianura si inoltrano tra la varia ed estesa catena alpina, spesso naturali rifugi o in alcuni casi passaggi che permettono di raggiungere il Centro Europa».[15]

Nel Paleolitico Superiore, tra il 20000 e il 10000 a.C., i luoghi scelti per gli insediamenti sono le cavità naturali montuose (insediamento di Barbadella a Montevecchia); appartengono al Paleolitico medio (120000-35000 a.C.) i ritrovamenti avvenuti sul Monte Generoso, a 1450 m di quota nella *Grotta Generosa* delle prime tracce umane, ascrivibili all'uomo di Neandertal. Si sono rinvenuti strumenti in selce di tipo Munsteriano e resti di *Ursus spelaeus* e *Ursus arcto*.[16]

Al Calcolitico risalgono i ritrovamenti di Erbonne, in Val di Intelvi, di tracce di accampamenti di cacciatori-raccoglitori che consistono in manufatti in selce scheggiata di piccole dimensioni, di forma triangolare e trapezoidale, e denotano una frequentazione antropica dell'area fin dagli

inizi del VI millennio avanti. All'interno della grotta *La Tana*, a 940 m alle pendici del Monte Generoso sono stati ritrovati strumenti in selce.[17]

Ulteriori aree di un accampamento estivo sono state individuate nel pianoro sottostante la cima del Monte Cornizzolo, a 1110 m posto in «una depressione del crinale fra la cima del Monte Cornizzolo e quella del Monte Rai, che determina una sella, sulla quale a più riprese, è stata raccolta in superficie un'industria litica ascrivibile per la maggior parte al Mesolitico», riconducibile a gruppi di cacciatori-raccoglitori.[18] Il paesaggio del Mesolitico si configura, come evidenziato dalle analisi dendrocronologiche, con una vegetazione a forte sviluppo del bosco misto ad abete bianco associato a faggio e frassino.

A Maslianico a Nesso e al Pian di Spagna sono state rinvenute asce in pietra levigata inquadrate tra il 4500 e il 3200 a.C. Altri manufatti sono stati trovati nella fascia lungo il lago, alle pendici del monte Bisbino. «Le tracce di presenza umana durante il Neolitico sono piuttosto

15. Ausilio Priuli, *Preistoria in Valle Camonica. Itinerari illustrati dei siti e dell'Arte Rupestre*, Museo Didattico d'Arte e Vita Preistorica (Capodiponte, 1981), 9.
16. Marco Lazzati, *La Valle Intelvi, le origini, la storia, l'arte, il paesaggio, gli artisti comacini*, Be-Ma (Milano, 1986), 1-6.

17. Ibidem, 8.
18. Lanfredo Castelletti, Franco d'Errico, Laura. Leoni, *Il sito mesolitico del Monte Cornizzolo*, in «*Il popolamento delle Alpi in età mesolitica*», AA.VV., Museo Tridentino di Scienze Naturali, (Trento, 1983), 213.

limitate per l'area comasca: si tratta probabilmente di aree di passaggio e accampamenti temporanei in aree di pianura (Montano Lucino) e montane (Val Cavargna, 1824 m), testimoniati rispettivamente da presenza di frammenti ceramici e da strutture abitative e tracce di attività legate all'uso del fuoco. Testimonianze puntiformi sono costituite, ad esempio, da incisioni rupestri individuate a Cremia e da massi cupelliformi a Sorico e Ponna, nell'Alto Lario. Vari ritrovamenti di selci lavorate e frammenti ceramici sono stati ritrovati in Provincia di Lecco (Galbiate, torbiere di Bosisio Parini e Rogeno). Resti di abitati veri e propri sono stati ritrovati invece nella Provincia di Varese, dove vi erano nuclei palafitticoli (Isolino di Varese e Lagozza) e nella Provincia di Lecco, dove vi era un abitato presso Ello; le testimonianze archeologiche consistono nella presenza di pali di palafitte, buche di palo di capanne e strutture di produzione di carbone».[19]

È interessante notare come il sostrato linguistico preindoeuropeo appartenga probabilmente a questo periodo. Come scrive Beretta nelle sue ricerche sulle strutture linguistiche preistoriche: «nell'analisi dei nomi liguri di fiumi, monti, siti, abbiamo constatato isomorfe, cioè collegamenti tra *monemi-formanti monosemantiche* con tendenza al monosillabismo, composte in *sintagmi* più complessi, *bisemantici, più un eventuale suffisso*, secondo strutture riscontrabili in tutto l'Antico Continente. I *monemi-formanti* che si ritrovano in tutto questo grande orizzonte hanno legittimato la compilazione di un primo *glossario sperimentale (…)*. La formazione di questi nomi dovrebbe risalire a un periodo preflessivo pre o protoindoeuropeo, ma è molto probabile che in quei dialetti fossero recepite *forme anteriori*, provenienti dalla Antica Europa agricola o *precedenti* e ce lo confermano i graffiti della Valcamonica e di altre zone affini, dove le culture neolitiche del V millennio sono subentrate alle culture precedenti dei cacciatori».[20]

Quando l'uomo inizia a costruire villaggi a mezza costa e sulle zone franche di fondovalle inizia a spostarsi secondo percorsi radiali e trasversali, consolidando i tracciati di alta quota. I percorsi montani non sono necessariamente quelli più comodi essendo la rapidità nello spostamento l'aspetto privilegiato. I pastori durante la transumanza e per spostarsi tra i pascoli estivi ripercorrono antichi tracciati che, talvolta, insistono su vie di percorrenza preistoriche.

Se facciamo un raffronto tra i passi odierni, con esclusione dei trafori, che attraversano le Alpi secondo l'asse nord-sud, abbiamo rispetto al Neolitico un rapporto di 12 a 212 valichi; ciò dimostra che la mobilità territoriale era elevata e continuativa. I percorsi potevano avere una funzione di collegamento con il territorio a più livelli. Il primo tipo può essere definito di *cornice*: «un tempo le aree più popolate, contrariamente a quanto accade oggi, erano quelle appartenenti alle montagne. Se, infatti, osserviamo

il paesaggio possiamo notare che i versanti, sia della valle centrale, sia delle valli laterali, sono puntinati da numerosi villaggi. Questi agglomerati, spesso costruiti nelle zone più impervie per lasciare alle colture i terreni fertili, erano serviti da un'efficiente rete viaria. I collegamenti tra villaggio e villaggio, quando la conformazione del territorio lo permetteva, venivano realizzati in maniera tale che la via non dovesse superare grossi sbalzi di quota così da evitare al viandante ripide salite e faticose discese».[21]

Si hanno poi dei tipi di collegamento "intervallivi" che permettevano la comunicazione tra le valli attigue e quelle situate in altri territori: «la comunicazione non avveniva solo tra villaggi situati sullo spesso versante ma anche con agglomerati ubicati sui versanti delle valli attigue. Questa realtà ha dato origine ad una rete viaria transvalliva attraverso i colli presenti sui crinali delle catene montuose; infatti per gli abitanti delle montagne era più rapido e più comodo usufruire di questi passi piuttosto che scendere sino alla paline, risalire il fondo della valle laterale e da qui inerpicarsi sul versante interessato».[22] Infine si hanno le vie di "fondovalle" il cui ruolo è quello di convogliare i maggiori movimenti di merci e persioni dalle valli laterali e che generalmente assume una disposizione a spina di pesce.[23]

Risulta fondamentale identificare le origini delle popolazioni europee che hanno costellato il territorio alpino con attività di incisione rupestre e che hanno iniziato la coltivazione mineraria. Il termine comunemente usato per indicare queste popolazioni è indoeuropeo e si deve allo scrittore tedesco Friedrich von Schlegel che, nel 1808, pubblica il libro *Sulla lingua e la sapienza degli Indù*, immaginando una immigrazione dall'India all'Europa, apportatrice di lingua e di cultura. Non esistono tuttavia prove inconfutabili su queste migrazioni; recenti studi hanno addirittura ipotizzato l'esatto contrario ossia che genti definite "ariane", giunsero nel subcontinente indiano portandovi una nuova lingua e una nuova cultura. Il termine indoeuropeo andrebbe quindi preso come definizione che indica l'insieme delle genti europee distinguibili per alcune caratteristiche comuni.

Appare opportuno fare un accenno alla loro lingua e luogo di origine. «Gli studiosi di glottologia sono riusciti a ricostruire l'antico linguaggio originario, dal quale sono derivati gli idiomi base: il latino, il sanscrito, il tocario, l'indo-iranico, l'ittita, l'armeno, il balto, il greco, l'illirico, l'italico, il celtico, il germano e lo slavo (...). Alfons Nehring sostiene che nella lingua protoindoeuropea esisteva il nome di un unico metallo: il rame; ciò poteva significare solo che la data di nascita degli ariani risale al Neolitico: infatti incominciano a venir forgiati utensili di rame intorno al 2200 a.C.; il cavallo nel protoindoeuropeo si indicava con il termine EKUOS, lat. EQUUS e bestiame

---

19. Martinelli, *Analisi palinologiche*, 57.
20. Claudio Beretta, «*I nomi dei fiumi, dei monti, dei siti - Strutture linguistiche preistoriche*», Centro Camuno di studi preistorici, Ulrico Hoepli Editore (Milano, 2007), 251-252.

21. Marica Forcellina, Sergio Dilani, Patrizia Petey, Paolo Scoffone, *Sistema viario e comunità rurale in Valle d'Aosta*, Priuli e Verlucca (Ivrea, 1992), 27.
22. Ibidem, 28.
23. Ibidem, 30.

con il termine PEKU, dal quale si può dedurre che detto popolo tenesse ed allevasse cavalli e bestiame: si trattava quindi di un popolo seminomade di cavalieri e pastori (...) Anche l'agricoltura deve essere stata praticata abbastanza presto dai protoindoeuropei, stando alla terminologia di aratro: lat. SERO, sanscrito SIRA, germ. SAMO, prusso SEMEN; il farro, lat. FAR, germ. BARR, russo BRASINO; il grano, celt. Irl. GRAN, got. KAURN, ted. KORN».[24]

L'identificazione del luogo d'origine (Urheimat), è ancora controversa e numerose sono le teorie esposte: molti indicano la patria originaria nell'Asia Centrale, in un territorio compreso tra il Turkestan e il Pamir, altri nella cosiddetta Russia Europea, ovvero a ovest degli Urali, altri ancora nell'Europa del Nord. Taluni si riferiscono ai territori austriaci e altri ai luoghi compresi tra la Germania del Nord e l'Elba e la Vistola, fino alle steppe che vanno dal Danubio agli Urali. Le ultime ipotesi, volte a determinare una provenienza originaria nord-europea, si basano sullo studio linguistico comparato considerando che la maggioranza delle lingue indoeuropee utilizza termini botanici e climatici riferiti a quest'area (betulla, quercia, pioppo, conifere, faggio). Resta comunque difficile definire con certezza quale sia l'origine di queste popolazioni ma risulta più semplice definirne i caratteri: patriarcato, società tripartita in caste di guerrieri, sacerdoti e lavoratori, uso della scure da combattimento, utilizzo del cavallo e del carro da guerra, utilizzo di simboli cosmici e solari quali la svastica, la croce e il cerchio, il culto del sole e delle acque, tendenza a organizzarsi in tribù autonome e indipendenti, ordinamento militare e predisposizione al combattimento.

Assistiamo così in Europa all'avvicendamento e all'integrazione di popolazioni autoctone con quelle che, di provenienza europea, sono state protagoniste di ondate migratorie: «la comprensione della situazione etnica nell'Italia preistorica si inquadra con le grandi migrazioni dei popoli nomadi indoeuropei che iniziano dal secondo millenio a.C. con gli Ittiti e Mitanni, i quali arrivano in Siria, Mesopotamia e in Egitto; con l'ingresso degli Arii nelle valli dell'Indo e del Gange e sull'altipiano iranico, che daranno qui inizio all'impero Persiano; con lo stanziamento dei popoli nomadi indoeuropei nelle steppe della Russia Bianca: i Cimmeri e gli Sciti; con la discesa ad ondate successive di altre popolazioni indoeuropee dall'Europa Centrale tra l'Oder e la Saale verso l'Adriatico: gli Illiri; e verso il mare Egeo: gli Achei o Micenei, sommersi infine dalla migrazione dorica (100 a.C.). Anche in Italia si ha, verso il secondo millenio a.C. l'irruzione di genti arie, atttraverso le Alpi, nelle valli del Po e del Tevere; ma anche via mare, attraverso lo stretto di Valona, verso le Puglie e la Sicilia».[25]

Il passaggio tra la presenza umana neolitica e quella legata allo sviluppo dell'utilizzo dei metalli, avvenuta all'incirca dal 2500 a.C., coincide con un cambiamento nel tessuto sociale inerente l'introduzione di un nuovo sistema socio-culturale che coincide con il passaggio da una cultura di stampo matriarcale ad una di tipo patriarcale. I primi mutamenti nell'arco alpino che indicano una presenza umana legata a nuclei importanti con strutture sociali e linguaggio unitario, sono convenzionalmente riconducibili alla sovrapposizione fra popolazioni di stampo autoctono e quelle appartenenti alla compagine protocelta, anche se è più probabile che esistessero già almeno dal Paleolitico comunità aggregate e ben organizzate, con usanze e linguaggi definiti (fig. 1.25).

L'area lacustre mostra «tracce antropiche risalenti all'Età del Rame legate ai ritrovamenti nel Triangolo Lariano di aree destinate a piccole necropoli (*Grotta del Maiale*, Valbrona) e di manufatti in grotte utilizzate come rifugi temporanei (*Grotta della Sabbia*, Civate; *Buco della Strega*, Magreglio; *Grotta del Tamborin*, Valle Bova nelle vicinanze di Erba). Resti di ceramiche e pietra lavorata sono stati rinvenuti in Provincia di Lecco presso Colico (in una torbiera), Olginate e Civate. Sono state trovate nel Triangolo Lariano evidenze dell'Età del Bronzo di insediamenti palafitticoli (Pusiano, Bosisio, Annone, Montorfano) e temporanei (rifugi in varie grotte), e di aree funerarie (Canzo; Lago del Segrino). Inoltre, presso la vetta del Monte Caslè a Ramponio Verna, in Provincia di Como, sono stati rinvenuti resti di un importante insediamento fortificato risalente a circa 3000 anni fa costituito da capanne protette da imponenti mura difensive. Frammenti di ceramiche e utensili in pietra e metallo sono stati trovati in Provincia di Lecco presso le località di Ballabio, Barzago, Casatenovo, Cernusco Lombardone, Cesana Brianza, Civate, Colico, Esino Lario, Introbio, Lecco, Merate, Nibionno, Oggiono, Pagnona, Pasturo e Rogeno. A Moltrasio è stata rinvenuta un ascia in rame nel 1895, risalente al 2500 a.C. in uno strato di argilla durante lavori di scavo presso l'area cimiteriale».[26]

Nella zona del Comasco «il metallo si diffuse in modo più generalizzato nell'età del Bronzo (con la cosidetta civiltà di Polada, 1700-1200 a.C., estesa in tutta la Pianura Padana), anche se la pietra e l'osso continuarono a essere largamente usati, come provano i reperti ritrovati a Bosisio Parini, Pusiano, Rogeno, Montorfano, Albate. Un reperto di straordinaria importanza, che testimonia il livello raggiunto nella lavorazione del metallo, è l'elmo a calotta ritrovato a Ello, insieme a spade, pugnali, asce, cuspidi di lancia e lamine».[27] Resti di coltivazioni e svariate tracce d'uso del fuoco nell'età del Bronzo sono stati rinvenuti in Val Cavargna. Un rinvenimento puntiforme è stato fatto nell'Alto Lario ed è costituito da un paalstab, scure in bronzo, ritrovata a Dorio. In Valle Intelvi a Ramponio Verna, sul Monte Caslè a circa 1050 m, è stato portato alla luce nel 1883 da Vincenzo Barelli e da J.B.Andrews, un castelliere risalente ad un'età compresa tra il Bronzo recente e la prima età del Ferro (1200/800 a.C.); l'opera risulta imponente con murature spesse 3 metri e con una

---

24. Gualtiero Ciola, *Noi, Celti e Longobardi*, Edizioni Helvetia (Spinea, 2008), 17-18.
25. Ibidem, 19.

26. Martinelli, *Analisi palinologiche*, 57-58.
27. Cani, Monizza, *Como e la sua storia*, 13.

pianta quadrangolare di dimensioni 160x100 m circa. Recentementi scavi hanno portato alla luce reperti litici risalenti all'età del rame e datazioni di residui carboniosi hanno stabilito la data del 3360 a.C. [28] A Erbonne, sempre in Val d'Intelvi, è stata ritrovata un'ascia in bronzo ad alette terminali del VIII sec. a.C. (fig. 1.26).

In questo contesto iniziano ad apparire culture protocelte o celte che si diffondono sul territorio legate alla diffusione della cultura dei campi d'urne: «la Pianura Padana, nella fase finale dell'età del bronzo, viene interessata da tre flussi di popoli inceneratori: uno formato dalla diretta influenza dell'area centro europea, l'altro dalle popolazioni che, aggirato l'arco alpino, si affacciano sula Pianura Padana, passando dalla Liguria; e infine quello della valle del Reno che si diffonde in Lombardia attraverso i passi della svizzera e il corso del Ticino. È forse quest'ultima corrente la più compatta e numerosa tanto da far nascere, dal contatto con le preesistenti popolazioni di stirpe ligure, una cultura ben caratterizzata detta *di Canegrate*, dal nome della più vasta necropoli identificata nei pressi di Legnano». [29] Il contesto territoriale della cultura di Canegrate collocabile a partire dal 1300 a.C. abbraccia un territorio che comprende il Canton Ticino, i laghi lombardi con particolare diffusione nel Verbano e nel Ceresio e la fascia compresa tra Novara e Milano ed è collegato al fenomeno della cultura dei campi d'urne centro europea che vede nella cultura di Hallstat il massimo esponente.

Assistiamo allo sviluppo dei traffici commerciali in Lombardia volti allo scambio di materie prime come metalli e materiali lapidei, prodotti artigianali e beni di lusso. Le vie fluviali (Oglio, Adda, Ticino, Sesia, Dora Baltea) e le viabilità adiacenti consentono di gestire una rete di transiti su direttrici nord-sud che collegano la Pianura Padana con l'Europa nord-occidentale. Lungo i corsi d'acqua si sviluppano insediamenti, scali e facies culturali; oltra a quello di Canegrate ricordiamo la cultura della *Scamozzina* (XIX-XX sec. a.C.), presso Abbiategrasso, diffusasi in Liguria e nella provincia di Alessandria. La Zecchinelli ricorda «che le sponde del lago di Como e la Valle Mesolcina fossero abitate da popolazioni civili ed attive fino dalla preistoria, lo dimostrano i reperti archeologici dell'una e dell'altra zona. Questi testimoniano sul lago una tranquilla popolazione agricola, e nella Valle Mesolcina, fin dalla seconda età del Bronzo (1800 a.C.) ma soprattutto nella età del ferro (700 a.C.), una abbondante popolazione agglomerata nella zona di Bellinzona. Giubiasco, il grosso centro poco a sud di Bellinzona, esattamente allo sbocco della Val Morobbia che scende dal passo di S. Jorio nella Mesolcina, ha dato una necropoli di ben 550 tombe distribuite in un periodo di circa 800 anni fino, all'incirca, ai tempi di Marco Aurelio». [30]

Le popolazioni inquadrabili nel medesimo periodo

storico avevano un atteggiamento dettato da un confronto quotidiano e totale con l'elemento naturale che scandiva i ritmi vitali e imponeva un altro tipo di sensibilità. I doni deposti alle fonti o negli specchi d'acqua, le manifestazioni religiose svolte nei momenti di passaggio delle stagioni, i riferimenti alle qualità ferine o la profonda conoscenza dell'ambiente naturale, sono solo alcuni elementi di una costellazione di simboli, saperi e modi d'essere, inevitabilmente legati al rapporto uomo-elemento naturale di derivazione preistorica. Le calate delle popolazioni celte, sono da inquadrarsi nel corso di fenomeni migratori che non sempre erano legati a situazioni di carattere traumatico trovandosi, talvolta, in territori già occupati da altri gruppi con gli stessi usi, costumi e linguaggio. Gli insediati integravano le attività praticate dalle popolazioni stanziali, quali la coltivazione di aree minerarie o l'utilizzo di luoghi per rituali.

Durante l'Età del Ferro l'area comasca fu interessata da intense frequentazioni antropiche della cultura di Golasecca. Abbiamo una costellazione di ritrovamenti riconducibili nella Lombardia protostorica ad «almento tre aree culturali differenti: quella di Golasecca, lungo la parte più occidentale della regione, con un'estensione che partendo dall'arco alpino giungeva fino al Po; quella delle valli prealpine e alpine centrorientali che gravitavano verso l'area retica centroalpina; quella che comprendeva le province di Cremona, Brescia e Mantova, collegate prima al mondo paleoveneto e poi, dal V secolo a.C., all'Etruria Padana. Solo nel 388 a.C., con l'ultima invasione dei Celti, si creerà un'unica area culturale dal Ticino al Mincio, fino alla venuta dei Romani». [31]

La cultura di Golasecca agiva su un areale tra la Lombardia (sud di Como e sud Lago Maggiore), il Piemonte orientale e la Svizzera (Bellinzona, area Val Mesolcina). Cronologicamente può essere inquadrata in sei distinte fasi: «Protogolasecca (XII-X sec. a.C.), Golasecca IA (IX-VIII sec. a.C.), Golasecca I B-C (fine VIII-VII sec. a.C.), Golasecca II A (prima metà VI sec. a.C.), Golasecca II B (fine VI- inizi V sec. a.C.) e Golasecca III A (seconda metà V - inizi V a.C.)». [32] L'origine dei golasecchiani viene indicata negli Insubri stanziati in territorio lombardo precedentemente alle invasioni galliche, o nella presenza celto-ligure. Ciò si spiega nel sostrato linguistico e toponomastico di derivazioni sia celte sia liguri.

Per quanto concerne il capoluogo lariano «secondo lo stesso Plinio il Vecchio, Como fu una fondazione degli Orumbovii, antica popolazione che abitava la zona delle Prealpi, forse i Liguri dell'Età del Bronzo che in seguito ai movimenti delle popolazioni celtiche armate si rifugiarono sulle montagne. In occasione di tali eventi ci sarebbe stata la commistione fra le parlate celtiche e la lingua indigena preindoeuropea; si potrebbe far risalire il primo insediamento stabile tardo-eneo di un nucleo di popolazione sulle colline meridionali di Como (San

28. Marina Uboldi, *Il Caslè di Ramponio Verna. Guida ai luoghi e agli scavi*, Nodo (Ramponio Verna, 2011), 3-32.

29. Cani, Monizza, *Como e la sua storia*, 14.

30. Mariuccia Zecchinelli, *Il passo alpino di S. Jorio nella storia e nella leggenda*, 65.

31. Elena Banzi, Elena Mariani, *Archeologia nel Parco del Ticino*, Musumeci Editore (Saint-Christophe, 1995), 19.

32. Ibidem, 20.

Fig. 1.25. Como. Il cerchio litico rinvenuto durante i lavori per la costruzione del nuovo ospedale Sant'Anna ha un diametro di circa settanta metri ed è inquadrabile in un periodo tra il Bronzo e la prima età del Ferro. È composto da tre corsi di pietre concentrici uno interno e due esterni ravvicinati tra i quali si è rilevato un piano di calpestio artificiale. Gli studi archeoastronomici condotti da Gaspani hanno evidenziato un orientamento nei confronti dei monti Croce, Caprino e Tre Croci. Da qui era possibile osservare la levata eliaca di alcuni astri che permettevano di stabilire con esattezza l'avvicendarsi delle stagioni e definire i cicli per la semina, la raccolta e l'allevamento del bestiame: Hamal (costellazione dell'Ariete) a metà Aprile dal Monte Tre Croci, le Pleiadi (costellazione del Toro) a metà giugno dal Monte Caprino, Aldebaran (costellazione del Toro) all'inizio dell'estate tra i monti Caprino e Tre Croci, Betelgeus e Rigel (costellazione di Orione) verso la fine di giugno dal Monte Tre Croci (foto R. Basilico).

Fig. 1.26. Ramponio Verna, Castelliere dell'età del Bronzo. Si noti la presenza di un masso all'interno della cortina muraria sul quale sono incise numerose coppelle (foto R. Basilico).

Fermo, Prestino, Rondineto), ricollegando il nome stesso della città a quei primi abitatori liguri».[33]

L'area adiacente Como che reca le tracce dei primi insediamenti abitativi è la dorsale della Spina Verde la quale «si estende a sud-ovest del centro storico di Como, a cavallo del confine italo-svizzero, comprendendo le alture del Sasso di Cavallasca (618 m), del Monte Croce (550 m), del Monte Caprino (487 m) e del Monte Baradello (432 m), su cui svetta la torre dell'onomimo castello, simbolo della città di Como».[34] L'area, diventata Parco con la Legge Regionale n. 10/1993, comprende la città di Como ed i comuni di S. Fermo della Battaglia, Cavallasca, Parè e Drezzo. La presenza umana è documentata senza soluzione di continuità dai primi insediamenti protostorici ad oggi: «Le prime tracce di frequentazione umana nell'area circostante la città di Como risalgono al XII-XI sec. a.C. epoca a cui sono ascrivibili due fibule rinvenute ad Albate (…) e molte tombe a cremazione attribuibili al X sec. a.C., mentre le scoperte più importanti all'interno dell'area insediativa partono dal VI sec. a.C. pur con qualche prova di utilizzo del villaggio risalente al IX e VIII sec. a.C.».[35]

Nell'area ritroviamo numerosi elementi di interesse. L'insediamento di Pianvalle (430 m slm), è uno dei primi dell'area comasca sviluppatosi dalla fine dell'Età del Bronzo all'invasione gallica della Pianura Padana. Si tratta di «un vasto lembo d'abitato risalente alla civiltà di Golasecca, individuato nel corso di scavi archeologici effettuati negli anni '70, che si estendeva per un'area di circa 150 ettari, lungo le pendici sud occidentali del Monte della Croce, a ovest dell'attuale città di Como, in una zona ricca di fonti d'acqua e leggermente sopraelevata rispetto al territorio circostante. A Pianvalle sono visibili fondi di capanne a pianta rettangolare delimitati da muri di ciottoli costruiti a secco con all'interno basi di focolari domestici. Tra le abitazioni diversi altri focolari, forse da collegare all'attività metallurgica dell'area, mentre tra i resti delle strutture è ben visibile un sentiero gradinato. Alcune abitazioni avevano il pavimento in coccio pesto e le pareti internamente ricoperte da strati di argilla arricchite con decorazioni (…). Nell'abitato si trovano incisioni rupestri inquadrate cronologicamente alla Prima Età del Ferro: nell'area dell'abitato di Pianvalle vi è una grande roccia ricca di incisioni rupestri tra cui dischi solari, figure cruciformi, reticolari, vulvari oltre a numerose coppelle collegate a canalette oppure ravvicinate a formare forme geometriche».[36]

Altre strutture rinvenute sono le Camere in roccia «strutture abitative con fondazioni scavate a vivo nella roccia su due o tre lati. Prevedevano una struttura rialzata realizzata in legno ed argilla con copertura in paglia, probabilmente simile a quelle dei *Masun* della *Valle Albano*. Esistono ancora oggi nelle Alpi edificazioni con fondazioni in roccia. In particolare in Piemonte, Lombardia e Trentino Alto Adige. La Camera Grande di Prestino, a sud del Parco Spina Verde, è l'esemplare più imponente tra le camere in roccia ritrovate ed ha una base rettangolare di circa otto per cinque metri, un'altezza di circa tre metri, pavimentazione in roccia con tracce di pali, canalizzazioni per lo scolo delle acque ed un argine in pietra in corrispondenza della parete verso valle».[37]

I *Masun*, termine per il quale viene anche usato il genere femminile, sono degli edifici rurali caratteristici della vallata fino ad una quota di circa 1.000 m utilizzate in particolar modo nel periodo del pascolo, ossia tra maggio e ottobre. Oltre a presentare delle caratteristiche legate all'economia rurale montana sono dei veri e propri fossili etnografici ricollegabili alle abitazioni rinvenute nel Parco della Spina Verde afferenti all'Età del Ferro. La struttura primaria è in sassi; il tetto è in legno a due spioventi molto accentuati, ricoperti di fascine in paglia di segale a gambo lungo, con uno spessore variabile di circa 50 cm; questo cereale era una coltivazione tipica della zona.

Oggi la copertura è stata sostituita da lastre in lamiera, non essendosi perpetrata la tecnica costruttiva della posa del manto vegetale; a scopo didattico è stato ricostruito un *Masun* nel comune di Stazzona. La distribuzione degli spazi nell'edificio prevede un locale inferiore adibito a stalla ed uno superiore (*sudèe*) adibito al deposito di foglie secche e fieno per gli animali; esistono anche delle costruzioni a tre livelli e tutti i locali hanno ingressi dipendenti. I timpani frontale e posteriore della copertura sono tamponati da un assito ligneo o da un sistema di pertiche affiancate disposte a rastrelliera (fig. 1.27).

All'interno dell'area del Parco «si trova la Fonte della Mojenca, opera idraulica per la captazione delle acque di una sorgente, attribuita al V sec. a.C. La realizzazione della struttura che racchiude la polla sorgiva è di origine protostorica ed è composta da lastre in granito poste sia sulle spalle, sia sulla volta. Il condotto si configura come un cunicolo che, dopo un primo tratto piuttosto omogeneo alto oltre 1,5 m, presenta uno sbalzo che ne rimpicciolisce la sezione; quest'ultima inizia a restringersi fino al fondo dove sembra dividersi in due rami. La larghezza, all'ingresso, è di circa 1,3 m e l'altezza di 1,5 m».[38] Gli insediamendti preromani, precedenti a Comum Oppidum, ebbero il massimo sviluppo verso la fine VI sec. a.C. Nell'abitato si svilupparono attività artigianali come la metallurgia, l'oreficeria, la tessitura e la lavorazione della ceramica. Gli scavi hanno portato alla luce quattro necropoli con tombe a pozzetto contenenti urne cinerarie e corredi per defunti, alcuni dei quali sono attualmente conservati presso il Museo Civico Giovio a Como.

La fondazione di Novum Comum avvenne nel 59 a.C. sancendo l'annessione del territorio alla compagine

33. Giulia Caminada, *Como e la provincia lariana* in «*Toponomastica della Lombardia*» a cura di Andrea Rognoni, Mursia, (Milano, 2009), 61.
34. Renato Manzoni, *Parco Spina Verde*, Enzo Pifferi, (Como, 2005), 8.
35. Ibidem, 12.
36. Ibidem, 13-14.
37. Renato Manzoni, *Parco Spina Verde*, 18.
38. Roberto Basilico e Sara Bianchi, *Il Trou de Touilles in Val di Susa, Piemonte, Italia. Indagini Archeologiche in un Acquedotto Alpino del XVI Sec.*, BAR International Series 1933, (Oxford, 2009), 20.

romana. Con il controllo di Milano da parte degli Insubri, il ruolo centrale economico di Como inizia a diminuire: «nonostante Como sia uscita pressoché indenne dalla seconda grande penetrazione celtica in Italia, avvenuta attorno al V se. A.C., l'influenza dei Galli Insubri stanziati nell'area milanese comincia a farsi sentire dal III secolo a.C. Como entra progressivamente nella loro orbita, pur restando formalmente autonoma, e nuclei di popolazione gallica si insediano nella zona lariana».[39] Il primo approccio dei Romani sul territorio comense si ebbe successivamente alle battaglie di Telamone (225 a.C.) e di Casteggio (222 a.C.) in cui furono sconfitti i Galli Insubri e Boi e venne conquistata Mediolanum.

Dopo la calata di Annibale i Romani si volsero ad ottenere il controllo della Gallia Cisalpina; nel 196 a.C. il console Claudio Marcello sconfigge gli Insubri e i loro alleati, tra i quali vi erano i Comensi, proprio nei pressi dell'antica Como. Ottenuta la resa degli sconfitti i Romani instaurarono un trattato federativo che gli permise, sostanzialmente, di avere il controllo del territorio con un processo di romanizzazione che risultò lento, specialmente nelle vallate che si affacciano sul Lario. Gli insediamenti umani che si trovavano sulle aree collinari furono spostati nella piana alluvionale, grazie a opere di bonifica quali la deviazione del fiume Cosia, che prima scorreva fino in Via Valleggio e poi fino a Piazza Verdi; nel 59 a.C. Giulio Cesare fondò Novum Comum sulla piana ormai bonificata.

Gli scontri sul territorio tra i romani e le popolazioni celte continuarono nel corso del tempo: ricordiamo tra le altre la calata delle popolazioni retiche stanziate a nord del Lario verso il 90 a.C., che devastarono la città, fino alle campagne augustee nell'arco alpino centrale contro i Vennoneti e i Leponzi che diedero più stabilità al territorio.

I reperti romani individuati sul Lario sono numerosi; molti si attestano sulla via Regina *Novum Comum - Clavenna - Curia* costruita su una viabilità più antica che evidenzia la presenza territoriale di popolazioni preromane: «Se ora, uscendo dalla convalle, seguiamo l'itinerario della Via Regina che in epoca romana congiungeva Novum Comum a Summus Lacus (e da qui raggiungeva Clavenna e i passi alpini), notiamo un'interessante sequenza: si tratta di scoperte riferite all'età del Ferro e alla fase della romanizzazione che (...) possono offrire, qualche spunto per ipotizzare per l'età del Ferro, anche in questo caso, un antecedente tracciato della via Regina, oltre che testimoniare frequentazioni e presenze in tale epoca nelle aree rivierasche presso questo versante del lago. Ci riferiamo alle quattordici tombe a cremazione datate al V sec. a.C (Golasecca III A) rinvenute a Carate Lario in località Campo Rotondo, ai resti del corredo di una o più sepolture attribuite allo stesso orizzonte cronologico rinvenute sempre a Carate in località Bicocca, alle due tombe rinvenute ad Ossuccio datate al V-IV sec. a.C (tomba 1- Golasecca III A 2; tomba 2 - Golasecca III A 3), al frammento di fibula ad

arco serpeggiante a bastoncelli trasversali datata al VII sec. a.C. e rinvenuta nel XIX secolo a Dongo ed ancora alle sepolture attribuite, sulla base dei corredi ormai dispersi, alla fase di passaggio tra la Tarda età del Ferro e la prima romanizzazione (II-I sec. a.C.) scoperte a Gravedona, nonché alle due tombe attribuite allo stesso orizzonte cronologico scoperte tra Gravedona e Domaso in occasione dell'allargamento di un tratto dell'odierna via Regina, ed infine al rinvenimento di reperti sempre datati al II-I sec. a.C. scoperti a Samolaco. Questi dati complessivamente ci segnalano la presenza durante tutta l'età del Ferro di genti celte (golasecchiane nella prima età e lateniane o latenizzate nella seconda età) che nei territori rivieraschi avevano verosimilmente posto insediamenti che, a causa della stratificazione che nei secoli si è verificata in queste zone molto ristrette, poste come sono tra il lago e le montagne, ma anche a causa dell'utilizzo di materiale deperibile, non ci sono altrimenti noti. A questi elementi aggiungiamo il dato epigrafico che ci viene offerto da alcune iscrizioni latine che menzionano nel territorio oggi in comune di Ossuccio la presenza del vicus degli Ausuciates, popolazione locale ricordata nell'iscrizione attualmente sita nella chiesa dei SS. Sisinnio e Agata».[40]

Ulteriori elementi compaiono a Lenno (colonne e capitelli ritrovati nel lago, tracce di un edificio, ara romana con dedica agli Dei Mani), tra Lenno e Tremezzo (ville dei Plinii), a Santa Maria Rezzonico: (recinto murato di una fortificazione con imponenti mura larghe fino a 2 mt ascrivibile al IV-V d.C. e collegabili alla vicina torre detta *castelasc*), a Menaggio (iscrizione di Lucio Minicio Eforato in una lapide in marmo di Musso inclusa nella facciata della chiesa di S.Marta del I secolo d.c.).

Troviamo altre testimonianze a Musso (cave di marmo la cui coltivazione risale al periodo romano, utilizzate per le Colonne di San Lorenzo), a Gravedona (are romane e resti presenti in Santa Maria del Tiglio, due tombe a cremazione attribuite di epoca gallica con corredo funebre, varie tombe con ossa umane in località Castello, e presso l'Oratorio di piazza Mazzini), a Gera Lario (resti villa romana sotto alla chiesa di S. Vincenzo) e a Samolaco (*Summus lacus* antico ternine del lago e punto di imbarco indicato sulla tabula Peutingeriana)[41] (figg. 1.28, 1.29, 1.30, 1.31).

I.3 - Inquadramento toponomastico e linguistico

La toponomastica, scienza correlata all'aspetto linguistico che si occupa dello studio dei nomi di luogo, tramite l'etimologia ci fornisce informazioni su un luogo e la sua antica funzione. «Per una consuetudine primordiale, che entra nell'evoluzione psicologica umana, l'uomo ha

---

39. Cani, Monizza, *Como e la sua storia*, 23-24.

40. Fulvia Butti Ronchetti, Chiara Niccoli, *I passi alpini centrali: un aggiornamento*, in AA.VV., *Alpis Poenina, Grand Saint Bernard, Une voie à travers l'Europe*, Imprimerie Valdôtaine, (Aosta, 2008), 459-460.
41. Chiara Niccoli, *Breve censimento dei ritrovamenti archeologici dell'Alto Lario Comasco dalla preistoria al Romanico*, in Rivista Archeologica dell'antica Provincia e Diocesi di Como, anno XVIII n.1, (Como, 2004).

Fig. 1.27. Immagine in alto: Masun ricostruito nel comune di Stazzona; mostra la caratteristica copertura in segale, usanza costruttiva ormai quasi completamente persa. Questo tipo di rivestimento è stato sostituito da lamiere metalliche. Immagine in basso: la tipologia costruttiva tipica del Masun è riscontrabile anche nelle ricostruzioni di abitazioni preistoriche; nell'esempio una riproduzione di una capanna dell'età del Ferro presso lo Hunebedcentrum a Borger in Olanda (foto G. Beltramelli, R. Basilico).

imparato a risalire dal particolare, cioè dal singolo oggetto, all'universale, cioè alla categoria e al *sistema* formato da *quegli oggetti* (…) Il primo atto psicologico dell'uomo è stato dunque il *distinguere un oggetto*, ad esempio un cervo o una lepre, dal resto del reale ed imporgli un nome, compiere cioè una *denotazione*. Dal cervo singolo l'uomo risaliva poi naturalmente al branco e quindi alla categoria, cioè al *sub-sistema* dei cervi».[42]

Questo sistema di decodificazione si ritrova anche negli elementi topografici permettendone una classificazione e identificazione singolare e comunitaria. L'evoluzione dei toponimi ha seguito un percorso che è partito dall'identificazione di nomi comuni, che avevano anche valenza di nome proprio: «per la mentalità dell'uomo preistorico ogni elemento della natura rappresentava una *forza* che si attuava in una *potenza*.[43] La trasmutazone da nome comune a proprio permise che venissero riconosciuti come tali anche dal successivo avvicendarsi di altre popolazioni; per questo in un toponimo troviamo la traccia della popolazione che l'ha coniato.

Riconoscere la lingua di concepimento del nome di un luogo, significa quindi attestare la presenza di una popolazione in un'area specifica e determinarne il significato primigenio; un'area abbandonata o trasformata radicalmente nel tempo, preserva un nome che ne definisce la funzione originaria. Lo strumento utile per studiare e analizzare la toponomastica è il *radicale* (√) che «vorrebbe rappresentare il cuore del nome, (…) il *residuo storico* di una *agglutinazione* della quale non sempre conosciamo le componenti».[44]

Alcuni luoghi hanno nomi antichissimi, risalenti alle prime presenze umane. Se consideriamo le vette come elementi visibili sul territorio e, dunque, importanti riferimenti topografici, notiamo come le stesse potessero avere nomi differenti in base ai versanti sui quali si affacciavano, per via dell'incomunicabilità delle valli. La sopravvivenza di un toponimo rispetto agli altri è dipendente dalla popolazione più numerosa e più vicina alla stessa. Altri elementi topografici caratterizzanti del territorio per questioni strettamente legate all'orientamento, sono la pianura, il fiume, il guado, le zone lacustri. Sempre per ragioni topografiche in passato si è sempre teso a non alterare i nomi di *topoi* strategici, in quanto importanti punti di riferimento per gli spostamenti di genti ed eserciti.

I.3.1 - *L'ausilio della toponomastica nella ricerca*

L'ausilio della toponomastica nello studio di un'area è importante per riconoscerne le fasi di sviluppo. Il paesaggio, in continua evoluzione, è il risultato dell'impattante processo di antropizzazione dei territori per cui questa disciplina risulta lo strumento più indicato per «per riuscire

a "rinominare" il mondo»[45]. La collocazione geografica dell'Alto Lario ha ospitato e visto il passaggio di civiltà, culture e lingue diverse. La grande Pianura Padana, con i suoi laghi e fiumi navigabili fungeva da *trait d'union* tra le montagne e il mare Adriatico.

La sedimentazione linguistico-culturale della Lombardia mostra i segni di un processo di continuità che trova le sue radici nella lingua preindoeuropea; la toponomastica insegna che «i nomi delle acque, dei monti e dei siti non seguono le vicende delle lingue e nemmeno delle religioni».[46] Essi hanno seguito un percorso diverso, lento, lungo e possiedono una matrice conservativa correlata al concetto di sacralità dei luoghi.

I.3.2 - *Toponomastica della provincia lariana e dell'Alto Lario*

«Storia di Como Antica di Luraschi apre un'affascinante squarcio sulla toponomastica comasca. L'ipotesi che molti toponimi comaschi siano spie del sostrato ligure del territorio e della sua antica organizzazione diventa uno dei metodi attraverso cui, alla luce delle fonti esaminate nel loro insieme, l'autore ricostruisce le strutture politico-sociali della comunità comasca preromana. Ai Liguri, che si suppone abitassero il Comasco prima dell'arrivo dei Celti golasecchiani, viene fatta risalire l'origine del suffisso *-asco*, *-asca* che indicava le zone pascolive di proprietà comune agli abitanti di uno stesso *vicus* (sede della formazione politica più vasta e complessa) o terre a bosco e a pascolo aperte agli usi di uno o più *vici*».[47]

I suffissi *-asco*, *-asca* si diffusero dunque nelle aree montuose mentre i suffissi di origine celtica o romana come *-acum* e *-ago* si ritrovano nelle zone pianeggianti occupate da Celti e Romani, arrivati cronologicamente in fasi successive rispetto ai Liguri; «a ulteriore conferma i termini a base preindoeuropea (verosimilmente ligure) *alp-*, *alb-*, *mell-*, *berg-*, con cui si indicano le comunità d'altura e le zone montuose».[48]

Alcuni studi hanno proposto la «ricostruzione topografica del *conciliabulum Comense* attraverso la corrispondenza fra le ventotto comunità castellari preromane e le ventotto pievi della diocesi comense (…). Ricostruita l'estensione delle pievi si nota che i toponimi con la formazione in *-asco*, *-asca* e altri indicanti le terre comuni cingono il territorio plebano e gli stessi devono risalire, almeno in parte, a un sostrato indigeno».[49] Secondo quanto riportato da Uggeri, dalla raccolta di testimonianze toponomastiche antiche e medievali, emergono informazioni di carattere generale per gli aspetti più ricorrenti, che cercheremo di sviluppare

---

42. Beretta, *I nomi dei fiumi, dei monti, dei siti - Strutture linguistiche preistoriche*, 11-12.
43. Ibidem, 13.
44. Ibidem, 14.

45. Andrea Rognoni, *Sondrio Valchiavenna e Valtellina* in «*Toponomastica della Lombardia*», a cura di Andrea Rognoni, Mursia, (Milano, 2009), 9.
46. Beretta, *I nomi dei fiumi, dei monti, dei siti - Strutture linguistiche preistoriche*, 9.
47. Caminada, *Como e la provincia lariana*, 60.
48. Ibidem, 61.
49. Caminada, *Como e la provincia lariana*, 61.

Fig. 1.28. Gravedona, Santa Maria del Tiglio. Chiesa romanica del XII secolo d.C. sorge su un luogo di culto pagano. Vi sono due are romane: una inglobata nella costruzione e una posta all'esterno dell'edificio. Nelle murature vi sono numerosi inclusi marmorei scolpiti appartenenti a precedenti edifici (foto R. Basilico, G. Padovan).

Fig. 1.29. Santa Maria Rezzonico. Recinto murato di fortificazione del IV-V d.C. le cui mura sono spesse fino a due metri (foto R. Basilico).

Fig. 1.30. Tracce di percorrenza. Sul tratto della Via Regina tra Dongo e Musso, di origine romana, si osservano solchi nella roccia dovuti al transito di carri. L'orizzonte degli eventi è stato collocato tra il periodo tardo romano e quello medievale (foto R. Basilico).

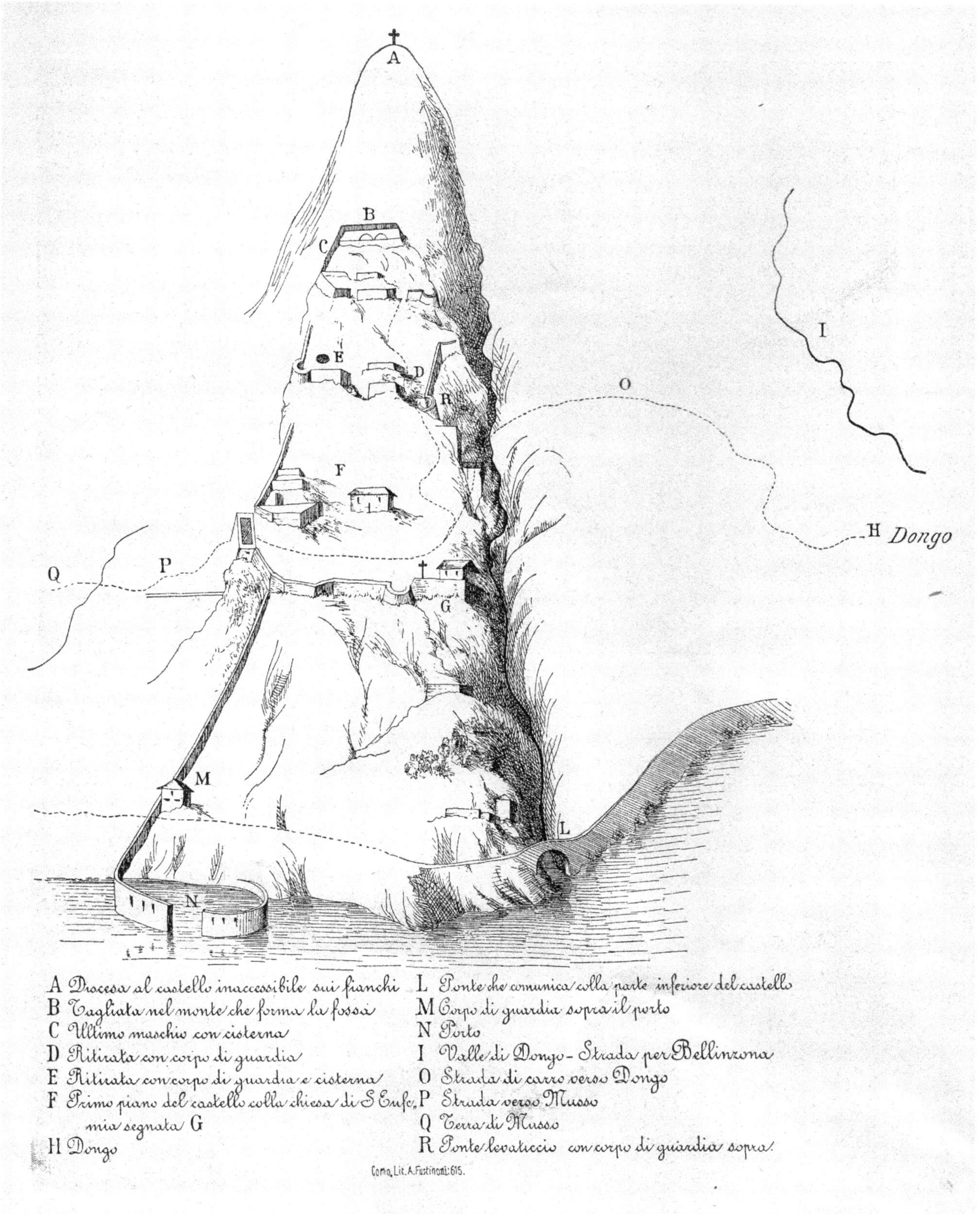
A
B
C
E
D
R
O
I
F
H Dongo
Q
P
G
M
L
N
A Discesa al castello inaccessibile sui fianchi
B Tagliata nel monte che forma la fossa
C Ultimo maschio con cisterna
D Ritirata con corpo di guardia
E Ritirata con corpo di guardia e cisterna
F Primo piano del castello colla chiesa di S. Eufe-mia segnata G
H Dongo
L Ponte che comunica colla parte inferiore del castello
M Corpo di guardia sopra il porto
N Porto
I Valle di Dongo - Strada per Bellinzona
O Strada di carro verso Dongo
P Strada verso Musso
Q Terra di Musso
R Ponte levaticcio con corpo di guardia sopra
Como, Lit. A. Fustinoni 615.

Schizzo schematico del "Castello di Musso" (disegno dell'epoca d'autore ignoto).

Fig. 1.31. Cava di Musso. Il disegno rappresenta il Castello, tenuto saldamente dal Medeghino, con i suoi principali corpi e sistemi difensivi (illustrazione tratta da Luigi Carove, *Il castello di Musso e le sue cave di marmo*, Pietro Cairoli, Milano, 1929, 8).

e contestualizzare nell'area di studio esaminata[50] (fig. 1.32).

Tra gli elementi principali studiati dalla toponomastica abbiamo:

1. Paesaggio. I toponimi permettono di rintracciare un ambiente antico anche in contesti che hanno subito notevoli trasformazioni.
2. Elementi linguistici. Si riconosce l'origine di un luogo in base alla lingua dei fondatori.
3. Popoli e confini. I nomi di popolazioni si riscontrano nel contesto territoriale in cui il concetto di limes è legato a un'idea di sacralità.
4. Viabilità. È necessario distinguere le testimonianze antiche da quelle che attestano il solo passaggio di una strada senza suggerirne l'epoca di appartenenza.
5. Centuriazione. Collegata allo sfruttamento sistematico del territorio e iscrivibile all'areale romano.
6. Assetto rurale. Le tracce sono riscontrabili nel tessuto urbano e territoriale attuale.
7. Attività economica. I toponimi possono attestare la natura commerciale di una città o di un luogo.
8. Idrovie. Attestano l'antica ubicazione di canali navigabili.

Tra queste voci si ritrovano nell'area altolariana quelle inerenti il paesaggio (1), gli elementi linguistici (2), i popoli e confini (3) e la viabilità (4). L'analisi condotta ha tenuto conto dei termini attuali e di quelli dialettali, allorchè sia stato possibile rintracciarli.

Nei suoi studi Bruno Mazzoleni è riuscito a identificare, con un meticoloso lavoro di ricerca, tutti i termini toponomastici della parte occidentale altolariana (figg. 1.42, 1.43, 1.44).

(1) Paesaggio
I toponimi presenti nell'area sono in prevalenza idronimi ed oronimi (fig. 1.33).

Idronimi

Adda: «Fra gli immissari del Lario, Adda presso gli autori latini è Addua, Adua e Adda Flumen. Secondo Cassiodoro l'idronimo deriva dal latino *duo* due perché anticamente erroneamente si credeva che l'Adda nascesse da due sorgenti anziché una. L'ipotesi etimologica più attendibile è che sia nome di origine prelatina formato da una radice *ad* con valore idronomico e suffisso preindoeuropeo –*ua*».[51]

Albano (Alban, forma dialettale): riconducibile al «nome latino Albanus; all'aggettivo latino *albanus* da *albus bianco*»[52] o più verosimilmente al termine ligure *alb* con il significato di *luogo in prossimità di corso d'acqua*.

I radicali √*al*, √*alv*+*am* (cfr. Albano in Alta Valtellina), hanno origine celtica indicanti l'elemento acqua.[53]

Briàsch (forma dialettale) da brig/brica. Toponimo celta relativo a valli o monti scoscesi. In questo caso indica una valle con torrente.

Làmi. Il termine viene utilizzato localmente per indicare le valli con le dimensioni maggiori; altre interpretazione raccolte sul territorio identificano in questo termine le valli i cui corsi d'acqua hanno un carattere torrentizio particolarmente impetuoso e violento o le valli laterali con funzione di affluente. Il termine potrebbe riferirsi al «radicale √*lm-lc*, collegabile all'elemento acquatico (celtico *llyn (lc)*, gaelico *linn* e loch (lc), germanico *Lache (lm)*, latino *lacus (lc)* o *lamam (lm)* con significato di palude, acquitrino, lombardo *lanca (lc)*».[54] Abbiamo tra gli altri: Làmi da Marnòtt, Làmi da Padavemena, Lami da Pida, Lami Russ, Lamiö, Làmi da Muradìna, Làmi da Puzz. Abbiamo un riscontro anche nei documenti: «Lamì, al - 1862, Lami della Costa, valle detta - 1722, Lami della Pila - 1862, Lamiolum, ad - 1485. Il toponimo è nominato in atto notarile del 18 aprile 1485 in riferimento a terra prativa e selvata, *Terra di Lamiolo* nel 1720, *Valle di Lamiolo* tra i *Pezzi nei Confini* nella mappa Teresiana. In data 23 agosto 1952 il consiglio comunale deliberava l'approvazione del progetto relativo alla sistemazione della frana Lamiolo. Infatti era avvenuto che: *causa le continue piogge dell'estate ed autunno dell'anno 1951 si è creato uno scoscendimento della ivi esistente ripida falda montana e conseguente interruzione del traffico sulla unica via di allacciamento con la vallata ove risiedono i principali prodotti di approvvigionamento della popolazione.* Lami Rosso, al - 1862, Lamyum, ad - 1470)».[55]

Lario: i romani chiamavano Larius il lago sulla quale si affacciava *Novum Comum*.

Liro: «Per il torrente Liro si consideri che *liri- acqua melmosa* è una base preromana. Livo potrebbe essere ricondotto al latino clivius *declivio, pendio*; Olivieri cita anche il latino olivum *olivo*».[56]

Oronimi

Legnone: «La più alta montagna della Provincia di Lecco sorge in alto lago e sovrasta Colico; è il Legnone (*Legnun*, 2609 m). Per Dante Olivieri è da mettere in relazione, per motivi peraltro oscuri, con *legno*. C'è chi invece sostiene che l'antico toponimo della montagna *Lineone*, volesse indicare l'importante riferimento ottico della vetta.

Bregagno: dal celta briga/brica deriva il termine dialettale utilizzato ancora oggi nelle regioni nord occidentali d'Italia per definire luoghi scoscesi *bric*. Ne è esempio

50. Giovanni Uggeri, *Il contributo della toponomastica alla ricerca topografica* in «*La topografia antica*» Giovanna Bonora, Pier Luigi Dall'Aglio, Stella Patitucci, Giovanni Uggeri, Clueb (Bologna, 2000), 38.
51. Caminada, *Como e la provincia lariana*, 68.
52. Ibidem, 68.

53. Beretta, *I nomi dei fiumi, dei monti, dei siti*, 27,28.
54. Ibidem, 28.
55. Rita Pellegrini, *Antica vita fra le masoni - Garzeno*, Attilio Sampietro (Menaggio 2009), 339.
56. Caminada, *Como e la provincia lariana*, 70.

Fig. 1.32. Monte Berlinghera, vista della parte terminale atolariana. Denominato localmente Terminone questo muro di confine era posto a delimitare le proprietà comunali dei pascoli; se ne hanno indicazioni già nel Settecento anche se vi sono ipotesi relative a un sistema di delimitazione precedente, visto la tipologia dell'opera. Siamo in presenza di un chiaro esempio di come la toponomastica sia significativa nel rintracciare situazioni pregresse (foto R. Basilico).

il monte Bregagno che sorge sulla sponda occidentale del Lario ed è alto 2107 metri. «La forma *Briga* è più vicina al significato di *passo* come testimoniato da *Brig* (Sempione, m 681), *Aprica* (Valtellina-Valcamonica, m 913), fino a *Brig* (Istria, m 349)».[57] È interessante notare quale esempio sulle affinità linguistiche e toponomastiche tra l'area in esame e quella ligure a cui sono riferibili collegamenti diretti, alcuni elementi del Monte Beigua in Val Bormida, area con presenza importante di incisioni rupestri. L'analogia *Brig-Beg-Bec* oltre a indicare luoghi scoscesi indica il maschio ovino e caprino che, nella preistoria, ebbe delle connotazioni sacrali. Si è compreso come «le popolazioni delle aree circostanti la cima del Monte Beigua individuassero sulla sua vetta il loro luogo di culto, la loro montagna sacra. La presenza di rocce incise, di antichi itinerari che conducevano in vetta, nonché la forte assonanza toponimica con il monte Bego, di cui pare ripetere, forse appena deformato da una diversa pronuncia, il nome stesso: Bego-Beigua, sono elementi che paiono già evidenziare la possibilità di un'aura sacrale alla cima. Sacralità evidenziata anche dal rinvenimento, su un punto impreciso della vetta, del simulacro in arenaria della probabile divinità del Beigua: l'ariete.

Questa singolare presenza, segnalata dal Garea nei primi anni del secolo scorso, introduce anche una seconda importante considerazione di natura toponomastica: infatti, nei dialetti locali, l'ariete, la cui potenza fecondante era fondamentale per la prosperità di popolazioni di pastori, è tuttora denominato béru; è possibile che, attraverso il rotacismo di questa parola: *béru* (poi *bégu*, ed infine *béigua*) si sia giunti alla forma toponomastica odierna? Il Garea riteneva, infatti, che il nome Bèigua derivasse dal dio ariete Begu e che il suo simulacro fosse da riconoscersi in quell'ariete in arenaria da lui trovato sulla vetta del monte all'apice di una sorta di piramide tronca di pietre a secco. Vi sono anche interpretazioni che associano il nome Beigua alla divinità alpina Baigus, che in zona pirenaica prendeva il nome di Baigorix. Il dibattito sulla divinità di cima lì venerata e sulla sua identità potrebbe protrarsi all'infinito, ma comunque la sostanza resterebbe identica: la divinità localizzata sulla cima era comunque venerata su una montagna sacra.

Alla luce delle ultime ricerche è plausibile il fatto che le comunità delle aree circostanti la vetta di questo poderoso massiccio individuassero anche su alcune cime a loro più prossime (o più suggestive e temibili per varie motivazioni) i luoghi di venerazione delle varie divinità;

57. Beretta, *I nomi dei fiumi, dei monti, dei siti*, 44.

Fig. 1.33. Vista della Valle Albano da Germasino. Le valli contengono a loro volta una serie di valli più piccole, forre, torrenti e rii che, in funzione della loro dimensione, collocazione e portata assumono localmente delle denominazioni di antica derivazione linguistica (foto R. Basilico).

spesso è la stessa toponomastica del luogo a lasciar trasparire significative indicazioni: la Rocca del Triùn indicherebbe un luogo privilegiato dal fulmine, la cui più vistosa e cupa conseguenza è il tuono, rombo terribile che poteva rappresentare la voce del dio irato».[58] Altra analogia linguistica è nel termine *trona* che in alcune forme dialettali locali indica il rumore del tuono. (fig. 1.34)

Cardinello (2520 m): «nelle Alpi le basi Car e Gar, nascondono l'idea di grandi cime rocciose o di zone dove la pietra è sovrana(...) Sono oronimi Carden, *Cardinello*, Cardone, Carè Alto, Carona, Carigliera, Carlei, Carmo, Caronte, Carpano, Carpiagne, Carraia, Carraye, Carro, Cars, Cartairet, Carton. Caramantran suona come il provenzale *caramantran*, il fantoccio di paglia da bruciare a carnevale, di cui ha subito l'attrazione. (...) Anche nei nomi di villaggi o di casolari, purchè inseriti in un ambiente roccioso ed accidentato, sono utilizzate le radici Car e Gar».[59] (figg. 1.35, 1.36)

Località

Alp, Motta. «Le Alpi nel loro insieme traggono il nome da migliaia di pascoli elevati, ciascuno dei quali venne denominato ALP, ALPE (...). Strabone, geografo greco nato intorno al 58 a.C., scrive: "le Alpi si sarebbereo dapprima chiamate Albia o Alpionia. Difatti presso i Giapodi (attuale Slovenia) esiste tuttora un monte chiamato Albius". Il riferimento alle origine preromane esclude una derivazione dal latino *albus* o *alere* riferito ai pascoli di montagna, e anche la radice *ALB* sarebbe derivata dalla radice *ALP*, come si è verificato frequentemente nelle lingue mediterranee in cui il la sonora B è derivata dal labiale P».[60] Anche la derivazione celta del termine appare inadeguata in quanto l'areale di distribuzione copre tutto l'arco alpino ma esclude la Bretagna il Galles e l'Irlanda. È quindi verosimile che la radice ALP appartenga al sostrato preindoeuropeo.

La radice *MOT* o *MUT* è un fossile linguistico; «gli etimologisti risultano divisi nel giustificarne la nascita: chi non si pronuncia, chi lo vuole derivato da una voce germanica, chi non ne esclude l'origine preindoeuropea mediterranea. A questo proposito il Trombetti cita degli antichi *Moutas, Mota, Motas, Mutas* in Asia Minore, mentre dal canto suo il Lahovary trova nell'India Meridionale i corrispondenti *mutu, matu, matta* che in dravidico significano proprio elevazione o collina. Il basco *mot(H) o* serve ad indicare cose diverse sulla testa di una persona, (…) nell'occitano, nel provenzale, nel piemontese e nel

58. Prestipino, *Alla scoperta delle rocce incise nel geoparco del Beigua*, 16-18.
59. Paul-Luis Rousset, *Ipotesi sulle radici preindoeuropee dei toponimi alpini*, Priuli & Verlucca (Ivrea, 1991), 58.

60. Ibidem, 185.

lombardo, *mota, muta* significavano un tempo collina ed oggi indicano le zolle di terra che si staccano con le radici dell'erba, (…). Con lo stesso termine il francese antico designava dapprima un rialzo naturale, poi un terrapieno costruito a scopo difensivo».[61]

Motta indica quindi una località montuosa il cui significato è riferibile ad altura «Motta, Mottarone sul Verbano, ed anche Massa, Meda MI, Mede Lom. NO, Medano UD, tutte su terrazze alte ed i monti Medaro in Canton Ticino (2551 m) e Mede (2094 m) CN. Nei dialetti sono rimasti: ligure motu, motta = zolla, lombardo meda = mucchio, motta = mucchio, terrazza alta».[62]

Sul territorio si riscontrano, tra gli altri, i seguenti toponimi riportati in forma dialettale: Motta Foiada, La Motta, La Mùtta, Muttadèl, Motta Baìt, Mòtta Rodono, Mutt de Canagrànda, Mutt de Sebòl, Mùtta di Corn, Mùtta Pedàda, Mutto Cùngo, Muttùn d'Alquera, Muttùn de Gordia, Muttùn Simmetràl. Abbiamo inoltre riportato su atti notarili i seguenti toponimi: «Mota, in montibus de la - *In montibus de la Mota et de Lagormago* in testamento del 21 febbraio 1459. *La Motta / Stradella detta alla Motta* nella mappa Teresiana. *Alla Motta / Monte della Motta* in testamento del 7 marzo 1750. *Alla Motta / Ai campi della Motta / Zocca della Motta / Quadri della Motta* nel 1862 (…) Motarellam, ad - Appezzamento vitato qui sito è nominato in atto notarile del 26 gennaio 1506. *Alla Mottarella* in testamento del 26 aprile 1636. *Motarella* fra i *Pezzi nei Confini* della mappa Teresiana. *Motarella* anche nel 1862. Motarelum, ad - Prato qui sito è nominato in atto notarile del 6 febbraio 1534. *Mottarello* il 26 aprile 1636. *Motarello* nella mappa Teresiana del 1722. Motta dei sassi - 1862, Motta dei Tamoscini, alla - 1862, Motta di Begna - 1862, Mottarell - 1862, Motta Rigata - 1862».[63] Non va trascurato il fatto che i radicali √*ml*, *mr* e *mt* si riferiscono nel celtico al termine monte.[64]

È interessante notare infine la presenza del termine dialettale *Müdada*. Associato al concetto di *Alp*, che indica l'ambito territoriale dall'inizio a valle fino alla sua estensione verso la cima, *müdada* si riferisce generalmente al primo edificio che si trova nel territorio dell'alpeggio. È altresì vero che si trovano dei luoghi tuttora definiti in questi termini in cui non vi è traccia d'edifici né memoria di essi, chiaro indicatore topografico di un residuo sul territorio anche in seguito alla cessazione della funzione primigenia. Si può supporre che il termine derivi dal radicale √*mt* di Motta.

Zocca. Termine che indica una dorsale montuosa sita tra due valli. Citiamo le seguenti località: Zoca de Laràa, Zòca de Sebòl, Zòca de Nef, Zocca della Motta.

Insediamenti

Blevio, Bellaggio, Bellano. «Tutti in posizione analoga, su collina che scende precipite nel lago».[65]

Brecc, Bròn, Breguìgg. Forme dialettali riferite a insediamenti della Valle Albano. Alcuni dei toponimi riferiti al celtico briga/brica.

Catasco. Presenta un suffisso in *-asco*, che con i suffissi *-ana, -one,* è prevalente nel Levante e nell'Oltregiogo Liguri.

Gravedona e Dongo. Secondo Luraschi Gravedona deriverebbe dal termine protoceltico *grava* ovvero «area ghiaiosa» e dal termine celtico dun «fortezza, abitato fortificato» presente anche in Dongo (termine dialettale *Dung*). Secondo Orsini i suffissi *-onna, -una* risalirebbero alla lingua Etrusca.[66]

Stazzona. Presenta suffisso Romano derivante da *-onio*.

Bariàgh, Peàgh e Zoca de Laràa. Toponimi locali (forma dialettale) riconducibili a termini antichissimi. «Esistono due suffissi-formanti di origine padana, dei quali non saprei dire se pre- o protostorica: *-ago* che trova riscontro nel lombardo dialettale *-agh* (Mornagh), nel tedesco *-ach* (Breisach), nelle zone francesi con *-ac*, specialmente in Guascogna (Rouffignac). *-ate* forma italiana, specialmente lombarda, di un dialettale *-aa*: Marnate (VA) *Marnaa*; Lurago (d'Erba e Marinone, CO) *Luragh,* ma Lurate (*Luraa*) come Merate LE (*Meraa*)».[67] (figg. 1.37, 1.38, 1.39, 1.40)

(2) Elementi linguistici
La zona esaminata conserva tracce di un insediamento ligure primitivo. «Oggi ancora, malgrado le distinzioni, i dialetti liguri sono affiancati per diversi suoni e strutture ai dialetti padani, cioè gallo-romani. Qui non possiamo citare gli autori di epoca greco-romana e posteriori (Euripide, Livio, Virgilio, Strabone, Polibio, Diodoro) che parlarono dei Liguri, né entrare nel merito di questi confini, delle loro lingue con estensione almeno fino a Como, Bergamo, Crema (che conservano gli aggettivi *comasco, bergamasco, cremasco*)».[68]

Si riportano di seguito alcuni toponimi di natura paleografica.

Albaredo (Germasino). Toponimo che può riferirsi al termine *arbor* nell'accezione di «luogo piantumato» o al termine ligure *alb* (in prossimità di corso d'acqua). Ricordiamo anche Albia o Albià, «Albagnedum, un appezzamento prativo e selvato sito in *dicto monte* [di Brenseglio] *ubi dicitur in Albagnedum* è nominato in atto notarile del 4 Gennaio 1485, (…) Albalia, riferito a prato

---

61. Rousset, *Ipotesi sulle radici preindoeuropee dei toponimi alpini,* 121.

62. Beretta, *I nomi dei fiumi, dei monti, dei siti,* 51.

63. Pellegrini, *Antica vita fra le masoni - Garzeno,* 343.

64. Beretta, *I nomi dei fiumi, dei monti, dei siti,* 32.

65. Beretta, *I nomi dei fiumi, dei monti, dei siti,* 44.

66. Caminada, *Como e la provincia lariana,* 65.

67. Beretta, *I nomi dei fiumi, dei monti, dei siti,* 63.

68. Ibidem, 134.

Fig. 1.34. Musso, Sasso Niunt. A 1900 m di altitudine, sul monte Bregagno, si trova una roccia sferica, in prossimità di un alpeggio abbandonato. Al centro della parete una formazione naturale crea una catena, illusione pareidolitica che si riflette in racconti locali di come Noè avesse ormeggiato l'arca sul Bregagno attaccandola ad un anello (foto G. Beltramelli).

Fig. 1.35. Vista del Sasso Pelo posto sopra Gravedona. A sinistra si vede l'abitato di Peglio con evidente la chiesa di Sant'Eusebio che conserva il Giudizio Finale e l'Inferno del Fiammenghino, pittore seicentesco che operò anche in queste vallate, lasciando dei capolavori pittorici (foto R. Basilico).

con masone coperta a paglia e cascina coperta a piode, il toponimo è citato in atto del 6 Febbraio 1534.[69]

Val Bodengo. Il suffisso -*engo* si trova soprattutto nella Lombardia orientale con significato riconducibile a quello di una formante longobarda di epoca storica.

69. Pellegrini, *Antica vita fra le masoni - Garzeno*, 327.

Noch. Di probabile derivazione longobarda; il termine *Knohha* significa giuntura corrispondente a parte dell'articolazione del dito. Localmente il termine *Noch* indica una valle molto stretta o piccola, termine quindi che non sembra corrispondere al longobardo *Knohha*: Noch de Pulpàn, Noch Scür, Noch Viaciàna, Noch de Ciàcc, Noch de Ciamuzzè, Noch de Culdèa, Noch de Doslùngh, Noch di Cann, Noch Scür e Nuccàsc sono alcuni dei termini toponomastici locali dialettali. Ne troviamo anche negli atti citati dalla Pellegrini «Nocca -1862, Nocco di Castello, (Fra il) e il Basso della Valle, Nocco di Pianezze, (Fra il) e il quello di Castello, Noch del Can, al -1750, Noch del Draumee - 1862, Nocho Scuro, in - 1572, Nochum, ad - 1534, Nochum de Lauredo, ad - 1582, Noco di Ferarino - 1720, Nocrich - 1862, Nocum de Vulponis - 1466».[70]

(3) Popoli e confini

A Como erano insediati i Comenses, di stirpe Orumbovica o Orobica; nella zona dell'Alto Lario le fonti riportano la presenza di due popolazioni: gli Aneuniates e i Triumplini. È necessario soffermarsi sul fatto che non sono state intraprese campagne di scavo sistematiche per analizzare le radici territoriali di questa zona e i ritrovamenti sono sempre riconducibili alla fortuità degli eventi.

Il territorio altolariano era tuttavia liminale alla cultura dei Leponzi, stanziati nella svizzera Ticinese. È difficile immaginare che non vi fossero contatti sul territorio viste le vie di percorrenza intervallive tra il Lario e il Ceresio nonchè la presenza di miniere probabilmente sfruttate già in questo periodo. Inoltre, come già descritto, la mobilità territoriale era molto elevata e tutte queste popolazioni, sebbene avessero una forte identità e autonomia, appartenevano alla stessa compagine celta.

I Leponzi sono una delle popolazioni del territorio cisalpino presenti prima delle migrazioni galliche ma ad esse affini; occupavano un vasto territorio che si estendeva dal loro centro maggiore Oscela (poi *Oscela Lepontorum*), ossia Domodossola, fino a Bilitio ossia Bellinzona. Le alpi Lepontine, che derivano il nome da questa popolazione, coincidono con il territorio che occupa l'areale compreso tra il passo del Sempione e quello dello Spluga confinando a sud, guarda caso, con le Prealpi tramite il passo di S. Jorio.

Secondo Strabone «Al di la [a oriente] di Como, città situata alla radice delle Alpi, sono insediati su di un versante Reti e i Vennoni, volti a est, sull'altro i Leponzi, i Tridentini e gli Stoni e parecchie altre etnie minori che, dedite al brigantaggio e prive di mezzi, nei tempi passati incombevano sull'Italia; adesso invece alcune sono state eliminate, altre così completamente soggiogate che i transiti montani situati presso di loro, da pochi e impervi che erano, ora sono parecchi, sicuri da umane minacce e agevoli da percorrere, per quanto è tecnicamente possibile». E ancora «Vi sono poi, di seguito, le parti dei monti rivolte verso oriente e quelle che declinano a sud: le occupano i Reti e i Vindelici, confinanti con gli Elvezi e i Boi: infatti si affacciano sulle loro pianure. Dunque i Reti si estendono sulla parte dell'Italia che sta sopra Verona e Como; e il vino retico, che ha fama di non essere inferiore a quelli rinomati nelle terre italiche, nasce sulle falde dei loro monti. Il loro territorio si estende fino alle terre attraverso le quali scorre il Reno; a questa stirpe appartengono anche i Leponzi e i

Camunni. I Vindelici e i Norici però occupano la maggior parte delle terre esterne alla regione montuosa, insieme ai Breuni e ai Genauni; costoro però appartengono agli Illiri. Tutti questi compivano abitualmente scorrerie nelle parti confinanti dell'Italia, come pure degli Elvezi, dei Secani, dei Boi e dei Germani. I più bellicosi dei Vindelici erano considerati i Licatti, i Clautenati e i Vennoni; dei Reti, i Rucanti e i Cotuanti».[71]

Come osserva il Tajetti «resta comunque difficile comprendere i reali confini e anche i rapporti tra popolazioni (…). Ulteriori problematiche sull'identificazione e sui confini si porrebbero accreditando l'ipotesi di Giorgio Luraschi, secondo la quale ci sarebbe una corrispondenza tra le 28 castella di Como espugnate dai Romani secondo la testimonianza di Tito Livio e la successiva divisione in 28 pievi: Leponzi in montagna e Comensi sul lago? La cosa si complica ulteriormente nella zona di Livo, se si accetta l'ipotesi che un probabile confine fosse dato dal fiume Liro e che a Mese, dove è stata trovata una Necropoli, è ipotizzabile vi fosse un insediamento di Mesiati, con un il loro centro principale in Val Mesolcina, cosa provata dalla Tabula Peutingeriana. Si trattava di una tribù che curava i contatti commerciali tra la Pianura Padana e la Valle del Reno cosi come pure i Rugusci, la cui presenza trova testimonianza in un toponimo di Chiavenna che curavano probabilmente i contatti oltre che con la valle del Reno con quella dell'Inn/Danubio. Tibiletti ipotizza il *confine più antico del Mondo* tra le due valli poste una nel territorio dei Leponzi e l'altra in Transpadania, che sarebbe posto sopra Gordona lungo il sentiero di alta montagna che collega la Moesa attraverso il passo del Forcellino con la valle Bodengo che sempre secondo secondo il Tibiletti ha lo stesso nome che i Liguri davano al Po, prima della colonizzazione Romana: Bodengo col significato di *profondo, senza fondo*. Interessante sapere che la Val Bodengo sino a tempi relativamente recenti era proprietà del Comune di Livo e tutt'ora i toponimi: Corte Prima, Corte seconda e Corte terza seguono la provenienza dalle valli di Livo - Darengo cioè dall'Alto verso il basso e non viceversa che confermerebbe la teoria della travalicazione ipotizzata anche dalla Ariatta.

Inoltre secondo invece la mia teoria *Bod – Eng* deriverebbe dal Germanico *Bod* o Boden che significa *Terra* e *Eng* traducibile anche oggi con *stretto-angusto* con la valle precedente alla bocchetta di comunicazione che si chiama *Dar-Eng*, con *Dar* che è un antitetico o potrebbe significare anche *secca* (...). Vi sono tre passaggi nei toponimi: quello quanto più simile alla definizione originaria rimasto nel *dialetto*, il suo adattamento al latino, e la successiva toscanizzazione. I paesi a lago non a caso finiscono spesso in –*as*: *Bel-as*, (Bilacus, Bellagio) *Dom-as*, *Moltr-as* e altri (ricordo che in comasco la o si pronuncia u). Questo suffisso potrebbe essere una sorta di contrazione di am See: a lago; invece la finale –*en*, come Len (Lemnum, Lenno) *Sal-en* (Saleno) *Bri-en*, (Brienno) *Giul-en* (Giulino) *Lesc-en* (Lezzeno) *Car-en* (Careno) *Cor-en* (Corenno Plinio),

---

70. Pellegrini, *Antica vita fra le masoni - Garzeno*, 344.

71. Strabone, *Geografia*, libro VI, 6.6, 6.8.

rappresenta una entità geografica il cui significato in antico non sono in grado di stabilire ma Lenno in Polacco e Lehen in tedesco attuale si traducono con feudo».[72] Olonio era un insediamento collocato tra Gera Lario e Sorico in prossimità dell'attuale Ponte del Passo. In epoca preromana e romana assunse un importante ruolo di porto lacustre per i transiti commerciali che solcavano il Lario lungo la direttrice nord-sud. Venne abbandonato tra il XV-XVI sec. in seguito alle alluvioni dell'Adda. Olonium, secondo l'accezione latina, rientrava nella provincia della Gallia cisalpina ed era un Vicus della tribù degli Aneuniates. Ricordano Ronchetti e Piccoli: «nel territorio dell'antica Olonium, oggi rintracciato nell'odierno comune di Gera Lario in località sant'Agata, il vicus degli Aneuniates, ecco che abbiamo la testimonianza della presenza di realtà più antiche già radicate in queste zone prima dell'arrivo dei Romani».[73] Risale al 1899 la scoperta in loco di due cippi romani secondo quanto riportato dal Giussani.[74]

Nel 1541 Monsignor Bonaventura Castiglioni scrive il *Gallorum Insubrum Antiquae Sedes,* trattato di studio sulle popolazioni Insubri. Egli descrive i Triumplini tra le popolazioni che un tempo risiedevano presso il Lario. «Si ritiene che i loro borghi fossero Gravedona, ossia Glebedona, Gera, Sorico, Dongo e Musso, chiamati con un solo nome Triblebe, e che perciò siano stati chiamati Triumplini.»[75] L'autore ci indica come Plinio il Vecchio descriva i Triumplini, ma anche i Camuni e gli Stoeni, appartenenti alla più ampia stirpe degli Euganei popolazione che si colloca nella fascia centro alpina. In realtà le fonti antiche collocano i Triumplini nell'attuale Val Trompia. La citazione del Castiglioni relativa alle descrizioni pliniane riguarda le quarantasei popolazioni alpine assoggettate da Cesare Augusto e indicate nel *Tropaeum Alpium* a La Turbie: Trumplini, Camunni, Venosti, Vennoneti, Isarci, Breuni, Genauni, Focunati,

quattro tribù di Vindelici, Consuaneti, Rucinati, Licati, Catenati, Ambisonti, Rugusci, Suaneti, Caluconi, Brixenti, Leponzi, Uberi, Nantuati, Seduni, Varagri, Salassi, Acitavoni, Medulli, Ucenni, Caturigi, Brigiani, Sogionti, Brodionti, Nemaloni, Edenati, Vesubiani, Veamini, Galliti, Trulliati, Ecdini, Vergunni, Egui, Turi, Nematuri, Oratelli, Nerusi, Velauni e Suetri.[76]

(4) Viabilità

Come accennato in precedenza i due passi principali che uniscono il territorio italiano con quello elvetico sono i passi di S.Jorio e di Camedo. Il nome del passo di S. Jorio «si trova indicato nelle carte geografiche più antiche come Jori o Giori: qualcuno ha supposto un accostamento di questo termine con Jovis-Jovius riferendolo al culto di Giove che era tanto diffuso nel Comasco quanto nel Canton Ticino e che poteva essere rappresentato da una edicola a protezione del passo. Un fatto parallelo si può essere verificato non molto lontano, alla Motta di Locarno che pure viene chiamata di S. Jorio, sulla quale si rinvennero vestigia stradali che si ricollegano alle altre strade romane del Canton Ticino. Quanto al santo a cui è intitolato il Passo nulla si sa: la tradizione accenna genericamente ad un eremita, uno dei tanti, che si sarebbe ritirato lassù in epoca indeterminata per condurre vita di penitenza. Anche questa mancanza di cenni biografici è un dato che depone a favore della ipotesi enunciata».[77]

A nostro avviso si manifesta un collegamento tra il termine Jorio e il riferimento alle divinità uraniche preistoriche e pagane: il dio dei fulmini *Taranis,* venerato sulle vette montuose, o lo *Jupiter Poeninus,* venerato sul San Bernardo, sono manifestazione del culto verso un dio celeste primordiale protrattosi nel tempo e collegato ai riti di fertilità con la dea Terra;[78] lo stesso dio raffigurato sul Monte Bego o in Val Camonica e presente lungo tutto l'arco alpino. È quindi verosimile ipotizzare che il passo di S.Jorio fosse un luogo di adorazione proprio riferito a questa divinità.

Il passo di Camedo mostra un radicale preindoeuropeo *-Cam* il cui significato è sinonimo di altitudine, roccia o luogo pietroso. In realtà il passo viene indicato dal

72. Oscar Tajetti, *I Leponzi,* sito web www.lepontiacomensis.org, Associazione Culturale Lepozia Comensis, (Dangri, 2005), 1.

73. Fulvia Butti Ronchetti, Chiara Niccoli, *I passi alpini centrali: un aggiornamento,* in «*Alpis Poenina, Grand Saint Bernard, Une voie à travers l'Europe",* AA.VV., Imprimerie Valdôtaine, (Aosta, 2008), 459-460.

74. Antonio Giussani *Due cippi Romani scoperti in Olonio,* Periodico della Società Storica Comense fasc. 49, (Como, 1900), 32.

75. *Quod & Alpine gentes, que à.C. Plinio rerum antiqurium authore diligentissimo enumerantur, a nullo quem ego sciam, certo recognite sunt. Interiere ut populis, & populorum nomina, paucis exceptis, quoru vel calamitates, vel virtutes scriptorum diligentia aetermnitati consecratas ab obliuione vindicauit. In Alpibus siquidem quae verso ad Italiam pectore Austrum spectant, Plinius populos enumeras ab Augusto Caesare deuictos, hos sigillatim recto ordine proprijs nominibus describit: Triumpilinos, camunos, Vennones, Venonetes, Hisarcos, Breunos, Naunes & Focunates. Triumpilini, qui primi ab ipso recensentur, a plerisq; & quidem doctissimis viris pro Euganeoru reliquijs habentur, qui iuxta Larium Lacum olim habitarunt. Quorum regium Vallemtellinam, que à Volturena a Catone dicitur, attingit. Horumq; oppida esse praecipua opinantur Grauedona: sine Glebedona, Glarea, Suricum, Doncum, & Mussiu unicoq; nomine Triplebem vocat, hacq; nominis similitudine ducti Triumpilinos dixere. Sed cum Camuni populi a Plinio post Triumpilinos recto ordine numerentur, verisimileq; sit authorem ta diligentissimum prepostere populos hos non descripsisse* Bonaventura Castiglioni, *Gallorum Insubrum antiquae sedes,* in «*Gli antichi insediamenti dei Galli insubri. Anastatica e traduzione,* a cura di Mathlouthi, Minella, Pasquero, *Insediamenti dei Galli Insubri,* Ass. Cult. Terra Insubre, (Gerenzano, 2008), 163-164.

76. *Non alienum videtur hoc loco subicere inscriptionem et tropaeo Alpium, quae talis est: IMP : CAESARI DIVI FILIO AVG : PONT : MAX : IMP : XIIII : TR : POT : XVII : S : P : Q : R : QVOD EIVS DVCTV AVSPICIISQVE GENTES ALPINAE OMNES QVAE A MARI SVPERO AD INFERVM PERTINEBANT SVB IMPERIVM P : R : SVNT REDACTAE : GENTES ALPINAE DEVICTAE TRVMPILINI : CAMVVNI : VENOSTES : VENNONETES : ISARCI : BREVNI : GENAVNES : FOCVNATES : VINDELICORVM GENTES QVATTVOR : COSVANETES : RVCINATES : LICATES : CATENATES : AMBISONTES : RVGVSCI : SVANETES : CALVCONES : BRIXENETES : LEPONTI : VBERI : NANTVATES : SEDVNI : VARAGRI : SALASSI : ACITAVONES : MEDVLLI : VCEENI : CATVRIGES : BRIGIANI : SOGIONTI : BRODIONTI : NEMALONI : EDENATES : VESVBIANI : VEAMINI : GALLITAE : TRIVLLATI : ECDINI : VERGVNNI : EGVI : TVRI : NEMATVRI : ORATELLI : NERVSI : VELAVNI : SVETRI.* in Gaius Plinius Secundus, *Naturalis Historia,* liber III, 136-137.

77. Mariuccia Zecchinelli, *Il passo alpino di S. Jorio nella storia e nella leggenda,* 66-68.

78. Roberto Gremmo, *Le grandi pietre magiche. Residui di paganesimo nella religiosità popolare alpina,* Storia ribelle, (Biella, 2009), 67.

Fig. 1.36. Vista dal bivacco Ledù. Da questa posizione si possono osservare le valli delle Tre Pievi affiancate tra loro e circondate dai monti maestosi che caratterizzano questi territori. Dal fondo si osservano la valle Albano, la valle di Liro e la valle di Livo (foto R. Basilico).

Fig. 1.37. Gravedona, sullo sfondo il Sasso di Musso e il monte Bregagno. Gli abitati della fascia lacustre, oggi votati al turismo, occupano la zona costiera a ridosso del lago creando agglomerati piuttosto compatti soprattutto nella loro struttura urbana antica (foto R. Basilico).

Fig. 1.38. Germasino e Garzeno. Gli abitati di media montagna sono caratterizzati dalla tipica concentrazione urbanistica degli insediamenti alpini. Nel passato questi nuclei ospitavano numerosi abitanti ed erano in grado di soddisfare tutti i servizi necessari alla popolazione (foto G. Beltramelli, R. Basilico).

Fig. 1.39. Esempi di agglomerati alpini, posti al limitare dei pascoli, con un numero esiguo di abitazioni. Nel passato anche in questi nuclei la concentrazione di famiglie era molto alta e si assisteva ad un diffuso tessuto antropico in grado di sfruttare pienamente il territorio e di trarne sussistenza (foto R. Basilico).

Vignati nel XVI sec., descrivendo i percorsi da Dongo a Bellinzona: «la località di Vincheno che si nomina in questo itinerario, è certamente Vincino -m. 1165- sulla destra orografica della Valle del Dosso che si immette in quella di Gravedona, la Colma non può essere che il Passo di Camedo -m. 2090 ca.- da cui si discende ad Alinos -Monti l'Anes o Della Nees, m. 1323- in Val Traversagna e si giunge a Roveredo nel fondovalle della Mesolcina; da lì l'itinerario proseguiva per Mesocco».[79]

I.3.3 - Valli del Livo, Liro e Albano: toponomastica.

Riportiamo di seguito l'elenco alfabetico dei toponimi presenti nelle valli altolariane occidentali (Val Albano, Valle del Liro e Valle del Livo), secondo la ricostruzione linguistica dialettale operata da Bruno Mazzoleni sulle carte topografiche regionali con indicazione dei termini dialettali.

Foglio 2 - *elaborazione da Mappa Alto Lario Occidentale, Vallate del Livo, Liro e Albano, Bruno Mazzoleni, Foglio 2 - Rilievo completo, 1981* (fig. 1.41).

Per questa carta si sono raggruppati i toponimi delle valli utilizzando un raggruppamento su macro scala dei bacini imbriferi o dei territori di confluenza.
Poi si sono raggruppati i toponimi delle località e degli insediamenti secondo una logica di appartenenza territoriale liminale contestualizzata alla realizzazione della carta. A tal proposito si ricorda che i comuni di Germasino, Consiglio di Rumo e Gravedona si sono recentemente fusi nel solo comune di Gravedona e Uniti.

Valli confluenti in territorio elvetico:
Val D'Aian, Val de Grono, Val Leggia, Val Sturna, Val de Rog, Val Morobbia, La Valletta.

Valli afferenti al territorio di Cremia:
Val del Bulè, Val Livera, Val Quaradela.

Valli afferenti al territorio di Pianello del Lario:
Val Granda.

Valli afferenti al territorio di Musso:
Val Carlina, Valun.

Bacino imbrifero del torrente Albano:
Lami da Marnott, Lami da Muradina, Lami da Pida, Lami da Puzz, Lami Russ, Val Alban, Val Catagn, Val da Castra, Val da Chriàsc, Val da Gin, Val da Padavemena, Val de Caiasch, Val de Grom, Val de la Bedolina, Val de la Ciancheta, Val de la Costa, Val de la Runsciga, Val de l'Urs, Val de Mudee, Val de Namia, Val de Secima, Val del Cunfin, Val del Pradasc, Val del Tadeo, Val dell'Infern, Val Fregee, Val Merigg.

79. Mariuccia Zecchinelli, *Il passo alpino di S. Jorio nella storia e nella leggenda*, 66-68.

Valli confluenti nel territorio di Dongo:
Val da Lees.

Bacino imbrifero del torrente Liro:
Fiumett de Camed, Val Camodasch, Val Ciana, Val Colda, Val de Colla, Val de Dernun, Val de Devitt, Val de Dussell, Val de Margin, Val de Medee, Val de Mogn, Val de Mugiugna, Val de Mügiul, Val de Nacquer, Val de Paröd, Val de Saiori, Val de Stavel, Val de Viasch, Val del Böc, Val del Doss Pelat, Val del Purcip, Val dell'inferno, Val di Alguerin, Val di Aventai, Val di Curö, Val di Fopp, Val di Urs, Val Mugiam, Val Rimedi, Val Rutta, Val Vacirga, Vallea.

Bacino imbrifero del torrente Livo:
Val Bevern, Val Curlin, Val da Muntagnöra, Val da Piolta, Val Darengh, Val de Bares, Val de Bondop, Val de Büstecc, Val de Cavrigh, Val de Gribial, Val de Ingherina, Val de la Curt, Val de la Miseria, Val de Ledü, Val de Stabiel, Val de Tressei, Val del Brentalun, Val della Scala, Val di Ciovè, Val du Faid, Val Lavena Scoccia, Val Piana, Val Pursil.

Valli confluenti nel territorio di Gera Lario:
Val de Brugna, Val de Curbal, Val San Vincenz.

Valli confluenti nel territorio di Sorico:
Val Scüra, Fium de Surich.

Valli confluenti nel territorio di Casenda:
Val Casenda.

Valli confluenti nel territorio di Samolaco:
Val Mengasca.
Per le tavole 18 e 19 si è scelto di differenziare la natura dei toponimi secondo una suddivisione in cinque famiglie principali: alpeggi, insediamenti, località, ponti/passi e valli/corsi d'acqua.

Foglio 18 - *elaborazione da Mappa Alto Lario Occidentale, Vallate del Livo, Liro e Albano, Bruno Mazzoleni, Foglio 18 - Gordia, 1981* (fig. 1.42).

Alpeggi:
Alp de Cadèn, Alp de Gin, Alp de Gòrdia, Alp de la Sèrra, Alp de Malpensada, Alp de Preguardàda, Alp de Raccia, Alp de Scarügia, Alp de Sebòl, Alp Funtana del Fò, Curt da Mezz, Müdada d'Àlguera, Müdada de Sebòl, Müdada Desedè, Müdada du Bult, Müdada Russ, Müdada Zocc de Gin.

Insediamenti:
Agostina, Battù, Bègua, Bongnè, Breguìgg, Brenzèi, Camuzzè, Candrìa, Carcimed, Carcimed, Castra, Ciàcc, Ciamezzànà, Ciànch, Ciàntù Merlot, Ciazzamudugna, Ciazzarùn, Curvégia, Hoppa, La Runca, Laornàgn, Martinegh, Masc, Möcc, Mudèe, Murèdina, Mutta, Naiö, Nàmia, Nudedèa, Nüscèd, Peàgh, Prenàmia, Punt, Purnachèm, Runcàl, Sass'Àguz, Sassel, Spùnda, Traversàgna, Venèdri, Vidèa, Zèda.

Località:
A'Màchina, A'Porta, A'Tàna, Albìà, Àrisc, Barbacümèl, Carbùn, Carègin, Cian Tradèscia, Ciazza Punc, Còlla, Cros, Denc de Pìo, Doss de Grom, Doss de Zéda, Fö Camadùn, Furìn, Galandrìna, Gin, I Grup, I Varch, La Curtgiana, Lische, Motta Baìt, Mòtta Rodono, Mutt de Canagrànda, Mutt de Sebòl, Mùtta di Corn, Mùtta Pedàda, Mutto Cùngo, Muttùn d'Alquera, Muttùn de Gordia, Muttùn Simmetràl, Nevesèli, Pertüs, Pradèl Verd, Premuschèn, Purtèll, Puz Vèc, Ràccia, Rasnèd, Salvasech, Sass Baselùn (2v), Sass da Lüserta, Sass de Butesèla, Sass de l'Ulta, Sass de la Pèscia, Sassèi, Scàd, Scad de Malpensàda, Scima de Basìa, Scìma di Stagn, Tabòr, Valmòri, Zòca de Sebòl.

Ponti / passi:
Buchèta d'Alguera, Buchèta de Basìa, Buchèta de Malpensàda, Buchèta de Sebòl, Buchèta di Carègg, Buchèta di Carègin, Punt de Ciazzarùn, Punt de Laiciò, Punt de Ràccia, Punt dell'Infern, Punt di Resigh.

Valli / corsi d'acqua:
Acquanègra, Càstra, Làmi da Muradìna, Làmi da Puzz, Noch de Ciàcc, Noch de Ciamuzzè, Noch de Culdèa, Noch de Doslùngh, Noch di Cann, Noch Scür, Nuccàsc, Pradasc, Puz Vèc, Teciadavàl, Val Battù, Val da Gin, Val da Malpensàda, Val da Mudèe, Val da Nüscéd, Val da Punt, Val de Cadèn, Val de Carègg, Val de Grom, Val de l'Or, Val de l'Urs, Val de la Fianèsca, Val de la Sèrrai, Val de Marnuttìn, Val de Masc, Val de Nàmia, Val de Peàgh, Val de Pedesìn, Val de Sebòl, Val del Prà, Val dell'Infern, Val di Basèi, Val Grànda, Val Vadiaschìn, Valùn de la Bedolìna.

Foglio 19 - *elaborazione da Mappa Alto Lario Occidentale, Vallate del Livo, Liro e Albano, Bruno Mazzoleni, Foglio 19 - Garzeno, 1981* (fig. 1.43).

Alpeggi:
Alp da Padavèmena, Alp de Crus, Alp de Pùntul, Alp de Quài, Alp de Scireèia, Alp Fregëe, Bargh di Pìur, Quài vec (figg. 1.44, 1.45).

Insediamenti:
Arnèd, Bacino, Bariàgh, Beduleto, Beèna, Belà, Beltramètt, Brecc, Bròn, Ca d'Arghen, Calviàn, Camp, Carà, Carnè, Catunz, Cerbel, Ciànca, Cianezzèd, Ciànta, Cìazz, Ciazzöched, Ciuccin, Colodìna, Costa, Cragn, Cremesìn, Crènula, Criasch, Crot, Crusèia, Cruzzan, Cuansc, Cügiùn, Cüliga, Cumbè, Curtesell, Darva, Demèd, Dumàgnul, Fièss, Finè, Frassinè, Fregëe, Ghidurìna, Giòda, Giuèn, Guàcc de Sura, Guàcc de Sut, L'Àvul, La Motta, La Mùtta, Labiù, Luèa, Lùin, Martìnegh, Mesgiò, Mollen, Munt di Ànes, Muntàgna, Muntàgna de Bass, Muntagnöla, Muntagnöla, Muttadèll, N'Adàca, N'Adachet, N'Ariag, Nadìgg, Nuirò, Parasciunèga, Pendègia, Penin, Pisa, Pisòn, Preda, Purèia, Salàrgh, Salvadègh, Sambur, San Roch, Sant'Ana, Scalet, Sciresö, Seppuncìn, Sugàrt, Sumadàsch, Sursèt, Tabiarùn, Teciadèll, Tegàn, Tugnö, Turtesàn, Viciudà, Vigèr.

Località:
Acquamarcia, Caìscia, Campanin, Cassia, Càva, Costa del Fregëe, Costa di Cianùn, Còsta di Cianùn, Elvina, Funtanèl del Bèss, Giughèe, La Brusàda, La Còrna, La Crusèt, La Padù, Lagh de Regèa, Laghet de S.Bernàrd, Lavìn, Lòr, Mataròs, Mòrbi, Munbèll, Pianeta, Piàzz de Munt, Pulèia, Punt de Catàsch, Ranch, Ròcul, Ròcul, Runchèt, San Bernàrd, San Gutard, Sant'Eufemia, Sass de Malanòc, Sass de Müss, Sass de Tegàn, Sass di Crus, Sass Gnunt, Scima de Mügnàga, Selva, Trentàlmutt, Vèl, Velèr, Zoca de Laràa.

Ponti / passi:
Bucheta de Scireèia, Punt de Cremesìn, Punt de l'Albano, Punt de la Regina, Punt Nègher.

Valli / corsi d'acqua:
Briàsch, Catàgn, Criàsch, Fregëe, Làmi da Marnòtt, Làmi da Padavemena, Lami da Pida, Lami Russ, Lamiö, Noch de Pulpàn, Noch Scür, Noch Viaciàna, Pertegùnech, Val Chignö de la Gesa, Val d'Arnèd, Val da Colodìna, Val da Cresta, Val da Lèes, Val de BarbignànVal de Bugiàll, Val de Cànca, Val de Cremesìn, Val de Freghe, Val de la Costa, Val de la Crusèt, Val de la Ferrèra, Val de la Gèsa, Val de la Padù, Val de Lavrè, Val de Lesòd, Val de Martinegh, Val de Mòllen, Val de Nadìgg, Val de PugnànVal de Puzzö, Val de Rangh, Val de Sassèll, Val de Vèl, Val de Vissinèl, Val del Lavinùn, Val del Tugnö, Val di Piàzz, Val Lavina, Val Merolda, Val Orba, Val Spergiürada, Val Sugàrt, Valun de Müss.

Ulteriori radicali preindoeuropei con un significato legato a elementi montuosi riscontrabili nei toponimi identificati sono:
• BAL, BEL, BOL, ha significato di elevazione o roccia. La zona in cui la radice -*bal* ha lasciato il maggior numero di riferimenti è situata nelle Alpi Cozie; salendo a nord la stessa viene sostituita dal radicale –*bel*. Balh venne usato dai celti per i loro toponimi nel senso di ripido.
• BAR, BER, indica una sommità rocciosa o delle fasce rocciose o, più genericamente dei siti elevati pietrosi o rocciosi.
• CAL, GAL, CAM, CAR, GAR, CAN, GAND, VAR indicano genericamente altezza, luoghi pietrosi o rocce. È esemplificativo il termine ganda riscontrabile nell'area oggetto di studio: il Bertoldi ne ha studiate alcune antiche espressioni trovando una corrispondenza con la parola ascoltata da Plinio in bocca ai minatori iberi lavoranti nelle miniere d'oro della Spagna. Si tratta del termine gandadia, usato per indicare un conglomerato di pietre e di argilla straordinariamente tenace, «prope inexpugnabilis». In Valtellina ganda significa pietraia, sfasciume di rocce. In Val Bregaglia candara designa uno spuntone roccioso, a Gorizia indica un terreno pietroso. Nella svizzera tedesca con gand si indica una zona cosparsa di sassi, in basco gandor significa cresta o cima.
• MAL, MAR, MAN, MOR, MUR, indicano una roccia o un rilievo.
• SAL, SEL, SIL. Radicali che nella loro forma più arcaica

Fig. 1.40. Pizzo di Gino. Gli alpeggi presenti sulla fascia montana superiore venivano utilizzati con fini produttivi per l'economia delle valli. Si trovano dei nuclei insediativi anche in queste quote, oggi per lo più ruderi, che mostrano il grado di antropizzazione del territorio (foto R. Basilico).

indicano pietre, pietraie o luoghi elevati. Lo stesso latino nel termine silex ha assimilato un termine preistorico riferito alla selce.

• TAB, TAP, TEP, designano una roccia.

Vi sono poi una serie di radicali che indicano l'acqua le cui origini sono ancora più antiche essendo il riferimento connesso a un bisogno primario. Ciò significa che nel corso del tempo questi termini sono stati più suscettibili alle contaminazioni.

• AR, indica il fluire dell'acqua.

• DOR, DUR, corsi d'acqua.[80]

---

80. Rousset, *Ipotesi sulle radici preindoeuropeee dei toponimi alpini*, 22-23, 31, 38-39, 47, 50-51, 58-59, 62, 102-103, 115, 144, 152, 162, 166.

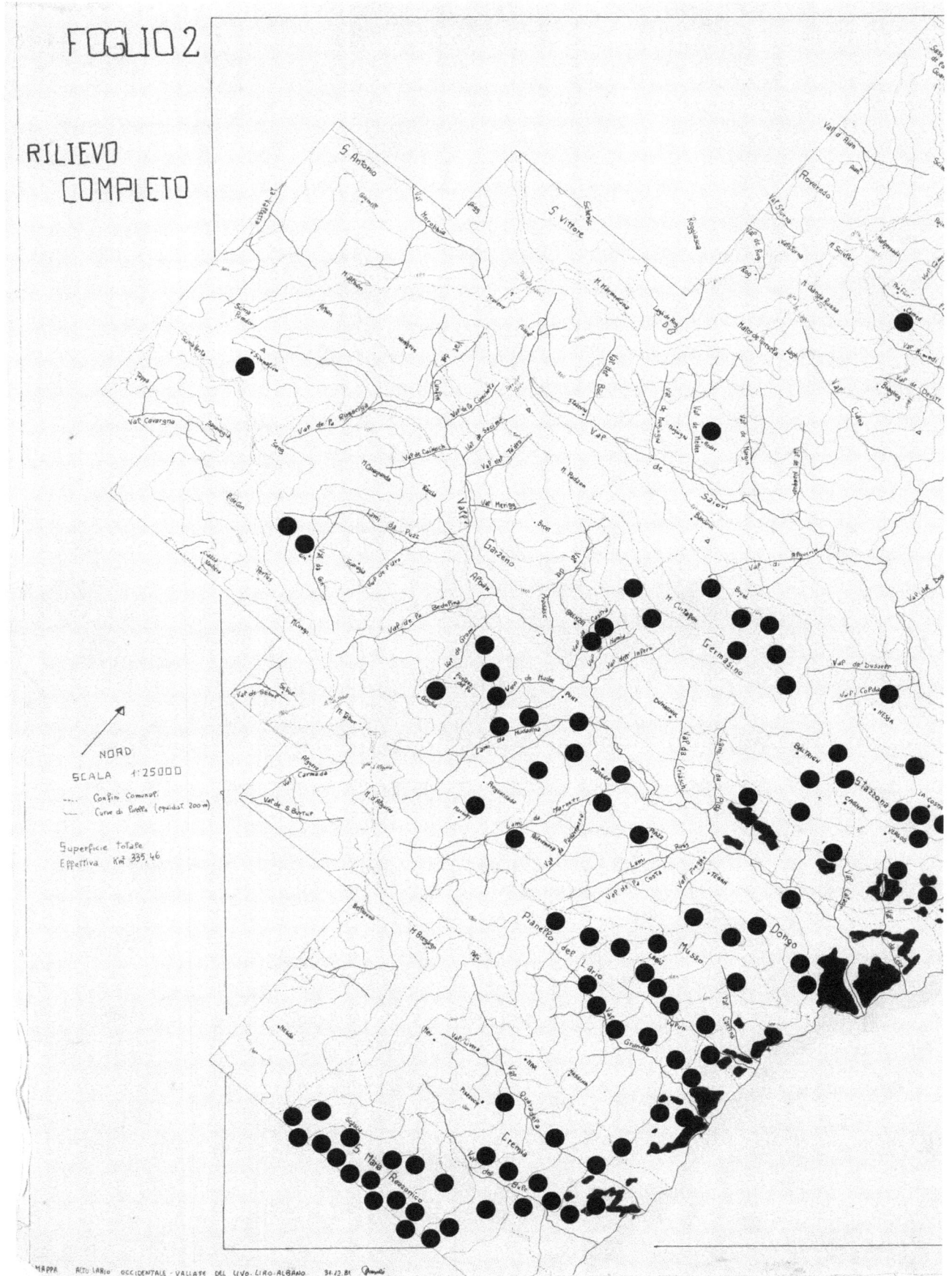

Fig. 1.41. Mappa dell'alto Lario Occidentale. Vallate del Livo, Liro e Albano. Mappe compilate da Bruno Mazzoleni che ha rintracciato sul territorio, i toponimi dialettali. Il contributo di queste forme linguistiche è determinante nella ricerca toponomastica poichè conservano la memoria linguistica in modo eccellente.

Sulla carta sono indicati i luoghi in cui sono stati rinvenuti i supporti incisi.
Elaborazione degli autori su Carta Mazzoleni (archivio Beltramelli).

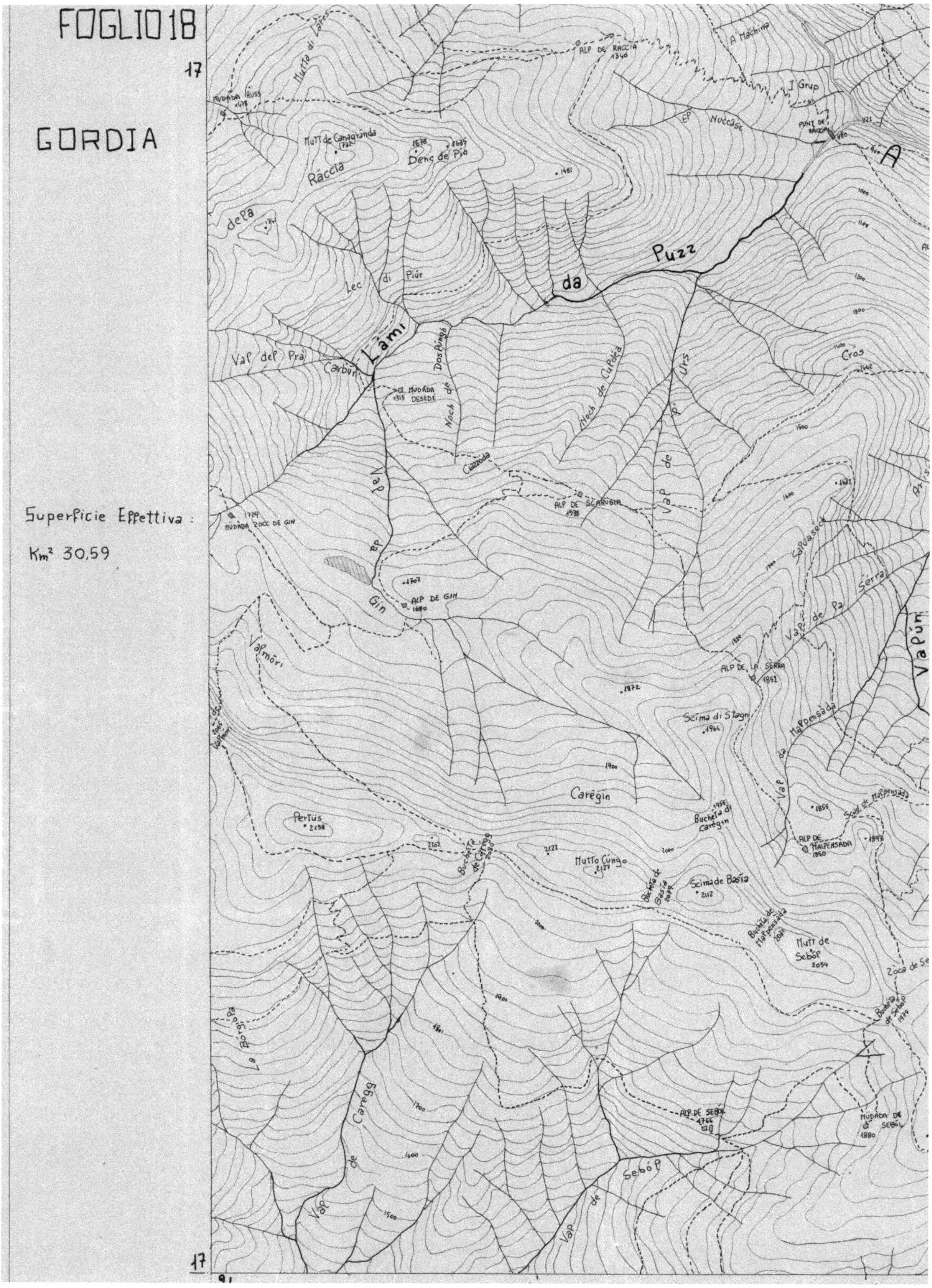

Fig. 1.42. Mappa dell'alto Lario Occidentale. Foglio 18. I quadri di dettaglio entrano nel merito di ogni singolo ambito toponomastico. Carta realizzata da Bruno Mazzoleni (archivio Beltramelli).

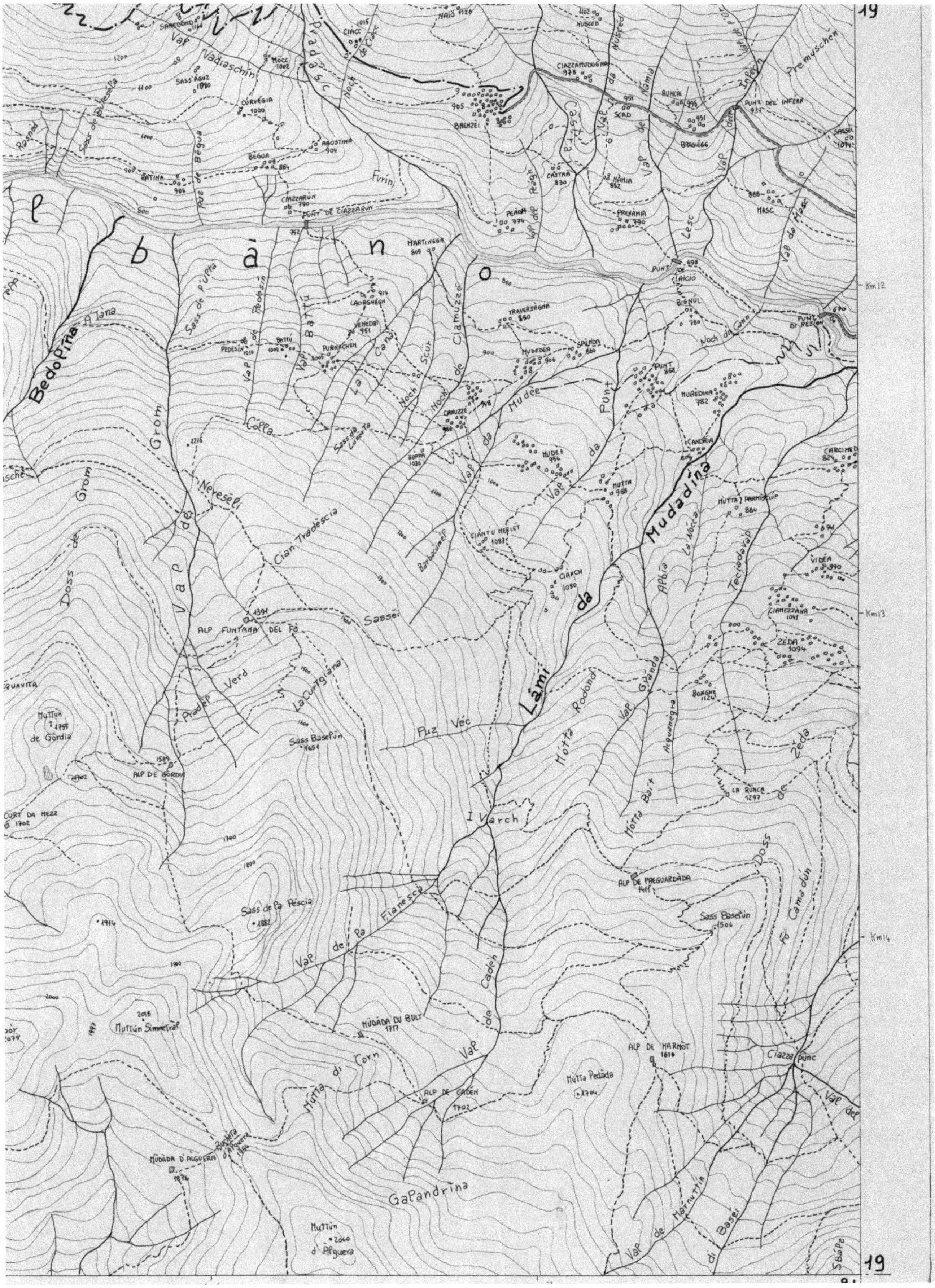

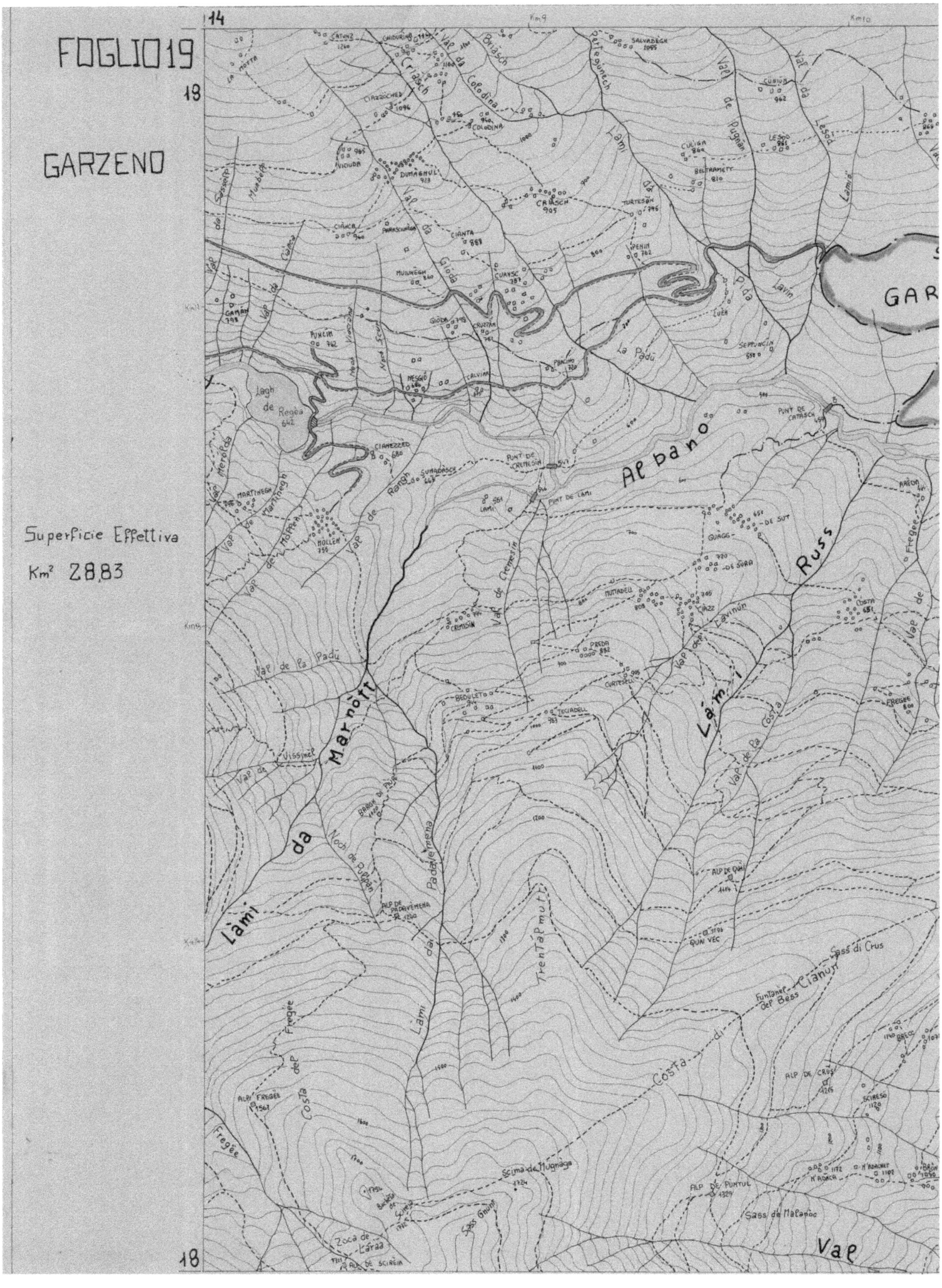

Fig. 1.43. Mappa dell'alto Lario Occidentale. Foglio 19. Carta elaborata da Bruno Mazzoleni (archivio Beltramelli).

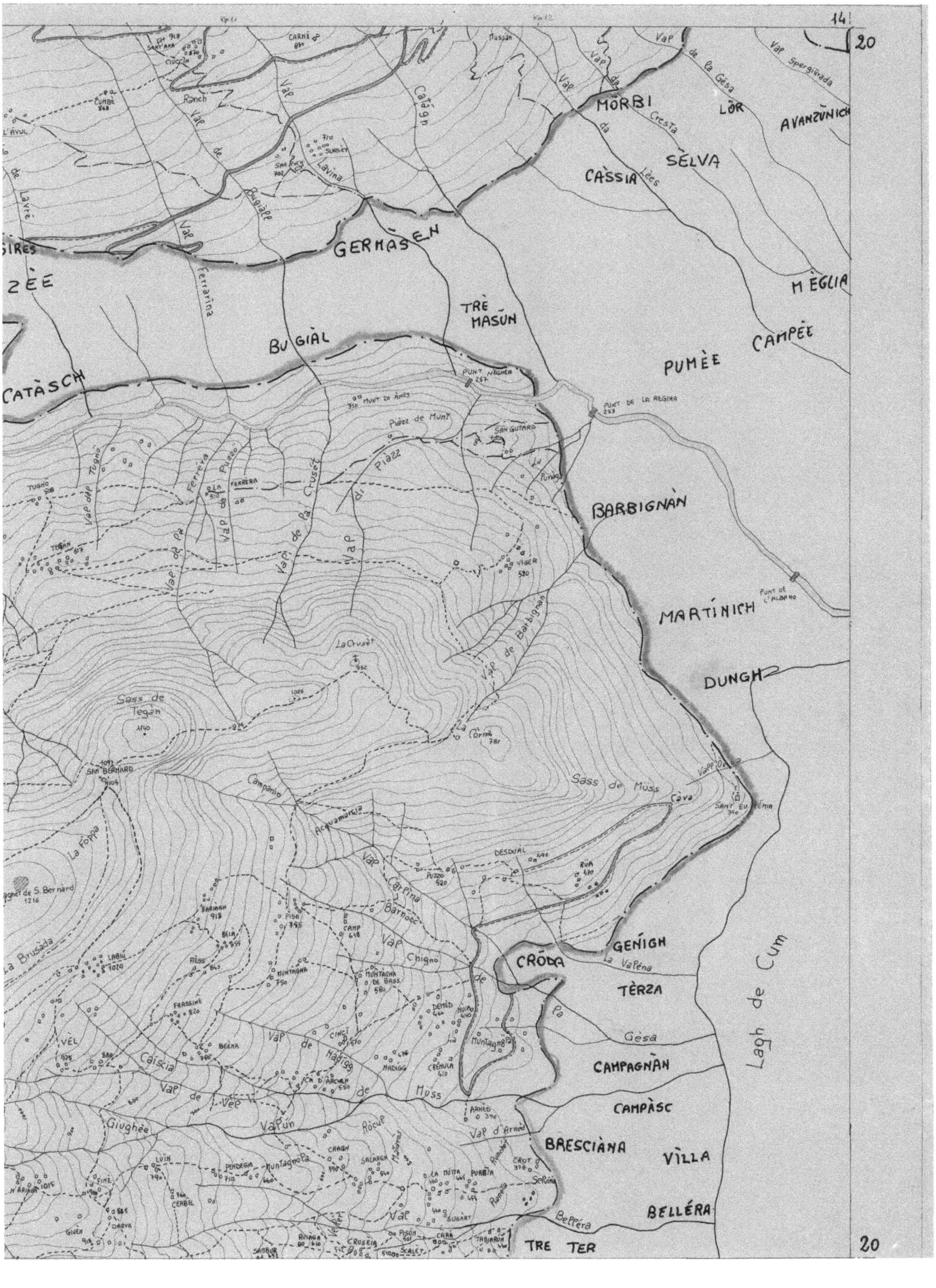
MÖRBI
LÖR
AVANZÜNICH
SÉLVA
CÀSSIA
GERMASEN
ZÉE
MÈGLIA
TRÈ MASÜN
BUGIÀL
PUMÈE
CAMPÈE
CATÀSCH
BARBIGNÀN
MARTÍNICH
DUNGH
Sass de Tegan
Sass de Müss
GENÍGH
CRÖDA
TÈRZA
CAMPAGNÀN
CAMPÀSC
BRESCIÀNA
VÌLLA
BELLÉRA
TRE TER
Lagh de Cum
20
20

Fig. 1.44. Malghe e alpeggi conservano elementi tipici di una cultura costruttiva di stampo antico. Si noti come queste unità abitative siano a ridosso di una sostruzione formata da grossi blocchi in pietra, forse posta a protezione delle slavine. Nell'area altolariana sono ancora visibili i bàrech, dei recinti in muratura a secco a pianta ellittica costruiti per la custodia del bestiame, un tempo coperti da lastroni orizzontali (foto R. Basilico).

Fig. 1.45. Gli scorci che si possono ammirare sono tra i più suggestivi del Lario (foto R. Basilico).

CAPITOLO II

LE INCISIONI RUPESTRI

Le incisioni rupestri sono espressioni intenzionali dell'essere umano; si tratta di segni scavati con differenti tecniche su supporti rocciosi, siano essi massi erratici, affioramenti, o monoliti. La loro realizzazione risale all'istante della storia umana in cui l'individuo elaborò dei meccanismi tali da permettergli di rappresentare e codificare, in modo ripetibile e trasmissibile, processi di astrazione di tipo complesso. L'attribuzione dei processi astratti elementari è invece indicata dagli studiosi come appartenente agli albori della storia evolutiva dell'uomo, quando prese coscienza del proprio io e della realtà esterna.

Il nostro passato è la parte terminale di un processo durato milioni di anni. La sopravvivenza dell'uomo preistorico fu favorita dalla capacità di compiere processi mentali che gli permisero di evolversi, manipolare, organizzarsi, adattarsi, comunicare, cacciare e aggregarsi. Non esiste un nulla silenzioso dal quale apparirono le popolazioni neolitiche; egli non sparì improvvisamente. La difficoltà degli studiosi sta nel riconoscere le tracce degli ominidi che ci hanno preceduti e che, con ogni probabilità, ebbero delle primordiali strutture organizzative e struture sociali.

II.1 - L'arte rupestre

Gli studiosi di preistoria, indagando il fenomeno dell'arte rupestre, si sono trovati di fronte a scoperte di portata eccezionale. Le prime espressioni artistiche complesse sono riconducibili al Paleolitico e iscrivibili alla cerchia dell'Homo Sapiens, che ha iniziato a lasciare le sue tracce nei mondi ctonio ed esterno. Nel sottosuolo europeo ha realizzato dei capolavori, incisi e dipinti, sulle pareti di innumerevoli grotte in un areale che va dalla penisola iberica a quella italica trovando la massima concentrazione nell'area franco-cantabrica. Le più antiche espressioni di arte rupestre, ad oggi ritrovate, sono ascrivibili al periodo aurignaziano, cultura estesa nel nostro continente, le cui origini risalgono tra i 45000 e i 40000 anni fa. Il nome che definisce questo periodo si riferisce ai ritrovamenti avvenuti ad Aurignac, paese francese dei Pirenei.

Uno tra i più antichi esempi di astrazione umana codificata, di tipo complesso, si trova nell'Ardèche, regione della Francia meridionale. La grotta di Chauvet, scoperta dallo speleologo Jean-Marie Chauvet appassionato ricercatore di arte preistorica, possiede disegni datati a 32000 anni fa. Queste pitture rappresentano animali ritratti secondo uno schema, riscontrabile nella maggior parte delle caverne dipinte, che si sviluppa con una serie di ambienti ipogei preparatori per quello finale.

Altre antiche pitture in cavità ipogee europee sono state ritrovate nella Cueva di Nerja in Spagna datate a 40000 anni fa e raffiguranti delle foche, nella Cueva del Castillo con rappresentazioni vecchie di 40000 anni e a Gibilterra, nella grotta di Gorham, vi sono incisioni filiformi risalenti a 39000 anni fa. Nel corso degli scavi avvenuti all'interno della Grotta di Fumane in Veneto sono comparsi dei reperti di pitture negli strati aurignaziani, risalenti a circa 37000-41000 anni or sono, «delle quali restano leggibili una probabile figura zoomorfa e una figura umana schematica, il cosiddetto sciamano, con un copricapo munito di corna».[1]

Nelle grotte dipinte sono rappresentati vari elementi: animali, simboli astratti e uomini. La caratteristica, comune alla maggior parte di esse, riguarda il tipo di rappresentazione: realistica per gli animali, stilizzata per le figure umane. Chi fece questi lavori e cosa volle rappresentare? Il gruppo umano che ha sviluppato questo linguaggio è stato quello dei Sapiens Cro-Magnon la cui presenza nell'Europa centrale si attesta ad oltre 30000 anni fa. Tra le loro attitudini più significative vi erano la costruzione di oggetti, di capanne e di ricoveri in grotta, la caccia e la raccolta, la sepoltura con deposizione di oggetti e colori, l'attitudine a realizzare arte mobiliare e parietale e le prime probabili forme di linguaggio, ipotizzabili per le caratteristiche anatomiche riscontrate.

Alcune ipotesi ritengono che i Sapiens entrarono in competizione con il tipo umano neanderthaliano, decretandone l'estinzione per le maggiori capacità di adattamento e astrazione. In realtà il Neanderthal visse in Europa per centinaia di migliaia di anni affrontando in questo lasso temporale mutamenti climatici estremi e un ambiente totalmente ostico. Se ci si riferisce al processo di astrazione egli aveva un volume cranico maggiore del Sapiens e già utilizzava strumenti musicali, lisciatoi, monili, cacciava in gruppo e aveva comunità aggregate e organizzate socialmente.

Si ipotizza oggi anche una sua capacità di comunicazione: «molti ancora pensano che l'Uomo di Neanderthal, ma anche quello più recente Sapiens-Sapiens, si esprimesse in maniera rudimentale con suoni gutturali, grugniti e altri vocalizzi più animali che umani: ma già prima di lui i suoi lontani antenati possedevano un linguaggio. Era sicuramente un linguaggio semplice, sottolineato probabilmente da una accentuata gestualità che, pur impossibile da recuperare, è ravvisabile nell'osservazione di una infinita quantità di oggetti, di manufatti che ci sono pervenuti e che sembrano parlare per coloro le cui voci e parole si sono perse nel plurimillenario tempo che ci separa da loro (…). Sicuramente il loro non era solo un vocabolario tecnico, ma anche descrittivo, di trasmissione e di

1. Fabio Martini, *Archeologia del Paleolitico. Storia e culture dei popoli cacciatori-raccoglitori*, Carocci (Roma, 2008), 143.

dialogo dei sentimenti».[2] Gli esami genetici condotti sui resti di neanderthaliani, provenienti dalla grotta di El Sidrón nelle Asturie, caratterizzati da carnagione chiara e capelli rossi, hanno individuato la mutazione legata alla capacità di esprimersi a parole, tipica dell'uomo anatomicamente moderno. Nei resti dell'uomo di Kebara risalente a 60000 anni fa si è trovato l'osso ioide laringeo che consente, nell'uomo moderno, l'uso della parola. Le ultime tesi sull'estinzione dei Neanderthal, che hanno vissuto anche assieme ai Sapiens come dimostrato da numerosi ritrovamenti in grotte e ripari, ipotizzano delle ibridazioni tra le due specie; da esse avremmo ereditato una piccola percentuale del nostro patrimonio genetico che, evolutivamente, avrebbe fatto prevalere il Sapiens.[3]

Lo psichismo dei Neanderthal interessò la sfera dell'astrazione figurativa. Ciò si evince da un limitato riscontro in oggetti mobiliari connotati da una serie di segni incisi secondo modalità organizzate: «si tratta di una sintassi standardizzata che interessa una sola superficie del supporto (in Italia a Grotta del Cavallo, in Francia a Champlost e a Chez-pourré-Chez-Comte), oppure di motivi lineari specializzati come quello a linee concentriche (Quneitra), quello a zig zag costruito con l'associazione di singoli segni a V (Bacho Kiro), quello, in verità discusso, cruciforme (Tata). più raro è il motivo con scansione ritmica in gruppi di linee (Grotta Costantini in Italia e La Ferrassie in Francia). Le evidenze grafiche neanderthaliane si pongono come esperienze non tanto di "forme", implicanti un risultato finale compiuto, quanto di figurazioni (...). Il motivo lineare generico consiste, in estrema sintesi, nella materializzazione di un movimento libero e nel risultato finale ove le linee sono così fittamente intersecate da trasformarsi in superfici. I motivi specializzati, invece, e quelli a scansione ritmica, si pongono su un piano concettuale diverso in quanto il campo compositivo del supporto (superfici piane, margini, bordi) è soggetto a misurazione, ad una classificazione dello spazio che permette la configurazione di un ritmo e la regolarità; in altre parole la comprensione di un progetto grafico».[4]

I primi gesti dell'uomo sono stati dei segni occasionali, delle tracce che con l'evolversi della consapevolezza sono divenuti un'attività intenzionale compiutamente espressa in incisioni e pitture. Nelle aree caratterizzate da dipinti preistorici si nota la presenza di incisioni rupestri sia graffite sia incise. Ad esse si affianca il fenomeno degli oggetti mobiliari, rappresentativo di un'espressività astratta e che ha originato dei "filoni" significativi tra i quali citiamo quello delle cosiddette "veneri", comparse nel Paleolitico e prodotte fino agli inizi del Calcolitico. Tra le grotte in cui si

riscontra la pittura preistorica ricordiamo, per la loro rappresentatività, quelle di Chauvet, di Altamira, di Niaux, di Les Combarelles, di Lascaux, di Rouffignac e di Pech Merle.

L'analisi del fenomeno delle incisioni rupestri si basa su teorie e ipotesi interpretative supportate da dati scientifici afferenti a campi di studio diversificati, in grado di esplorare i meccanismi sociali, antropologici, evolutivi, economici, di sussistenza e spirituali. Una scuola di pensiero identifica in queste espressioni umane un atto artistico fine a se stesso, senza alcuna implicazione di tipo religioso o astratto. Ciò appare, da ulteriori studi, un approccio semplificativo poichè non analizza il contesto ambientale o la particolarità dei soggetti rappresentati. La collocazione delle pitture all'interno di grotte fa sorgere il quesito sul senso di fare arte fine a sè stessa in un luogo inaccessibile, nascosto, buio e ostile. Inoltre in questi ambienti si sono riscontrate caratteristiche spaziali e compositive comuni, indice di una struttura narrativa consapevole e riconoscibile.

Il tipo di esecuzione è volto a una descrizione realistica di animali a discapito della rappresentazione umana. Si osserva la ripetizione di elementi astratti e l'assenza di quelli naturali ambientali di natura astrale o atmosferica. «La figura dell'essere umano appariva trascurabile a paragone con la bellezza e la forza della figura animale. L'auto esaltazione con cui sia l'uomo che la donna erano presentati nudi alla luce del sole nella scultura greca era totalmente inimmaginabile per l'uomo primitivo».[5] I dipinti parietali presumono uno sforzo significativo da parte degli autori, il cui scopo è indubbiamente legato a motivazioni di carattere sociale, culturale o spirituale.

Un'ulteriore linea interpretativa si riferisce al collegamento tra le rappresentazioni parietali e i riti propiziatori per la caccia. Sebbene vi sia questa componente, legata a una ritualità di tipo scaramantico, la teoria è stata confutata. Gli studi svolti su migliaia di rappresentazioni indicano una netta minoranza di scene di caccia e di uccisione di animali: mammut, rinoceronti, leoni, cavalli, tori, uro, stambecchi, renne e orsi appaiono generalmente in raffigurazioni "armoniche", sia nelle situazioni di gruppo sia nei contesti di individualità.

Il lavoro degli studiosi si è sviluppato su più fronti di ricerca che hanno indagato numerosi aspetti: analisi e comparazioni delle figure e dei segni, elaborazioni statistiche, raffronti con elementi culturali desunti da ricerche archeologiche, interazioni multidisciplinari di stampo antropologico, psicologico, religioso ed etnografico, utilizzo di differenti metodi di datazione, rilievi e studio delle rappresentazioni.

---

2. Ausilio Priuli, *Segni come parole, il linguaggio perduto*, Priuli e Verlucca, (Ivrea, 2013), 13.

3. Marineo, *Il primo europeo, uomo di Neanderthal, tracce di una specie scomparsa*, 2015, 99-105.

4. Martini, *Archeologia del Paleolitico. Storia e culture dei popoli cacciatori-raccoglitori*, 67.

5. Sigfried Giedion, *L'eterno presente: le origini dell'arte*, Feltrinelli, (Milano, 1965), 42.

In questo modo si è riscontrata l'esistenza di elementi concettuali complessi e identificati degli schemi narrativi: «nell'analisi dell'arte preistorica, la cosa forse più importante da capire è che ogni grotta decorata è un'unità coerente. Come oggi sappiamo, sarebbe assai fuorviante esaminare ciascuna opera d'arte in una caverna come entità separata. Invece, non solo l'intera collezione di pitture, disegni e incisioni dev'essere vista come un complesso logico, ma dev'essere anche considerata entro il contesto topografico dell'ambiente naturale della grotta. Nelle caverne si trova ampia evidenza che gli artisti preistorici volevano che ciascuna grotta venisse presa come un'unità. Gli artisti di Cro-Magnon hanno impiegato tempo e fatica per trovare superfici di certe forme, fra le pareti, in modo da dare alle loro creazioni peculiari caratteristiche tridimensionali. Inoltre, la disposizione delle raffigurazioni animali su pareti o soffitti è sempre oggetto di studio meditato: le figure non sono mai poste a caso. Se un toro è ritratto in opposizione a un cavallo, c'è una ragione per tale collocazione, come provato dal fatto che tali connessioni spaziali si ripetono da grotta a grotta. Vi sono anche importanti elementi di progressione, nelle caverne: l'arte comincia con certe specie animali e, man mano che si avanza nella grotta, cambia e s'intensifica per la densità, il colore, l'aspetto e il portamento degli animali dipinti».[6]

Altri elementi dipinti ricorrenti sono i disegni di mani, negativi e positivi, che sottendono un evidente codice rappresentativo di arti, completi o parziali, sul cui significato sono state esposte differenti teorie che spaziano da prime ipotesi rivolte a riti di mutilazione, espresse *in primis* da Breuil, alla correlazione con rappresentazioni animali. L'analogia tra questi dipinti e le raffigurazioni realistiche delle altre grotte è evidente nel rapporto con l'ambiente che si sviluppa in una successione di spazi preparatori a quello finale: la "galleria profonda". Emblematico è il caso della grotta di Gargas in cui una seriazione di mani color rosso incorniciano una nicchia al cui centro si trova la figura di una mano nera. La stessa composizione tipologica esiste anche in altre grotte, seppur con espressioni figurative differenti. Anche nelle cavità con prevalenza di dipinti animali si trovano esempi di rappresentazioni tese a sottolineare il punto profondo mediante figure antropomorfe o teriomorfe. Cosa rappresenta l'evidenza del punto più profondo? Il raggiungimento di un luogo sotterraneo che simboleggia un punto di passaggio? Un elemento nodale connesso a riti di natura spirituale o religiosa?

Gli studi di Leroi-Gourhan hanno dimostrato come queste opere parietali possiedano una struttura narrativa creata dalla relazione tra l'ambiente della grotta e le sue rappresentazioni.[7] Ciò identifica caratteri di ritualità e astrazione, espressi da rappresentazioni protrattesi

Fig. 2.1. Stregone, grotta Les trois Frères. Teriomorfo che unisce le caratteristiche di più animali, cervo, gufo, felino, lupo a quelle umane (elaborazione degli autori da un disegno di Henri Breuil, 1911).

in uno stesso luogo nel corso del tempo e realizzate da differenti persone. Appaiono elementi, evidenti in numerose rappresentazioni, riconducibili a religiosità di tipo arcaico e sciamanico. L'antropo-ornitormorfo della grotta di Altamira, l'uomo di Gabillou in Dordogna, che possiede corna bovine o di bisonte, gli uomini con testa d'alce presenti a Tuc-D'Aubert, i danzatori itifallici con la testa d'uccello del sito di Addura vicino a Palermo, lo stregone di Chauvet, antropomorfo che unisce alla testa di un bisonte quella di un corpo femminile inferiore costituito da gambe e vulva, e lo stregone itifallico della grotta dei Cervi a Porto Badisco, sono alcune tra le più note rappresentazioni che fondono caratteri umani e ferini. L'immagine dello stregone di Les Trois Frères è una rappresentazione teriomorfa la cui testa viene rappresentata frontalmente, con il corpo posto lateralmente, notevole per la tecnica adottata che Collins definisce "prospettiva di torsione". Ciò conferisce all'immagine, realizzata con tecniche miste di pittura e incisione, il superamento della difficoltà di creare una visione prospettica[8] (figg. 2.1, 2.2).

Queste immagini descrivono una trasfigurazione dell'uomo nel momento in cui si congiunge al mondo spirituale in una sorta di sincretismo, tra natura umana e ferina, subordinato a una fusione intima fra queste due entità. Ciò consente all'uomo di penetrare, in modo tangibile, all'interno di una realtà spirituale; la ricerca dell'aspetto magico-religioso avviene attraverso gesti

6. Amir Aczel, *Le cattedrali della preistoria*, Raffaello Cortina Editore, (Milano, 2010), 84-85.
7. André Leroi-Gourhan, L'art pariétal: langage de la préhistoire, Jérôme Millon, (Grenoble, 2009), 164-165.

8. Desmond Collins, *L'avventura della preistoria. Viaggio nel passato dell'uomo dalla scimmia all'artista*, Newton Compton Editori, (Roma, 1980), 38.

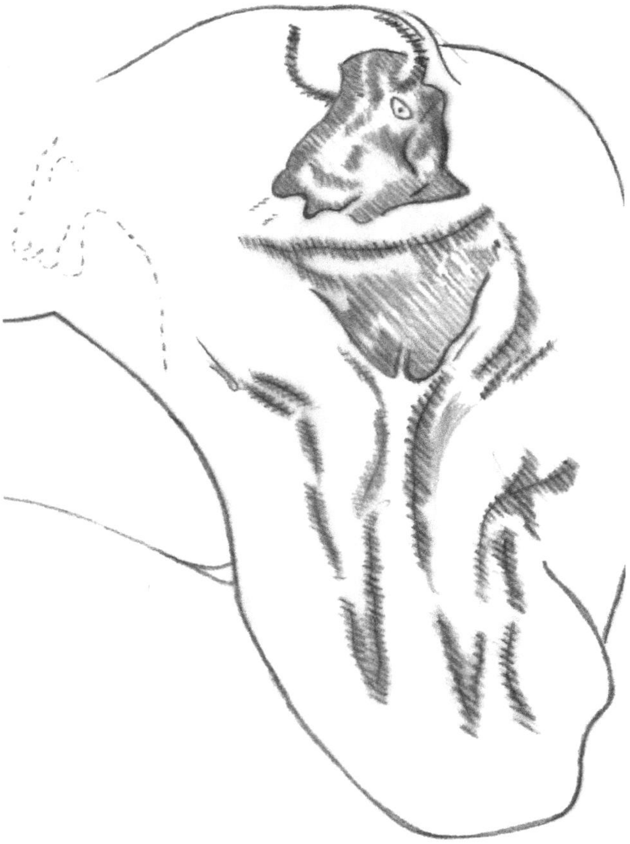

Fig. 2.2. Stregone, grotta di Chauvet. Antropomorfo che unisce, alla testa di un bisonte, gambe e vulva femminili. (elaborazione degli autori).

Fig. 2.3. Ulm, Baden-Württemberg. Uomo-leone di Hohlenstein Stadel. Statuetta aurignaziana dell'antropomorfo leonino, ricavata da una zanna di mammut risalente a 40000 anni fa (foto R. Basilico).

di ritualità collegati al proprio sistema di riferimento sociale. La figura preposta a questo compito è quella che noi associamo allo sciamano (fig. 2.3).

Lo sciamano non nasce per dare risposte metafisiche o salvifiche ma, piuttosto, per rispondere a esigenze che la collettività affrontava quotidianamente: «lo sciamanesimo rientrava organicamente nell'intero complesso della vita sociale dei suoi portatori e le capacità di uno sciamano si manifestavano, appunto, nelle questioni concrete, che toccavano gli interessi vitali dei cacciatori, degli allevatori e dei pescatori, i loro pensieri e le loro aspettative, i loro rapporti col mondo circostante, la loro percezione della natura e della storia, la loro concezione della vita e dei reciproci rapporti tra le persone. Nel passato gli sciamani non avevano delle scuole di scienza, dei sistemi filosofici da condividere, ma possedevano un complesso di conoscenze pratiche, accumulatosi nel corso dei secoli e trasmesso di generazione in generazione. Queste conoscenze riguardavano l'uomo in se stesso, così come la natura circostante e prima di tutto si manifestavano nei diversi settori delle attività produttive: nell'allevamento, nella caccia, nella pesca. Esse racchiudevano in sé ampie informazioni sugli animali e il mondo vegetale, sull'universo, sulla geografia locale, sui diversi aspetti dell'attività umana. Per la conoscenza di tutto

questo, come anche della storia del passato e delle tradizioni, necessitava, da parte dei membri del clan, una memoria eccezionale e un grande allenamento. Questa completa conoscenza della vita in tutti i suoi aspetti era posseduta solamente da poche persone altamente dotate che, spesso, erano gli sciamani. Essi, infatti, rappresentavano la forza più attiva anche nella sfera della vita spirituale, non semplicemente come "specialisti delle anime e degli Spiriti", ma anche come persone a cui era affidato un preciso obbligo sociale: da loro dipendevano il benessere, la fertilità della stirpe, del clan o di un'intera comunità»[9] (fig. 2.4). Non vi sono tuttavia elementi inconfutabili che possano indurre a pensare allo sciamano quale autore delle pitture rupestri o delle incisioni.

Ciò che appare significativa è la presenza di antropomorfi e teriomorfi, collegabile all'importanza sociale rivestita dai soggetti aventi funzione di intermediazione tra i mondi ctonio, uranico e spirituale, e la realtà immanente dell'uomo primitivo. L'immaginario collettivo di quest'ultimo dovette rimanere impressionato da queste manifestazioni anomale, diverse da quanto conosciuto. Alcuni autori considerano le interpretazioni dell'arte parietale relazionate allo sciamanesimo come errate;

9. Anna Saudin, Costanzo Allione, *Lo sciamanesimo siberiano*, Xenia (Milano, 2002), 6-7.

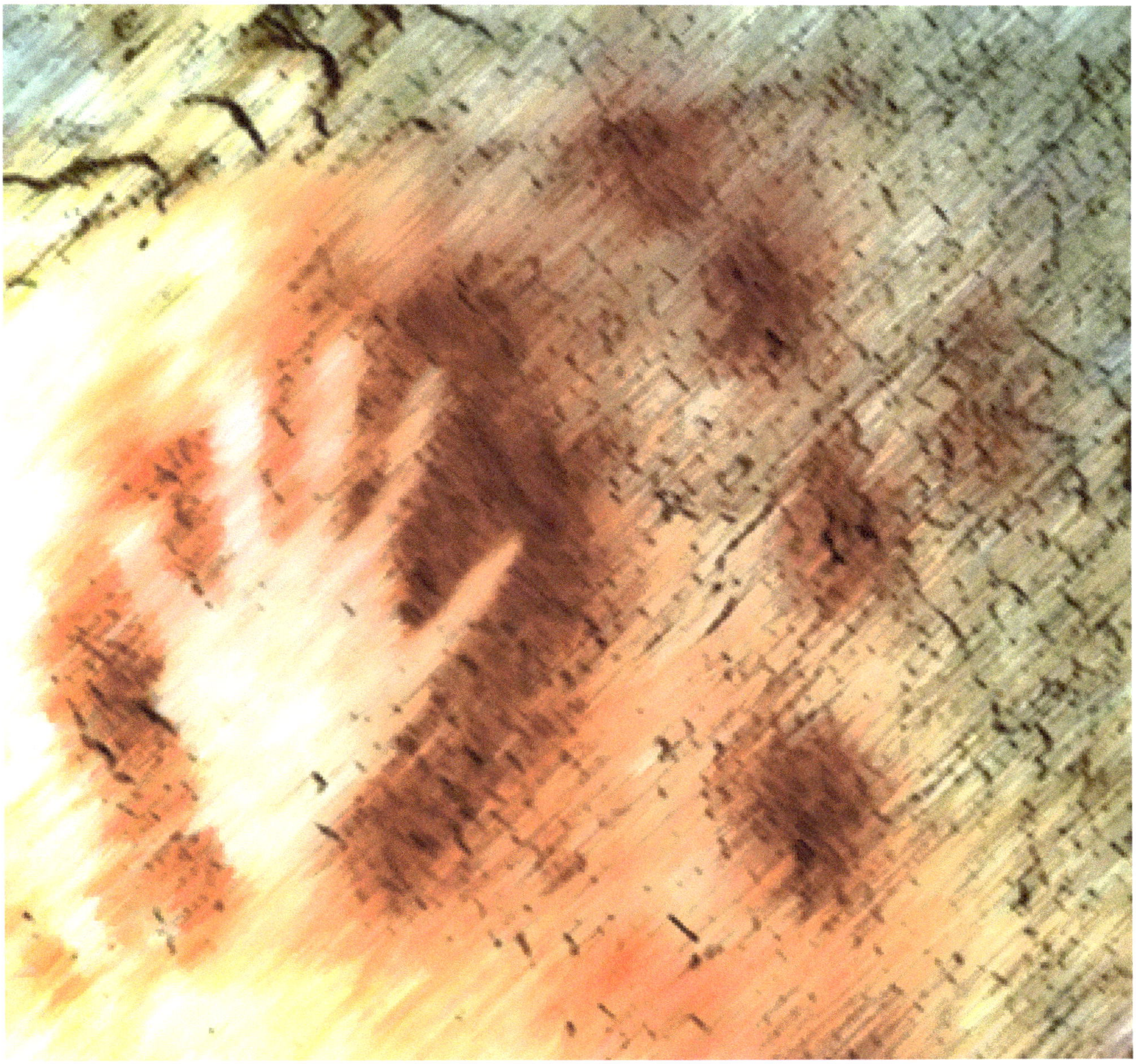

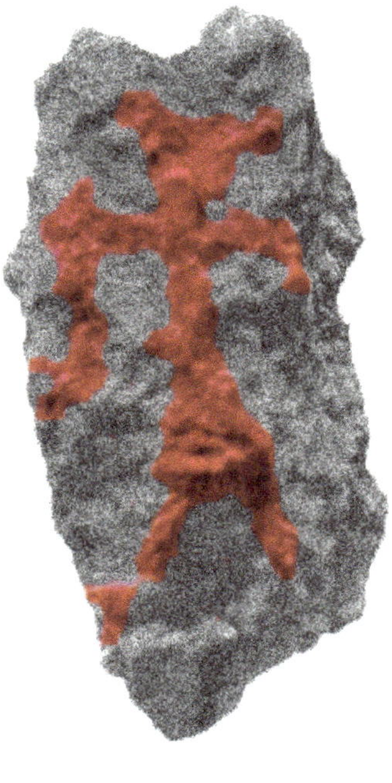

Fig. 2.4. Esempi di raffigurazioni parietali.

Sopra: grotta di Pech Merle, impronta di mano e segni circolari. Le rappresentazioni di arti, positive o negative, ricorrono in numerose cavità. Le teorie espresse per spiegare il significato di questi segni spaziano da ipotesi di rituali di mutilazione fino a teorizzazioni di raffigurazioni simboliche. Alcune interpretazioni ipotizzano la significazione dell'ambiente ipogeo attraverso un percorso di preparazione verso il suo centro che assurge a punto emblematico e nodale. La rappresentazione del luogo più profondo sarebbe quindi legata a un simbolismo: qualcosa di sepolto e irraggiungibile, indice di un punto di arrivo o di passaggio. Ma dove, o verso cosa? Forse si assiste a un elemento appartenente ad un rituale, di natura spirituale o religiosa.

A destra lo "sciamano" pittura rinvenuta durante gli scavi nella Grotta di Fumane in Veneto negli strati aurignaziani e risalente a circa 37000-41000 anni fa. La figura rappresenta una figura umana con corna o con un copricapo che le attribuisce dei caratteri zoomorfi; questo la colloca tra i primi esempi noti di questo genere di rappresentazioni (disegni R. Basilico).

altri le riconducono esclusivamente a questo fenomeno. Come sottolinea Bednarik: «the widespread unjustified references to shamanism in the rock art literature are as much a form of folklore as are the interpretations of motifs as dinosaurs (…). There is the fertile imagination of hundreds of archaeologists that has given rise to some of the over seventy published interpretations of cupules or cup-marks, the most common motif in rock art, most of which have no justification. Then there are the endless list of books and articles written about perceived writing systems in rock art, interpreting and even deciphering».[10]

Un'altra corrente di pensiero collega la ritualità e la religiosità dello sciamanesimo contemporaneo con quello del Paleolitico. Osserva Leroi-Gourhan che questa similitudine deve tenere conto del contesto attuale, evidentemente incomparabile a ciò che si osservava millenni orsono: «Il serait bien facile de se laisser tenter par les comparaisons, d'évoquer des exemples tirés de la protohistoire ou des peuples lointains et proches, mais deux raisons m'ont interdit de le faire. La première est une raison de méthode: il convenait d'interroger les documents paléolithiques et eux seuls pour ne pas risquer d'apporter les réponses en même temps que les questions. La seconde est une raison de bon sens: un symbolisme fondé sur la représentation des organes de la reproduction a bien des chances de n'être pas l'apanage exclusif du Paléolithique supérieur ce n'est pas l'existence des figures d'origine sexuelle: c'est leur intégration dans un système représentatif complexe que nous comprenons encore très mal, précisément parce que nous ne sortons pas de la réalité des documents. Nous ne pouvons pas emprunter notre interprétation aux Australiens et aux Dogons, ce serait perdre l'originalité et la richesse des faits, mais nous pouvons percevoir très bien dans quel ordre de pensée se suite la pensée magdalénienne parce qu'on possède, dans le monde vivant, des témoignages de pensées religieuses qui offrent les même traits complexes d'affrontement, d'interchangeabilité et de complémentarité entre sexes, être humains et animaux».[11] Ciò non implica necessariamente che alcune categorie o sovrastrutture siano mutate nel nostro corredo genetico che, a livello inconscio, ha mantenuto intatti i bisogni ancestrali primari. Procacciare il cibo, riprodursi e sopravvivere, sono aspetti presenti nell'approccio di tipo magico-religioso delle espressioni sciamaniche contemporanee: «il punto non è riconoscere affinità parziali tra arte preistorica e pratiche sciamaniche; il punto è confrontare sotto molteplici aspetti degli interi modelli, dei sistemi complessi».[12] Con riferimento a queste ultime espressioni appare corretto considerare che «lo sciamano non può esistere se non all'interno di una società e di una

cultura. Lo sciamanismo non è una religione coerente e unitaria, ma una forma interculturale di espressione e di sensibilità religiosa (…). Lo sciamanismo è sparso e frammentato, e probabilmente non dovrebbe neppure essere considerato un -ismo. Non esiste una dottrina o una chiesa mondiale dello sciamanismo, non esistono libri sacri, né sacerdoti in grado di dirci che cosa è giusto e che cosa è sbagliato».[13]

All'interno della grotta di Lascaux troviamo, alla base di un pozzo profondo oltre cinque metri, una rappresentazione che, oltre ad essere il primo esempio conosciuto di narrazione di un evento, è interpretabile come la rappresentazione del viaggio sciamanico conseguente al rito sacrificale. Siamo di fronte alla «più enigmatica di tutte le immagini della preistoria. Al centro della scena c'è un Bisonte (…). La pancia è trafitta da un dardo, mentre le interiora fuoriescono e toccano il suolo. Il capo del Bisonte è girato all'indietro in un palese accesso di dolore, ed è rivolto verso la parte posteriore ferita del suo corpo. Li vicino una lancia è appoggiata a terra, e accanto a questa giace un uomo con il viso rivolto in alto e le braccia allargate. Le sue dita sembrano zampe di uccello (ne ha quattro) e anche il volto assomiglia a quello di un volatile. Al suo fianco, su un paletto conficcato nel suolo, c'è un uccello le cui sembianze ricordano fattezze umane. L'uomo è in stato itifallico»[14] (fig. 2.5).

L'ipotesi della scena come espressione del rito sciamanico è stata individuata nel momento estatico correlato alla morte dell'animale.[15] Il bisonte, trafitto da un oggetto simile a una lancia, è l'elemento di sacrificio tramite il quale l'uomo, itifallico e sdraiato in una posizione innaturale, ha il volto trasfigurato in uccello e, proprio a guardia della scena, un uccello appoggiato sopra un'asta osserva la corsa di un rinoceronte che si allontana in direzione opposta.

Lommel divulgò dagli anni '60 la tesi di questa rappresentazione come una chiara raffigurazione di uno sciamano in stato di trance; appare pertinente interpretare il racconto del pozzo di Lascaux come quello di un viaggio sciamanico. Egli comparò le civiltà del Paleolitico ad alcune di quelle odierne, come gli aborigeni, che oltre a non avere affinità con le popolazioni europee vivono in un contesto socio-culturale totalmente differente. Ciò che vi è di affine tra gli sciamani, ampiamente rappresentati nell'arte rupestre, e le forme espressive sviluppatesi nel tempo fino ai nostri giorni, non riguarda le ritualità magico religiose dei differenti gruppi, ma il sostrato archetipo. Quest'ultimo è stato uno dei motori per lo sviluppo dell'uomo e, ancora oggi, influenza molte nostre azioni inconsce. L'attribuzione di stessi archetipi ai vari gruppi

10. Robert G. Bednarik, Robert. *Myths About Rock Art, Journal of Literature and Art Studies 3*, (Melbourne 2013), 482-500.
11. Leroi-Gourhan, *L'art pariétal: langage de la préhistoire*, 157.
12. Matteo Meschiari, *Spazio e Sciamanesimo nell'arte paleolitica*, in AA.VV. *«Sciamanismo e mito»*, Atti del XVI Valcamonica Symposium 1998, Edizioni del Centro, (Capo di Ponte, 2001-2002), 7.
13. Piers Vitebsky, *Gli sciamani, viaggi nell'anima, trance, estasi e rituali Di guarigione*, E.D.T. (Torino, 1998), 11.
14. Aczel, *Le cattedrali della preistoria*, 91-92.
15. Georges Bataille, *L'erotisme*, Editions de Minuit, (Parigi, 1957), 93-99.

Fig. 2.5. Lascaux, scena del Pozzo. Questa pittura è considerata la prima raffigurazione narrativa (Archivio FNCA, elaborazione degli autori).

umani non tiene in considerazione le differenze dovute alle loro origini, alle interazioni tra i gruppi simili e all'influenza dell'ambiente esterno sullo sviluppo (fig. 2.6).

Si vuole evidenziare come le pratiche rituali, seppur differenti tra loro per luogo e periodo storico, abbiano un punto in comune nel tipo di approccio con lo spazio. «Nelle culture di tipo sciamanico esistono anzitutto due spazi, uno profano, quello dell'esperienza ordinaria, e uno sacro, dove lo sciamano può accedere liberamente. L'idea di un dualismo spaziale è alla base di ogni esperienza sciamanica, perchè è insita nella specificità dello sciamano sfruttare a vantaggio, proprio e della comunità, questo dualismo: concetti come qui/là, vicino/lontano, alto/basso, dentro/fuori, che sono la norma nell'esperienza fisica del mondo e che nascono dall'autopercepirsi come corpo in un ambiente, sono superati dallo sciamano che attraverso stati alterati della coscienza, è in grado di "uscire" dal proprio corpo e attraversare le barriere spazio-temporali che vincolano l'uomo normale. Per lo sciamano lo spazio e il tempo non funzionano come per tutti gli altri, perché oltre al mondo ordinario esiste una mondo "altro", regolato da leggi differenti che egli ha imparato a conoscere e dominare. Questa idea centrale si riflette su scala più vasta nella concezione del cosmo: l'universo non è multiforme, ma composito. Sia esso stratificato in verticale o più semplicemente multiplo, ciò che conta è che il mondo dell'esperienza ordinaria è solo uno tra i tanti. Lo sciamano è colui che vede e si muove attraverso questa complessità di spazi, come se i diaframmi che ai più restano opachi fossero per lui permeabili e trasparenti. In altre parole, lo sciamano ha dello spazio

una visione aperta, embricata e complessa. Tuttavia, per comprendere a fondo la dinamica che regola questo sistema di credenze, bisogna almeno accennare al ruolo determinante che è svolto dallo spirito-ausiliario, in genere di forma animale: grazie ad esso lo sciamano può attraversare il diaframma che lo separa dall'altro mondo, e può attingere così gli altri livelli del cosmo. A tal proposito si è molto insistito sul fatto che durante la trance lo sciamano arriva a identificarsi con l'animale che è a sua volta identificato con la soglia per l'altro mondo, col viaggio sciamanico e coi luoghi attraversati in questo viaggio. In altre parole, l'animale diventa un ideogramma del cosmo sciamanico, l'unione tra un'entità e un luogo, una specie di cosmografia in forma animale».[16]

Nell'areale alpino le figure animali sono fondamentli. La figura simbolica dell'uccello si evolve nel corso del tempo per assurgere, nel primo millennio a.C., ad una funzione di intermediazione con la divinità, fattore riscontrato anche sulla stele di Tresivio. La rappresentazione della stele sul «piano simbolico si lega alle acque, agli uccelli acquatici; per l'associazione della doppia lancia e dell'antropomorfo è collegata anche al mondo guerriero (come attestato ripetutamente in Valcamonica in riguardo alle scritte): la barca ha un valore ereditato dall'età del Bronzo, l'uccello acquatico, a suo agio nelle acque e nel cielo, è anch'esso un simbolo attestato dal Medio-Tardo Bronzo ed il contesto rupestre sembra confermare la sua fenomenologia di simbolo dell'anima, di protezione, di intermediabilità fra terra, acqua e cielo sino ad essere psicopompo. Proprio quest'ultima valenza sembra esplicita nelle

16. Meschiari, *Spazio e Sciamanesimo nell'arte paleolitica*, 13.

Fig. 2.6. Stazzona, Sasso Bravo, Lastra con orante. Il petroglifo, rappresenta una figura centrale in forma di orante o sciamano circondata da figure in stato devozionale. Queste raffigurazioni sono comuni tra le incisioni rupestri, e appaiono in diversi periodi preistorici e storici (foto S. Bianchi).

scene rupestri quali immagini dell'anima del defunto (antroponimo) traghettato nella barca ornitomorfa, il veicolo sacro, nell'aldilà. Una valenza funeraria quindi, forse a lapide di una reale sepoltura nel caso di Tresivio e Grevo, e simbolica, a Naquane, come elemento dell'anima o di protezione».[17]

A Castione Andevenno, in località La Ganda, troviamo un gruppo figurativo caratterizzato da figure di oranti «con collo eccezionalmente allungato: tale caratteristica è confrontabile con una scena di oranti femminili d'età del Bronzo a Naquane R1 e abbiamo recentemente avanzato l'ipotesi che si tratti di un modo per simboleggiare il volo sciamanico all'interno di cerimonie di tipo estatico».[18]

Studi circostanziati hanno identificato nelle grotte degli ambienti dedicati alla rappresentazione degli elementi ferini, intesi quali simboli delle necessità primarie dell'uomo: cibo, procreazione e vita inserite in un sistema basato sul rapporto magico-religioso con gli elementi naturali. A ciò si aggiunge che: «in realtà forse, la primaria preoccupazione dell'uomo è sempre stata quella di instaurare e mantenere un costante e corretto rapporto con il "soprannaturale", per fede e per bisogno e soprattutto di mantenere attive tutte quelle "forze" superiori preposte a mantenere in equilibrio il mondo e a rigenerarlo periodicamente; tra le quali anche gli spiriti delle cose, degli antenati, degli esseri mitici. Parallelamente, non meno importante era il bisogno di trasmettere la propria storia alla comunità: le conquiste tecnologiche, le esperienze, i miti, il culto

degli antenati e le pratiche rituali: la storia sacra».[19] I luoghi, esterni o ipogei, scelti per le incisioni rupestri, ebbero un carattere sacrale analogo. Lo studioso Leroi-Gourhan ha descritto il sistema espresso dalle pitture rupestri partendo dall'analisi dei disegni e dei segni. Inizialmente ha classificato i tipi animali ricorrenti, individuandone i rapporti reciproci e le associazioni nelle composizioni, sia corali sia unitarie (figg. 2.7, 2.8). Successivamente identificò la frequenza dei tipi animali secondo una scala di valori assoluti ricavata da più di 1800 pannelli parietali; egli notò la preponderanza figurativa del cavallo e del bisonte associata ad una loro palese contrapposizione. Il rapporto che ne scaturisce definisce un dualismo maschile-femminile, in un sistema "spirituale" che ne fa oggetto di venerazione.[20]

Altra sua osservazione si riferì a segni graffiti e dipinti sui muri associabili alle figure maschile e femminile, con evoluzioni temporali stilistiche analoghe nell'arte parietale esterna. I segni individuati e classificati da Leroi-Gourhan sono oltre 400 e molteplici sono stati ricondotti ai due generi maschile e femminile. Egli li riassunse in famiglie di segni:
1. bastoncelli singoli o multipli;
2. ramiformi;
3. a capanna o a ventaglio;
4. impilati;
5. quadrangolari;
6. claviformi;
7. raggruppamenti di punteggiature;
8. stellari.[21]

17. Umberto Sansoni, Silvana Gavaldo, Cristina Gastaldi, *Simboli sulla roccia. L'arte rupestre della Valtellina Centrale dalle armi del bronzo ai segni cristiani*, Edizioni del Centro, (Capo di Ponte, 1999), 43.
18. Sansoni, Gavaldo, Gastaldi, *Simboli sulla roccia*, 30.
19. Priuli, *Segni come parole, il linguaggio perduto*, 71.
20. Juan Antonio Ramirez, *Arte preistorica e primitiva*, Fenice 2000, (Milano, 1994), 42-59.
21. Brigitte e Gilles Delluc, *Connaitre Lascaux*, IN U.A. 184 du C.N.R.S., Musée de l'Homme, Editions Sud Ouest (Parigi,1989), 32-41.

Simboli simili compaiono anche in altre grotte dipinte; il loro carattere astratto potrebbe denotare una primitiva forma di linguaggio ideografico, seppure semplice e non ancora rigidamente fissata (fig. 2.9).

II.1.1 - Distribuzione e diffusione delle incisioni rupestri: la fascia alpina

La descrizione dell'arte rupestre lungo l'arco alpino è oggetto di approfonditi studi; il censimento delle incisioni supera, ad oggi, le quattro milioni di unità. Sovente i luoghi con incisioni sono state frequentati nel corso del tempo senza soluzione di continuità facendo perdurare riti e credenze antiche; per questo motivo sono state demonizzate o, addirittura, esorcizzate con altre incisioni afferenti al paradigma dominante. "Sassi del diavolo", "sassi delle streghe", luoghi legati alle storie più spaventose o misteriose, sono la testimonianza di una cultura ancestrale diffusa capillarmente sul territorio che ha trovato nel rapporto con l'ambiente naturale un efficace ed equilibrato sistema vitale.

La sopravvivenza di elementi cultuali di stampo preistorico nei territori montani e contadini «sono uno straordinario modo di comunicazione grafica, in quanto in qualche modo veicolo di messaggi di eccezionale densità, la comprensione dei quali necessita delle conoscenze delle chiavi».[22]

Animali	Oltre 30% di associazioni con:	Meno di 30% di associazioni con:
Leoni (16)	*Cavalli (81%)*	*Rinoceronti*
Orsi (22)	*Cavalli (31%)*	*Mammut, Cervi, Renne, Buoi, Stambecchi*
Mammut (50)	*Bisonti (53%)*	*Orsi, Cavalli, Cervi, Megaloceri, Renne, Buoi, Stambecchi*
Cavalli (160)	*Bisonti (53%)*	*Leoni, Orsi, Mammut, Cervi, Daini, Renne, Buoi, Stambecchi*
Cervi (42)	*Cavalli (33%)*	*Mammut, Buoi, Bisonti, Stambecchi*
Daini (34)	*Cervi (35%)*	*Cavalli, Buoi, Bisonti, Stambecchi*
Renne (25)	*Mammut (32%)*	*Orsi, Cavalli, Bisonti, Stambecchi*
Buoi (53)	*Cavalli (49%)*	*Orsi, Mammut, Cervi, Daini, Renne, Buoi, Stambecchi*
Bisonti (138)	*Cavalli (64%)*	*Orsi, Mammut, Rinoceronti, Cervi, Daini, Renne, Buoi, Stambecchi*
Stambecchi (55)	*Cavalli (40%)*	*Orsi, Mammut, Cervi, Renne, Buoi, Bisonti*

Fig. 2.7. Tabella comparativa dei rapporti tra mammiferi nelle pitture parietali. Tratto da Leroi-Gourhan, 1999.

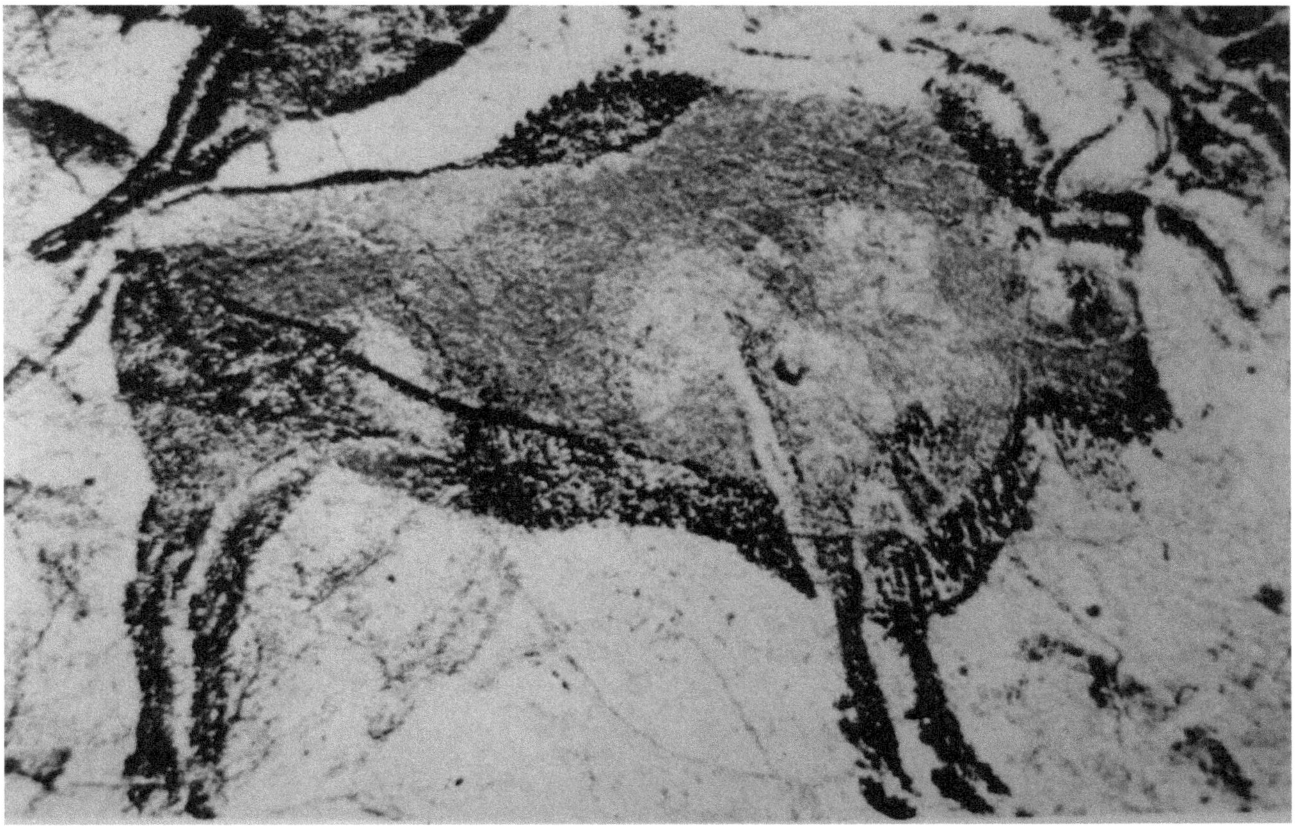

Fig. 2.8. Altamira, bisonte. Le immagini dipinte denotano una sviluppata capacità di esecuzione pitttorica (Archivio FNCA, elaborazione degli autori).

22. Lucien Grattè, *Survivance de l'art parietal*, Maury, (Millau, 1985), 53.

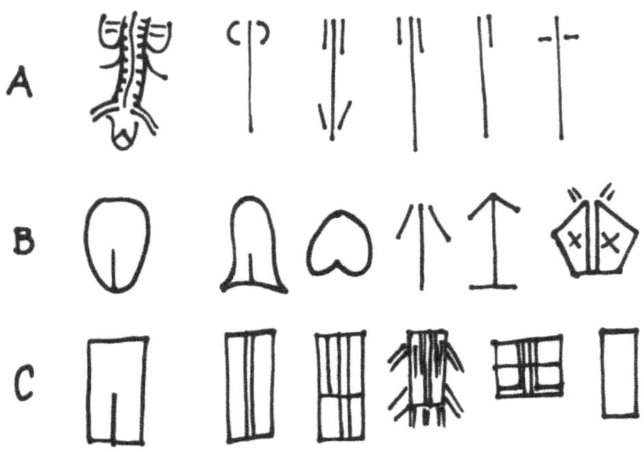

Fig. 2.9. Claviformi. Le simbologie identificate e classificate afferiscono al genere femminile o maschile (elaborazione degli autori da un disegno di Leroi-Gourhan, 1999).

Esistono quattro classi principali di incisioni rupestri:
- **incisioni simboliche;**
- **incisioni figurative;**
- **composizioni e stele monumentali;**
- **manifestazioni schematiche.**[23]

Le troviamo configurate singolarmente o in associazione tra loro. Si evidenzia come la tipologia e la quantità di incisioni figurative e schematiche, presenti nelle aree ad alta concentrazione e nei siti minori dell'arco alpino, siano affini a quelle riscontrate nell'indagine in oggetto. Ciò pone le basi per considerare l'area dell'Alto Lario tra le aree più significative per presenza di petroglifi.

Le classi descritte possono raggrupparsi in **due gruppi principali** di incisioni afferenti al campo **figurativo**, nel quale rientrano le prime tre classi, e a quello **schematico**, in cui rientra la quarta classe. «Tenendo in considerazione questa divisione in gruppi, ci si rende conto immediatamente come, mentre le incisioni appartenenti al primo grande gruppo sono concentrate soprattutto in regioni circoscritte ed all'interno di queste regioni in siti particolari, le coppelle invece sono spesso distribuite in maniera estremamente varia e non omogenea nel territorio».[24]

II.1.2 - L'Alto Lario

Gli studi condotti nella zona altolariana hanno colmato un vuoto nella fascia compresa tra i territori comense, valtellinese ed elvetico. In quest'area i ritrovi di incisioni erano limitati alle indicazioni di carattere bibliografico e storico, per cui i pochi massi segnalati ricadevano in una casistica di eccezionalità.

Le ricerche e la raccolta di dati, iniziate sul territorio da Beltramelli negli anni '80, hanno condotto a successive campagne di approfondimento. Le istituzioni informate

dei ritrovi sono state la Società Archeologica Comense e il Centro Camuno di Studi Preistorici. In seguito alle segnalazioni del Beltramelli del 1994, relative alle scoperte da lui fatte tra il 1989 il 1990, è stata condotta una campagna di studi dall'Archeologica Comense sul dosso Santa Maria Rezzonico-Cremia, confluita nella pubblicazione *Incisioni rupestri a S. Maria Rezzonico e Cremia: Alto Lario, Como*. I massi analizzati in quest'area, che comprendono anche uno scivolo della fertilità, ammontano a circa trenta unità; successivamente a questo lavoro il comune ha disposto sul territorio dei cartelli descrittivi.[25]

La cronistoria esplorativa degli studi pubblicati nel presente testo nasce da due linee distinte, svolte da Beltramelli e dalla Federazione Nazionale Cavità Artificiali, e confluite in un fronte comune che ha permesso agli autori di confrontarsi e proseguire congiuntamente le ricerche. Attualmente le indagini proseguono con la ricerca sistematica sul territorio per approfondire gli aspetti analizzati e per esplorare nuove aree. Il lavoro risulta quindi *in progress* secondo un'ottica di implementazione che, si auspica, possa servire ad ulteriori ricerche e indagini.

II.1.3 - Simbologia e linguaggio

Si è osservato come l'origine del fenomeno delle incisioni rupestri sia collocabile tra le prime forme di espressione e astrazione complessa dell'uomo. Si può identificare uno dei motori primigeni nello sviluppo dell'idea di simbolo. Si ritiene necessario descrivere i meccanismi neurobiologici e sociali utili a definire i fenomeni individuali e collettivi che sono alla base del concetto di simbolo. Questi verranno descritti nei loro tratti principali, poichè una trattazione specialistica esula dalle finalità del nostro lavoro.

I meccanismi neurobiologici legati alla memoria individuale sono dovuti a fenomeni biofisici e biochimici complessi. Essi coinvolgono varie aree nervose e del tessuto cerebrale, quali l'ippotalamo, la corteccia e l'amigdala ognuna preposta, singolarmente o in connessione alle altre, nel definire e conservare i tipi mnemonici. L'amigdala è la parte più direttamente collegata agli aspetti istintivi ed emozionali. Goleman ha trattato gli aspetti legati a questo tipo di attività in rapporto al comportamento umano: «l'amigdala è specializzata nelle questioni emozionali (…). Funziona come un archivio della memoria emozionale ed è quindi depositaria del significato stesso degli eventi».[26]

Gli studi in questione sono diversificati e avvengono su più fronti. «Joseph LeDoux, un neuroscienziato che lavora al Center for Neural Science della New York University, fu il primo a scoprire il ruolo fondamentale

23. Ausilio Priuli, *Incisioni rupestri nelle Alpi*, Priuli e Verlucca, (Ivrea, 1983), 13.
24. Fabio Copiatti, Alberto De Giuli, Ausilio Priuli, *Incisioni rupestri e megalitismo nel Verbano Cusio Ossola*, Grossi, (Domodossola, 2003), 25.
25. Alberto Pozzi, *Incisioni rupestri a S. Maria Rezzonico e Cremia. Alto Lario, Como*, Società Archeologica Comense, Comune di Cremia, Comune di Santa Maria Rezzonico (Como, 2000), 6-8.
26. Daniel Goleman, *Intelligenza emotiva*, Rizzoli, (Milano, 1995), 37.

dell'amigdala nel cervello emozionale».[27] L'amigdala gioca un ruolo preponderante nelle reazioni istantanee, usate dal cervello nelle situazioni d'emergenza e sopravvivenza in cui è necessario l'utilizzo di una componente istintiva più che razionale. Essa è la parte più strettamente correlata a comportamenti di natura primitiva, «un'estesa rete di connessioni neurali dell'amigdala le consente, durante un'emergenza emozionale, di *sequestrare* gran parte del resto del cervello - ivi compresa la mente razionale - e di imporle i propri comandi».[28]

Ciò si risolve in manifestazioni di tipo impulsivo che sottolineano il perpetrarsi di meccanismi e automatismi cerebrali legati alla sopravvivenza propri dell'uomo primitivo, ma rimasti immutati nei processi comportamentali dell'uomo moderno.

Parallelamente alla parte istintiva esiste un meccanismo di natura neurobiologica che permette alla memoria l'atto del ricordo e della sua memorizzazione nel tessuto cerebrale: è il processo detto *menme*. Richard Semon coniò questo termine agli inizi del secolo; esso è composto da tre fasi: engrafia, engramma ed ecforia che sono pertinenti alla codifica, alla conservazione nel tempo e al recupero di un'informazione. Tali meccanismi sono collegati tra loro e portano all'identificazione di una "memoria di tipo personale" legata al singolo individuo.

I processi legati alla costruzione di una memoria di tipo collettivo sono stati definiti da Carl Gustav Jung mediante i concetti di inconscio collettivo e di archetipo. Lo studioso svizzero elaborò un concetto secondo il quale il fenomeno di inconscio collettivo è di tipo ancestrale. «L'inconscio collettivo è una parte della psiche che si può distinguere in negativo dall'inconscio personale per il fatto che non deve, come questo, la sua esistenza all'esperienza personale e non è perciò un'acquisizione personale. Mentre l'inconscio personale è formato essenzialmente da contenuti che sono stati un tempo consci, ma sono poi scomparsi dalla coscienza perché dimenticati o rimossi, i contenuti dell'inconscio collettivo non sono stati nella coscienza e perciò non sono mai stati acquisiti individualmente, ma devono la loro esistenza esclusivamente all'ereditarietà. L'inconscio personale consiste soprattutto in "complessi"; il contenuto dell'inconscio collettivo, invece, è formato essenzialmente da "archetipi". Il concetto di archetipo, che è un indispensabile correlato dell'idea di inconscio collettivo, indica l'esistenza nella psiche di forme determinate che sembrano essere presenti sempre e dovunque. La ricerca mitologica le chiama "motivi"; nella psicologia dei primitivi esse corrispondono al concetto di *représéntations collectives* di Lévy-Bruhl; nel campo della religione comparata sono state definite da Hubert e Mauss "categorie dell'immaginazione".

Adolf Bastian, molto tempo fa le ha denominate "pensieri elementari o pensieri primordiali." Da questi riferimenti dovrebbe risultare abbastanza chiaro che la mia idea di archetipo - letteralmente "una forma preesistente"- non è isolata, ma è riscontrabile anche in altri campi della conoscenza. La mia tesi, dunque, è la seguente: oltre alla nostra coscienza immediata, che è di natura del tutto personale e che riteniamo essere l'unica psiche empirica (anche se vi aggiungiamo come appendice l'inconscio personale), esiste un secondo sistema psichico di natura collettiva, universale e impersonale, che è identico in tutti gli individui. Quest'inconscio collettivo non si sviluppa individualmente ma è ereditato. Esso consiste di forme preesistenti, gli archetipi, che possono diventare coscienti solo in un secondo momento e danno una forma determinata a certi contenuti psichici».[29]

L'inconscio collettivo junghiano è quindi elaborato da tutta la comunità umana e contiene in sé delle idee archetipe, sostanzialmente di tipo istintivo e comunitario, e che si protraggono dalle origini dell'umanità ai giorni nostri, fino ad avere un epilogo di tipo potenziale. Quello che Jung definisce un "carattere comune a tutta l'umanità" è riconducibile, a nostro avviso, a caratteri da lui esaminati in forme archetipe comuni alla compagine europea. La forma archetipa è precedente all'esperienza diretta e, di conseguenza, risulta legata ad una sfera istintiva sovrarazionale.

Per Jung esistono vari tipi di archetipi che utilizza nel suo percorso di conoscenza dell'individuo. Consideriamo, per pertinenza, la figura della Grande Madre che tanto ha influenzato gli studi legati alle religioni pre-europee. «Il concetto di Grande Madre nasce dalla storia della religione e comprende le varie specie del tipo di dea-madre. Esso non ha un'attinenza immediata con la psicologia, giacché l'immagine di una *Grande Madre* in *questa* forma si presenta nell'esperienza pratica solo raramente e quindi solo in condizioni molto particolari. Il simbolo è ovviamente un derivato dell'archetipo della madre. Se perciò noi ci azzardiamo a esplorare quale sia lo sfondo dell'immagine della Grande Madre dal punto di vista della psicologia, dobbiamo necessariamente prendere come base della nostra indagine l'archetipo assai più generale della madre. Benché oggi non sia più necessario discutere dettagliatamente il concetto di archetipo, non mi sembra del tutto superfluo, in questo caso, premettere alcune osservazioni di principio. In epoche passate, nonostante eventuali divergenze di opinioni e l'orientamento aristotelico, nessuno aveva troppa difficoltà ad affermare il concetto platonico secondo cui l'idea pre-esiste ed è superiore a ogni realtà fenomenica. "Archetipo" è un termine che si trova già nell'antichità ed è sinonimo di *idea* in senso platonico. Quando per esempio nel *Corpus hermeticum*, che dovrebbe appartenere all'incirca al terzo secolo, Dio è designato come τὸ αρχετυπον φως (la luce archetipica),

---

27. Daniel Goleman, *Intelligenza emotiva*, 38.
28. Ibidem, 41.

29. Carl Gustav Jung, *Gli archetipi e l'inconscio collettivo*, Boringheri, (Torino, 1980), 42-43.

ciò significa che egli è "l'immagine primordiale" di ogni luce, preesistente e superiore a ogni fenomeno luminoso».[30]

Esiste quindi un istinto primario, un collegamento ancestrale, in grado di regolare molti comportamenti che agiscono secondo uno stesso schema di base a livello genetico, biochimico e di inconscio. Ci si può chiedere come sia possibile rintracciare e documentare, nella nostra storia più recente, degli esempi o dei residui comportamentali a testimonianza degli studi condotti. La scienza che può fornire un riscontro di questo tipo è l'antropologia, che annovera tra i suoi fini quello di esaminare e studiare dei tipi sociali relazionandoli al contesto in cui essi si esprimono.

Aby Warburg ha delineato compiutamente il concetto di simbolo in rapporto alle caratteristiche essenziali dell'umanità pagana primitiva.[31] Egli condusse uno studio antropologico negli anni 1895-1896 tra gli indiani Pueblo e Moki del Nuovo Messico che, al tempo, erano animati da una religiosità di stampo pagano. È bene ricordare come il Warburg fosse «allievo di Usener, vale a dire seguace di quell'indirizzo della ricerca tedesca sulle religioni che, come Frazer in Inghilterra, cercava di comprendere i testi classici e le origini delle religioni greca e romana tramite le forme di paganesimo ancora presenti nel mondo».[32]

Sebbene si ritenga azzardato creare dei rapporti tra civiltà preistoriche e civiltà contemporanee di stampo primitivo non appartenenti allo stesso ceppo etnico, si reputa corretta la ricerca della sopravvivenza dei caratteri primordiali di una popolazione in considerazione della propria specificità. Sui nativi d'America, oggetto degli studi di Warburg, sono state espresse da più studiosi interessanti similitudini con le popolazioni primitive europee. Alcune tesi sostengono che le popolazoni indigene d'America non siano autoctone poichè giunte in questo continente tramite lo stretto di Bering.[33] Già agli inizi del '900 venivano evidenziate delle similitudini, poi sviluppate da studi successivi: «la rassomiglianza è completa relativamente alle camere funerarie, ai tumuli, alle scodelle, ai circoli concentrici e alle impronte di piede».[34] Ricerche recenti hanno individuato il legame più stretto tra le popolazioni native americane e la cultura siberiana Okunev, riscontrata nella zona del lago Iktol in Khakassia, e risalente a circa 4500 anni fa. Si ravvisano similitudini tra le incisioni rupestri dell'area e le raffigurazioni mobiliari e rupestri più antiche dei nativi americani, con particolare riferimento alle simbologie solare, serpentiforme e di uccello. Presumibilmente sarebbero gli antenati di questa

cultura ad avere attraversato la Beringia ghiacciata circa 12500 anni fa. Resta tuttavia da capire la reale provenienza della cultura Okunev, da molti considerata un evoluzione della precedente cultura cromagnoide detta di Afanasevo.

Nella sua ricerca Warburg focalizza la propria attenzione su elementi simbolici cultuali ricorrenti tra le civiltà primitive, quali l'albero e il serpente, e sulle danze rituali che queste popolazioni praticavano con continuità dalle proprie origini. «I Pueblo si trovano a metà strada tra magia e logos, e lo strumento con cui si orientano è il simbolo. Tra il raccoglitore primordiale e l'uomo che pensa si trova l'uomo che istituisce connessioni simboliche. E le danze dei Pueblo sono un esempio di questo stadio simbolico del pensiero e del comportamento».[35]

La danza rituale del serpente, praticata dagli indiani Moki, si svolgeva secondo un rituale magico che prevedeva la cattura degli animali, la loro collocazione in una stanza sotterranea detta *Kiva* simboleggiante l'elemento ctonio, e il lavacro rituale dei rettili. Successivamente i rettili erano lanciati su un disegno tracciato sulla sabbia che rappresentava quattro serpenti a forma di fulmine; in questo modo l'animale doveva scatenare l'elemento atmosferico, creare il fulmine e, di conseguenza, la pioggia. Il rituale prevedeva poi che i serpenti a sonagli venissero rilasciati nel deserto dai danzatori. Nelle danze erano così introdotti elementi totemici e si stabiliva un «nesso tra le forze naturali e l'uomo, il sýmbolon, l'anello di congiunzione, ed ecco che il rito magico opera allora un collegamento reale inviando un mediatore».[36]

Successivamente lo studioso identificò delle similitudini con i riti orgiastici dionisiaci, in cui le Menadi danzavano tenendo in una mano dei serpenti, e con figure iconograficamente analoghe, quali Laocoonte o Asclapio. Si aggiunga poi l'esempio del celta Cernunnos, il dio cervo che stringe nella mano un serpente, la cui figura è di derivazione preistorica ed associata al culto del sole «nesso che trova puntuali quanto enigmatiche conferme in tutta l'Europa preistorica (...). Tale relazione era nata in popolazoni agricole o comunque in popolazioni che associavano il il sole all'agricoltura e non alla caccia»[37] (figg. 2.10, 2.11, 2.12). Il simbolo del serpente si riferisce quindi ad aspetti legati alla fertilità e al mondo ctonio.

Si consideri inoltre come questi elementi simbolici concorsero a definire il concetto di mito che «è un processo dialettico. Tramite la narrazione, che può essere anche magnificazione o creazione, di una storia, vi è una ricerca di regole, una ricerca di cause ed effetti, una ricerca del reale nell'immaginario e dell'immaginario

30. Jung, *Gli archetipi e l'inconscio collettivo*, 77.
31. Aby Warburg, *Il rituale del serpente*, Adelphi, (Milano, 1998), 12.
32. Ibidem, 84.
33. Jared Diamond, *Armi, acciaio e malattie. Breve storia del mondo negli ultimi tredicimila anni*, Einaudi (Torino, 2014), 21-35.
34. Antonio Magni, *Pietre cuppelliformi nuovamente scoperte nei dintorni di Como* in «*Rivista archeologica della Provincia di Como*», Fascicolo 43°-44°, Tipografica Editrice Ostinelli (Como, 1901), 120.
35. Warburg, *Il rituale del serpente*, 28.
36. Ibidem, 44.
37. Mario Corona, *Le civiltà preistoriche in Italia*, Libritalia (Ginevra, 1977), 251-252.

nel reale. Il mito è un elemento strutturale del processo cognitivo, diffuso in tutte le società umane dalle più primitive alle più evolute. Il mito è anche un fatto liturgico, è la formulazione di canoni ed implica il processo culturale sacramentale».[38]

Dagli studi descritti emerge quindi il carattere comune di elementi simbolici, ricorrenti nelle culture arcaiche e presente nelle popolazioni fautrici dell'arte rupestre. I primi autori delle incisioni rupestri realizzarono un atto d'astrazione di tipo complesso, identificabile con il simbolo, mediante la definizione di entità extra-soggettive che collegarono ad elementi ripetibili e comprensibili da una collettività.

Le entità extra-soggettive si riferiscono sia ad aspetti magico-religiosi sia ai bisogni fondamentali dell'individuo e della sua collettività, intendendo, con questo termine, un insieme di persone appartenenti a uno stesso ceppo con caratteri similari. L'elemento ripetibile e riconoscibile è il rituale che crea una sistema simbolico collegato a una memoria collettiva. In questo modo si formano concetti di tipo primordiale successivamente codificati come archetipi. L'osservazione di un manufatto preistorico rende manifesto il concetto di archetipo; in questo atto si riceve un messaggio, non descrivibile verbalmente, ma capace di toccare corde mnemoniche percepibili dalle strutture mentali del nostro inconscio.

III.1.4 - La sacralità dei luoghi

Dare un nome significa conferire un significato. Nel caso di un luogo si crea un legame tra l'essere umano e la realtà in cui egli vive e si raffronta, poichè l'antropizzazione di un territorio ne cambia le fattezze. L'uomo stesso subisce un mutamento di tipo osmotico, dovuto alle caratteristiche del contesto frequentato, che agisce sulle sue strutture comportamentali fino a divenire un tratto caratteristico ereditario. Come spiega l'Ashby, gli antichi romani prima di scegliere la sorgente dalla quale approvvigionare un acquedotto per una determinata popolazione destinataria dell'acqua, analizzavano attentamente il territorio circostante e le caratteristiche fisiche e lo stato di salute delle persone che frequentavano la sorgente: «si dovevano esaminare le condizioni generali dei consumatori locali con speciale riferimento alla carnagione, alla struttura ossea ed alla limpidezza degli occhi».[39]

Un luogo diventa sacro per diverse ragioni che contribuiscono a conferirgli delle qualità inusuali: la caduta di un fulmine, l'avvistamento di un fenomeno astrale, la posizione dominante, la prossimità di un valico, la presenza di elementi animisti, lo sgorgare di una sorgente, la prossimità di un lago, di una cascata,

di un bosco o di particolari strutture litiche, sono alcuni di questi elementi. La sacralità è un concetto che connota un luogo, la cui importanza si tramanda nel tempo anche in presenza di culti religiosi susseguenti e differenti poichè «un luogo è ciò che riporta l'evidenza del pensare o dell'agire umano».[40]

L'importanza dell'elemento sacrale nell'arco alpino è attestato dalla presenza sulle cime montuose di numerose divinità con attributi ricorrenti a conferma di un sostrato comune di area europea. Tra gli esempi di divinità identificate con la montagna troviamo «*Penninus* adorato sul Gran S. Bernardo (2473 m), passo del commercio preistorico tra la Valle Padana e l'Europa centro-settentrionale. Il dio, nel cui nome compare il radicale pen = altura (ancora ogg in Umbria e in Romagna le vette si indicano con il nome di "penne", e del resto lo stesso radicale ritorna in Appennino), era proprio degli abitanti del luogo (Liv., 21, 28, 6); poi con la *interpretatio* romana si identificò con *Iuppiter Penninus* o *Poeninus*: lo attestano numerose iscrizioni rinvenute nel sito del santuario ancora in piedi nell'XI sec. dove oggi sorge la statua di S. Bernardo di Menthon»,[41] nonchè da tavolette votive. La prima testimonianza giunge da Livio: «*Neque hercule montibus his, si quem forte id movet, ab transitu Poenorum ullo Seduni Veragri incolae iugi eius norint inditum, sed ab eo quem in summo sacratum vertice Poeninum montani appellant* [E per Ercole: i Sednoveragi, che abitano quel passo, sanno che il nome ai monti non è dato dal passaggio dei Cartaginesi (*Poenorum*), ma da colui che i montanari chiamano, sulla sommità della montagna, *Sacro Poenino*].»[42]

La presenza di *Iupiter Poeninus* è attestata anche sul passo del Piccolo San Bernardo (2188 m) «da placchette con *Iuppiter Fulgur* e busto argenteo a *Iuppiter Dolichenus* sul Piccolo, il cui nome, dal IX ec., era *Mons Minor Iovis* (...). Nelle Alpi Occidentali , sui Monti di Giove (varianti *Joux* o *Jovet*), come il Montjovet, nel Medioevo *Mons Joviculus*. (...) Lo stesso dicasi per il *Mons Matrona* (il Monginevro) probabilmente legato alle *Matronae* celtiche, il Monte Sagro ed il *Vesulus* (il Monviso) in cui Pomponio pone la sorgente del Po (il sacro Eridano). E abbiamo i teonimi di Marte gallico, con epiteto *Segoso Dunatis*, vittoria dell'altura, *Albiorix*, re della montagna, (...) *Belen*, l'Apollo celtico (...). Una linea di continuità è dunque nella *translatio* sincretistica romana dello *Juppiter Poeninus* da un originario numen alpino (...). Se ci portiamo nel mito germanico e slavo, con caratteri non molto dissimili, troviamo situazioni emblematiche dell'ampia eredità comune al continente e ben estensibile anche al piano archeologico: gli slavo-baltici hanno *Perun*,

38. Emmanuel Anati, *Presentazione,* in AA.VV. *Sciamanismo e mito,* Atti del XVI Valcamonica Symposium 1998, Edizioni del Centro, (Capo di Ponte, 2001-2002), 5.
39. Thomas Ashby, *Gli acquedotti dell'antica Roma,* Edizioni Quasar di Severino Tognon (Roma, 1991), 51.
40. Ida farè, *Che cos'è un luogo,* in AA.VV. «*Il discorso dei luoghi*», Liguori Editore (Napoli, 1992), 14.
41. Aurelio Bernardi, *Il divino e il sacro nella montagna dell'italia antica,* in AA.VV. «*Xenia. Scritti in onore di Pietro Treves*», L'Erma di Bretschneider (Napoli, 1985), 2.
42. Tito Livio, *Ab urbe condita,* libro XXI, capitolo XXXVIII.

(...) colui che colpisce, come dio supremo celeste ed ordinatore *iuppiter ille fulmineus, vulgo Perkunas.* È lui probabilmente il dio del carro e del martello-ascia (...). Molte somiglianze sono nel mondo germanico sull'asse di due divinità Asi, *Tyr e Thor:* il primo è l'originaria divinità suprema, celeste, probabilmente il *deus renatro omnium* dei Pennoni. (...) Thor quindi assimila parte della divinità di Tyr e, come Perun, è numen potente del tuono (thunar, thonar, thuner) e dei fenomeni del cielo. *Thor presidet in aere, qui tonitrus et fulmina, ventos*

Fig. 2.10. Bard; vista del complesso archeologico risalente al Calcolitico. Nell'area sono presenti numerosi elementi collegati ai rituali propiziatori di fertilità: si osservi uno scivolo nell'immagine del complesso (foto R. Basilico).

Fig. 2.11. Bard; figura serpentiforme. Elemento figurativo presente nell'area archeologica; la figura, che misura oltre un metro, è composta da più elementi serpentiformi; uno di essi è stato associato ad una forma di barca. La simbologia del serpente, ricorrente nelle incisioni rupestri alpine, è un elemento simbolico spesso associato al fulmine e riconducibile a rituali propiziatori e di fertilità (foto R. Basilico).

Fig. 2.12. Copenaghen, Calderone di Gundestrup. Risalente al II sec. a.C. tra le sue raffigurazioni risalta quella del dio celta Cernunnos che tiene in mano i suoi elementi distintivi: un torque e un serpente. Il dio possiede corna di cervo, teriomorfismo riconducibile al comando sul regno animale e sulle forze naturali; è una delle divinità primordiali dell'ambito alpino ed europeo (elaborazione degli autori).

ymbresque, serena er fruges gubernat. Ma è anche dio bellicoso e nel contempo protettore della famiglia; *astvinr* grande amico che, con la magica ascia- martello di pietra, *Mjollinir* (equivalente del fulmine), vince i giganti ed il male, difendendo l'ordine, resuscita, benedice e assicura fortuna e felicità (...). Riguardo i Celti, che molto influirono sulla stessa regione alpina, si è già detto dei toponimi montani che rimandano a vari divinità e soprattutto all'Apollo Beleno (...). Ma in campo è di nuovo soprattutto il dio della folgore e della guerra *Taranis*, Il Giove gallico, nel cui nome, come per Thor e Perun, è il tuono (*tanar* in bretone) ed i cui simboli sono la quercia, la ruota e l'ascia martello»[43] (figg. 2.13, 2.14). Il culto di Iupiter Poeninus si ritrova anche in Val Brembana. In Valle Albano l'espressione *al tròna* o *al trùna* si riferisce alla presenza di un temporale.

Tutte queste figure, legate al mondo uranico, hanno una matrice preistorica ravvisabile nelle incisioni rupestri distribuite lungo tutto l'arco alpino, come si avrà modo di osservare in seguito. Gli antichi culti di matrice preistorica vennero assorbiti in primis dal paganesimo creando un substrato, profondamente radicato nelle popolazioni, di credenze, riti agresti, culti e tradizioni legate al culto delle pietre che sopravvisse ai reiterati tentativi di "riprogrammazione".

Gli antichi romani adottarono, nell'ambito della propria politica colonialista, un atteggiamento di apertura e accettazione delle religioni dei popoli conquistati, in virtù del fatto che i caratteri spirituali agiscono su un piano di credenze, insito negli individui, difficile da eliminare. Nella loro opera di assimilazione analizzarono gli attributi delle divinità dei sottomessi per trasporle alle proprie: "fu così che l'immaginario religioso, quello di Cesare ad esempio, si vide autorizzato a vedere Apollo nel dio gallico che guariva le malattie; Marte in quello che presiedeva alle battaglie; Minerva nella patrona degli artigiani e Mercurio in ogni deità che avesse una funzione complessa o mal definita (...). Roma fece lo stesso in Germania, cercando di rinforzare con vincoli religiosi ciò che aveva già legato con la conquista militare. Wodan fu assimilato a Mercurio, Thor a Giove, Freya a Venere".[44] Alcuni studiosi ipotizzano, riferendosi all'affinità di attributi che accumunarono i diversi dei e le rispettive gerarchie celesti, un comune denominatore iniziale in numerosi culti assorbiti dai Romani, soprattutto in ambito europeo.

La prima fase operata dal cristianesimo per appropriarsi della sacralità dei luoghi, seguì un *modus operandi* teso alla demonizzazione dei luoghi in cui si attuava il culto: "sassi del diavolo", "delle streghe" e "dei morti" sono alcune delle testimonianze che si possono trovare in tutto l'arco alpino. La creazione di toponimi incisivi permise di penetrare nel sostrato antropologico mediante un atto di violenza sull'immaginario collettivo. Al contempo si iniziò la distruzione sistematica dei luoghi universalmente noti per questi incontri: boschi sacri e massi divennero oggetto di una *fatwā ante litteram*, per cui «da tempo sono note alcune bolle papali, che riportano divieto di culto nei confronti delle pietre, per le quali peraltro non viene specificata la presenza di eventuali incisioni. Ad esempio il canone 20 del Concilio di Nantes del 658: [si dispone di] rimuovere e gettare in luoghi dove non si possa più trovarle le pietre venerate delle foreste o presso le rovine, oggetto

43. Umberto Sansoni, *La sacralità della Montagna. La Valsaviore, le Alpi, i Monti degli Dei*, Edizioni del Centro (Capo di Ponte, 2006), 67-78.

44. Pierre Saintyves, *I santi successori degli dei. L'origine pagana del culto dei santi*, Arkeios, (Roma, 2016), 55.

di falsità diaboliche e sulle quali si depositano ex-voto, candele accese e altre offerte».[45]

Tuttavia l'antico culto litico era insito nel "patrimonio genetico" delle popolazioni alpine tanto che, successivamente e parallelamente ai tentativi fisici di estirpazione, seguirono delle programmatiche sostituzioni delle deificazioni proprie del luogo. Il culto non cessò di esistere ma l'attenzione a cui l'individuo poneva il proprio interesse doveva mutare, rivolgendosi al nuovo pantheon di santi e martiri che assorbivano e restituivano gli stessi tipi di bisogni propri della comunità: «il cristianesimo non riuscì ad eliminare questi culti naturalistici dalla memoria collettiva e per tale motivo li esorcizzò con modalità ancora poco conosciute. Interessante è a questo proposito una lettera inviata da papa Gregorio Magno (sul soglio pontificio dal 590 al 604) all'abate franco Mellitus, nella quale, ricordando la prassi adottata da S. Martino di Torsi, si consiglia di non distruggere gli altari pagani, bensì di cospargerli con acqua benedetta e ridedicarli alla religione cristiana: che l'acqua venga benedetta e venga sparsa sui medesimi luoghi; si costruiscano altari, vi si collochino reliquie, poiché [...] è necessario ed in tal modo siano fatti passare dal culto dei demoni all'ossequio del vero Dio»[46] (fig. 2.15). E ancora: «da Castionetto di Chiuro una ripida carrozzabile conduce a Dalico (1384 m) e a S. Gaetano (1550 m). A questo punto, a piedi, si affronta un sentiero appena accennato e si raggiunge, in un'ora, un altipiano verdeggiante (1890 m). In mezzo al prato un imponente masso rotondeggiante, di circa tre metri di diametro, si protende dall'alto sulla Val Fontana. Si narra che il diavolo volesse scagliarlo sui valligiani sottostanti. Sant'Antonio intervenne a protezione degli abitanti scacciando il demonio. Per questo motivo i devoti della Val Fontana edificarono un tempio dedicato al loro santo protettore».[47]

Il culto cristiano ricalcò le modalità romane di assimilazione. Santi, martiri e divinità cristiane divennero espressioni dei singoli bisogni legati alla fertilità, all'abbondanza, al cibo, alla salute, alla fortuna, aspetti per i quali il popolo si rivolgeva ai luoghi arcaici e magici: «si videro Giove o Thor trasformati in san Pietro, Apollo in san Michele, Wodan o Marte in san Martino, le Madri celtiche nelle tre sante Marie».[48]

Questo processo interessò le antiche divinità pagane e pre-pagane: «Uno studioso di problemi folkloristici, J. C. Lawson, ci ha lasciato sin dal 1910 una descrizione ricca e convincente di tutta una serie di sopravvivenze della mitologia greca nel lessico religioso della Grecia

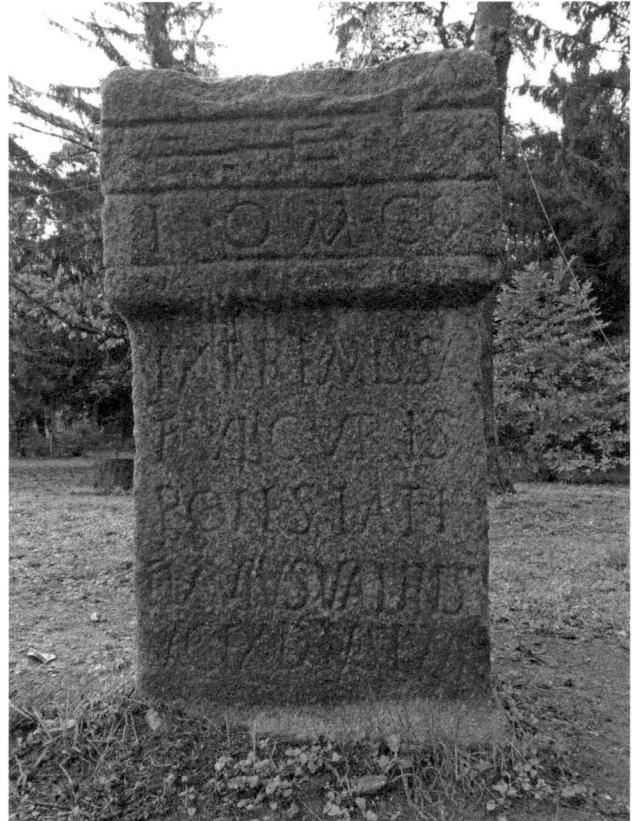

Fig. 2.13. Desio, Villa Tittoni, Ara di Giove. Di provenienza ignota, acquistata nel 1801 dai marchesi Cusani, quest'ara romana incisa presente nel giardino della villa è dedicata a Giove nella sua forma di emanatore di fulmini. Rappresenta il profondo legame esistente tra la divinità e la folgore (foto G. Padovan).

contemporanea. Demétra, la grande dea, viene oggi venerata come santa Demétra, senza che dietro a questo nome sia mai stato possibile identificare un qualsiasi riferimento storico: Caronte, il nocchiero della palude infernale, è diventato Charos, l'angelo della morte; e il dio solare Helios si è trasformato in sant'Elia, il leggendario personaggio biblico la cui ascesa al cielo, del resto, non è altro che il residuo di qualche antico mito solare. San Nicola, protettore dei naviganti, ha preso il posto di Poseidone, dio del mare; i santi Cosma e Damiano, gli *anarguroi*, coloro che curano senza compenso, hanno sostituito i Dioscuri».[49] Nella Como romana apparì il culto della triade delle Matronae; queste divinità, apportatrici di fertilità della terra furono collegate all'ambito celta e furono presenti nelle Gallie e nelle Germanie.

Per cercare di fuggire alle distruzioni dei culti ancestrali, così radicati sul territorio, il popolo attuò un "contro processo di trasformismo", facendoli confluire nelle festività laiche agresti e celebrative, legate alla fecondità e al rapporto magico-religioso con l'ambiente naturale. "Adriano De-Mortillet (Les momuments

45. Arcà, Fossati, *Sui sentieri dell'arte rupestre, Le rocce incise delle Alpi*, Edizioni CDA, (Torino, 1995), 97.

46. Copiatti *Tracce di antichi resti agresti. Coppelle e rocce sivolo in Valle Antigorio*, 42.

47. Mario Giovanni Simonelli, *Arcaici altari rupestri in Valtellina*, in AA.VV. «*Istituto archeologico valtellinese*,» Notiziario 2004, Poletti, (Tirano, 2004), 45.

48. Saintyves, *I santi successori degli dei. L'origine pagana del culto dei santi*, 55.

49. Ambrogio Donini, «*Breve storia delle religioni*», Newton Compton, (Roma, 2010), 42.

Fig. 2.14. Gravedona e Uniti, Germasino, Passo di S. Jorio. Questo passo, posto sul valico tra i territori italiano ed elvetico, ha un'antichissima origine. Il toponimo del luogo, legato nella tradizione ad un santo eremita, affonda le proprie radici nel nome cartografico più antico di Jori o Giori, termini riconducibili al culto di Giove, Dio del fulmine adorato sui passi montani alla stregua di Taranis, Tyr e Thor. Alla Motta di Locarno nel vicino territorio elvetico troviamo un altro San Jorio (foto R. Basilico).

mègalitiques christianisèe) dice che all'introduzione del cristianesimo i monumenti megalitici erano tenuti per tradizione in venerazione, tanto che si continuavano attorno ad essi pratiche del culto antecedente, che non valsero a distruggere proibizioni di concili, comandi di vescovi, non osando distruggere tali antichi monumenti per non urtare di fronte le antiche credenze, si pensò di metterli sotto la protezione di qualche santo o della Vergine, onde insensibilmente rivolgere ad essi la pubblica venerazione"[50] (figg. 2.16, 2.17).

«Presso le popolazioni primitive la montagna sacra è un luogo cerimoniale, ove il sacerdote, dopo un'ascensione rituale, è di fronte al suo Dio. In origine potevano accedere alla montagna sacra soltanto i sacerdoti, gli officianti e gli iniziati»[51]. Le cime delle montagne possedevano quindi caratteri di sacralità in cui «il segno sulla roccia diveniva ex-voto, preghiera propiziatrice e messaggio alla divinità. Certo vi furono, accanto alla pratica di incidere la roccia, altre manifestazioni di culto: le danze, i canti, i grandi falò rituali sulle cime; ma di tutto ciò non resta traccia. La cancellazione di questi gesti e di questi segni avvenne poi, quando il

cristianesimo affermò la sua presenza in questo mondo chiuso, talvolta distruggendo le tracce antiche, ma più spesso sovrapponendole, aggiungendovi la croce, o demonizzandole attribuendo loro valenze malefiche; così spiegheremo i vari Bric Priafaia, le Faie, Faiabella, cima di Masca, colle della Masca, rio della Masca, che ci consegnano la memoria di luoghi ritenuti malefici dalle popolazioni locali. Infatti, le "faie" parrebbero identificarsi con le fate (non necessariamente benigne) mentre le "masche" erano identificate come persone portatrici di particolari forze malefiche (ovviamente frequentatrici di luoghi ritenuti malefici dal cristiano). Tutto questo ci porta quindi a ritenere plausibile che il pellegrinaggio alla cima del Beigua sia il retaggio arcaico di una tradizione precristiana, accolto e modificato dal cristianesimo con la nuova venerazione alla Madonna; sul terreno, quindi, resterebbero a segnalarci questa realtà le vie di pellegrinaggio alla vetta, punteggiate di rocce incise che testimonierebbero l'esistenza di punti del percorso da cristianizzare ed esorcizzarne le presenze demoniache. Il quadro generale del massiccio del monte Beigua e delle sue valli interne, qui molto sintetizzato, indurrebbe senz'altro a considerare queste cime come luoghi ove risuonò, in ogni tempo, il richiamo del sacro».[52]

50. Magni, *Pietre cuppelliformi nuovamente scoperte nei dintorni di Como*, 72.
51. Henry de Lumley, *Le rocce delle meraviglie. Sacralità e simboli nell'arte rupestre del Monte Bego e delle Alpi Marittime*, Jaca Book, (Milano, 1996), 364.
52. Carmelo Prestipino, *Alla scoperta delle rocce incise nel geoparco del Beigua*, Erredi (Genova, 2013), 16-18.

Fig. 2.15. Gravedona e Uniti, Croce della Bocchetta di Germasino. Sul versante in prossimità della Croce, si trova il Masso del Boia, erratico con incisioni coppellari e con una profonda nicchia forse utilizzata in antichità quale edicola votiva o legata a cultualità di stampo animista. Nell'immaginario si è trasformata in un luogo negativo in cui la tradizione orale vede la presenza di un elemento di collegamento con gli inferi; appoggiando l'orecchio alla nicchia si sentirebbero urla infernali e il ribollire di calderoni. Il tramandarsi di questo gestualità è significativa; il contatto di un organo sensoriale con l'elemento litico, forse una memoria ancestrale del rito che vi veniva svolto. A destra particolare della nicchia (foto R. Basilico).

Nella regione del Bego si è identificata una relazione tra incisioni e rituali nella quale le coppelle, che vengono eseguite a rappresentazione della pioggia fertile, si riflettono negli «ambarvali, riti di purificazione compiuti dai Romani il 29 maggio, o alle rogazioni della liturgia cattolica compiute per invocare la protezione del lavoro dei campi».[53] Riferendosi alle Alpi Meridionali De Lumley sottolinea come la religione delle popolazioni calcolitiche fosse di tipo iniziatico. Le celebrazioni popolari, che si tenevano nella bassa valle, si riconoscono nelle feste religioso-popolari ancora celebrate in queste zone: San Marco il 25 aprile, San Giovanni il 24 giugno, Santi Pietro e Paolo il 29 giugno, Nostra Signora il 2 luglio, Sant'Eligio la seconda domenica di luglio, Santa Maria Maddalena il 22 luglio, Sant'Anna il 26 luglio, Sant'Elmo protettore dei pastori e dal fulmine la prima domenica di agosto , l'Assunta il 5 agosto, San Rocco il 16 agosto, San Michele il 29 settembre,San Martino l'11 novembre, ricordando come le principali feste patronali rivelano le date dei pellegrinaggi compiuti dai sacerdoti del Calcolitico allorché la montagna si liberava dalla neve.[54] Festività analoghe si riscontrano anche nella zona altolariana (fig. 2.18).

53. De Lumley, *Le rocce delle meraviglie*, 365.

54. De Lumley, *Le rocce delle meraviglie*, 366.

Fig. 2.16. Dongo. Edicola votiva dedicata alla Madonna nelle adiacenze della chiesa di Santo Stefano. Il culto litico non è mai stato del tutto dimenticato dalle popolazioni dell'arco alpino. La deposizione di sassi votivi così come i riti che prevedono un contatto fisico con le pietre per assorbirne l'energia e favorire guarigioni e fertilità, sono elementi tuttora riscontrabili nei culti devozionali e nei riti agresti (foto G. Padovan).

Culti riferiti al toro e al suo sacrificio si ritrovano in tutto l'arco alpino. In Valle d'Aosta si praticano i combattimenti di vacche, o "bataille di vatse" in patois. A Barjols in occasione della "fête des Trippetes", un bue è condotto alla statua del Santo e, dopo una processione, viene macellato e dato in pasto alla popolazione. Il rito propiziatorio legato al trasferimento della forza nell'uomo avviene tramite il sacrificio e l'atto del cibarsi.[55] Nel rito del risveglio degli spadonari di Giaglione in Valsusa, rappresentazione primordiale dei rituali di battaglia, una ragazza indossa il "bran", intelaiatura lignea fusiforme, ricoperta di nastri, fiori e frutti, alla cui base viene posto un grosso pane circolare. Questo viene benedetto e poi distribuito riprendendo una simbologia fallica di fertilità.[56]

Le feste carnevalesche alpine esprimono elementi pagani, celebrando il risveglio della natura e della fertilità, nonchè antichi rituali riferiti agli aspetti ferini e magico-sacrali. A Stilfs in Val Venosta durante il carnevale si pratica una processione in cui un gruppo di uomini effettua il tiro dell'aratro (*pfluziehen*) tra le strade del paese. Questa tradizione rappresenta un retaggio arcaico. «L'aratura è universalmente considerata come atto sacro e soprattutto come un atto di fecondazione della terra. Lo stesso aratro è assunto a simbolo della fecondazione; il vomere è come il membro virile che penetra nel solco, parificato all'organo femminile. Mircea Eliade ha rilevato la parentela linguistica esistente tra le parole *lângale* (aratro) e la parola *linga* (fallo). Arare, passare l'aratro sulla terra, è unire l'uomo alla donna, il cielo alla terra. Presso alcune culture si svolgevano riti sacri al momento dell'aratura. I numerosi attacchi da tiro associati ad un aratro della regione del monte Bego evocano senza dubbio le cerimonie rituali praticate per rendere fertile la terra durante il Calcolitico e l'antica età del Bronzo».[57]

Il carnevale valdostano della Coumba Freide, si svolge secondo un rituale in cui le maschere, raggruppate in gruppi detti *patoille,* si affiancano alla figura dell'orso, rappresentando rispettivamente la forza del risveglio vegetativo e quella ferina della natura (fig. 2.18). A Schignano, in Val d'Intelvi, si celebra un carnevale in cui si contrappongno le maschere dei "Béi e dei Brüt", due gruppi antitetici nell'aspetto, armonioso o grottesco, che mettono in scena il ribaltamento dei ruoli, i rimandi alla sessualità e la celebrazione del mutamento. Altra figura di questa manifestazione è quella dei "Sapeur", esseri armati di scure, con il volto dipinto di nero e completamente rivestiti di pelli di pecora.

A Gordona, in Valchiavenna, la maschera carnevalesca detta "Baghüta" raffigura l'Uomo Selvatico. Nel XV secolo la sua figura appare all'interno dello stemma della Lega Grigionese delle Dieci Giurisdizioni. In

Valdisotto, a Cepina, era viva un'usanza carnevalesca in cui due giovani ricoperti di peli, "omen e fémena del bosk", si rifugiavano in un capanno nel bosco. Inseguiti e catturati, venivano processati nella piazza del paese con un verdetto che ne decretava la separazione, ne vietava la riproduzione e li esiliava nei territori di alta montagna.[58] Le figure carnevalesche alpine mostrano affinità con l'Uomo Selvatico, essere mitico dell'arco alpino e rappresentazione primordiale dell'uomo, il cui aspetto riporta all'iconografia dell'uomo primitivo. Nel mito l'uomo selvatico ha un rapporto con gli alpigiani di tipo duale. In prima istanza viene accettato; egli insegna ai montanari la caseificazione, l'allevamento delle api e l'estrazione mineraria, successivamente, è allontanamento dalla comunità. La sua figura si accompagna a un grosso bastone, elemento analogo al martello uranico scatenatore di saette. A Sacco in Val Gerola vi è una raffigurazione dell'*Homo Selvadego* in una camera picta del XV secolo. L'affresco, rinvenuto sulle pareti di una casa notarile, fa parte di un ciclo di pitture che hanno caratteri sacri e profani. A lato della figura dell'*Homo Selvadego*, ritratto a grandezza naturale, si trova una scritta: "Ego sonto un homo salvadego per natura, chi me ofende ge fo pagura". Altre raffigurazioni dell'uomo selvatico si trovano a Teglio, nel Palazzo Besta, e a Tirano sulla Porta Poschiavina. Ad Oneta nella bergamasca si trova una camera picta risalente sempre al XV secolo detta di "Arlecchino" al cui ingresso è dipinto un personaggio peloso con un grosso bastone (figg. 2.19, 2.20).

Altro elemento di collegamento con il concetto di sacralità è l'antico culto solare che si ritrova nelle «tradizioni popolari europee, quali i fuochi accesi sulle alture nella notte di San Giovanni, la più corta dell'estate, nell'intento di mantenere la luce del giorno. Parimenti le ruote incendiate che, al solstizio d'estate, si fanno correre lungo i pendii, le processioni medievali di ruote portate su carri o su barche»[59] (fig. 2.21).

Anche nella contemporaneità i rituali mostrano caratteri arcaici sacrali «conformi allo schema consueto, nelle cerimonie relative alle stagioni che cadono spesso al solstizio d'estate o d'inverno (queste ultime in Europa, si legano alle cerimonie di fine d'anno), all'equinozio di primavera e d'autunno (...). Il rito di separazione, in questo caso, consiste nell'espulsione dell'inverno e il rito di aggregazione nell'avvento dell'estate salutato da tutto il villaggio. In altri casi, l'inverno muore e l'estate, o la primavera rinasce. Orbene, per gli uomini le stagioni non rivestono un interesse particolare se non per le ripercussioni economiche che comportano tanto sull'attività essenzialmente industriale che si svolge in inverno, quanto sull'attività inerente l'agricoltura e la pastorizia nel periodo della primavera e dell'estate. Ne consegue che i riti di passaggio propriamente stagionali

55. De Lumley, *Le rocce delle meraviglie*, 366.
56. Roberto Gremmo, *Le grandi pietre magiche. Residui di paganesimo nella religiosità popolare alpina*, Storia ribelle, (Biella, 2009), 97.
57. De Lumley, *Le rocce delle meraviglie*, 360.

58. Ivan Fassin, *Credenze e leggende dell'area orobica valtellinese: un esempio di interpretazione*, in Bollettino Società Storica Valtellinese n. 60, (Sondrio, 2007), 321-323.
59. De Lumley, *Le rocce delle meraviglie*, 347.

Fig. 2.17. Ramponio Verna, masso erratico con edicola sacra. Il culto litico, diffuso fin dalla preistoria in tutto l'arco alpino e perdurato sino a tempi recenti, è sopravvissuto nelle manifestazioni agresti e contadine, spesso inglobato dalla religione cristiana nel momento in cui quest'ultima non fu in grado di estirparlo o demonizzarlo. Anche oggi si assiste a diffusi fenomeni devozionali collegati alla presenza di rocce che, sebbene trasmutati dalla nuova religione, trasmettono ancora quei caratteri sacrali e cultuali mai sopiti (foto R. Basilico).

Fig. 2.18. Malesco, Val Vigezzo. Scultura collocata nella piazza comunale. Anche nelle espressioni artistiche contemporanee si ravvisano i tratti ferini animistici e magico-sacrali presenti nel retaggio alpino. Questi caratteri, che trovano la loro espressione nelle feste folcloristiche e religiose, furono talmente forti e radicati nelle comunità che li adottarono da essere tramandati nel sostrato culturale popolare (foto R. Basilico).

Fig. 2.19. Sacco, Val Gerola. Raffigurazione dell'*Homo Selvadego* (XV secolo) nella camera picta di una casa notarile oggi divenuta museo. A lato si trova la scritta: "Ego sonto un homo salvadego per natura, chi me ofende ge fo pagura" (foto R. Basilico).

Fig. 2.20. Ulm, Baden-Württemberg. Il mito dell'uomo selvatico è radicato nell'arco alpino e nelle zone liminali, tanto che non è raro trovare rappresentazioni moderne di questo essere mitico (foto R. Basilico).

Fig. 2.21. Spergau, Germania, Spergauer Lichtmesse. La festa della candelora, derivata dai Lupercali, rientra nelle inclusioni operate dal cristianesimo di antichi culti pagani e preistorici. Si noti il carro solare trainato da figuranti zoomorfi (Collezione privata, 1939).

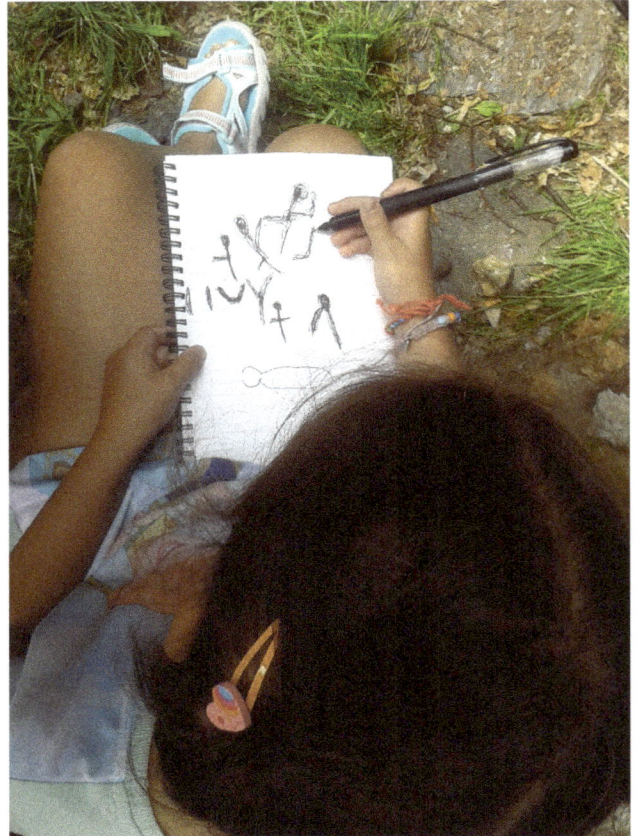

Fig. 2.22. Operazioni di rilievo. Il problema dell'inquadramento temporale è conseguente alla difficoltà di relazionare le incisioni al periodo in cui le stesse sono state eseguite. È necessario operare con elementi di datazione, rilevabili solo con una scavo di tipo stratigrafico, o agire per comparazione con incisioni già inquadrate temporalmente. Per le incisioni schematiche, come le coppelle, la cosa risulta più difficile, essendo manufatti realizzati in un arco temporale esteso dalla preistoria al periodo moderno. L'approccio dei bambini verso le incisioni rupestri è sorprendente: ad un'attività ludica si associa una straordinaria capacità interpretativa dovuta all'assenza di veicolazione degli schemi mentali cartesiani propri dell'età adulta contemporanea (foto R. Basilico).

hanno il loro esatto equivalente nei riti destinati ad assicurare la rinascita della vegetazione dopo il periodo di margine costituito dal rallentamento vegetativo dell'inverno; si assicura la ripresa dell'attività sessuale animale, in vista di un incremento delle mandrie. Tutte queste cerimonie comprendono: riti di passaggio; riti simpatici diretti o indiretti, positivi o negativi, di fecondazione, di moltiplicazione, di crescita».[60]

II.2 - La contestualizzazione dei petroglifi

Aspetto difficoltoso nella documentazione delle incisioni rupestri è la loro contestualizzazione in una scala temporale e di realizzazione. Gli scavi stratigrafici effettuati in relazione alle incisioni rupestri sono limitati, seppure abbiano sempre prodotto risultati significativi. Ad essi si aggiungono i metodi di indagine sulla morfologia dei supporti e degli incisi, sulla definizione del significato delle incisioni e sull'interpretazione dei significati (fig. 2.22).

II.2.1 - Il problema dell'inquadramento temporale

Un metodo di studio utilizzato per la definizione delle successioni temporali delle incisioni è quello del concetto stratigrafico; esso identifica le fasi di realizzazione degli incisi secondo livelli o layer di sovrapposizioni: «un'iscrizione in caratteri nord-etruschi, che in Valcamonica non può essere anteriore alla metà del VI sec. a.C., costituisce un *terminus post quem* per le figure che le sono sovrapposte».[61]

Per comparazione la tipologia di una determinata incisione viene relazionata con una analoga, cronologicamente definibile sulla base dei reperti trovati durante uno scavo stratigrafico svolto nei pressi o in adiacenza al masso. Non si ha comunque una prova diretta del rapporto tra ciò che si è ritrovato e ciò che è scolpito, poichè molti segni si ripetono simili nel tempo.

In un'ottica stratigrafica appaiono fondamentali gli studi condotti in Valcamonica ove la densità e la quantità

60. Arnold Van Gennep, *I riti di passaggio*, Bollati Boringhieri, (Torino, 1981), 157.

61. Andrea Arcà, Angelo Fossati, *Sui sentieri dell'arte rupestre*, Le rocce incise delle Alpi, 124.

di incisioni hanno permesso di estrapolare famiglie di appartenenza ed avere un quadro di successioni di elementi ripetitivi validi come guida cronologica. «Esistono sovente notevoli differenze di età tra incisioni rupestri ubicate sulla stessa superficie; è possibile in tal caso determinare anche il grado di conservazione e le differenze di freschezza tra le incisioni. La martellina di incisioni più recenti appare solitamente più acuta, meno logorata dal tempo. Tali differenze si possono spesso riconoscere anche ad occhio nudo, ma per ottenere dati precisi, quantificabili e comparabili, occorrono analisi eseguite con il microscopio o su macrofotografie, contando i colpi per centimetro come fanno i mercanti di tappeti orientali per stabilire la densità dei nodi». [62]

Secondo Rossi, che ha condotto studi approfonditi a livello geomorfologico sui petroglifi in seno al progetto Petrao (Petroglifi delle Alpi Occidentali): «se ci si basa soltanto sui metodi più comunemente adottati dagli archeologi nello studio dei reperti in pietra (stratigrafia e tipologia, opportunamente abbinate), la datazione dei petroglifi si rivela difficile, se non impossibile. In primo luogo, infatti, i petroglifi sono prevalentemente realizzati su massi e rocce affioranti dal terreno e quindi non sono compresi in strati archeologici. In secondo luogo, poiché nella gerarchia delle entità archeologiche il concetto di tipo è subordinato a quello di cultura, non è lecito attribuire un certo manufatto a un certo tipo senza conoscere di quale cultura (e quindi di quale epoca) tale manufatto sia espressione: in altre parole, non si può definire un tipo prima di avere accertato che i manufatti che gli si intende attribuire siano espressione di una medesima cultura e siano, di conseguenza, archeologicamente isocroni. Purtroppo, nel caso dei petroglifi la conoscenza a priori di tali dati (cultura ed età) è spesso negata proprio dalla mancanza di contesto stratigrafico. Inoltre, nel definire un tipo si deve tenere conto non soltanto della forma e della tecnica dei manufatti, ma anche della loro funzione: e la funzione dei petroglifi è sovente ignota. Perciò, parlare di "tipologia" in relazione ai petroglifi significa quasi sempre abusare sia del concetto, sia del termine: si dovrebbe invece ricorrere a un concetto più semplicemente fenomenologico, privo di implicazioni cronologiche e culturali, come "morfologia"». [63] Nel suo lavoro si evidenzia un approccio basato sul dato analitico del supporto con riferimento alla sua natura, sull'azione dei fenomeni erosivi e ambientali sulla roccia, sulla stratigrafia relativa delle incisioni e sui microsedimenti. Vengono esclusi, come dato cronologico significativo, la valutazione estetica e stilistica, il comparativismo, non riferito a un determinato ambito storico, la tipologia in luogo della morfologia e la tecnica di esecuzione dell'incisione.

Appare corretto quanto espresso dall'Anati: «considerare l'esistenza di una stratigrafia di grafemi che si trovano sullo stesso piano può creare ancora qualche blocco. Ma, senza una separazione delle diverse fasi che si sovrappongono, non è possibile individuare gli insiemi ed ogni tentativo di lettura è arduo. Sarebbe come se si volesse leggere le pagine di un libro dai fogli trasparenti con lettere e parole delle diverse pagine che si accavallano e si sovrappongono». [64] Rapportando questo concetto all'interpretazione del significato dei petroglifi, appare opportuno che il fenomeno, complesso, non si basi solo su caratteri morfologici.

Per cercare di descrivere la sequenza temporale delle incisioni è opportuno evidenziare il rapporto esistente tra le tipologie morfologiche mettendole in relazione tra loro secondo una sequenza evolutiva. Certamente una tipologia morfologica può appartenere a epoche diverse e protrarsi dagli albori; allo stesso modo, si sono verificate consequenzialità e trasformazioni dei segni espressi dall'uomo, dai più semplici ai più complessi. Come vedremo di seguito sono state esposte più ipotesi interpretative supportate da dati e raffronti archeologici. Per quanto concerne l'apparato delle raffigurazioni rupestri descrittive, molte sono inquadrabili per analogia.

L'approccio basato sulla relazione tra i tipi di incisioni rupestri è riassunta nella proposta di Sebesta e Stenico: «*1ª fase*: coppellazione.
2ª fase:
a) segnatura simbolica.
b) segnatura simbolica e avanzi arcaici (coppellazione).
3ª fase: mitizzazione della 1ª e 2ª fase in figurativa umana o comunque reale con relitti di coppellazione e segnatura simbolica (forse preceduta da una iniziale e parzialissima mitizzazione espressa da rare figure a canali caratterizzanti un estremo allargamento simbolico e comunque ricordanti morfologie a riscontro reale).
4ª fase: solo figurazione mitica umana con sgancio completo dai relitti arcaici.
5a fase: snaturalizzazione ideologica (componente sicuramente aggiunta in soprastrato: es. croci di sconsacrazione)». [65]

L'Anati indica che «l'inizio di ogni analisi iconografica di una superficie rocciosa, dopo il rilevamento, consiste nello stabilire le associazioni di insiemi e separarle da altre associazioni precedenti, posteriori o coeve. Per comprendere una frase è indispensabile capire da quali parole essa sia composta. Dove si trovano più frasi su una medesima superficie, occorre prima di tutto isolare ogni gruppo e studiarlo separatamente. Ci si rende conto allora che le figure costituiscono tra loro

62. Emmanuel Anati, *La civiltà delle pietre. Valcamonica una storia per l'Europa*, Edizioni del centro (Capo di Ponte, 2004), 61-64.
63. Maurizio Rossi, *Geo-archeologia dei petroglifi nelle Alpi Occidentali: un capitolo quasi tutto da scrivere*, in AA.VV. «*Archäologie un Felsbildforschung*», Anisa (Liezen 1999), 76.

64. Anati, *La civiltà delle pietre. Valcamonica una storia per l'Europa*, 91.
65. Carlo Sebesta, Scipio Stenico, *Introduzione ad un catasto della coppellazione e segnatura nel Trentino*, in AA.VV. «*Società di Cultura Preistorica Tridentina*», Studi Trentini di Scienze Storiche I Volume XLVI, (Trento 1967), 130-131.

dei piccoli insiemi, ognuno con un soggetto principale e motivi ricorrenti. La scansione diretta, con i metodi attuali, è efficace per superfici inferiori a metri quadrati. Si possono eseguire dei collage che non è facile fare coincidere: quando l'apparecchio di scansione viene spostato si verificano diversità di angolatura e le linee di collage non coincidono perfettamente».[66] Un raffronto comparativo tra le incisioni rupestri dell'arco alpino e quelle rinvenute nell'Alto Lario suggerisce una forbice temporale che parebbe iniziare nel tardo Neolitico per giungere al periodo contemporaneo. Ciò indica una frequentazione continuativa umana che, subendo contaminazioni limitate, ha perpetrato tradizioni assorbendole in un sistema sociale definito e strutturato. Ci si riferisce ai tasselli che contribuiscono a creare un quadro globale in cui storia, tradizioni e territorio costituiscono un insieme organico e complesso; il pastore che continuò a utilizzare un masso inciso, le contadine che si recarono a compiere riti di fertilità sugli scivoli, l'agrimensore che tracciò le divisioni territoriali sui massi con un gesto archetipico risalente ai riti di aratura (fig. 2.23).

II.2.2 - I significati del linguaggio rupestre

Gli studi dell'arte rupestre suggeriscono che, già dalla fase primordiale, il motore primario per la realizzazione delle incisioni rupestri sia riconducibile a diversi filoni.

Il primo è di tipo **simbolico**, inteso come elemento di unione tra l'uomo e la realtà ad esso esterno. È legato a rituali collettivi di natura magico-religiosa, a riti di iniziazione e all'osservazione di fenomeni celesti.

Il secondo è di tipo **utilitario**. Questo termine si riferisce all'utilità vista come identificazione degli elementi vantaggiosi per la collettività. Ci si riferisce alla capacità di riconoscere e prevedere i cicli stagionali, le condizioni ambientali funzionali all'agricoltura, le delimitazioni topografiche o la realizzazione di elementi di uso pratico quali affilatoi, misure o macine.

Il terzo, ha un carattere **combinatorio** in cui convergono i primi due filoni. Esempio calzante sono gli scivoli della fertilità che uniscono un aspetto simbolico a uno pratico; la necessità di perpetrare la stirpe spinge al superamento di problemi di fertilità grazie a un'azione rituale. Quest'ultima, come avviene talora nella società contemporanea, può portare alla risoluzione di problematiche di natura patologica, soprattutto se di tipo psicologico.

Relazionati agli studi ad oggi condotti, questi tre filoni permettono di definire ipotesi sul significato delle incisioni, fattore di studio centrale nel presente lavoro. I dati raccolti hanno identificato degli elementi che sono confluiti in uno strumento di ricerca flessibile e intuitivo,

utile nel definire e analizzare le caratteristiche di un supporto e delle sue incisioni. Nel definire il metodo di indagine ci si è accostati a un pensiero dell'Anati secondo il quale «dopo aver rilevato una serie di figure rupestri sorgono numerose domande al loro riguardo: a quali epoche appartengono, in quali contesti culturali, sociali e storici furono eseguite, perché sono state fatte, qual è il loro significato. Lo scopo dello studio è appunto quello di far parlare i reperti, di estrarre il loro contenuto e di trasformarli in altrettanti documenti per la ricostruzione della storia e dell'evoluzione culturale».[67]

In prima istanza si è condotto un lavoro di analisi degli studi presenti in letteratura; ciò ha permesso di focalizzare i metodi identificativi e classificatori degli aspetti interpretativi delle incisioni rupestri. Al supporto litico è stata conferita la stessa valenza delle sue incisioni. Si è in questo modo osservato che la scelta dei supporti non è esclusivamente relazionata a talune tipologie morfologiche. L'utilizzo dei supporti appare funzionale all'esaltazione di determinati elementi quali: il luogo, la collocazione, la presenza di capisaldi territoriali, la ricerca di caratteri di sacralità, la presenza di cime montuse, corsi d'acqua o sorgenti. Sembra prevalere il carattere di sacralità che lo stesso supporto trasmette al luogo. La pietra diviene una "matrice", scollegata dall'elemento materico, che assurge a "simbolo" di una presenza significativa nel paesaggio.

Il tentativo di comprendere i significati delle incisioni rupestri, continuamente implementato da nuove ipotesi interpretative, è essenziale poichè risulta fondamentale «capire il movente ed il processo cognitivo dell'esecutore perché l'analisi porti a dei risultati. Lo scopo è quello di riuscire a leggere dei messaggi istoriati qualche migliaio di anni fa, in una lingua che non conosciamo ma che usava una comunicazione visuale di grafemi la cui grammatica e la cui sintassi possono essere definibili».[68] E ancora l'Anati sottolinea che «se le figure sono le parole del discorso rupestre, le loro associazioni formano le frasi. Per comprenderle è necessario conoscerne anche la sintassi. La grammatica da sola non basta come non basterebbe per recepire la logica di un discorso in una lingua che è poco familiare».[69]

Ci si ritrova dinnanzi a un "linguaggio" di cui abbiamo perso la chiave di lettura; possiamo tentare di ricostruirne l'ossatura attraverso la semiotica che studia l'utilizzo dei segni per mezzo dei quali avviene la comunicazione. De Saussure ha codificato un concetto per cui il segno è ciò che rappresenta la relazione tra significante e significato. I "segni" non sono altro che "significanti" in grado di definire più "significati" in base alla loro disposizione, tipologia, modulazione e collocazione (figg. 2.24, 2.25).

66. Anati, *La civiltà delle pietre. Valcamonica una storia per l'Europa*, 94.

67. Anati, *La civiltà delle pietre. Valcamonica una storia per l'Europa*, 91.
68. Ibidem, 93.
69. Ibidem, 91.

| AMBITO ALPINO | | TIPOLOGIE DI INCISIONI | | |
INQUADRAMENTO	CULTURA	ESPRESSIVITA'	TIPO SCHEMATICO	TIPO FIGURATIVO
Paleolitico - Mesolitico (30000 a.C. – 5000 a.C.) **Neolitico** (5000 a.C. – 4000 a.C.)		Segni ed ideogrammi con attività di tipo rituale e produttiva. Arte di tipo parietale pittorica e incisoria (pitture rupestri, incisioni lineari, coppelle). Arte mobiliare (oggetti d'uso e statuaria - diffusione delle Veneri steatopigie).	Coppelle, polissoir e incisioni lineari.	Animali, simbologie astratte.
Calcolitico o Età del Rame (4000 a.C. – 3000 a.C.)	Ceramica Cardiale Impressa (5000-4000a.C.) / Vasi a Bocca Quadrata (4800-3500a.C.) / Cortaillod, Chassey e Lagozza (4600-3400a.C.)	Rappresentazioni iconografiche stilizzate solitarie e in associazione con l'elemento umano al centro delle rappresentazioni. Simbolismi, esplicitazione dei culti solare e della terra. Rappresentazioni antropomorfe schematiche con evidenza di contesti materiali e spirituali.	Coppelle, polissoir, canaletti, incisioni lineari, elementi utilitari, reticoli.	Antropomorfi (oranti, a phi, teriomorfi, zoomorfi), spirali, reticoli, armi.
Età del Bronzo (3000 a.C. – 1000 a.C.)	Remedello (3400-2400a.C.) / Saône-Rhône (2800-2400a.C.) / Vaso Campaniforme (2800-1900a.C.)	Rappresentazioni cosmogoniche complesse. Rappresentazioni parietali e monumentali sia compositive sia corali con composizioni figurative in scene cultuali. Comparsa della cultura megalitica e statuaria. Tendenza a colmare lo spazio dei supporti nelle composizioni corali megalitiche.	Coppelle, polissoir, canaletti, incisioni lineari, elementi utilitari, reticoli, scivoli, pediformi.	Rappresentazioni stilizzate e composizioni monumentali: megalitismo, animali, antropomorfi, armi, carri, spirali, reticoli, astrali, fulmini, serpentiformi, pendagli, fertilità, zoomorfi, teriomorfi, cruciformi.
	Polada (2200-1600a.C.) / Terramare (1700-1200a.C.)	Tendenza a rappresentazioni realistiche con predominanza di scene cultuali e di armi. Narrazione mitologica e rituale, con rappresentazioni teriomorfe.	Coppelle, polissoir, canaletti, incisioni lineari, elementi utilitari, scivoli, pediformi.	Rappresentazioni stilizzate: animali, antropomorfi, armi, carri, spirali, reticoli, astrali, fulmini, serpentiformi, pendagli, fertilità, meandriformi, zoomorfi, teriomorfi, cruciformi.
Età del Ferro (1000 a.C. – 0)	Canegrate (1200-800 a.C.) / Campi d'Urne (1300-800a.C.) / Golasecca (800-350a.C.) / Hallstatt (800-450a.C.) / La Tène (450-16a C.)	Rappresentazioni di tipo veristico e narrativo, con espressioni di tipo geometrico e naturalistico. Scrittura, incisioni descrittive di attività, religione, culto degli antenati, divinità, attività produttive, ritualità, ambito guerresco.	Coppelle, polissoir, canaletti, incisioni lineari, elementi utilitari, scivoli, pediformi.	Rappresentazioni geometriche e naturalistiche: animali, antropomorfi, armi, carri, spirali, reticoli, astrali, fulmini, serpentiformi, pendagli, fertilità, meandriformi, caccia, duelli, danza, capanne, divinità, simbolismi, cruciformi.
Età Moderna (0 – Età Moderna)		Prosecuzione dei temi precedenti, incisioni esorcizzanti legate al mutamento paradigmatico.	Coppelle, polissoir, canaletti, incisioni lineari, elementi utilitari, scivoli, pediformi.	Rappresentazioni stilizzate, decadenti e naturalistiche: animali, antropomorfi, armi, carri, spirali, reticoli, serpentiformi, pendagli, fertilità, meandriformi, divinità, simbolismi, iscrizioni, stemmi.

Fig. 2.23. Indicazione delle manifestazioni incisorie schematiche e figurative nell'arco alpino in relazione al contesto temporale (elaborazione degli Autori).

Fig. 2.24. Ladakh, Gompa di Tikse. Il Ladakh, regione montuosa afferente al territorio indiano e racchiusa tra le catene montuose del Karakorum e dell' Himalaya, conserva ancora intatte le tradizioni tibetane, essendo esterna al territorio invaso dai cinesi. Presso il Gompa di Tikse si può osservare un'ara utilizzata per i riti funebri che vengono condotti ancora secondo il rituale dell'offerta del cadavere agli avvoltoi, uccelli ritenuti messaggeri celesti. Nei pressi di questi siti si osservano elementi incisi di tipo figurativo e coppellare (foto R. Basilico).

Fig. 2.25. Ladakh, incisione rupestre nei pressi del monastero di Shey. Le incisioni rupestri rappresentano un linguaggio descrittivo e simbolico di cui si sono perse le chiavi di lettura. Nell'esempio in figura è chiara la simbologia religiosa legata al Buddah, ma solo perchè di questa abbiamo termini di paragone. Nel caso di incisioni molto antiche, siano esse figurative o schematiche, ci si imbatte in sistemi linguistici ormai non più utilizzati per i quali è tuttavia possibile risalire ai presunti significati, analizzando i contesti culturale, sociale, spirituale, religioso, antropologico, economico e temporale in cui si sono sviluppati (foto R. Basilico).

Il tentativo di comprendere questo linguaggio prevede un passaggio nell'analisi dei fenomeni collegati ai meccanismi di pensiero che sono stati alla base dei primi processi di astrazione umana. «Volendo decifrare le immagini dell'arte rupestre, si possono elaborare varie teorie interpretative, spingendo molto in là il nostro desiderio soggettivo di comprendere, sovrapponendolo a volte a espressioni formali che sono destinate a restare senza spiegazione. Non è chiaro fino a che punto si siano smarriti per sempre gli strumenti per capire il significato di Lascaux e di Altamira, ma certo che se i contenuti ci sfuggono non ci sfuggono le tracce di qualcosa che è importante almeno quanto i contenuti. L'arte rupestre, con la sua complessità di strati e figurazioni, ci mette di fronte alla prima istantanea di un pensiero in evoluzione, a una fase alta di quel "tragitto antropologico" che va dal biologico al concettuale, e in definitiva, restando laconica sui significati, l'arte rupestre ci dice dove e come poterono svilupparsi i primi processi cognitivi dell'Homo Sapiens. Ricapitolando, l'immagine è una realtà dinamica che oscilla costantemente tra il reale e l'astratto, indipendentemente dalla coscienza di chi la produce o la manipola, e l'interpretazione dell'immagine non può limitarsi ad una sola delle due polarità, ma deve sforzarsi di conservare attivo il suo principio dinamico accettando ambiguità e contraddizioni, in breve accettando la sua non-riducibilità a qualcosa di fisso. Un primo modo per riconoscerne il dinamismo è allora quello di osservare che la messa in immagini di un pensiero non è solo un pensiero, ma è anche un tragitto di pensiero. E se l'immagine è la spazializzazione di un'idea, come dice Bachelard, i modi in cui l'immagine si relaziona allo spazio sono la spazializzazione del tragitto mentale che l'ha portata a essere ciò che è. In altre parole, si può leggere l'arte parietale paleolitica non solo come la messa in immagini di idee, ma anche come la messa in immagini, più o meno cosciente, delle dinamiche che hanno presieduto alla loro elaborazione mentale».[70]

È opportuno osservare come, per la comprensione dell'arte preistorica, sia importante cercare di individuare il «codice di decifrazione del simbolo. In realtà si ha bisogno non solo di un codice ma di più codici: il simbolo, infatti, è una concentrazione di più sensi, analogicamente polivalenti, che ha un senso nel suo contesto simbolico, come la nota musicale».[71] Questi processi di codificazione dovettero essere in grado di soddisfare i bisogni fondamentali dell'uomo sia di natura materiale, sia necessari a mettere in atto ogni attività che permetta il confronto con il sé e il mondo circostante. Ciò significa ipotizzare che l'uomo, da sempre, abbia cercato un confronto con gli elementi primari utili a conoscere, sentire e pensare il contesto in cui cresce, si muove e vive. Successivamente codificò

degli "schemi ripetibili e comprensibili" da un individuo appartenente o simile al proprio sistema sociale.

Aspetto poco indagato è l'effetto visivo che potevano suscitare le incisioni rupestri. Non è da escludersi che le stesse fossero colorate e quindi enfatizzate nel loro significato visivo (fig. 2.26).

In occasione dello scavo stratigrafico condotto nel 1962, nel terreno in cui insistevano i massi di Cemmo in Valcamonica, si sono trovati dei riscontri. Il sito è caratterizzato da due massi istoriati, con un terzo più piccolo scoperto successivamente, posti a una decina di metri l'uno dall'altro. L'origine si deve a una frana; essi erano collegati da un allineamento megalitico disposto in due file parallele, di cui è rimasto un solo elemento in posizione verticale. La stratigrafia del terreno presenta sette livelli (0-200 cm) i quali descrivono una finestra temporale che giunge fino alla fine del Pleistocene Superiore, ossia circa 12000 anni fa, periodo che combacia con il Paleolitico Superiore. Nel primo strato (0-50 cm) sono stati rinvenuti dei dischi di pietra del diametro di 10 cm la cui funzione è sconosciuta, mentre «nello strato 4 del sondaggio n. 2, cioè a circa un metro di profondità sotto il livello attuale del suolo, è stato rinvenuto un gruppo di trentotto pezzetti di ocra e di altre materie coloranti che indubbiamente furono riuniti e forse sepolti dall'uomo in età preistorica. Sono colori naturali di terre, ossidi e arenarie friabili, nessuna delle quali, però, locale. Alcune ocre rossastre e frammenti ricchi di ossidi di rame e di ferro potrebbero essere stati raccolti anche in Valle. La gamma di tonalità è svariata e include bianco, giallo, arancione, rosso, marrone, grigio-verdastro, grigio-violetto, grigio-azzurrino e nero. Tale ritrovamento, in prossimità dei due massi, fa pensare che gli artisti preistorici camuni utilizzassero materie coloranti per le loro istoriazioni (...). Vi furono anche delle pitture sui due massi oppure l'uomo preistorico si contentò di riempire di colore le incisioni che aveva eseguito?».[72]

Altro caso documentato avvenne durante uno scavo stratigrafico del 1988 ad Ossimo in Valcamonica, nel Parco archeologico di Asinino-Anvòia, condotto da Federico Fedele. Furono ritrovati coloranti minerali, nei colori rosso, giallo e in bruno-violetto, probabilmente utilizzati per dipingere le figure delle stele.[73] Esistono ipotesi che identificano le varietà cromatiche nel mutamento di tonalità della superficie picchiettata, rispetto alla roccia circostante. Una verifica sperimentale ha evidenziato questa visibilità da contrasto solo quando il supporto litico non possiede tonalità cromatiche neutre o una morfologia granulosa.

70. Matteo Meschiari, *Spazio e Sciamanesimo nell'arte paleolitica*, 11.
71. Giuseppe Tanda, *L'ipogeismo in Sardegna: arte, simbologia, religione*, in "*L'ipogeismo nel mediterraneo: origini, sviluppo, quadri culturali: atti del Congresso Internazionale*", Stampacolor Industria Grafica, (Sassari, 2000), 405.

72. Emmanuel Anati, *I massi di Cemmo*, Edizioni del Centro, (Capo di Ponte, 1972), 15, 68.
73. Francesco Fedele, *Ossimo (Valcamonica): scavi in siti cultuali calcolitici con massi incisi*, in AA.VV. «*Le Pietre degli Dei. Menhir e stele dell'età del Rame in Valcamonica e Valtellina*», Centro Culturale Niccolò Rezzara, (Bergamo, 1994), 145-150.

Fig. 2.26. Ladakh, Photang, Valle dell'Indo, pietre mani. Queste pietre sono incise, colorate e poste ai lati di strade, fiumi, o agglomerate a formare mucchi. Hanno incisi dei mantra e vengono offerte al *genius loci*, lo spirito del luogo; i sassi sono colorati e lasciati all'aperto in segno devozionale. Il colore, che scompare sulle pietre più vecchie, è utilizzato per evidenziare il messaggio e la presenza del manufatto (foto R. Basilico).

Neppure il dilavamento repentino del colore, dovuto agli agenti atmosferici, è ostativo al suo utilizzo in rapporto ad una valenza rituale. Si ipotizzi l'atto incisorio scollegato da un concetto di durabilità, fattore leggibile sulle stratificazioni incisorie quando quelle precedenti vengono cancellate. In tal senso si può ipotizzare che la rappresentazione di un petroglifo figuratico venisse eseguita in modo compulsivo al punto che non fosse tanto importante l'opera realizzata quanto il gesto di realizzarla, e il rituale connesso a quei gesti è ampiamente dimostrato dalle infinite sovrapposizioni di segni e figure che caratterizzano tutta la produzione dal Paleolitico superiore in poi».[74] Il mancato rinvenimento di pigmenti sulle incisioni non è comunque indice della loro assenza; si renderebbero necessarie indagini sistematiche sulle colorazioni per verificare questo aspetto.

Le pulizie superficiali sui massi, le intemperie a cui sono esposte le superfici scoperte, e le tecniche di rilievo adottate lasciano aperte le ipotesi sulla possibilità di individuazione di tracce. I colori prevalenti in ambito preistorico mostrano l'uso di ocra. «Nella tecnica pittorica le ocre sono preziose per la loro solidità e anche perché si possono mescolare con tutti i bianchi e con tutti i colori a base di ferro (…). Come le terre rosse e brune le terre gialle devono la loro proprietà colorante ad ossido di ferro. Si compongono di silicati argillosi e di ossido di ferro idrato in proporzioni variabili. Si usarono da tutti i popoli sin dall'epoca preistorica, essendo un prodotto naturale».[75] Alcuni studi sull'uso di colore in ambito preistorico hanno definito quattro tonalità primarie: il rosso e il giallo, ottenibili da ocre, il bianco, composto da gessi, crete e argille e il nero, derivato da minerali, carboni o fuliggine. Ciò che determinò la durabilità del colore fu il legante utilizzato; nel caso delle pitture preistoriche alcuni studi ne hanno hanno verificato una composizione primaria a base di grasso animale per le pitture ipogee e acqua, sangue e caseina per le pitture esterne.[76]

Le indagini scientifiche, condotte in più Stati, fanno cautamente risalire l'uso delle colorazioni alle sepolture paleolitiche e identificano il loro sviluppo iconografico nelle pitture rupestri parietali. L'ocra è un prodotto facilmente reperibile, è stabilie e brillante, come è possibile verificare negli ambienti ipogei, ove le condizioni di stabilità microclimatica e isolamento dagli agenti esterni ne hanno permesso la conservazione. L'introduzione di elementi instabile, come l'anidride carbonica prodotta dai turisti, ha portato a un processo di degrado che ha indotto alla chiusura degli ipogei. Ciò dimostra che in presenza di condizioni conservative

---

74. Priuli, *Segni come parole, il linguaggio perduto*, 39.

75. Gino Piva, *La tecnica della pittura ad olio e del disegno artistico*, Hoepli, (Milano, 1985), 279.

76. Luciano Colombo, *I colori degli antichi*, Nardini, (Firenze, 1995), 15-63.

inidonee, come in ambiente esterno, le pitture rupestri, siano soggette a un veloce degrado. In situazioni di clima arido le pitture rupestri si conservano egregiamente (figg. 2.27, 2.28, 2.29, 2.30).

Nelle aree da noi indagate si sono rintracciati casi di colorazione. Non si tratta di residui preistorici ma di attività risalenti ad epoche relativamente recenti. Nell'abitato di Germasino se ne individuano tracce all'interno di una macina riutilizzata in una struttura e su una stele; a Barbignana si trovano in una nicchia dipinta scavata in un masso coppellare. Ciò che appare significativo è la presenza di un residuo fossile dell'uso del colore, termine da intendersi alla stregua di una continuità di antichi usi o abitudini, ricollegabili alla pitturazione delle rocce per la deposizione di idoli (fig. 2.31).

Il linguaggio di tipo allusivo fa riferimento a una produzione figurativa non è affine all'arte intesa in senso attuale, soprattutto se con caratteri autocelebrativi o decontestualizzati. «Nell'antichità e per gli uomini primitivi, la produzione figurativa è uno strumento pratico per molti importanti compiti della vita quotidiana come dice ancora l'Arneim- dà corpo a poteri sovrumani così da renderli attivi in concrete azioni, rimpiazza oggetti reali, animali o uomini, in tal modo si addossa i loro compiti. Registra e trasmette informazioni; rende possibile l'esercizio di influssi magici, creature e cose lontane, - e aggiunge - ciò che conta per tutte queste operazioni, non è l'esistenza materiale delle cose, ma gli effetti che esse esercitano o che sono su di esse esercitati. Probabilmente queste opere, pur essendo state realizzate quasi sempre da pochi specialisti, erano da tutti comprese in quanto i loro contenuti, anche se ideogrammati, erano parte della cultura comune».[77]

Assistiamo inoltre al linguaggio monumentale proprio del fenomeno del megalitismo che, tra la fine del Neolitico e l'inizio del Calcolitico, si diffonde dalle coste atlantiche e si caratterizza con la presenza di opere monumentali che spaziano dall'erezione di grandi siti strutturati, alla realizzazione di monoliti quali menhir e stele. Questo oltre ad essere un "linguaggio evocativo, celebrativo, commemorativo"[78] rappresenta, indubbiamente, il fatto che il linguaggio delle incisioni rupestri rientrava in un unicum legato a concetti ed espressioni riconosciute e riconoscibili per significato e significante. Il megalitismo denota il grado di sviluppo raggiunto dalle popolazioni preistoriche così lontano dall'immaginario collettivo; i grandi cerchi monumentali, gli allineamenti, i cerchi litici potevano permettere l'osservazione dei fenomeni celesti, con un grado di precisione talmente estremo che sorprende per il grado di conoscenza empirica raggiunta. Nelle aree indagate e in quelle liminali sono presenti fenomeni megalitici. Ricordiamo tra gli altri i rinvenimenti dell'ambito golasecchiano: «a Castelletto Ticino (…) è stata rinvenuta una stele-menhir con un simbolo solare riferibile all'ambito rituale. Allo stesso ambito, ma ad un orizzonte cronologico molto incerto, doveva appartenere la roccia istoriata di cerchi e quadrati, visibile a Sesto Calende, in località Preia Buia».[79] La stessa recente scoperta del cerchio litico di Montano Lucino è estremamente significativa e di risonanza mondiale (figg. 2.32, 2.33, 2.34, 2.35, 2.36, 2.37, 2.38).

Si propone di seguito una suddivisione relativa ai **significati** delle incisioni rupestri, che si riferisce a "fattori primigeni" correlabili ai fabbisogni fondamentali umani, le cui sfaccettature contribuiscono a conferire un significato di tipo **primario**. La definizione dei **significanti delle incisioni**, come vedremo successivamente, deriva dalla propria famiglia d'appartenenza, che concorre a ipotizzarne il significato. Similmente alle suddivisioni indicate dai vari autori che hanno compiuto studi in questa direzione, si è elaborato uno strumento analitico che cerca di definire gli elementi che, presumibilmente, furono alla base delle necessità umane. Quanto proposto non si basa solo su ipotesi ma anche su riscontri di carattere storico, scientifico e antropologico. Si evidenzia come nessuno di questi elementi sia preponderante in senso assoluto rispetto ad altri.

Esiste una relazione tra luoghi e funzioni e, più aspetti, possono riscontrarsi nello stesso. Abbiamo così:

A. **Significato magico-religioso**
   A1 - fenomeni di adorazione della divinità
   A2 - fenomeni di adorazione dei luoghi
   A3 - riti di stampo animistico
   A4 - riti di iniziazione
   A5 - riti funebri

B. **Significato propiziatorio**
   B1 - riti di fertilità per la perpetrazione della specie
   B2 - riti di fertilità collegati ai fenomeni agricoli
   B3 - riti sacrificali

C. **Significato utilitario**
   C1 - elementi per la realizzazione di oggetti
   C2 - elementi per la manutenzione di oggetti
   C3 - elementi di misura
   C4 - elementi di riferimento astronomico per la comprensione dei fenomeni agricoli

D. **Significato topografico-territoriale**
   D1 - identificazione di capisaldi geografici
   D2 - identificazione di spazi sacri
   D3 - identificazione di spazi fisici
   D4 - identificazione di percorsi

77. Priuli, *Segni come parole, il linguaggio perduto*, 59.
78. Ibidem, 90.

79. AA.VV. *Archeologia nel Parco del Ticino*, Musumeci Editore, (Quart, 1995), 19.

Fig. 2.27. Perù, Amazonas. In questo distretto montano il bacino del fiume Utcubamba è circondato da alte pareti calcaree. In esse si trovano insediamenti abitativi e funebri risalenti alla civiltà dei Chachapoyas, o Popolo delle Nuvole, etnia conquistata da quella incaica solo attorno all'anno 1000 d.C. Le strutture sono caratterizzate da colorazioni ocra e da pitture rupestri (foto R. Basilico).

Fig. 2.28. Perù, Amazonas. Particolare di una pittura rupestre con antropomorfo. Il colore, utilizzato anche sopra incisioni, determina un effetto visivo di riconoscibilità ed esaltazione dei caratteri scarali del luogo (foto R. Basilico).

Fig. 2.29. Perù, Amazonas. Interno dell'insediamento rupestre in cui sono evidenti le simbologie circolari, di matrice solare, e legate al culto del lama, animale archetipico di questo specifico contesto socio culturale Le esigenze materiali e spirituali dei popoli sono collegate a bisogni basilari Le forme archetipe si sono sviluppate con modalità differenti ed estranee tra le popolazioni (foto R. Basilico).

Fig. 2.30. Comparazione tra la pittura rupestre e un masso inciso della Valle Albano. L'iconografia, che appare simile e rappresenta due cerchi concentrici con un peduncolo laterale potrebbe appartenere, in entrambi i casi, a figure riconducibili a culti solari o astrali. Spesso si riscontrano simbologie apparentemente analoghe tra culture differenti (foto R. Basilico).

Fig. 2.31. Valle Albano, supporti incisi con presenza di colorazione, appartenente ad un periodo recente, che rappresenta un residuo fossile dell'uso del colore indice di una continuità di antichi usi o abitudini di atavica memoria (foto R. Basilico).

Fig. 2.32. Stonehenge. Il sito risalente a cinquemila anni fa, è un icona del fenomeno del megalitismo e del grado di sviluppo raggiunto dalle popolazoni preistoriche (foto R. Basilico).

Fig. 2.33. Carnac. Risalenti a 6.000 anni fa gli allineamenti monolotici presenti in quest'area sono tra i più suggestivi. Migliaia di menhir proseguono per centinaia di metri terminando in recinti litici che, si ipotizza, avessero una funzione di tempio cultuale. Gli allineamenti sono orientati astronomicamente e permettono di osservare e prevedere i moti astrali e stagionali (foto S. Bianchi).

Fig. 2.34. Olanda, Drowen. Dolmen megalitico con pianta a forma di imbarcazione, risalente alla cultura neolitica dei vasi a imbuto o cultura Funnel beaker (foto R. Basilico).

Fig. 2.35. Corsica, Sartène, Dolmen di Funtanaccia. Composto da sei lastroni granitici rappresenta la possenza di queste costruzioni (foto R. Basilico).

Fig. 2.36. Corsica, Sartène, Allineamenti di Palaghju. Questo sito annovera duecentocinquantotto menhir ed è il più importante dell'area mediterranea. Gli allineamenti sono orientati in file disposte lungo l'asse N-S; molti di essi hanno incisioni di armi (foto R. Basilico).

Fig. 2.37. Olanda, Drenthe, Dolmen di Borger (D27), 3400 a.C. Lungo quasi ventitre metri contiene la più grande pietra trovata nei dolmen olandesi dal peso di venti tonnellate (foto R. Basilico).

Fig. 2.38. Scozia, isole Orcadi, Mainland, Ring of Brodgar. Cerchio litico inquadrato attorno al 2500 a.C. Il diametro è pari a centoquattro metri ed è caratterizzato da un fossato in cui originariamente erano infisse sessanta pietre; oggi se ne possono contare circa trenta (foto R. Basilico).

E. **Significato sociale**
   E1 - definizione di caratteri identitari
   E2 - definizione di caratteri sociali
   E3 - definizioni di caratteri guerreschi

Significato magico-religioso

Tra gli individui, siano essi un singolo o una collettività, e un'entità di tipo divino, intesa come forza agente a un livello superiore rispetto al reale, si verifica un collegamento che si manifesta con il riconoscimento di un elemento tangibile ma che resta al di fuori del "piano reale". In tal senso vanno intesi i fenomeni che dovettero essere al di fuori del controllo umano: astri, forze telluriche, forze vitali, cicli di crescita, sole, luna, fulmini, cicli stagionali. Gli elementi che li rappresentavano vennero trasposti in entità di tipo superiore da adorare e ingraziarsi.

Il passo successivo fu quello di "personificare" questi elementi: l'idolo, il totem, la pietra divennero l'elemento fisico in cui albergava lo spirito del divino. In quest'ottica si identificarono i luoghi che avevano particolari caratteristiche. L'osservazione e la conoscenza della natura, capacità oggi perduta, permise di trovare luoghi particolari in cui, certi fenomeni, erano collegamento con il divino o sua espressione manifesta; lì si poteva celebrare il rito.

Un esempio sono i capisaldi territoriali. Si osserva che oltre alla ricerca di elementi "animisti" quali sorgenti o luoghi orientati sulla levata eliaca, venga identificato un elemento simbolico, riconducibile ad un punto orografico con caratteri di visibilità e identità territoriale. Nei luoghi alpini, caratterizzati dalla presenza di incisioni rupestri, non è raro che una cima, un passo o un lago assolvano a questa funzione di tipo sacrale. Il monte Bego della Valle delle Meraviglie, il Rocciamelone in Val di Susa, le forre della Val d'Assa sull'Altopiano d'Asiago sono alcuni esempi. In Valcamonica le cime del Pizzo Badile e della Concarena originano un singolare fenomeno che si ripete ogni inizio di primavera ed autunno. A marzo dal Pizzo Badile un'evidente ombra si proietta nel cielo mentre agli inizi dell'autunno, appena tramontato il sole, da una fenditura del monte Concarena fuoriesce una lama di luce che pare dividere la montagna stessa. Vari studi hanno identificato in questi due fenomeni i caratteri maschile e femminile della natura, il cui simbolismo dovette probabilmente essere riconosciuto dagli abitanti di quei luoghi.

Nell'Alto Lario il monte di riferimento è il Legnone, che domina tutto l'areale con la sua mole piramidale. Il riscontro di tale ipotesi è stato osservato nel corso delle ricerche: gran parte dei supporti ancora *in situ* collocati nei bacini e nei versanti si affacciano e sono orientati verso questa montagna. In un caso il supporto rivolto è scolpito seguendone il profilo con, al centro del masso, una grossa vasca quadrangolare. Si instaura in tal modo un collegamento morfologico tra il supporto e il caposaldo di riferimento in un tentativo di mimesi, che sfocia in un legame in grado di conferire più forza all'elemento totemico. Ciò non è una rarità: le rappresentazioni morfologiche scolpite di luoghi o divinità, appartenenti a differenti epoche e civiltà, esistono in vari siti del globo; esse rivelano un atto di mimesi teso a trasporre nell'oggetto utilizzato i caratteri del soggetto di riferimento.

Il concetto della montagna sacra trova molti esempi anche al di fuori del continente europeo tra i quali spicca la Pietra Sacra di Macchu Picchu. Si tratta di un monolite, detto Wank'a in quechua, posto tra due costruzioni nella zona inferiore dell'area urbanizzata; esso si affaccia, riprendendone il profilo, sulla prospicente montagna Yanantin sulla quale gli Inca svolgevano rituali e donavano offerte alla Pachamama, la Madre Terra, venerata in un culto di tipo agreste (figg. 2.39, 2.40, 2.41, 2.42).

Altri elementi collegati all'aspetto magico-religioso vedono supporti e incisioni alla stregua di altari per officiare il rito di adorazione verso la divinità. È stato ipotizzato che lo stesso altare cristiano sia un'acquisizione della funzione simbolica del masso altare, pietra consacrata. In quest'ambito sono collocabili i fenomeni di iniziazione, attraverso i quali membri del gruppo trasmettono la conoscenza acquisita a soggetti della comunità in grado di perpetrarla. In altri casi, l'iniziazione è lo scopo stesso della sopravvivenza comunitaria.

Dove coesistono ambiente e presenza umana, in un rapporto di tipo "simpatico", il luogo assurge ad ambito in cui si realizzano le attività magico-religiose che restano legate al territorio nel corso del tempo. «Se in tutto il Paleolitico superiore fino al Neolitico il linguaggio è rimasto immutato nelle forme e nei contenuti oltre che nella scelta dei siti nei quali esprimerlo -in quanto fortemente legato a una religiosità, economia, socialità, in una parola a una cultura uniforme, quindi esprimente concettualità più o meno comuni a tutti-, nella produzione post-paleolitica si coglie una veloce evoluzione di stili; soprattutto una crescita esponenziale di categorie di rappresentazioni e, all'interno di esse, una tipologia di soggetti estesissima. (...) Anche per le espressioni figurative post-paleolitiche i luoghi non vengono scelti a caso, ma vengono prediletti ambienti carichi di una certa sacralità, caratterizzati da particolari situazioni ambientali, da anomalie morfologiche, dalla presenza di rocce molto lisce modellate dall'acqua o dagli antichi ghiacciai quaternari e dalla probabile osservazione di particolari fenomeni, ad esempio atmosferici, forse ritenuti ierofanie».[80]

Significato propiziatorio

L'atto di propiziare un evento è proprio degli aspetti comportamentali dell'uomo. Riti scaramantici,

---

80. Priuli, *Segni come parole, il linguaggio perduto*, 42.

augurare la buona sorte, partecipare a funzioni religiose per ottenere la salute, celebrare festività in determinati periodi, sono normali gesti di vita compiuti da tutte le persone. Se a questi stessi individui si parla di riti preistorici esse tendono a relegare queste manifestazioni al ruolo di superstizioni. Esiste «per l'uomo moderno una dimensione intima non molto diversa da quella del primitivo ma non se ne parla se non per "scherzo" oppure, in maniera sublimata, nelle superstizioni religiose».[81] Le attività propiziatorie sono l'espressione della volontà umana di garantirsi e ripetere condizioni che possono recare beneficio, siano esse materiali, sociali o spirituali.

Alla base degli aspetti comportamentali sociali, si creano meccanismi in cui l'accadimento di un evento viene associato a fattori che concorrono a favorirne l'attuazione, seppur esterni all'evento stesso. É questo il concetto alla base della lettura della pittura rupestre quale atto propiziatorio per la caccia.

Si possono riconoscere vari aspetti propiziatori: fertilità per la riproduzione della specie e per la vitalità dei terreni, sacrificio per ottenere prosperità, vittoria, salute e fortuna. Nell'ambito petroglifico la creazione di luoghi ritenuti energeticamente collegati all'aspetto animistico-divino furono indubbiamente uno dei motori primari per ciò che venne realizzato in un lasso temporale così vasto e continuativo (fig. 2.43).

Significato utilitario
Creare un oggetto significa dare una forma a un'idea; questo aspetto "demiurgico" della manipolazione della materia è nato con l'uomo. Afferrare un sasso ed utilizzarlo per uno scopo volontario può aver creato meccanismi psicologici in grado di agire quale motore evolutivo. Ciò può aver accelerato i processi di astrazione e di pensiero; uccidere un animale con uno strumento conferì la capacità di superare la propria forza, tagliare rami o pelli con una pietra affilata permise di moltiplicare la casistica di oggetti e testarne l'utilità. Lavorare le rocce con pietre contribuì a stabilire un rapporto di espressività nei confronti di una realtà astratta ed esterna, contribuendo a definire la creazione dei concetti di singolarità ed ego.

L'aspetto utilitario nelle incisioni rupestri è legato a questi fattori; questo concetto è molto importante in quanto lega un'attività umana a una funzione pratica; identifica l'utilità delle cose, siano esse finalizzate a un vantaggio personale o collettivo. In quest'aspetto rientrano la lettura degli elementi naturali o degli astri per prevedere la ciclicità stagionale, la topografia o i fenomeni simbolici capaci di influenzare eventi decisionali, quali le eclissi. Gli studi condotti da Gaspani hanno riscontrato questo aspetto sia su massi incisi sia nei siti megalitici. Essi sono disposti in modo tale da permettere la comprensione del trascorrere delle stagioni o il moto degli astri con una funzionalità e precisione tale da mostrare il livello di conoscenza, seppur empirica, raggiunta dalle popolazioni preistoriche.

Le incisioni vennero utilizzate per quantificare misure e capacità, nonchè per affilare pietre o metalli; si tratta di considerare più aspetti della vita reale in cui la conoscenza pratica si innesta in quella teorica (fig. 2.44).

Significato topografico
La definizione del *limes*, il confine degli spazi, risale ai tentativi dell'uomo di confinare entro certi luoghi, delle funzioni private e collettive, fossero esse di natura urbana, sacra, o geografica. Il *limes* non è solo una caratteristica fisica ma si riferisce ad ambiti spirituali e di astrazione. È ipotizzabile che il concetto del *limes* abbia preso corpo nel Neolitico; le raffigurazioni che si trovano in molte incisioni rupestri sono, negli esempi più antichi, collegate alla rappresentazione della suddivisione territoriale in zone arate. L'uso dell'aratro quale strumento simbolico nella fondazione della città, appare lungo tutto l'arco alpino; la memoria è rimasta nelle manifestazioni sacrali, assorbite da feste popolari, che ne richeggiano le origini primordiali.

Presso il sito di Saint-Martin-de-Corléans sono state rinvenute numerose tracce di solchi di aratro a carattere rituale, poste a fondazione del sito, nella fase più antica dell'area cultuale. I solchi compongono un sistema di segni regolari, incisi in profondità, non sovrapposti e orientati secondo un asse NE-SO, quali prodromi dei successivi interventi a carattere archeoastronomico in quello che è, probabilmente, il più antico osservatorio astronomico risalente al V millennio a.C.[82]

Sono stati ritrovati aratri lignei a Walle in Sassonia e nell'area palafitticola del Lavagnone nel Basso Garda risalenti, rispettivamente, alla metà del III e al II millennio a.C. Essi mostrano corrispondenze con le rappresentazioni della Valcamonica, del Monte Bego, e con incisioni su megaliti quali il dolmen di Züschen in Germania, risalente al IV millennio a.C., sulle cui pareti interne sono incisi bucrani collegati da linee potenziate alle estremità indicanti un aratro.

Il *limes* diviene un simbolo fortissimo in grado di creare un legame tra le arature rituali e la rappresentazioni dei caratteri di fertilità connessi alla Dea-Madre-Terra. Il Sansoni propone una lettura di questa unione in cui a una rappresentazione di aratura si accompagnano scene di ierogamie, ossia di accoppiamenti tra divinità che spesso venivano rappresentate in riti di fertilità. Queste sono esplicite o enfatizzate dalla presenza di elementi simbolici, rappresentativi delle divinità del luogo. «Di particolare interesse è una probabile ierogamia espressa

---

81. Nicola Peluffo, *Memoria e arte preistorica*, in AA.VV. «*Atti del XXI Valcamonica Symposium 2013*», Edizioni del Centro, (Capo di Ponte, 2004), 381.

82. Guido Cossard, *L'astronomia nasce in Valle d'Aosta a Saint Martin de Corléans*, Musumeci, (Quart, 2017), 12-48.

Fig. 2.39. Perù, Machu Pichu. Sito andino incaico con innumerevoli elementi incisi e litici che assolvono a varie funzioni: calendari, osservatori astronomici, luoghi sacri, osservatori, capisaldi territoriali. Lo stesso sviluppo urbano segue forme mimetiche con elementi del mondo animale, riconducibili alle forme archetipe di queste popolazioni: il puma, il lama e il condor (foto R. Basilico).

Fig. 2.40. Perù, Machu Pichu, pietra sacra detta Wank'a. Elemento litico, sagomato come la prospicente montagna sacra Yanantin. È collocato in una posizione preposta a riti per la Pachamama, la Madre Terra che rientrava in un culto di tipo agreste (foto R. Basilico).

Fig. 2.41. Perù, Ollantaytambo. La sacralità della montagna si manifesta nella raffigurazione scolpita di Wiracochan, messaggero di Wiracocha. Questa divinità incaica, barbuta e con la pelle bianca, causò molti problemi agli Inca che videro nei conquistadores la sua personificazione. È dio creatore del cosmo e come attributi ha folgori strette nelle mani (foto R. Basilico).

Fig. 2.42. Gravedona e Uniti, Germasino, località Sant'Anna. Il supporto ha una vaschetta quadrangolare probabilmente utilizzata per rituali di purificazione, collocabili in un ambito di significato magico-religioso delle incisioni rupestri. Il profilo del masso è scolpito con la forma del monte Legnone verso il quale è rivolto. Il collegamento morfo-mimetico tra il supporto e il suo riferimento rafforza l'elemento totemico (foto R. Basilico).

Fig. 2.43. Somaino. Nell'ambito dei significati propiziatori, si osservano supporti incisi in cui è palese una ritualità propiziatoria. I massi altare sono emblematici in questo senso: coppelle e canaletti creano dei tracciati sulla materia rocciosa, che fanno fluire i liquidi a fecondare il terreno in un atto rituale riconoscibile da un'intera comunità (foto R. Basilico).

Fig. 2.44. Gravedona e Uniti, Germasino. Macina o pila. L'aspetto utilitario dei supporti incisi è relativo al rapporto che lega un'attività umana ad una funzione pratica, con un vantaggio personale o collettivo. Rientrano in quest'ambito tutti i supporti che possono avere un'utilità pratica, quale la previsione dei moti astrali ai fini agricoli (foto R. Basilico).

in una scena del *Dos Cui*: in una sagoma antropomorfa, tipicamente malfatta, si definiscono due coppie di gambe, l'una inserita nell'arco dell'altra, e una sola, ma spessa, coppia di braccia ad orante; la probabilità di una rappresentazione di accoppiamento è alta e avvalorata dalla stessa connessione all'aratura, stretta al punto che vi è la sovrapposizione alle corna di uno dei bovidi aggiogati. Nel caso sarebbe l'unico, straordinario, caso Calcolitico in Europa».[83]

Le raffigurazioni reticolari della Valcamonica come quelle del Bego si associano inequivocabilmente alle rappresentazioni topografiche di campi arati, simboliche rappresentazioni della dea madre terra, legata a riti di fertilità (fig. 2.45).

L'aspetto rituale si è perpetrato nel tempo; le arature a fondazione delle città, di cui ne delimitavano il perimetro, erano pregne di significato a tal punto da condurre a morte chi, tra i Romani, avesse profanato il *pomerium*, confine sacro e inviolabile.

Nell'età del Ferro il concetto sacrale del *limes* è stato amplificato. Tra gli esempi citiamo quello di Vercelli, città appartenente alla fascia di pianura posta al piede delle grandi catene montuose dell'arco alpino e nel cui attuale tessuto urbano è possibile leggere la presenza di due *dun* celti concentrici.[84] Le origini di Vercelli sono antiche, come testimoniano i miti nati sulla sua fondazione, e sono relazionabili ad un territorio i cui primi abitanti indicati dalle fonti furono i Libui o Libici. «I primi abitatori del territorio vercellese furono, secondo Tolomeo (Geogr. III, 1, n. 32), i Libici o Libii, di stirpe ligure, più tardi (Livio V 35,2) interessati dall'invasione dei Galli Salii, così come ci è tramandato anche da Plinio (Nat. Hist. III, 17): *Vercellae Libicorum ex Salluis ortae*»[85] traducibile in Vercelli dei Libici di origine salluvica.

Gli studi condotti sul toponimo della città dicono che «sia che si voglia accettare la versione del prefisso gallico *ver* unito al latino *cellae* (la città delle celle, analogamente a Bu - cellae) o quella del prefisso *verc-celt* (la città dei celti), trae indubbiamente origine da un substrato gallo-romano».[86] Negli anni '60 fu rinvenuta una stele sul greto della Sesia a nord-est di Vercelli, databile al I secolo a.C.. Il testo latino: «Finis campo quem dedit Acisius Argantocomaterecus Comunem deis et hominibus / Ita uti lapides IIII statuti sunt» (Confine al campo che Acisio Argantocomatereco diede comune agli dei ed agli uomini così come le quattro pietre sono state poste) venne infatti inciso con le esatte divisioni dei vocaboli, mentre quello gallico, in alfabeto etrusco,

mutuato forse dalle popolazioni del Comasco, non distingue i singoli vocaboli. Gli studi vedono in questo aspetto un indice di come i rituali e le concezioni sacre dei celti fossero difficilmente traducibili dallo stile epigrafico romano. La stessa latinizzazione del nome suggerisce che l'analisi della «forma latina Vercellae-arum indica la coesistenza di più nuclei di abitazioni e l'etimologia del nome, certamente celtico, ci dimostra la funzione antichissima del luogo».[87]

La collocazione di un'incisione per definire un ambito topografico è testimoniata dai cippi, massi e termini utilizzati per la suddivisione di confini. In ambito montano le suddivisioni territoriali seguono regole dettate dall'orografia e dagli elementi emergenti del territorio. «Quando non sono stati cancellati dagli uomini e dal tempo, oggi i segni confinari che sfruttarono supporti già disponibili in loco si ritrovano spesso su rocce affioranti o massi di dimensioni singolari, collocati in posizione dominante, capaci di attrarre l'attenzione, scelti ab origine per le loro caratteristiche (...). Non ovunque dovevano essere facilmente a disposizione superfici così eloquenti; si può ritenere, dunque, che, a volte non si pose il segno là dove passava il confine, ma, al contrario, si convenne il confine là dove il paesaggio stesso assicurava al segno la più solenne evidenza, con elementi suggestivi capaci di chiamare a sé la linea divisoria».[88] Non è quindi un caso che «il paesaggio che alle donne e agli uomini vissuti nel basso medioevo e nell'età moderna era familiare e che essi concorsero a costruire era disseminato di punti e linee di confine. Piantare segni di confine aveva una decisiva rilevanza giuridica, economica e simbolica».[89]

Significato sociale

L'identità d'appartenenza, la consapevolezza comunitaria e perfino i moti di espansione e prevaricazione verso altri gruppi umani, sono caratteri distintivi dell'uomo che riappaiono ciclicamente. Questi aspetti, di natura sociale e identitaria, si ritrovano nelle incisioni rupestri: guerrieri con caratteristiche belliche, differenti tipologie di armi vengono rappresentate in modo specifico, e simbologie che descrivono determinati gruppi. Belloveso giunto nel territorio meneghino tra il VII e il VI secolo a.C., trova una tribù stanziata nel territorio con le medesime abitudini e linguaggio, riconoscendone gli stessi caratteri identitari. Come ricorda Tito Livio, Belloveso e i suoi celti Biturgici, unitamente ad Arverni, Sènoni, Edui, Ambarri, Canuti, e Aulirci, «attraverso i monti Taurini e la Valle della Dora, varcarono le Alpi; e sconfitti in battaglia i Tusci non lungi dal Ticino, avendo sentito dire che quello in cui si erano fermati si chiamava territorio degli Insubri, lo stesso nome che aveva un cantone degli Edui, accogliendo l'augurio del luogo, vi fondarono una

83. Umberto Sansoni, *Arature e ierogamie: culti agrari e riti di fondazione nell'arte rupestre*, in «Atti del XXI Valcamonica Symposium 2004», AA.VV., Edizioni del Centro (Capo di Ponte, 2004), 391.
84. Gianluca Padovan, *Milano celta: le tre fortezze*, Lo Scarabeo (Milano, 2014), 146, 150.
85. Giovanni Sommo, *Vercelli e la memoria dell'antico*, Edizione elettronica archeovercelli.it, (Vercelli, 2008), 248.
86. Ibidem, 249.

87. Alberto Piva, *Vercelli i suoi mercati ed i suoi mercanti* in Archivio della Società di Storia ed Arte Vercellese n. 1, (Vercelli, 1912), 489.
88. Massimo Della Misericordia, *Divenire comunità. Comuni rurali, poteri locali, identità sociali e territoriali in Valtellina e nella montagna lombarda nel tardo Medioevo*, Unicopli, (Milano, 2006, 100-101.
89. Ibidem, 91.

città che chiamarono Milano».[90] Le armi le aveva aveva imbracciate poco prima del suo arrivo sul territorio meneghino contro gli Etruschi nei pressi del Ticino, dove forse gli ultimi avevano degli interessi economici legati alla presenza di giacimenti auriferi.[91] A Milano oltre al recinto sacro o *nemeton,* corrispondente all'attuale Piazza della Scala e risalente al VI sec. a.C. e al *fanum* quadrangolare di Piazza Duomo dedicato a Minerva-Belisama-Brighit, recenti studi hanno identificato come sul territorio vi fossero tre *dun* celti. Il più antico, insubre, si troverebbe nel punto più elevato del territorio, nell'attuale area del Castello Sforzesco; un secondo sarebbe collocato nella zona prospiciente costituito da un perimetro interno ripreso, verosimilmente, dalle mura romane che probabilmente sostituirono i terrapieni celti con murature. A sud ovest, in corrispondenza dell'attuale area del quartiere Ticinese, si legge nel tessuto urbano il perimetro ellittico di un terzo *dun.*[92]

Il significato sociale è identificabile nelle incisioni rupestri delle popolazioni alpine. Camuni, Orobi, Comensi, Liguri, Veneti, Leponzi avevano delle caratteristiche identitarie che si rispecchiavano nei vari assetti sociali e nelle rappresentazioni da essi incise sulla roccia. Nel complesso della Valle delle Meraviglie si trovano degli esempi calzanti che esprimono questi caratteri di appartenenza: «tra regione e regione, pur con tendenza ad una uniformità complessiva e riconoscibile, si riscontrano differenze che riguardano la distribuzione percentuale delle tipologie, lo stilema, le raffigurazioni iconografiche. Ciò può essere imputato a fattori ancora da indagare approfonditamente: diversa regionalità dei gruppi umani, diverse fasi cronologiche, ritualità»[93] (fig. 2.46).

II.2.3. - I significanti del linguaggio rupestre: le tipologie morfologiche

Oltre alla definizione dei significati si sono classificati i **significanti**, intesi come le tipologie morfologiche dei segni utilizzati per esprimere il linguaggio dei massi lavorati, ad oggi ancora in fase di codificazione. Le incisioni si suddividono in due grandi famiglie afferenti al campo figurativo e a quello schematico.

Le incisioni di tipo **figurativo** sono rappresentazioni di immagini che utilizzano un linguaggio, diretto o di tipo simbolico, per esprimere dei concetti comunitari o con una valenza magico-cultuale. Le incisioni figurative sono diffuse sul territorio o concentrate in alcune aree dove appaiono alla stregua di "santuari" in cui si condensano migliaia di petroglifi con stratificazioni temporali.

Nelle incisioni rupestri **schematiche** non si assiste a zone con una concentrazione tale da permettere di identificare dei luoghi di irradiamento o di primaria importanza. Si rileva piuttosto una presenza diffusa e capillare, un *continuum* che percorre tutto l'arco alpino, le cui origini sono indubbiamente antichissime e legate alle prime forme di espressività. Ciò potrebbe significare che le forme di arte rupestre schematica siano state alla base di un linguaggio radicato sul territorio, chiaro nel suo significato di ritualità e nella diversificazione delle forme espressive. Si è ipotizzato che, nel tempo, dal legame tra segno schematico e territorio siano stati identificati dagli uomini preistorici dei "centri spirituali"; in questi luoghi si svilupparono successivamente espressioni di tipo figurativo.

Si può osservare come la lontananza dai santuari faccia diminuire la percentuale di presenza del tipo figurativo rispetto allo schematico; si può altresì evidenziare che le tipologie figurative fondamentali appaiono sempre nelle aree con maggior concentrazione di incisioni schematiche. In quest'ottica la zona da noi analizzata si configurerebbe come l'unione di un corridoio che dalle Prealpi comasche della Spina Verde giunge al termine settentrionale lariano, con una continuità verso la Valchiavenna e la Valtellina (fig. 2.47).

Come descriveremo compiutamente nel prossimo capitolo l'area è stata suddivisa in tre zone; in ognuna di essa si sono rintracciate evidenze dei significati precedentemente descritti.

La prima zona, compresa tra Santa Maria Rezzonico e Musso, presenta un'alta concentrazione di incisioni sia di tipo figurativo sia schematico, con una prevalenza di schemi raggruppati su affioramenti.

La seconda zona incude le valli Albano, di Liro e di Livo; qui si riscontra la presenza di incisioni di figurative e schematiche isolate o in piccoli raggruppamenti. Emergono lastre istoriate, megaliti, scivoli e luoghi per iniziazioni sessuali e riti di fertilità. Sebbene il tipo figurativo di quest'area risulti numericamente minore, se ne riscontrano varie categorie.

La terza zona posta sulla sponda orientale, nell'area NO del Legnone sorgono due nuclei principali di incisioni: il primo è collocato sul Montecchio Sud e possiede incisioni correlate prevalentemente a luoghi di sacralità. Il secondo nucleo, situato nella fascia pedemontana e di media quota, ha incisioni di tipo simbolico legate alla presenza di serpentiformi, aracniformi, scivoli della fertilità e massi propiziatori con coppelle e canalette.

Dai risultati ottenuti l'intera area si configura come un luogo in cui sembrano esservi le cinque categorie di significato, caratterizzate da nuclei figurativi e da un diffuso tessuto di incisioni schematiche. Gli elementi individuati sono i seguenti:

---

90. Titio Livio, *Storia di Roma dalla sua fondazione, vol. III* (Libri V-VII), Rizzoli, (Milano, 1996), 89.

91. Gianluca Padovan, *Milano Celta: le tre fortezze*, Lo Scarabeo, (Milano, 2014), 15-18.

92. Arcà, Fossati, Sui sentieri dell'arte rupestre, *Le rocce incise delle Alpi*, 22.

93. Padovan, *Milano Celta: le tre fortezze*, 101-163.

TIPO FIGURATIVO
- Animali
- Antropomorfi
- Armi e antropomorfi armati
- Carri
- Circolari
- Cruciformi
- Simbologie topografiche
- Simboli di fertilità
- Caratteri alfanumerici
- Simboli di astrazione
- Megaliti
- Vegetali

TIPO SCHEMATICO
- Coppelle
- Canaletti
- Pediformi
- Polissoir
- Scivoli
- Elementi utilitari

II.3 - Le incisioni rupestri figurative nell'arco alpino

Nei siti con preponderanza di incisioni rupestri figurative «le immagini sulla roccia mostrano come cambiassero, da periodo a periodo, gli interessi e gli accenti della società. Ad esempio, nella fase iniziale dell'arte rupestre camuna la figura umana è, per il momento, assente. L'interesse del cacciatore era rivolto alle sue prede che rappresentava con sagome di animali, di grande formato, riflesso della sua ambizione. Nel periodo seguente, il Neolitico, scompaiono le grandi figure umane. La figura antropomorfa, l'uomo, diventa il tema di maggiore interesse, mentre nel periodo successivo, denominato Calcolitico o Età del Rame, l'interesse si va concentrando nella figurazione di strumenti in metallo, che venivano a rivoluzionare la vita quotidiana e in particolare l'economia. Nel Neolitico sono raffigurate, in quasi eguale misura, figure maschili e figure femminili, mentre in epoche successive le figure maschili sono quantitativamente superiori a quelle femminili. Tali mutamenti tematici hanno significati precisi in quanto riflettono lo spirito dei loro esecutori ed indicano, in maniera non censurata, cambiamenti concettuali e sociali».[94]

Si tenga sempre in considerazione che le necessità dell'uomo furono diversificate e non solo legate al desiderio di propiziarsi il cibo. Nelle zone indagate le incisioni figurative sono significative per contenuti e per il carattere di singolarità nel panorama generale. «Vi sono rocce più facili, tutte incise nello stesso stile, con la stessa tecnica e dove tutte le figure fanno parte di una medesima composizione, ma sono rare e anch'esse richiedono un serio lavoro per scoprire la relazione tra figura e figura e il significato delle associazioni e delle composizioni. Anche in questi casi le figure si associano come le parole di una frase. Per capire il loro significato, sono le frasi che dobbiamo saper leggere».[95]

Le aree più significative tra i grandi santuari preistorici sono quelle del Monte Bego e della Valcamonica. Seguendo un percorso lungo l'arco alpino che dalle Alpi Marittime giunge alle Alpi Carniche, i siti più importanti tra quelli ad alta concentrazione di elementi figurativi sono i luoghi indicati di seguito (fig. 2.48).

Monte Beigua. Il massiccio del Beigua, in Valbormida, appartiene alle Alpi Liguri ed «è stato oggetto di un censimento sull'arte rupestre che ha evidenziato la presenza di rocce incise a polissoir in alcune aree, accanto ad altre incise per motivi cultuali, legati in particolare a culti delle acque e della fertilità femminile. Il lavoro di interpretazione e decodifica di questi segni ha dimostrato che i polissoir presenti in questi siti sono la traccia di atelier di produzione di pietre levigate, mentre le rocce incise con rappresentazioni schematiche identificherebbero invece luoghi di culto di età pre-protostorica».[96]

I **Balzi Rossi**, nei pressi di Ventimiglia, sono tra le più significative grotte che hanno restituito sepolture umane del Paleolitico riferibili ad un periodo compreso tra 27000 e 23000 anni fa. In esse si trovano delle rappresentazioni ottenute con «segni lineari, fusiformi per graffi ripetuti, naturalistiche rappresentazioni di animali incise su pareti rocciose verticali, come la figura di equide nella Grotta del Caviglione, oltre ad alcune pietre incise con motivi geometrici e zoomorfi ed alcune statuette femminili».[97] In questo complesso di grotte si è ritrovato un deposito di sepolture tra i più importanti, afferente al Paleolitico Superiore con individui appartenenti al gruppo dei Cro-Magnon, i cui tratti caratteristici sono il cranio allungato, la faccia bassa caratterizzata da orbite rettangolari, l'alta statura e la robustezza scheletrica.

La prima sepoltura è stata indagata nel 1872 da Émile Rivière nella Grotta del Caviglione e ha portato alla luce lo scheletro di un individuo adulto composto sul fianco sinistro, rivolto ad occidente, con le mani vicine al volto, indossante un copricapo in conchiglie e denti di cervo e cosparso di ocra rossa. Lo stesso Rivière nell'anno successivo scoprì nella cavità, denominata dei Fanciulli, i resti di due bambini deposti distesi vicini tra loro. Nel 1874 infine scoprì una tripla sepoltura di due adulti maschili e un adolescente. Giuseppe Abbo nel 1892 indagò nella Barma Grande una triplice sepoltura risalente a circa 20000 anni fa, in cui gli

94. Anati, La civiltà delle pietre. Valcamonica una storia per l'Europa, 42-43.

95. Anati, La civiltà delle pietre. Valcamonica una storia per l'Europa, 91.
96. Carmelo Prestipino, *Le incisioni rupestri del massiccio del Beigua*, in AA.VV. *"L'arte come sorgente di storia, Atti del XXV Valcamonica Symposium 2013"*, Edizioni del Centro, (Capo di Ponte, 2013), 201-204.
97. Ausilio Priuli, *Le incisioni rupestri nel mondo alpino occidentale, dalla Liguria di ponente al Ticino*, in AA.VV. *Archäologie un Felsbildforschung*, Anisa (Liezen, 1999), 68.

Fig. 2.45. Colico, Montecchio Sud, reticolo. Nell'ambito del significato topografico delle incisioni rupestri dell'arco alpino, le raffigurazioni reticolari sono associate a rappresentazioni topografiche di campi arati, simbolismi della dea madre terra legati a riti di fertilità (foto R. Basilico).

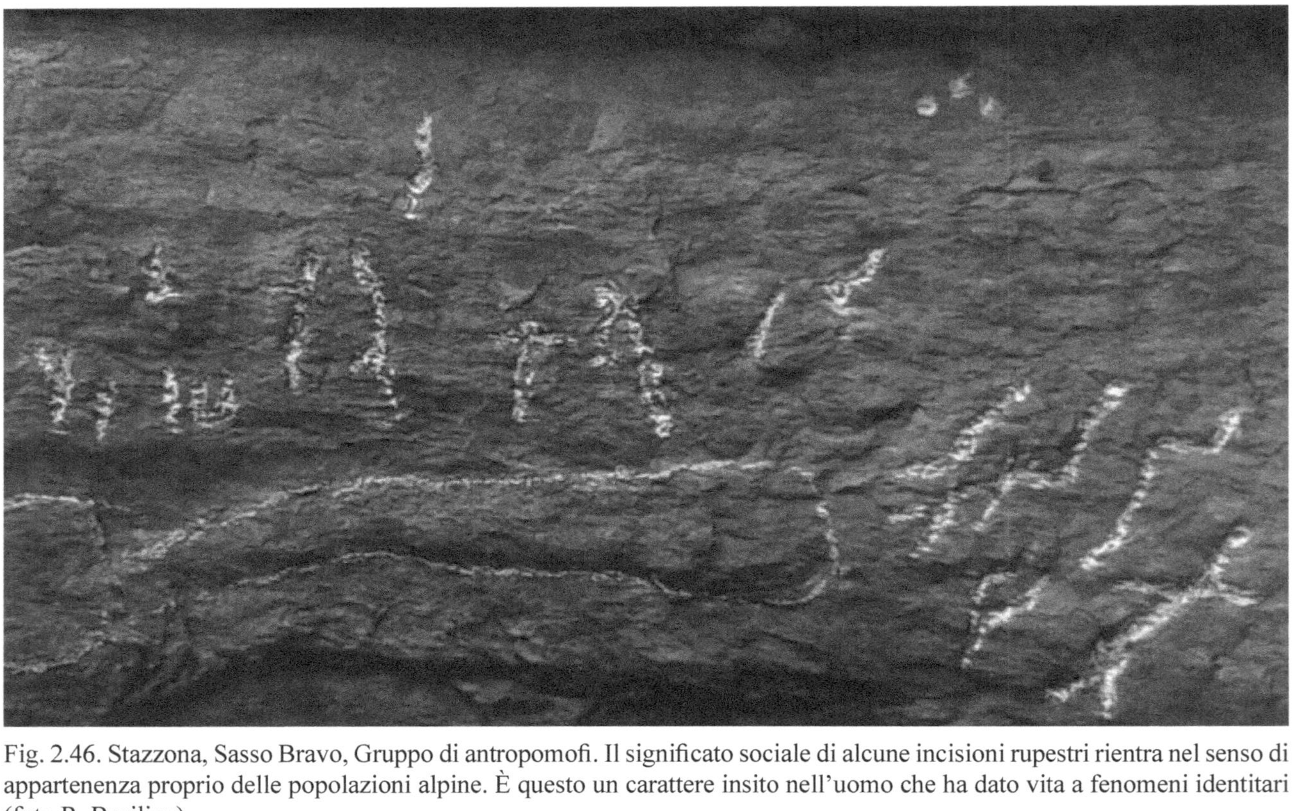

Fig. 2.46. Stazzona, Sasso Bravo, Gruppo di antropomofi. Il significato sociale di alcune incisioni rupestri rientra nel senso di appartenenza proprio delle popolazioni alpine. È questo un carattere insito nell'uomo che ha dato vita a fenomeni identitari (foto R. Basilico).

Fig. 2.47. Dosso Santa Maria Rezzonico-Cremia. Supporto litico con la compresenza di incisioni figurative e schematiche. (foto R. Basilico).

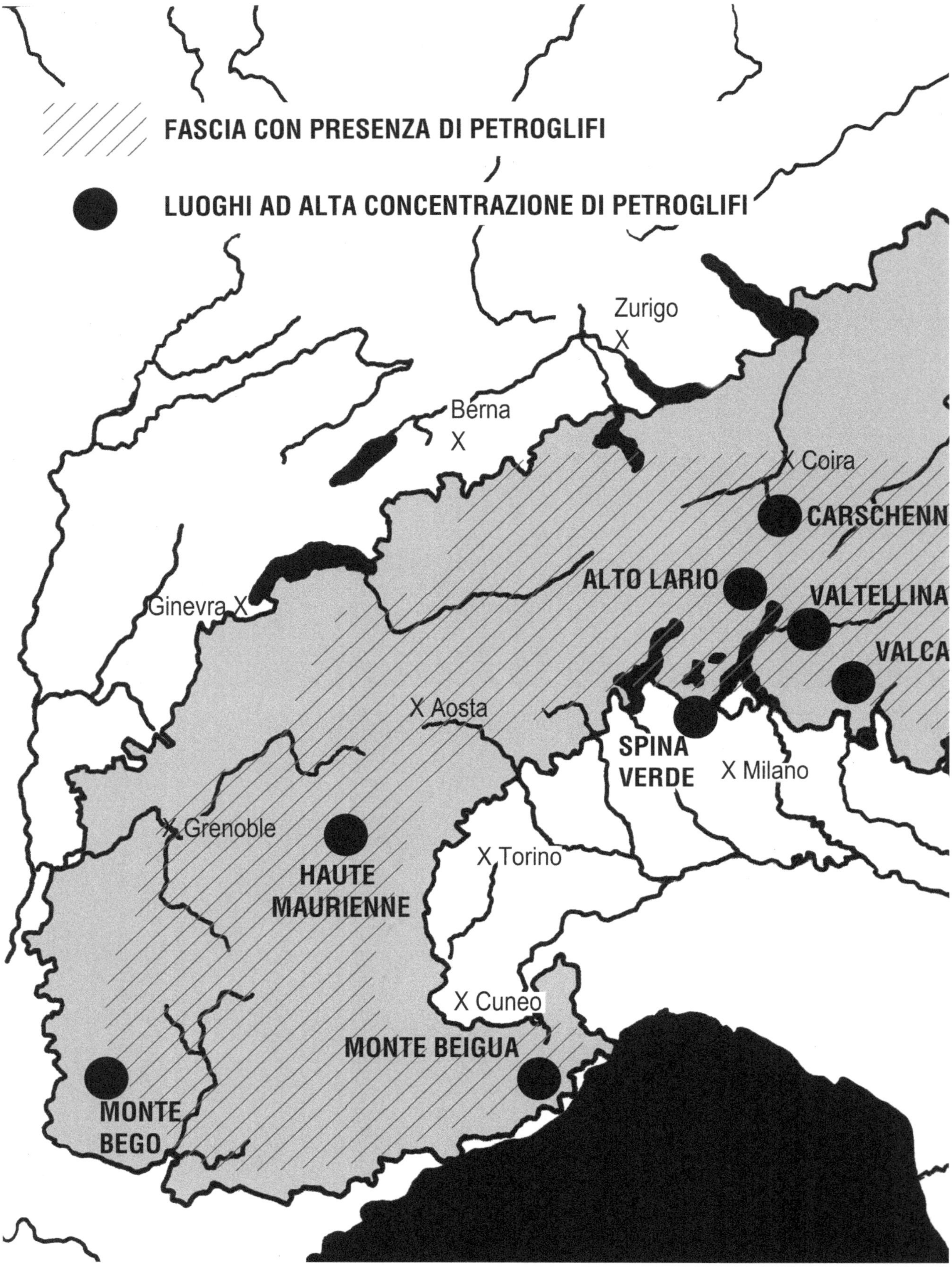

Fig. 2.48. Arco alpino. Carta con elaborazione delle zone ad alta concentrazione di petroglifi e della fascia connettiva con presenza di manifestazioni incisorie (elaborazione degli autori).

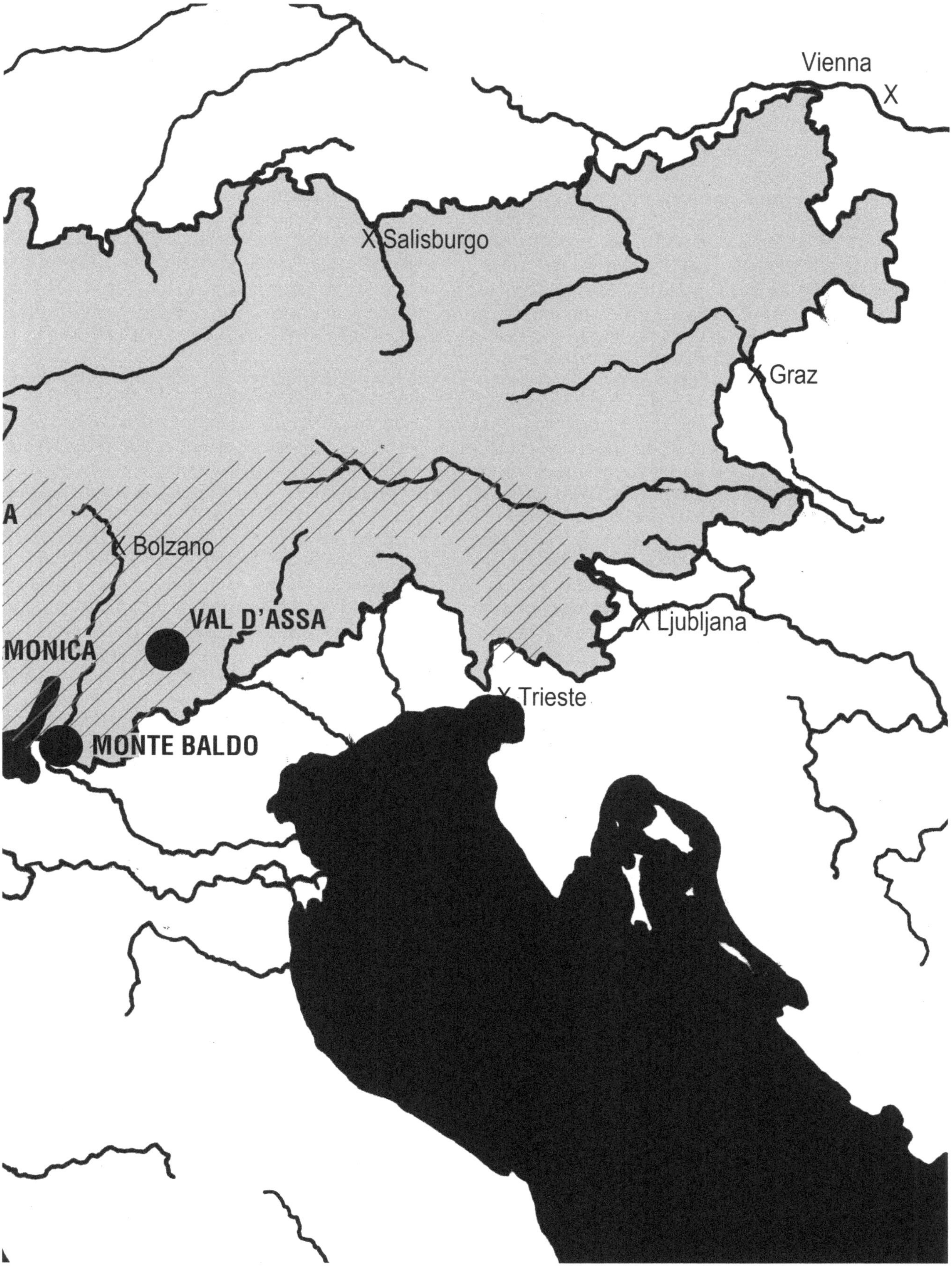
Vienna
X
X Salisburgo
X Graz
A
X Bolzano
VAL D'ASSA
MONICA
X Ljubljana
X Trieste
MONTE BALDO

individui furono deposti accanto, cosparsi di ocra rossa con un corredo funebre di pendagli, conchiglie forate, lame in selce e canini di cervo. Si tratta di un adulto e due adolescenti; l'altezza dell'adulto è di 190 cm, fattore che lo pone al «limite superiore della variabilità delle popolazioni europee del Paleolitico Superiore. L'alta statura e la robustezza scheletrica sono caratteri ricorrenti nell'umanità di tale periodo. È possibile che queste caratteristiche si siano selettivamente affermate come conseguenza di un tipo di vita molto impegnativo sotto il profilo dinamico e muscolare, ed in particolare dalle richieste funzionali di una economia che aveva riferimento primario nella caccia a grandi mammiferi praticata con armi da usare a breve distanza con rapidità e potenza».[98] Altri ritrovi di Abbo furono due sepolture singole di adulti maschi nella stessa cavità avvenuti nel 1894. Una sepoltura presente nella Balma Grande venne distrutta dal proprietario della grotta alla fine di accesi scontri con lo scopritore Louis Jullien nel 1884, che voleva portare i resti al museo di Mentone. La sepoltura che fu motivo di disputa scientifica venne portata alla luce da Louis de Villeneuve nel corso degli scavi condotti nel 1901 presso la Grotta dei fanciulli su incarico di Alberto I di Monaco. Sotto i resti di una donna adulta in posizione distesa e di un individuo maschio in posizione composta con le mani sul petto, furono rinvenuti i un adolescente e una donna, le cui deposizioni non furono contemporanee. Questi individui presentavano, ad una prima descrizione, delle morfologie differenti dalle altre e ritenute simili a quelle delle attuali razze negroidi per alcune parti scheletriche (cranio, faccia e rachide cervicale); vennero rinominati "negroidi di Grimaldi".

L'appartenenza di questi individui al tipo negroide venne confutata successivamente, dopo che «un attento lavoro di revisione del materiale, condotto negli anni sessanta, dimostrò l'inconsistenza degli argomenti su cui poggiava la diagnosi. L'accuratezza usata dal de Villeneuve nel condurre gli scavi permise di raccogliere importanti indicazioni sul fatto che la deposizione dei due individui non fosse avvenuta contemporaneamente. Una serie di elementi indicano in particolare che la tomba contenente il corpo del giovane venne aperta a distanza di qualche tempo dalla sua inumazione, per introdurvi la donna adulta, forzata in posizione contratta con la faccia affondata nel terreno».[99] Gli studi definitivi a scapito dell'ipotesi negroide giunsero da Pierre Legoux, antropologo dentario; egli dimostrò in un'approfondita ricerca, che la donna era affetta da un pronunciato prognatismo facciale e che il cranio dell'adolescente venne contraffatto per confermare la tesi perseguita.[100] Ultimi aspetti riguardano sia il fatto che la comparazione avvenne con le attuali razze

negroidi e non vi fu un raffronto con quelle corrispettive del periodo paleolitico, sia che il resto dello scheletro fu attribuito al tipo Cro-Magnon.

Monte Bego. È l'area con incisioni figurative più grande e imponente delle Alpi Meridionali occidentali ed annovera oltre trentamila incisioni censite. Il Monte Bego, alto 2872 m, si trova nel massiccio del Mercantour, sul confine italo francese e copre l'areale della Valle delle Meraviglie e di Fontanalba. La regione del Monte Bego è costituita geologicamente da uno zoccolo di gneiss ricoperto da un tegumento pelitico-arenaceo levigato dall'azione esaratrice dei ghiacciai quaternari sul quale si trovano le incisioni. Quest'ultime sono distribuite su un'area di 1400 ettari posta in posizione isolata.

Le ricerche iniziarono nel XVI sec. ad opera di Honorato Lorenzo che annotò in un manoscritto le informazioni raccolte presso il sito, come testimoniato da una sua incisione. Dal XIX sec. si sono susseguiti vari studiosi, tra i quali ricordiamo Émile Rivière, che fece conoscere al mondo scientifico l'area con numerose pubblicazioni, Clarence Bicknell, che rilevò oltre 12000 incisioni e Carlo Conti; tra il 1927 e 1942 egli identificò, rilevò e calcò in gesso oltre 35000 petroglifi. Dagli anni '60 le campagne di studio sono state condotte in modo sistematico da enti universitari e studiosi indipendenti, secondo una suddivisione territoriale in 23 settori.[101]

Le incisioni del Bego risalgono al Neolitico ma la maggior parte risale al Calcolitico e all'antica Età del Bronzo, coprendo un orizzonte degli eventi che parte dal 5000 a.C. e si sviluppa maggiormente tra il 3000 e il 1800 a.C. È opportuno notare come «le incisioni rupestri del Calcolitico e dell'antica Età del Bronzo della Valle delle Meraviglie non sono disegni realistici. Non hanno cioè lo scopo di rappresentare attività quotidiane o raffigurare tal animale o tal arma. Non corrispondono neppure ad una scrittura geroglifico o ideografica, poiché non esiste successione organizzata di figure che possa giustificare una volontà narrativa. Questi petroglifi, molto semplici, stilizzati, sono in realtà segni, simboli, anzi "pittogrammi": ogni incisione, o associazione intenzionale di incisioni, ha un significato proprio e rappresenta un concetto, un pensiero mitico. Tali pittogrammi erano destinati a imprimere nella pietra particolari riti sacri relativi ad una mitologia, essa stessa legata ai problemi quotidiani di popolazioni agricolo-pastorali-protostoriche. Sarebbe possibile, in tal senso, parlare di una protoscrittura».[102]

La quantità di incisioni è tale che copre tutte le categorie figurative: «corniformi, armi e attrezzi, figure antropomorfe, figure geometriche, figure non significative»; nei corniformi «il corpo assume una curiosa prospettiva, la stessa che si otterrebbe costringendo l'animale ad appiattirsi a terra con le

98. Angelo Del Lucchese, Vincenzo Formicola, *Museo preistorico dei Balzi Rossi*, Stamperia Artistica Nazionale, (Torino, 2005), 8.
99. Ibidem, 9.
100. Pierre Legoux, *Ètude odontologique de la race de Grimaldi*, in "*Bulletin du Musée d'Anthropologie Préhistorique de Monaco*", vol.10, Museum of Prehistoric Anthropology of Monaco (Monaco, 1963), 63-121.

101. De Lumley, *Le rocce delle meraviglie*, 11, 14, 29-36.
102. Ibidem, 60.

zampe divaricate».[103] Le figure di bucrani rappresentano la maggior parte delle incisioni con una percentuale vicina all'80% del totale; questo particolare fa trasparire chiaramente un culto della divinità taurina che si riscontra ampiamente nell'arco alpino con chiari riferimenti all'aspetto della fertilità e a quello della forza della natura. Henry de Lumley identifica nelle raffigurazioni rupestri la chiara evidenza di un dio maschile, connesso agli elementi meteorologici del temporale e del fulmine e collegato all'elemento fluido fecondatore delle acque, e di una dea femminile, legata alla terra e alle figure geometriche riconducibili ai campi arati e coltivati.[104] È certo, comunque, che le rappresentazioni del Monte Bego sono espressioni di un ambiente di tipo sacrale di cui tutto l'areale è manifestazione esplicita, e in cui vi è un chiaro riferimento all'aspetto divino delle forze naturali che albergano in esso (fig. 2.49).

Haute Maurienne. Risalendo a nord lungo l'arco alpino troviamo un'importante presenza di incisioni rupestri figurative nella Haute Maurienne situata nelle Alpi Graie ad ovest delle Valli di Lanzo e del Moncenisio, nonchè della Val di Susa e del Rocciamelone, territori ricchi di incisioni rupestri. Più precisamente «il territorio circostante Lanslevillard, ai piedi del Moncenisio, del Glacier de l'Arcelle Neuve e del Roc du Pisselerand ospita alcune delle più belle composizioni di incisioni rupestri delle Alpi occidentali. Il territorio di Aussois è forse uno dei più ricchi e suggestivi con le sue grandi rocce ricche di figure di armati, rappresentazioni topografiche, cavalieri, capre, stambecchi e cani, figure meandriformi e geometriche, scene di caccia e di lotta. Ai piedi del Roc du Pisselerand, a 2730 metri di quota la "Pierre aux Pieds" sembra un masso altare sul quale gli dei delle montagne hanno lasciato le impronte dei loro piedi mentre osservavano attorno a loro la bellezza delle valli sottostanti e la maestosità delle cime che circondano il masso».[105] È interessante notare come alcune figure quali cani con la coda arricciata, pediformi e scene di duello, mostrino una marcata somiglianza al figurativo della Valcamonica. Altre incisioni sono invece originali e distintive di uno stile autoctono: figure umane composte da due triangoli uniti, dette bitriangolari e risalenti alla prima età del Ferro, stambecchi, lance molto lunghe a punta triangolare. Tutto ciò è inquadrabile in un contesto sociale di duelli rituali legati alla figura del cacciatore guerriero. Altra tematica significativa è quella delle rappresentazioni topografiche che si esprimono con schemi quadrangolari e puntinature, a rappresentazione di campi coltivati, in cui l'atto dell'aratura riveste un carattere sacrale. Le incisioni più note sono le rappresentazioni spiraliformi riferibili all'età del Bronzo e la roccia coppellare più alta d'Europa sulla quale sono incisi oltre ottanta pediformi affiancati.

Triangolo lariano e Como. I primi insediamenti del territorio basso lariano risalgono al Musteriano con i ritrovamenti del Buco del Piombo che presuppongono una frequentazione attestabile tra i 30000 e i 10000 anni fa con presenze neanderthaliane e sapiens. Ad essi seguirono ritrovi archeologici lungo la fascia pedemontana e subalpina. Tra le molte aree interessate citiamo per l'Epigravettiano Merate, per il Mesolitico Montano Lucino, Bosisio Parini, Erbonne, il Cornizzolo, per il Calcolitico Bellinzona, Montano Lucino, Lagozza, l'Isolino di Varese e la Spina Verde, per il Neolitico Asso, Canzo, Magreglio, la Grotta dei Tamborini in Val Bova e per il Ferro Bosisio Parini, Pusiano, Montorfano, Albate, Coldrerio, Senna Comasco, Appiano Gentile, Moncucco, Cavallasca, Vergosa, Como, la Spina Verde e la Ca' Morta per il Bronzo e Civiglio, Albate, Montorfano, Brunate, Casate, La ca' Morta e la Spina Verde.[106]

Le incisioni rupestri sono presenti in concentrazione nella Spina Verde, Parco Regionale situato nell'area collinare che circonda Como estendendosi dal Monte Goj, al Colle del Baradello fino al Sasso di Cavallasca. All'interno del Parco si trovano le sorgenti del Seveso, il rio Seliga, il rio Val e la Fonte della Mojenca. La parte più significativa delle emergenze archeologiche, soprattutto di abitati e necropoli, si riferisce alla cultura di Golasecca. Tra gli abitati sono state studiate abitazioni parzialmente addossate alla roccia simili ai "masun" della Valle Albano, elementi "fossili" sopravvissuti e riutilizzati nel tempo come modello abitativo. I petroglifi dell'area furono attestati e studiati dal Magni agli inizi del '900; numericamente furono implementate dopo l'identificazione dell'abitato preromano di Pianvalle sul Monte Caprino. L'area mostra una correlazione tra i petroglifi e gli abitati con origini riferibili al Calcolitico dovute a «una figura di ascia ed un simbolo vulvare, incisi a breve distanza l'uno dall'altro su una stessa parete di roccia, ed una figura antropomorfa a Ø». Sempre sullo stesso lastrone levigato si osservano dei simboli solari «collocabili tra la fine dell'età del Bronzo e la prima età del Ferro».[107] Tra le altre incisioni ricordiamo dei pediformi, simboli raggiati e incisioni coppellari.

Altro gruppo è situato presso il Roccione di Prestino, un grosso affioramento di arenaria osservato già nel 1877 da Vincenzo Barelli. Le incisioni di questo sito sono state inquadrate tra il Neolitico finale e il Bronzo iniziale, ma lo stato pessimo di conservazione della roccia non permette di osservare al meglio le incisioni. Sulla sua superficie si trovano incisioni schematiche e figurative: una grossa buca circondata da coppelle, intagli di gradini, coppelle, pediformi, figure spiraliformi, un antropomorfo a Ø, e il cosidetto "Omino di Prestino",

103. Arcà, Fossati, *Sui sentieri dell'arte rupestre, Le rocce incise delle Alpi*, 21.
104. Ibidem, 22.
105. Priuli, *Le incisioni rupestri nel mondo alpino occidentale, dalla Liguria di ponente al Ticino*, 71-72.

106. AA.VV., *Como nell'antichità*, Società Archeologica Comense, (Como, 1987), 18-45.
107. Nuccia Negroni Catacchio, Stefano Martinelli, Marina Giorgi, Ausilio Priuli, *Pianvalle* in AA.VV. *"Como fra Etruschi e Celti. La città preromana e il suo ruolo commerciale"*, Società Archeologica Comense, (Como, 1986), 90-112.

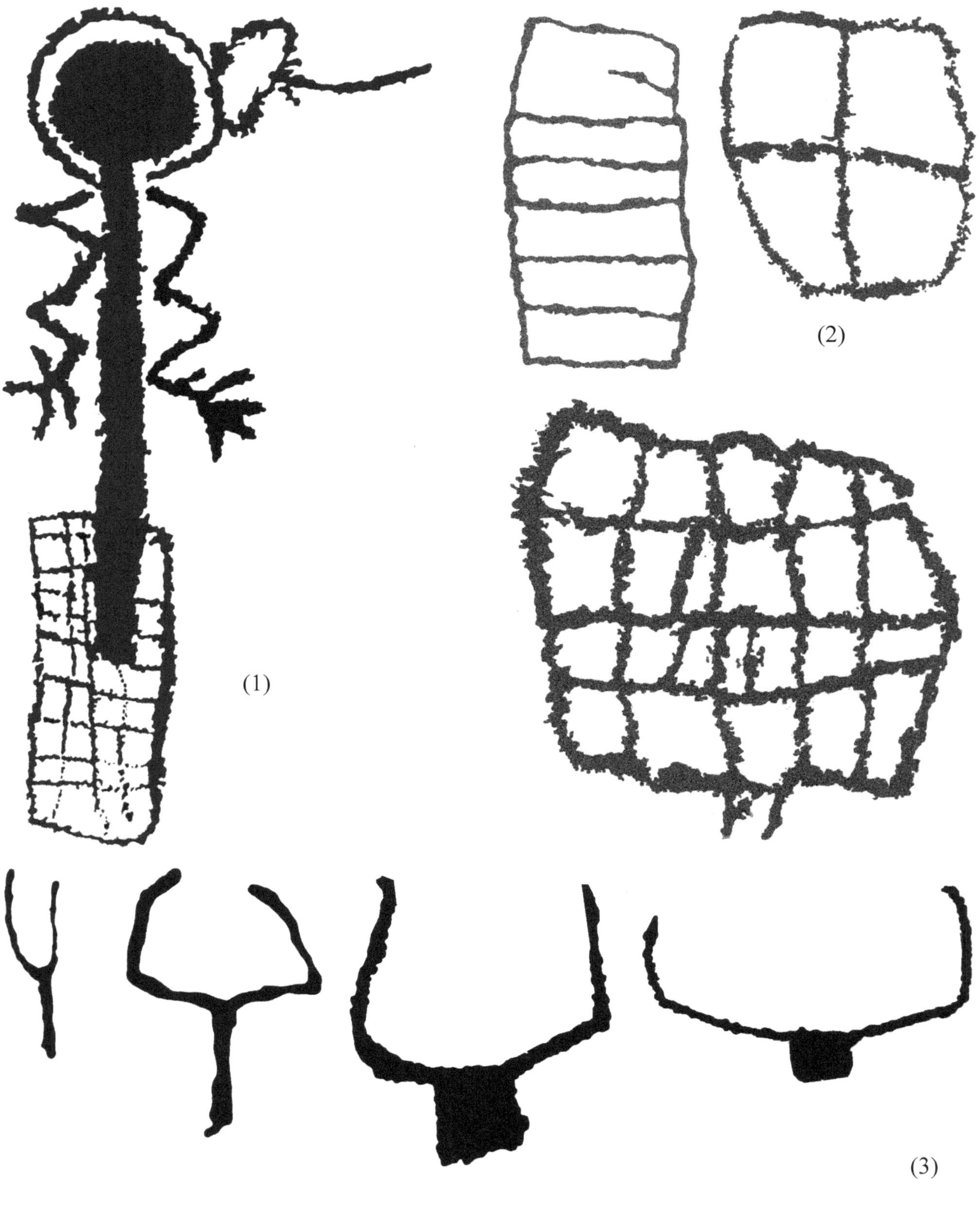

Fig. 2.49. Monte Bego, Valle delle Meraviglie. Alcune delle oltre trentamila incisioni figurative di quest'area sono emblematiche e significative. L'antropomorfo detto con le braccia a zig zag, identifica un dio maschile collegato al fulmine e al temporale, figura ricorrente nell'ambito alpino (1). Le raffigurazioni reticolari, incisioni geometriche di ambito topografico riconducibili a campi arati, sono collegate alla figura della Dea Madre. Vi sono reticolati di varie forme: rettangolari a una fila di caselle, ovalari e complessi (2). L'elemento uranico si associa a quello terreno in un significato di fertilità; la pioggia, fluido fecondatore, si ricollega alla terra in un ciclo di nascita e crescita. Le rappresentazioni di bucrani, che rappresentano oltre la metà delle incisioni dell'area, sono legate alla divinità divinità taurina diffusa nell'arco alpino e riferita alla forza della natura (3) (elaborazione degli Autori da De Lumley, 1996).

idoliforme con corpo triangolare, braccia, due file di collane e occhi. Oggi questa figura non esiste più poichè vandalizzata in un tentativo di asportazione. Sul sentiero adiacente si notano tracce di solchi, con un'interasse di 90 cm, scavati o dovuti al probabile passaggio di lizze o carri (figg. 2.50, 2.51, 2.52, 2.53).

Altri gruppi di petroglifi noti si trovano ad Albate con il Sass de la Stria e il Masso delle Cento Coppelle, e in Val d'Intelvi, nonchè massi incisi diffusi sul territorio: tutti hanno incisioni di tipo schematico.

In **Valsassina** e in **Val Varrone**, area situata a ridosso del Monte Legnone, sono stati individuati gruppi di incisioni rupestri cruciformi, coppelle e canaletti. L'area, indagata dalla metà degli anni '90, ha un primo nucleo nella località conosciuta come Piöde dal Croos; il masso presenta entrambi gli elementi tipici di questa zona ed è posto lungo una strada di percorrenza verso gli alpeggi. È stato inizialmente indagato dallo studioso Oleg Zastrow. Gli studi successivi hanno portato ad evidenziare oltre venti siti; tra le incisioni più significative appare una realizzazione con sette coppelle disposte a forma di rosetta. I siti, esposti a sud, sono collocati tra i 1300 e i 1800 m in luoghi dominanti la valle.

Valtellina. Al Museo di storia di Sondrio sono esposte la stele di Tresivio e la lastra di Montagna, supporti accomunati dal fatto di recare un'incisione in alfabeto di Sondrio «comprendente anche le circa 90 incisioni della Vallecamonica (a loro volta in qualche relazione con le leponzie ed il più vasto gruppo delle retiche delle Alpi Centrali) e presentano un adattamento dei caratteri etruschi introdotti a partire dal VI sec a.C».[108] Questi due ritrovamenti sono un aspetto delle molteplici espressioni di incisioni individuate nel valtellinese. I siti sono collocati nella media Valtellina, nell'area che copre il territorio di Sondrio, lungo lo sviluppo longitudinale della Valle da Postalesio a Teglio fino a Grosio e nella trasversale Valmalenco, con un apparato figurativo articolato e numeroso.

Il primo nucleo per concentrazione di incisioni è la Rupe Magna di Grosio. Posta alla confluenza con la Val Grosina questo insieme monumentale, costituito da una roccia di 85x35 m, è la più grande roccia con incisioni rupestri dell'arco alpino. La matrice rocciosa è una fillade, roccia metamorfica derivata da sedimenti pelitici, levigata dall'azione esaratrice dei ghiacciai; su di essa vi sono oltre 5000 incisioni tra figurative e schematiche. Sulla superficie sono rappresentati antropomorfi, guerrieri, oranti, lottatori, animali, coppelle, cruciformi e motivi geometrici in un orizzonte temporale che coincide tra la fine del Neolitico fino a tutta l'età del Ferro.

A Tresivio sulla parte sommitale del Dosso del Castello sul quale era probabilmente situato l'insediamento

originario in tempi preistorici, si trova no varie placche con incisioni figurative risalenti all'antica età del Bronzo. I settori individuati sono quattro che, inizialmente, dovettero essere un unicum di rappresentazioni. Le incisioni mostrano «un quadro quasi completo sulla simbolica delle armi dell'epoca (...). La ricchezza e la qualità delle figure di armi ci inducono a stabilire un nesso con i fenomeno dei "ripostigli" (depositi votivi, tesoretti), di armi di quest'epoca; non è da escludere che le istoriazioni siano da leggere nella stesa ottica interpretativa, come un grande "ripostiglio rupestre" di valenza cultuale. La precisione delle istoriazioni permette una datazione del complesso ad un periodo compreso tra la fine dell'Antica e la Media età del Bronzo»[109] (fig. 2.54).

Il sito di Castione Andevenno, in località La Ganda, si trova tra i vigneti in posizione predominante sulla valle. I supporti sono lastre di scisto incise con una rilevante concentrazione di raffigurazioni antropomorfe la cui morfologia permette di stabilire una relazione con i siti di Tresivio, della Rupe Magna e di quanto esistente in Vallecamonica. Simili sono taluni antropomorfi rinvenuti nelle aree da noi esaminate; ciò permetterebbe di avere un inquadramento temporale risalente alla fine del Bronzo Antico e la Media età del Bronzo. Le incisioni rappresentano antropomorfi di guerrieri sul cui capo è posta una sagoma semicircolare attribuibile alla «stilizzazione di un elmo crestato o più probabilmente a calotta. Se così fosse l'indicazione ci porterebbe ad un momento più avanzato del Bronzo Medio; l'elmo a calotta è infatti il primo e più tipico elmo attestato in Italia Settentrionale con il caso più antico nel ripostiglio di Oggiono Ello; è presumibile che tale elmo sia comparso in momenti anche precedenti, inizialmente in cuoio ed altri materiali deperibili. L'analisi tipologica rileva tre tipi fondamentali di antropomorfi: I a corpo lineare e corte gambe a triangolo; II a corpo lineare e gambe a triangolo proporzionate; III a corpo maggiormente proporzionato con ricerca di movimento e gambe non rigide».[110]

Gli antropomorfi rappresentano principalmente guerrieri, oranti, entità con oggetti, figure femminili e di adolescenti, ad indicare nella composizione la presenza di un luogo iniziatico per la collettività. Le figure più interessanti sono le numerose figure di oranti con collo allungato e un guerriero, inscritto in una figura circolare che ne evidenzia la centralità, circondato da altri dodici antropomorfi sia guerrieri, sia oranti, sia con oggetti (figg. 2.55, 2.56, 2.57).

A conclusione citiamo il complesso di San Giovanni di Teglio, nel quale vi sono più settori istoriati; tra essi spicca una figura con coppella centrale e quattro anelli di cerchi concentrici. Su tutto il restante territorio si riscontra una presenza diffusa di incisioni schematiche.

108. Sansoni, Gavaldo, Gastaldi, *Simboli sulla roccia*, 42.

109. Sansoni, Gavaldo, Gastaldi, *Simboli sulla roccia*, 14.
110. Ibidem, 27.

Valcamonica. Nel 1955 la Soprintendenza alle Antichità della Lombardia istituì il Parco Nazionale delle Incisioni Rupestri, su decisione del soprintendente Mario Mirabella Roberti. Ciò permise di preservare il patrimonio rupestre e promuoverne gli studi. Nel 1979 il Parco venne inserito, quale primo sito italiano, tra l'elenco del patrimonio dell'umanità dell'Unesco, diventando noto a livello mondiale.

Nella sua estensione la Valcamonica presenta un'ampia varietà geologica che va da rocce intrusive (granito, tonalite, diorite e gabbro), presenti nell'area dell'Adamello, a quelle sedimentarie presenti a capo di Ponte, Sellero, Esine e Boario (arenarie), nella Concarena e nel Pizzo Badile (calcare), fino alle metamorfiche della Valle delle Messi (micascisti), di Cané e Vezza (marmi) e di Edolo (scisti). Il Parco si estende su una superficie di oltre 14 ettari; gli oltre trecentomila petroglifi ad oggi classificati fanno di questo sito il primo al mondo per importanza con migliaia di pubblicazioni e studi. La presenza dei petroglifi abbraccia tutta la valle in un'estensione geografica che parte da Pisogne, posto alle propaggini settentrionali del lago d'Iseo, giunge in cima alla Valcamonica e si innesta in Valtellina attraverso l'Aprica. Si ha un collegamento anche con la Valle del Caffaro, la Val Trompia, e le Valli del Sole e Rendena.

Il territorio della Valcamonica è suddivisibile in «tre macro-settori: 1. Bassa Val Camonica: è una zona pianeggiante, ricca di prati e campi, che inizia dalla sponde del Lago d'Iseo e giunge fino alla cresta trasversale di Bienno, a volte indicata come la Soglia di Breno; 2. Media Val Camonica: dalla Soglia di Breno giunge fino ai comuni di Sonico-Edolo. La media valle inferiore si estende da Breno a Sellero, quella superiore inizia dalla stretta gola di Cedegolo sino a Sonico-Edolo; 3. Alta Val Camonica: questo settore della vallata segue la linea Insubrica, con un orientamento est-ovest. Inizia dalla Val di Corteno e prosegue fino al comune di Ponte di Legno, posto in testata. Climaticamente è simile alla media Valtellina».[111]

I primi insediamenti nella valle risalgono al Mesolitico con fenomeni di attendamenti stagionali che si evolsero in ripari di tipo fisso e sotto roccia nel periodo a cavallo con il Neolitico. Nel Calcolitico gli insediamenti si stabilizzano su quelli di tipo stanziale con ripari e con villaggi di capanne su terrazzamenti e promontori. Il Bronzo è caratterizzato da fenomeni di bonifica in bassa valle, dalla costruzione di insediamenti palafitticoli e dallo sviluppo, che perdurò nel Ferro, di villaggi fortificati, realizzati anche su versanti tra la bassa e la media valle. Le prme testimonianze risalgono all'Epigravettiano/Paleolitico. Ciò secondo quanto individuato nella rappresentazione di equide di Luine Darfo Boario Terme (Martini, Baglioni,

Poggiani Keller)[112] e nelle figure di bovidi di Mezzarro (Priuli),[113] con un'attività incisoria che parrebbe essere un'emanazione dell'ultimo periodo franco-cantabrico. L'Anati indica cinque periodi principali: il primo, il Proto-Camuno, si attesta tra il 12000 e il 5500 a.C. ed è caratterizzato da uno stile incisorio definito "sub-naturalistico" con figure schematizzate solo da una linea di contorno. Le tematiche si riferiscono principalmente a grandi animali; la figura umana è assente; il gruppo umano di questo periodo è quello del cacciatore-raccoglitore con una tendenza al nomadismo dovuta alla ricerca della selvaggina.

Il secondo periodo, tra il 5500 e il 3300 a.C., è composto dai Periodi I e II che coincidono con la rivoluzione Neolitica. L'optimum climatico, la presenza di vaste foreste e territori da pascolo, coincidono con l'ingresso in Valcamonica di una nuova popolazione che praticava l'allevamento e l'agricoltura. Essa assorbì o allontanò le popolazioni autoctone, inducendo un cambiamento in cui le strutture sociali diventarono più complesse e strutturate, come illustrato da grandi gruppi di figure umane dei cicli incisi. Lo stile incisorio mutò radicalmente con l'introduzione di simbologie rappresentanti il disco solare, la scure, figure antropomorfe stilizzate con le mani alzate verso l'alto in posizione orante, rituali e raffigurazioni di divinità o idoli. Le località in cui si manifesta questo periodo sono le Foppe di Nadro, Naquane, Darfo, Sellero, e Sonico, con emergenze archeologiche a Torbiere d'Iseo e Castello di Breno, nel contesto delle culture dei vasi a bocca quadrata e di Lagozza.

Il terzo periodo, definito IIIA, corrisponde al Calcolitico, si attesta tra il 3300 e il 2500 a.C. quando nella zona si introduce l'uso del metallo, supportato dalla consistenza mineraria del territorio. Le incisioni di questo periodo sono localizzate principalmente a Paspardo, Borno, Ossimo, Bagnolo di Malegno, Cemmo, Corni Freschi e Luine di Darfo-Boario Terme, con castellieri ed emergenze archeologiche alle Torbiere d'Iseo, Ossimo-Borno, Dos dell'Arca, Castello di Breno, e con un'associazione alla cultura di Redemello. Lo stile incisorio mostra composizioni monumentali e corali, con rappresentazioni di armi -pugnali, scuri, alabarde-, animali -con raffigurazioni che introducono cani, capre e maiali- e antropomorfi. Si assiste ad una prima rappresentazione della tripartizione sociale in classe sacerdotale, guerriera e popolare. Altro fenomeno espressivo è quello dei megaliti: stele, menhir, stele antropomorfe, statue stele e massi con composizioni monumentali.

111. Francesco Fedele, *L'uomo, le Alpi, la Valcamonica - 20.000 anni di storia al Castello di Breno*, La Cittadina, (Boario Terme, 1988), 26-27.

112. Fabio Martini, Lapo Baglioni, Raffaella Poggiani Keller, *Le incisioni rupestri protocamune di Darfo-Boario Terme: revisione e ipotesi di una cronologia paleolitica della figura zoomorfa sulla roccia n. 34 di Luine*, in "*Preistoria Alpina, 44*", Museo Tridentino di Scienze Naturali, (Trento, 2009), 245-258.

113. Ausilio Priuli, *Le incisioni rupestri della Valcamonica*, Priuli e Verlucca, (Ivrea, 2006), 8-10.

Fig. 2.50. Como, Spina Verde, Abitato di Pianvalle. Vista dell'affioramento con incisi numerosi elementi di tipo figurativo (foto R. Basilico).

Fig. 2.51. Como, Spina Verde, Abitato di Pianvalle. Incisione figurativa di ruota raggiata con un polissoir (foto R. Basilico).

Fig. 2.52. Como, Spina Verde, Roccione di Prestino. Sull'affioramento vi sono molte figure incise. La più significativa era un idoliforme antropomorfo detto Omino di Prestino, ora asportato da ignoti (foto R. Basilico).

Fig. 2.53. Como, Spina Verde, Fonte della Mojenca. Fonte monumentale di ambito protostorico, è inclusa in una galleria artificiale coperta con grandi lastre la cui struttura si sviluppa per circa 20 metri. Deriva il suo nome dal celtico muit/moier che significa luogo intriso d'acqua. Durante i giorni del solstizio d'inverno l'interno del condotto si illumina con i raggi solari (foto R. Basilico).

Al quarto periodo, incluso tra il 2500 e il 1200 a.C., appartengono il III B, C e D. Il periodo è quello del Bronzo e le principali località si trovano a Naquane, Bedolina, Seradina, Foppe di Nadro, e a Luine di Darfo Boario Terme; gli insediamenti archeologici primari sono a Luine di Darfo-Boario Terme, Lovere e al Dos dell'Arca), e culture di riferimento sono quelle di Polada e delle Terremare. La struttura socio politica indica nella tribù l'elemento principale; i soggetti principali sono armi, pugnali sub-triangolari, scuri da battaglia, lance e scudi, composizioni topografiche, scene mitologiche e antropomorfi oranti. Tra gli animali addomesticati appare il cavallo, ma quello più rappresentato è il cervo, probabile elemento totemico, che farà definire i Camuni come "popolo del cervo". La religiosità calcolitica si trasforma, abbracciando anche la cultualità di oggetti e armi che contengono elementi di potere superiore. Le economie estranee alla sussistenza si evolvono e si amplificano.

Ultimo periodo è il IV, compreso tra il 1200 e il 16 a.C., anno della conquista delle legioni romane guidate da Publius Silo. Siamo tra la fase finale del Bronzo e tutta l'età del Ferro a cui appartengono più dell'80% delle incisioni rupestri. Le località rupestri più importanti sono situate a Carpene, Cimbergo, Capo di Ponte, Nadro e Luine di Darfo Boario Terme, con gli insediamenti del Dos dell'Arca, del Dos Pitigla, di Lovere, Rocca d'Iseo, Luine di Darfo, e Breno. Lo stile ha caratteri realistici e narrativi tesi a descrivere azioni riferite alla quotidianità, ai caratteri magico-religiosi e a scene guerresche e mitologiche. Scompaiono gli elementi isolati, tipici del Bronzo; le armi appaiono associate alle persone e includono elmi, spade, lance, scudi e scuri. Vengono rappresentati gli strumenti agricoli nei rispettivi contesti di uso, gli strumenti artigianali, l'uso della ruota e le attività di lavorazione dei metalli. Appaiono strutture abitative, rappresentazioni animali e la scrittura basata sull'alfabeto nord etrusco. Nelle fasi iniziali di questo periodo Camuno la struttura socio-politica si basa sulle signorie che governano dai castellieri, mentre nelle successive si assiste alla nascita di principati di governo territoriale, come attestato dalle rappresentazioni crescenti di scene di combattimento; appare il politeismo con un pantheon diversificato. Le incisioni del Parco sono raggruppate in otto parchi

Fig. 2.54. Tresivio, Dosso del Castello. Gli affioramenti presenti sulla sommità rappresentano la casistica completa delle armi del Bronzo, con un'analogia al fenomeno dei tesoretti votivi, qui rappresentati con una valenza cultuale (foto R. Basilico).

Fig. 2.55. Castione Andevenno, località Ganda. Vista di uno dei settori incisi. Si vede sullo sfondo la parte occidentale valtellinese (foto R. Basilico).

Fig. 2.56. Castione Andevenno, località Ganda. Il sito, immerso in magnifici vigneti, domina anche la parte della Valtellina. L'area comprende più settori che raffigurano numerosi antropomorfi armati e privi di oggetti. La roccia scistosa rende difficile la lettura dei supporti che però, con luce radente, appaiono nella loro bellezza (foto R. Basilico).

Fig. 2.57. Castione Andevenno, Ganda. Vista della Roccia 1 con evidenziato il guerriero inscritto in una figura circolare che ne evidenzia la centralità. Attorno alla sua figura sono incisi altri guerrieri e numerosi oranti. Alcune figure oranti hanno il collo allungato, probabile simbolismo del volo sciamanico in cerimonie di tipo estatico (foto ed elaborazione R. Basilico).

tematici afferenti a più comuni: Capo di Ponte, Ossimo, Darfo Boario Terme, Sellero, Sonico e Nadro di Ceto, Cibergo e Paspardo.

Nel comune di Capo di Ponte si trovano tre siti: il Parco Nazionale delle incisioni rupestri di Naquane, il Parco archeologico Nazionale dei Massi di Cemmo e il Parco archeologico comunale di Seradina-Bedolina. È questo il sito più conosciuto con incisioni disposte su lastroni di Verrucano Lombardo, arenaria permiana di colorazione grigiastro-violaceo, levigati dalle esarazioni glaciali; vi sono tra le presenze stele e massi incisi risalenti al Calcolitico.

Le incisioni del Parco Nazionale di Naquane annoverano petroglifi appartenenti all'età del Ferro. Vi sono 104 rocce, incise con le tecniche della martellina e dell'incisione filiforme; a nord del sito si sviluppa l'abitato di Dos dell'Arca, fondato nel Neolitico ed esistito fino al Ferro. Tra le immagini ricordiamo la rappresentazione di Cernunnos, con i caratteri distintivi dovuti al capo con corna di cervo, al torque tenuto in una mano e al serpente nell'altra. Emblematica è la figura del sacerdote in movimento, la cui corsa è sottolineata dal movimento del copricapo piumato. Vi sono poi elementi fortemente iconografici che rappresentano attività riconducibili ai diversi aspetti magico-religiosi, economici, politici e sociali: i due armati legati per una gamba, atto analogo al *ludus troiae* che si svolgeva in occasione di giochi funebri, carri, la figura del fabbro intento a forgiare e le rappresentazioni di abitazioni (figg. 2.58, 2.59, 2.60).

Gli scavi nel Parco archeologico Nazionale dei Massi di Cemmo si sono svolti tra gli anni Sessanta e la fine del millenio. L'indagine, iniziata da Poggiani Keller, ha «portato al ritrovamento di un esteso santuario perimetrato da un imponente muro che recinge i Massi Cemmo 1 e 2: fondato nel Calcolitico e attivo fino al Bronzo Antico, risulta di nuovo frequentato nell'età del Bronzo, del Ferro e in età romana fino ad età tardo antica o altomedioevale. Il sito ha in comune con tutti i grandi centri di culto e cerimoniali dell'antichità europea una lunghissima durata, oltre 4.000 anni, ma sorge in un luogo che era già frequentato nel Mesolitico antico di cui si è trovato un livello di calpestio. Ma si può parlare con certezza di una sacralizzazione del sito solo nell'età del Rame, quando i due massi Cemmo 1 e 2, precipitati dalla parete retrostante a seguito di una frana, furono incisi sul posto.

Nel medesimo periodo furono innalzate le stele Cemmo 3 e 4. La zona antistante i massi nell'età del Rame, in una fase piuttosto antica, caratterizzata da ceramica a fori non passanti, sembra perimetrata da tre solchi di aratura individuati in una trincea e il cui solco incise un livello più antico (...) con lo spazio circoscritto dalle arature connotato da stele alloggiate in fosse delimitate da pietre di cui restano tracce. Successivamente fu

costruito un recinto murario largo alla base 2,50 metri che monumentalizza lo spazio sacro precedentemente definito dai solchi d'aratura che ripercorre con il suo andamento semicircolare. La costruzione si data all'età del Bronzo sulla base di alcuni reperti; in particolare, uno spillone con testa avvolta a rotolo proviene dal livello di fondazione. Una nuova frequentazione dell'area è attestata soltanto nell'età del Ferro, quando il santuario megalitico viene ristrutturato: il recinto murario viene rialzato e prolungato a perimetrare anche l'area Sud con un muro rettilineo. La frequentazione dell'area nei millenni è testimoniata, oltre che dai Massi Cemmo 1 e 2, da 17 stele integre e frammentarie (Cemmo 3-11, 13-20), dal ritrovamento di reperti litici, ceramici e metallici»[114] (fig. 2.61).

Il Parco Archeologico Comunale di Seradina-Bedolina annovera incisioni eseguite tra il Bronzo e il Ferro in un periodo posto tra il 2000 e il 1000 a.C.. La caratteristica del sito di Bedolina sono le rappresentazioni topografiche, che hanno reso possibile definire alcuni aspetti legati alla società camuna. La mappa più rappresentativa è quella della roccia n.1, collocata in posizione dominante sul fondovalle a rappresentazione del sottostante territorio delle Sante, conoide detritico tuttora abitato. «Tale mappa sembra riprodurre l'area nelle condizioni in cui si presentava durante un non meglio precisabile momento dell'età del Bronzo. La sua forma, pressoché triangolare, richiama la forma simile del conoide, ancora oggi evidente, la cui parte sommitale coincide più o meno con l'area del castelliere del Dos dell'Arca, mentre la base sfuma nell'area occupata dal fiume Oglio. Ancora oggi in particolari momenti di siccità, (...) il manto erboso lascia trasparire in superficie, per differenza di colorazione, la presenza di strutture sottostanti, di muri, di ammassi pietrosi di bonifica, di probabili recinti che, se messi in luce, potrebbero trovare aderenti similitudini nella disposizione di almeno alcune strutture presenti nella rappresentazione planimetrica». Altra ipotesi identifica un metodo per regolare i cicli di coltivazone: «nella rappresentazione le aree coltivate occupano circa un quarto di tutta la composizione e sono distribuite in maniera uniforme nel territorio; tale constatazione induce ad ipotizzare un ciclo rotatorio delle aree messe a coltura che, secondo alcune indicazioni scaturite da sperimentazione archeologica potrebbe svolgersi nell'arco di una quindicina d'anni. Durante queste rotazioni le aree coltivate lasciavano il posto al bosco per una decina d'anni, al termine dei quali un ulteriore intervento di bonifica permetteva che divenisse nuovamente sito fertile coltivabile».[115]

Nel comune di Ossimo si trova il Parco archeologico

---

114. Raffaella Poggiani Keller, *Cemmo: il sito storico della scoperta dell'arte rupestre e le novità delle ricerche in corso*, in *"La Valle delle incisioni: 1909-2009 cento anni di scoperte; 1979-2009 trenta anni con l'Unesco in Valle Camonica"*, Tipografia Camuna, (Breno, 2009), 211-221.

115. Priuli, *Le incisioni rupestri della Valcamonica*, 18-26.

Fig. 2.58. Naquane. Immagine di Cernunnos con i segni distintivi del torque e del serpente con testa d'ariete. Il dio con le corna da cervo appare fin dalle prime forme espressive di arte rupestre, come si può ipotizzare osservando i teriomorfi rappresentati nelle pitture parietali. Il suo culto dovette essere forte e radicato e si diffuse con l'espansione dei popoli europei; la cui più famosa analogia è rintracciabile nella figura di Shiva. A destra: Gotland, stele detta Pietra di Smiss (400-600 a.C.). La figura al centro dell'immagine riporta le caratteristiche salienti riferibili a Cernunnos che, probabilmente, sono confluite nelle raffigurazioni degli elmi con corna (disegno e foto R Basilico).

di Asinino-Anvòia al cui interno, alla fine degli anni '80, sono state portate alla luce dei monoliti ancora in posizione originaria, nel corso degli scavi condotti dal prof. Fedele e dei ricercatori Amalia e Giancarlo Zerla. Dalle indagini traspare una frequentazione remedelliana (2900 - 2400 a.C.) e del successivo periodo Campaniforme (2400 - 2200 a.C.), configurando una collocazione nel Rame.

I monoliti, infitti nel terreno con la faccia istoriata rivolta ad est, erano gli elementi di un culto rituale testimoniato dal rinvenimento di vasi posti dietro le stele, quali oggetti di deposizione lasciati in loco e connessi all'uso del fuoco, da piatti di terra cruda, oggetti di selce, coloranti minerali e pietre dette "marne figurate". Le stele vennero realizzate in loco; il materiale di sfrido fu ritrovato con le attrezzature abbandonate. Infine una piattaforma

rettangolare, definita "cairn piatto", composta da pietre predisposte sul rialzo roccioso del sito è riconducibile alla combustione di resti ossei umani.[116]

Il Parco archeologico comunale di Luine si trova sul territorio del comune di Darfo Boario Terme; è caratterizzato da supporti in pietra Simona, roccia rosso violacea composta da arenarie. In questo sito si possono osservare oltre un centinaio di pannelli incisi con i più antichi petroglifi della Valcamonica databili al Mesolitico e attribuibili a gruppi di cacciatori seminomadi. Avvenne poi una pausa prolungata di frequentazione con una ripresa nel Bronzo.

116. Francesco Fedele, *Ossimo (Valcamonica): scavi in siti cultuali calcolitici con massi incisi*, in AA.VV., *Le pietre degli dei . Menhir e stele dell'età del Rame in Valcamonica e Valtellina*, Civico Museo Archeologico di Bergamo, (Bergamo, 1994), 135-150.

Fig. 2.59. Capo di Ponte, Naquane. Veduta della Concarena. Questa montagna è assieme al Pizzo Badile Camuno, una delle due montagne sacre della Vallecamonica. Agli equinozi il sole sorge dal Pizzo Badile per tramontare dietro la Concarena. In particolari condizioni atmosferiche si assiste alla proiezione di raggi solari dal retro di questa montagna (foto S. Bianchi).

Fig. 2.60. Naquane. Due tra le più note figure incise: il sacerdote che corre e una forma labirintica. Il labirinto originariamente non rappresenta un luogo da cui trovare un'uscita ma è uno spazio la cui percorrenza, di tipo iniziatico e cultuale, conduce ad un centro che reca in sè il raggiungimento di una conoscenza (disegni R. Basilico).

Tra le numerose rocce la più importante è la n.34, sulla cui superficie inclinata si ritrovano le principali tematiche camune afferenti alle varie epoche preistoriche: sagome di antropomorfi guerrieri dell'età del Ferro, reticoli, figure meandriformi e labirintiche, rose camune e composizioni di armi risalenti al Bronzo. L'importanza di questa roccia è dovuta alla figura animale più antica, inizialmente inquadrata come un cervide del periodo proto-camuno epipaleolitico del VII millennio a.C.

Gli studi condotti nell'anno 2009 da Martini, Baglioni e Poggiani Keller, hanno definito l'animale come un equide con criniera, ricollocando la figura al periodo Paleolitico Epigravetiano finale, tra i 12000 e i 10000 anni fa. «L'interpretazione che diamo all'insieme dei segni di questa immagine zoomorfa non è quella di un cervide ma di un equide. Questa ipotesi trova, a nostro parere, fondamento nella sagoma generale dell'animale e nell'associazione di alcuni caratteri: suggestione della criniera, retrotreno convesso rialzato, morfologie del muso e dell'articolazione dell'unica zampa raffigurata e, non ultimo, nell'assenza delle corna, significativa solo se unita ai precedenti parametri in quanto da sola non sarebbe probante poiché si potrebbe pensare anche ad un individuo femmina di cervide. A questa resa verista si unisce la totale assenza di particolari anatomici (bocca, narici, occhio, sesso) e il pelame della criniera è sostituito da una suggestione volumetrica della sua massa affidata alla non congiunzione delle due linee, in un'apprezzabile soluzione bidimensionale. È evidente inoltre una certa sommarietà iconografica, come mostrano l'assenza della coda, delle due zampe anteriori e di una posteriore e, in una visione più generale, la morfologia eccessivamente allungata dell'intero profilo. L'equide di Luine pare inserirsi a maggior titolo nell'ambito delle figurazioni zoomorfe tardoglaciali (...) che, in estrema sintesi, permettono di inserire questa incisione nell'ambito di quelle, in verità rare, evidenze figurative dell'Italia settentrionale che attestano nella seconda parte dell'Epigravettiano finale la rarefazione dei canoni franco-cantabrici».[117]

Nel comune di Sellero si trova il Parco archeologico e minerario di Sellero, le cui incisioni rupestri, inquadrate tra il Bronzo e il Ferro, rappresentano figure antropomorfe di oranti e guerrieri, un idolo femminile e la più grossa figura di rosa camuna, caratterizzata da una morfologia a svastica.

Al comune di Sonico appartiene il Parco archeologico comunale di Sonico detto "Coren de le fate" ossia "Pietra delle fate". Posto nel punto più settentrionale del sistema dei Parchi della Valcamonica si trova alla confluenza di tre direttrici che si estendono verso il Tonale, l'Aprica e la Valcamonica. Gli studi svolti

sull'area hanno identificato tre periodi incisori senza soluzione di continuità che partono dal Neolitico-Calcolitico e giungono al Ferro, in un arco temporale che va dal IV al I millennio a.C.. Le incisioni seguono lo sviluppo temporale: da simboli solari, circolari e spiraliformi, si passa a figurazioni topografiche, fino ad arrivare a forme di paletta.

Infine sui territori di Nadro di Ceto, Cimbergo e Paspardo è stata istituita la Riserva Naturale Incisioni Rupestri di Ceto, Cimbergo e Paspardo. A Foppe di Nadro si hanno incisioni collocate tra il V millennio a.C. e il periodo alto medievale, le cui raffigurazioni più significative sono oranti accostati a simboli solari, aratri, scene di lotta e pugilato e la rappresentazione di una svastica. Campanine di Cisbergo è un'area con oltre cento rocce incise con petroglifi risalenti al tardo Neolitico. Particolarità del sito è l'enorme concentrazione di incisioni di epoca storica. Paspardo è il sito più vasto dei tre ed è diviso in sotto aree. Tra le raffigurazioni più emblematiche ricordiamo la composizione monumentale del Capitello dei Due Pini risalente al Calcolitico (fig. 2.62).

Monte Baldo. Torri del Benaco è una località situata sulla sponda orientale del lago di Garda, il cui museo ospita una sala detta "delle incisioni rupestri". Al suo interno sono illustrate le incisioni rupestri ritrovate sulle pendici del Monte Baldo a partire dagli anni '60, nell'area compresa tra il comune di Garda e quello di Malcesine. L'area presenta tracce antiche ed articolate che risalgono al «Paleolitico, come ci attestano i ritrovamenti del Monte Baldo e delle pianure meridionali. I gruppi mesolitici prediligevano i piccoli bacini inframorenici, attirati dalla ricchezza di cacciagione. La presenza degli agricoltori-allevatori del Neolitico è testimoniata dai siti e dai materiali del gruppo Vho di Piadina (4500 a.C.), dalla cultura dei Vasi a Bocca Quadrata (prima metà del IV millennio a.c) e della cultura della Lagozza. (...) L'uso del rame appare circoscritto a pochi gruppi (necropoli di Remedello e di Spilamberto) (...) Alla fine del terzo millennio è attestato l'arrivo della cultura del vaso Campaniforme».[118]

Le incisioni rupestri, prevalentemente figurative, vennero eseguite per martellinatura sui cosidetti "liscioni", rocce calcaree levigate dai ghiacciai del quaternario. Sono state studiate oltre 300 ritrovamenti di supporti incisi per un numero di incisioni che supera le tremila unità in un'area di circa 40 km², in una fascia altimetrica compresa tra il livello del lago e 600 m e che comprende i comuni di Garda, Malcesine, Brenzone, Costermano, San Zeno di Montagna e Torri del Benaco. La maggior concentrazione di incisioni si trova nel territorio di Torri del Benaco. I temi più rappresentati sono armi, antropomorfi, imbarcazioni, filetti o "merler", iscrizioni, strumenti, simbologie solari e

117. Fabio Martini, Lapo Baglioni, Raffaella Poggiani Keller, *Le incisioni rupestri protocamune di Darfo-Boario Terme: revisione e ipotesi di una cronologia paleolitica della figura zoomorfa sulla roccia n. 34 di Luine*, in «Preistoria Alpina, 44", Museo Tridentino di Scienze Naturali, (Trento, 2009), 245-258.

118. Arcà, Fossati, *Sui sentieri dell'arte rupestre, Le rocce incise delle Alpi*, 1995, 150-152.

Fig. 2.61. Valcamonica, Cemmo. Disegno di un particolare del Masso n.2. Il parco di Cemmo mostra una frequentazione dell'area dal Calcolitico. La zona era un santuario il cui utilizzo cultuale si è perpetrato nel tempo (disegno R. Basilico).

cruciformi, con una particolare presenza di questi ultimi soggetti. Le incisioni più antiche appartengono all'età del Bronzo con una azione incisoria che è proseguita senza soluzione di continuità fino a tempi recenti.

I filetti incisi, utilizzati solo nella loro ultima fase come giochi, sono un antichissimo simbolo primordiale, associabile al labirinto. Nella sua valenza primigenia esso non è un luogo da cui trovare una via di fuga, ma una rappresentazione delle processioni rituali, del percorso spiraliforme e del mondo ctonio associato al serpente. Teseo non cerca l'uscita dal labirinto, vuole raggiungerne il centro; lì si trova il Minotauro, figura il cui teriomorfismo risale al Paleolitico. I natanti rappresentano il ruolo che gli stessi hanno avuto storicamente per il trasporto a livello commerciale, militare e di transito. Gli antropomorfismi sono stilizzati e comprendono sia individui armati sia privi di oggetti, itifallici, personaggi danzanti o con le braccia a formare sagome circolari il cui simbolismo parrebbe riferirsi a una simbologia di tipo uranico, vista la presenza significativa di dischi solari. Le composizioni

sono di tipo monumentale con raffigurazione di armi e antropomorfi in cui si hanno rappresentazioni di armi isolate, caratteristica che evidenzia le valenze simboliche di questi elementi. Le scuri e le accette presentano delle lame piuttosto allargate, confrontabili con i ritrovi bronzei degli insediamenti palafitticoli del basso lago. Due sono le rocce che raggruppano questi elementi: la Pietra delle Griselle a Torri del Benaco e la Pietra di Castelletto, ritrovata in prossimità del lago durante i lavori di costruzione di un edificio, attualmente conservata nel municipio di Brenzone.[119]

La Pietra delle Griselle è ascrivibile ad un periodo compreso tra il Bronzo finale e l'inizio del Ferro; essa rappresenta un insieme di antropomorfi, armati e non, itifallici che appaiono in posizione orante. Sulla pietra sono riportate delle spade con una tipologia riconducibile alle fasi finali del Bronzo: «ipotizzando l'associazione tra spade e figure umane, ci troveremo di fronte alla rappresentazione di una scena di culto delle armi, in

---

119. Fabio Gaggia, *Le incisioni rupestri del lago di Garda*, Archeonatura, (Verona, 1982), 32-47.

Fig. 2.62. Valcamonica, Foppe di Nadro. Figura orante itifallica accostata a un disco solare; l'associazione è quanto mai simbolica e significativa (disegno degli Autori da Anati, *Origini della Civiltà Camun*a,1976, 46).

accordo con l'evoluzione dell'arte rupestre camusa del Bronzo finale».[120] ltra composizione monumentale è la Pietra di Castelletto le cui incisioni, prive di patina grazie al fatto di essere rimaste sepolte, sono sono inquadrabili al Bronzo; rappresentano figure meandriformi, spade, scuri "a paletta" con la lama ampia e arrotondata.[121]

Altopiano di Asiago: la Val d'Assa. Nel 1966 una violenta alluvione del torrente Assa liberò il greto del fiume dai depositi alluvionali e dalle pareti arboree che ricoprivano le superfici rocciose; emersero una serie di incisioni rupestri che costellano le pareti calcaree del canyon scavato nel corso del tempo dall'azione erosiva dell'acqua.

L'Altopiano di Asiago è un massiccio calcareo composto da rocce carbonatiche mesozoiche composte principalmente da dolomia con presenza di calcari grigi e rosso ammonitico. La concentrazione di dolomia ha consentito la formazione di profonde pareti verticali quali la Val d'Assa, formatasi durante la glaciazione wurmiana, e di un paesaggio carsico caratterizzato da sistema idrografico ipogeo. Il torrente Assa scorre sul fondo del canyon, profondo trecentocinquanta metri.

Le tracce della frequentazione umana risalgono al Paleolitico attestate da ritrovi presso la Cava degli Orsi

e la Grotta Obar de Laute, da manufati litici e resti di Ursus Spelaeus a Bisele, da manufatti litici, resti faunistici, strutture di natura rituale, e del più vasto corredo di arte mobiliare rinvenuto nei siti preistorici europei costituito da pietre dipinte presso il Riparo epigravettiano Dalmieri a Grigno, da 24000 manufatti litici quali bulini, grattatoi, lame, lamelle per armature, e percussori rinvenuti nel Riparo Battaglia a Prunno, e da un deposito di oltre cinquanta blocchi di selce, presso il sito della Val Lastaro a Conco. Vi sono poi evidenze del Mesolitico e del Bronzo con i villaggi preistorici del Bostel di Rotzo e del Monte Cornion.

Le incisioni della Val d'Assa sono concentrate nella zona detta del "Tunkelbald", lungo il greto del torrente. È stato ipotizzato che ciò avvenne per l'interazione di due fattori. Il primo sarebbe legato alla mancanza di acqua e alla presenza delle incisioni proprio vicino al luogo in cui essa era reperibile, con una funzione cultuale testimoniata dalle incisioni reticolari. Il secondo fattore parrebbe correlato ad un aspetto ctonio delle forre; le figure incise sono realizzate nel luogo più profondo in cui scorre l'acqua, che non è non solo quella presente sul greto del fiume ma anche quella presente nelle viscere della terra. L'arco cronologico appare ancora incerto; le comparazioni figurative parrebbero ricondurre ad una forbice temporale molto ampia.

120. Arcà, Fossati, *Sui sentieri dell'arte rupestre, Le rocce incise delle Alpi*, 154.
121. Gaggia, *Le incisioni rupestri del lago di Garda*, 56.

Per quanto riguarda le tecniche di esecuzione «le incisioni di Val d'Assa non sono picchiettate o martellinate, ma incise. Esse si avvicinano per questo, se mai, alle incisioni dette "filiformi" della Valcamonica, ma se ne differenziano perché quest'ultime sono appena distinguibili da vicino per la finezza dell'incisione, mentre le nostre sono profondamente incise e per lo più visibili anche da una certa distanza. Sempre sotto questo punto di vista queste incisioni sono paragonabili a certi petroglifi pure filiformi del Monte Bego e della Val d'Aosta. Un altro aspetto di differenziazione dei petroglifi da quelli della Valcamonica, è la quasi totale assenza di figurazioni zoomorfe, così comuni in quest'ultima valle. Piuttosto scarse sono anche le figurazioni antropomorfe, qualora non si vogliano interpretare come tali, estremamente schematizzate, alcune almeno delle incisioni cruciformi, particolarmente numerose, analoghe ad altre della Valle d'Aosta, delle Valli di Lanzo e del M. Baldo».[122] Accanto alle filiformi si trovano incisioni a polissoir utilizzate per incisioni più elaborate rispetto a quelle graffite. Vi sono incisioni schematiche a coppella, figure geometriche che rappresentano cerchi, completi o parziali, rettangoli, losanghe, triangoli, fasci di segni paralleli o radianti, graticolati o recinti con o senza puntuazioni. Tra le raffigurazioni antropomorfe la più nota è il diavoletto del Bistar-lear, tracciato molto schematicamente con incisioni lineari decise; possiede una testa provvista di corna e reca in mano uno strano arnese costituito da otto tratti rettilinei radianti. Alcuni segni, di tipo sessuale, hanno analogie con le tipologie a freccia descritte da Leroi-Gourhan. I disegni di abitazioni raffigurano strutture a capanna conica o con geometrie graticolari. Le incisioni lineari parallele raggruppate in serie, che potrebbero essere tra le più antiche poichè simili a quelle presenti nei Balzi Rossi, nella grotte della Montagnola di Santa Rosalia presso Palermo, nella grotta del Giglio presso Trapani o nella grotta del Romito a Papasidero. Queste incisioni sono associate a graffiti animali leptolitici, ossia afferenti alle culture comprese nel Paleolitico superiore. I cruciformi vengono interpretati da vari autori come antropomorfi, mentre quelle le cui braccia terminano con puntuazioni o minute coppelle sono di origine medievale.[123]

II.3.1 - Le incisioni rupestri figurative nell'Alto Lario

Riportiamo di seguito le incisioni figurative riscontrate nell'area altolariana. Le descrizioni cercano di fornire chiavi interpretative basate principalmente su quanto riscontrato nell'arco alpino.

Animali
Il sito del Monte Bego ha una delle più alte concentrazioni di bucrani, che si ripetono continuamente sulle superfici lisce delle pareti rocciose. Il significato di questi elementi si è evoluto stilisticamente nel corso del tempo permettendo di stabilire una relazione tra i tipi morfologici e i rispettivi periodi di appartenenza. La ripetizione del tema permette di correlare questo segno al carattere sacrale primario del luogo, detenuto da una divinità tauromorfa con attributi analoghi alle divinità calcolitiche del fulmine. Alla divinità uranica maschile si affianca una dea Madre legata al culto della Terra rappresentata da campi solcati reticolati. I due aspetti sono legati da un rito di fecondità in cui l'animale assume una valenza simbolica e archetipa del legame tra cielo e terra dato dalla pioggia.

La rappresentazione animale si lega principalmente a fenomeni di natura simbolica; lo stesso sciamano utilizza uno spirito animale per veicolare il rapporto con un mondo sconosciuto. Nell'immaginario umano «la specie animale rappresentata era assai utile se non indispensabile: per l'alimentazione, per molteplici usi quotidiani (dal vestiario agli otri per la conservazione dei liquidi), per il trasporto ed anche per l'agricoltura. L'animale bovino quindi risolve svariate necessità: quale o quali tra queste sono così rilevanti sul piano esistenziale da far parte integrante del rituale funerario, assumendo una funzione mitica? È opportuno a questo punto ricordare che l'ideologia funeraria sottesa al tipo tombale della grotticella funeraria allude ad una concezione che ammette la continuità della vita in una dimensione ultraterrena. In questa ideologia è possibile ottenere la risposta ai quesiti. L'animale bovino è certamente indice di ricchezza; diventa segno di ricchezza. È un animale forte e robusto nel lavoro e nel trasporto: diventa segno di forza. Il toro è l'animale fecondatore: diventa segno di fecondità.

La rappresentazione del simbolo polifunzionale in una "domus de janas" assume quindi valenza rituale, diventando propiziatoria: il simbolo assicura la ricchezza, la forza e soprattutto la fecondità cioè la continuità del gruppo. La crisi è così risolta».

Ultimo aspetto riguarda il rapporto vitale tra l'uomo e il suo cibo, necessario per il perpetrarsi della specie. Una visione razionale che conduce a risvolti di natura magica in cui si innesta una valenza rituale dove l'assunzione del corpo di un altro essere assume valenza sacrale: «non si esclude che il pasto rituale riguardasse proprio l'animale bovino (d'altronde mangiare l'animale-simbolo poteva avere il significato di appropriarsi delle sue qualità: la forza, la potenza, la fecondità) e che il segno corniforme inciso si riferisse anche a queste cerimonie».[124]

Quella del bucranio è tra le raffigurazioni animali riscontrate sul territorio indagato. Lo troviamo, ad esempio, in una lastra incisa in località Sasso Bravo;

122, Aldo Allegranzi, Piero Leonardi, Giuseppe Rigoni, *Le incisioni rupestri della Val d'Assa sull'Altipiano dei Sette Comuni*, in *Preistoria Alpina - Vol.18*, Museo Tridentino di Scienze Naturali (Trento, 1982), 178-179.
123, Allegranzi, Leonardi, Rigoni, *Le incisioni rupestri della Val d'Assa sull'Altipiano dei Sette Comuni*, 1982, 175-190.
124. Tanda, *L'ipogeismo in Sardegna: arte, simbologia, religione*, 405-406.

la composizione rappresenta una scena corale di iniziazione sessuale la cui collocazione, per analogia e per la composizione dinamica delle figure stilizzate, potrebbe inquadrarsi cautelativamente in una fase del Bronzo finale. La comparazione è riferita al panorama rupestre liminale valtellinese. Sul supporto è incisa una figura fallica; a corollario della scena, sono rappresentati tra le varie incisioni in modo estremamente stilizzato, un bucranio con forma a V e dei serpenti rappresentati in forma di saette, associazione che troviamo lungo l'arco alpino. L'iconografia del fulmine appare associata anche al serpente; la sua unione con la divinità è stata ampiamente documentata tanto da generare ipotesi di un'associazione simbolica tra il divino, il fulmine e il serpente. Se ne trova traccia anche nella rappresentazione di Cernunnos che stringe nella mano questo rettile.

Il serpente è un simbolo arcaico: «un vertebrato che incarna la psiche inferiore, lo psichismo oscuro, ciò che è raro, incomprensibile, misterioso».[125] Questi rettili evocano mistero e paura poichè esulano dal controllo umano; dispensatori di morte appaiono all'improvviso e scompaiono nel grembo della terra. «Il serpente visibile sulla terra, l'istante della sua manifestazione, è una ierofania: si intuisce che esso si prolunga, nell'infinito materiale che è l'indifferenziato primordiale, riserva di tutte le latenze, che giace sotto la terra (...). Tutte le grandi dee della natura, quelle dee madri che nel cristianesimo verranno ricondotte a Maria, hanno il serpente come attributo. È in primo luogo Iside, in seguito sono Cibele e Demetra e quella della Dea dei serpenti di Creta, anch'essa divinità ctonia. Atena stessa, per quanto dea celeste, ha il serpente per attributo».[126] Altra simbologia del serpente è legata alla fertilità e ai riti di fecondità dove il suo scomparire nel terreno è indice di accoppiamento tra l'animale, fallico, e il grembo della Terra, uterino (fig. 2.63).

Altri animali a carica simbolica sono gli uccelli. Esiste una significativa correlazione con il fenomeno dello sciamanesimo simboleggiata dalla possibilità di volare in una realtà sovrannaturale normalmente preclusa all'uomo. Gli uccelli diventano messaggeri della divinità oppure dei traghettatori verso il regno degli dei. È animale sacro ad Apollo *Carneios*, il dio portato dai Dori tra i greci dove diviene l'animale che trasporta in aria la bionda dea Venere.[127] La sua raffigurazione è presente tra quelle della Valcamonica; nelle zone altolariane si è identificata un'incisione che mostra un uccello, interpretabile come cigno, nell'atto di trainare un carro. Altra importante funzione degli uccelli è quella di psicopompo, ossia traghettatori degli spiriti dei morti nell'al di là, come raffigurato sulle barche a testa d'uccello della Valcamonica e della Valtellina, e sovente incise su stele.[128]

Antropomorfi

La raffigurazione preistorica dell'uomo è generalmente schematizzata. Lo sviluppo stilistico che si può leggere nelle varie fasi incisorie e dipinte è orientato verso la descrizione di scene piuttosto che sulla definizione dei caratteri morfologici umani; i primi antropomorfi, risalenti al Paleolitico, hanno una raffigurazione più semplice rispetto alle figure animali, non per incapacità di esecuzione come provato dall'accuratezza descrittiva dell'individuo con caratteristiche zoomorfe. Ciò si desume da come la rappresentazione umana tendesse a definire dei caratteri iconici; nelle produzioni mobiliari delle veneri steatopige la rappresentazione del volto è accennata o assente mentre sono marcati i caratteri di fertilità. Questa peculiarità, che perdurò anche nei periodi successivi, ha portato ad ipotizzare che i soggetti umani presenti nella cosmogonia preistorica ruotassero attorno all'apparato naturale in modo subordinato.

Nel Neolitico, gli antropomorfi appaiono in numero crescente. In Valcamonica sono in genere oranti «cioè figure umane a braccia e gambe aperte simmetricamente e rigidamente (ad angolo retto) contrapposte. In esse sono riportati solo i tratti essenziali e non sono quasi mai mostrati la testa, le mani, i piedi ed il sesso. La collocazione di questi oranti è complessa ed è suggerita da pochi elementi».[129] Le figure, se non isolate, sono sempre sottoposte ad altre più recenti. La rivoluzione Neolitica opera un profondo cambiamento tipico delle società complesse, in cui mutano sia la struttura del linguaggio sia quella delle rappresentazioni. Come ricorda il Priuli esse esprimono «concetti, idee, storie sacre, riti e miti fortemente legai al culto della Madre Terra e del dio Sole, nei quali l'uomo si identifica; non predatore di beni offerti spontaneamente dalla natura, ma fautore della propria sopravvivenza attraverso il lavoro programmato in rapporto ai cicli stagionali, l'organizzazione degli spazi da fruire, la realizzazione di opere, villaggi, bonifiche, la creazione di spazi coltivabili e da dedicare al pascolo,la produzione di beni materiali a supporto delle diverse attività (...). Le figure antropomorfe schematiche in atteggiamento orante, astrazioni iconografiche estreme, sono tanto cariche di contenuti da assurgere a ideogrammi nei quali è ravvisabile la tensione dell'uomo verso il mondo superiore, l'esigenza di ricevere la forza della vita dall'alto e il suo bisogno di ingraziarsi la benevolenza del Dio sole; il suo atteggiamento instancabile aspettativa, la ritualità della danza, la preghiera, l'adorazione».[130]

Vari ritrovamenti sono stati inquadrati in questo periodo: nel Vallese a Sion su un menhir delimitante una necropoli neolitica, al riparo Gabon presso Trento nello strato Neolitico su un supporto mobiliare costituito da un manico d'osso, sulle pareti delle tombe ipogee sarde tardoneolitiche. Anche al di fuori dell'ambito alpino esistono esempi di raffigurazioni antropomorfe,

125. Carl Gustav Jung, *L'homme à la découverte de son âme - Structure et fonctionnement de l'inconscient"*, Mont Blanch, (Ginevra, 1946), 237.
126. Jean Chevaalier, Alain Gheerbrandt, *Dizionario dei simboli*, Biblioteca Universale Rizzoli (Milano, 1999), 919-933.
127. Ibidem, 1072-1076.
128. Arcà, Fossati, *Sui sentieri dell'arte rupestre, Le rocce incise delle Alpi*, 135.

129. Ibidem 120.
130. Priuli, *Segni come parole, il linguaggio perduto*, 82.

Fig. 2.63. Dosso Santa Maria Rezzonico-Cremia. Il serpentiforme, evidenziato digitalmente, si trova su uno dei più importanti affioramenti dell'area per numero e tipologie di incisioni figurative e schematiche. Il rettile qui assume la simbologia del fulmine, in un connubio tra vari significati carichi di simbolismo: ierofania uranica, elemento ctonio legato alla terra, dispensatore di fertilità. Nell'immagine in alto: a sinistra incisione serpentiforme a Vho in Valchiavenna. A destra è riportata una delle incisioni del Monte Bego in cui all'antropomorfo è associato il fulmine (foto: R. Basilico, G. Padovan. Immagine: elaborazione degli Autori da De Lumley, 2004).

collocabili in questo periodo, accomunate dall'estrema stilizzazione delle figure: nella Grotta dei Cervi a Porto Badisco, «le raffigurazioni antropomorfe, così come pure quelle zoomorfe, sono molto lontane dal naturalismo tipico dei periodi precedenti, tanto da apparire più ideogrammi che non iconogrammi. Rare sono le figure e le scene cariche di un certo realismo narrativo nelle quali si possa cogliere un messaggio a senso compiuto, e anche in questi casi i soggetti, gli oggetti e le azioni svolte o subite sono ridotte a estreme sintesi grafiche che sfociano in ideogrammi».[131] Nelle domus de janas «la presenza del simbolo antropomorfo è forse da mettere in relazione con le cerimonie rituali che accompagnavano la sepoltura del defunto come danze, giochi e, forse, pasti comuni rituali».[132]

Nel Calcolitico si assiste alla diffusione della cultura megalitica; gli antropomorfi sono principalmente raffigurati senza armi e con le braccia aperte, con aspetti riferiti all'aratura ed elementi di completamento quali aureole o cerchiature. Le rappresentazioni seguono uno schematismo ordinato, ravvisabile nelle descrizioni antropomorfe e nelle rappresentazioni in generale. Sul monte Bego le raffigurazioni antropomorfe sono una minima parte seppur assumano valenze simboliche e iconografiche significative. Si tratta in genere di antropomorfi collegati ai culti taurini, a quelli uranici del fulmine, e a quelli della Madre Terra.

L'antropomorfo detto con le braccia a zigzag ha una «testa costituita da un'area circolare interamente incisa, che sormonta un corpo rettilineo lungo e stretto che a sua volta si sovrappone marcatamente alle due figure, congiungendo il disco con il reticolato, ovvero il sole con i terreni coltivati (la terra). È attorniata da un cerchio, formante un'aureola. Le braccia a zigzag evocanti il fulmine, terminano con mani, a quattro dita, a sinistra, e a cinque dita, a destra».[133] L'aureola ne mostra il carattere divino, i pugnali paralleli a lama triangolare corta sono propri del Calcolitico e la folgore si riferisce al genere maschile similmente a una serie di piccoli antropomorfi presenti nel sito. Sulla stessa roccia è presente una figura corniforme detta antropomorfo acefalo in «posizione di orante, e di sesso femminile posta sulla destra, dalla parte della valle, dove si trovavano i campi coltivati delle popolazioni del Calcolitico e dell'antica età del Bronzo».[134] Questa incisione rappresenta una figura di dea-terra, usualmente rappresentata da un reticolato campestre, in atteggiamento di attesa della fecondazione uranica. Lo stregone, che reca in se il reticolo, è riferito al dio del temporale con una struttura corniforme e le braccia in posa da orante che impugnano due lame. Il capo tribù possiede una conformazione che raduna elementi corniformi; è affiancato da due pugnali identici e contrapposti che, come il fulmine, rappresentano il carattere divino. A lato è rappresentato

un reticolo riferito alla Dea Terra che attende la fecondazione uranica. Elementi divini si affiancano ad atti di fecondazione in un connubio di compenetrazione del mondo materiale con quelli spirituale e naturale senza soluzione di continuità (fig. 2.64).

Nel Bronzo crescono i significati cultuali e di matrice simbolica anche attraverso le scene corali, che assumo un'importanza di tipo rituale oltre che compositiva. Le raffigurazioni tendono a coprire tutta la superficie istoriata per cui, apparentemente, non emerge un ordine schematico della raffigurazione rispetto all'importanza dell'atto incisorio. Le morfologie antropomorfe tendono ad essere più fluide con le attribuzioni di genere. Nell'età del Ferro in Valcamonica si osserva, il "naturalismo descrittivo". Le rappresentazioni tendono ad essere più dettagliate e descrivono differenti scene di vita: arature, battaglie, rituali, iniziazioni, topografie. La Valcamonica deve a questo periodo oltre l'80% delle incisioni.

Nell'Alto Lario vi sono numerosi antropomorfi, appartenenti a varie categorie e tipologie. Uno tra i più significativi è su una stele inclusa nella muratura di una antica abitazione di proprietà della famiglia Allio. La stele, inquadrabile probabilmente al Calcolitico, è capovolta e mostra una singolare figura itifallica che pare possedere un capo con corna. Al di sotto di essa si osservano due figure: una circolare e una arcuata. Questa singolare composizione ci rimanda a una descrizione del Sansoni espressa per il masso di Bagnolo che «presenta in alto il sole raggiato al centro una volta di linee parallele (motivo a U rovesciata. Il sole con il corredo di asce e la volta con il pendaglio sembrano rappresentare la coppia divina archetipica; l'astro celeste-uranico-maschile con le asce (poi attestate come emblema divino del fulmine e della sovranità) sovrasta e feconda la volta uternia-ctonia-femminile (...) e non è escluso che le linee curve della volta stessa come segno di fecondità, siano simbolici solchi d'aratura»[135] (fig. 2.65).

Armi e antropomorfi armati

La rappresentazione delle armi è una delle raffigurazioni più ricorrenti dalla «cultura figurativa post-paleolitica, nella protostatuaria e statuaria megalitica, soprattutto in Italia settentrionale, mondo alpino e centroeuropeo».[136] Le differneti tipologie, oltre a possedere una valenza simbolica, sono rappresentative di vari periodi; al Calcolitico appartengono scuri, alabarde e pugnali; dal Bronzo si aggiungono spade, lance, coltelli, archi e frecce. Il ritrovamento di Otzi, l'uomo del Similaun, ha confermato le analogie tra il suo equipaggiamento e le rappresentazioni presenti sulle stele.

Le prime incisioni di scuri, appaiono nel contesto del megalitismo continentale in un'area compresa tra la penisola Iberica, la Bretagna, l'Irlanda e

131. Ibidem, 76.
132. Tanda, *L'ipogeismo in Sardegna: arte, simbologia, religione*, 406.
133. De Lumley, *Le rocce delle meraviglie*, 220-221.
134. Ibidem, 357.
135. Umberto Sansoni, *Arature e ierogamie: culti agrari e riti di fondazione nell'arte rupestre*, 391.
136. Priuli, *Segni come parole, il linguaggio perduto*, 172.

l'Inghilterra meridionale, nel periodo tra il Neolitico e il Calcolitico, ossia tra il V e il III millennio a.C.. «Il gruppo mediterraneo-occidentale rappresenterebbe un'emanazione diretta di una concettualità religiosa neolitica, se non precedente, basata sulla centralità della Grande Dea, mentre il gruppo continentale, incluse le Alpi, rispecchierebbe un mondo proto-indoeuropeo, in cui si impongono per la prima volta decisamente divinità uraniche maschili sull'identico sostrato neolitico (...) simbolicamente le asce e le crosse, bastoni ad uncino, nell'area bretone paiono attributi di potenza ed energia della divinità femminile (...). Tendenzialmente diversa è la simbologia nelle stele calcolitiche centro orientali: la presenza di armi è innanzitutto caratteristica in quasi tutte le composizioni di rimando uranico-maschile e comprende alabarde, asce, pugnali, in rari casi l'arco».[137]

Alla Valcamonica spetta il maggior numero di armi incise suddivise in raffigurazioni di scuri, spade e pugnali appartenenti al Bronzo, nonchè di lance e pugnali calcolitici; le armi contraddistinguono il potere individuale e collettivo. Le deposizioni rituali presso sorgenti e laghi di montagna sono indice di cerimoniali tesi ad ingraziarsi le divinità della battaglia donando gli oggetti più importanti agli spiriti del luogo. Nel corso del Neolitico la scure assurge ad elemento rappresentativo del potere, a cui si assomma il pugnale nel Calcolitico e nel Bronzo mentre nell'età del Ferro la spada diviene simbolo per eccellenza di forza e potere sottolineando i caratteri regali, guerreschi ed eroici dell'individuo.[138] Alcuni studiosi hanno interpretato l'incisione di armi come rituali votivi a carattere magico-religioso. Inoltre disposizione e tipo di rappresentazione ne definiscono l'inquadramento tanto che se per il Calcolitico le rappresentazioni di scuri seguono uno schema ordinato e ben disposto, dal Bronzo si assiste ad una confusione rappresentativa in cui ogni spazio vuoto viene riempito senza seguire uno schema geometrico, ma senza intaccare i disegni liminali, in un continuum che delinea l'importanza del rituale incisorio.

Nell'area altolariana è collocata una lastra che raffigura due antropomorfi nell'atto di alzare gli arti mentre tengono stretta un arma che parrebbe una scure. Le proporzioni tra i due guerrieri sono del doppio di uno rispetto all'altro; quello più a destra è un antropomorfo itifallico, schematizzato. La figura di sinistra evidenzia, oltre alla scure tenuta nella mano destra, un anomalo rigonfiamento sul capo interpretabile come un copricapo ad elmo. Due sono le particolarità di questo antropomorfo: il braccio sinistro non è sollevato verso l'alto ma diretto verso il basso e nella parte inferiore si osserva, sovrapposta, la presenza di un'incisione che parrebbe di un animale. La sagoma del perimetro del

supporto è scolpita per creare una sporgenza centrale in una simbologia fallica riscontrabile su altre lastre . Altra arma si ritrova sulla stele antropomorfa situata presso la località Sasso Bravo. La stele ha incisa una scure che, per comparazione, potrebbe risalire al Calcolitico. Particolarità dell'arma è la parte incurvata terminale del manico (figg. 2.66, 2.74).

Carri

Il simbolo del carro o del giogo è associato, nelle rappresentazioni, più antiche ad animali che compiono varie azioni: aratura, trasporto, mezzo di condotta di corpi celesti; è un elemento simbolico di unione tra un'azione e il suo compimento. Nelle zone indagate questa rappresentazione è chiara in un caso che evoca scene di carattere mitico o simbolico: a Santa Maria Rezzonico sul dosso di collegamento con il territorio di Cremia, si riscontra un'incisione di carro a due ruote con una stanga unita ad un traino anteriore. Dall'analisi figurativa si potrebbero configurare due ipotesi: che il carro fosse collegato a un animale alato, probabilmente un cigno, o che la figura stessa rappresenti un carro eliaco, simbolo a cui si attribuisce la genesi della ruota crociata, elemento di unione con la rappresentazione solare (fig. 2.67).

Circolari

Il cerchio è la forma che ha più valenze: simbolo della perfezione, dell'espansione, della divinità, della centralità. La figura circolare ricorre nelle manifestazioni megalitiche, nelle stele alpine, nei cromlech, nei recinti sacri, nei monumenti funebri, nei dun, nelle incisioni rupestri figurative e schematiche. Essa possiede valenze geometriche essendo la figura che racchiude il maggior spazio con il minor perimetro i cui punti sono equidistanti dal centro; si trova anche come espressività oggettuale nelle tazze, nei contenitori, negli scudi, negli specchi. È il centro della creazione e, allo stesso tempo, la rappresentazione della sua espansione. Il cerchio rappresenta gli elementi astrali; sole, luna e stelle, che dirigono e influenzano il trascorrere delle stagioni e segnano il passare del tempo. È un segno semplice che l'uomo impara a tracciare all'inizio del suo percorso evolutivo, e che lo accompagna in tutto il suo cammino. Le raffigurazioni circolari nelle incisioni rupestri sono molteplici; la Gimbutas descrive il cerchio semplice come accompagnato da un potenziamento puntiforme centrale. Esso si trova in numerosi siti e si evolve fin dal Neolitico in seno ai culti collegati alla figura della Dea Madre.[139]

Il cerchio con croce inscritta si ritrova nelle raffigurazioni dei carri solari; esso possiede una valenza «divina, celeste oltre che solare e nella variante a ruota acquisisce un valore di dinamicità ciclica, se a quattro raggi in probabile allusione ai punti cardinali ed alle stagioni (similmente alla svastica); questa concezione

---

137. Sansoni, Gavaldo, Gastaldi, *Simboli sulla roccia*, 66.
138. Maria Teresa Guaitoli, *La dimensione di guerriero, principe ed eroe attraverso le fonti letterarie e alla luce delle testimonianze archeologiche*, in *"Guerrieri, Principi ed Eroi fra il Danubio e il Po dalla Preistoria all'Alto Medioevo"*, Temi, (Trento, 2004), 16-33.

139. Marija Gimbutas, *Il linguaggio della Dea. Mito e culto della Dea Madre nell'Europa Neolitica*, Longanesi (Milano, 1990), 28-56.

sembra già in fieri nel Bronzo ed anzi, visto il risalto senza precedenti del simbolo, sembra maturare in quest'epoca; i grandi circoli di pietre insulari e continentali e gli stessi focolari a cerchio nel megaron miceneo parlano in tal senso».[140]

La figura del cerchio unita a quella cruciforme si evolve; la rotazione, che rappresenta il divenire e la ciclicità, si trasforma fino a comporre uno dei simboli preistorici più significativi: la o lo svastica. Scrive Leroi-Gourhan: «Si è teso per lo più a coniugare questo segno anche nelle sue varianti locali di rosa camuna e girandola celtica con il dinamismo cosmico del disco solare e della sua rotazione.

Un simbolo uranico, dunque, denso di valenze rigenerative. Si tratta, in effetti, della schematizzazione di un vortice, della geometrizzazione di un movimento rotatorio che ritroviamo nel mondo antico nella glittica mesopotamia come nella ceramica eremita di Mussian Tepe, sulla Bandkeramik danubiana come sulle tavolette vallinde, nella decorazione geometrica attica come nei decori sacri tibetani. Il suo valore archetipico fa pensare a una sua origine remota, persa nelle profondità del pozzo del tempo».[141]

Il cerchio ha evoluzioni formali nel labirinto, concetto nato probabilmente dall'unione di forme concentriche. Originariamente il labirinto non è un luogo dal quale sia necessario trovare una via di fuga; si tratta di un percorso simbolico che porta l'uomo alla scoperta di un mistero, generalmente di tipo intimistico, e che appare tra le incisioni rupestri più antichi. Si è ipotizzato che i labirinti, tracciati sul terreno, rientrassero nelle cultualità di iniziazione legate al percorrimento rituale del tracciato.

Cruciformi

Si definisce croce un simbolo composto da due linee che si incrociano ortogonalmente; è tra gli elementi rappresentati più antichi: «è il terzo dei quattro simboli fondamentali, insieme al centro, al cerchio, e al quadrato, e con questi altri tre stabilisce una relazione ben precisa: l'intersezione delle sue rette coincide con il centro, che essa apre sull'esterno, inscrivendosi inoltre nel cerchio, che, a sua volta, divide in quattro segmenti. Genera il quadrato e il triangolo quando le sue estremità sono collegate da quattro rette. Da queste semplici osservazioni deriva una simbologia estremamente complessa, ed esse hanno dato origine a un linguaggio assai ricco. Come il quadrato, la croce rappresenta la terra, di cui esprime però gli aspetti intermedi, dinamici e sottili».[142]

I cruciformi assumono differenti configurazioni:
Croce latina: possiede due linee ortogonali di lunghezze diverse. La minore si incrocia alla maggiore a circa due terzi della lunghezza.
Croce greca: ha bracci della stessa lunghezza.
Croce uncinata o svastica: ha bracci della stessa lunghezza, ciascuno terminante con un prolungamento posto ad angolo retto e con andamento destrorso o sinistrorso, sintesi formale dell'unione tra il cerchio e il quadrato. Simbolo solare, rappresenta il movimento rotatorio attorno a un centro fisso; nel Simposio viene descritto come simbolo e punto di congiunzione tra il maschile e il femminile. Un'ipotesi sull'origine della svastica ha preso in esame forme figurative partendo dalle rappresentazioni preistoriche. «La parte rimasta è rappresentata da un disco largo circa quarantatre centimetri. Nella zona centrale del disco, un antropomorfo stante, con un oggetto scutiforme nella sinistra e un'asta nella destra, sembra reggere sulla spalla un uccello attorno al quale ruotano alcune svastiche dall'aspetto vagamente oviforme. L'istoriazione è racchiusa da una fascia che reca incisi tredici uccelli. Chiude il disco una fascia perimetrale decorata a greca. Si tratta solo di curiose analogie? Una più conveniente suggestione dell'originario legame fra vortice piumato-dimensione funeraria-trance potrebbe essersi conservata nella strana postura del "salto euforico" (che alcuni hanno impropriamente chiamato corsa sulle ginocchia), una postura innaturale, a svastica appunto, con le membra disarticolate che in Grecia e nel Vicino oriente caratterizza l'apparire terribile e inquietante di esseri orifici, vicini al chàos delle origini, orgiastici e mortiferi al contempo. Pensiamo ad esempio a Khumbaba rappresentazione assiro-babilonese della violenza scatenata della natura, decapitato da Gilgamesh. Ma soprattutto pensiamo alla Gorgone Medusa, la baccante di Hades, mostro alato in bilico fra l'umano e il ferino che sembra unire, nel suo vitalismo scatenato, la dimensione della morte con quella del delirio allucinato. Potremmo allora ipotizzare, per la svastica, un percorso iconografico di questo tipo: dal naturalismo rotatorio della danza degli uccelli della morte e della rinascita alla geometrizzazione simbolica della croce uncinata, paradigma grafico, a sua volta, della naturalizzazione della postura e svastica. In ogni caso, ciò che si manterrebbe in questa migrazione dei segni sarebbe il senso originario: inserire la vita nel dramma della morte e la morte nel dramma della vita».[143] La rosa Camuna, simbolo solare di rotazione attorno a un cerchio, appare anche svasticata, generando una similitudine tra i due simboli.
Croce inscritta: croce di tipo greco inscritta in un cerchio.
Croci a coppelle congiunte: hanno una coppella all'estremità di ogni braccio e una coppella nel loro incrocio. Sui supporti litici indagati emergono rappresentazioni cruciformi di tipo latino, greco, uncinato e a coppelle congiunte. Nelle incisioni

140. Sansoni, Gavaldo, Gastaldi, *Simboli sulla roccia*, 89.
141. André Leroi-Gourhan, *Le religioni della preistoria*, Jérôme Millon, (Milano, 1993), 153.
142. Chevaalier, Gheerbrandt, *Dizionario dei simboli*, 340-353.

143 Gabriella Brusa Zappellini, *Vortici piumati e ibridi ornitomorfi nell'arte rupestre*, in AA.VV. «*Sciamanismo e mito*", Atti del XVI Valcamonica Symposium 1998, Edizioni del Centro, (Capo di Ponte, 2001-2002), 44-47.

Fig. 2.64. Esempi di antropomorfi. A sinistra: il capo tribù, Monte Bego. Al centro: lo stregone, Monte Bego. A destra: antropomorfo, Gravedona e Uniti, Germasino. Inquadrabile al Calcolitico rappresenta un'antropomorfo itifallico, forse teriomorfo per l'aspetto corniforme, sovrastante una simbologia ierogamica (disegni degli autori da De Lumley, 1996. Rilievo R. Basilico, S. Bianchi).

Fig. 2.65. Gravedona e uniti, Germasino. La stele, inserita capovolta nella spalla della porta rappresenta un antropomorfo che sovrasta due simboli, uno circolare e uno a volta. Questa simbologia è presente in altre varianti nelle incisioni figurative dove la compresenza dell'astro (circolare) e dell'arco (mezzaluna o solco) indica una ierogamia, unione anche simbolica di divinità, tra il Dio uranico e la Dea Madre ctonia (foto R. Basilico).

118

Fig. 2.66. Stazzona, Sasso Bravo. Lastra con inciso un antropomorfo armato la cui figura si sovrappone a una raffigurazione animale. La punta a destra sagomata con forma sporgente e individuata su altri supporti dell'area, potrebbe collegarsi ad una simbologia fallica (foto ed elaborazione degli Autori).

Fig. 2.67. Santa Maria Rezzonico. Figura rappresentante un carro, probabilmente trasportato da un cigno. La rappresentazione riconduce alla rappresentazione del carro solare (foto ed elaborazione degli Autori).

rupestri più antiche la croce appare nelle forme greca, uncinata e coppellata, con una frequente associazione a forme antropomorfe. Le forme cruciformi si trovano in associazione al cristianesimo, dal medioevo in poi, sovrapposte a quelle preistoriche: «Le incisioni medievali sovente imitano quelle preistoriche, oppure consistono in croci il cui scopo, si presume, fosse quello di esorcizzare il potere dei segni magici della preistoria: magia contro magia. Talvolta vi sono anche incisioni medievali aneddotiche e narrative, che costituiscono anch'esse testimonianze storiche di eventi pubblici e privati».[144]

Le incisioni cruciformi medievali non sono da collegarsi unicamente al fenomeno religioso. È stato riscontrato che in merito alla diffusione dei simboli «Nel tardo-medioevo quello più diffuso è la croce, la cui fortuna sarà pure in seguito larga e persistente. Nella maggiore iniziativa di terminazione dell'area nel basso medioevo -la rilevazione degli anni 1392-1395 che copre parte cospicua del contado di Bergamo- il territorio era diviso grazie al *signum crucis stampatum* sulle pietre terminali o intagliato negli alberi. Dal Cinquecento il vocabolario si arricchì. In particolare l'indagine approfondita condotta in Valcamonica consente di seguire questo processo. Nel basso medioevo si scolpiva la croce greca o latina, talvolta il ferro di cavallo, brevi segmenti rettilinei o a linee spezzate (...). I simboli letterali compaiono nel Quattrocento».[145]

Simbologie topografiche
Nel descrivere i significati delle incisioni rupestri si è osservato come le raffigurazioni topografiche, apparse dal Neolitico, simboleggino la fertilità rappresentata dalla fecondazione tra terra e cielo dovuta alla pioggia. Nelle indagini si sono identificati elementi appartenenti a quest'ambito. Sugli affioramenti incisi del Montecchio Sud vi è una raffigurazione reticolare analoga a quelle più antiche esistenti in altri siti. La forma si adegua alla superficie rocciosa ed è collocata in un luogo le cui incisioni parrebbero definirlo come luogo di rituale (fig. 2.68).

Altro tipo di raffigurazioni topografiche descrivono mappe territoriali: la più famosa è quella di Bedolina in Valcamonica. A Gera Lario lungo il sentiero che conduce al sito in cui si si trovava il castello medievale, appare un'incisione coppelliforme schematica con una disposizione di elementi che parrebbero indicare la disposizione di punti territoriali attorno ad un nucleo primario. Se così fosse l'incisione potrebbe essere la rappresentazione di un antico castelliere, antecedente a quello medievale; questa ipotesi necessita di una verifica da attuarsi con più ampi e circostanziati studi.

Simboli di fertilità
In Val di Susa nel comune di Exilless esiste un'opera ipogea ancora funzionante realizzata nel XV secolo dal

minatore Colombano Romeàn. Egli scavò un acquedotto lungo 532 m nella montagna, per portare l'acqua della Val Clarea al versante exillese-chiomontino dietro incarico di un consorzio di abitanti. All'interno del condotto il minatore realizzò numerose incisioni raffiguranti diversi soggetti; una rappresenta una vulva, simbolo sessuale ricorrente nei petroglifi, sulla cui sommità è stato inciso un segno cruciforme. Si tratta di una delle mire utilizzate dal Romeàn per traguardare e tenere il controllo direzionale e altimetrico dei lavori. Le rappresentazioni sono morfologicamente analoghe a quelle preistoriche; egli forse vide nelle vallate liminali, ricche di incisioni rupestri, delle figure simili o, piuttosto, compì un atto simile a quello dei suoi antenati legato ad un simbolo ancestrale di fertilità?

I simboli sessuali sono relazionati al fenomeno della procreazione, «ideogrammi che rappresentano gli organi della riproduzione e del piacere e sono la sintesi grafica del tutto, cioè dell'uomo e della donna dalla cui unione, dall'atto sessuale, scaturisce la vita».[146] Le simbologie femminili-vulvari e maschili-falliche sono tra i primi elementi rappresentati sin dal Paleolitico, proprio per l'enorme significato simbolico che hanno e rappresentano, e si trovano in pressoché tutti i siti con incisioni di tipo figurativo. Graficamente si assiste a una miriade di rappresentazioni tipologiche che accompagnano o sottolineano molte scene non solo di accoppiamenti, siano essi rituali o iniziatici, ma anche di eventi o luoghi legati alla fertilità.

Caratteri alfanumerici
Il segno scritto è la logica evoluzione della decodificazione del linguaggio orale. Il linguaggio scolpito è sempre rimasto vivo nel sistema sociale ed è stato utilizzato per imprimere messaggi duraturi. Le manifestazioni di questa espressività si ritrovano soprattutto nelle epigrafi e molti supporti litici dislocati sul territorio ne riportano esempi (fig. 2.69). Nelle aree indagate vi sono scritture collocabili in un lasso temporale vario che presumibilmente parte dall'età del Ferro per giungere ad una fase contemporanea. Si sono riscontrati frammenti di scrittura su lastre e massi riutilizzati in costruzioni, muri di sostruzione, strutture di alpeggi e di edifici sacri (fig. 2.70).

Simboli di astrazione
Con questo termine si intendono i simboli collegati a entità o concetti astratti rientranti nel campo della religiosità, della magia e in simbologie cosmogoniche appartenenti a cultualità di stampo animistico e pagano.

Megaliti
La classificazione delle opere megalitiche, apparse sulle coste settentrionali e occidentali del territorio europeo tra la fine del Neolitico e l'inizio del Calcolitico e diffusesi sull'arco alpino, è stata identificata dal Priuli

144. Anati, *La civiltà delle pietre. Valcamonica una storia per l'Europa*, 45.
145. André Leroi-Gourhan, *Le religioni della preistoria*, 94.
146. Priuli, *Segni come parole, il linguaggio perduto*, 162.

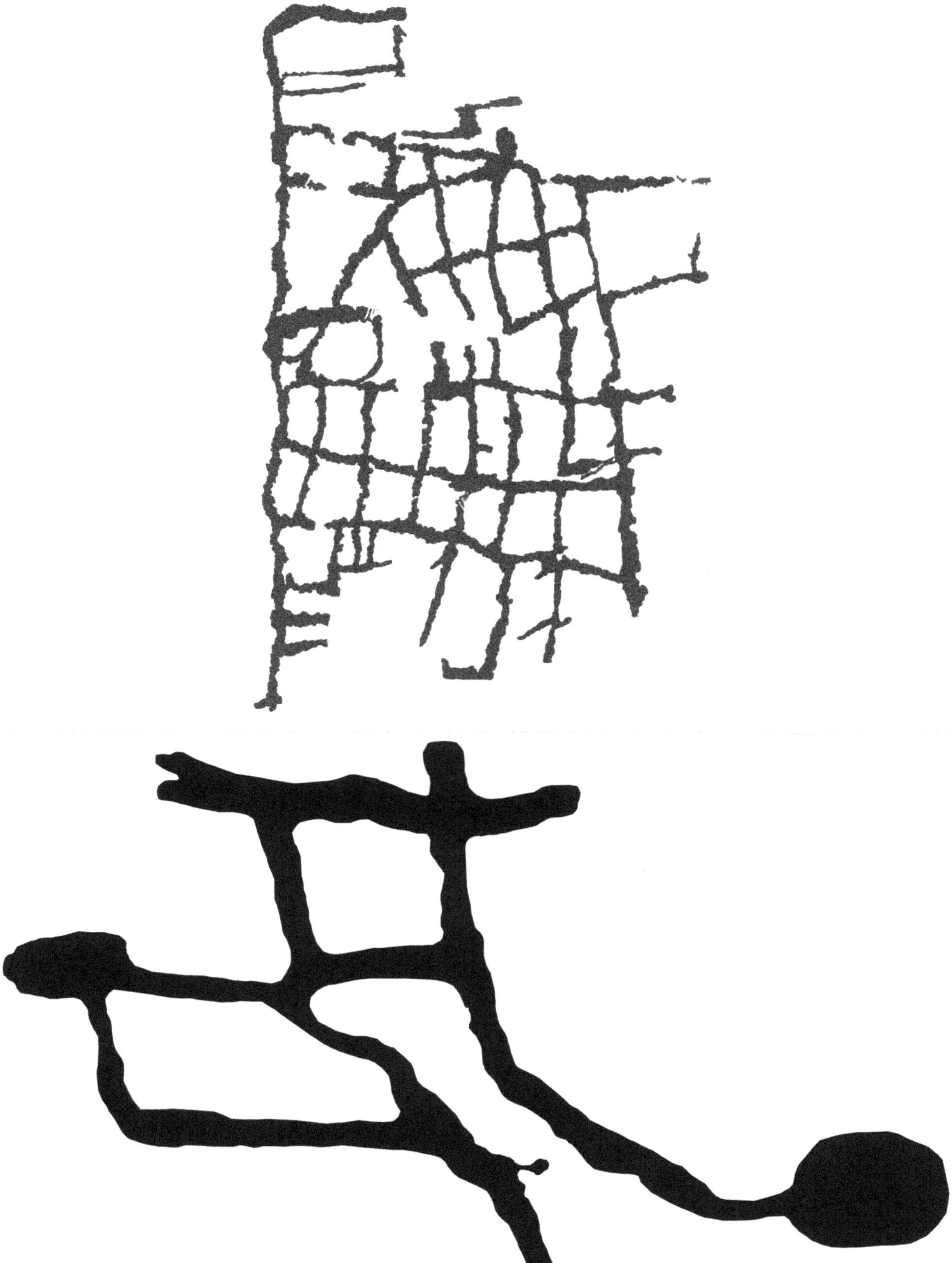

Fig. 2.68. Reticolati topografici. A sinistra reticolato del Monte Bego; a destra reticolato presente sul Montecchio Sud, Colico (immagine in alto: elaborazione degli Autori da De Lumley, 2004. Immagine sottostante: rilievo degli autori).

in cinque categorie:
I - Menhir. Pietre aniconiche, ossia con prive di rappresentazioni figurative, singole o associate in gruppi, infisse verticalmente e con lavorazioni tese a dare una forma al monumento.
II - Stele. Pietre infisse verticalmente, sovente con figurazioni specifiche, lavorate sia a determinarne la forma sia il contenuto iconografico.
III - Stele antropomorfe. Monoliti infissi verticalmente e disposti da soli o in associazioni. Hanno lavorazioni volte a definirne il genere tramite sagomature di tipo anatomico o per mezzo di elementi decorativi e descrittivi.
IV - Statue stele. Monoliti infissi verticalmente che rappresentano un'evoluzione delle stele antropomorfe in statua.
V - Massi incisi con composizioni monumentali. Massi erratici, elementi di frana o pareti lavorate artificialmente per ottenere una superficie atta ad accogliere rappresentazioni compositive monumentali. Le composizioni hanno una struttura narrante di tipo simbolico e cosmogonico[147] (figg. 2.71, 2.72, 2.73, 2.74).

Sul territorio indagato sono stati riconosciuti le prime tre tipologie megalitiche. La stele antropomorfa in località Sasso Bravo ha lavorazioni in parte ben evidenti e in parte di difficoltosa lettura. La struttura compositiva del manufatto parrebbe rappresentare una figura nella parte sinistra del supporto, la cui parte sommitale coincide con il capo e quella mediana inferiore con il tronco. I segni di lavorazione sono di due tipi: per asportazione del materiale e per modifica delle linee di frattura del supporto. Nella parte superiore retrostante al volto una greca è scolpita lungo il bordo. Il volto appare scavato rispetto al piano superficiale sul quale si delineano naso, occhi e orecchie. Sono evidenti lavorazioni nella parte sottostante il volto che sembrano una piastra e degli orecchini. La parte inferiore del supporto appare abbozzata grossolanamente. Nel lato destro della stele è invece localizzata la zona con gli incisi di difficile lettura, simili a decorazioni di tipo floreale percepibili unicamente con luce radente. La parte esterna destra ha incisa una scure, ben leggibile con luce radente, con un manico leggermente ricurvo verso la parte terminale.

Vegetali
Le incisioni di elementi vegetali sono rare. Nelle aree indagate si ha una concentrazione di rappresentazioni di pomi, mele o melograni, nell'area della chiesa di Sant'Eufemia, posta sul crinale del Sasso di Musso all'interno dell'apparato difensivo del Castello del Medeghino. Il loro orientamento è capovolto: il pomo è rivolto verso l'alto ed è accompagnato lateralmente da due peduncoli che potrebbero rappresentare foglie o elementi vegetativi. I simboli sono scolpiti su pareti in luoghi difficilmente accessibili; la patina che le copre ne sottolinea l'antichità. Sono collocate in un'area sacra

le cui origini sono attestate almeno dal medioevo. Nella spalla della porta della chiesa è incastrato un elemento marmoreo con un pomo inciso analogo ai petroglifi, venuto alla luce nel 1980 per un distacco dell'intonaco. L'attuale ricostruzione della chiesa risale al 1662; subì danneggiamenti nel 1532 dai Grigioni svizzeri durante la conquista del castello e nel 1593 era priva di tetto ma con la volta e i dipinti ancora intatti. È plausibile che l'incluso sia antecedente alla costruzione dell'edificio: «la leggenda vuole che, fin dal tempo dei Romani, la Rocca di Musso fosse già fortificata e ciò non ha nulla di improbabile essendo quello scoglio un punto già naturalmente molto forte e facilmente difendibile (...) Le cronache medievali narrano anche di fortificazioni erettevi all'epoca della dominazione dei Goti (secolo VIII) che vi avrebbero costrutto una Rocca, chiamata S. Childerico, da una Chiesetta dedicata quel Santo che sorgeva dove attualmente ancora esiste quella di Santa Eufemia, che pare sia l'unico edificio scampato alla totale distruzione del Castello fattane dai Grigioni nel 1532».[148]

Il melo e il melograno appartengono ad una simbologia antica, legata inizialmente ad aspetti di fertilità, ma il cui significato si è evoluto e ampliato nel corso del tempo. Il melo rappresentava la sapienza e, per i celti, era sacro al pari della quercia: «è un albero dell'Altro Mondo. La donna dell'Altro Mondo che va a cercare Bran, gli dà' un ramo di melo prima di trascinarlo al di là del mare. Emain Ablach in irlandese, Ynis Afallach in gallese, l'isola d'Avallon, altrimenti detta il pometo, sono i nomi di questo soggiorno mitico in cui riposano i re e gli eroi defunti».[149] Anche la stessa melagrana è un simbolo di fecondità la cui tradizione si è protratta nel corso del tempo legandosi a numerosi aspetti tra i quali ricordiamo i rituali misterici greci degli ierofanti di Demetra ad Eleusi, come al misticismo cristiano di san Giovanni della Croce che ne traspone il simbolismo della fecondità sul piano spirituale.[150]

II.4 - Le incisioni rupestri schematiche nell'arco alpino e nell'Alto Lario

La presenza di incisioni rupestri schematiche avviene senza soluzione di continuità lungo l'intero arco alpino; esse formano un tessuto connettivo tra i luoghi in cui si riscontrano grosse concentrazioni di incisioni figurative. Seguendo lo stesso criterio descrittivo utilizzato per le incisioni figurative, le manifestazioni schematiche appaiono dai monti della Garfagnana all'entroterra montano della costa ligure, da Levante a Ponente, fino in Valle Stura, posta a cavallo tra le Alpi Marittime e le Alpi Cozie. Dobbiamo ricordare che «le valli dell'arco alpino occidentale hanno offerto immagini, simboli e soprattutto manifestazioni minori frutto della cultura e religiosità delle genti preistoriche e del perdurare della

147. Priuli, *Le incisioni rupestri della Valcamonica*, 59-60.

148. Luigi Carove, *Il Castello di Musso e le sue cave di marmo*, Alfieri e Lacroix, (Milano, 1930), 3-4.
149. Chevalier, Gheerbrandt, *Dizionario dei simboli*, 797-798.
150. Ibidem, 644-646.

Fig. 2.69. Sondrio, Museo Valtellinese di Storia e Arte. Lastra di Montagna. Elemento che reca un'incisione in alfabeto di Sondrio, che mostra un adattamento dei caratteri etruschi introdotti a partire dal VI secolo a.C. (elaborazione degli autori).

Fig. 2.70. Musso, chiesa di Sant'Eufemia. Incluso marmoreo di provenienza locale su cui sono incise una scritta non decifrata e, forse, una data osservabile sul calco capovolto (foto R. Basilico, calco G. Beltramelli).

tradizione di incidere sulla roccia».[151] Si riscontrano in Val Maira, in Val Varaita, in Valle Po, nell'Ubaye, in Val Pollice, in Val Chisone fino ad arrivare in Val di Susa che funge da spartiacque con le Alpi Graie. Qui emergono siti nella Valle di Lanzo, nel Canavese, in Valchiusella e in Val Scalaro. Nelle Alpi Pennine troviamo importanti presenze in Val d'Aosta, in Valtournenche, in Valsesia, in Valle Anzasca e nel Vallese. Si prosegue lungo la Val d'Ossola, che introduce le Alpi Lepontine, con la Val Formazza, la Val Vigezzo, la Val Strona, la Val Grande, la Val Cannobina, la Val Intrasca, la Valle Antigorio, il Ticinese, e la parte settentrionale dell'Alto Lario. Parallelamente le Prealpi Lombarde hanno importanti zone di incisioni nell'area comasca, sui Colli Briantei e nella propaggine settentrionale dell'Alto Lario. A sud, nelle Alpi Orobiche troviamo la Val Brembana, la bassa Val Camonica e la Val Varrone.

Si succedono le Alpi Retiche in cui si distinguono la Val

Chiavenna, la Valmalenco, la Valbregaglia, l'Engadina, la Valtellina, l'alta Val Camonica, Pinzolo e, più a nord la Val Venosta, la Val di Non, la Val d'Ultimo, la Val Passiria. Nelle Dolomiti emergono la Val di Fassa, La Val Pusteria, la Val d'Isarco.

Più a sud ne troviamo nelle Prealpi Trivenete tra Bassano e l'altopiano di Asiago, mentre a est nelle Alpi Carniche troviamo Le Valli di Natisone e Biacis, per terminare con presenze nel Carso Triestino. In ognuno di questi luoghi si assiste ad una presenza diffusa e significativa di incisioni schematiche che convergono in elementi riferibili ad una cultura primigenia che ha percorso le Alpi e a cui appartengono parimenti i «riti di innalzamento di pali-totem, riti di fondazione, arature rituali, erezione di allineamenti di stele antropomorfe, abbattimento rituale delle stesse, deposizioni votive di cereali e macine da grano, trasformazione del sito in area cimiteriale; sono stati eventi che hanno lasciato tracce indelebili, sigillate dal tempo sotto un coperchio di terra che le ha preservate perché noi oggi potessimo

---

151. Priuli, *Le incisioni rupestri nel mondo alpino occidentale, dalla Liguria di ponente al Ticino*, 72.

Fig. 2.71. Corsica, Sartène. Gli allineamenti di Stantari sono composti da stele antropomorfe con incisioni di armi sulla superficie (foto R. Basilico).

Fig. 2.72. Lunigiana, Pontremoli. Le statue-stele della Lunigiana sono state classificate in tre gruppi: A, B e C. Le prime risalenti al Calcolitico, sono caratterizzate dall'avere la testa unita al corpo, in modo solidale, il volto a forma di mezzaluna e il pugnale con manico semilunato in evidenza (disegno a sinistra). Al gruppo B appartengono le statue che, rispetto alle prime, hanno la testa staccata dal corpo. La morfologia di questi monoliti tende a prendere una sagoma di pugnale semilunato; appaiono ben distinti i generi femminile e maschile e, assieme al pugnale, appare la scure (disegno a destra). Al gruppo C appartengono le statue più recenti, ben definite e alla ricerca di un effetto tutto tondo (disegni R. Basilico).

Fig. 2.73. Svezia, Gotland. L'isola ha un patrimonio di stele scolpite e dipinte tra il Bronzo e l'epoca vichinga. Le stele mostrano un uso del colore che con ogni probabilità era utilizzato anche sulle raffigurazioni rupestri (foto R. Basilico).

Fig. 2.74. Stazzona, Sasso Bravo. Stele antropomorfa con segni di lavorazione relativi alla creazione di un corpo, forse femminile. Il volto appare scavato con una forma semicircolare all'interno della quale si identificano un tratto vericale (naso) e due elementi circolari (occhi). Ai lati del volto e sotto di esso si notano due elementi circolari allungati, forse dei monili, e una piastra quadrangolare. Sulla superficie frontale labili segni di incisioni sembrano forme floreali; a destra vi è una scure. Lungo le creste perimetrali posteriori, sono incise greche a zig zag. Un inquadramento del monolite potrebbe collocarlo tra il Calcolitico e il Bronzo antico (foto R. Basilico).

riscoprirle e permetterci di ricostruire le origini di una città e la storia di una cultura alpina».[152]

L'opera più completa sullo studio delle incisioni schematiche è stata effettuata nel 1901 da Antonio Magni che ha compilato nel suo studio *Pietre cuppelliformi nuovamente scoperte nei dintorni di Como*, un elenco di teorie sulla natura di questi elementi, ancora oggi punto di riferimento per gli studiosi. Alle ricerche condotte dal Magni non è stato aggiunto molto di sostanziale; ciò rende evidente il grado degli studi raggiunto agli inizi del secolo scorso, quando l'archeologia era un attività analitica e interpretativa sorprendentemente avanzata (fig. 2.75).

Coppelle

Le coppelle sono incavi, generalmente emisferici, i cui diametri possono variare da pochi a decine di centimetri e possono essere singole o associate. Le coppelle possono avere una forma quadrangolare; in questo caso vengono definite vaschette. Le coppelle e; sono state incise dall'uomo con strumenti appuntiti, litici o metallici, su superfici piane, inclinate o verticali, su massi isolati e su affioramenti.

I supporti rocciosi utilizzati sono vari; la conservazione ottimale avviene con le matrici dure o preservate dall'aggressione degli agenti atmosferici. In natura esistono anche coppelle naturali dovute a esarazioni glaciali, a fenomeni erosivi o legati al carsismo; si differenziano da quelle artificiali per tipo di sezione e forma. Le coppelle naturali sono asimmetriche, con un profilo ovale e senza evidenza di segni di lavorazione; è necessario accertarsi che non ci si trovi in presenza di questa tipologia di elementi ma che si tratti effettivamente di segni incisi (fig. 2.76).

Secondo Bednarik vi sono tre elementi che definiscono le coppelle come tali: una creazione artificiale, una realizzazione mediante più azioni di percussione e una genesi intenzionale. «Per sviluppare ipotesi di lavoro è essenziale che si stabilisca una definizione basilare di ciò che costituisce una coppella. La definizione standard è quella di un "petroglifo emisferico ottenuto per percussione, che può riscontrarsi su una superficie orizzontale o verticale". Ciò implica tre criteri di definizione:
1. Essendo un petroglifo, deve essere stato creato artificialmente. Questo può essere determinato eliminando tutte le spiegazioni di origine naturale possibili.
2. Deve essere stato realizzato da numerosi colpi di percussione. Nei casi in cui la sua superficie non sia troppo alterata dagli agenti atmosferici, i grani o i cristalli della roccia dovrebbero mostrare segni di percussione, cioè particelle fratturate o schiacciate, riconoscibili al microscopio da fratture concoidali con

punti di impatto, incrinatura interna di cristalli e segni di lavorazione superficiali. Su tipi di roccia molto tenui, le tracce di produzione possono includere dettagliati segni macroscopici degli strumenti.
3. È stata creata intenzionalmente alla stessa di un petroglifo; si presume che possegga delle funzioni non utilitarie o simboliche, anche se la sua produzione potrebbe anche aver coinvolto delle funzioni di tipo utilitaristico».[153]

La prima domanda che sorge davanti a queste manifestazioni è relativa alla loro genesi. Sono tra le prime forme di incisione risalenti almeno al Paleolitico ed è «convinzione di tutti gli autori in materia che la scultura delle rocce si protrasse per un lungo periodo di tempo e che le scodelle ed i canaletti rappresentarono i primordi dell'arte e del culto, mentre le altre incisioni furono apposte successivamente, oppure anche assieme a scodelle, ma in epoca posteriore. Si riferiscono le prime all'epoca della pietra levigata, i secondi a quella della comparsa del bronzo; in parecchie di queste incisioni posteriori è evidente l'intervento della punta metallica».[154]

Nel Riparo di La Ferrassie in Dordogna, tra il 1909 e il 1922 vennero svolti degli scavi che portarono alla luce una necropoli neandertaliana, evidenziando l'attitudine di questo gruppo alla sepoltura. Nello strato del Musteriano, datato tra i 70000 e i 50000 anni fa, lo spazio appariva già "pensato", con l'evidenza di una relazione tra sepolture, fosse vuote e tumuli il cui significato non è stato compreso. Nella sepoltura di un individuo di tre anni, sulla lastra tombale che lo proteggeva, è stato riscontrato un motivo a coppelle. Gli studiosi definiscono il punto di massima diffusione delle incisioni schematiche il periodo tra il Bronzo e il Ferro.[155]

---

152. Priuli, *Le incisioni rupestri nel mondo alpino occidentale, dalla Liguria di ponente al Ticino"*, 72.

153. *To develop working hypotheses it is essential that some semblance of definition of what constitutes a cupule be established. The standard definition is a hemispherical percussion petroglyph, which may occur on a horizontal or vertical surface. This implies three basic definitional criteria:*
1. Being a petroglyph, it must have been made by human hand. This can be determined by eliminating all potentially available natural explanations.
2. It must have been made by numerous blows of percussion. Where its surface is not too much altered by weathering, grains or crystals of the rock should show signs of percussion, i.e. fractured or crushed particles, recognisable microscopically by conchoidal fractures with impact points, internal cracking of crystals and signs of surface bruising. On very soft rock types, production traces may include detailed macroscopic tool marks.
3. As a petroglyph, it has been made intentionally, and it is expected to possess some non-utilitarian or symbolic function, even though its production may also have involved utilitarian dimensions da Robert G. Bednarik, *Cupules*, Rock Art Research, 25/1, Melbourne Archaeological Publ. Melbourne Informit, (Melbourne, 2008), 70.

154. Antonio Magni, *Pietre cuppelliformi nuovamente scoperte nei dintorni di Como*, 68.

155. Antonio Biganzoli, *Valle Strona arcaica. Territorio storia e preistoria nelle incisioni rupestri*, Museo del paesaggio Verbania, (Gravellona Toce, 2005), 32-33.

La presenza di coppelle è ampiamente documentata in tutto il globo con manifestazioni nelle zone montuose e nell'area mediterranea; riportiamo due esempi significativi in una casistica talmente vasta da meritare una trattazione dedicata. Nella zone tibetane e nel Ladakh, regione indiana ma afferente all'area buddista tibetana, accanto all'erezione dei chorten sono state riscontrate incisioni coppelliformi. I chorten sono dei monumenti nati come reliquari per gli oggetti sacri dismessi. La loro forma architettonica è a base cubica sormontata da una cupola emisferica; le dimensioni possono raggiungere decine di metri di altezza e sono probabilmente un'evoluzione delle forme piramidali in sasso sulla sommità delle quali si posizionano bandiere colorate con preghiere. Questa cultura è permeata da un'accesa passione per i «monumenti in pietra che si manifesta in molti modi. Macigni isolati vengono circondati da colonne di sassi sovrapposti, lastre di pietra vengono alzate e lasciate confitte fra i ciottoli, ogni valico viene modificata da piramidi di sassi depostevi ad una ad una dai viandanti. Sul mucchio sono spesso deposte corna d'animali e vengono piantate aste da cui pendono bandiere di stoffa, strisce e preghiere stampate. Chorten, muri mani, lhato, bandiere sembrano integrarsi nel paesaggio; sui pendii sabbiosi spiccano le formule scritte con pietre bianche e sulle rocce lisce compaiono graffiti od incisioni a caratteri cubitali».[156] In Tibet presso il monastero di Sera, come avviene similmente in altri gompa, si svolge il rito funebre del "Funerale Celeste". Questo rito prevede che il corpo del defunto venga smembrato da un cerimoniere e dato in pasto ad avvoltoi in un sito con incisioni coppellari (fig. 2.77).

Sull'isola di Santorini si sono riscontrate incisioni coppelliformi nel sito Antica Thira, insediamento sviluppatosi dall'XI secolo a.C. Il sito, fondato dai Dori, reca una stratificazione che va dagli edifici greci, ad un'urbanizzazione romana. Tra le architetture si trova il tempio semi-ipogeo di Apollo *Karneios* risalente al VI sec. a.C.; questa variante della divinità apollinea, giunta in Grecia con le migrazioni doriche, rappresenta il Dio cornuto con protuberanze da ariete. Il tempio dell'Apollo Karneios dell'Antica Thira si eleva su una terrazza artificiale addossata alla roccia; in parte ipogeo comprendeva un cortile quadrangolare con colonne, delle stanze e una grossa cisterna sotterranea. In corrispondenza di una delle camere interne si trovano delle coppelle scolpite presumibilmente in fase o antecedentemente all'edificio, come si può desumere dal grado di consumo della coppella (fig. 2.78).

L'Apollo *Karneios* godeva di un culto sentito e radicato; le carnee, feste di stampo agrario e militare che duravano nove giorni, assumevano un'importanza tale da essere fonte di problematiche allorché vi fossero delle situazioni di pericolo, come avvenne con il ritardo degli spartani alla battaglia di Maratona del 490 a.C. per

le celebrazioni di queste festività che non potevano in alcun modo essere interrotte. La singolarità dell'Apollo *Karneios* sta nella sua origine nordica e nella sua relazione con la montagna, il Karn o alto luogo. Ciò si riscontra nella tradizione dei cairn, costruzioni di pietre a secco che possono assumere varie forme e significati. La stessa radice della parola *krn riporta sia all'elemento montuoso elevato, sia alle corna.[157]

La diffusione di manifestazioni incisorie è ampia e documentata in tutta Europa. In Italia vengono chiamate pietre "a scodelle, cuppellizzate, scodellari e a bacini, massi cuppelliformi, cuppellari, e coppellari". In Francia vengono definite "pierres à écuelles, à cupules, à godets, à fossettes, à bassins", dai contadini "fontaines des rochers" per via dell'acqua piovana che trattengono, in Germania "schalensteine (a scodella), näpfchensteine (a coppa), zeichensteine (a segnale), heidensteine (dei pagani), druidensteine (dei druidi)". Nei paesi anglosassoni sono definite "cupstone (a scodelle), cressetstone (a bacinellla), cuplike escavation (escavazioni a scodella)", in Norvegia sono denominate "skälarstenar (a scodelle), elfenstenar (delle fate), elfquarnar (molini delle fate), elfenstars (pietre dei piccoli o anime dei morti)".[158]

Un collegamento tra gli elementi schematici coppelliformi e le incisioni figurative si ha in alcune incisioni dell'Altopiano di Asiago. Nella Val d'Assa «segni di questo genere sono molto diffusi. Nella maggior parte dei casi si tratta piuttosto di puntuazioni che di coppelle, trattandosi di minute escavazioni subconiche o emisferiche del diametro di pochi millimetri. Se ne trovano sparse un po' dappertutto anche isolate, ma in generale sono raggruppate senza una particolare organicità o rispondenti a cerchi o altre figure geometriche. Spesso sono associate a incisioni lineari costituendo complessi evidentemente intenzionali, ma di assai difficile interpretazione».[159] È questo indice di come sovente le coppellazioni seguano uno schema preciso e non rappresentino unicamente disposizioni casuali o prive di significato.

Gli studiosi delle incisioni coppelliformi sono giunti a varie classificazioni. Bednarik identifica undici aspetti: rituali magico-cultuali, spazi per la preparazione di sostanze, elementi per una registrazione di tipo mnemonico, elementi di sistemi di credenze, raffigurazione di corpi celesti, raffigurazione di elementi topografici, elementi ludici, simbolismi non più recuperabili, incavi per offerte, simbolismo specifico, utilizzazione pratica.[160] Egli mostra un atteggiamento dubitativo rispetto a

156. Marco Vasta, *Ladakh. Il paese degli alti passi*, Calderini (Bologna, 1988), 120.

157. René Guénon, *Il simbolismo delle corna*, in *"Simboli della scienza sacra"*, Adelphi, (Milano, 1990), 170-174.
158. Magni, *Pietre cuppelliformi nuovamente scoperte nei dintorni di Como*, 1901, 65-67.
159. Allegranzi, Leonardi, Rigoni, *"Le incisioni rupestri della Val d'Assa sull'Altipiano dei Sette Comuni"*, 1982, 186.
160. Robert Bednarik, *Reply: On cupule interpretation*, Rock Art Research, 25/2, Melbourne Archaeological Publ. Melbourne Informit, (Melbourne, 2008), 214-221.

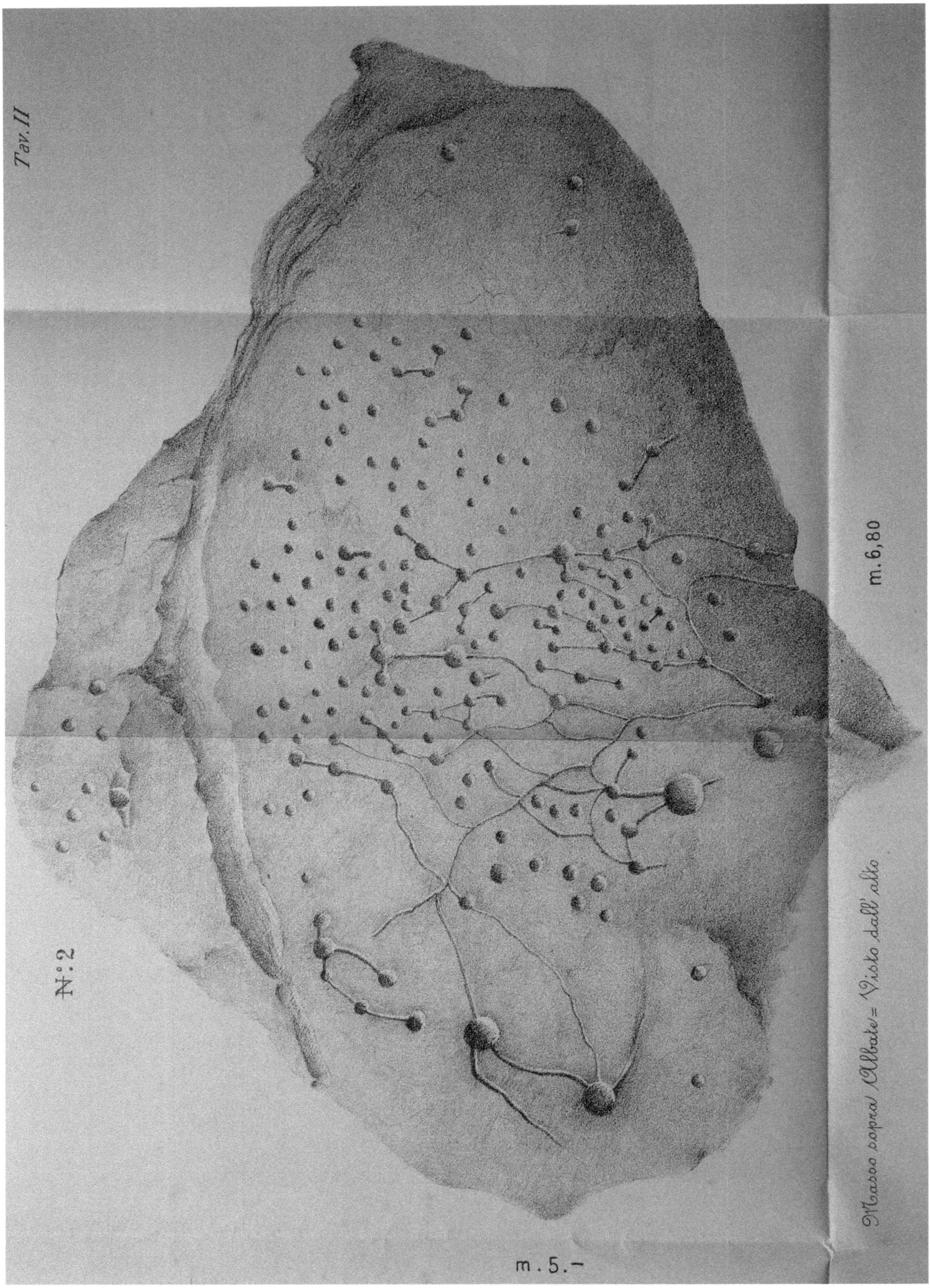

Fig. 2.75. Albate, Sasso delle cento coppelle (da Magni, *Pietre cuppelliformi nuovamente scoperte nei dintorni di Como*, Tipografica Editrice Ostinelli, Como, 1901, 07).

Immagine in alto: Le coppelle artificiali hanno una sezione della parte incisa generalmente emicircolare. Sovente sono associate ad altri elementi schematici o sono disposte a determinare simbologie di tipo complesso come questa figura circolare raggiata di Campodolcino in Valchiavenna (foto R. Basilico).

Immagine a destra: affioramenti alla base del Pizzo Ledù. Le coppelle naturali, derivate dall'azione esaratrice dei ghiacciai e da quella degli agenti esogeni; assumono forme più allungate, meno regolari e senza alcuna traccia di lavorazione (foto R. Basilico).

Fig. 2.76. Formazioni coppellari artificiali e naturali.

Fig. 2.77. Monastero di Sera, Tibet. Monaco in preghiera sul masso coppellare preposto al rito del Funerale Celeste. (archivio Beltramelli da: *Minerva Medica*, Torino, maggio 1990).

significati legati a manifestazioni non direttamente e contemporaneamente documentabili. Altri, al contrario, sottolineano come il fenomeno sia iniziato con i primordi dell'umanità cosciente e in grado di processare funzioni di astrazione di tipo complesso; cercare a tutti i costi dei legami con situazioni antropologiche contemporanee potrebbe risultare fuorviante, non essendoci i presupposti per comprendere i rituali avvenuti millenni or sono. In quest'ottica diviene fondamentale analizzare il sostrato sociale, etnico, ambientale ed evolutivo in cui si sono sviluppati i bisogni umani, forse uguali nel loro significato primario, ma sicuramente differenti nel rapporto con il mondo di riferimento.[161]

Alcuni approcci prevedono l'applicazione di tecniche di analisi evolute. Gli studi condotti da Gaspani e Dimitriadis ricercano schemi di allineamenti nei massi coppellari per l'individuazione di riferimenti archeoastronomici con l'utilizzo delle procedure di fuzzy logic, un tipo di analisi che si applica alla teoria degli insiemi. «Una volta rilevata la quantità di informazione, andiamo a verificare geometricamente l'evoluzione strutturale del sistema coppelle. La misurazione delle dimensioni del masso, da cui si ottiene un sistema di coordinate cardinali, entro il quale si ri-posizionano le coppelle conferma la presenza di un'unità base (varia da volta in volta) che permette con facilità la loro esatta collocazione topologica basandosi su criteri geometrici. Pare che tale unità base nasca come modulo cognitivo che organizza in termini di informazione la configurazione schematica. Riconoscere e separare all'interno della configurazione, nel riposizionare spazialmente un oggetto o un evento, sta ad indicare l'intenzionale attribuzione di un'idea rudimentale di numerosità. In fondo il problema di costruzione è il problema della classificazione dell'oggetto o dell'evento. Tale modulo ci permette nel ricostruire topologicamente la configurazione, di concepire i processi differenti, se ci sono stati, nel rileggere e riidentificare il linguaggio che nello spazio-tempo è ormai sconnesso. Così anche gli allineamenti trovano la loro spiegazione come parte integrante della composizione; composizione con un ritmo intero, progressivo dove ogni coppella aggiuntiva ri-posiziona l'intera composizione. Infatti, la maggior parte delle coppelle sono disposte lungo curve o creando moduli circolari. Talvolta abbiamo riscontrato la co-presenza di tali moduli in due parti ben distinte della stessa roccia (probabile appartenenza allo stesso periodo storico?) e la loro promiscuità in un sistema singolo forse in un periodo più tardo».[162]

161. «Here, a properly knowledgeable person demonstrates the use of a cupule, one of several dozen at the site that were still being renewed in 2004. The elongate quarzite rock he squats on is a lithophone, the use and purpose of which were explained and demonstrated to me. In this instance, the cupule is again incidental, and — as was the case in the previous examples — its relative position to other cupules is irrelevant; it does not represent astronomical observations or whatever else ethnocentric observers like to invent. On the other hand, there is anecdotic information suggesting that along the Ganges, especially in Punjab, Indian women desiring to become pregnant pour sacred water into cupules, once again linking the rock art to fertility. In Hawaii, umbilical stumps of babies were reportedly placed in cupules for long life». Robert Bednarik, *Reply: On cupule interpretation*, 73-74

162. Giorgio Dimitriadis, Adriano Gaspani, *Analisi delle configurazioni di coppelle mediante reti neuronali artificiali e logica fuzzy*, in «*Valcamonica Symposium, Prehistoric and Tribal Art: Conservation and Protection of the Messages: Inventory, Archives*». Edizioni del Centro. (Capo di Ponte, 2000).

Gli studi di Biganzoli hanno riscontrato un'attitudine di tipo scientifico nella realizzazione delle incisioni schematiche. Nell'analisi delle relazioni visive tra i siti coppellari in Valle Strona, in un'ottica di osservazione del territorio fisico e astronomico, egli asserisce che queste incisioni «cominciano a mostrarci un mondo antico, preistorico o comunque empirico e quindi pre-scientifico, abitato, nelle nostre e altrui montagne, non già da pseudo-scimmioni attenti solo alle più elementari esigenze della vita e con una religiosità embrionale e rozza quanto pagana e spesso inverecodna nelle espressioni, bensì da uomini con un alto grado di razionalità ed attitudine speculativa, quindi dotati di quell'atteggiamento mentale scientifico, pur se allora pervaso da empirismi, che caratterizza le civiltà evolute».[163]

Sono stati condotti numerosi studi in più campi di ricerca; tutti evidenziano come non esista un solo significato legato al fenomeno coppellare. È possibile identificare aspetti di tipo astronomico, cultuale, purificatorio, funebre, topografico, sacrificale.

Significato astronomico
L'osservazione del cielo in un luogo privo di inquinamento luminoso è un'esperienza emozionante: via lattea, costellazioni e pianeti offrono una spettacolo che suscita sensazioni profonde e induce a pensieri di tipo riflessivo. L'uomo preistorico, davanti alla stessa visione, cercò di comprendere i cambiamenti che si susseguono nelle notti e nel corso del tempo, fino a che comprese come le meccaniche celesti seguissero delle regole misurabili e prevedibili. Da queste intuizioni nacquero dei sistemi di osservazione validi ancora oggi e per i quali si fatica a comprendere appieno il grado di conoscenza raggiunto. Cerchi litici, allineamenti, oggetti mobiliari, appartengono a quest'ambito. Come ricorda il Magni il «Sabeismo è l'adorazione degli astri e sabeisti possono essere stati i nostri progenitori. Nelle sere splendide avrebbero segnate con carbone sulle rocce le stelle più appariscenti che sembrano tra di loro legate da un nesso invisibile, e di giorno avrebbero lavorato di archetto a scavarle».[164]

Molti studiosi ritengono che anche nelle rappresentazioni coppellari si ravvisino tali indicatori. Uno dei primi esempi è di fine '800 quando l'astronomo Flammarion esaminò un lisciatoio in ardesia trovato negli strati neolitici dei possedimenti del principe Pontiatinn sul lago Bologoë in Russia. Le costellazioni identificate avevano disposizione differente con quelle del periodo del rinvenimento; vennero inquadrate dall'astronomo come antecedenti di qualche migliaio d'anni. Flammarion individuò anche in Bretagna massi coppellari raffiguranti l'Orsa Maggiore e Cassiopea. Anche Galli indica ritrovi di costellazioni raffigurate su massi coppellari.

Già in questo periodo si ipotizza un significato astronomico delle coppelle in un'idea, esplicitata da Martin nel 1878, di sistemi astronomici legati ad antichi culti solari e astrali[165] (fig. 2.79).

Vi sono oggi più studi su coppelle collegate a rappresentazioni astrali; i più completi sono probabilmente quelli svolti da Gaspani che, oltre ad aver compiuto ricerche astroarcheologiche nel campo delle strutture megalitiche, ha individuato allineamenti e riferimenti astronomici in massi coppellari.

Altra ipotesi che è stata avanzata riguarda l'uso delle vaschette coppellari per l'osservazione indiretta degli astri. Ne troviamo un riscontro nel sito peruviano di Macchu Picchu, dove vi sono due vaschette in pietra con forma circolare che presumibilmente servivano per l'osservazione indiretta degli astri. La differenza morfologica tra le incisioni delle vaschette alpine e quelle andine è data dal basso profilo di scavo che favorisce l'effetto di riflessione, comunque presente anche nell'altro caso (fig. 2.80).

Significato cultuale
Molti massi coppellari hanno un legame con il nome attribuitogli dalla tradizione orale che ne esprime il significato primigenio e la relazione con antichi culti di origine preistorica, la cui simbologia è mutata nel tempo. In Val Vigezzo, in località Colma di Craveggio, sono chiamati sassi del fulmine o "Sas 'dla Lesna" «i numerosi massi cuppellati sparsi negli alpeggi, in evidente relazione con i fulmini che cadono abbondanti in questi alti luoghi, manifestazioni delle divinità che lasciano segni sulle rocce».[166] Sempre nella stessa valle, a Malesco, si trova un altro "Sas 'dla Lesna". La "Pera Lusenta" nei boschi tra Borgo d'Ale e Cossano dovette essere una pietra del fulmine come si può desumere dal richiamo alla luminosità insito nel nome.[167]

Sono state formulate più teorie sull'origine del nome: sassi posti sulle alture in luoghi colpiti dai fulmini, elementi che tradizionalmente i pastori continuavano a scolpire secondo un antico rituale al fine di attirare il fulmine ed evitare la morte del gregge, un collegamento con culti del fulmine ancestrali. «Va detto però che il riferimento a tuoni e fulmini, così come a fatti magici o di stregoneria, è comune a molte situazioni poco conosciute o dimenticate: le accette in pietra neolitiche venivano chiamate popolarmente le "Pere dal Troun", cioè le pietre del tuono».[168] La tradizione porta sempre con sè tracce del passato che possono rivelare un uso di antica origine perpetratosi nel tempo (figg. 2.81, 2.82).

163. Biganzoli, *Valle Strona arcaica. Territorio storia e preistoria nelle incisioni rupestri*, 157.
164. Magni, *Pietre cuppelliformi nuovamente scoperte nei dintorni di Como*, 76-77.
165. Magni, *Pietre cuppelliformi nuovamente scoperte nei dintorni di Como*, 76.
166. Priuli, *Le incisioni rupestri nel mondo alpino occidentale, dalla Liguria di ponente al Ticino*, 73.
167. Gremmo, *Le grandi pietre magiche. Residui di paganesimo nella religiosità popolare alpina*, 67-68.
168. Andrea Arcà, *Arte schematica e coppelle: significati iconografici o valenza funzionale?*, in Tracce Online Rock Art Bulletin 14 – Nov 2002 (Valcamonica, 2002), 12.

Fig. 2.78. Santorini, Antica Thira, Tempio di Apollo Karneios. Questa divinità importata in Grecia dai Dori, è rappresentata con corna d'ariete. Le festività ad essa consacrata erano sacre e inviolabili, con un culto di stampo agrario e militare. All'interno del sito si trovano numerose coppelle incise (foto R. Basilico).

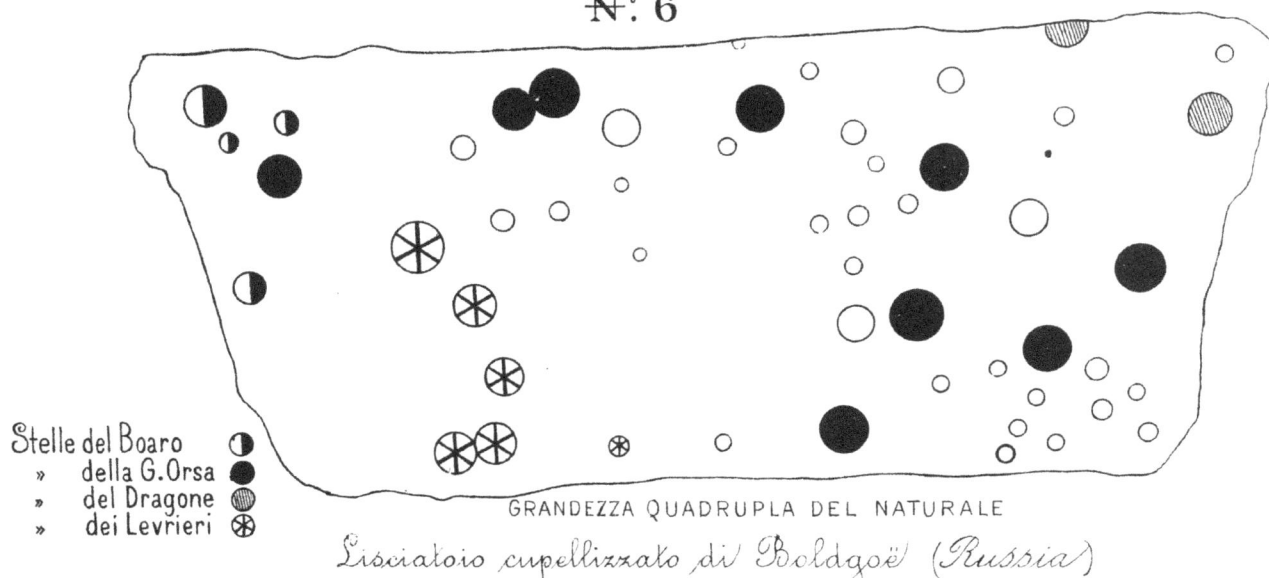

Fig. 2.79. Lastra rinvenuta in Russia alla fine dell'800; esaminata dall'astronomo Camille Flammarion, riporta una serie di costellazioni incise sottoforma di coppelle (tratto da Magni, *Pietre cuppelliformi nuovamente scoperte nei dintorni di Como*, 1907, 76).

Un'analogia con questa interpretazione è stata documentata sui alcuni massi coppellari boliviani dove: «una persona quechua analfabeta di Karakara, in Bolivia, insistette sul fatto che questi fenomeni non sono stati creati dalla mano umana. Ha spiegato che sono forse il risultato di fulmini presumibilmente perché gli esempi a cui si riferiva, si trovavano su affioramenti rocciosi esposti così in alto sopra l'alveo del fiume che non riusciva a collegarli concettualmente alle marmitte presenti nel greto. Sebbene la sua spiegazione non sia corretta, dimostra, come ho potuto osservare in numerose occasioni, che le spiegazioni degli etnoscienziati sono a volte più vicine a quelle della scienza stessa rispetto a quelle degli archeologi».[169]

Si ha così un collegamento con l'elemento uranico similare a quello riscontrato sulle incisioni figurative; ciò mostra un rapporto con l'aspetto divino rintracciabile nel sostrato antropologico sopravvissuto per millenni nelle tradizioni agro-pastorali alpine. Se consideriamo che le manifestazioni coppellari siano antecedenti a quelle figurative, possiamo ipotizzare che il rapporto con il divino fosse in prima istanza di tipo rituale anziché figurativo. La relazione con l'elemento uranico del fulmine è confermata dai tentativi di esorcizzazione operati del cristianesimo sui culti pagani. A Magognino, vicino a Stresa, possiamo osservare «l'erezione-sovrapposizione di una cappelletta con l'effige affrescata di S.Grato, protettore dai fulmini, sopra una roccia coppellata: alle coppelle pre-cristiane ne sono state aggiunte altre, in forma di ex voto, per evitare, grazie all'aiuto di S.Grato, di essere colpiti dai fulmini».[170]

Lo stesso atteggiamento cultuale lo ritroviamo nei massi collegati ai riti di fertilità: «un masso erratico detto "Prèja scalavé" situato nelle selve di Suno era considerato dotato di poteri fecondatori e le donne che desideravano avere figli si recavano ad accendere delle candele all'interno di alcune vaschette che qualcuno aveva scavato sulla sommità. Purtroppo questa litolatria popolare s'è perduta perché i ceri non vengono più accesi».[171]

In prossimità della croce posta lungo la dorsale che collega la bocchetta di Germasino alla cima del Monte Cortafon, si trova un masso erratico detto il "sasso del Boia" «che presenta una cavità probabilmente utilizzata un tempo per collocarvi degli idoli. Boia, nella leggenda che aleggia intorno al masso appena sotto la sommità della Croce di Germasino, sta per diavolo, ma anche nel suo significato letterale non è certo una parola rassicurante. Appoggiando l'orecchio sulla cavità del sasso è possibile udire tuttora degli strani rumori. La leggenda narra addirittura che da quel pertugio provenissero direttamente dagli inferi urfla strazianti coperte dal tipico ribollire di grossi pentoloni. Si racconta anche che quel masso squadrato si trovasse in origine molto più a valle, all'altezza della Bocchetta».[172]

---

169. *An illiterate Quechua man of Karakara, Bolivia, has insisted that these phenomena were not created by human hand. He has explained that they are perhaps the result of lightning strikes, presumably because the specific examples he referred to where located on exposed rock outcrops so high above the current riverbed that he could not conceptually relate them to the river. While his explanation is not correct, it does demonstrate, as I have observed on numerous occasions, that the explanations of ethnoscientists are sometimes closer to those of science itself than to those of archaeologists. Non-archaeologists frequently outperform archaeologists in the identification of supposedly archaeological phenomena, and this also applies to potholes*, da Robert G. Bednarik, *Cupules*, 64.

170. Priuli, *Le incisioni rupestri nel mondo alpino occidentale, dalla Liguria di ponente al Ticino"*, 72.

171. Gremmo, *Le grandi pietre magiche. Residui di paganesimo nella religiosità popolare alpina*, 64-65.

172. Gianpiero Riva, *I mè Noni i me diseven... Leggende e storie dell'Alto Lario e dintorni*, Lariologo, (Como, 2009), 65-67.

Fig. 2.80. Coppelle e vaschette sono state probabilmente utilizzate anche per l'osservazione indiretta di fenomeni astronomici come le eclissi. A Macchu Picchu esistono vaschette litiche rispondenti a questo scopo. Si può osservare lo stesso tipo di utilizzo nelle vaschette in ambito alpino (foto R. Basilico).

Fig. 2.81. Val Vigezzo, Colma di Craveggio. In quest'area i massi coppellari sono chiamate sassi del fulmine o Sas 'dla Lesna. Questa denominazione, usata per supporti posizionati in alta quota, si relaziona alla presenza di fulmini. Ciò ricorda il culto delle divinità montane adorate in prossimità di passi e vette. Nella foto in alto si intravede la conca valliva con indicazione del posizionamento di alcuni di questi massi, nelle cui prossimità è stata costruita una chiesa (foto R. Basilico).

Nell'abitato di Pianvalle a Como si possono osservare delle seriazioni di coppelle disposte in ordine sparso, o a file parallele o secondo disposizioni geometriche triangolari, rettangolari e reticolari. Altre formano composizioni cruciformi o a rosetta; quelle più significative sono delle coppelle poste vicine a raffigurazioni circolari, realizzate in fase con quest'ultime e probabilmente riconducibili a un culto solare inquadrabile al Bronzo.

Significato purificatorio

Il masso coppellare posto presso il rifugio Sommafiume presenta lungo l'asse longitudinale una coppella circolare, posizionata a un'estremità, e una quadrangolare, posizionata sul lato opposto. La prima ha un diametro di novanta millimetri con una profondità di 45 mm, la seconda ha dimensioni di 610x560 mm con una profondità massima pari a duecento millimetri. Le incisioni sono allineate e tracciano una direzione verso il Monte Legnone posto ad est; il monte non è visibile direttamente da questo punto in quanto nascosto dal dorso su cui è costruito il rifugio Sommafiume.

L'elemento è collocato in prossimità delle sorgenti del torrente Albano in una conca che sovrasta la sommità della valle omonima e alle cui spalle si stagliano, procedendo dalla sinistra alla destra orografica, il Monte Pomodoro (1823 m), la Cima Verta (2079 m) e la mole piramidale del Pizzo di Gino (2245 m). Il supporto roccioso è stato lavorato lungo il suo perimetro longitudinale per accentuarne l'orientamento. A cosa poteva servire una coppella quadrangolare di questo tipo? Non per abbeverare il bestiame vista la vicinanza alle sorgenti. È presumibilmente una vasca di purificazione in cui l'acqua, piovana o presa dalla sorgente e scaldata dal sole o illuminata dalla luna, veniva utilizzata per abluzioni rituali. Tra queste rientrano quelle per i neonati che, come è stato osservato in alcuni riti agresti, probabilmente venivano intinti nell'acqua scaldata dal sole. Si è raccolta una narrazione di alcuni pastori, originari di Catasco, che indicavano in questo luogo un punto in cui le donne incinte venivano a partorire e i racconti di alcuni alpigiani sostengono che questo masso fosse detto delle partorienti (fig. 2.83).

Fig. 2.82. Verona, San Zeno. Sul fronte della chiesa, nel corso dei secoli, sono state scolpite numerose coppelle dai devoti. Questo tipo di gestualità sottolinea il carattere cultuale rimasto nell'immaginario collettivo; l'atto rituale si traspone dal vecchio al nuovo paradigma religioso senza soluzione di continuità e assumendo un valore apotropaico (foto R. Basilico).

Altre tracce si rinvengono nel sostrato pagano sopravvissuto in seno alla religione cristiana: «nel comune di Boleto resiste un altro culto salvifico litico proprio nel grande santuario costruito su una roccia a strapiombo sul Lago d'Orta consacrato nel 1771 e dedicato alla "Madonna del Sasso".» Il sacerdote rettore Don Spezia assistette ad un rituale durante il quale vide «due anziane donne di Boleto immergere la mano nell'acqua piovana naturalmente depositata in una piccola conca naturale di quella pietra facendosi il segno della croce e spiegando d'aver appreso dai nostri vecchi che si sarebbe trattato di acqua benedetta. Senza neanche aver coscienza dell'importanza della singolarità del loro gesto, le popolane praticavano un rito lustrale pagano».[173]

Un masso situato appena sopra la località di Sant'Anna ha caratteristiche similari. In questa località a 930 metri di quota è stata edificata una chiesa nel 1400 circa, meta di devoti e di una festa che vi si svolge in occasione dell'adorazione della Santa. All'interno vi è un affresco che secondo la tradizione concedeva grazie ai fedeli; il culto di Sant'Anna appare sovente in rapporto ai siti con tracce di culti pagani preistorici legati alla fertilità. Il masso ha incisa una vasca quadrangolar, simile a quella presente a Sommafiume, che trattiene le acque piovane e nelle cui prossimità si trova un ruscello. La pietra, ove è scavata la vasca, è stata modellata con una forma che riprende il profilo del monte Legnone, sul quale si affaccia. Il rito adottato dovette essere assimilabile a una purificazione; le abluzioni rituali non sono altro che l'espressione di una purificazione ottenuta tramite l'acqua, elemento fluido vitale. Lo stesso battesimo cristiano riprende questo tipo di azione diffusa storicamente presso tutte le popolazioni. Le vaschette quadrangolari, di dimensioni considerevoli, hanno probabilmente questo tra i propri scopi, riconoscibile in funzione della collocazione del supporto, del suo orientamento e in casi di emulazione del caposaldo di riferimento.

Un ipotesi comparativa è stata fatta da Jorio secondo il quale la stessa simbologia si ritrova a Malta nei templi di Hal Tarxien, in cui tutto è circolare dai fori nei lastroni alle rappresentazioni figurative. Ciò farebbe ipotizzare un nesso con un culto religioso ctonio dei morti; «potrebbe benissimo trovare corrispondenza nelle coppelle, temi metamagici di un approccio spirituale al sottosuolo (anche l'altare cristiano mette in comunicazione con il mondo dei morti: la regola un tempo era che fosse innalzato sopra un *martyrium,* cioè la tomba che racchiude i resti di santi posti nella cripta); oppure l'idea di un superiore spirito della fecondità, che in alcune aree è manifestata dalla incisione realistica di grosse vulve».[174]

Si trovano tracce della cultualità anche nelle descrizioni e negli annali del cristianesimo: "ancora nel 1580, San Carlo Borromeo fece distruggere a Vione, in provincia di Brescia, una diabolica e superstiziosa pietra sulla quale per impetrare la pioggia nella siccità la comunità locale svolgeva un rito, alla presenza di dodici vergini adornate di bellissime galle e provviste d'un vaso che, cantando superstiziose preci ed invocando sovente il nome del falso Nume di quella pietra, Santa Paola, versavano acqua di fontana dentro un buco della medesima".[175]

Significato funebre
In letteratura si è conferito alle coppellazioni un utilizzo funerario in cui il loro numero rappresenterebbe le entità dei trapassati, mentre la loro dimensione sarebbe correlabile all'importanza o all'età degli stessi. Queste supposizioni partono dal concetto che queste incisioni non rappresentino tanto il luogo fisico della sepoltura, quanto siano da collegarsi al culto degli antenati o degli spiriti dei morti sviluppatosi probabilmente in antichità e perpetratosi nel tempo: numi, simulacri, entità a tutela della casa sono alcune delle manifestazioni occorse. De Mortillette, con riferimento alle pratiche funerarie preistoriche, ipotizzò che si possa desumere una flebile differenza tra l'origine dei sentimenti affettivi e quella del sentimento religioso, con una manifestazione dei primi antecedente al secondo. Ciò sarebbe legato alla minore apparente complessità del sentimento affettivo.[176] Tra i comportamenti discriminanti dell'uomo rispetto al resto del regno animale le cure, o un qualche tipo di attenzione verso i defunti o parti di essi, rappresentano un aspetto significativo per le implicazioni culturali e sociali di tale atteggiamento.

Nell'arco alpino, fino ad almeno tutto il rinascimento, il conteggio delle famiglie le considerava alla stregua di unità. In Val di Susa i cosiddetti "fuochi" erano il sistema di censimento delle comunità. Il "fuoco" era un'entità che corrispondeva al nucleo famigliare, variabile numericamente ma rientrante in un range definito dalla struttura sociale contadina: essa forgiava la propria forza lavoro sulla quantità delle persone che la componevano. Ciò potrebbe essere un retaggio del sistema numerico di conteggio dei decessi nelle società preistoriche, calibrato su differenti sistemi di numerazione rispetto al nostro; occorrerebbe verificare questa ipotesi con un accurato lavoro antropologico, nelle sacche fossili delle strutture sociali alpine.

Significato topografico
Nella rappresentazione topografica dei petroglifi schematici troviamo un'analogia con lo stesso tema figurativo. Possiamo riscontrare raffigurazioni

173. Gremmo, *Le grandi pietre magiche. Residui di paganesimo nella religiosità popolare alpina"*, 7-12, 63-64.
174. Piercarlo Jorio, *Il magico, il divino, il favoloso nella religiosità alpina,* Priuli e Verlucca, (Ivrea, 2006), 70.
175. Fabio Copiatti *Tracce di antichi resti agresti. Coppelle e rocce scivolo in Valle Antigorio,* in "*Antigorio, antica terra di pietra. Ambiente, geologia, archeologia, arte e tradizione di una valle alpina»,* a cura di Elena Poletti Ecclesia, Comunità Montana Valli dell'Ossola, (Gravellona Toce, 2012), 41.
176. Paul de Mortillette, *Origine du culte des morts: les sépultures préhistoriques,* Gamber, (Parigi, 1914), 8-32.

Fig. 2.83. Gravedona e Uniti, Germasino, Rifugio Sommafiume. In prossimità delle sorgenti del torrente Albano si trova un supporto con incisa una grossa vaschetta quadrangolare che dovette servire per riti di purificazione, forse legati all'ambito infantile. La collimazione tra la vasca e la coppella fornisce una direzione verso il monte Legnone (foto R. Basilico).

territoriali, dove le coppellazioni parrebbero rappresentare il numero dei capi di bestiame o gli alberi disposti attorno ai campi, oppure simbologie di fecondazione cielo-terra, con disposizioni a reticolo quali le coppellazioni presenti nel Parco della Spina Verde a Como (fig. 2.84).

Significato sacrificale
L'atto del sacrificio esiste in ogni forma religiosa, animista come monoteista. La privazione di un bene in favore dell'ottenimento della sua trasformazione in un elemento di altra natura, è un atto che segna un rapporto tra l'uomo e le entità superiori. In un'ottica magico-religiosa ciò si tramuta in un rito ripetibile e misurabile, necessario per segnare i momenti della collettività e direzionarne il cammino.

Nell'ambito dei massi coppellari la funzione sacrificale, supportata dalle testimonianze storiche, è tra le più certe. Del III secolo d.C. è un'incisione «presente sulle pareti del santuario rupestre di Panoias, nel nord del Portogallo, che recita testualmente: HVIVS HOSTIAE QVVE CADVNT HIC IMM(OL)ANTVUR EXTRA INTRA QVADRATA CONTRA CREMANT-VR -SAN(GV)IS LAC(I)CVLIS (IVXTA) SVPERFV(NDI)

TVR- (C.I.L. II, 2395) -Qui sono consacrate agli dei le vittime che vi vengono abbattute: le loro interiora vengono bruciate nelle vasche quadrate e il loro sangue si diffonde nelle piccole vasche circostanti-. Il santuario si presenta come luogo di offerta e sacrificio, con grandi vasche e gradini di accesso intagliati nella roccia. Vi sono anche alcune grandi coppelle collegate da canali serpeggianti»[177]. In questo santuario si celebrava probabilmente il culto di Endovelicus, divinità solare e legata ai fenomeni di guarigione.[178] In uno degli elementi analizzati nell'area altolariana si è riscontrato lo stesso tipo di disposizione (fig. 2.85).

I massi coppellari furono utilizzate come altari per compiere sacrifici, non necessariamente legati alla sola uccisione di animali ma anche al versamento di liquidi. In associazione ai canaletti l'atto sacrificale assume un valore cerimoniale in cui l'aspersione del liquido sul terreno è atto simbolico di fecondazione; il sacrificio giunge alla terra scorrendo sulla pietra, elemento

177. Arcà, Fossati, *Sui sentieri dell'arte rupestre, Le rocce incise delle Alpi*, 97.
178. Géza Alföldy, *Die Mysterien von Panóias Vila Real, Portugal*, in AA.VV. *"Madrider Mitteilungen n. 38"* Philipp von Zabern (Madrid, 1997), p. 176-246.

sacrale, fecondandola e perpetrando il sodalizio grazie al quale si sarebbe instaurato un nuovo ciclo vitale.

Significati vari

Molte interpretazioni derivano da studi appartenenti a vari ambiti: dall'utilizzo delle coppelle come mortai per la preparazione di spezie, a stampi per la fabbricazione del burro o a incavi per l'essicazione di funghi allucinogeni. «A mio parere la cavità coppelliforme può essere facilmente considerata come l'impronta in "negativo" a stampo, per dimensioni e caratteristiche, tal quale verrebbe lasciata su una superficie più morbida, dal cappello di un fungo, nello specifico amanita muscaria psicoattiva. La presenza spesso anche attuale nelle zone interessate, di Amanita Muscaria è un fatto reale e facilmente verificabile, la funzione psicotropa dell'Amanita è legata alla sua essicazione che ne trasforma i principi attivi, la conservazione del fungo è legata alla disidratazione per essicamento, l'*Amanita* è un fungo lamellare, il processo di essicazione richiede poche ore in buone condizioni di sole e spesso le rocce sono orientate in modo da avere massima esposizione solare. E' dunque lecito considerare le rocce coppellate alla stregua di essicatoi rituali legati a culti della fertilità (doppia funzione materiale e rituale), tramite penetrazione simbolica nella roccia (la madre Terra) del fungo fallico che ivi sta eretto, capovolto, fino all'essicazione e non è da escludere un consumo anche "afrodisiaco" della sostanza stessa» [179]

Canaletti

I canaletti sono i solchi artificiali scavati per collegare tra loro due o più coppelle; in questa configurazione si ipotizza che potessero servire per condurre fluidi. Possono avere lunghezza da pochi a decine di centimetri, larghezza variabile tra pochi millimetri e alcuni centimetri, sezioni trasversali a «V» o concave, andamento curvo o rettilineo ed essere rappresentati isolati o associati in reticoli. In questo'ultimo caso si associano a coppelle, su supporti utilizzati per riti di fertilità. Nelle zone indagate vi è un supporto esemplare, posto alle pendici del Legnone, collocato all'interno della proprietà della famiglia Pasina (fig. 2.86). Altro supporto simile, con coppelle e canaletti che conducono al terreno i liquidi versati, è in località Samaino. Nella parte delle coppelle sommitali si notano lungo la cresta superiore del masso, traguardando verso il monte Legnone, le forme scolpite delle principali cime altolariane.

Si è documentato un uso correlato alle incisioni figurative quando i canaletti formano disegni complessi. In questo caso si potrebbe ipotizzare una doppia funzione dell'incisione di tipo rappresentativo e cultuale, in cui all'atto della raffigurazione si unisce quello del contenimento di liquidi o di sostanze -liquidi oleosi o grassi- in grado di produrre luce artificiale (fig. 2.87).

Pediformi

I Pitti scozzesi incoronavano i loro capi facendogli poggiare i piedi su incisioni pediformi per sottolineare la legittimazione di stampo divino. Questa tradizione è ravvisabile nella "Stone of Scone" o "Stone of Destiny", sulla quale i re scozzesi vennero incoronati per secoli. Come ricorda Foster non vi sono dirette descrizioni di questi usanze dei Pitti, ma le stesse sono sopravvissute in modo continuativo almeno fino a tutto il Medioevo. Manifestazioni quali *carved stone footprints, stone chairs, rock-cut basins e stone slabs* (incisioni pediformi, sedili in pietra, basamenti intagliati nelle rocce e lastre in pietra), sono proseguite durante il culto cristiano. Nei paesi anglosassoni le monarchie continuarono a enfatizzare la loro origine pagana riutilizzando nel corso del tempo i luoghi rimasti sacri e legittimatori. I pediformi più significativi in questo senso si trovano nel forte di Dunadd, a Clickhimin, a Southend e a Dunaverty.[180]

La presenza di pietre sacrali è tipica della tradizione dei popoli europei. Lo stesso poeta inglese Edmund Spenser nella seconda metà del XVI sec. descriveva come nel territorio irlandese si trovassero moltissime *footprints carved stone*, sulle quali venivano legittimati i capi locali. Ricordare tra le più note la *Lia Fáil* o "Pietra del destino" irlandese a Tara che per tradizione, se calpestata da un re, avrebbe urlato di gioia; la roccia che custodiva Excalibur, le svedesi Mora Stenar che,con funzione analoga, servivano per l'incoronazione dei re, la Pietra del Principe in Carinzia, capitello in pietra ionico sul quale venivano incoronati i duchi durante l'alto medioevo, come anche la pietra di San Galgano che, analogamente alla pietra di Artù, racchiude al proprio interno una spada infissa nella roccia. Siamo in presenza di simboli elettivi di legittimazione a carattere sacrale che evidenziano il collegamento tra l'elemento divino e quello terrestre, appartenenti ai culti delle rocce che per millenni hanno permeato la cultura occidentale (fig. 2.88).

Come è stato osservato da alcuni studiosi questo aspetto deriva, presumibilmente, da riti preistorici. Nell'Alta Moriana, valle parallela a quella di Susa, a 2730 m, si trova la *Pierre aux Pieds,* che è la roccia coppellare più alta d'Europa. Essa presenta sulla superficie una serie di impronte «di dimensioni medio-piccole, di taglia corrispondente a quella di un adolescente (misure 34/35). Le principali ipotesi vedono da una parte la testimonianza di un luogo di culto nei confronti delle alte cime o dei ghiacciai, e dall'altra il risultato di cerimonie rituali di iniziazione alla pubertà o all'adolescenza. Le impronte di piedi sono presenti in numerose zone europee. In Valcamonica si diffondono a partire dalla media età del Ferro, come dimostrato dalle iscrizioni nord-etrusche ad esse associate, e dalle raffigurazioni di guerrieri armati di lancia presenti al loro interno

179. Fulvio Grosso, *On the Potential Use of Cup-Marks*, in «*Anthropology of Consciousness n. 21"*, American Anthropological Association, (Arlington, 2010), 206.

180. Sally M Foster *Picts, Gaels and Scots: Early Historic Scotland*, Birlinn General, (Edimburgo, 2014), 62-65.

139

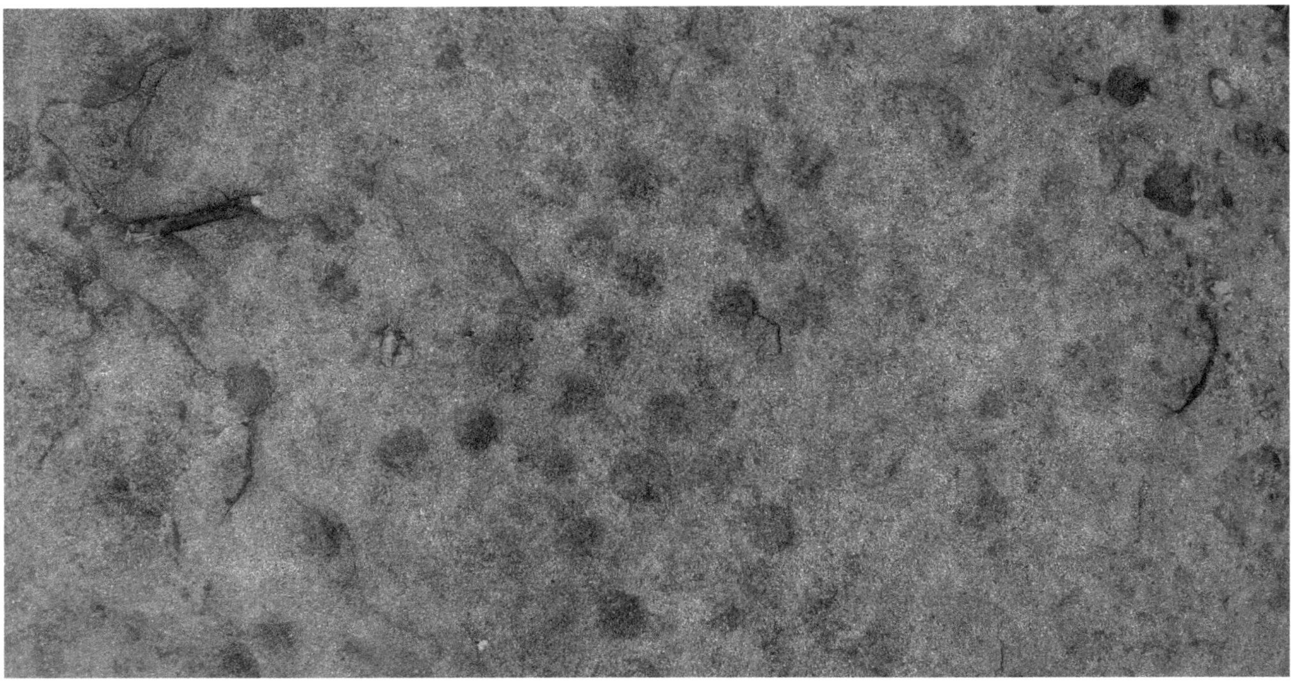

Fig. 2.84. Como, Spina Verde, Abitato di Pianvalle. Sugli affioramenti incisi di Pianvalle si osservano coppelle disposte lungo file parallele. Questa tipologia rappresentativa è ricollegabile ai reticoli topografici figurativi (foto R. Basilico).

Fig. 2.85. Pianello Lario, località Tre Terre. Supporto a forma di mezzaluna con incise due vaschette quadrangolari e una circolare posta centralmente rispetto agli altri due elementi. L'elemento è un esempio di masso sacrificale; trova un riscontro calzante con l'epigrafe del santuario portoghese di Panoias che reca incisa la scritta: HVIVS HOSTIAE QVUE CADVNT HIC IMM(OL)ANTVUR EXTRA INTRA QVADRATA CONTRA CREMANT-VR -SAN(GV)IS LAC(I)CVLIS (IVXTA) SVPERFV(NDI)TVR- "Qui sono consacrate agli dei le vittime che vi vengono abbattute: le loro interiora vengono bruciate nelle vasche quadrate e il loro sangue si diffonde nelle piccole vasche circostanti" (foto G. Beltramelli).

(...). La superficie della *Pierre aux Pieds* presenta 82 impronte di cui 70 appaiate».[181]

Sull'argomento il Magni osserva: «coloro che in talune di queste incisioni scorgono degli *ex voto* attribuiscono le impronte di mani, di piedi, di orecchie ad emigrazioni felicemente riuscite, a viaggi fortunati, ed a malattie di queste parti del corpo favorevolmente dissipatesi. Altri, nell'impronta del piede un incavo rituale onde il celebrante vi ponesse il suo e fors'anche perché non scivolasse dalla roccia. Treichel riferisce di pietre con impronte di piedi esistenti presso Melken in Germania, che egli paragona pel significato ad altre consimili che nell'antica Polonia, secondo tradizioni popolari, servivano di limite di frontiera».[182]

In Valle Stura corre la leggenda che «Sant'Anna si sarebbe materializzata su un grande masso erratico lasciandovi impresse le proprie orme, ancor oggi visibili sulla sommità dell'imponente roccia posta alcune centinaia di metri sopra il santuario accanto al sentiero che conduce a due laghetti alpini. Le impronte erano utilizzate per ritualità pagane antichissime in un percorso di ascesa che comportava la difficoltosa scalata del masso ed una sosta prolungata in quello stretto spazio elevato e ventoso che poteva provocare solo sensazioni molto forti. Per di più, le due cavità si riempiono facilmente d'acqua piovana rendendo plausibile l'ipotesi che favorissero delle abluzioni rituali. A Sant'Anna di Vinadio persiste la pratica religiosa dei *Ciaparét* che prova la sacralizzazione di quelle rocce perché salendo al masso delle impronte miracolose i fedeli accumulano devozionalmente una sull'altra piccole pietre e formano delle stele piramidali».[183] Come si è già avuto modo di osservare il culto di Sant'Anna, nell'ambito alpino, si osserva in luoghi ritenuti sacri e in cui, curiosamente, si trovano incisioni e fenomeni a essi correlati (fig. 2.89).

È ipotizzabile che i pediformi sorgessero in particolari luoghi preposti a riti di legittimazione e di passaggio: «l'orma di piede incisa, comune a tutto l'arco alpino, rappresenta simbolicamente la presenza, il possesso, il passaggio intesi come presenza di qualcuno, di qualche divinità; il possesso inteso come proprietà, piede come firma, ed il passaggio inteso come segnavia oppure simbolo di momento iniziatico».[184] Alcuni piediformi, incisi con al loro interno figure di antropomorfi, hanno un significato presumibilmente legato a iniziazioni.

Nell'area esaminata sono incisi tre pediformi. I primi due, uno singolo e una coppia, sono collocati sulla sommità del Montecchio Sud in un contesto di massi coppellari molto particolari la cui composizione è

probabilmente legata alla presenza di riti a carattere sacrale o cultuale. La presenza del pediforme, disposto sulla parte sommitale della roccia in vista del monte Legnone, potrebbe rappresentare un collegamento tra l'individuo e la montagna sacra (figg. 2.90, 2.91).

Polissoir
Il termine *polissoir* identifica gli affilatoi. Tali elementi sono stati inquadrati al Paleolitico e precedenti alle manifestazioni coppellari;[185] si trovano su supporti parietali e mobiliari.

Il Prestipino asserisce che i polissoir, in associazione alla presenza di coppelle, servissero alla lavorazione della lame fossero esse in pietra o in metallo. Nella descrizione degli affilatoi e delle coppelle raggiate presenti nell'area del Monte Beigua indica: «la sperimentazione dimostra che si tratta di affilatoi per l'affilatura di lame litiche in *giadeite* o *eclogite*, le caratteristiche pietre verdi del Beigua; l'ipotesi fu proposta da Mario Fenoglio che dimostrò sperimentalmente questo utilizzo. La coppella all'estremità avrebbe avuto la funzione di contenere una piccola quantità d'acqua, miscelata con la polvere abrasa dalla roccia stessa e dalla pietra in lavorazione, ottenendo così una pasta ideale per la lucidatura e la rifinitura del filo della lama trattata nel fusiforme, più correttamente riconoscibile, quindi, come affilatoio. Queste rocce sarebbero state usate in età neolitica per rifinire le asce sgrossate ed i segni sarebbero le tracce residue di un lavoro di rifinitura di asce neolitiche; questi utensili litici trovarono mercato di scambio in un'areale vastissimo della Liguria sino all'area francese, lungo tutta la dorsale appenninica ed alpino-marittima e verso il Nord Europa. A completare il quadro noteremo poi che gli affilatoi di Alpicella presentano forti analogie con quelli presenti in Borgata Pianetto, ad Usseglio (Valli di Lanzo - Piemonte), di fronte alla cappella di San Giacomo e sono analoghi a quelli presenti sui megaliti della Somme, in Francia, che gli studiosi francesi (Luois De Ponchon nel 1889, poi Mortillet nel 1908), riconobbero già come affilatoi per asce neolitiche. Identica situazione si riscontra nella seconda roccia di Alpicella, che appare incisa con profondi affilatoi analoghi a quelli della Ceresa: valgono qui le osservazioni fatte prima. Questi affilatoi rappresentano i resti di un atelier di periodo Neolitico, utilizzato forse sino all'Età dei Metalli, dove gli artigiani del luogo perfezionarono l'affilatura delle loro asce, affidandola a personaggi *specializzati* (forse riconosciuti come sciamani dalla comunità). Non possiamo escludere che queste rocce avessero anche una funzione magico-religiosa, legata ad una ipotetica sacralizzazione dell'ascia tuttavia riteniamo che, nel nostro caso, questa domanda non abbia una risposta sostenibile».[186]

Esempi di polissoir si trovano in tutto l'ambito preistorico, da soli o in gruppi, soprattutto in luoghi

181. Arcà, Fossati, *Sui sentieri dell'arte rupestre, Le rocce incise delle Alpi*, 66.
182. Magni, *Pietre cuppelliformi nuovamente scoperte nei dintorni di Como*, 68.
183. Gremmo, *Le grandi pietre magiche. Residui di paganesimo nella religiosità popolare alpina*, 130-133.
184. Priuli, *Incisioni rupestri nelle Alpi*, 7.

185. Priuli, *Segni come parole, il linguaggio perduto*, 122-123.
186. Carmelo Prestipino, *Alla scoperta delle rocce incise nel geoparco del Beigua*, Erredi (Genova, 2013), 31-32.

Fig. 2.86. Colico, Monti sopra S. Rocco. Masso riferibile a rituali di fertilità posto sulle pendici del monte Legnone, montagna sacra per l'areale. I canaletti si associano a coppelle; il fluido defluisce sul terreno tramite questi condotti artificiali (foto R. Basilico).

Fig. 2.87. Colico, Montecchio Sud. Elemento figurativo aracniforme realizzato con incisioni a canaletti. La tecnica di incisione, ricorrente nell'area indagata, si avvale di tipologie schematiche per realizzare incisioni appartenenti all'ambito figurativo (foto G. Beltramelli).

di produzione di armi, litiche e metalliche (fig. 2.92). I polissoir sul roccione di Pianvalle sono stati relazionati all'attività metallurgica, identificata nell'area a ridosso della parte meridionale della parete; «oltre alle incisioni di origine rituale sono presenti sulle rocce di Pianvalle anche tracce delle attività artigianali svolte nel villaggio; in particolare sono state identificate due serie distinte di lunghe incisioni, una prodotta dall'affilamento di punte metalliche ed un'altra dalla ripetuta azione di sfregamento di oggetti metallici per eliminare le bave di fusione o per rifinirne la superficie».[187]

Scivoli

Il fenomeno degli scivoli della fertilità, perpetratosi dall'antichità fino ai nostri giorni attraverso processi di ritualità propri della cultura contadina, è tra i più significativi da un punto di vista antropologico. La sua diffusione è legata al fenomeno delle incisioni schematiche, ma con una minor presenza dovuta alla sua natura sacrale, misterica e femminile.

Questi manufatti rientrano nella più ampia iconografia delle rocce guaritrici, forzatamente confluita nei riti di stampo cristiano; nel rito detto del "Musset", che si svolge il 30 gennaio ad Aosta durante la sagra di Sant'Orso nell'omonima Collegiata, vi è un masso con un foro, sotto l'altare della cripta, nel quale i fedeli perpetuano il rito del passaggio procedendovi carponi per ottenere fertilità e guarigione dal mal di schiena.

Presso il santuario di Oropa si trova la "Roc d'la vita", un masso attorno al quale giravano e sfregavano il basso ventre le donne affette da sterilità. La costruzione della cappella di Sant'Eusebio a ridosso del masso non ha fermato il rito nemmeno in seguito all'occlusione del passaggio nel quale si infilavano le donne; esse ora siedono direttamente sulla sommità della pietra per assorbirne le proprietà taumaturgiche continuando a compiere il passaggio più volte riaperto. Oropa è il più antico santuario mariano e vi si venera una madonna nera, diffusa simbologia mariana derivata dal culto delle Dee Madri, rappresentate scure in una similitudine con la terra fecondatrice. A Gattico resiste la tradizione del "sass Malò" o pietra maligna, una roccia di serpentino alta cinque metri dove si narra nascano i bambini; ha uno stretto passaggio che si sviluppa al suo interno nella parte centrale, probabilmente legato a un rito ancestrale di attraversamento[188] (fig. 2.93).

Questi culti, legati alle culture megalitiche, sopravvivono in tutte le società agresti e se ne trovano in tutta la nostra penisola. A Calimera, nella chiesa di San Vito, si trova un masso forato in cui il giorno del lunedì dell'angelo si perpetra un rito di passaggio necessario per ottenere la fertilità, identico a quello di Sant'Orso. I riti di passaggio sono un simbolo di nascita e rinascita necessario per ottenere una nuova energia vitale o per ristabilire quella primordiale; sono gli stessi rituali contadini animisti che fino a pochi anni orsono venivano praticati ad Ercolano il giorno di San Giovanni. Il tronco di una giovane quercia veniva tagliato in senso longitudinale, aperta e utilizzata per farvi passare tre volte i bambini affetti da ernia. Una volta finito il rito l'albero veniva ricomposto e, se tornava a germogliare, avveniva la guarigione.

Il fenomeno degli scivoli è direttamente collegato alla necessità achetipa di riprodurre la specie ed è chiara espressione di una ritualità antica la cui efficacia è legata ad un bisogno comunitario e individuale. «Le culture sciamaniche possiedono una particolare concezione di ciò che esiste (ontologia) e dei motivi per cui le cose accadono (causalità). Solo sulla base di queste concezioni l'efficacia dell'azione sciamanica risulta possibile. Anche la medicina occidentale lavora in questo modo. Il rapporto tra medico e paziente ha molto del rituale, implica timore reverenziale e differenza di status, e l'effetto placebo dimostra che alcune persone rispondono tanto bene a una pillola contenente sostanze inerti quanto a un farmaco vero e proprio (…). I parallelismi sono ancora più stretti nella psicoterapia e laddove la cura si svolge in un contesto sociale, come nelle terapie di gruppo. Tale concezione attribuisce particolare importanza al bisogno che il paziente ha di capire il mondo e la propria posizione all'interno di esso. Il rituale funziona perché esprime bisogni e sentimenti, ma anche perché agisce sulla salute del paziente modificando la sua percezione del reale».[189]

Come funzionava questo rito? Anche in questo caso non abbiamo descrizioni di tipo diretto ma tradizioni orali e modalità rituali, svolte in modo analogo in un ampio ambito territoriale. Lungo le superfici rocciose, deputate alla scivolata, si delinea una porzione di superficie posta lungo lo sviluppo longitudinale della roccia e in corrispondenza della massima pendenza, priva di attrito e oleosa per le ripetute azioni di sfregamento operate nel corso del tempo.

Le superfici hanno un grado di usura tale da non permettere l'attecchimento di forme vegetative riscontrabili però sul resto della superficie rocciosa del masso. È interessante notare come «l'uso frequente dello scivolo, con necessari accorgimenti, ha certo contribuito ad accrescere la lucentezza delle superfici interessate, ma è logico credere che sia imprescindibile un apprestamento preliminare, giusto al modo neolitico: vale a dire si strofinavano le superfici con altre pietre, proprio come accade fra le parti di una macina, fino ad ottenere il grado di lucentezza desiderato. La sperimentazione di pratiche analoghe a quelle descritte

---

187. Ausilio Priuli, *Le incisioni rupestri: cronologia e rapporti con l'abitato*, in AA.VV. *"Como fra Etruschi e Celti. La città preromana e il suo ruolo commerciale"*, Società Archeologica Comense, (Como, 1986), 103.

188. Gremmo, *Le grandi pietre magiche. Residui di paganesimo nella religiosità popolare alpina*, 7-12, 65-66.

189. Vitebsky, *Gli sciamani, viaggi nell'anima, trance, estasi e rituali di guarigione*, 143.

Fig. 2.88. San Galgano. Spada infissa nella roccia. I simboli elettivi a carattere sacrale legittimarono il potere temporale; si trovano collegati ai culti delle pietre diffusi in tutto l'occidente (foto R. Basilico).

Fig. 2.89. Gravedona e Uniti, Germasino, Chiesa di Sant'Anna. Il culto di Sant'Anna, ricorrente nell'arco alpino, è correlato a elementi rituali e devozionali che derivano da antichi culti di fertilità e ritualità di stampo agreste. Questi, veicolati dal cristianesimo in un nuovo sistema devozionale, hanno mantenuto il loro carattere primordiale (foto R. Basilico).

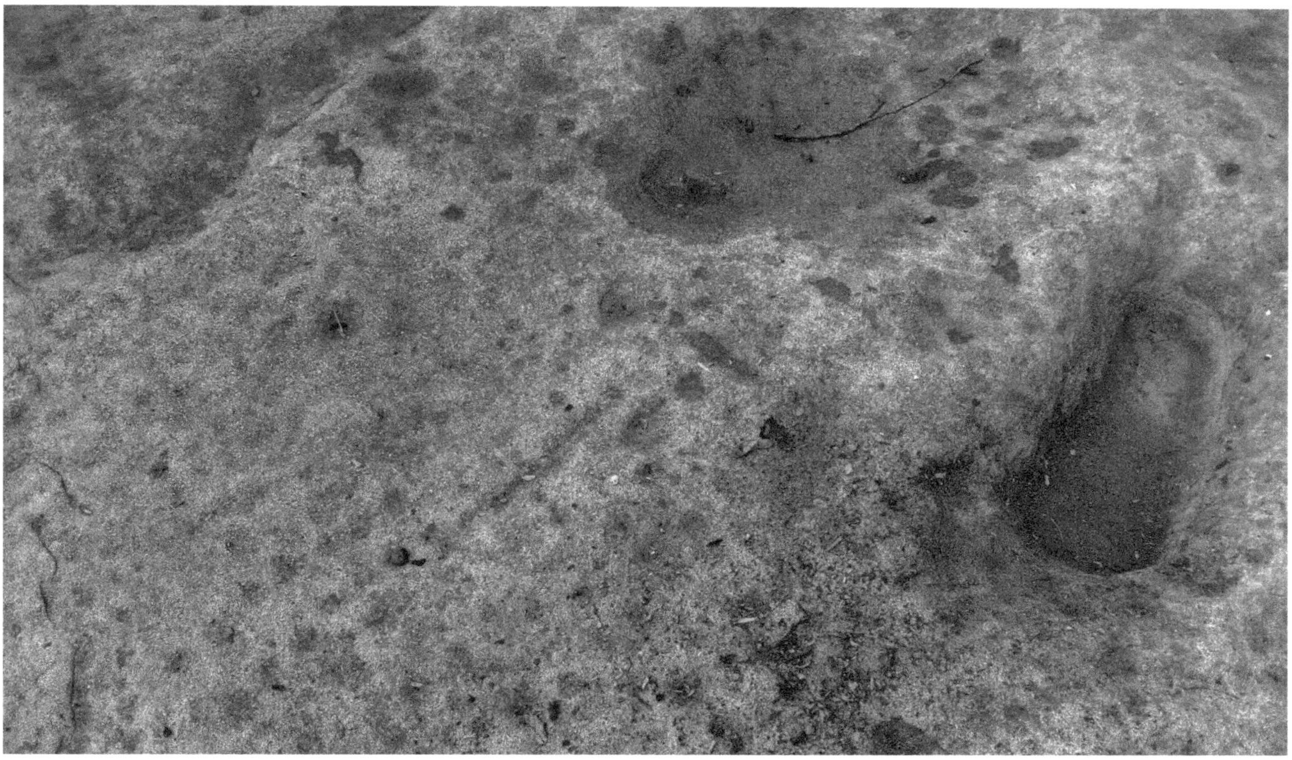

Fig. 2.90. Como, Spina Verde, Abitato di Pianvalle. Incisione pediforme (foto R. Basilico).

Fig. 2.91. Colico, Montecchio Sud, Pediforme. Il pediforme è qui in associazone a una seriazione di elementi coppellari. Questi ultimi appaiono disposti secondo uno schema di allineamento diretto verso il monte Legnone. Le incisioni pediformi caratterizzano luoghi preposti a riti di legittimazione o di passaggio (foto R. Basilico).

Fig. 2.92. Santa Maria Rezzonico. Polissoir evidenziato con un marcatore di gesso (foto R. Basilico).

dimostra che anche lo strofinare delle pelli su una pietra per completare la conciatura rendendole morbide, produceva un alto grado di levigatezza delle superfici della pietra».[190] La lisciatura è un atto comune sulle pietre del neolitico; in Sardegna queste areole cultuali sono dette "preghiere" e l'atto magico-religioso prodotto dalla superficie lapidea prevedeva che la stessa andasse sfregata per assorbirne l'energia.[191]

Le definizioni popolari sono varie. tra esse citiamo: "Scarlighera" -termine utilizzato ad Ello dal lombardo scarligà/scivolare-, "Sass de la Comàa" -definizione utilizzata ad Albese con Cassano per il Sasso della Levatrice-, "Roc Sguia" -termine utilizzato nella Bessa piemontese con il significato di Roccia dello Scivolo-, "sbrisìich" -gli scivoli identificati a Prosto di Piuro in Valchiavenna su una roccia istoriata-[192], i *Rutschbahnen* altotesini, scivoli delle *streghe* -così definiti a Elvas-

Kreuzplatte[193], *Glissade* -gli scivoli in Val d'Ayas con una presenza a Châtillonet, documentata nel 1666 su una roccia accostata all'antica Cappella di S. Anna,[194] "Ròch dla sguja" -scivolo a Machaby nella Bessa dove la locuzione "a l'è sguja", è scivolata, indica una giovane rimasta incinta prematuramente,[195] e "Pietra Sburà" -o pietra scivolosa di Gurro purtroppo scomparsa-. Tutti questi termini hanno come denominatore comune l'atto dello scivolamento, i riferimenti al parto e alla fertilità, elementi volti a sottolineare i caratteri ancestrali collegati alla funzione taumaturgica del masso. Alla loro presenza sono spesso associate altre incisioni. In Valle Antrona, in prossimità dell'Alpe Corzelli, si trova la roccia della fertilità, uno sperone roccioso sul quale sono incisi numerosi simboli sessuali fallici e vulvari.[196]

190. Armin Frey, *Magiche rocce fertili. Il potere delle rocce* in "*Sardegna Antica- Culture mediterranee*", n. 43, (2013), 51.

191. Giacobbe Manca, *Mito di Mamojada. Archeologia, pietre magiche, antropologia*, Associazione culturale Atzeni, (Mamojada, 2008), 48.

192. Leopoldo Pozzi, *Gli scivoli della fertilità*, in "*Istituto Archeologico Valtellinese - Notiziario n.8*", (Sondrio, 2010), 73-81.

193. Marisa Uberti *Ludica, sacra, magica triplice cinta*, Gedi, (Roma, 2012), 22.

194. AA.VV. *Archéologie en Vallée d'Aoste*, Regione Valle d'Aosta, (Saint-Pierre, 1981), 53-55.

195. Gremmo, *Le grandi pietre magiche. Residui di paganesimo nella religiosità popolare alpina*, 13.

196. Priuli, *Le incisioni rupestri nel mondo alpino occidentale, dalla Liguria di ponente al Ticino*, 73.

Fig. 2.93. Santuario di Oropa, cappella di Sant'Eusebio, Roc d'la Vita. Attorno a questo masso le donne compivano dei peripli sfregando il basso ventre in un rito di acquisizione della fertilità. I rituali propiziatori legati a salute e fertilità sono collegati al fenomeno del culto litico di stampo pagano. La cosidetta "religione dei sassi" risultava radicata nel tessuto antropologico alpino in modo atavico, tanto che il cristianesimo non riuscì a estirparla nemmeno con la demonizzazione dei massi. Per questo si rese necessario farla confluire nella nuova religione (foto M. Meroni).

La ritualità del gesto si dovette relazionare alla presenza di elementi naturali utili allo svolgimento dell'atto drammatico: presenza di corsi d'acqua nelle vicinanze, posizioni isolate e, attuazione dell'evento sotto l'influsso lunare. «Le credenze popolari di oggi consentono la fondata ipotesi secondo cui fosse l'universo femminile a praticare il rito dello scivolare al fine di propiziare la propria fertilità. Si ipotizza che ciò accadesse ponendo le parti intime nude a contatto con la roccia. Assai poco è sopravvissuto nella memoria popolare delle modalità con le quali si doveva praticare il rito. Appare fondato pensare che tutto si svolgesse con grande riservatezza, verosimilmente di notte, in fase di luna piena per la convinzione che quella fase lunare accrescesse la fertilità femminile (la Luna era l'astro della Dea). È verosimile che le superfici degli scivoli e le parti interessate dal contatto fossero preliminarmente spalmati con olii, grassi animali e acqua, sia per favorire la pratica dello scivolare, sia per evitare conseguenze dannose».[197] È documentato lo sfregamento per scivolata sia del ventre sia di parti intime; nelle tradizioni riferite al masso di Ello le ragazze urinavano sulla parte liscia del dorso roccioso

«bagnando lo scivolo che veniva poi anche insaponato, oppure, in inverno, aspettavano che la superficie gelasse. (…) Nel fatto che siano state delle fanciulle a fare pipì sullo scivolo, con la naturale posizione accucciata e con l'esposizione delle nude terga, si evidenzia il ricordo di un rito propiziatorio che si perde nei secoli, giunto sino a noi tramutato in gioco. L'aspersione dello scivolo con un liquido, sinora mai documentata, suscita immagini e pensieri di una cerimonia complessa nella sua ritualità. O forse potrebbe essere solamente un espediente per ridurre le asperità della roccia, che peraltro a Ello è perfettamente lucida e levigata».[198]

Gli scivoli presenti lungo l'arco alpino sono molteplici; ricordiamo quelli presenti sulla Rupe Magna di Grosio, e il Sasso Scivolone di Malesco, anticamente detto "della lissera", che si sviluppa lungo un grosso masso in pietra ollare posto nelle vicinanze di un masso coppellare e posto all'interno di quello che forse fu un bosco sacro (fig. 2.94).

197. Armin Frey, *Magiche rocce fertili. Il potere delle rocce*, 52.

198. Leopoldo Pozzi, *Gli scivoli della fertilità*, in *"Istituto Archeologico Valtellinese - Notiziario n.8"*, (Sondrio, 2010), 73-81.

Nell'aera indagata si sono evidenziati almeno quattro scivoli ben evidenti: due lungo le pendici del monte Legnone, uno a Garzeno in località Moredina e uno sul dosso Santa Maria Rezzonico - Cremia. I supporti che ospitano gli scivoli hanno caratteristiche similari agli altri riscontrabili nell'arco alpino: forte pendenza e lisciatura della roccia ad un grado tale che la stessa oltre ad apparire untuosa, non permette la crescita di elementi vegetativi. Nelle vicinanze si trovano corsi d'acqua (fig. 2.95).

Elementi utilitari
In questa categoria rientrano le forme coppellari molto grosse e profonde, con diametri circolari generalmente di 30-40 cm, che venivano utilizzate come macine o riferimenti per misure di quantità. Sono elementi utilitari, termine che esprime una forma di utilità intrinseca all'incisione e collegata ad un uso quotidiano.

Localmente questa tipologia è definita "pila" ma è un elemento molto diffuso sui territori montani, generalmente reimpiegato come materiale da costruzione. Una ben conservata è situata nella piazza principale di Germasino di fronte alla chiesa parrocchiale; il manufatto era originariamente collocato all'interno di uno dei muri di sostruzione posti lungo la mulattiera a monte della Chiesa di San Rocco. Se ne può osservare una ben conservata e non utilizzata come riuso nell'abitato Aul, o Avolo, di fronte ad un antico edificio in pietra. Sulla superficie è scolpita anche una coppella (figg. 2.96, 2.97).

Vi sono casi di ruote o monoliti incisi con fori e altri setti probabilmente destinati ad accogliere un sistema ligneo o metallico per effettuare lavorazioni. Si è ipotizzato che possa trattarsi di macine, di basi per magli o di basi per torchi. Nel territorio montuoso abruzzese dei Vestini Cismontani sono stati rinvenuti dei monoliti con incisioni a forma di H, inquadrabili al VII-VI sec. a. C., collegati a templi dedicati ad Ercole, il cui scopo sarebbe la produzione di vino destinato a riti religiosi.

Un utilizzo di tipo utilitario, documentato dagli archeologi inglesi, è riferito all'uso di grosse coppelle per la lavorazione dei metalli. Nel sito delle miniere di stagno di Poldark, a Trenear in Cornovaglia, si trova un masso di granito con coppelle il cui utilizzo è legato alle lavorazioni metallifere. Il manufatto è stato datato a 3800 anni fa, sulla base delle prime attività di coltivazione superficiale del minerale. Il supporto ha 17 coppelle circolari e ovali, con diametri fino a 200 mm e profondità fino a 100 mm. Il minerale veniva colto nel greto dell'adiacente fiume Cober e frantumato nelle conche delle coppelle, che mostrano segni di utilizzo, con dei massi sferoidali chiamati localmente *Bully*, il cui compito era quello di creare una polvere di minerale che veniva mischiata con carbone in una mistura detta "concentrato" e cotta in forni per trasformare il minerale grezzo nella sua forma finale (fig. 2.98).

II.5 - Tecniche di esecuzione

La realizzazione dell'incisione rupestre è correlata alle tecniche di esecuzione. Un'analisi approfondita e comparata delle caratteristiche delle famiglie d'incisioni identificate potrebbe portare a interessanti risultati, quali la classificazione delle lavorazioni adottate nei vari periodi o l'identificazione di caratteristiche riconducibili a specifici esecutori. Questo tipo di analisi necessiterebbe di un lavoro territoriale su larga scala, concertato da un team di studiosi. Non è provato che l'introduzione del metallo abbia portato a una modifica di alcune metodologie esecutorie; in Valcamonica, ad esempio, sebbene oltre l'80% dei petroglifi sia riconducibile all'epoca del Ferro, «la maggior parte delle incisioni è stata sinora attribuita all'uso di strumenti in metallo, sia per percussione diretta che indiretta, e solo una minima parte, all'uso di strumenti litici appuntiti. L'adozione e l'applicazione di regole di archeologia sperimentale hanno privato di validità tale convincimento, mediante i dati scaturiti dalla sperimentazione stessa e la conseguente comprensione delle tecniche usate. I risultati della sperimentazione, comparati con i risultati ottenuti nella preistoria, hanno permesso di individuare le tecniche adottate nella realizzazione delle incisioni ed i tipi di strumenti usati».[199]

Ogni tecnica incisoria ha come scopo l'asportazione del materiale di supporto al fine di lasciare un vuoto sulla continuità della superficie rocciosa. Gli strumenti utilizzabili, litici o metallici, possono agire sulle superfici tramite un'azione diretta o indiretta. In funzione della loro forma e durezza e in base alle caratteristiche fisiche dei massi da incidere, si ottengono dei vuoti più o meno regolari e definiti. L'osservazione delle incisioni è ottimale con luce radente; sovente figure non visibili alla luce diurna, appaiono all'alba o al tramonto o utilizzando illuminazione artificiale posta parallelamente alla superficie incisa. Bednarik ha definito uno schema che relaziona la profondità alla durezza del materiale, basato sulla scala di Mohs. Dal grafico ricavato si ottiene una curva che mostra come la profondità aumenti percentualmente sui materiali più teneri [200] (fig. 2.99).

Le prove di archeologia sperimentale per la realizzazione delle incisioni hanno portato a risultati conformi in merito all'utilizzo della *strumentaria*. Sui supporti che ospitano le incisioni si trovano contemporaneamente anche più tecniche esecutive, sia per una questione di continuità di utilizzo nel tempo, sia per la natura delle incisioni che necessitano di determinate lavorazioni. Possiamo riassumere le tecniche incisorie e di preparazione della superficie in quattro macro voci: incisoni lineari, percussioni, rotazioni e levigature (fig. 2.100).

199. Priuli, *Le incisioni rupestri della Valcamonica*, 2006, 50.
200. Bednarik, *Cupules*, 2008, 88

Fig. 2.94. Val Vigezzo, Malesco. Questo scivolo della fertilità è chiamato localmente sasso scivolone, a denotarne la perpetrazione dell'uso. Sebbene si siano persi i significati originari, modalità e utilizzo sono sopravvissuti nel corso del tempo (foto R. Basilico).

Fig. 2.95. Garzeno, Moredina. Il fenomeno degli scivoli è collegato ad antichi rituali inquadrabili nei culti litici di origine preistorica. La necessità di riprodurre la specie, archetipo primordiale dell'uomo, è espressione di una ritualità antica la cui efficacia è legata ad un bisogno di tipo comunitario e individuale (foto R. Basilico).

Fig. 2.96. Località Avolo. Macina o pila collocata di fronte a un'antica abitazione. Sulla superficie del supporto è scolpita una coppella (foto R. Basilico).

Fig. 2.97. Scozia, isole Orcadi, Mainland, Villaggio ipogeo Neolitico di Skara Brae; macina in pietra detta "quern", risalente a oltre 5000 anni fa, e usata per macinare l'orzo e, forse, per fare il pane. Un'altra ipotesi ne indica un utilizzo per macinare lische di pesce utili all'alimentazione del bestiame. Questo supporto è analogo a quelli presenti nelle zone studiate ed è elemento di riflessione sul possibile grado di antichità dei manufatti altolariani (foto R. Basilico).

Fig. 2.98. Cornovaglia, Trenear, miniere di stagno di Poldark. Presso le miniere di Poldark si trova un masso coppellare in granito il cui uso, risalente al Bronzo, è stato documentato come manufatto per la frantumazione del metallo grezzo rinvenuto nel fiume Cober. Il minerale veniva frantumato con l'ausilio si una pietra detta "bully"; la polvere ottenuta si mischiava con carbone e il concentrato era cotto in rudimentali forni (foto R. Basilico).

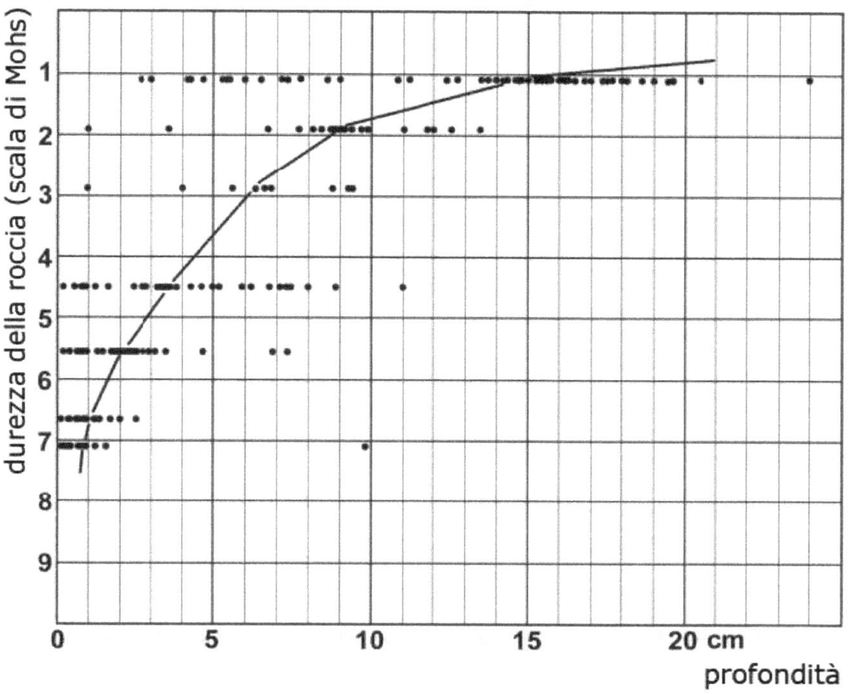

Fig. 2.99. Relazione fra durezza della roccia e profondità di incisione (elaborazione degli autori da Bednarik, 2008).

Incisione lineare

Comprende le lavorazioni atte all'asportazione di roccia con una o più incisioni effettuate attraverso movimenti lineari, che prevedono una pressione più o meno decisa ma continua sulla superficie del supporto. Si identificano due gruppi principali.

Graffito. Segno ottenuto da un'unica azione incisoria svolta con l'ausilio di uno strumento che per pressione, applicata con una forza variabile, crea un'incisione filiforme. In funzione della durezza del supporto le incisioni potevano essere fatte con elementi molto duri, quali selci e quarzi, bulini metallici o materiali meno tenaci ma appuntiti quali ossa, legni e lame. Il segno lasciato sulla roccia, in base alla combinazione degli elementi citati, può essere a "*V*" o ad "*U*". Esistono numerosi petroglifi realizzati con questa tecnica che, spesso, risultano di difficile lettura per la debolezza del segno. Questo tipo di incisione risale ai periodi più antichi del Paleolitico, ma è stata utilizzata senza soluzione di continuità fino ai tempi più recenti, grazie all'immediatezza e alla facilità realizzativa.

Polissoir. Procedura analoga al graffito ma ottenuta mediante la ripetizione del gesto fino a realizzare un solco ben leggibile e profondo. A questi segni sono associati affilatoi per armi e attrezzi in pietra come in metallo. Questa tecnica è definita in vari modi: incise, lisciatoi e per graffi ripetuti. La lettura dell'incisione è chiara con una sezione che varia in funzione dello strumento e della pressione esercitata; le spalle e i bordi dell'incisione possono essere definiti o usurati, se il segno è antico o se l'azione degli agenti atmosferici e la natura del supporto ne hanno provocato il degrado. Questa tecnica è stata utilizzata nel contesto dell'arte

mobiliare e nelle incisioni più antiche paleolitiche e mesolitiche, con espressioni anche nelle epoche successive.

Percussione

La maggior parte delle incisioni realizzate dal Neolitico in poi sono state effettuate con la tecnica della percussione che opera un'azione di distacco di porzioni di materiale roccioso dal supporto. Ciò si ottiene tramite un'azione diretta svolta dall'uomo sulla roccia con un percussore o attraverso un'azione indiretta mediante l'uso di uno strumento battente sul percussore. Nella percussione diretta la profondità della picchiettatura è determinata dalla forza impressa all'avambraccio che agisce con un movimento rotatorio. «Va ricordato che il termine corretto per definire i segni lasciati dall'uso di questa tecnica è picchiettatura e non martellinatura come qualcuno erroneamente li definisce, in quanto la martellina è uno specifico strumento metallico a più punte disposte simmetricamente su un unico piano, chiamato anche bocciarda che serve appunto a martellinare o bocciardare superfici litiche. Tutte le picchiettature ottenute per percussione diretta con un angolo di incidenza inferiore ai 90° sono costituite da scheggiatura della roccia; maggiore è la vicinanza ai 45° di incidenza, maggiore è la scheggiatura che si ottiene; mentre più ci si avvicina ai 90°, maggiore è la compressione della roccia e minore la scheggiatura».[201] Nella percussione indiretta la tecnica permette di avere risultati più precisi poiché ottimizza e dosa le forze di attacco alla superficie rocciosa. Il percussore

201. Ausilio Priuli, *L'utilità dell'archeologia sperimentale per meglio comprendere l'arte rupestre*, in AA.VV. *"Capo di Ponte - Guida Turistica, Comune di Capo di Ponte"* - Agenzia Turistico Culturale (Capo di Ponte, 2009), 47-54

Fig. 2.100. Esempi di archeologia sperimentale riferita alle lavorazioni possibili in ambito di incisione rupestre.
1. Rotazione; si attua con un movimento circolare impresso da un masso generalmente sferico.
2. Percussione; permette l'asportazione di roccia mediante un percussore. Il percussore può essere utilizzato dall'incisore in modo diretto o con l'ausilio di un battente.
3. Incisione lineare; di tipo filiforme è ottenuta per graffiatura della superficie litica.
4. Levigatura della superficie; azione di lisciatura finalizzata alla preparazione di un supporto per l'incisione o dovuta a scivolamento (foto M. Basilico).

può essere di tipo litico o metallico, così come accade per il battente. Il procedimento prevede di appoggiare lo strumento incisorio sulla roccia per poi batterlo con il percussore. «Su uno strumento incisore litico la percussione avviene con un altro strumento litico, mentre su strumento incisore metallico la percussione può avvenire indifferentemente con strumento litico o metallico. Anche in questo caso valgono le indicazioni circa l'incidenza dello strumento incisore e le relative possibili angolazioni da adottare, già enunciate per l'incisione a percussione diretta».[202]

Quali sono le differenze che possono indicarci se la tecnica utilizzata sia di un tipo o dell'altro? Essa può definire il periodo di appartenenza di un petroglifo? È la tipologia del percussore a determinare il risultato del lavoro: uno strumento metallico tende a creare picchiettature con sezioni per gruppi omogenei in funzione della forza e dell'angolo d'incidenza applicato. Ciò non avviene con strumenti litici che tendono a variare la propria forma velocemente in conseguenza degli urti subiti durante le azioni di distacco del materiale e della mancanza di resilienza, tipica invece del metallo. È possibile verificare con mezzi ottici la tipologia dello strumento incisorio applicato determinando l'omogeneità delle picchiettature, ma ciò non permette di inquadrare temporalmente un manufatto. Con il metallo non è scomparso l'utilizzo della pietra quale strumento incisorio e la durezza della roccia scavata determina il risultato omogeneo di un'incisione per cui su rocce tenere utilizzando strumenti litici si ottiene un effetto omogeneo simile a quello dato dal metallo.

Rotazione
La rotazione consiste nell'impiego di un'azione meccanica erosiva ottenuta per sfregamento circolare di un oggetto su un supporto. È un tipo di lavorazione applicata quasi esclusivamente al tipo schematico coppellare dove «per foro a coppella o semplicemente coppella si intende una incisione rupestre concava, con sezione pressoché ellittica o circolare, di diametro e profondità varie, eseguito, si suppone, mediante rotazione di una pietra di elevata durezza (per esempio selce). Oltre a questo tipo (...) si trova pure, però meno frequentemente, la incisione chiamata impropriamente a foro a coppella quadrato, cioè una vaschetta, più o meno regolare, a quattro lati, di dimensioni varie, che veniva probabilmente eseguita con strumenti metallici, normalmente di ferro».[203]

Le prove di archeologia sperimentale hanno portato a definire la tecnica della rotazione di punta esclusivamente per l'incisione delle coppelle più piccole. Nelle coppelle di dimensioni maggiori, in cui la sola rotazione diviene inefficace, si trova un'associazione con la percussione;

l'applicazione dei due metodi si può osservare dalla lavorazione della superficie incisa, che risulta nella maggior parte dei casi a profilo regolare. Sulla superficie delle rocce con matrice cristallina si notano microfratturazioni che non sono indice dei segni di incisione quanto fenomeni di frantumazione dei cristalli. La stessa tecnica si applicava nella realizzazione di cavità coppellari di dimensioni maggiori, utilizzate principalmente come macine, in cui l'attività stessa compiuta con uno strumento per la frantumazione generava un'azione rotatoria che contribuiva alla levigatura della superficie.

Levigatura della superficie
Questo tipo di lavorazione si trova in due casi principali. Il primo riguarda la preparazione delle superfici dei supporti per la successiva incisione; è un tipo di lavorazione raro ma non anomalo: «nei Massi di Cemmo n.1 e n.2, le superfici da incidere sono state preventivamente preparate e levigate artificialmente attraverso l'azione di sfregamento di altre pietre».[204] Il secondo caso prevede una levigatura dovuta al ripetersi nel tempo di un'azione sul masso; è il caso degli scivoli.

Il fenomeno delle incisioni rupestri è di natura complessa i cui significati, espressioni, e linguaggio ci restituiscono un quadro del nostro passato, rivelandosi un segno delle nostre origini (figg. 2.101, 2.102).

202. Ibidem, 2009, 54
203. Osvaldo Coïsson, Ferruccio Jalla, *Le incisioni rupestri della Val Pellice, in AA.VV., Bollettino della Società di Studi Valdesi - Bulletin de la Société d'Histoire Vaudoise, anno XC, Vol. 126*, Società di Studi Valdesi, (Torre Pellice, 1969), 75-105.

204. Priuli, *Segni come parole, il linguaggio perduto*, 2013, 83.

Fig. 2.101. Cornovaglia, sito megalitico di Mên-an-Tol risalente al Neolitico. Parte emergente di un più ampio complesso parzialmente rintracciabile sul territorio circostante. La pietra forata posta al centro della composizione, è collegata a riti di fertilità che prevedevano il passaggio nel cerchio delle donne in cerca di un figlio. Il suo utilizzo è anche connesso alla ricerca di guarigioni per problemi di rachitismo, problemi ossei e muscolari. Leggende indicano la presenza di fate e folletti, in un ricordo legato ai culti animisti trasposti successivamente nel sistema di credenze popolari. La pietra circolare è allineata al centro del cerchio di pietre di Boscawen-Un, posto ad oltre dieci chilometri di distanza (foto R. Basilico).

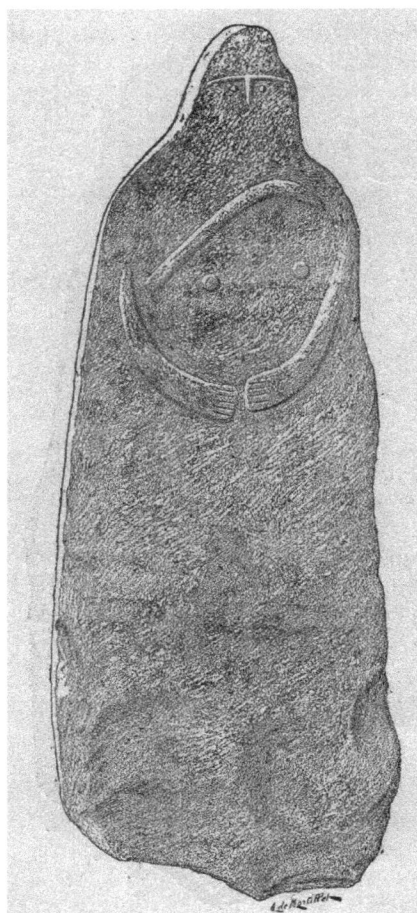

Fig. 2.102. Guard. Stele con rappresentazioni femminili rinvenute presso il dolmen di Collorgues (tratto da Paul de Mortillet, *Origine du culte des morts*, Gamber, Parigi, 1914, 71-72).

CAPITOLO III

LA RICERCA

Con il termine ricerca s'intende l'indagine sistematica condotta per studiare e ricostruire fatti, fenomeni, eventi o processi. Partendo da questa definizione è possibile inquadrare il lavoro svolto in un processo condotto per fasi consequenziali, dettate da una crescente comprensione del fenomeno indagato.

Le attività d'indagine seguono una relazione temporale svolta secondo quattro fasi:
A. Analisi iniziale tesa alla comprensione globale del fenomeno.
B. Elaborazione di un metodo di indagine per la lettura del territorio.
C. Elaborazione di un sistema per la raccolta dei dati.
D. Elaborazione di un sistema di catalogazione.

Il procedere degli studi ha innescato dei processi a ritroso che hanno arricchito i dati raccolti alla luce di nuove scoperte, permettendo di affinare gli strumenti analitici. Nel 1985 Giovanni Beltramelli individuò nell'area compresa tra Santa Maria Rezzonico e Cremia una serie di affioramenti rocciosi interessati da petroglifi; per il loro studio coinvolse la Società Archeologica Comense. Successivamente Beltramelli estese le zone di indagine ai territori circostanti, ipotizzando un fenomeno di più ampia portata; la scelta si rivelò corretta e le operazioni continuarono in quest'ottica.

Ciò ha svelato un articolato sistema di incisioni rupestri, di matrice preistorica, protrattosi per millenni. Bisogna considerare che «ritrovamento e scoperta non sono sinonimi. Il ritrovamento può essere casuale ed è spesso effetto di fortuna. Anche quando è frutto delle più moderne spedizioni scientifiche, finché non lo si è inquadrato correttamente, compreso e decifrato, il ritrovamento resta solo un ritrovamento. La scoperta invece è il risultato di un'opera intellettuale che implica la spiegazione del significato storico, sociale e culturale dei reperti».[1]

La ricerca prevede la considerazione di più fattori: geografici, toponomastici, culturali, ambientali e antropologici. Si può asserire che l'approccio ad un luogo di cui si intraprende uno studio ne prevede la conoscenza quale metodo d'indagine preliminare; questa è utile nel valutare e raccogliere gli elementi base necessari per considerare nuovi fattori e per verificare direttamente quanto è rintracciabile nella letteratura esistente.

È fondamentale individuare il contesto in cui si colloca l'opera, pianificare i lavori, capire come affrontarli e identificarne le problematiche. Le fasi di studio implicano vari gradi di approfondimento, anche in funzione dello stato di studio del manufatto. La conoscenza del luogo non è immediata e cresce proporzionalmente in funzione del risultato che si intende conseguire. Una fase preliminare

implica aspetti primari; una fase più evoluta prevede l'approfondimento degli elementi di indagine.

L'adozione di un metodo presuppone delle operazioni:
«- analisi bibliografica e interazione con studiosi locali e fruitori del territorio. Si analizzano i testi relativi all'opera e si raccolgono informazioni da chi è radicato sul territorio a vari livelli.
- Ricognizioni preliminari. Servono per acquisire la conoscenza dell'ambiente e dell'opera.
- Pianificazione delle operazioni: si effettua finalizzando le fasi di lavoro mediante discussioni, decisioni, attuazioni e verifiche.
- Pianificazione delle fasi di lavoro. Vanno stabilite in considerazione dei fattori ambientali, della fruibilità e del tipo di approfondimento che si vuole ottenere.
- Obiettivi. Ci si pongono degli obiettivi a breve, medio e lungo termine.
- Raccolta dei dati. Operazioni da effettuarsi in modo sistematico.
- Analisi ed elaborazione dei dati. Operazioni da condurre con modalità multidisciplinari.
- Verifica. Da effettuarsi secondo step programmati.
- Pubblicazione. Conclusione del lavoro svolto».[2]

Le incisioni rupestri sono collegate al contesto ambientale; la conoscenza di questo fenomeno non può quindi prescindere da quella del territorio, fattore che rende fondamentale l'attività di ricerca sul campo.

III.1 - Le indagini sul territorio

Le operazioni iniziali servirono a identificare le aree in cui collocare i ritrovamenti; il primo approccio fu quello di analizzare il territorio in base ai confini dei Comuni. Ciò si rivelò fuorviante poichè non si consideravano in questo modo le evoluzioni territoriali, avvenute in un lasso temporale compreso tra la preistoria e l'epoca moderna. Inoltre le suddivisioni liminali non avrebbero permesso una ricognizione coerente a causa delle caratteristiche geografiche del territorio. Si considerò allora una suddivisione in macro zone, riferite al territorio nella sua complessità.

L'aspetto operativo delle campagne di ricerca è stato quindi condotto seguendo linee guida, di natura investigativa, finalizzate ad individuare le incisioni sul territorio, in considerazione degli aspetti descritti di seguito.

Identificazione di nuclei abitativi
I nuclei rurali appartengono ad una costellazione di insediamenti diffusi sul territorio e collegati tra loro a più livelli. Si sono rintracciati gli insediamenti alpini che

---

1. Emmanuel Anati, *La civiltà delle pietre. Valcamonica una storia per l'Europa*, Edizioni del centro, (Capo di Ponte, 2004), 61.

2. Roberto Basilico, Sara Bianchi, *Il Trou de Touilles in Val di Susa, Piemonte, Italia, Indagini Archeologiche in un Acquedotto Alpino del XVI Sec.*, BAR S1933 (Oxford: British Archaeological Reports, 2009), 85.

157

hanno lasciato tracce visibili, sia in alzato con emergenze evidenti più o meno conservate, sia con strutture sepolte riconoscibili per alcuni indicatori.

Ci riferiamo a differenze di colorazioni del terreno, alla mancanza del tessuto prativo e a elementi costruttivi sparsi in aree delimitate. Ognuno di questi nuclei si sviluppò e si mantenne in vita in un lungo lasso temporale sfruttando caratteristiche originarie come la presenza d'acqua, l'esposizione al sole, la fertilità del terreno, la salubrità del luogo o la difendibilità. Le moderne tecniche costruttive considerano marginalmente il contesto ambientale in cui sono calate: quando la conoscenza dell'ambiente poteva fare la differenza tra la vita e la morte di una comunità, era fondamentale analizzare e conoscere appieno tutte le variabili ambientali. In ambito montano lo sviluppo di nuclei abitativi è caratterizzato da un tessuto urbano di tipo inclusivo, teso a racchiudersi per difendersi dagli agenti esterni e con una tendenza a compattare gli spazi privato e pubblico (figg 3.1, 3.2).

Analisi e contestualizzazione dei toponimi
Si sono identificati gli elementi topografici riferibili ad aree specifiche. La comparazione dei toponimi con gli elementi linguistici di origine antica, ha talvolta permesso di individuare aree con presenze di elementi rupestri.

Vie di percorrenza
Come evidenziato da alcuni studi lungo l'arco alpino il sistema viario montano si è inizialmente sviluppato a scapito di quello di fondovalle per la presenza di minori rischi e per la brevità nel collegare i vari punti del territorio. I sistemi viari montani altolariani sono composti da una fitta rete di comunicazione di tipo radiale e trasversale, con una tipica suddivisione alpina in percorsi di cornice, intervallivi e di fondovalle (fig. 3.3).

Interpretazione di dati derivanti da segnalazioni
Si può pervenire alla conoscenza del territorio anche attraverso chi lo fruisce. Pastori, alpigiani, contadini e studiosi sono alcune delle figure che hanno segnalato la presenza di petroglifi e di luoghi legati a storie afferenti alla narrazione mitica.

Presenza di elementi ostativi allo studio
Si sono indentificate le zone inagibili o pericolose; in esse si sono compiute, ove possibile, ricerche secondo criteri di sicurezza.

Orientamento
Si è cercato di identificare i capisaldi territoriali e la presenza di supporti ad essi orientati.

Collocazione in mappa
I supporti sono stati collocati in mappa nelle aree di appartenenza.

Raccolta e verifica dei dati
I dati sono stati raccolti seguendo un metodo finalizzato ad un'agevole catalogazione. I dati ricavati sono stati fruiti per ottenere indicazioni utili a descrivere supporti e incisioni.

Divulgazione
La divulgazione delle ricerche è avvenuta a più livelli coinvolgendo degli enti preposti allo studio dei petroglifi e diffondendo notizie e risultati attraverso più canali comunicativi. (fig. 3.4)

III.2 - Le aree di studio

Il territorio è stato suddiviso in tre zone principali che si estendono dalla fascia lacustre a varie quote, in funzione delle zone indagate. Le tre aree sono state definite: Zona A, Zona B e Zona C.

III.2.1 - Zona A

La prima zona si sviluppa nell'area posta tra il comune di Santa Maria Rezzonico e quello di Musso fino alla Rupe del Sasso, liminale al comune di Dongo. A meridione si colloca il dosso tra Santa Maria Rezzonico e Cremia che si sviluppa con un'altitudine media pari a circa 400 m. Quest'area «appartiene ad un costone che si protende verso il ramo di Colico del Lario (riva occidentale) scendendo dalla cresta che unisce i Monti Grona e Bregagno (spartiacque dei bacini dell'Adda e del Ticino). Il dosso è inciso da una vallecola in cui corre sempre una modesta quantità di acqua; questa si infiltra nel suolo nella parte pianeggiante del dosso, per riapparire poco più a valle. Il substrato geologico è costituito da micascisti del Basamento Cristallino Subalpino, fittamente piegati e fagliati ricchi di vene quarzose (…). L'orientamento della scistosità della roccia si identifica con quello delle creste degli affioramenti; esso punta verso il gruppo dei Monti Bregagno e Legnoncino, ubicati ad oriente del Lario. Per la loro altezza (rispettivamente m 2609 e m 1714)».[3] Nella parte settentrionale si trova il bastione del Sasso di Musso il cui sviluppo parte dalla superficie lacustre e termina alla sella d'innesto con il dorso del Bregagno, in corrispondenza della chiesetta di San Bernardo.

La zona possiede affioramenti rocciosi intaccati in modo disomogeneo dall'azione esaratrice dei ghiacciai, con superfici più o meno lisce; molte di queste stesse rocce supportano le incisioni rupestri. «I segni più antichi consistono in coppelle, spesso unite da canaletti, che sembrano scavati per raccogliere e far scorrere dei fluidi. Compaiono poi dei segni enigmatici che possono ricollegarsi a figure antropomorfe, del tipo detto a ø. Abbastanza rare le incisioni pediformi, che invece sono frequenti in altre località del nostro territorio (Spina Verde, Triangolo Lariano, provincia di Sondrio) e in tutto l'arco alpino. Più tardi sembrano essere le incisioni di croci, talvolta a bracci uguali, più spesso con la base più lunga (simbolo cristiano). In alcuni casi notiamo la presenza

---

3. Alberto Pozzi, *Incisioni rupestri a S.Maria Rezzonico e Cremia, Alto Lario, Como*, Società Archeologica Comense, (Como, 2000), 9.

Fig. 3.1. Gli antichi nuclei rurali alpini si sono evoluti sul territorio nel corso del tempo, mantenendo spesso intatte le caratteristiche primigenie che ne hanno determinato la genesi (foto R. Basilico).

Fig. 3.2. Tracce di un antico insediamento alpino, oggi leggibili sul territorio. Esistono numerosi indicatori che testimoniano la presenza di un fitto tessuto abitativo le cui tracce si ritrovano anche nella sola toponomastica (foto R. Basilico).

Fig. 3.3. Le vie di percorrenza montane ricalcano spesso antichi tracciati; l'immagine mostra un tratto della carrozzabile militare che da Garzeno sale fino al passo del Giovo (foto R. Basilico).

Fig. 3.4. Giovanni Beltramelli e Roberto Rumi impegnati in una lezione didattica. L'attività divulgativa prevede di far conoscere le incisioni rupestri anche ai più giovani, mettendoli a conoscenza delle loro origini e sensibilizzandoli verso la conoscenza e la conservazione del territori.

di figure antropomorfe che sembrano assomigliare a croci; forse queste sono state trasformate in un secondo tempo in figure dall'aspetto umano, o viceversa. In un caso o nell'altro sembra di riconoscere i segni di una cristianizzazione di rocce adibite in precedenza a culti pagani. Ancora più tarde le incisioni di lettere che potrebbero essere delle abbreviazioni di parole o muretti. E per finire scritte recentissimo anche datate».[4]

Il Sasso di Musso, composto da dolomie e marmo bianco-grigio, ha una componente geologica anomala per la zona. Lungo il costone sono presenti cave di marmo la cui coltivazione è databile almeno al periodo romano; questa pietra si trova in edifici storici come il Duomo di Como e le colonne di San Lorenzo a Milano. Tra le presenze storiche emergono il Giardino del Merlo e i resti delle fortificazioni medeghine. Gli incisi di quest'area si ritrovano in particolar modo sulle pareti rocciose o in riusi.

Le presenze vegetative sono quelle arboree tipiche delle rispettive fasce altimetriche con boschi di latifoglie di castani, tigli, querce, robinie e betulle. La fascia mediana è composta da faggeti e quella superiore da aree erbose a pascolo. Il sottobosco è caratterizzato da rovi, felci e ginestre con una diffusione selvaggia indice di abbandono della cura boschiva. Il territorio ha i tipici paesaggi addolciti caratteristici della parte meridionale della linea insubrica (figg. 3.5, 3.6, 3.7, 3.8).

III.2.2 - Zona B

La seconda zona coincide con l'affiancamento di tre solchi vallivi: Valle Albano, Valle di Liro e Valle di Livo con un'estensione altimetrica compresa tra la zona lacustre e le creste sommitali poste a confine tra il territorio italiano e quello elvetico. Le tre valli mostrano un'antropizzazione radicata nel tempo; ciò si evince dalla presenza di nuclei abitativi, anche abbandonati, dallo sviluppato sistema viario radiale e trasversale e dal grado di sfruttamento del suolo a terrazzamenti. Queste opere non più coltivate e delimitate da sostruzioni murarie a secco, sono significative per diffusione e tipologia costruttiva. Le attività di pastorizia e transumanza sono ancora attive; le tracce delle coltivazioni minerarie, sfruttate fino a tempi recenti, si riscontrano nella Valle Albano. L'attività mineraria ha caratterizzato nel passato quesa zona: «a Dongo questa quarzite micacea addossata al terreno di Musso, di epoca più antica, contiene un deposito di carbonato di ferro, escavato da più secoli, dietro investitura data dagli Sforza ad un Denti, scopritore di esso, e che serviva per la ferriera di Dongo della ditta Rubini e Scalini. Il minerale trovasi disseminato nella detta quarzite di color cupo in vene irregolari, disposte quasi parallelamente alla stratificazione della roccia stessa. Pare evidente che sia di origine contemporanea a quella roccia stessa. Anni sono, per liberare dalle acque i lavori di queste miniere e per promuovere la ventilazione. Nella sua parte inferiore, si aprì una galleria che li raggiunse a

sessanta metri di distanza dalla bocca. In questa galleria si trovano scisti silicei, melmosi, di color nericcio, macchianti in nero le dita, che presentano i caratteri dl terreno antracitico. Passando dalla cava di ferro del Crotto di Tegano, posta la principio della valle di Garzeno, si vede lungo la via un lembo di scisti argilloosi triasici, sovrapposti quasi ozzontalmente a questo terreno, che è in banchi eretti. Percorrendo invece il sentiero che mette alla presa d'acqua del fiume di Dongo, si incontrano rocce inferiori al terreno antracitico, costituite da scisti micacei, granatiferi e amfiboliti. La roccia che vi si incontra è di un colore nero, compattissima, e si avvicina molto ad alcune specie di amfiboliti».[5]

Delle tre valli quella che ad oggi ha restituito più supporti incisi è l'Albano, con incisioni schematiche, figurative e forme megalitiche. I supporti sono costituiti da massi e rocce con matrice scistosa cristallina, spesso con componente cloritica, e con consistenza più o meno compatte in funzione della localizzazione territoriale. Le presenze ad alta quota, in forma di affioramenti e rocce, recano tracce di esarazione dovuta agli agenti esogeni che hanno attaccato in modo più aggressivo i supporti in un contesto di pascoli e incolti. Qui il grado di usura delle incisioni schematiche, soprattutto in presenza di rocce compatte e tenaci, ne mostra il grado di antichità. I supporti collocati sotto il limite altimetrico boschivo, a quote inferiori, hanno subito una miglior conservazione, soprattutto quando protetti dal terreno o dal complesso vegetazionale. In questo contesto ambientale sono più difficoltose la ricerca e l'analisi del territorio, costellato da un'infinità di microvalli, forre e torrenti. Si assiste a un riuso dei materiali all'interno di abitati che si sono espansi su nuclei primigeni, anche di probabile epoca preistorica, con uno sviluppo concentrato del tessuto urbano tipico degli insediamenti montani. Il riuso si legge anche nel sistema di muri a secco dei terrazzamenti posti lateralmente alla rete viaria moderna e antica.

A livello vegetativo si ha un'analogia con la Zona A; paesisticamente si osserva un cambiamento con le tipiche vette aspre e ripide della parte settentrionale della linea insubrica.

Geologicamente troviamo del basamento cristallino con l'eccezione di calcare e dolomie concentrate sul fondovalle destro orografico della Valle Albano e di depositi morenici nel Sasso di Musso. Sopra Domaso le quarziti micacee racchiudono banchi verticali di dolomia grigia diretti da ponente a levante; formano una costiera che porta il nome di Sasso Pelo, emergente dalle quarziti micacee per la sua maggior resistenza alle degradazioni. Nel resto della sponda destra orografica (Bregagno) e sinistra (Tabor), si riconoscono micascisti, gneiss, ortogneiss muscovitici, gneiss chiari. Nella zona intermedia del Marmontana e del Torresella, disposti lungo la linea insubrica, vi sono gneiss biotitici e micascisti granatiferi. Tra Novate Mezzola e la

---

4. Alberto Pozzi, *Incisioni rupestri a S.Maria Rezzonico e Cremia, Alto Lario, Como*, 9.

5. Giulio Di Curioni, *Geologia: Parte 1: Geologia applicata delle provincie lombarde, Volume 1*, Hoepli (Milano, 1877), 53.

Fig. 3.5. Zona A (elaborazione degli autori da Google Earth).

Fig. 3.6. Ambiente tipico della zona A con gli affioramenti sui quali sono stati realizzati molti dei petroglifi. Queste emergenze sono lisciate naturalmente dall'azione esaratrice glaciale (foto R. Basilico).

La ricerca

Fig. 3.7. La zona A si sviluppa nell'area tra il comune di Santa Maria Rezzonico e il bastione meridionale del Sasso di Musso. la zona delle incisioni è compresa in una fascia principale che inizia a circa duecento metri sopra la quota delle acque del Lario (foto R. Basilico).

Fig. 3.8. Bastione del Sasso di Musso, posto a confine tra la prima zona A e la seconda zona B. La sua particolare conformazione spiega come questo sperone abbia avuto una funzione strategica per il controllo del territorio nel corso del tempo (foto R. Basilico).

Valle del Liro si hanno gneiss biotitici, micascisti, calcari cristallini e anfiboliti[6] (figg. 3.9, 3.10, 3.11, 3.12).

III.2.3 - Zona C

La terza zona comprende il territorio tra Colico e le fasce lacustri e montane del complesso orobico Legnone-Legnoncino. Si ha la compresenza di una fascia piana di origine alluvionale con le emergenze rocciose dei due Montecchi, di tre ampi conoidi detritici posti ai piedi del massiccio, e di un'area montuosa vera e propria caratterizzata da pendii ripidi.

L'area è pedologicamente inquadrabile come insubrica alpina e orobico alpina, aspetto quest'ultimo legato esclusivamente al massiccio montuoso. Paesisticamente abbiamo uno sfruttamento del suolo con varie vocazioni: forestale (con una massiccia presenza di castagneti su tutti i Montecchi, tra Olgiasca e l'Abbazia di Piona, a Fontanedo e nei versanti del Legnone dove termina l'ambito urbano), agro silvo pastorale e foraggiera (con zone dedicate alla produzione di sfalcio a pascolo), a seminativo e a piantumazione.[7]

La zona possiede giacimenti minerari che riguardano in prevalenza pegmatiti e rocce di origine filoniana intercalate all'interno del basamento cristallino, diventate famose per la varietà e tipologia mineralogica anche associata ad elementi radioattivi. Le aree più significative sono il filone di pegmatite della Malpensata e il filone del Laghetto a Piona, i filoni della Rivetta, della Luna e dell'Alpe Sparesé a Dervio e della miniera Marategno in località Alpe di Sommaflume.

La fascia con incisioni rupestri è quella compresa tra la zona lacustre e la media altitudine del Legnone, con elementi schematici e figurativi. I petroglifi sembrano appartenere a un ampio arco temporale, come evidenziato dall'erosione superficiale di alcuni nuclei collocati sul Montecchio sud. La loro funzione è legata presumibilmente ad aspetti cultuali e sacrali, come evidenziato dal posizionamento rispetto al monte, dalla presenza di pediformi, di composizioni a coppelle e canaletti, e a disegni reticolari. Sui versanti del Legnone troviamo incisioni esemplari di sistemi a coppelle e canaletti, figure serpentiformi, labirintiche e scivoli (figg. 3.13, 3.14, 3.15, 3.16). Le operazioni di studio si sono svolte in un territorio ancora selvaggio e parzialmente antropizzato.

III.3 - La raccolta dei dati: la schedatura

Nell'approccio all'analisi delle incisioni rupestri si è esaminata la letteratura esistente; ciò ha permesso di verificare l'esistenza di più sistemi di schedatura. Il Priuli ha proposto schede di classificazione tese a delineare uno strumento definitivo utilizzabile nei vari contesti dei petroglifi rupestri alpini; questo sistema di indagine, di tipo grafico, è ottenuto con una simbologia identificativa e descrittiva capillare, tesa a rappresentare ogni singolo elemento figurativo. Ciò permette di ottenere vari raggruppamenti di simboli suddivisi in zone composte da immagini, implementabili in funzione dalla scoperta di nuovi segni nell'ambito delle rispettive famiglie di appartenenza. Binda ha proposto una catalogazione con schede che considerano vari elementi tra i quali l'ubicazione, il tipo di masso e la sua natura, le dimensioni e il tipo di fotografia utilizzata. La scheda prevede una descrizione verbale e una di tipo visivo. Sono anche presenti le indicazioni geografiche che permettono di rintracciare facilmente il masso; questo approccio ci è apparso utile per definire concettualmente uno strumento analitico che considerasse alcuni aspetti ricorrenti delle incisioni e dei loro supporti.[8]

Nelle classificazioni utilizzate dagli studiosi si è notata una ricerca della massima definizione del dettaglio tipologico; ciò si traduce in forme di schedatura particolareggiate ma di difficile lettura per la sovrabbondanza di informazioni e la classificazione di elementi incrementabili *sine finem*.

Lo strumento per la raccolta dei dati, che si è cercato di sviluppare, è stato concepito come un metodo descrittivo e di analisi. A prescindere dalle forme di incisioni, già classificate o da classificarsi, si propone per essere utilizzabile in fase di ricerca e in fase di post produzione. Nell'elaborazione del sistema si è attuato un approccio ergonomico che tenesse in considerazione l'efficacia, l'efficienza e la soddisfazione dell'utente iniziale, il compilatore, e di quello finale, il fruitore del lavoro.

Si è altresì perseguita l'idea che la ricerca sul campo possa essere condotta da archeologi specializzati come da ricercatori; ciò si è risolto nella definizione di elementi facilmente descrivibili, ma precisi nel rintracciare le caratteristiche primarie di un supporto e delle sue incisioni. Si tratta di uno strumento da campo per raccogliere dati a più livelli e per integrarli con elementi di analisi, più o meno approfonditi, in funzione della ricerca intrapresa. Non si è voluto proporre un modello cristallizzato ma si è cercato di fornire uno strumento di indagine implementabile ma agile, grazie a criteri di semplificazione.

Lo studio del supporto dell'incisione, aspetto generalmente marginale, è diventato un elemento significativo della schedatura, conducendo un'analisi congiunta dei petroglifi e dei relativi supporti. Le incisioni su roccia fanno parte di un sistema globale che comprende i due elementi; l'importanza della parte del supporto è fondamentale per la scelta legata a fattori ambientali, religiosi o rituali. Disporre di dati, finalizzati alla catalogazione delle caratteristiche dei supporti, permette di definire gruppi omogenei, utili anche nella ricerca e nell'identificazione dei supporti.

---

6. Di Curioni, *Geologia: Parte 1: Geologia applicata delle provincie lombarde*, 50-52.

7. Giacomino Amadeo, *Piano di governo del territorio LR 12/05 e s.m.i. Documento di Piano 2012 / 2017 Relazione, Allegato 3, Analisi naturalistica e paessaggistica*, Comune di Colico (Colico, 2013), 14-16.

8. Franco Binda, *Archeologia rupestre nella svizzera italiana*, Armando Dadò Editore, (Locarno, 1996), 55-60.

Fig. 3.9. Zona B (elaborazione degli autori da Google Earth).

Fig. 3.10. La parte meridionale della zona B comprende il territorio che da Dongo risale la Valle Albano posta a sinistra nell'immagine. Il grosso dorso al centro che scende fino al lago è quello del monte Cortafon (foto R. Basilico).

Fig. 3.11. La parte settentrionale della zona B comprende le Valli di Liro e di Livo, quest'ultima visibile sulla sinistra dell'immagine. L'area prosegue poi fino a Gera Lario sovrastata dal Monte Berlinghera visibile a destra (foto R. Basilico).

Fig. 3.12. La morfologia dell'area unisce la presenza di un ambiente con dossi di carattere prealpino a catene montuose severe e aspre. Nell'immagine si vede la Valle Albano dai monti del comune di Garzeno, visibile sullo sfondo, posti sulla sponda destra orografica. In questi nuclei si sono trovate numerose incisioni rupestri (foto R. Basilico).

Dall'analisi degli studi esistenti in letteratura si sono estrapolati i contenuti per noi più efficaci e utili a descrivere i manufatti individuati: supporti e incisi. Nella fase di raccolta dei dati nelle varie campagne di ricerca, implementati *in itinere,* si sono identificati più gradi di importanza in funzione del manufatto riscontrato. Laddove l'incisione abbia mostrato caratteristiche rilevanti, il grado di studio adottato è stato approfondito con i necessari step. Le schedature proposte vogliono solo essere uno strumento di studio, fruibile e migliorabile, da utilizzarsi a più livelli. In considerazione dei crescenti atteggiamenti avversi nei confronti del patrimonio umano, si è volutamente scelto di non indicare nel lavoro le coordinate geografiche dei supporti, onde arginare i fenomeni di saccheggiamento e deturpamento di queste preziose testimonianze del nostro passato.

Ad oggi i supporti con incisioni rupestri identificati sul territorio sono così suddivisi: Alpe di Garzeno n.6, Alpe di Gino n.5, Brenzeglio n.5, Videa Zeda n.8, Pornacch n.3, Moredina n.2, Garzeno n.2, Catonzo n.2, Pineta di Germasino n.3, Pugnano n.2, Germasino n.6, Montig n.7, Stazzona n.2, Monti di Stazzona n.8, Sasso Bravo n.8, Monti di Consiglio di Rumo n.8, Gravedona e relativi Monti n.8, Sorico n.2, Montemezzo n.4, Trezzone n.2, Dongo e relativi Monti n.12, Musso n.13, Monti di Musso n.6, Pianello n.12, Cremia n.13, Peglio n.2, Monti di Peglio n.10, Livo n.8, Dosso n.12, Colico, Montecchio e Legnone n.10, S. Rocco n.10. Le schede riportate di seguito considerano i ritrovi fino all'anno 2017 e anche le tabelle di studio si riferiscono a questo periodo.

La scheda prevede una suddivisione in due campi distinti: l'**identificazione** e la **descrizione**. Queste due voci riportano al loro interno vari livelli che ne specificano il contenuto (fig. 3.32).

III.4 - *Identificazione*

Il campo dell'identificazione raccoglie i dati che descrivono due gruppi legati rispettivamente alla **schedatura** e al **contesto territoriale**.

III.4.1 - *Schedatura catastale*

La schedatura catastale si articola come di seguito:

Numero identificativo. Le schede analitiche prodotte riportano un numero progressivo in funzione della loro distribuzione nelle tre zone analizzate.

Ubicazione geografica. Relativa al Comune, alla località specifica, spesso toponomasticamente rilevante, e alla quota in cui si trova il manufatto.

Identificazionee. Indicazione del segnalatore o dello scopritore dei petroglifi.

Data. Indica l'anno del rinvenimento.

III.4.2 - *Ubicazione*

L'ubicazione riporta i luoghi del contesto ambientale più significativi nel descrivere la collocazione dei vari petroglifi. Si è scelto di circoscrivere queste voci ai tipi più ricorrenti individuabili nelle ricerche sul territorio:

Fondovalle. Descrive i luoghi situati in un contesto di bassa valle, sia al termine di una valle primaria sia di una valle laterale.

Versante. Corrisponde ai fianchi di un monte, di un'altura o di un'insieme di rilievi (fig. 3.17).

Cima. Parte sommitale di un monte che comprende anche la parte immediatamente a ridosso del punto più sopraelevato.

Bosco. Aree con prevalenza di essenze arboree e arbustive da intendersi anche con estensione ridotta.

Campo coltivato. Area che presenta dei coltivi.

Pascolo. Area destinata a prato in modo specifico per la pastorizia.

Incolto. Area prativa selvaggia.

Nucleo abitativo. Luogo con segni di antropizzazione in riferimento a edifici esistenti, ruderi ed opere architettoniche riconoscibili. Ci si riferisce ad aree con presenza di singoli elementi come a luoghi esistenti in località composte da più edifici, anche non coesi tra loro e sparsi sul territorio ma rientranti in una logica di tessuto territoriale edificato.

Luogo di culto. Località in cui sono ravvisabili tracce fisiche, di tradizione orale o toponomastica di elementi cultuali moderni o antichi (fig. 3.18).

Presso corsi d'acqua. Luogo in cui si possa rintracciare nelle prossimità dell'elemento la presenza di corsi d'acqua, attivi o meno, di torrenti, rogge, pozze, fiumi, laghi o bacini. Si è notato che nella quasi totalità dei casi si riscontra uno di questi elementi nelle prossimità dei supporti.

Presso sorgenti. Da intendersi come al punto precedente ma con riferimento a sorgenti, attive o esauste (fig. 3.19).

Pianoro. Altopiano o zona di terreno pianeggiante riscontrabile in diversi ambienti (fig. 3.20).

Presso vie di percorrenza. Sentieri, strade, mulattiere, tracce, di antica o moderna fattura. Le vie di percorrenza radiali e trasversali, utilizzate anche contemporaneamente, insistono spesso su vie di percorrenza precedenti, anche antiche, che hanno caratterizzato la mobilità nei territori montani. È opportuno indicare quando nelle prossimità del masso inciso vi siano tracciati.

Fig. 3.13. Zona C (elaborazione degli autori da Google Earth).

Fig. 3.14. Vista da sud del Monte Legnone, caposaldo territoriale altolariano e situato nella zona C (foto R. Basilico).

Fig. 3.15. Vista della zona C con l'abitato di Colico e i Montecchi emergenti dal pianoro (foto R. Basilico).

Fig. 3.16. I supporti delle incisioni rupestri della zona comprendono principalmente affioramenti, nella zona dei Montecchi, e rocce, isolate o in gruppo, nell'area del Legnone. Nell'immagine un affioramento tipico presente sul Montecchio Sud (foto R. Basilico).

Fig. 3.17. Masso coppellare situato su un versante (foto R. Basilico).

Fig. 3.18. Sovente i luoghi di culto insistono su presenze più antiche (foto R. Basilico).

Fig. 3.19. Sorgenti e corsi d'acqua si trovano nelle prossimità della maggior parte dei luoghi con incisioni rupestri, soprattutto quando esse erano funzionali all'espletazione di rituali (foto R. Basilico).

Fig. 3.20. I pianori possono avere dimensioni di vario tipo, con estensioni significative o superfici limitate. La loro conformazione e la loro collocazione, spesso in posizione predominante, sono favorevoli all'identificazioni di luoghi con la presenza di coppelle, come nel masso a destra (foto R. Basilico).

III.5. - Descrizione

Il campo della descrizione è uno strumento per l'estrapolazione, la lettura e l'interpretazione dei dati che focalizza l'attenzione sul manufatto studiato. Sono stati considerati più aspetti primari: **descrittivo, tipologico, caratteristiche** e **documentale** identificati da nove categorie, ognuna delle quali contiene più voci specifiche. Questo campo racchiude i dati necessari per descrivere i supporti e i petroglifi secondo più aspetti;
- il gruppo descrittivo, riferito al supporto, è definito dalle dimensioni e dal contesto.
- Il gruppo tipologico, riferito alle incisioni, considera gli aspetti tipologico e morfologico; è definito dal tipo figurativo e dal tipo schematico.
- Il terzo gruppo, riferito alle caratteristiche fisiche del supporto e delle incisioni, è definito dalla morfologia dei supporti, dal tipo di lavorazione, dai profili delle incisioni.
- Il quarto gruppo descrive in modo specifico l'elemento studiato; è definito dalla documentazione svolta e dalla descrizione, compiuta a più livelli.

III.5.1 - Dimensioni

Descrive le caratteristiche dimensionali volumetriche del supporto roccioso secondo un criterio di grandezze suddiviso in **piccola, media** e **grande**. Questa semplificazione è voluta; si è creata una seriazione di famiglie paragonabili con un raffronto di dati quantificabili e classificabili. Una rappresentazione delle dimensioni sui tre assi cartesiani, se non corredata da rilievi dimensionali precisi, risulta inadatta per le forme complesse dei supporti. Le infinite morfologie dei massi sono ricondotte a un volume di massima le cui misure servono per inserire il supporto in un range di classificazione dimensionale. La scala di riferimento volumetrica adottata prevede: v<3mc, 3<v<5mc e v>5mc (fig. 3.21).

III.5.2 - Contesto

Raggruppa le voci che identificano il tipo e la collocazione del supporto nel momento dell'identificazione. Descrive tipologie primarie:

Affioramento. Zona in cui il substrato roccioso affiora dal terreno conseguentemente all'opera di agenti esogeni. Se il substrato è stato rimosso artificialmente si parla di roccia esposta.

Roccia isolata. Grosso frammento di roccia, blocco di natura erratica oppure derivante da distacco dal terreno o dal fianco di un monte. Posto in posizione isolata può affondare nella terra o affiorare da essa; in questo caso si parla di masso vivo (fig. 3.22).

Gruppo di rocce. Insieme di più massi rocciosi disposti in adiacenza o scollegati fra di loro ma che formano un gruppo riconoscibile.

Lastra. Corpo roccioso con forma per lo più rettangolare, caratterizzato da due dimensioni prevalenti rispetto allo spessore e con facce generalmente parallele.

Parete / riparo. Con il termine parete si intende la parte scoscesa di un rilievo montuoso, generalmente verticale. Il riparo è associato a questo termine poiché si tratta di un incavo nella roccia, solitamente una parete o un grosso masso, che può servire da rifugio. Nel Paleolitico i ripari venivano utilizzati come abitazioni.

Riuso. Materiale di riuso; viene generalmente inglobato nelle strutture murarie di un edificio, nelle sostruzioni, nelle murature di sentieri o terrazzamenti o con una funzione diversa dall'originaria che risulta avulsa dal contesto. Il masso reimpiegato spesso, appartiene originariamente ad una diversa categoria.

Frana. Masso o insieme di massi incisi franati da un monte. In antichità questi massi venivano lavorati poichè ritenuti espressione di volontà divine.

III.5.3 - Tipo figurativo

Descrive i tipi di incisione figurativa rupestre identificati nell'Alto Lario. Comprendono le principali tipologie riscontrate in letteratura.

Animali. Voce riferita a tutte le tipologie di animali, siano esse realistiche o simboliche.

Antropomorfi. Elementi incisi che raffigurano l'uomo o le sue rappresentazioni zoomorfe e teriomorfe.

Armi e antropomorfi armati. Oggetti e soggetti collegati alla guerra, alla caccia o a un simbolismo cultuale relativo alle armi.

Carri. Elementi di trasporto utilitari o simbolici.

Circolari. Serie di figure circolari con più significati.

Cruciformi. Figure crociate riferite a un'ampia simbologia tanto primordiale quanto recente.

Simbologie topografiche. Grafismi legati alla rappresentazione del territorio o a simbologie cultuali di fertilità.

Simboli di fertilità. Simboli di fertilità.

Caratteri alfanumerici. Iscrizioni numeriche, di singole lettere, parole o frasi.

Simboli di astrazione. Incisioni legate a elementi che definiscono complesse capacità di cognizione astrattiva.

Megaliti. Elementi monumentali legati a menhir, stele, stele antropomorfe, statue stele e composizioni monumentali.

Fig. 3.21. La suddivisione dei supporti litici è stata volutamente semplificata in tre categorie dimensionali. Ciò è risultato funzionale nel creare seriazioni di famiglie classificabili, comparabili e quantificabili. Le indicazioni volumetriche considerano le dimensioni generali del supporto (larghezza L * altezza H * profondità P). Le innumerevoli forme dei supporti sono così ricondotte in un range che permette una classificazione dimensionale per cui abbiamo supporti piccoli (due metri cubi), medi (tra due e cinque metri cubi) e grandi (oltre cinque metri cubi) (elaborazione degli autori).

Fig. 3.22. Le rocce isolate possono avere un'origine locale o essere dei massi erratici. Nell'immagine il masso Avello di Bicogno, descritto già nel 1924 dal Magni e danneggiato durante i lavori ottocenteschi di ampliamento della carreggiata. Queste opere, tipiche del territorio lariano, sono riconducibili a tombe a inumazione presumibilmente afferenti al V-VI secolo d.C. L'opera di saccheggiamento subita non ha permesso di inquadrare correttamente questi manufatti (foto R. Basilico).

Fig. 3.23. Valchiavenna, Vho. Denominata localmente la Scribàita questa parete è incisa con vasche perfettamente quandrangolari disposte in sequenza a formare dei motivi geometrici a scalino. Le nozioni storiche inerenti queste incisioni risalgono al 1930 quando il Ghislanzoni ipotizzò un collegamento con incisioni devozionali di stampo mitriaco inquadrabili tra il III-IV secolo d.C. Alla fine degli anni '60 dello scorso secolo Guido Scaramellini propose una datazione risalente agli inizi del 1800 basata sul toponimo, ipotizzato come derivante da scritto-scritta, e sulla testimonianza del prefetto De Pagave. Egli scrisse in un libercolo relativo alla carrozzabile dello Spluga che vi era una lapide nelle prossimità che ricordava la volontà di realizzare l'opera, concludendo che il lavoro fosse stato eseguito nel 1822 in concomitanza con la realizzazione della strada. Altre fonti parlano invece di un'opera realizzata in epoca romana in prossimità dell'adiacente strada di carreggio. In realtà nessuna di queste ipotesi sembra spiegare il significato di queste incisioni che, osservate nella globalità del disegno, sembrano una rappresentazione su larga scala di una forma zigzagante. Si trovano sulla roccia delle incisioni apparentemente antiche che rappresentano reticoli, serpentiformi zigzaganti e antropomorfi schematici. L'opera resta tuttavia un mistero nella sua singolarità realizzativa e morfologica, indipendentemente dal periodo di realizzazione (tratto da M. Lisignoli, *Valchiavenna. Consorzio per la promozione turistica della Valchiavenna*, Chiavenna, 2015, 6-11. Foto G. Padovan).

Valchiavenna, Vho. Dettaglio delle incisioni quadrangolari (foto G. Padovan).

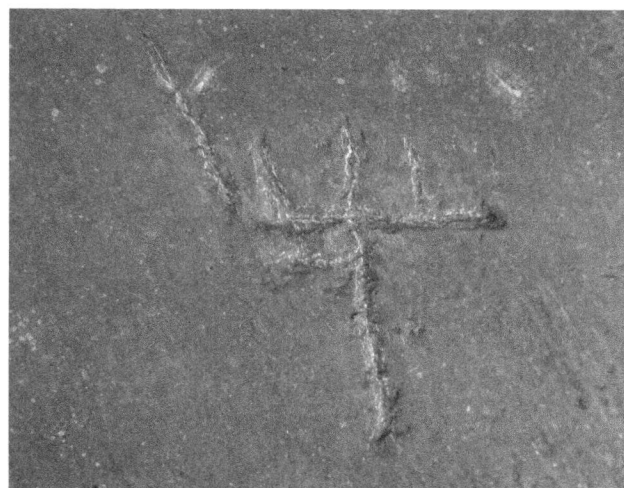

Valchiavenna, Vho. Dettaglio del reticolo e dell'antropomorfo schematico (foto G. Padovan).

Valchiavenna, Vho. Particolare di uno dei serpentiformi associabili alla figura del fulmine (foto G. Padovan).

Fig. 3.24. Le rocce lisce hanno una superficie naturalmente uniforme, priva o con minime asperità, che crea un effetto visivo di lucidezza. Questa texture è conseguente alle azioni esaratrici glaciali e generalmente presente sugli affioramenti; esistono però casi di lisciatura superficiale ottenuta artificialmente come per il fenomeno degli scivoli della fertilità. L'immagine è emblematica della ritualità della scivolata, perpetrata nel tempo in forma ludica ma risalente a gestualità antiche; la roccia è situata all'interno della fortezza incaica di Saqsaywaman, nei pressi di Cusco in Perù (foto R. Basilico).

Fig. 3.25. La superficie ruvida è funzione delle tipologie litiche; nelle zone analizzate numerose rocce presentano questa caratteristica dovuta alla natura scistosa e cristallina di parte dell'area (foto R. Basilico).

Vegetali. Rappresentazioni di elementi vegetativi descrittivi e simbolici.

III.5.4 - Tipo schematico

Identifica i tipi di incisione schematica (fig. 3.23).

Coppelle. Elementi emisferici incisi con forma conica e disposti secondo varie configurazioni, di gruppo o isolate.

Canaletti. Incisioni concave che descrivono piccoli canali utilizzati per il trasporto di liquidi o per definire delle raffigurazioni.

Pediformi. Rappresentazioni di impronte con funzione sacrale o iniziatica.

Polissoir o affilatoi. Incavi fusiformi utilizzati per affilare armi e attrezzi sia litici sia metallici.

Scivoli. Elementi collegati a rituali di fertilità ottenuti per levigatura della roccia in seguito ad atti di scivolamento.

Elementi utilitari. Elementi realizzati con fini di utilità.

III.5.5 - Morfologia

Relativa alla forma materica superficiale, posturale e volumetrica del supporto, ne permette la descrizione e ne identifica lo stato. Gli attributi utilizzati permettono l'identificazione di caratteri riconoscibili.

Liscio. Riferito alla texture superficiale prevalente del supporto. Quando la superficie su cui si trovano gli incisi è piana, uniforme, con minime asperità, e crea una sensazione visiva affine a quella della lucidezza, si può far riferimento a questo attributo. È un termine generalmente utilizzato per gli affioramenti in cui la levigatezza della superficie, anche se presenta aspetti di scabrosità, ha una texture complessiva di liscezza e per le superfici levigate artificialmente (fig. 3.24).

Ruvido. Texture superficiale del supporto con caratteristiche dettate da: mancanza di uniformità, ruvidità al tatto, presenza di granulosità o irregolarità, scabrezza (fig. 3.25).

Orizzontale. Disposizione prevalente o parziale del masso di tipo orizzontale.

Inclinato. Caratteristica posturale del masso inclinata.

Verticale. Caratteristica posturale del masso verticale.

Concavo. Voce riferita a presenza di parti del supporto in cui la superficie risulta curva e rientrante. Sovente questi avvallamenti vengono ampliati artificialmente e utilizzati come forme coppellari a vasca (fig. 3.26).

Convesso. Supporto che possiede delle parti curve e sporgenti (fig. 3.27).

Fratturato. Elemento con segni di fratturazione. È interessante cercare di capire se le fratture siano state sfruttate per realizzare le incisioni o se siano precedenti, in fase o successive all'atto incisorio. Ciò permette di stabilire delle sequenze temporali tra il supporto e l'inciso.

Gradonato. Presenza di gradoni spesso sfruttati nell'incisione di canaletti.

III.5.6 - Lavorazione

Identifica il tipo di lavorazione adottata per realizzare l'incisione. Può essere di tipo diretto o indiretto ottenuta con strumenti litici o metallici.

Rotazione. Movimento rotatorio svolto da un masso o uno strumento sferico che crea un distacco di materiale per abrasione. È un'azione di finitura legata ai massi coppellari che si attua in concomitanza o dopo la percussione.

Percussione. Permette l'asportazione di roccia tramite forti pressioni ottenute con un percussore. Il percussore può essere utilizzato direttamente dall'incisore o mediante l'uso di un grave. È la tipologia incisoria più utilizzata.

Incisione lineare. Incisione filiforme ottenuta per graffiatura della superficie litica.

Levigatura della superficie. Azione di lisciatura della roccia finalizzata alla preparazione di un supporto per l'incisione o conseguente ad atti di scivolamento sui massi con fini rituali.

III.5.7 - Profilo incisione

Definisce la sezione dell'incisione che può assumere varie forme in funzione del tipo di lavorazione e del grado di abilità dell'esecutore. Il tipo di sezione del profilo può permettere di capire quale sia lo strumento di realizzazione.

Concavo. Inciso la cui sezione abbia una forma concava. Si individuano profili con pareti e bordo con sezione più o meno delineata, ma sempre di tipo regolare. Sono riferiti alla maggior parte delle incisioni.

Cilindrico. Incisi che presentano una sezione cilindrica con fondo piatto.

A bottiglia. Incisioni che presuppongono una particolare abilità di esecuzione. Sono usalmente correlate alle attività di coltivazione della roccia.

Conico. Profilo di tipo conico generalmente associato al tipo schematico coppellare. La forma conica può essere più o meno accentuata assumendo una forma emisferica

Fig. 3.26. L'affioramento mostra la marcata concavità della superficie rocciosa. In alcuni casi gli avvallamenti vennero sfruttati per implementare il sistema di vasche e canaletti (foto G. Padovan).

Fig. 3.27. La convessità della roccia è talvolta sfruttata per realizzare incisioni, come in questo caso a Castione Andevenno (foto R. Basilico).

concavo

cilindrico

squadrato

a bottiglia

conico

irregolare

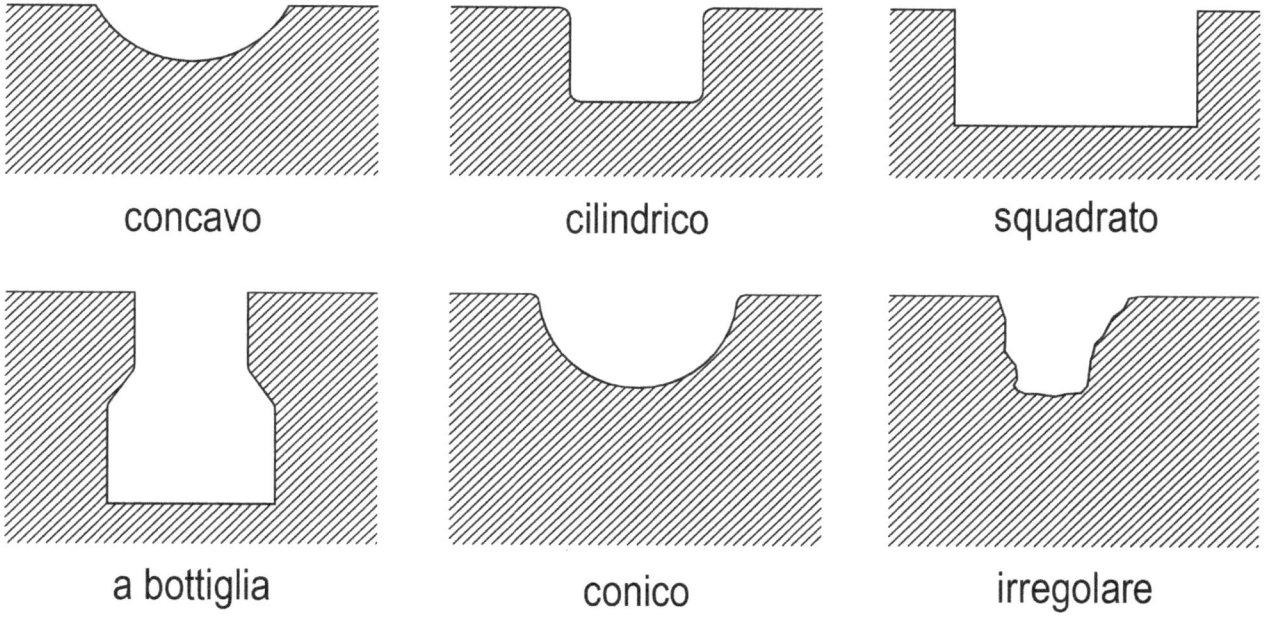

Profilo conico

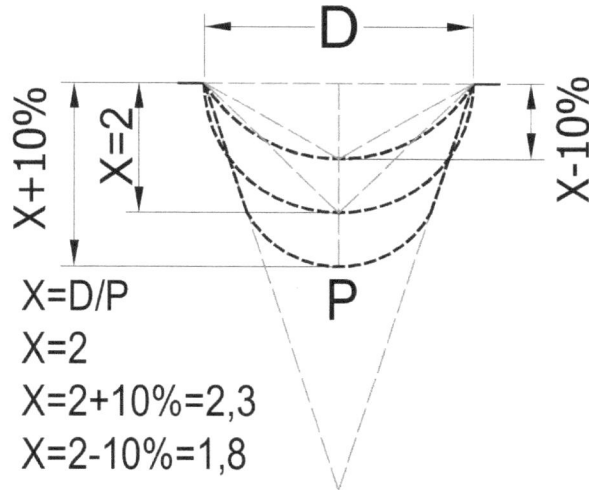

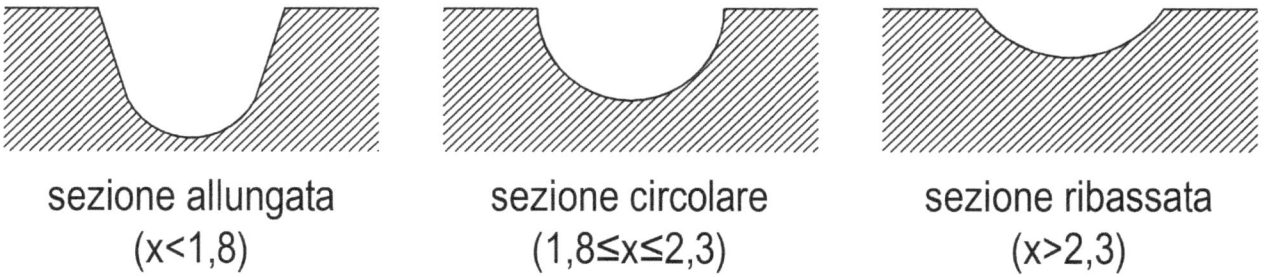

D

X+10%

X=2

X-10%

X=D/P
X=2
X=2+10%=2,3
X=2-10%=1,8

P

sezione allungata
(x<1,8)

sezione circolare
(1,8≤x≤2,3)

sezione ribassata
(x>2,3)

Fig. 3.28. Indicazioni dei profili incisori riscontrati nell'area indagata. Il profilo conico è tipico delle incisioni a coppella; la cui conicità rientra in un range dato dal rapporto tra diametro e profondità. In funzione del valore ottenuto il profilo assume una conformazione allungata (X<1,8), circolare (1,8<X<2,3) o ribassata (X>2,3) (elaborazione degli autori).

nel caso di profondità pari alla metà del diametro. La conicità non presuppone un'incavo a punta.

Squadrato. Profilo quadrangolare tipico delle vaschette.

Irregolare. Profilo di scavo in cui le pareti o i bordi della sezione presentano una forte irregolarità dovuta ad un'esecuzione non raffinata o al tipo di roccia lavorata (fig. 3.28).

III.5.8 - Documentazione

Indica gli elementi di descrizione dei supporti e delle incisioni. Definiscono la documentazione utilizzata per la descrizione del manufatto in base al grado di analisi svolto e al risultato perseguito. Si hanno sei voci: fotografica, filmati, rilievo, calco, eidotipo e descrittiva.

Fotografia. Nelle fasi ricognitive è fondamentale per documentare lo stato di fatto del ritrovamento e contestualizzarlo. Si potranno identificare elementi ricorrenti, la presenza di altri manufatti, la vicinanza a fattori paesaggistici, la loro correlazione o elementi di interesse. In una successiva fase di studio si potranno analizzare l'aspetto d'insieme, i particolari del supporto e dell'incisione rupestre ma anche documentare le tipologie di lavorazione o particolari anomali e non identificati al momento del rinvenimento. La tecnologia delle fotocamere digitali fornisce uno strumento in grado di memorizzare numerose immagini.

Lo studio dettagliato delle incisioni scavate solo superficialmente o consumate dal degrado ambientale può effettuarsi con la ripresa dei soggetti tramite luce radente o artificiale; ciò aumenta il contrasto dell'immagine. Altra proprietà dei supporti digitali è quella di disporre di un ricco archivio, fondamentale per poter monitorare nel tempo situazioni di degrado materico o lo stato di conservazione di supporti e incisioni. I dispositivi fotografici digitali permettono di usare software per la post-produzione. Si possono isolare porzioni o agire su contrasti e colorazioni per evidenziare le incisioni. Esistono programmi specifici pensati per i petroglifi e le pitture rupestri, quali il software *D-stretch*. Il programma permette di elaborare una fotografia mediante un algoritmo in grado di massimizzare i contrasti cromatici per delineare l'immagine ripresa.

Filmati. Vengono realizzati per favorire l'aspetto divulgativo, permettendo di documentare il ritrovo.

Rilievo. Il grado di analisi morfologica e descrittiva più approfondito coincide con il rilievo. Si identificano tre tipologie.
- Analisi speditiva. Si applica se non è possibile operare in sicurezza o non si può permanere per lungo tempo sul posto. Si utilizza nel caso in cui sia richiesto solo uno studio preliminare o non si disponga di tempo o attrezzature particolari.
- Analisi dettagliata. Applicabile con strumentazione adeguata e attività di post-produzione.
- Analisi approfondita. Sistemi di studio specializzati che richiedono conoscenze specifiche; può rendersi necessario l'utilizzo di indagini di tipo archeometrico».[9]

Il fattore di rischio ambientale influenza la possibilità di adottare uno dei tre tipi analitici; in quest'ottica le voci del campo "ubicazione" sono utili per collegare il rischio all'elemento indagato. Se un masso fosse posto lungo un dirupo bisognerebbe procedere con un'indagine preliminare dei fattori di rischio per poter compiere un'analisi approfondita. Se ciò non fosse possibile si retrocederà ad un'analisi dettagliata o di tipo speditivo. Non esiste uno standard operativo; gli stessi strumenti utilizzati per il rilievo «sono correlati alle metodologie utilizzabili per lo studio di un'opera in funzione del grado di analisi, sia esso di tipo speditivo, dettagliato o approfondito. Strumenti sono gli attrezzi materiali utili per la raccolta dei dati, i mezzi necessari per la loro restituzione e i metodi di studio adottati».[10] Le attrezzature utilizzate sono le stesse adottate in campo archeologico ed architettonico, con esclusione degli scavi stratigrafici e degli scavi in genere da noi mai condotti ed effettuabili solo dalle istituzioni preposte.

Strumenti di misura metrica. Categoria a cui appartengono attrezzi per misure dimensionali. La rotella metrica è un nastro poliammidico o metallico graduato, avvolto su un perno rotante e racchiuso in un involucro cilindrico, dotato di una manovella per il riavvolgimento. Il flessometro è un nastro metallico graduato, con riavvolgimento automatico e fermo, con lunghezze variabili. Il doppio metro è composto da stecche di legno o metallo graduate ripiegabili.

Strumenti di misura angolare. La bussola magnetica è uno strumento per misurare l'orientamento mediante una scala in gradi sessagesimali (0°-360°) o centesimali. È necessario specificare la data del rilievo a causa della declinazione magnetica, ossia lo scarto tra l'ago magnetico e quello dei meridiani terrestri. L'eclimetro a gravità è un modello di clinometro il cui cerchio goniometrico è reso verticale da una massa metallica; riporta una doppia scala di lettura con gradi e valori percentuali di pendenza.

Strumenti complementari. In operazioni di rilievo dettagliate si utilizzano strumenti complementari. Il filo a piombo è uno strumento composto da un grave appeso a un filo; serve a verificare la perpendicolarità e a creare dei riferimenti lungo una retta. Gli strumenti di misurazione metrica e angolare permettono la verifica di vari elementi; calibri, normali o a pettine, false squadre, spessimetri, misuratori di angoli, aste, paline e squadri. La marcatura, effettuata con elementi non invasivi e temporanei come il gesso, facilmente eliminabili, che permettono di riprodurre i contorni delle incisioni o di stabilire dei capisaldi per i rilievi. Le livelle, ottiche o laser, servono a definire relazioni altimetriche tra quote e capisaldi.

9. Roberto Basilico, Sara Bianchi, *Il Trou de Touilles in Val di Susa*, 91.
10. Ibidem, 96.

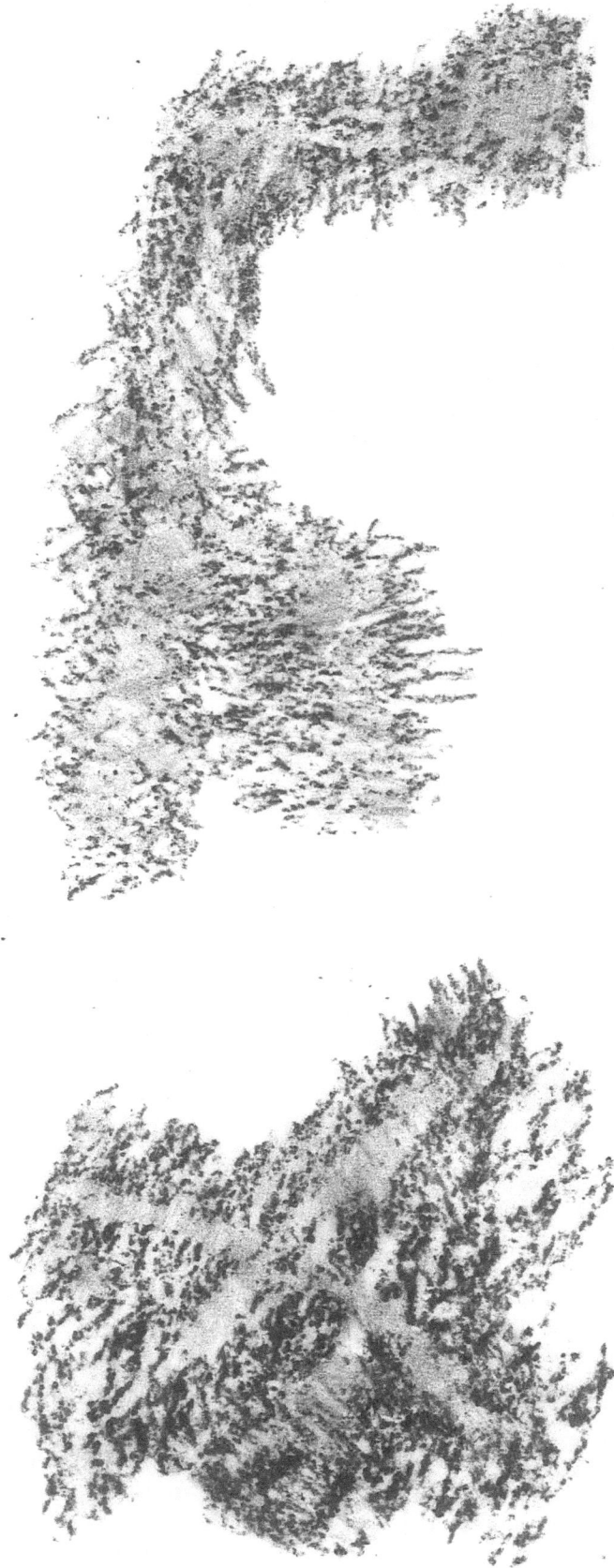

Fig. 3.29. Il frottage è una tecnica che permette di riprodurre direttamente il disegno dell'incisione in una scala al vero mediante l'uso di un foglio adagiato sulla roccia e ricalcato con un adeguato marcatore che ne riproduce i contorni. Nell'immagine si osservano le impronte rilevate su uno dei supporti indagati (elaborazione degli autori).

Frottage. Tecnica che si ottiene con il posizionamento di una sottile foglio di carta sull'incisione. La superficie del foglio viene successivamente colorata con matita o carboncino; le parti poste sulla superficie scavata delle incisioni, rimangono più chiare delineando il profilo dell'incisione (fig. 3.29).

Reticolo. Permette di creare una maglia di ascisse e ordinate sulla superficie del supporto analizzato, creando delle aree geometriche in cui inquadrare i petroglifi. Si possono adottare due metodi. Il primo è un telaio quadrangolare nel cui interno si trova un reticolo suddiviso in quadrati con lati di dieci centimetri. Ciò permette di sovrapporre il reticolo a un'incisione e di riprodurla manualmente su un supporto cartaceo o di fotografarla per un successivo rilievo. Il secondo metodo prevede la creazione di un reticolo con cavi tensionati da un sistema di pali e picchetti che inquadra tutta la superficie del masso. La dimensione della quadrettatura varia in funzione del grado di rilievo che si vuole adottare. Si ottiene una maglia personalizzata ed efficace soprattutto se associata alla georeferenziazione (fig. 3.30).

Copia diretta. Tecnica che prevede il posizionamento di un foglio di acetato trasparente sul masso. Si ripassano quindi con appositi pennarelli i contorni delle incisioni, ottenendo un rilievo in scala 1:1. È bene che il foglio utilizzato sia pensato con un formato successivamente digitalizzabile mediante scansione (Iso A0); si possono comporre più fogli in un quadro d'insieme. È questo un metodo tra i più precisi e utilizzati dagli specialisti.

Strumenti topografici. «Ricevitore satellitare (GPS - Global Position System); strumento portatile utilizzato per i rilievi di tipo territoriale. Lo scarto, dell'ordine di pochi metri, fornisce un grado di precisione accettabile se utilizzato con l'apporto dato da cartografia e immagini satellitari. Un'analisi più accurata prevede l'uso di GPS topografici o geodetici. Nel caso delle incisioni rupestri si utilizza per posizionare i vari elementi sulla cartografia. Altimetro: indica la quota di un punto sul territorio rispetto al livello medio del mare mediante la misurazione della pressione atmosferica. Questo strumento è sensibile alle variazioni di alta e bassa pressione e va tarato prima del suo utilizzo.

Strumenti informatici. La georeferenziazione è uno strumento utilizzabile per il raddrizzamento delle immagini. La procedura prevede di collocare sul supporto delle mire e di misurarne le reciproche distanze in funzione di un sistema di riferimento cartesiano. Si fotografa quindi il manufatto; se il supporto ha dimensioni significative va scomposto in un mosaico di più immagini. Si procede con l'inserimento delle immagini in un software; il programma elabora l'immagine raddrizzandola, georeferenziandola e rendendola pronta a successive elaborazioni vettoriali».[11] L'elaborazione

dei dati si attua con vari tipi di software per il disegno vettoriale e la grafica. La restituzione degli eidotipi è stata effettuata con programmi vettoriali di Computer Aided Design (CAD) che permettono di lavorare in scala 1:1. Altro passaggio prevede la restituzione grafica del dato raccolto; è possibile creare un sistema di simboli che rappresentino gli elementi riscontrati. I vari retini, caratteri, linee o simboli, possono avere diversi significati nelle varie restituzioni in funzione del significato conferito a un certo elemento secondo un'ottica di restituzione flessibile e funzionale alle specifiche esigenze espressive.

Calco. Tecnica da adottare con estrema attenzione e solo se le condizioni della roccia hanno caratteristiche di durezza tali da non rilasciare nemmeno il più piccolo frammento di materiale. È necessario fare prove su massi analoghi senza incisioni. Il procedimento prevede di riempire le incisioni con materiali morbidi quali plastilina o gomme speciali che non aderiscono sulla superficie e non agiscono nemmeno sui frammenti. È vietato l'utilizzo di materiali liquidi che solidificano dopo l'applicazione poichè potrebbero danneggiare i manufatti.

Eidotipo. Schizzo grafico condotto in fase di studio; può limitarsi a una riproduzione disegnata dell'elemento da allegare alla scheda o essere un mezzo per evidenziare aspetti salienti.

Descrittiva. Casella da completare con la descrizione scritta dell'elemento indagato (fig. 3.31).

III.5.9 - Descrizione

Spazio in cui allegare tutto ciò che sia necessario per fornire una descrizione accurata.

Si mostra nella figura 3.32 una scheda tipo sulla quale sono evidenziate le suddivisioni dei quattro gruppi.

III.6 - Elaborazione e classificazione dei dati

La schedatura analizza gli elementi incisi considerandoli un *unicum* con il loro supporto. Ciò, a nostro parere, fornisce una visione d'insieme per considerazioni più estese. L'elaborazione del database consente di realizzare delle tabelle, o pivot, che fanno interagire le informazioni a più livelli. La tabella ottenuta è uno strumento di analisi dinamica e di sintesi dei dati. Gli esempi seguenti mostrano il sistema di schedatura, semplice ma efficace nell'estrapolare dati di studio per definire quanto ricercato. Crea una base interpretativa statisticamente approfondibile e implementabile.

Per ottenere un'idea generale della distribuzione sul territorio dei supporti incisi si sono considerate le zone suddivise in fasce altimetriche. Relazionando questa suddivisione ai Comuni, presenti nelle aree studiate, si ottiene una tabella che mostra per ogni superficie comunale la presenza dei supporti per zona e fascia altimetrica. Ciò

11. Roberto Basilico, Sara Bianchi, *Il Trou de Touilles in Val di Susa*, 97-98.

Fig. 3.30. Il reticolo è uno strumento di studio costituito da due tipologie distinte. La prima è un telaio con reticolo che si posiziona sopra le incisioni e che serve come quadrettatura per poi ridisegnarle. La seconda è costituita da una maglia di ascisse e ordinate tracciate con fili sopra la superficie del supporto. La spaziatura della maglia è in funzione del grado di precisone ricercato; questo sistema associato alla georeferenziazione è uno degli strumenti più precisi (foto R. Basilico).

Fig. 3.31. Fasi preparatorie di un rilievo. Quest'attività prevede una serie di operazioni che, in funzione del grado di studio adottato o perseguito, possono essere condotte utilizzando certe tecniche rispetto ad altre (foto R. Basilico).

1 →

IDENTIFICAZIONE

N° scheda	0022	*Comune*	Pianello Lario (CO)
Località	Tre Terre	*Quota*	270 m slm
Identificazione	Giovanni Beltramelli	*Data Identificazione*	Anno 2002

Ubicazione ☐fondovalle ☐versante ☐cima ☐bosco ☐campo coltivato
☐pascolo ☐incolto ■nucleo abitativo ■luogo di culto ☐presso corsi d'acqua
☐presso sorgenti ☐pianoro ☐presso vie di percorrenza

← 2

DESCRIZIONE

3 →

Dimensioni ■piccola ☐media ☐grande

Contesto ☐affioramento ■roccia isolata ☐gruppo di rocce ☐lastra ☐parete/riparo ■riuso ☐frana

Tipo figurativo ☐animali ☐antropomorfi ☐armi e antropomorfi armati ☐carri ☐circolari
☐cruciformi ☐simbologie topografiche ☐simboli di fertilità ☐caratteri alfanumerici
☐simboli di astrazione ☐megaliti ☐vegetali

← 4

Tipo schematico ■coppelle ☐canaletti ☐pediformi ☐polissoir ☐scivoli ☐elementi utilitari

Morfologia ☐liscio ■ruvido ■orizzontale ☐inclinato ☐verticale
☐concavo ■convesso ☐fratturato ☐gradonato

5 →

Lavorazione ☐rotazione ■percussione ☐incisione lineare ☐levigatura della superficie

Profilo incisione ☐concavo ■cilindrico ☐a bottiglia ☐conico ■squadrato ☐irregolare

Documentazione ■fotografica ☐filmati ☐rilievo ☐calco ☐eidotipo ■descrittiva

Descrizione Il masso, a forma di mezzaluna, è collocato nel giardino di un ex convento di monache; reca incise due vaschette a pianta rettangolare ed una a pianta circolare posta centralmente rispetto ai due elementi quadrangolari. L'elemento è un esemplare di masso sacrificale, per il quale si ha un preciso riscontro in un'epigrafe incisa in Portogallo sulle pareti del santuario rupestre di Panoias nel III secolo dc: HVIVS HOSTIAE QVUE CADVNT HIC IMM(OL)ANTVUR EXTRA INTRA QVADRATA CONTRA CREMANT-VR -SAN(GV)IS LAC(I)CVLIS (IVXTA) SVPERFV(NDI)TVR- (*Qui sono consacrate agli dei le vittime che vi vengono abbattute: le loro interiora vengono bruciate nelle vasche quadrate e il loro sangue si diffonde nelle piccole vasche circostanti*)

← 6

Fig. 3.32. Esempio di scheda di studio che prevede una suddivisione in due campi: identificazione e descrizione. Il primo campo -identificazione- comprende due gruppi:
1. Dati della schedatura catastale.
2. Dati dell'ubicazione.
Nel secondo campo -descrizione- rientrano gli altri gruppi:
3. Dati riferiti al solo supporto.
4. Dati riferiti alle sole incisioni.
5. Dati riferiti al supporto e alle incisioni.
6. Dati riferiti allo specifico elemento indagato.

fornisce una lettura immediata della distribuzione globale delle incisioni sul territorio; la maggior presenza si ha nella zona B, seguita dalla zona A e, infine, dalla zona C (fig. 3.33).

Un approfondimento della relazione tra zone e fasce altimetriche, in rapporto alle dimensioni dei supporti, mostra una prevalenza di supporti di grandi dimensioni (45%), seguiti dai supporti piccoli (32%) e da quelli medi (23%), con un divario percentuale pari al doppio tra i primi e gli ultimi. L'analisi delle singole zone delinea ulteriormente la distribuzione dimensionale dei supporti in relazione alle altimetrie (fig. 3.34).

La raccolta dei dati sull'ubicazione dei supporti mostra gli elementi ricorrenti nel contesto ambientale. Da essi traspare che i supporti sono collocati in un contesto rimasto invariato anche con il trascorrere del tempo. Ciò è riferito alla presenza di fonti d'acqua o sorgenti, anche non più attive ma leggibili sul territorio, e alla collocazione altimetrica (versanti, cime e fondovalli). Il contesto ambientale (bosco, pascolo, campo coltivato o incolto) è l'elemento di più difficile inquadramento per le trasformazioni subite nel tempo. È altresì vero che certi luoghi hanno mantenuto intatte le proprie singolarità e caratteristiche. Gli aspetti soggetti a variazione nel tempo sembrerebbero quelli definiti da un'azione antropica e hanno avuto uno sviluppo limitato a mutazioni di natura urbana (nuclei abitativi), paradigmatica (luoghi di culto) o di mobilità (vie di percorrenza). Un'analisi mostra che questi elementi sono sovente correlati a mutazioni temporali di natura evolutiva, più che a una loro cancellazione o apparizione improvvisa; un antico tracciato verrà modificato nella struttura ma non nel suo essere direttrice territoriale, un luogo di culto muterà in base al nuovo paradigma e un nucleo abitativo si evolverà in relazione alle economie dominanti (fig. 3.35).

Il contesto che caratterizza i supporti ne definisce le famiglie di appartenenza. Un dato emerso riguarda la scelta preferenziale di rocce isolate per eseguire le incisioni, a cui seguono gli affioramenti, i gruppi di rocce e i riusi. La mutazione dei paradigmi evidenza la testimonianza del passato che non è stato cancellato ma, piuttosto, riproposto all'interno di nuovi o rinnovati ambiti. La suddivisione delle fasce altimetriche mostra come la maggior parte dei supporti si trovi nella parte mediana e come il dato espresso conserva la medesima proporzione in ogni zona (fig. 3.36).

I dati raccolti sulle incisioni figurative mostrano la loro distribuzione nelle fasce altimetriche; da ciò risulta una distribuzione globale che implica la maggior presenza di certi tipi: antropomorfi, caratteri alfanumerici, simboli di astrazione, animali e cruciformi sono concentrati nelle fasce di elevazione mediane (fig. 3.37).

Un'analisi approfondita mostra la distribuzione delle incisioni figurative nelle varie zone in relazione alle diverse fasce altimetriche. (fig. 3.38)

Altro dato lo si ricava rapportando gli elementi figurativi ai supporti che li ospitano; ciò permette di avere un'immediata visualizzazione con l'utilizzo di grafici (figg. 3.39, 3.40, 3.41). Lo stesso tipo di considerazioni lo possiamo trasporre agli elementi schematici (figg. 3.42, 3.43, 3.44, 3.45, 3.46).

I restanti dati forniscono circostanziate considerazioni per le quali riportiamo alcuni esempi; le interpolazioni dei dati diventano molteplici e permettono di svolgere considerazioni a più livelli e in funzione di quello che si desidera ricercare, sviluppare o evidenziare (figg. 3.47, 3.48, 3.49, 3.50). Si consideri che le schede elaborate sono una parte di quelle raccolte; il metodo di analisi ed elaborazione dei dati cerca di restituire uno strumento dotato di flessibilità, implementabile e modificabile a più livelli. Si auspica che il lavoro qui presentato sia propedeutico per ulteriori studi dell'area (figg. 3.51, 3.52, 3.53, 3.54).

I **significati** primigeni delle incisioni rupestri che derivano da fabbisogni umani afferenti alle sfere fisica, spirituale e sociale (si veda utilmente il capitolo II, paragrafo 2.2), sono stati correlati alle schede di analisi in un'ipotesi di tipo associativo e interpretativo (figg. 3.55, 3.56, 3.57).

zona	fasce (mslm)	Colico	Cremia	Dongo	Dosso di Liro	Garzeno	Gravedona e Uniti	Livo	Musso	Peglio	Peglio - Bodone	Pianello Lario	Santa Maria Rezzonico	Stazzona	Totale complessivo
A	< 500		6						7			4	16		33
	500-1000		1									2	6		9
	1000-1500								2						2
Totale A			7						9			6	22		**44**
B	< 500			3			4								7
	500-1000			1	1	9	5	1		1				2	20
	1000-1500					2	2	2						6	12
	> 1500					4	1	3		1	3				12
Totale B				4	1	15	12	6		2	3			8	**51**
C	< 500	14													14
	500-1000	8													8
Totale C		22													**22**
Totale complessivo		22	7	4	1	15	12	6	9	2	3	6	22	8	**117**

Fig. 3.33. Quantificazione dei supporti in funzione delle zone, delle fasce altimetriche e dei comuni. La tabella mostra la suddivisione dei supporti nelle tre zone con la distribuzione nei vari comuni coinvolti (elaborazione degli Autori).

zona	fasce (mslm)	piccola	media	grande	Totale
A	< 500	10	8	15	33
	500-1000	1	3	5	9
	1000-1500		1	1	2
Totale A		11	12	21	**44**
B	< 500	4	1	2	7
	500-1000	10	2	8	20
	1000-1500	3	5	4	12
	> 1500	5	1	6	12
Totale B		22	9	20	**51**
C	< 500		5	9	14
	500-1000	4	1	3	8
Totale C		4	6	12	**22**
Totale complessivo		37	27	53	**117**

Fig. 3.34. Classificazione dimensionale dei supporti. I dati mostrano come si distribuiscono i supporti in funzione delle zone e delle fasce altimetriche e come vi sia una prevalenza significativa di quelli grandi (elaborazione degli Autori).

zona	fasce (mslm)	fondovalle	versante	cima	bosco	campo coltivato	pascolo	incolto	nucleo abitativo	luogo di culto	presso corsi d'acqua	presso sorgenti	pianoro	presso vie di percorrenza	Totale complessivo
A	< 500	0	11	1	23	1	6	14	5	8	17	7	5	28	33
	500-1000	0	8	0	4	0	5	0	6	0	7	0	0	7	9
	1000-1500	0	1	0	0	0	2	0	1	0	1	0	0	0	2
Totale A		**0**	**20**	**1**	**27**	**1**	**13**	**14**	**12**	**8**	**25**	**7**	**5**	**35**	**44**
B	< 500	1	1	0	2	1	1	0	4	2	5	0	0	5	7
	500-1000	0	12	0	9	1	8	2	12	2	13	4	3	16	20
	1000-1500	0	10	2	8	0	5	0	6	0	2	8	1	9	12
	> 1500	0	10	1	0	0	12	0	8	0	5	7	0	9	12
Totale B		**1**	**33**	**3**	**19**	**2**	**26**	**2**	**30**	**4**	**25**	**19**	**4**	**39**	**51**
C	< 500		7	0	14	0	11	1	8	0	11	3	2	13	14
	500-1000		8	0	8	0	2	3	3	0	3	2	0	6	8
Totale C		**0**	**15**	**0**	**22**	**0**	**13**	**4**	**11**	**0**	**14**	**5**	**2**	**19**	**22**
Totale complessivo		**1**	**68**	**4**	**68**	**3**	**52**	**20**	**53**	**12**	**64**	**31**	**11**	**93**	**117**

Fig. 3.35. Quantificazione dei supporti in funzione della loro ubicazione. Molti di questi elementi caratterizzanti il contesto ambientale dei supporti non sono mutati sostanzialmente nel tempo (elaborazione degli Autori).

Fasce (mslm)	affioramento	roccia isolata	gruppo di rocce	lastra	parete/riparo	riuso	frana
< 500	17	16	11	4	6	10	0
500-1000	5	23	3	3	1	5	0
1000-1500	2	6	3	3	0	3	0
> 1500	2	3	3	1	0	3	1
Totale	**26**	**48**	**20**	**11**	**7**	**21**	**1**

Fasce zona A (mslm)	affioramento	roccia isolata	gruppo di rocce	lastra	parete/riparo	riuso	frana
< 500	10	8	6	4	5	8	0
500-1000	1	6	0	0	1	1	0
1000-1500	2	0	0	0	0	0	0
Totale A	**13**	**14**	**6**	**4**	**6**	**9**	**0**

Fasce zona B (mslm)	affioramento	roccia isolata	gruppo di rocce	lastra	parete/riparo	riuso	frana
< 500	0	6	0	0	1	2	0
500-1000	2	12	2	3	0	3	0
1000-1500	0	6	3	3	0	3	0
> 1500	2	3	3	1	0	3	1
Totale B	**4**	**27**	**8**	**7**	**1**	**11**	**1**

Fasce zona C (mslm)	affioramento	roccia isolata	gruppo di rocce	lastra	parete/riparo	riuso	frana
< 500	7	2	5	0	0	0	0
500-1000	2	5	1	0	0	1	0
Totale C	**9**	**7**	**6**	**0**	**0**	**1**	**0**

Fig. 3.36. Contestualizzazione dei supporti in relazione al contesto. La lettura dei supporti in funzione del tipo di contesto che li caratterizza permette di definire delle famiglie di appartenenza (elaborazione degli Autori).

Fasce (mslm)	animali	antropomorfi	armi e antropomorfi armati	carri	circolari	cruciformi	simbologie topografiche	simboli di fertilità	caratteri alfanumerici	simboli di astrazione	megaliti	vegetali
< 500	7	5	0	1	2	6	2	3	3	7	0	3
500-1000	2	4	1	0	1	2	2	0	4	3	1	0
1000-1500	3	4	1	0	0	1	0	1	2	1	2	0
> 1500	0	2	0	0	0	1	0	0	4	2	1	0
Totale complessivo	**12**	**15**	**2**	**1**	**3**	**10**	**4**	**4**	**13**	**13**	**4**	**3**

Fig. 3.37. Distribuzione altimetrica dei supporti con incisioni figurative (elaborazione degli Autori).

zona	fasce (mslm)	animali	antropomorfi	armi e antropomorfi armati	carri	circolari	cruciformi	simbologie topografiche	simboli di fertilità	caratteri alfanumerici	simboli di astrazione	megaliti	vegetali
A	< 500	3	4	0	1	1	6	0	3	3	5	0	3
	500-1000	0	1	0	0	0	1	1	0	1	1	0	0
	1000-1500	0	0	0	0	0	0	0	0	0	0	0	0
Totale A		**3**	**5**	**0**	**1**	**1**	**7**	**1**	**3**	**4**	**6**	**0**	**3**
B	< 500	0	0	0	0	0	0	0	0	0	1	0	0
	500-1000	3	4	1	0	0	1	0	1	2	1	2	0
	1000-1500	0	2	0	0	0	1	0	0	4	2	1	0
	> 1500	1	3	1	0	1	1	1	0	1	2	1	0
Totale B		**4**	**9**	**2**	**0**	**1**	**3**	**1**	**1**	**7**	**6**	**4**	**0**
C	< 500	4	1	0	0	1	0	2	0	0	1	0	0
	500-1000	1	0	0	0	0	0	0	0	2	0	0	0
Totale C		**5**	**1**	**0**	**0**	**1**	**0**	**2**	**0**	**2**	**1**	**0**	**0**
Totale complessivo		**12**	**15**	**2**	**1**	**3**	**10**	**4**	**4**	**13**	**13**	**4**	**3**

Fig. 3.38. Distribuzione dei supporti con incisioni figurative nelle tre zone di studio (elaborazione degli Autori).

Dimensioni	animali	antropomorfi	armi e antropomorfi armati	carri	circolari	cruciformi	simbologie topografiche	simboli di fertilità	caratteri alfanumerici	simboli di astrazione	megaliti	vegetali	Totale
grande	4	7	0	1	1	5	2	3	5	4	0	2	34
media	3	2	0	0	1	1	1	0	2	2	2	0	14
piccola	5	6	2	0	1	4	1	1	6	7	2	1	36
Totale	**12**	**15**	**2**	**1**	**3**	**10**	**4**	**4**	**13**	**13**	**4**	**3**	

Fig. 3.39. Distribuzione delle incisioni figurative sui supporti (elaborazione degli Autori).

Fig. 3.40. La catalogazione delle incisioni figurative è stata condotta col fine di poter creare un data base fruibile a più livelli (foto R. Basilico).

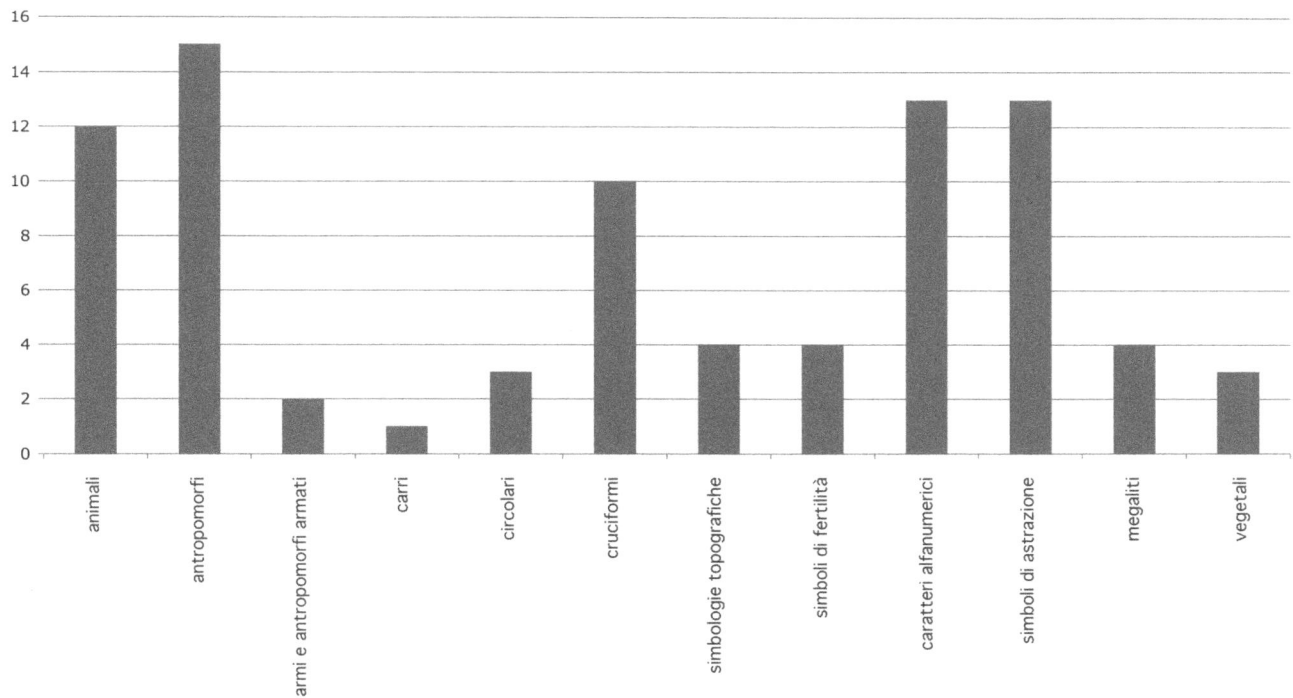

Fig. 3.41. Grafico che mostra le percentuali totali di incisioni figurative per tipo (elaborazione degli Autori).

Fasce	(mslm)	coppelle	canaletti	pediformi	polissoir	scivoli	elementi utilitari
< 500		40	12	2	4	0	4
500-1000		30	10	0	1	2	5
1000-1500		11	6	0	0	0	1
> 1500		11	2	0	1	0	0
Totale complessivo		**92**	**30**	**2**	**6**	**2**	**10**

Fig. 3.42. Distribuzione altimetrica dei supporti con incisioni schematiche (elaborazione degli Autori).

zona	fasce (mslm)	coppelle	canaletti	pediformi	polissoir	scivoli	elementi utilitari
A	< 500	21	7	0	3	0	2
	500-1000	8	6	0	1	0	1
	1000-1500	2	0	0	0	0	0
Totale A		**31**	**13**	**0**	**4**	**0**	**3**
B	< 500	7	1	0	0	0	1
	500-1000	15	2	0	0	1	4
	1000-1500	9	6	0	0	0	1
	> 1500	11	2	0	1	0	0
Totale B		**42**	**11**	**0**	**1**	**1**	**6**
C	< 500	12	4	2	1	0	1
	500-1000	7	2	0	0	1	0
Totale C		**19**	**6**	**2**	**1**	**1**	**1**
Totale complessivo		**92**	**30**	**2**	**6**	**2**	**10**

Fig. 3.43. Distribuzione dei supporti con incisioni schematiche nelle zone analizzate (elaborazione degli Autori).

Dimensioni	coppelle	canaletti	pediformi	polissoir	scivoli	elementi utilitari	Totale
grande	41	17	2	3	2	1	66
media	25	8	0	1	0	3	37
piccola	26	5	0	2	0	6	39
Totale	**92**	**30**	**2**	**6**	**2**	**10**	

Fig. 3.44. Distribuzione delle incisioni schmatiche sui supporti (elaborazione degli Autori).

Fig. 3.45. I supporti con incisione schematiche identificati sul territorio, evidenziano una diffusione capillare che mostra un vissuto antico protrattosi nel tempo senza soluzione di continuità (foto R. Basilico).

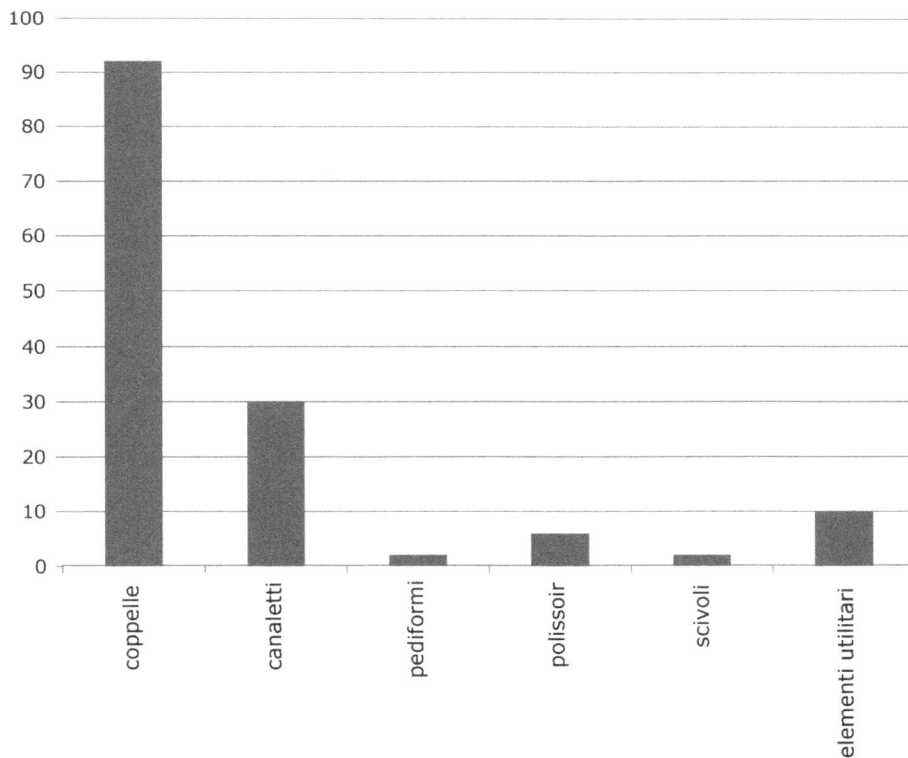

Fig. 3.46. Percentuali totali di incisioni schematiche suddivise per tipo (elaborazione degli Autori).

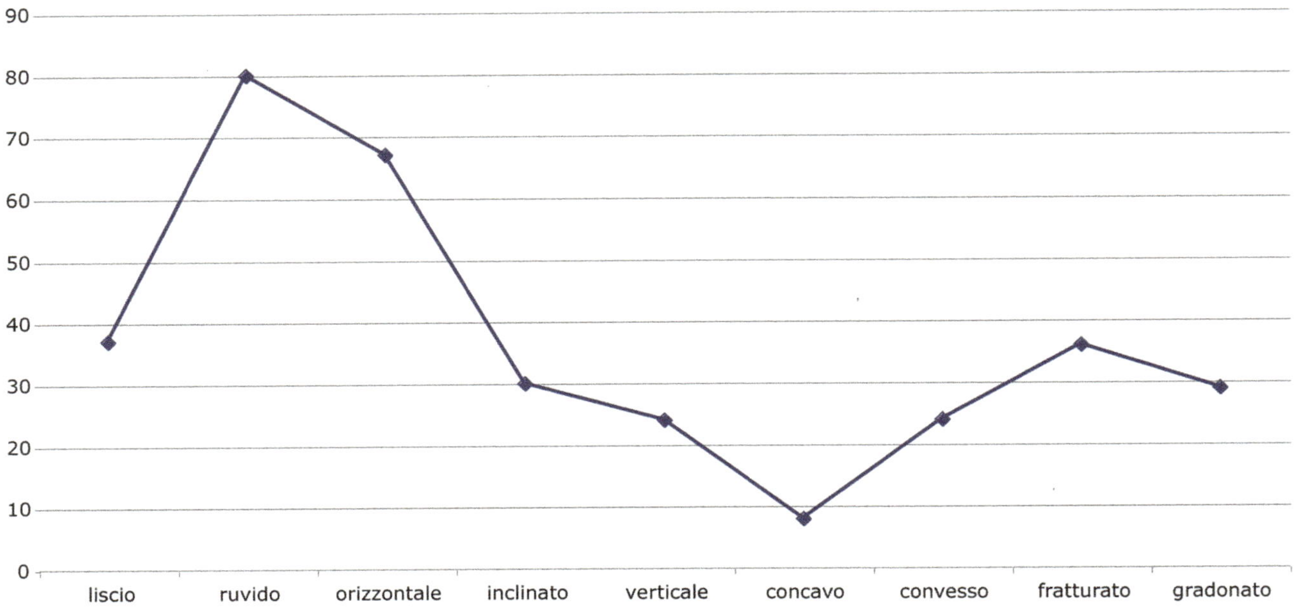

Fig. 3.47. Diagramma che rappresenta le morfologie riscontrate (elaborazione degli Autori).

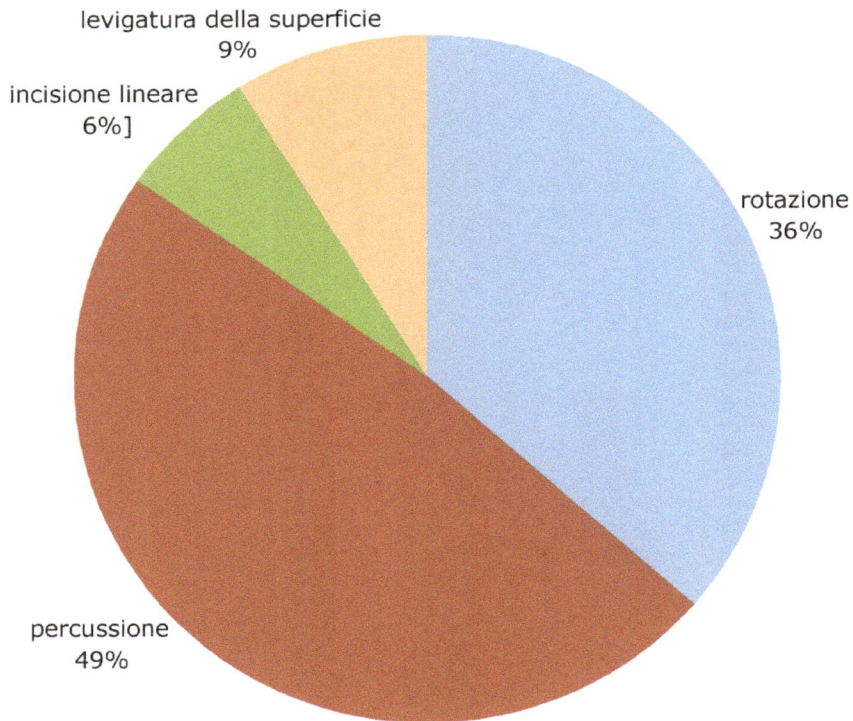

Fig. 3.48. Percentuali assolute delle differenti lavorazioni individuate sui supporti (elaborazione degli Autori).

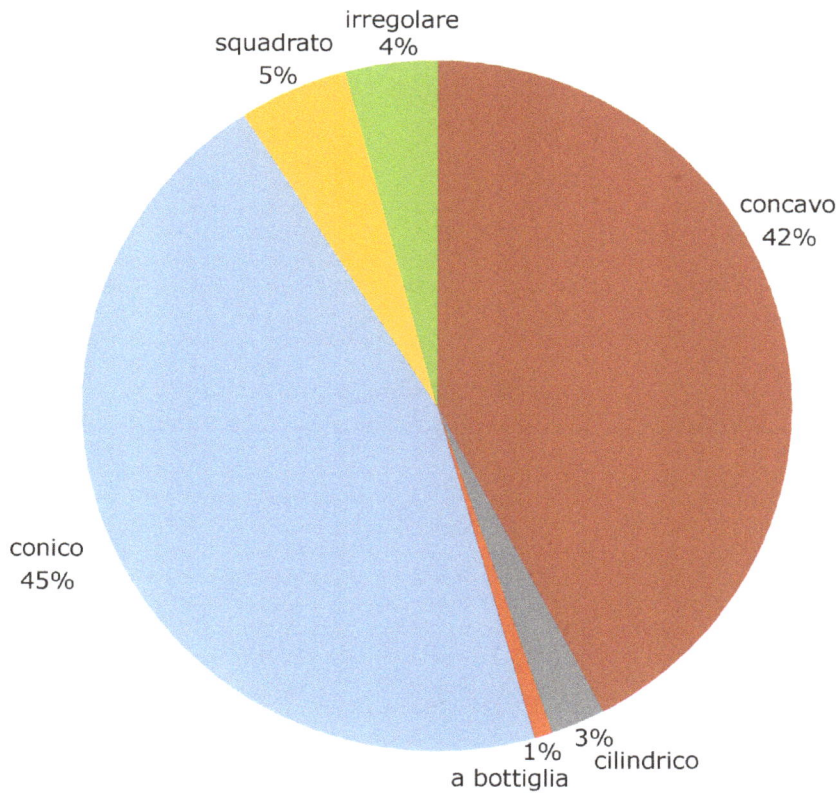

Fig. 3.49. Il diagramma mostra le percentuali tipologiche individuate riferite al tipo di incisione. Si consideri che più elementi possono ricorrere nelle incisioni dei supporti (elaborazione degli Autori).

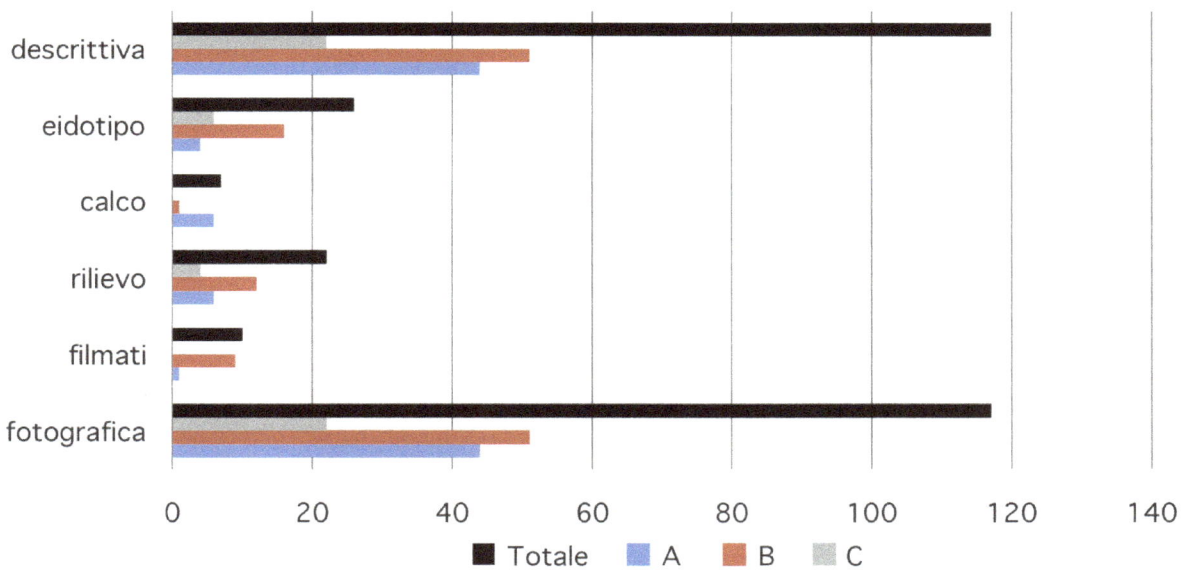

Fig. 3.50. Indicazione delle tipologie di documentazione adottate nelle differenti zone in relazione al grado di studio elaborato per i vari supporti incisi (elaborazione degli Autori).

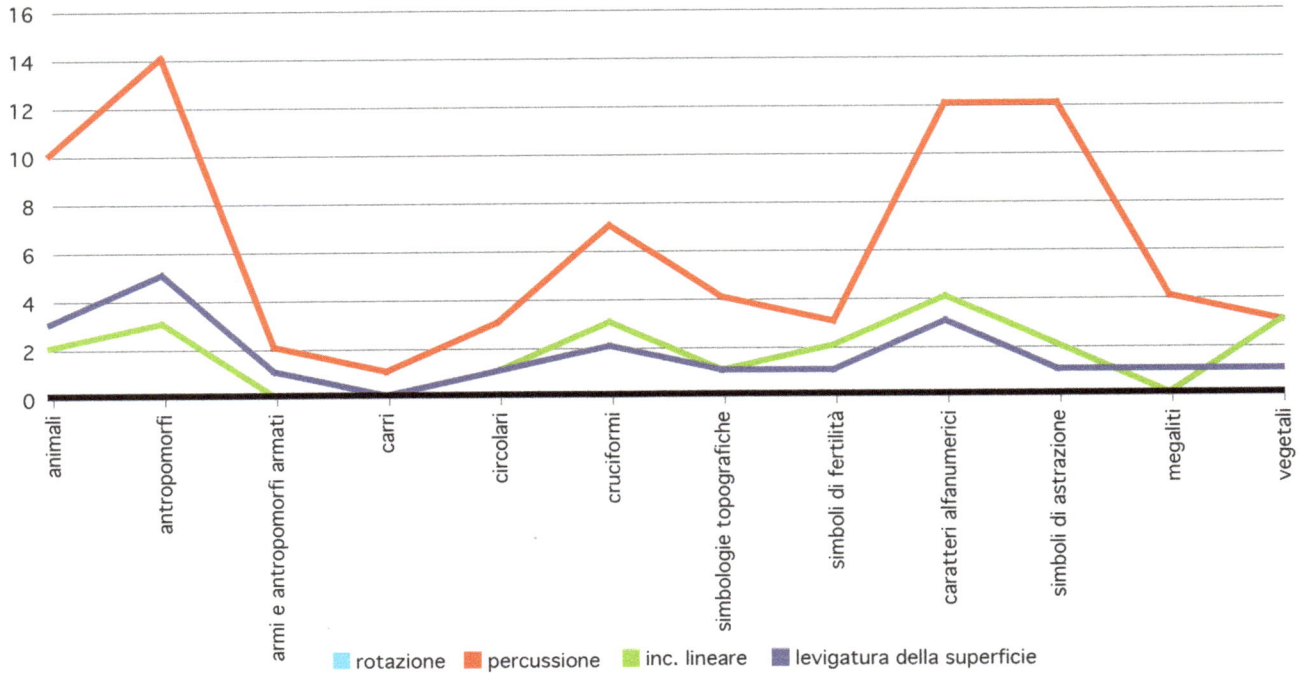

Fig. 3.51. Rapporto tra tipi di lavorazione e incisioni figurative. Si noti come la rotazione, lavorazione tipica degli schematici coppellari, sia assente in questo ambito tipologico (elaborazione degli Autori).

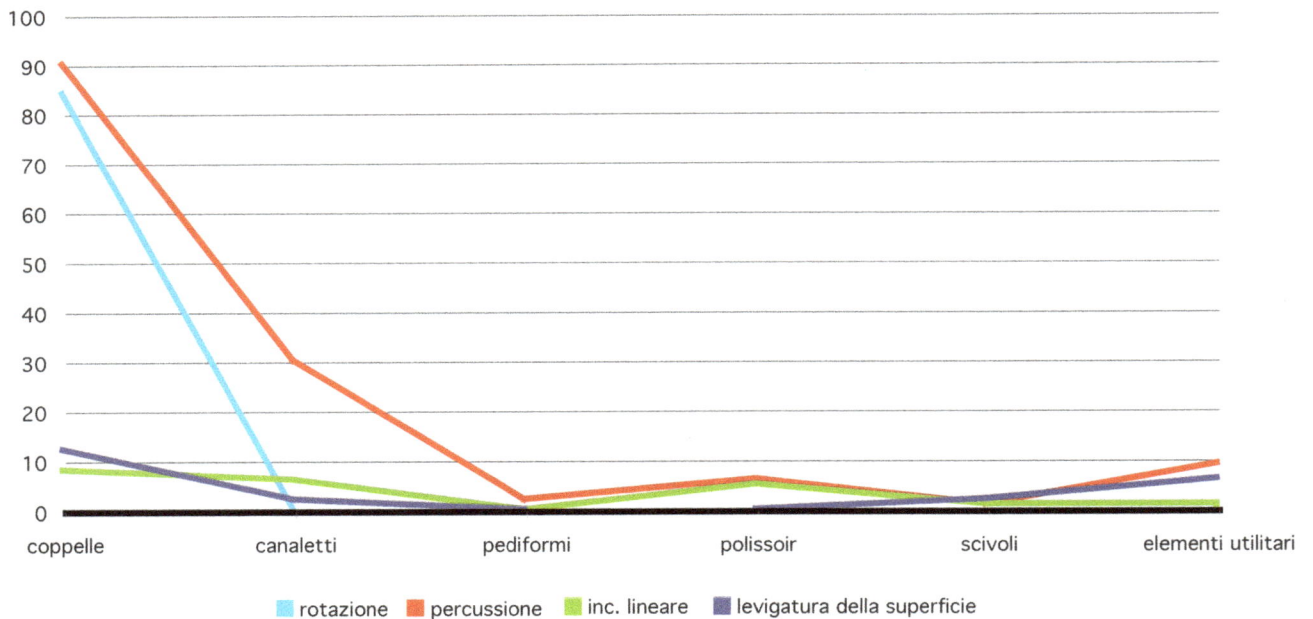

Fig. 3.52. Rapporto tra tipi di lavorazione ed incisioni schematiche. Emerge il tipo in funzione degli elementi incisi (elaborazione degli Autori).

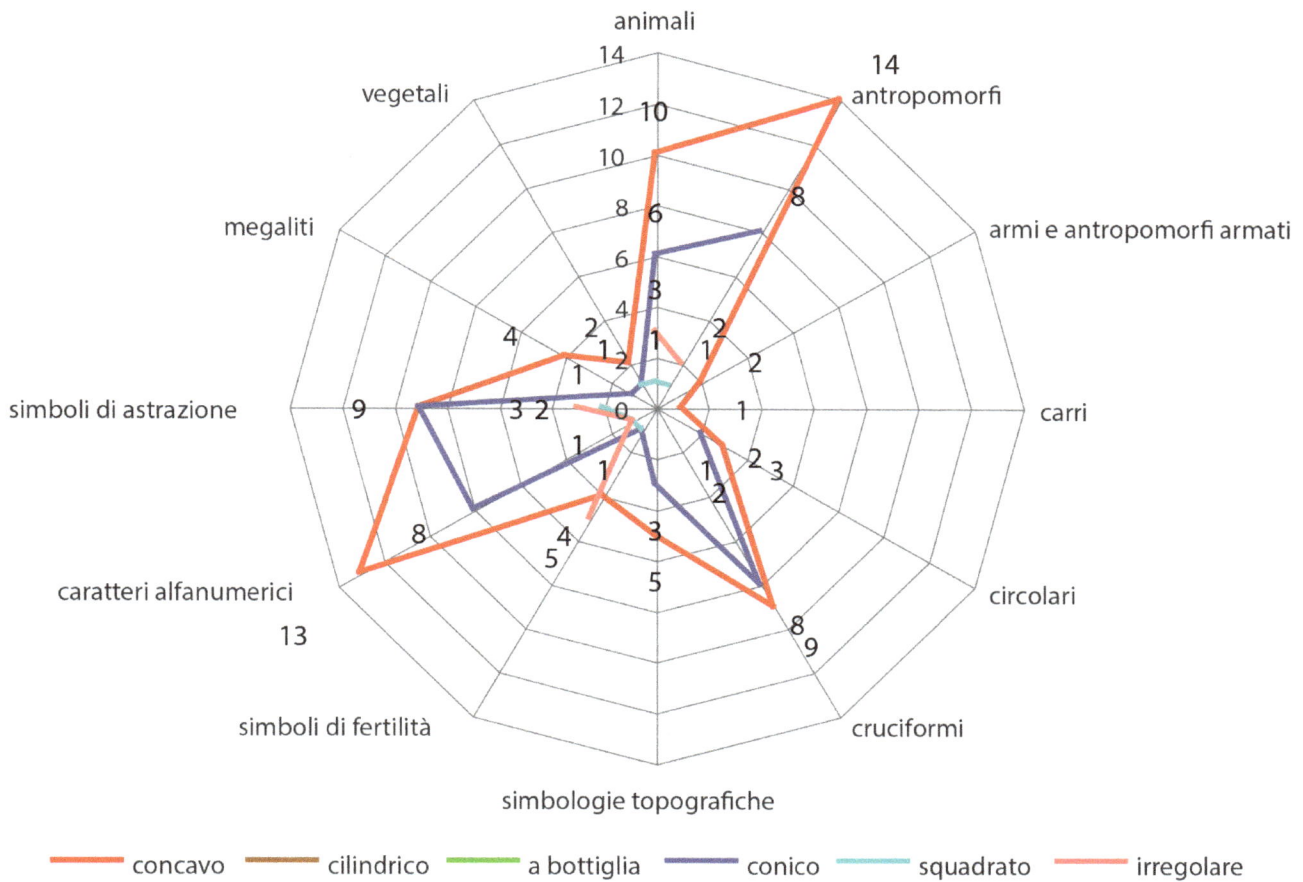

Fig. 3.53. Relazione tra tipo di lavorazione e incisioni figurative. Il grafico permette di identificare le lavorazioni principali distribuendole sulle rispettive tipologie (elaborazione degli Autori).

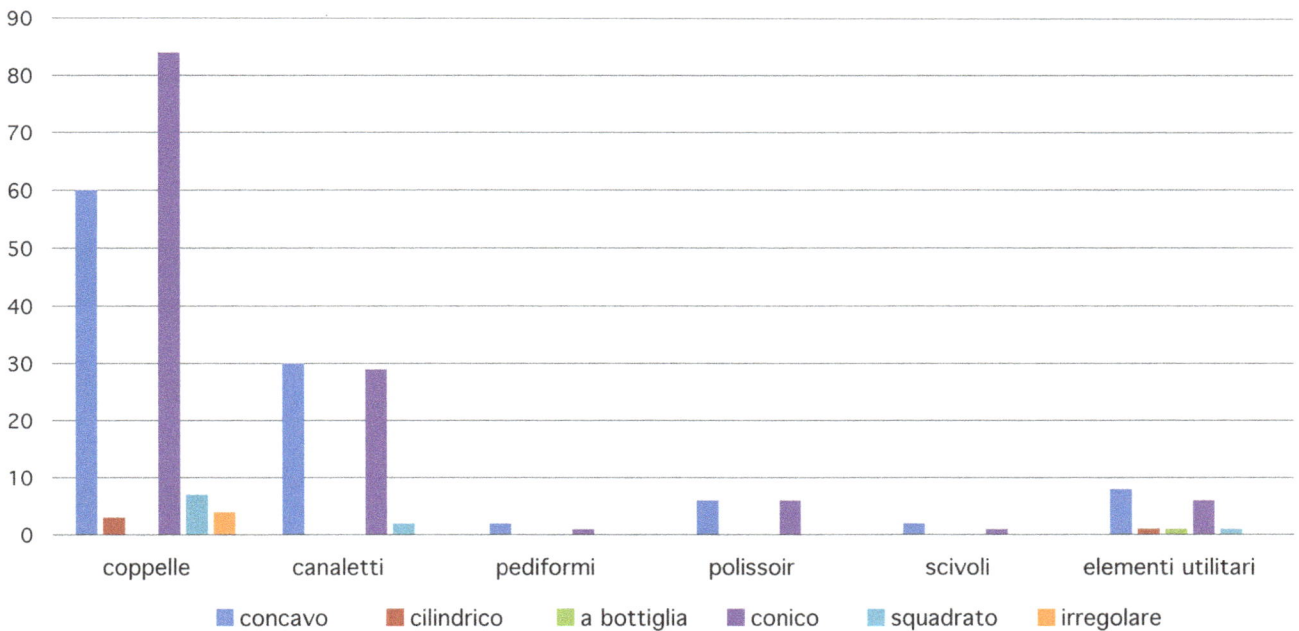

Fig. 3.54. Relazione tra tipo di lavorazione e incisioni schematiche. Si possono leggere con immediatezza le relazioni che intercorrono tra i due gruppi (elaborazione degli Autori).

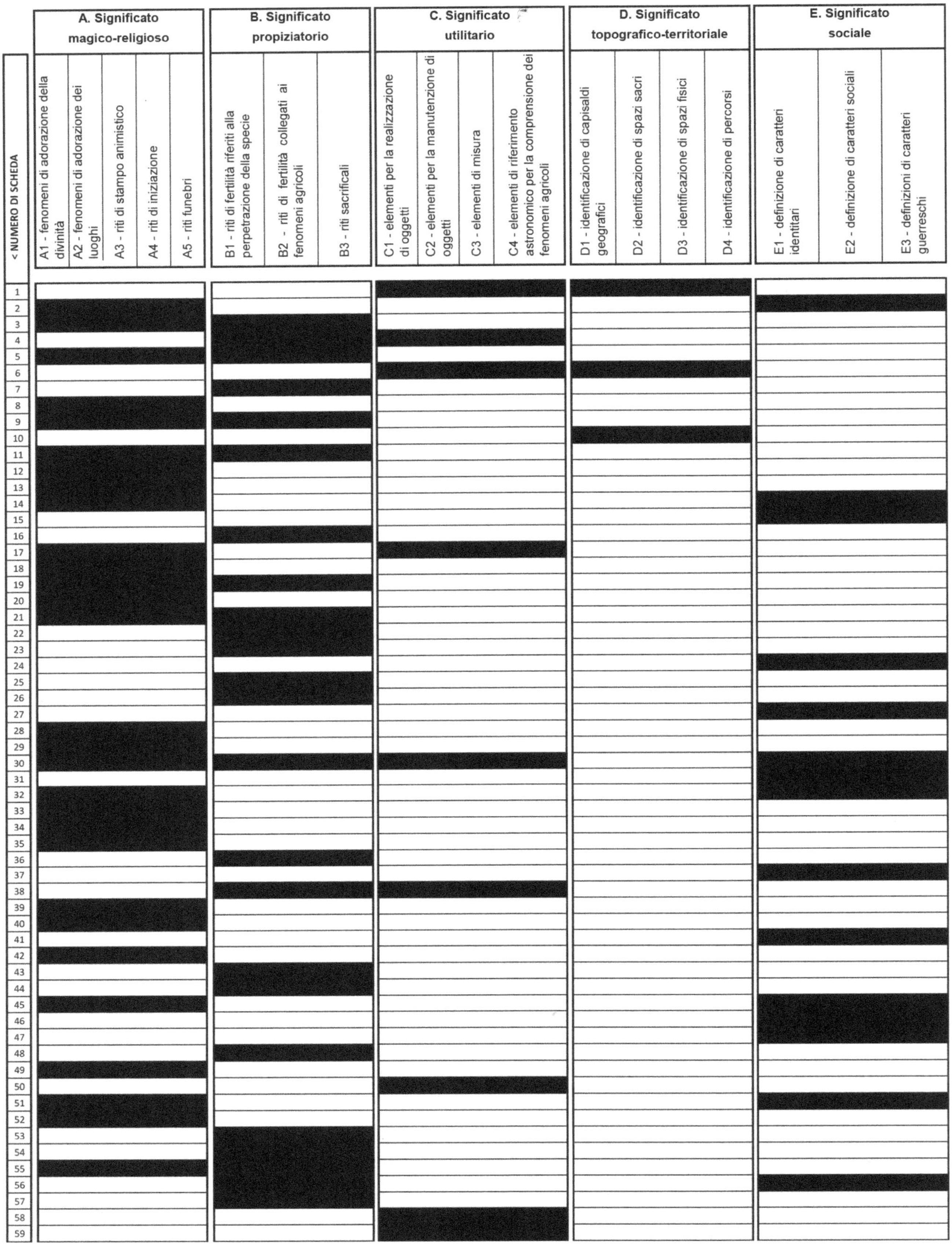
A. Significato magico-religioso
B. Significato propiziatorio
C. Significato utilitario
D. Significato topografico-territoriale
E. Significato sociale
< NUMERO DI SCHEDA
A1 - fenomeni di adorazione della divinità
A2 - fenomeni di adorazione dei luoghi
A3 - riti di stampo animistico
A4 - riti di iniziazione
A5 - riti funebri
B1 - riti di fertilità riferiti alla perpetrazione della specie
B2 - riti di fertilità collegati ai fenomeni agricoli
B3 - riti sacrificali
C1 - elementi per la realizzazione di oggetti
C2 - elementi per la manutenzione di oggetti
C3 - elementi di misura
C4 - elementi di riferimento astronomico per la comprensione dei fenomeni agricoli
D1 - identificazione di capisaldi geografici
D2 - identificazione di spazi sacri
D3 - identificazione di spazi fisici
D4 - identificazione di percorsi
E1 - definizione di caratteri identitari
E2 - definizione di caratteri sociali
E3 - definizioni di caratteri guerreschi
1
2
3
4
5
6
7
8
9
10
11
12
13
14
15
16
17
18
19
20
21
22
23
24
25
26
27
28
29
30
31
32
33
34
35
36
37
38
39
40
41
42
43
44
45
46
47
48
49
50
51
52
53
54
55
56
57
58
59

Fig. 3.55. Schede 01-59. Ipotesi di relazione tra significati e supporti incisi. I significati individuati derivano dall'identificazione dei fabbisogni primari appartenenti alle sfere fisica, spirituale e sociale. Le ipotesi interpretative sono basate sull'evidenza di più marcatori esistenti sui supporti e sull'analisi comparata con supporti incisi classificati in altri siti (elaborazione degli Autori).

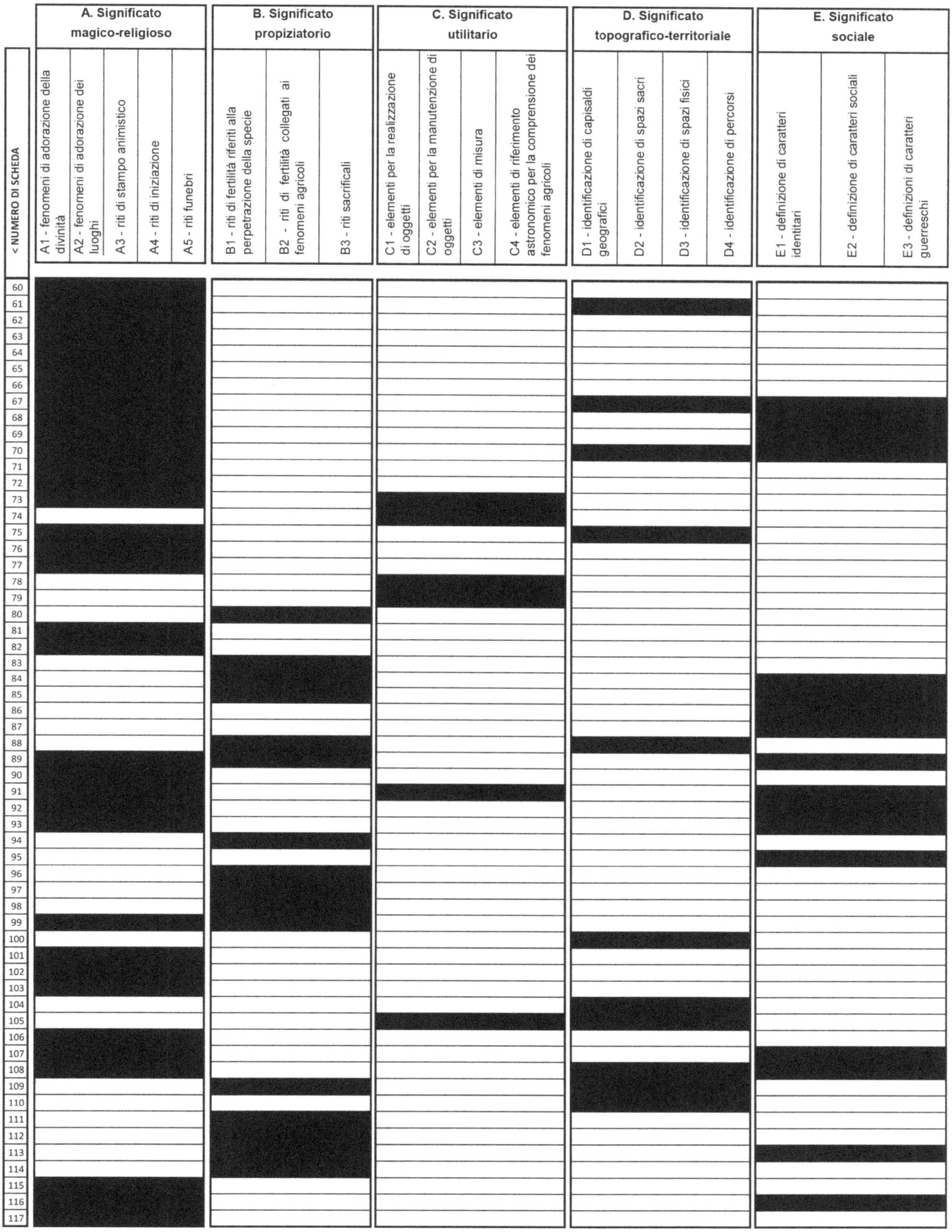

Fig. 3.56. Schede 60-117. Ipotesi di relazione tra significati e supporti incisi (elaborazione degli Autori).

Fig. 3.57. Il lavoro sul campo prevede un'assidua attività di ricerca (foto R. Basilico).

III.7 - Le schede

Di seguito presentiamo la schedatura; le immagini sono degli autori ove non diversamente specificato. I rilievi sono stati eseguiti da Roberto Basilico, Giovanni Beltramelli, Sara Bianchi e Gianluca Padovan. Le restituzioni dei rilievi sono di Roberto Basilico.

Le schede della Zona A vanno dalla n. 1 alla n. 44.
Le schede della Zona B vanno dalla n. 45 alla n. 95.
Le schede della Zona C vanno dalla n. 96 alla n. 117.

Sull'antica Via Regina, dirigendosi da Dongo verso Musso, prima della chiesa di Sant'Eufemia è inciso questo elemento votivo d'inizio Settecento.

IDENTIFICAZIONE

N° scheda	001	**Comune**	Cremia (CO)
Località	Sentiero Vezzedo-Soriano	**Quota**	450 m slm
Identificazione	Giovanni Beltramelli	**Data Identificazione**	Anno 2004

Ubicazione
☐ fondovalle ■ versante ☐ cima ☐ bosco ☐ campo coltivato
■ pascolo ☐ incolto ☐ nucleo abitativo ■ luogo di culto ☐ presso corsi d'acqua
■ presso sorgenti ☐ pianoro ■ presso vie di percorrenza

DESCRIZIONE

Dimensioni ☐ piccola ■ media ☐ grande

Contesto ☐ affioramento ☐ roccia isolata ■ gruppo di rocce ☐ lastra ☐ parete/riparo ☐ riuso ☐ frana

Tipo figurativo ☐ animali ☐ antropomorfi ☐ armi e antropomorfi armati ☐ carri ☐ circolari ☐ cruciformi ☐ simbologie topografiche ☐ simboli di fertilità ☐ caratteri alfanumerici ☐ simboli di astrazione ☐ megaliti ☐ vegetali

Tipo schematico ■ coppelle ☐ canaletti ☐ pediformi ☐ polissoir ☐ scivoli ☐ elementi utilitari

Morfologia ■ liscio ☐ ruvido ☐ orizzontale ■ inclinato ☐ verticale ☐ concavo ☐ convesso ☐ fratturato ■ gradonato

Lavorazione ■ rotazione ■ percussione ☐ incisione lineare ☐ levigatura della superficie

Profilo incisione ■ concavo ☐ cilindrico ☐ a bottiglia ■ conico ☐ squadrato ☐ irregolare

Documentazione ■ fotografica ☐ filmati ☐ rilievo ☐ calco ☐ eidotipo ■ descrittiva

Descrizione Il supporto fa parte di un sistema di affioramenti con dimensioni maggiori. La porzione identificata presenta una serie di fratturazioni poste obliquamente lungo l'asse di sviluppo longitudinale. Sulla superficie sono evidenti tredici coppelle con diametri compresi tra cinque e dodici centimetri.

La freccia evidenzia la serie di coppelle centrali orientate lungo una direttrice primaria; in letteratura questo aspetto viene talvolta associato a una percorrenza o a un allineamento di natura astronomica.

IDENTIFICAZIONE

N° scheda	0002	*Comune*	Cremia (CO)
Località	Samaino	*Quota*	500 m slm
Identificazione	Giovanni Beltramelli	*Data Identificazione*	Anno 2000

Ubicazione ☐fondovalle ☐versante ■cima ■bosco ☐campo coltivato
☐pascolo ☐incolto ☐nucleo abitativo ☐luogo di culto ■presso corsi d'acqua
☐presso sorgenti ☐pianoro ■presso vie di percorrenza

DESCRIZIONE

Dimensioni ☐piccola ☐media ■grande

Contesto ☐affioramento ☐roccia isolata ☐gruppo di rocce ☐lastra ■parete/riparo ☐riuso ☐frana

Tipo figurativo ☐animali ☐antropomorfi ☐armi e antropomorfi armati ☐carri ☐circolari
■cruciformi ☐simbologie topografiche ☐simboli di fertilità ☐caratteri alfanumerici
☐simboli di astrazione ☐megaliti ☐vegetali

Tipo schematico ■coppelle ☐canaletti ☐pediformi ☐polissoir ☐scivoli ☐elementi utilitari

Morfologia ☐liscio ■ruvido ■orizzontale ☐inclinato ☐verticale
☐concavo ☐convesso ■fratturato ☐gradonato

Lavorazione ■rotazione ■percussione ■incisione lineare ☐levigatura della superficie

Profilo incisione ■concavo ☐cilindrico ☐a bottiglia ■conico ☐squadrato ☐irregolare

Documentazione ■fotografica ☐filmati ☐rilievo ☐calco ☐eidotipo ■descrittiva

Descrizione Il masso, fratturato in tre settori, coincide con la parte sommitale di un dirupo su cui sono incise coppelle e più di quaranta croci greche e latine. La destinazione del sito è di tipo rituale con una frequentazione verosimilmente antica e perpetrata nel tempo; nella memoria storica degli abitanti è documentata la costruzione di una cappella votiva cristiana a scopo esorcistico oggi non più *in situ*.

A sinistra: vista della parete. Sulla sommità sono presenti incisioni cruciformi; la memoria storica ricorda la presenza di una cappella votiva ormai scomparsa.

Sotto: veduta della sponda orientale lariana dalla sommità della parete.

Croci greche potenziate evidenziate con fotoritocco digitale.

Croci greche potenziate e croci latine: si noti la croce latina antropomorfa centrale collocata vicino a una coppella.

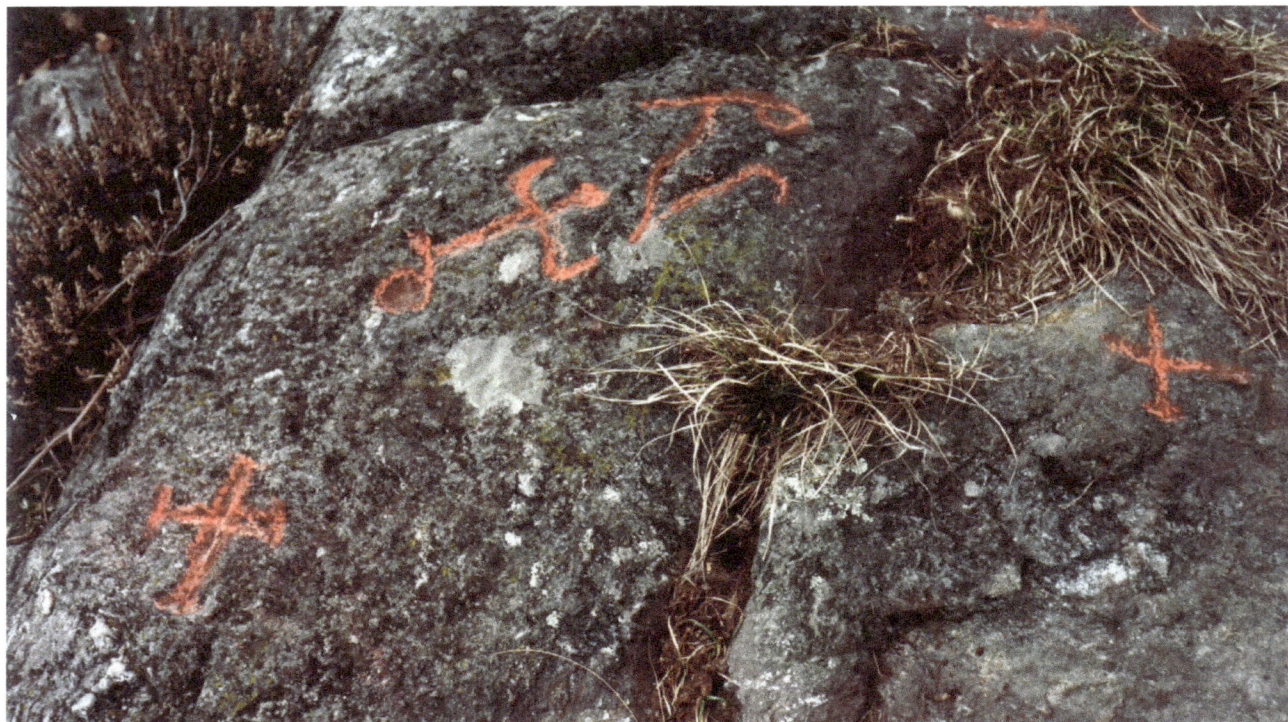

La ricerca

IDENTIFICAZIONE

N° scheda	0003	**Comune**	Cremia (CO)
Località	Samaino	**Quota**	530 m slm
Identificazione	Sara Bianchi	**Data Identificazione**	Anno 2015

Ubicazione
☐ fondovalle ■ versante ☐ cima ■ bosco ☐ campo coltivato
☐ pascolo ☐ incolto ☐ nucleo abitativo ☐ luogo di culto ■ presso corsi d'acqua
☐ presso sorgenti ☐ pianoro ■ presso vie di percorrenza

DESCRIZIONE

Dimensioni ☐ piccola ■ media ☐ grande

Contesto ☐ affioramento ■ roccia isolata ☐ gruppo di rocce ☐ lastra ☐ parete/riparo ☐ riuso ☐ frana

Tipo figurativo ☐ animali ☐ antropomorfi ☐ armi e antropomorfi armati ☐ carri ☐ circolari
☐ cruciformi ☐ simbologie topografiche ☐ simboli di fertilità ☐ caratteri alfanumerici
☐ simboli di astrazione ☐ megaliti ☐ vegetali

Tipo schematico ■ coppelle ■ canaletti ☐ pediformi ☐ polissoir ☐ scivoli ☐ elementi utilitari

Morfologia ☐ liscio ■ ruvido ☐ orizzontale ■ inclinato ☐ verticale
☐ concavo ☐ convesso ☐ fratturato ■ gradonato

Lavorazione ■ rotazione ■ percussione ■ incisione lineare ☐ levigatura della superficie

Profilo incisione ■ concavo ☐ cilindrico ☐ a bottiglia ☐ conico ☐ squadrato ☐ irregolaref

Documentazione ■ fotografica ☐ filmati ☐ rilievo ☐ calco ☐ eidotipo ■ descrittiva

Descrizione Il masso è collocato a monte dei cruciformi descritti nella scheda precedente. È un blocco isolato con una superficie incisa a coppelle e canaletti. Collegati tra loro formano un preciso reticolo per il versamento di liquidi sul terreno. Il supporto ha caratteri di ritualità collegati a riti di fecondazione del terreno. La cresta sommitale mostra lavorazioni artificiali del profilo che riprendono lo skyline delle cime retrostanti instaurando un rapporto topografico e mimetico con l'ambiente sacrale osservato. Il vicino abitato di Samaino, *Samàin* in forma dialettale con un palese riferimento toponomastico alla celebrazione della festa celta di *Samain*, ha una significativa concentrazione di incisioni rupestri, .

Vista del masso isolato; in loco si trovano altri massi e affioramenti incisi con coppelle.

La superficie del masso è sensibilmente inclinata; possiede coppelle e canaletti collegati tra loro che percorrono la superficie dalla sommità alla zona inferiore.

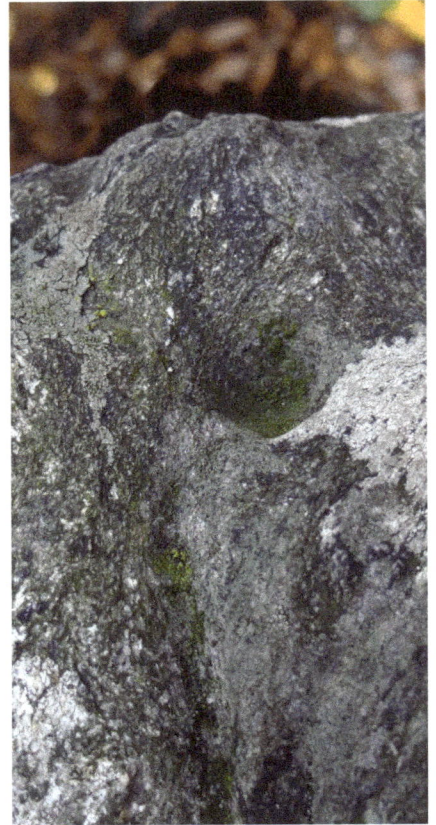

I liquidi versati nelle coppelle scorrono lungo i canaletti e percolano sul terreno sottostante. Coppelle e canaletti sono accuratamente incisi.

Sulla cresta sommitale la roccia è lavorata artificialmente. Traguardando dal retro del masso verso la sponda nord-orientale, si vede scolpita la forma del Monte Legnone e delle cime principali dello skyline alto lariano. Questo aspetto topografico, riconducibile ad un rapporto di empatia e mimesi con l'ambiente, considerato sacrale, lo si riscontra in un altro masso (scheda 71). Fenomeni simili esistono in altri contesti montani; il più noto è la Roccia Sacra di Machu Picchu, monolite largo sette e alto tre metri, scolpito con il profilo dell'antistante Monte Yanantin, l'Apus o montagna sacra del luogo.

IDENTIFICAZIONE

N° scheda	0004	*Comune*	Cremia (CO)
Località	Semurano	*Quota*	350 m slm
Identificazione	Giovanni Beltramelli	*Data Identificazione*	Anno 2000

Ubicazione ☐fondovalle ☐versante ☐cima ☐bosco ☐campo coltivato ☐pascolo ☐incolto ■nucleo abitativo ☐luogo di culto ☐presso corsi d'acqua ■presso sorgenti ☐pianoro ■presso vie di percorrenza

DESCRIZIONE

Dimensioni ■piccola ☐media ☐grande

Contesto ☐affioramento ■roccia isolata ☐gruppo di rocce ☐lastra ☐parete/riparo ■riuso ☐frana

Tipo figurativo ☐animali ☐antropomorfi ☐armi e antropomorfi armati ☐carri ☐circolari ☐cruciformi ☐simbologie topografiche ☐simboli di fertilità ☐caratteri alfanumerici ☐simboli di astrazione ☐megaliti ☐vegetali

Tipo schematico ■coppelle ■canaletti ☐pediformi ■polissoir ☐scivoli ☐elementi utilitari

Morfologia ☐liscio ■ruvido ☐orizzontale ☐inclinato ☐verticale ☐concavo ■convesso ☐fratturato ☐gradonato

Lavorazione ■rotazione ■percussione ■incisione lineare ☐levigatura della superficie

Profilo incisione ■concavo ☐cilindrico ☐a bottiglia ■conico ☐squadrato ☐irregolare

Documentazione ■fotografica ☐filmati ☐rilievo ☐calco ☐eidotipo ■descrittiva

Descrizione Il masso è posto all'ingresso di una casa sul cui ingresso sono stati scavati due gradini per asportazione del materiale. Nel riuso si notano undici coppelle che creano due gruppi principali costituiti due serie di tre coppelle unite rispettivamente da canaletti posti con un tracciato angolare e da un tracciato a "C". Quest'ultimo ha due coppelle disposte lungo l'asse maggiore dei canaletti. Nella parte superiore del masso è inciso un affilatoio.

IDENTIFICAZIONE

N° scheda	0005	*Comune*	Cremia (CO)
Località	Sentiero Vezzedo-Soriano	*Quota*	450 m slm
Identificazione	Giovanni Beltramelli	*Data Identificazione*	Anno 2004

Ubicazione ☐fondovalle ■versante ☐cima ☐bosco ☐campo coltivato
■pascolo ☐incolto ☐nucleo abitativo ■luogo di culto ☐presso corsi d'acqua
☐presso sorgenti ☐pianoro ■presso vie di percorrenza

DESCRIZIONE

Dimensioni ☐piccola ■media ☐grande

Contesto ☐affioramento ☐roccia isolata ■gruppo di rocce ☐lastra ☐parete/riparo ☐riuso ☐frana

Tipo figurativo ☐animali ☐antropomorfi ☐armi e antropomorfi armati ☐carri ☐circolari
☐cruciformi ☐simbologie topografiche ☐simboli di fertilità ☐caratteri alfanumerici
☐simboli di astrazione ☐megaliti ☐vegetali

Tipo schematico ■coppelle ☐canaletti ☐pediformi ☐polissoir ☐scivoli ☐elementi utilitari

Morfologia ☐liscio ■ruvido ■orizzontale ☐inclinato ☐verticale
☐concavo ☐convesso ☐fratturato ☐gradonato

Lavorazione ■rotazione ■percussione ☐incisione lineare ■levigatura della superficie

Profilo incisione ☐concavo ☐cilindrico ☐a bottiglia ■conico ☐squadrato ☐irregolare

Documentazione ■fotografica ☐filmati ☐rilievo ☐calco ☐eidotipo ■descrittiva

Descrizione Il masso ha una conformazione ovoidale che assume una forma a cuscino ottenuta artificialmente; la superficie e il volume appaiono lavorati per asportazione di materiale. La superficie è stata levigata per preparare il supporto all'incisione. Vi sono diciotto coppelle evidenti e tracce di altre coppelle che sembrano aver subito maggiormente fenomeni erosivi o, forse, riconducibili a una precedente fase di lavorazione.

IDENTIFICAZIONE

N° scheda	0006	*Comune*	Cremia (CO)
Località	Marnino	*Quota*	300 m slm
Identificazione	Giovanni Beltramelli	*Data Identificazione*	Anno 2000

Ubicazione ☐fondovalle ☐versante ☐cima ☐bosco ■campo coltivato
☐pascolo ☐incolto ■nucleo abitativo ☐luogo di culto ☐presso corsi d'acqua
☐presso sorgenti ☐pianoro ☐presso vie di percorrenza

DESCRIZIONE

Dimensioni ☐piccola ■media ☐grande

Contesto ☐affioramento ■roccia isolata ☐gruppo di rocce ☐lastra ☐parete/riparo ☐riuso ☐frana

Tipo figurativo ☐animali ☐antropomorfi ☐armi e antropomorfi armati ☐carri ☐circolari
☐cruciformi ☐simbologie topografiche ☐simboli di fertilità ☐caratteri alfanumerici
☐simboli di astrazione ☐megaliti ☐vegetali

Tipo schematico ■coppelle ☐canaletti ☐pediformi ☐polissoir ☐scivoli ☐elementi utilitari

Morfologia ☐liscio ■ruvido ■orizzontale ☐inclinato ☐verticale
☐concavo ■convesso ☐fratturato ■gradonato

Lavorazione ■rotazione ■percussione ☐incisione lineare ☐levigatura della superficie

Profilo incisione ☐concavo ☐cilindrico ☐a bottiglia ■conico ☐squadrato ☐irregolare

Documentazione ■fotografica ☐filmati ☐rilievo ☐calco ☐eidotipo ■descrittiva

Descrizione La roccia è emersa durante i lavori di ristrutturazione di un'abitazione privata. Sul supporto si contano dodici coppelle poste su due piani gradonati; la lavorazione è chiara e la loro conservazione appare in ottimo stato. Si osservi come le due file di coppelle siano disposte secondo direttrici sui due piani di incisione.

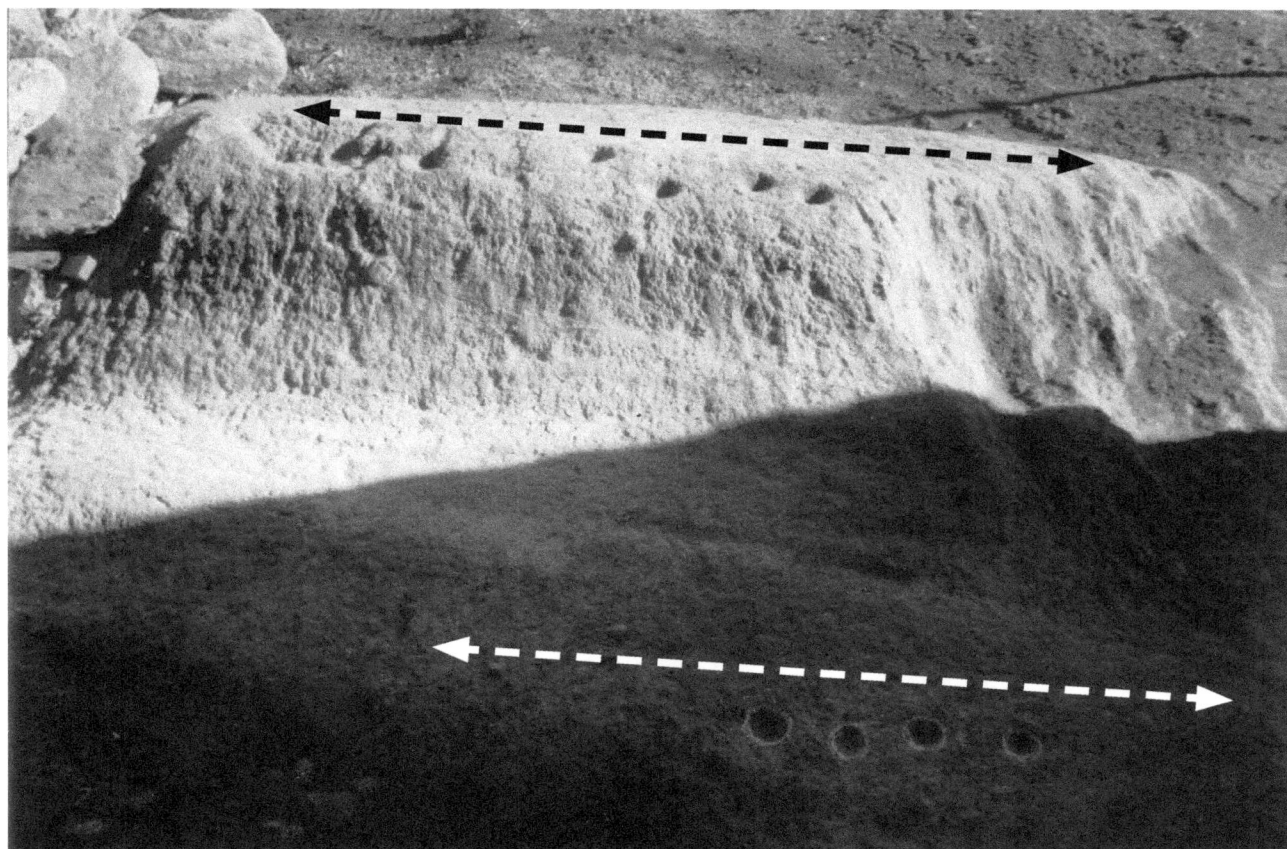

IDENTIFICAZIONE

N° scheda	0007	*Comune*	Cremia (CO)
Località	Cremia	*Quota*	400 m slm
Identificazione	Giovanni Beltramelli	*Data Identificazione*	Anno 2000

Ubicazione
☐ fondovalle   ☐ versante   ☐ cima   ☐ bosco   ☐ campo coltivato
■ pascolo   ☐ incolto   ☐ nucleo abitativo   ☐ luogo di culto   ☐ presso corsi d'acqua
☐ presso sorgenti   ☐ pianoro   ■ presso vie di percorrenza

DESCRIZIONE

Dimensioni   ■ piccola   ☐ media   ☐ grande

Contesto   ☐ affioramento   ■ roccia isolata   ☐ gruppo di rocce   ☐ lastra   ☐ parete/riparo   ☐ riuso   ☐ frana

Tipo figurativo   ■ animali   ☐ antropomorfi   ☐ armi e antropomorfi armati   ☐ carri   ☐ circolari
☐ cruciformi   ☐ simbologie topografiche   ☐ simboli di fertilità   ☐ caratteri alfanumerici
☐ simboli di astrazione   ☐ megaliti   ☐ vegetali

Tipo schematico   ☐ coppelle   ☐ canaletti   ☐ pediformi   ☐ polissoir   ☐ scivoli   ☐ elementi utilitari

Morfologia   ☐ liscio   ■ ruvido   ■ orizzontale   ☐ inclinato   ☐ verticale
☐ concavo   ☐ convesso   ☐ fratturato   ■ gradonato

Lavorazione   ☐ rotazione   ■ percussione   ☐ incisione lineare   ☐ levigatura della superficie

Profilo incisione   ☐ concavo   ☐ cilindrico   ☐ a bottiglia   ☐ conico   ☐ squadrato   ■ irregolare

Documentazione   ■ fotografica   ☐ filmati   ☐ rilievo   ☐ calco   ☐ eidotipo   ■ descrittiva

Descrizione   L'incisione è ricavata sfruttando la conformazione naturale del supporto a cui sono stati aggiunti elementi artificiali. La rappresentazione è quella di un esemplare caprino o di un ungulato generico, le cui estremità (zampe e testa) sono ricavate dall'asportazione di materiale per percussione. Nella parte inferiore della zona ventrale è presente un'altra incisione non identificabile.

IDENTIFICAZIONE

N° scheda	0008	*Comune*	Musso (CO)
Località	Santa Eufemia	*Quota*	300 m slm
Identificazione	Giovanni Beltramelli	*Data Identificazione*	Anno 1980

Ubicazione ☐fondovalle ■versante ☐cima ■bosco ☐campo coltivato ☐pascolo ☐incolto ☐nucleo abitativo ■luogo di culto ☐presso corsi d'acqua ■presso sorgenti ☐pianoro ■presso vie di percorrenza

DESCRIZIONE

Dimensioni ■piccola ☐media ☐grande

Contesto ☐affioramento ☐roccia isolata ☐gruppo di rocce ■lastra ☐parete/riparo ■riuso ☐frana

Tipo figurativo ☐animali ☐antropomorfi ☐armi e antropomorfi armati ☐carri ☐circolari ■cruciformi ☐simbologie topografiche ☐simboli di fertilità ☐caratteri alfanumerici ☐simboli di astrazione ☐megaliti ☐vegetali

Tipo schematico ■coppelle ☐canaletti ☐pediformi ☐polissoir ☐scivoli ☐elementi utilitari

Morfologia ☐liscio ■ruvido ■orizzontale ☐inclinato ☐verticale ☐concavo ☐convesso ☐fratturato ☐gradonato

Lavorazione ☐rotazione ■percussione ■incisione lineare ☐levigatura della superficie

Profilo incisione ■concavo ☐cilindrico ☐a bottiglia ■conico ☐squadrato ☐irregolare

Documentazione ■fotografica ☐filmati ☐rilievo ☐calco ☐eidotipo ■descrittiva

Descrizione La lastra con incisa una croce latina e molte piccole coppelle posizionate in forma di spirale è inglobata nella struttura muraria della recinzione perimetrale della Chiesa di S.Eufemia.
Il manufatto potrebbe essere un altare su cui, successivamente, è stato posto un segno religioso cristiano per esorcizzare l'oggetto pagano.

Immagine del masso inciso.

Particolare del cruciforme evidenziato digitalmente.

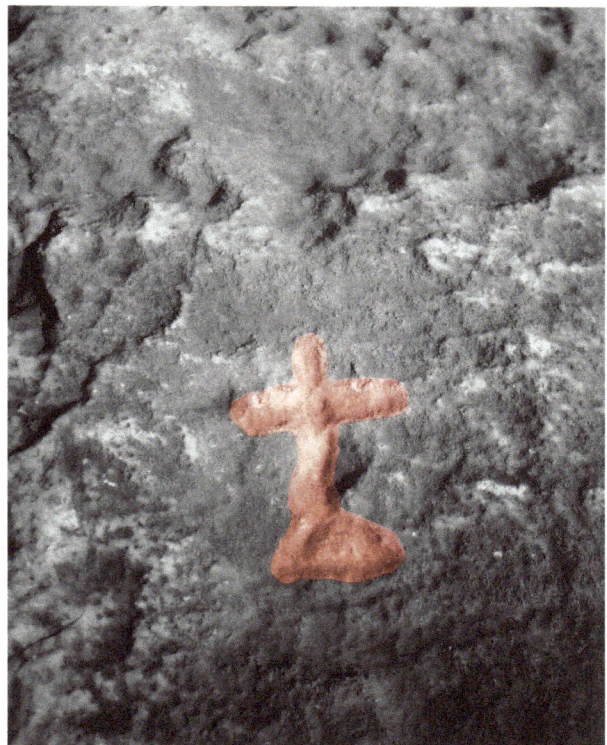

IDENTIFICAZIONE

N° scheda	0009	*Comune*	Musso (CO)
Località	Labbio	*Quota*	1020 m slm
Identificazione	Giovanni Beltramelli	*Data Identificazione*	Anno 2002

Ubicazione
☐ fondovalle ☐ versante ☐ cima ☐ bosco ☐ campo coltivato
■ pascolo ☐ incolto ■ nucleo abitativo ☐ luogo di culto ☐ presso corsi d'acqua
☐ presso sorgenti ☐ pianoro ☐ presso vie di percorrenza

DESCRIZIONE

Dimensioni ☐ piccola ■ media ☐ grande

Contesto ■ affioramento ☐ roccia isolata ☐ gruppo di rocce ☐ lastra ☐ parete/riparo ☐ riuso ☐ frana

Tipo figurativo ☐ animali ☐ antropomorfi ☐ armi e antropomorfi armati ☐ carri ☐ circolari
☐ cruciformi ☐ simbologie topografiche ☐ simboli di fertilità ☐ caratteri alfanumerici
☐ simboli di astrazione ☐ megaliti ☐ vegetali

Tipo schematico ■ coppelle ☐ canaletti ☐ pediformi ☐ polissoir ☐ scivoli ☐ elementi utilitari

Morfologia ☐ liscio ■ ruvido ☐ orizzontale ☐ inclinato ☐ verticale
■ concavo ☐ convesso ☐ fratturato ■ gradonato

Lavorazione ■ rotazione ■ percussione ☐ incisione lineare ☐ levigatura della superficie

Profilo incisione ☐ concavo ☐ cilindrico ☐ a bottiglia ■ conico ☐ squadrato ☐ irregolare

Documentazione ■ fotografica ☐ filmati ☐ rilievo ☐ calco ☐ eidotipo ■ descrittiva

Descrizione Il supporto è parte di un affioramento posto all'attuale limitare del bosco, in posizione panoramica, adibita a pascolo e vicina ad un nucleo abitato. Sul supporto sono incise diciassette coppelle di vari diametri compresi tra i cinque e i venti centimetri.

IDENTIFICAZIONE

N° scheda	0010	*Comune*	Musso (CO)
Località	Alpe di Croce	*Quota*	1215 m slm
Identificazione	Giovanni Beltramelli	*Data Identificazione*	Anno 2003

Ubicazione   ☐fondovalle   ■versante   ☐cima   ☐bosco   ☐campo coltivato   ■pascolo   ☐incolto   ☐nucleo abitativo   ☐luogo di culto   ■presso corsi d'acqua   ☐presso sorgenti   ☐pianoro   ■presso vie di percorrenza

DESCRIZIONE

Dimensioni   ☐piccola   ☐media   ■grande

Contesto   ■affioramento ☐roccia isolata ☐gruppo di rocce ☐lastra ☐parete/riparo ☐riuso ☐frana

Tipo figurativo   ☐animali   ☐antropomorfi   ☐armi e antropomorfi armati ☐carri ☐circolari ☐cruciformi ☐simbologie topografiche ☐simboli di fertilità ☐caratteri alfanumerici ☐simboli di astrazione ☐megaliti ☐vegetaali

Tipo schematico   ■coppelle   ☐canaletti   ☐pediformi   ☐polissoir   ☐scivoli   ☐elementi utilitari

Morfologia   ☐liscio   ■ruvido   ■orizzontale   ☐inclinato   ☐verticale   ☐concavo   ☐convesso   ☐fratturato   ☐gradonato

Lavorazione   ■rotazione   ■percussione ☐incisione lineare ☐levigatura della superficie

Profilo incisione   ■concavo   ☐cilindrico   ☐a bottiglia   ■conico   ☐squadrato   ☐irregolare

Documentazione   ■fotografica   ☐filmati   ☐rilievo   ☐calco   ☐eidotipo   ■descrittiva

Descrizione   La roccia si trova all'interno di un alpeggio. Su un lato del supporto vi sono una ventina di piccole coppelle; l'altra parte reca tracce di incisioni poco leggibili per l'usura dovuta alla continua percorrenza di animali.

IDENTIFICAZIONE

N° scheda	0011	**Comune**	Musso (CO)
Località	Santa Eufemia	**Quota**	338 m slm
Identificazione	Giovanni Beltramelli	**Data Identificazione**	Anno 1980

Ubicazione
☐ fondovalle ■ versante ☐ cima ■ bosco ☐ campo coltivato
☐ pascolo ☐ incolto ☐ nucleo abitativo ■ luogo di culto ☐ presso corsi d'acqua
■ presso sorgenti ☐ pianoro ■ presso vie di percorrenza

DESCRIZIONE

Dimensioni ■ piccola ☐ media ☐ grande

Contesto ☐ affioramento ☐ roccia isolata ☐ gruppo di rocce ☐ lastra ☐ parete/riparo ■ riuso ☐ frana

Tipo figurativo ☐ animali ☐ antropomorfi ☐ armi e antropomorfi armati ☐ carri ☐ circolari ☐ cruciformi ☐ simbologie topografiche ☐ simboli di fertilità ■ caratteri alfanumerici ☐ simboli di astrazione ☐ megaliti ■ vegetali

Tipo schematico ☐ coppelle ☐ canaletti ☐ pediformi ☐ polissoir ☐ scivoli ☐ elementi utilitari

Morfologia ■ liscio ☐ ruvido ☐ orizzontale ☐ inclinato ■ verticale ☐ concavo ☐ convesso ☐ fratturato ☐ gradonato

Lavorazione ☐ rotazione ■ percussione ■ incisione lineare ■ levigatura della superficie

Profilo incisione ■ concavo ☐ cilindrico ☐ a bottiglia ☐ conico ☐ squadrato ☐ irregolare

Documentazione ■ fotografica ☐ filmati ■ rilievo ■ calco ■ eidotipo ■ descrittiva

Descrizione La chiesa di Sant'Eufemia è un elemento architettonico incluso nel sistema del Castello di Musso risalente al XV secolo. L'attuale ricostruzione risale al 1662 dopo i danneggiamenti subiti nel 1532 dai Grigioni svizzeri durante la conquista del castello. Nel 1593 il vescovo Niguarda la descrive senza tetto ma con la volta e i dipinti ancora intatti. Il sito, descritto già in documenti e tradizioni medievali, è ricollegabile a precedenti insediamenti. Questa chiesa comprende nella sua struttura e nel recinto perimetrale vari elementi di riuso tra i quali il più significativo è un incluso marmoreo. Esso raffigura due elementi: un vegetale, riscontrato solo in questa zona, e una scritta. Il frutto è un melo o un melograno, rappresentante di una simbologia antica, legata inizialmente ad aspetti di fertilità, ma il cui significato si è evoluto e ampliato nel corso del tempo.

Incluso marmoreo collocato nella spalla sinistra del portale d'ingresso. La provenienza è locale (cave di Musso) e l'elemento, nella fase di riutilizzo, è stato posizionato con il pomo rivolto in basso. Tutte le incisioni rupestri di pomi scolpite nelle aree limitrofe indicano una rappresentazione del frutto rivolto verso il cielo.

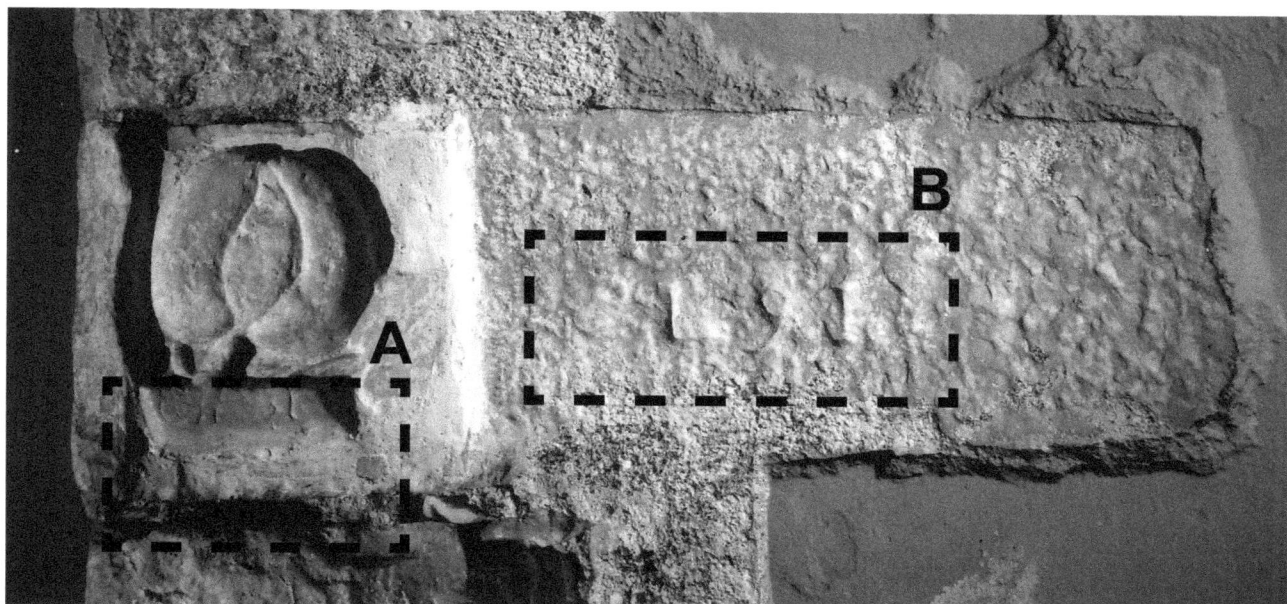

Vista dell'elemento ruotato; si noti che in questo modo l'iconografia del pomo corrisponde a quella delle incisioni rupestri riscontrate sulle pareti dell'area circostante la chiesa. In evidenza la posizione delle icisioni A e B.

Riproduzione dell'incisione che parrebbe un numero (1673?) se visto nella sua collocazione attuale. Anche sopra il pomo si leggono dei caratteri difficilmente interpretabili (Part.A). L'immagine rapprenta il calco positivo ottenuto con sostanze plastiche speciali che non esercitano pressioni sulle pareti dei solchi e non aderiscono in alcun modo sulla superficie incisa (archivio Beltramelli).

Disegno dell'incisione B in base alla collocazione attuale.

Disegno ruotato della scritta B.

IDENTIFICAZIONE

N° scheda	0012	*Comune*	Musso (CO)
Località	Santa Eufemia	*Quota*	280 m slm
Identificazione	Giovanni Beltramelli	*Data Identificazione*	Anno 1980

Ubicazione
☐ fondovalle ■ versante ☐ cima ☐ bosco ☐ campo coltivato
☐ pascolo ☐ incolto ☐ nucleo abitativo ■ luogo di culto ☐ presso corsi d'acqua
☐ presso sorgenti ☐ pianoro ■ presso vie di percorrenza

DESCRIZIONE

Dimensioni
☐ piccola ☐ media ■ grande

Contesto
☐ affioramento ☐ roccia isolata ☐ gruppo di rocce ☐ lastra ■ parete/riparo ☐ riuso ☐ frana

Tipo figurativo
☐ animali ☐ antropomorfi ☐ armi e antropomorfi armati ☐ carri ☐ circolari
☐ cruciformi ☐ simbologie topografiche ■ simboli di fertilità ☐ caratteri alfanumerici
☐ simboli di astrazione ☐ megaliti ■ vegetali

Tipo schematico
☐ coppelle ☐ canaletti ☐ pediformi ☐ polissoir ☐ scivoli ☐ elementi utilitari

Morfologia
■ liscio ☐ ruvido ☐ orizzontale ☐ inclinato ■ verticale
■ concavo ☐ convesso ■ fratturato ☐ gradonato

Lavorazione
☐ rotazione ■ percussione ■ incisione lineare ☐ levigatura della superficie

Profilo incisione
■ concavo ☐ cilindrico ☐ a bottiglia ☐ conico ☐ squadrato ☐ irregolare

Documentazione
■ fotografica ☐ filmati ■ rilievo ■ calco ■ eidotipo ■ descrittiva

Descrizione
Le incisoni sono collocate in una piccola grotta posta nell'ambito del giardino botanico del "Merlo"; risalente alla seconda metà del XIX secolo, nell'area sottostante la Chiesa di S.Eufemia. I due simboli rappresentano dei pomi o dei melograni rivolti verso l'alto. Vi è inoltre un'incisione fallica.

Vista della cavità posta oltre una delle sostruzioni della fascia superiore del Giardino del Merlo, nell'area immediatamente inferiore al basamento della chiesa.

Particolare B. Sulla parete si nota una delle due incisioni a forma di pomo (misura 21x24 cm). A fianco dell'incisione ne è stata effettuata un'altra di forma fallica.

Particolare A. Incisione a forma di pomo rivolto verso l'alto (misura 18x21 cm). Si notano due figure disposte lateralmente al basamento che si ravvisano in altre incisioni di questa serie ma la cui interpretazione è dubbiosa; forse identificano una moltiplicazione dell'immagine centrale o delle foglie.

Particolare B. Immagine contrastata con il software D-stretch che evidenzia l'incisione fallica a sinistra. La difficile lettura è dovuta all'erosione superficiale. L'incisione è posta lateralmente ad uno dei due pomi (indicato a destra), in una posizione sopraelevata rispetto al piano di calpestio.

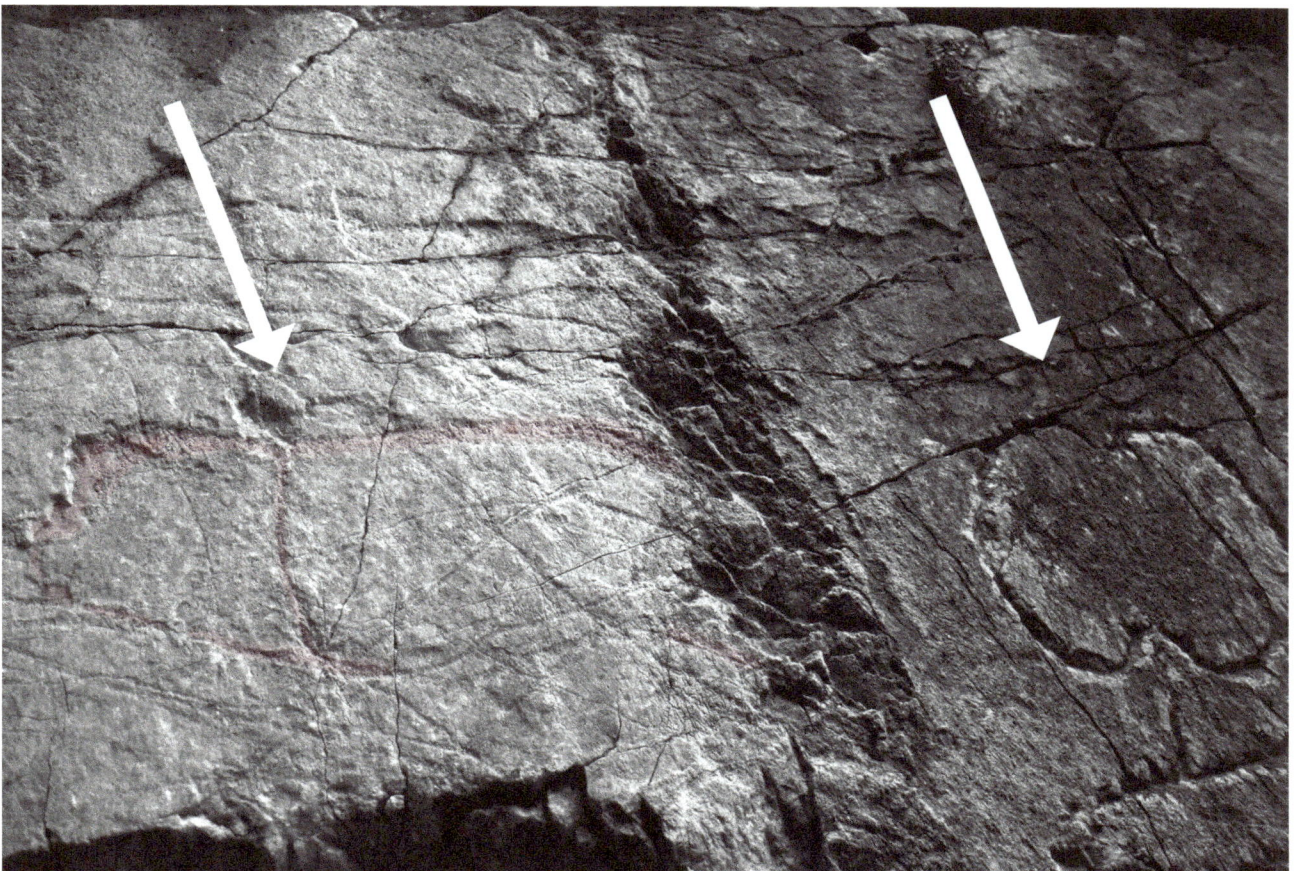

IDENTIFICAZIONE

N° scheda	0013	*Comune*	Musso (CO)
Località	Santa Eufemia	*Quota*	300 m slm
Identificazione	Giovanni Beltramelli	*Data Identificazione*	Anno 1980

Ubicazione
☐ fondovalle ■ versante ☐ cima ■ bosco ☐ campo coltivato
☐ pascolo ☐ incolto ☐ nucleo abitativo ☐ luogo di culto ☐ presso corsi d'acqua
☐ presso sorgenti ☐ pianoro ■ presso vie di percorrenza

DESCRIZIONE

Dimensioni ☐ piccola ☐ media ■ grande

Contesto ☐ affioramento ☐ roccia isolata ■ gruppo di rocce ☐ lastra ☐ parete/riparo ☐ riuso ☐ frana

Tipo figurativo ☐ animali ☐ antropomorfi ☐ armi e antropomorfi armati ☐ carri ☐ circolari
☐ cruciformi ☐ simbologie topografiche ☐ simboli di fertilità ☐ caratteri alfanumerici
☐ simboli di astrazione ☐ megaliti ■ vegetali

Tipo schematico ☐ coppelle ☐ canaletti ☐ pediformi ☐ polissoir ☐ scivoli ☐ elementi utilitari

Morfologia ☐ liscio ☐ ruvido ☐ orizzontale ☐ inclinato ☐ verticale
☐ concavo ☐ convesso ☐ fratturato ☐ gradonato

Lavorazione ☐ rotazione ☐ percussione ■ incisione lineare ☐ levigatura della superficie

Profilo incisione ☐ concavo ☐ cilindrico ☐ a bottiglia ■ conico ☐ squadrato ☐ irregolare

Documentazione ■ fotografica ☐ filmati ■ rilievo ■ calco ■ eidotipo ■ descrittiva

Descrizione Sul sentiero che conduce alla Chiesa di S.Eufemia, antico tracciato della Strada Regina, è situata una parete rocciosa che reca un'ulteriore incisione di pomi rivolti verso l'alto e posti su una base. Entrambe le raffigurazioni presentano due elementi laterali di difficile interpretazione.

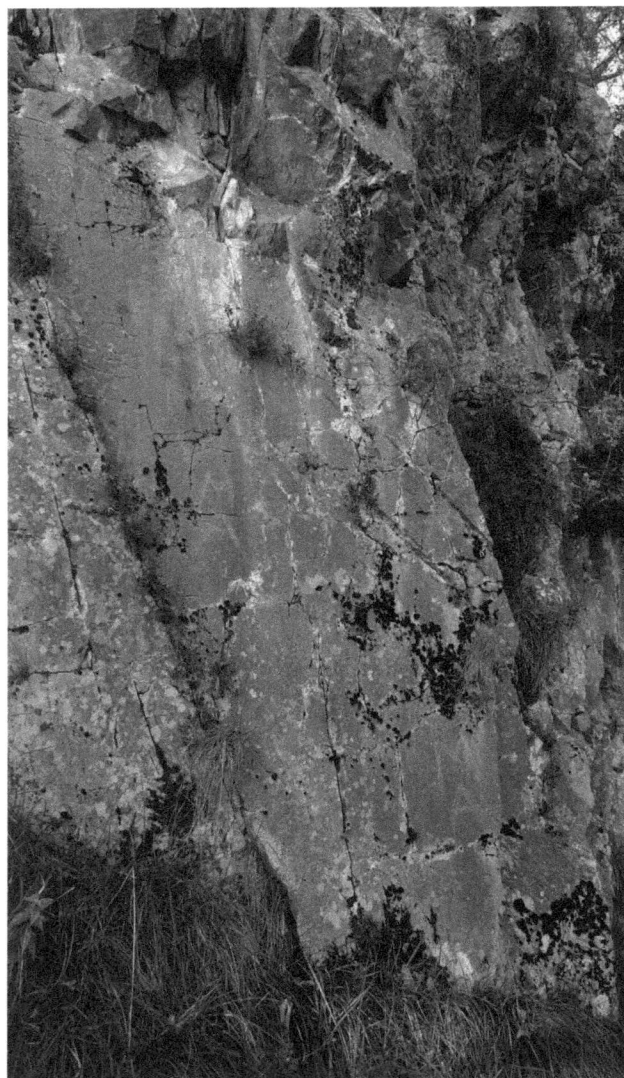

Tratto della Via Regina: sulla parete è stato inciso il petroglifo ad un'altezza di oltre 4 metri sopra il sentiero. È probabilmente stata fatta con l'ausilio di impalcati o caklandosi dal ciglio superiore della parete.

Particolare dell'incisione a forma di pomo (misura 22x20cm) affiancata da due lementi laterali.

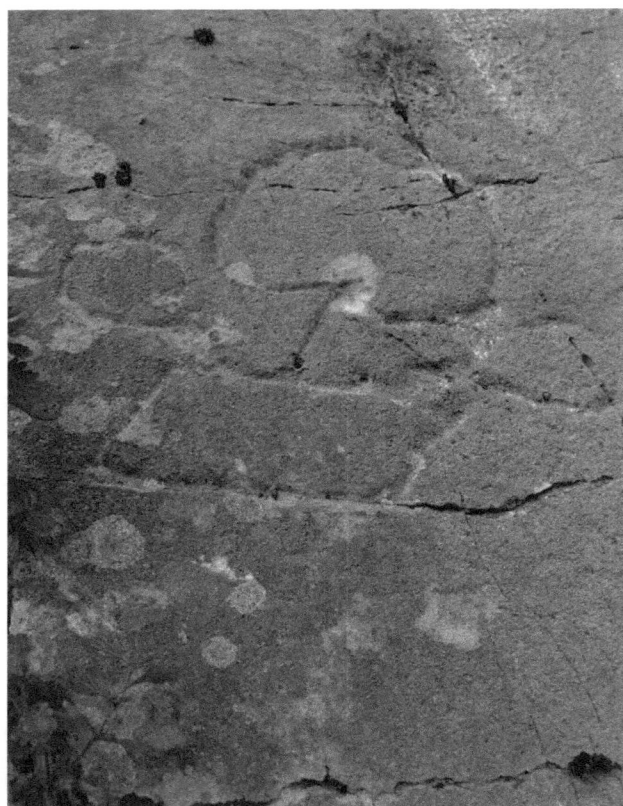

IDENTIFICAZIONE

N° scheda	0014	*Comune*	Musso (CO)
Località	Santa Eufemia	*Quota*	300 m slm
Identificazione	Giovanni Beltramelli	*Data Identificazione*	Anno 1980

Ubicazione ☐fondovalle ■versante ☐cima ■bosco ☐campo coltivato
☐pascolo ☐incolto ☐nucleo abitativo ☐luogo di culto ☐presso corsi d'acqua
☐presso sorgenti ☐pianoro ■presso vie di percorrenza

DESCRIZIONE

Dimensioni ☐piccola ☐media ■grande

Contesto ☐affioramento ☐roccia isolata ☐gruppo di rocce ☐lastra ■parete/riparo ☐riuso ☐frana

Tipo figurativo ☐animali ■antropomorfi ☐armi e antropomorfi armati ☐carri ☐circolari
■cruciformi ☐simbologie topografiche ☐simboli di fertilità ☐caratteri alfanumerici
☐simboli di astrazione ☐megaliti ☐vegetali

Tipo schematico ☐coppelle ☐canaletti ☐pediformi ☐polissoir ☐scivoli ☐elementi utilitari

Morfologia ☐liscio ■ruvido ☐orizzontale ☐inclinato ■verticale
☐concavo ☐convesso ☐fratturato ☐gradonato

Lavorazione ☐rotazione ■percussione ☐incisione lineare ☐levigatura della superficie

Profilo incisione ■concavo ☐cilindrico ☐a bottiglia ☐conico ☐squadrato ☐irregolare

Documentazione ■fotografica ☐filmati ■rilievo ☐calco ☐eidotipo ■descrittiva

Descrizione Incisioni che raffigurano croci antropomorfe poste su una parete rocciosa verticale in prossimità della Chiesa di S.Eufemia. L'incisione di sinistra è una tipologia di croce latina antropomorfa con il capo e gli arti laterali; quella di destra parrebbe rappresentare un antropomorfo in posizione orante con il capo e gli arti inferiori. La patinatura della superficie rocciosa è omogenea su tutta la superficie del supporto e dell'incisione.

Vista della parete con i due antropomorfi cruciformi: sull'antropomorfo di sinistra si notano il capo e gli arti superiori, mentre su quello di destra sono evidenti capo e arti inferiori.

Fotoelaborazione per evidenziare la morfologia delle due incisioni.

IDENTIFICAZIONE

N° scheda	0015	*Comune*	Musso (CO)
Località	Santa Eufemia	*Quota*	300 m slm
Identificazione	Giovanni Beltramelli	*Data Identificazione*	Anno 1980

Ubicazione
☐ fondovalle ■ versante ☐ cima ☐ bosco ☐ campo coltivato
☐ pascolo ☐ incolto ☐ nucleo abitativo ■ luogo di culto ☐ presso corsi d'acqua
■ presso sorgenti ☐ pianoro ■ presso vie di percorrenza

DESCRIZIONE

Dimensioni ☐ piccola ☐ media ☐ grande

Contesto ☐ affioramento ☐ roccia isolata ☐ gruppo di rocce ■ lastra ☐ parete/riparo ■ riuso ☐ frana

Tipo figurativo ☐ animali ☐ antropomorfi ☐ armi e antropomorfi armati ☐ carri ☐ circolari ☐ cruciformi ☐ simbologie topografiche ☐ simboli di fertilità ■ caratteri alfanumerici ☐ simboli di astrazione ☐ megaliti ☐ vegetali

Tipo schematico ☐ coppelle ☐ canaletti ☐ pediformi ☐ polissoir ☐ scivoli ☐ elementi utilitari

Morfologia ☐ liscio ■ ruvido ■ orizzontale ☐ inclinato ☐ verticale ☐ concavo ☐ convesso ☐ fratturato ☐ gradonato

Lavorazione ☐ rotazione ■ percussione ☐ incisione lineare ☐ levigatura della superficie

Profilo incisione ■ concavo ☐ cilindrico ☐ a bottiglia ☐ conico ■ squadrato ☐ irregolare

Documentazione ■ fotografica ☐ filmati ☐ rilievo ☐ calco ☐ eidotipo ■ descrittiva

Descrizione La lastra di marmo è inglobata nella struttura muraria del recinto perimetrale della Chiesa di Sant'Eufemia. Sul supporto sono incise lettere dell'alfabeto latino; il riuso appartiene certamente ad un edificio più antico situato nello stesso luogo o poco distante da esso. I caratteri latini fanno supporre una continuità di frequentazione e utilizzo del luogo nel corso del tempo *ab antiquo*.

A sinistra: vista del tratto di recinto della chiesa di Santa Eufemia in cui è inglobata la lastra. La posizione panoramica della chiesa, posta sullo spartiacque del Sasso di Musso, mostra in questa direzione il tratto lariano meridionale.

Sotto: lastra con caratteri latini.

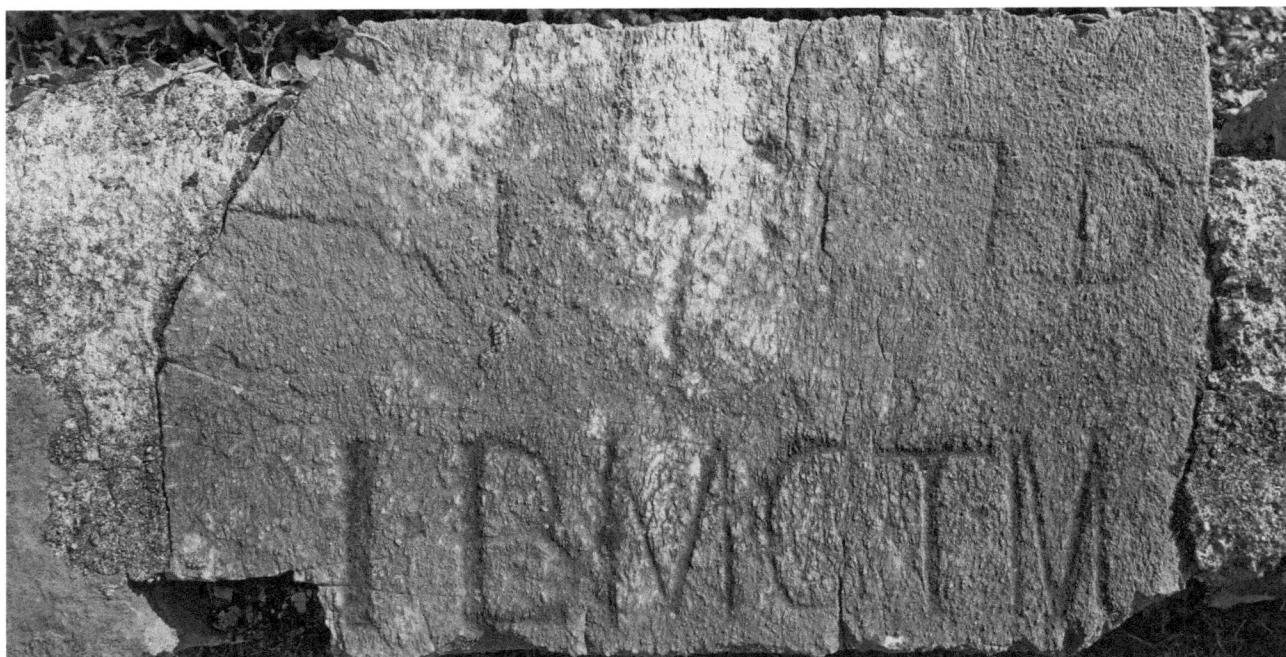

IDENTIFICAZIONE

N° scheda	0016	**Comune**	Musso (CO)
Località	Santa Eufemia	**Quota**	300 m slm
Identificazione	Giovanni Beltramelli	**Data Identificazione**	Anno 1980

Ubicazione ☐fondovalle ■versante ☐cima ■bosco ☐campo coltivato ☐pascolo ☐incolto ☐nucleo abitativo ☐luogo di culto ■presso corsi d'acqua ☐presso sorgenti ☐pianoro ■presso vie di percorrenza

DESCRIZIONE

Dimensioni ☐piccola ☐media ■grande

Contesto ☐affioramento ☐roccia isolata ☐gruppo di rocce ☐lastra ■parete/riparo ☐riuso ☐frana

Tipo figurativo ☐animali ☐antropomorfi ☐armi e antropomorfi armati ☐carri ☐circolari ☐cruciformi ☐simbologie topografiche ■simboli di fertilità ☐caratteri alfanumerici ☐simboli di astrazione ☐megaliti ☐vegetali

Tipo schematico ☐coppelle ☐canaletti ☐pediformi ☐polissoir ☐scivoli ☐elementi utilitari

Morfologia ☐liscio ■ruvido ☐orizzontale ☐inclinato ■verticale ☐concavo ☐convesso ☐fratturato ☐gradonato

Lavorazione ☐rotazione ☐percussione ■incisione lineare ☐levigatura della superficie

Profilo incisione ■concavo ☐cilindrico ☐a bottiglia ☐conico ☐squadrato ☐irregolare

Documentazione ■fotografica ☐filmati ☐rilievo ☐calco ☐eidotipo ■descrittiva

Descrizione La parete che ospita questa incisione rupestre, si trova lungo il sentiero di collegamento tra Dongo a Musso, antica viabilità della Strada Regina. Lungo il percorso sono stati rinvenuti tratti di carreggiata con incisi solchi per il passaggio di carri ascrivibili ad un periodo tardo romano o medievale. L'incisione, collocata al piede della parete, rappresenta un simbolo fallico.

Collocazione dell'incisione sulla parete evidenziata dall'elaborazione digitale con software D-stretch..

IDENTIFICAZIONE

N° scheda	0017	**Comune**	Pianello Lario (CO)
Località	Montagna verso S. Bernardo	**Quota**	540 m slm
Identificazione	Giovanni Beltramelli	**Data Identificazione**	Anno 2002

Ubicazione
☐ fondovalle ■ versante ☐ cima ■ bosco ☐ campo coltivato
■ pascolo ☐ incolto ☐ nucleo abitativo ☐ luogo di culto ■ presso corsi d'acqua
☐ presso sorgenti ☐ pianoro ☐ presso vie di percorrenza

DESCRIZIONE

Dimensioni ☐ piccola ☐ media ■ grande

Contesto ☐ affioramento ■ roccia isolata ☐ gruppo di rocce ☐ lastra ☐ parete/riparo ☐ riuso ☐ frana

Tipo figurativo ☐ animali ☐ antropomorfi ☐ armi e antropomorfi armati ☐ carri ☐ circolari
☐ cruciformi ☐ simbologie topografiche ☐ simboli di fertilità ☐ caratteri alfanumerici
☐ simboli di astrazione ☐ megaliti ☐ vegetali

Tipo schematico ■ coppelle ■ canaletti ☐ pediformi ■ polissoir ☐ scivoli ☐ elementi utilitari

Morfologia ☐ liscio ■ ruvido ■ orizzontale ☐ inclinato ☐ verticale
☐ concavo ☐ convesso ☐ fratturato ☐ gradonato

Lavorazione ■ rotazione ■ percussione ☐ incisione lineare ☐ levigatura della superficie

Profilo incisione ■ concavo ☐ cilindrico ☐ a bottiglia ■ conico ☐ squadrato ☐ irregolare

Documentazione ■ fotografica ☐ filmati ☐ rilievo ☐ calco ☐ eidotipo ■ descrittiva

Descrizione Il masso è ricco di elementi: sulla superficie si contano quarantasette coppelle con diametri compresi fra i cinque e quindici centimetri, cinque affilatoi e quattro canaletti di collegamento tra le coppelle. Le incisioni, realizzate su tutta la superficie, sono raggruppate in tre zone distinte. Nella parte centrale si trovano i canaletti che uniscono più coppelle in una centrale, più grande, di raccolta. Gli schemi di posizionamento delle incisioni appaiono disposti secondo uno schema apparentemente logico.

La ricerca

IDENTIFICAZIONE

N° scheda	0018	**Comune**	Pianello Lario (CO)
Località	Saliana	**Quota**	376m slm
Identificazione	Giovanni Beltramelli	**Data Identificazione**	Anno 1994

Ubicazione ☐fondovalle ■versante ☐cima ☐bosco ☐campo coltivato ☐pascolo ☐incolto ■nucleo abitativo ☐luogo di culto ■presso corsi d'acqua ☐presso sorgenti ☐pianoro ■presso vie di percorrenza

DESCRIZIONE

Dimensioni ■piccola ☐media ☐grande

Contesto ☐affioramento ■roccia isolata ☐gruppo di rocce ☐lastra ☐parete/riparo ■riuso ☐frana

Tipo figurativo ☐animali ☐antropomorfi ☐armi e antropomorfi armati ☐carri ☐circolari ☐cruciformi ☐simbologie topografiche ☐simboli di fertilità ☐caratteri alfanumerici ☐simboli di astrazione ☐megaliti ☐vegetali

Tipo schematico ■coppelle ☐canaletti ☐pediformi ☐polissoir ☐scivoli ☐elementi utilitari

Morfologia ☐liscio ■ruvido ☐orizzontale ☐inclinato ■verticale ☐concavo ☐convesso ☐fratturato ☐gradonato

Lavorazione ■rotazione ■percussione ☐incisione lineare ☐levigatura della superficie

Profilo incisione ☐concavo ☐cilindrico ☐a bottiglia ■conico ☐squadrato ☐irregolare

Documentazione ■fotografica ☐filmati ☐rilievo ☐calco ☐eidotipo ■descrittiva

Descrizione Il supporto è un masso ovoidale su cui sono state incise ventotto coppelle con diametro medio di sette centimetri. Il masso, oggi decontestualizzato, è stato impiegato come elemento strutturale nell'argine di un canale idrico di deviazione di un ruscello. La forma a mezzaluna del supporto, ottenuta artificialmente, lo rende un elemento unico tra tutti quelli finora identificati.

IDENTIFICAZIONE

N° scheda	0019	*Comune*	Pianello Lario (CO)
Località	Tre Terre	*Quota*	250 m slm
Identificazione	Giovanni Beltramelli	*Data Identificazione*	Anno 1988

Ubicazione
□fondovalle □versante □cima □bosco □campo coltivato
□pascolo □incolto ■nucleo abitativo □luogo di culto □presso corsi d'acqua
□presso sorgenti □pianoro □presso vie di percorrenza

DESCRIZIONE

Dimensioni ■piccola □media □grande

Contesto □affioramento □roccia isolata □gruppo di rocce ■lastra □parete/riparo ■riuso □frana

Tipo figurativo □animali □antropomorfi □armi e antropomorfi armati □carri □circolari
□cruciformi □simbologie topografiche □simboli di fertilità □caratteri alfanumerici
□simboli di astrazione □megaliti □vegetali

Tipo schematico ■coppelle □canaletti □pediformi □polissoir □scivoli □elementi utilitari

Morfologia □liscio ■ruvido ■orizzontale □inclinato □verticale
□concavo □convesso □fratturato □gradonato

Lavorazione ■rotazione ■percussione □incisione lineare □levigatura della superficie

Profilo incisione □concavo □cilindrico □a bottiglia ■conico □squadrato □irregolare

Documentazione ■fotografica □filmati □rilievo □calco □eidotipo ■descrittiva

Descrizione Gruppo composto da tre lastre utilizzate come estradosso sul muro perimetrale di un'abitazione. Le lastre hanno nove coppelle visibili e altre usurate; i tre supporti sembrano frammentazioni di un unico pezzo.

IDENTIFICAZIONE

N° scheda	0020	*Comune*	Pianello Lario (CO)
Località	Montagna	*Quota*	540 m slm
Identificazione	Giovanni Beltramelli	*Data Identificazione*	Anno 2000

Ubicazione ☐ fondovalle ■ versante ☐ cima ☐ bosco ☐ campo coltivato ☐ pascolo ☐ incolto ■ nucleo abitativo ☐ luogo di culto ■ presso corsi d'acqua ☐ presso sorgenti ☐ pianoro ☐ presso vie di percorrenza

DESCRIZIONE

Dimensioni ☐ piccola ☐ media ■ grande

Contesto ☐ affioramento ■ roccia isolata ☐ gruppo di rocce ☐ lastra ☐ parete/riparo ☐ riuso ☐ frana

Tipo figurativo ☐ animali ☐ antropomorfi ☐ armi e antropomorfi armati ☐ carri ☐ circolari ☐ cruciformi ☐ simbologie topografiche ☐ simboli di fertilità ☐ caratteri alfanumerici ☐ simboli di astrazione ☐ megaliti ☐ vegetali

Tipo schematico ■ coppelle ☐ canaletti ☐ pediformi ☐ polissoir ☐ scivoli ☐ elementi utilitari

Morfologia ☐ liscio ■ ruvido ☐ orizzontale ■ inclinato ☐ verticale ☐ concavo ■ convesso ☐ fratturato ■ gradonato

Lavorazione ■ rotazione ■ percussione ☐ incisione lineare ☐ levigatura della superficie

Profilo incisione ☐ concavo ☐ cilindrico ☐ a bottiglia ■ conico ☐ squadrato ☐ irregolare

Documentazione ■ fotografica ☐ filmati ☐ rilievo ☐ calco ☐ eidotipo ■ descrittiva

Descrizione Il supporto è un masso inclinato sulla cui sommità sono incise quindici coppelle dal diametro variabile tra i cinque e i dodici centimetri. Il grado di usura delle coppelle ne indica l'antichità; la posizione del supporto e il contesto ambientale indurrebbero ad identificarlo come masso altare.

IDENTIFICAZIONE

N° scheda	0021	**Comune**	Pianello Lario (CO)
Località	Madonna della Neve	**Quota**	275 m slm
Identificazione	Giovanni Beltramelli	**Data Identificazione**	Anno 1998

Ubicazione
☐ fondovalle ☐ versante ☐ cima ☐ bosco ☐ campo coltivato
☐ pascolo ☐ incolto ☐ nucleo abitativo ■ luogo di culto ☐ presso corsi d'acqua
■ presso sorgenti ■ pianoro ☐ presso vie di percorrenza

DESCRIZIONE

Dimensioni ☐ piccola ■ media ☐ grande

Contesto ☐ affioramento ☐ roccia isolata ☐ gruppo di rocce ■ lastra ☐ parete/riparo ■ riuso ☐ frana

Tipo figurativo ☐ animali ☐ antropomorfi ☐ armi e antropomorfi armati ☐ carri ☐ circolari
☐ cruciformi ☐ simbologie topografiche ☐ simboli di fertilità ☐ caratteri alfanumerici
☐ simboli di astrazione ☐ megaliti ☐ vegetali

Tipo schematico ■ coppelle ☐ canaletti ☐ pediformi ☐ polissoir ☐ scivoli ☐ elementi utilitari

Morfologia ☐ liscio ■ ruvido ■ orizzontale ☐ inclinato ☐ verticale
☐ concavo ☐ convesso ☐ fratturato ☐ gradonato

Lavorazione ■ rotazione ■ percussione ☐ incisione lineare ☐ levigatura della superficie

Profilo incisione ☐ concavo ☐ cilindrico ☐ a bottiglia ■ conico ☐ squadrato ☐ irregolare

Documentazione ■ fotografica ☐ filmati ☐ rilievo ☐ calco ☐ eidotipo ■ descrittiva

Descrizione Sul muro di recinzione del sagrato della chiesa si trovano più lastre con incise almeno ventuno coppelle riconoscibili. Il numero di lastre parrebbe indicare la presenza di un precedente luogo di culto.

224

IDENTIFICAZIONE

N° scheda	0022	**Comune**	Pianello Lario (CO)
Località	Tre Terre	**Quota**	270 m slm
Identificazione	Giovanni Beltramelli	**Data Identificazione**	Anno 2002

Ubicazione
☐ fondovalle ☐ versante ☐ cima ☐ bosco ☐ campo coltivato
☐ pascolo ☐ incolto ■ nucleo abitativo ■ luogo di culto ☐ presso corsi d'acqua
☐ presso sorgenti ☐ pianoro ☐ presso vie di percorrenza

DESCRIZIONE

Dimensioni ■ piccola ☐ media ☐ grande

Contesto ☐ affioramento ■ roccia isolata ☐ gruppo di rocce ☐ lastra ☐ parete/riparo ■ riuso ☐ frana

Tipo figurativo ☐ animali ☐ antropomorfi ☐ armi e antropomorfi armati ☐ carri ☐ circolari
☐ cruciformi ☐ simbologie topografiche ☐ simboli di fertilità ☐ caratteri alfanumerici
☐ simboli di astrazione ☐ megaliti ☐ vegetali

Tipo schematico ■ coppelle ☐ canaletti ☐ pediformi ☐ polissoir ☐ scivoli ☐ elementi utilitari

Morfologia ☐ liscio ■ ruvido ■ orizzontale ☐ inclinato ☐ verticale
☐ concavo ■ convesso ☐ fratturato ☐ gradonato

Lavorazione ☐ rotazione ■ percussione ☐ incisione lineare ☐ levigatura della superficie

Profilo incisione ☐ concavo ■ cilindrico ☐ a bottiglia ☐ conico ■ squadrato ☐ irregolare

Documentazione ■ fotografica ☐ filmati ☐ rilievo ☐ calco ☐ eidotipo ■ descrittiva

Descrizione Il masso a forma di mezzaluna è collocato nel giardino di un ex convento di monache; sono incise due vaschette a pianta rettangolare ed una a pianta circolare posta centralmente rispetto alle due quadrangolari. Il supporto è un masso sacrificale del quale si ha un preciso riscontro in un'epigrafe. In Portogallo, sulle pareti del santuario rupestre di Panoias, è incisa una scritta del III secolo d.C. *HVIVS HOSTIAE QVUE CADVNT HIC IMM(OL)ANTVUR EXTRA INTRA QVADRATA CONTRA CREMANT-VR -SAN(GV)IS LAC(I)CVLIS (IVXTA) SVPERFV(NDI)TVR-* (Qui sono consacrate agli dei le vittime che vi vengono abbattute: le loro interiora vengono bruciate nelle vasche quadrate e il loro sangue si diffonde nelle piccole vasche circostanti).

IDENTIFICAZIONE

N° scheda	0023	*Comune*	Santa Maria Rezzonico (CO)
Località	La Bolla	*Quota*	500 m slm
Identificazione	Giovanni Beltramelli	*Data Identificazione*	Anno 2000

Ubicazione ☐fondovalle ☐versante ☐cima ■bosco ☐campo coltivato
■pascolo ☐incolto ☐nucleo abitativo ☐luogo di culto ■presso corsi d'acqua
☐presso sorgenti ☐pianoro ☐presso vie di percorrenza

DESCRIZIONE

Dimensioni ☐piccola ☐media ■grande

Contesto ☐affioramento ■roccia isolata ☐gruppo di rocce ☐lastra ☐parete/riparo ☐riuso ☐frana

Tipo figurativo ☐animali ☐antropomorfi ☐armi e antropomorfi armati ☐carri ☐circolari
☐cruciformi ☐simbologie topografiche ☐simboli di fertilità ☐caratteri alfanumerici
☐simboli di astrazione ☐megaliti ☐vegetali

Tipo schematico ■coppelle ■canaletti ☐pediformi ☐polissoir ☐scivoli ☐elementi utilitari

Morfologia ☐liscio ■ruvido ☐orizzontale ■inclinato ☐verticale
☐concavo ■convesso ☐fratturato ☐gradonato

Lavorazione ■rotazione ■percussione ☐incisione lineare ☐levigatura della superficie

Profilo incisione ■concavo ☐cilindrico ☐a bottiglia ■conico ☐squadrato ☐irregolare

Documentazione ■fotografica ☐filmati ☐rilievo ☐calco ☐eidotipo ■descrittiva

Descrizione Il masso, di notevoli dimensioni, presenta sulla parte superiore del supporto coppelle e canaletti che terminano il proprio percorso in una vaschetta. La singolarità è data dal tracciato che definisce chiaramente un disegno astratto non identificabile, non sembra essere afferente ai reticoli topografici di natura propiziatoria.

IDENTIFICAZIONE

N° scheda	0024	*Comune*	Santa Maria Rezzonico (CO)
Località	Dosso Rezzonico - Cremia	*Quota*	400 m slm
Identificazione	Giovanni Beltramelli	*Data Identificazione*	Anno 1990

Ubicazione ☐ fondovalle ☐ versante ☐ cima ■ bosco ☐ campo coltivato
☐ pascolo ☐ incolto ☐ nucleo abitativo ☐ luogo di culto ■ presso corsi d'acqua
☐ presso sorgenti ☐ pianoro ■ presso vie di percorrenza

DESCRIZIONE

Dimensioni ☐ piccola ☐ media ■ grande

Contesto ■ affioramento ☐ roccia isolata ☐ gruppo di rocce ☐ lastra ☐ parete/riparo ☐ riuso ☐ frana

Tipo figurativo ☐ animali ☐ antropomorfi ☐ armi e antropomorfi armati ☐ carri ☐ circolari
☐ cruciformi ☐ simbologie topografiche ☐ simboli di fertilità ☐ caratteri alfanumerici
■ simboli di astrazione ☐ megaliti ☐ vegetali

Tipo schematico ☐ coppelle ☐ canaletti ☐ pediformi ☐ polissoir ☐ scivoli ☐ elementi utilitari

Morfologia ☐ liscio ■ ruvido ■ orizzontale ☐ inclinato ☐ verticale
☐ concavo ☐ convesso ■ fratturato ☐ gradonato

Lavorazione ☐ rotazione ■ percussione ☐ incisione lineare ☐ levigatura della superficie

Profilo incisione ■ concavo ☐ cilindrico ☐ a bottiglia ■ conico ☐ squadrato ■ irregolare

Documentazione ■ fotografica ☐ filmati ☐ rilievo ☐ calco ☐ eidotipo ■ descrittiva

Descrizione Il masso è collocato in un contesto di circa trenta supporti incisi. Le incisioni riscontrate sono anomali; le coppelle hanno una sezione piatta, un profilo ondulato e un perimetro regolare e, pertanto, non sono in realtà ascrivibili a questa tipologia di lavorazione. Parrebbe che il disegno realizzato sia di tipo descrittivo ma risulta problematico stabilirne o interpretarne il significato.

IDENTIFICAZIONE

N° scheda	0025	*Comune*	Santa Maria Rezzonico (CO)
Località	Dosso Rezzonico - Cremia	*Quota*	400 m slm
Identificazione	Giovanni Beltramelli	*Data Identificazione*	Anno 1993

Ubicazione
☐ fondovalle ☐ versante ☐ cima ■ bosco ☐ campo coltivato
☐ pascolo ■ incolto ☐ nucleo abitativo ☐ luogo di culto ■ presso corsi d'acqua
☐ presso sorgenti ■ pianoro ■ presso vie di percorrenza

DESCRIZIONE

Dimensioni ☐ piccola ■ media ☐ grande

Contesto ☐ affioramento ■ roccia isolata ☐ gruppo di rocce ☐ lastra ☐ parete/riparo ☐ riuso ☐ frana

Tipo figurativo ☐ animali ☐ antropomorfi ☐ armi e antropomorfi armati ☐ carri ☐ circolari
☐ cruciformi ☐ simbologie topografiche ☐ simboli di fertilità ☐ caratteri alfanumerici
☐ simboli di astrazione ☐ megaliti ☐ vegetali

Tipo schematico ■ coppelle ■ canaletti ☐ pediformi ☐ polissoir ☐ scivoli ☐ elementi utilitari

Morfologia ☐ liscio ■ ruvido ■ orizzontale ☐ inclinato ☐ verticale
☐ concavo ☐ convesso ☐ fratturato ■ gradonato

Lavorazione ■ rotazione ■ percussione ☐ incisione lineare ☐ levigatura della superficie

Profilo incisione ■ concavo ☐ cilindrico ☐ a bottiglia ■ conico ☐ squadrato ☐ irregolare

Documentazione ■ fotografica ☐ filmati ☐ rilievo ☐ calco ☐ eidotipo ■ descrittiva

Descrizione Il masso è gradonato e presenta coppelle unite da canaletti sui vari piani. Sembrerebbe un masso collegato a riti di fertilità per l'utilizzo di canaletti che convogliano i liquidi al terreno.

IDENTIFICAZIONE

N° scheda	0026	**Comune**	Santa Maria Rezzonico (CO)
Località	Soriano	**Quota**	410 m slm
Identificazione	Giovanni Beltramelli	**Data Identificazione**	Anno 1996

Ubicazione ☐fondovalle ☐versante ☐cima ■bosco ☐campo coltivato ☐pascolo ■incolto ☐nucleo abitativo ☐luogo di culto ■presso corsi d'acqua ☐presso sorgenti ☐pianoro ■presso vie di percorrenza

DESCRIZIONE

Dimensioni ☐piccola ■media ☐grande

Contesto ■affioramento ☐roccia isolata ☐gruppo di rocce ☐lastra ☐parete/riparo ☐riuso ☐frana

Tipo figurativo ☐animali ☐antropomorfi ☐armi e antropomorfi armati ☐carri ☐circolari ☐cruciformi ☐simbologie topografiche ☐simboli di fertilità ☐caratteri alfanumerici ☐simboli di astrazione ☐megaliti ☐vegetali

Tipo schematico ■coppelle ■canaletti ☐pediformi ☐polissoir ☐scivoli ☐elementi utilitari

Morfologia ☐liscio ■ruvido ☐orizzontale ■inclinato ☐verticale ■concavo ■convesso ■fratturato ■gradonato

Lavorazione ■rotazione ■percussione ☐incisione lineare ☐levigatura della superficie

Profilo incisione ■concavo ☐cilindrico ☐a bottiglia ■conico ☐squadrato ☐irregolare

Documentazione ■fotografica ☐filmati ☐rilievo ☐calco ☐eidotipo ■descrittiva

Descrizione Il masso è la parte emergente di un affioramento. Le incisioni visibili consistono in diciotto coppelle e canaletti; sarebbe necessario svolgere uno scavo stratigrafico per liberare il supporto e verificare la presenza di altre incisioni ed eventuali indicatori.

IDENTIFICAZIONE

N° scheda	0027	*Comune*	Santa Maria Rezzonico (CO)
Località	Gallio	*Quota*	450 m slm
Identificazione	Giovanni Beltramelli	*Data Identificazione*	Anno 1996

Ubicazione
☐ fondovalle ☐ versante ☐ cima ■ bosco ☐ campo coltivato
■ pascolo ■ incolto ☐ nucleo abitativo ☐ luogo di culto ■ presso corsi d'acqua
☐ presso sorgenti ☐ pianoro ■ presso vie di percorrenza

DESCRIZIONE

Dimensioni ☐ piccola ☐ media ■ grande

Contesto ■ affioramento ☐ roccia isolata ☐ gruppo di rocce ☐ lastra ☐ parete/riparo ☐ riuso ☐ frana

Tipo figurativo ☐ animali ■ antropomorfi ☐ armi e antropomorfi armati ☐ carri ☐ circolari
☐ cruciformi ☐ simbologie topografiche ☐ simboli di fertilità ☐ caratteri alfanumerici
☐ simboli di astrazione ☐ megaliti ☐ vegetali

Tipo schematico ☐ coppelle ☐ canaletti ☐ pediformi ☐ polissoir ☐ scivoli ☐ elementi utilitari

Morfologia ☐ liscio ■ ruvido ☐ orizzontale ■ inclinato ☐ verticale
☐ concavo ☐ convesso ■ fratturato ☐ gradonato

Lavorazione ☐ rotazione ■ percussione ☐ incisione lineare ☐ levigatura della superficie

Profilo incisione ■ concavo ☐ cilindrico ☐ a bottiglia ☐ conico ☐ squadrato ☐ irregolare

Documentazione ■ fotografica ☐ filmati ■ rilievo ■ calco ☐ eidotipo ■ descrittiva

Descrizione L'incisione è una figura antropomorfa che si configura come singolarità in tutta la zona di appartenenza.

230

IDENTIFICAZIONE

N° scheda	0028	*Comune*	Santa Maria Rezzonico (CO)
Località	Dosso Rezzonico - Cremia	*Quota*	400 m slm
Identificazione	Giovanni Beltramelli	*Data Identificazione*	Anno 1989

Ubicazione ☐fondovalle ☐versante ☐cima ■bosco ☐campo coltivato
☐pascolo ■incolto ☐nucleo abitativo ☐luogo di culto ■presso corsi d'acqua
☐presso sorgenti ■pianoro ■presso vie di percorrenza

DESCRIZIONE

Dimensioni ☐piccola ☐media ■grande

Contesto ■affioramento ☐roccia isolata ☐gruppo di rocce ☐lastra ☐parete/riparo ☐riuso ☐frana

Tipo figurativo ☐animali ☐antropomorfi ☐armi e antropomorfi armati ☐carri ☐circolari ☐cruciformi ☐simbologie topografiche ☐simboli di fertilità ☐caratteri alfanumerici ☐simboli di astrazione ☐megaliti ☐vegetali

Tipo schematico ■coppelle ■canaletti ☐pediformi ☐polissoir ☐scivoli ☐elementi utilitari

Morfologia ■liscio ☐ruvido ■orizzontale ☐inclinato ☐verticale ☐concavo ☐convesso ■fratturato ☐gradonato

Lavorazione ■rotazione ■percussione ☐incisione lineare ■levigatura della superficie

Profilo incisione ■concavo ☐cilindrico ☐a bottiglia ■conico ☐squadrato ☐irregolare

Documentazione ■fotografica ☐filmati ☐rilievo ☐calco ☐eidotipo ■descrittiva

Descrizione Il masso ha diciotto coppelle e quattro forme circolari collegate da canaletti. Le incisioni sono realizzate mediante percussione e la superficie, già liscia, appare ulteriormente levigata forse per predisporre il piano di lavoro.

IDENTIFICAZIONE

N° scheda	0029	*Comune*	Santa Maria Rezzonico (CO)
Località	Dosso Rezzonico - Cremia	*Quota*	420 m slm
Identificazione	Giovanni Beltramelli	*Data Identificazione*	Anno 1989

Ubicazione
☐ fondovalle ☐ versante ☐ cima ■ bosco ☐ campo coltivato
☐ pascolo ■ incolto ☐ nucleo abitativo ☐ luogo di culto ■ presso corsi d'acqua
☐ presso sorgenti ■ pianoro ■ presso vie di percorrenza

DESCRIZIONE

Dimensioni ☐ piccola ☐ media ■ grande

Contesto ■ affioramento ☐ roccia isolata ■ gruppo di rocce ☐ lastra ☐ parete/riparo ☐ riuso ☐ frana

Tipo figurativo ☐ animali ☐ antropomorfi ☐ armi e antropomorfi armati ☐ carri ☐ circolari
☐ cruciformi ☐ simbologie topografiche ☐ simboli di fertilità ☐ caratteri alfanumerici
☐ simboli di astrazione ☐ megaliti ☐ vegetali

Tipo schematico ■ coppelle ■ canaletti ☐ pediformi ☐ polissoir ☐ scivoli ☐ elementi utilitari

Morfologia ☐ liscio ■ ruvido ☐ orizzontale ■ inclinato ■ verticale
☐ concavo ☐ convesso ■ fratturato ☐ gradonato

Lavorazione ■ rotazione ■ percussione ☐ incisione lineare ☐ levigatura della superficie

Profilo incisione ■ concavo ☐ cilindrico ☐ a bottiglia ■ conico ☐ squadrato ☐ irregolare

Documentazione ■ fotografica ☐ filmati ■ rilievo ☐ calco ■ eidotipo ■ descrittiva

Descrizione Il masso, di notevoli dimensioni, ha undici coppelle con diametri fino a 18 cm e profondità fino a 10 cm. Alcune coppelle sono collegate da canaletti, ma non si rilevano tracciati diretti al terreno.

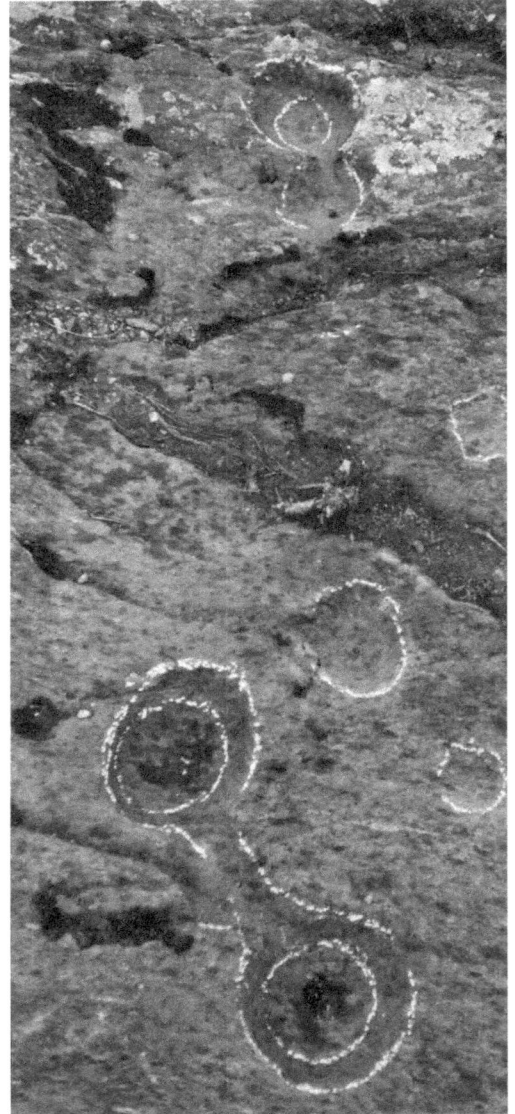

IDENTIFICAZIONE

N° scheda	0030	**Comune**	Santa Maria Rezzonico (CO)
Località	Dosso Rezzonico-Cremia	**Quota**	400 m slm
Identificazione	Giovanni Beltramelli	**Data Identificazione**	Anno1989

Ubicazione
☐ fondovalle ☐ versante ☐ cima ■ bosco ☐ campo coltivato
☐ pascolo ■ incolto ☐ nucleo abitativo ☐ luogo di culto ■ presso corsi d'acqua
☐ presso sorgenti ☐ pianoro ■ presso vie di percorrenza

DESCRIZIONE

Dimensioni ☐ piccola ☐ media ■ grande

Contesto ■ affioramento ☐ roccia isolata ☐ gruppo di rocce ☐ lastra ☐ parete/riparo ☐ riuso ☐ frana

Tipo figurativo ■ animali ■ antropomorfi ☐ armi e antropomorfi armati ☐ carri ■ circolari
■ cruciformi ☐ simbologie topografiche ☐ simboli di fertilità ■ caratteri alfanumerici
■ simboli di astrazione ☐ megaliti ☐ vegetali

Tipo schematico ■ coppelle ■ canaletti ☐ pediformi ■ polissoir ☐ scivoli ☐ elementi utilitari

Morfologia ■ liscio ☐ ruvido ■ orizzontale ■ inclinato ☐ verticale
■ concavo ■ convesso ■ fratturato ■ gradonato

Lavorazione ■ rotazione ■ percussione ■ incisione lineare ☐ levigatura della superficie

Profilo incisione ☐ concavo ☐ cilindrico ☐ a bottiglia ☐ conico ☐ squadrato ☐ irregolare

Documentazione ■ fotografica ■ filmati ■ rilievo ☐ calco ■ eidotipo ■ descrittiva

Descrizione

Il supporto è tra i principali dell'area per importanza e dimensioni. Siamo in presenza di un affioramento lungo 11 metri e largo 5. La superficie ha incisioni figurative e schematiche. Tra gli elementi figurativi si distinguono due antropomorfi, due raffigurazoni animali, delle scritte e numerosi cruciformi. Le raffigurazioni appartengono a più fasi: una antica (antropomorfo a *phi* e serpentiforme), una mediana (cruciformi) e una recente (volto, galliformi e scritte). Tra le incisioni schematiche individuiamo coppelle, canaletti e polissoir. Anche in questo caso sono leggibili delle fasi realizzative: una precedente (polissoir e coppelle fortemente erose da agenti esogeni), e una successiva (coppellazioni meglio conservate su cui sono state incise croci e canaletti). È forse distinguere anche una fase intermedia tra le serie di coppellazioni data dalla presenza di uno schema che potrebbe rappresentare delle costellazioni. Ciò è supportato dalla loro realizzazione in fase tra loro e sulle quali si intestano successive incisioni. Quest'ipotesi necessita di una verifica di esperti in campo archeoastronomico.

Risulta possibile evidenziare cinque fasi consecutive: una primigenia attribuibile forse al Bronzo -i cui marcatori sono l'antropomorfo a phi, i polissoir, il serpentiforme e le coppelle e canaletti erosi-, una seconda -relativa alla fase intermedia di coppellazioni e canaletti a probabile rappresentazione astrale-, una terza -ultimo layer di coppellazioni e canaletti-, una quarta -di probabile inquadramento medioevale con cruciformi e galliformi- e una finale -scritte e volto-.

Vista d'insieme del supporto.
Le incisioni, di tipo figurativo e schematico, sono distribuite su tutta la superficiale della roccia che ha una sezione convessa. Sono riconoscibili più fasi incisorie.

Rilievo del supporto con indicazione delle mire utilizzate per la georeferenziazione.

+2.1

Nm

Sentiero che conduce al luogo delle incisioni (foto G. Padovan).

Immagine d'insieme del supporto che ne mostra la massa e il grado di lavorazione subìto.

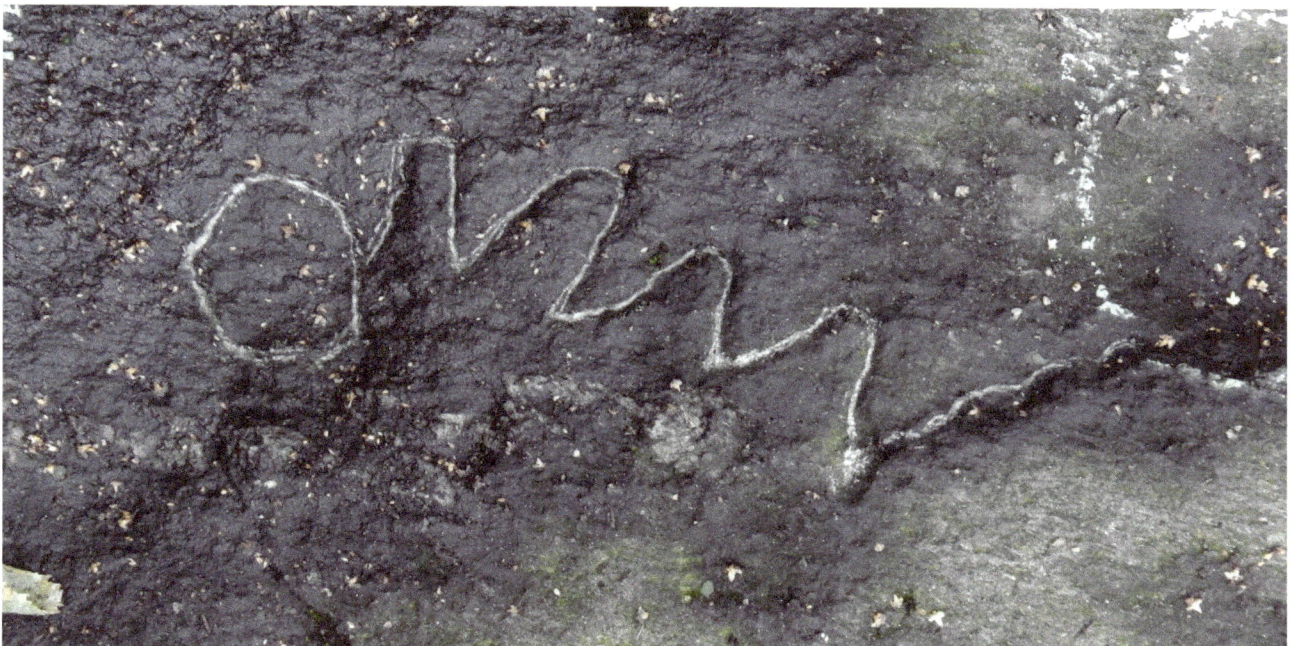

Incisione figurativa serpentiforme. Queste raffigurazioni sono inquadrabili tra le più antiche, espressioni metaforiche di simboli legati alla fertilità e al fulmine del quale la coda del rettile assume la caratteristica forma zigzagante.

Immagine d'insieme del supporto.

A lato del supporto emerge una composizione formata da lastre infisse verticalmente nel terreno, difforme dalle strutture di parcellizzazione tipiche della zona. Difatti i terrazzamenti, utilizzati in passato per i coltivi, sono sempre realizzati con muri di sostruzione a secco.

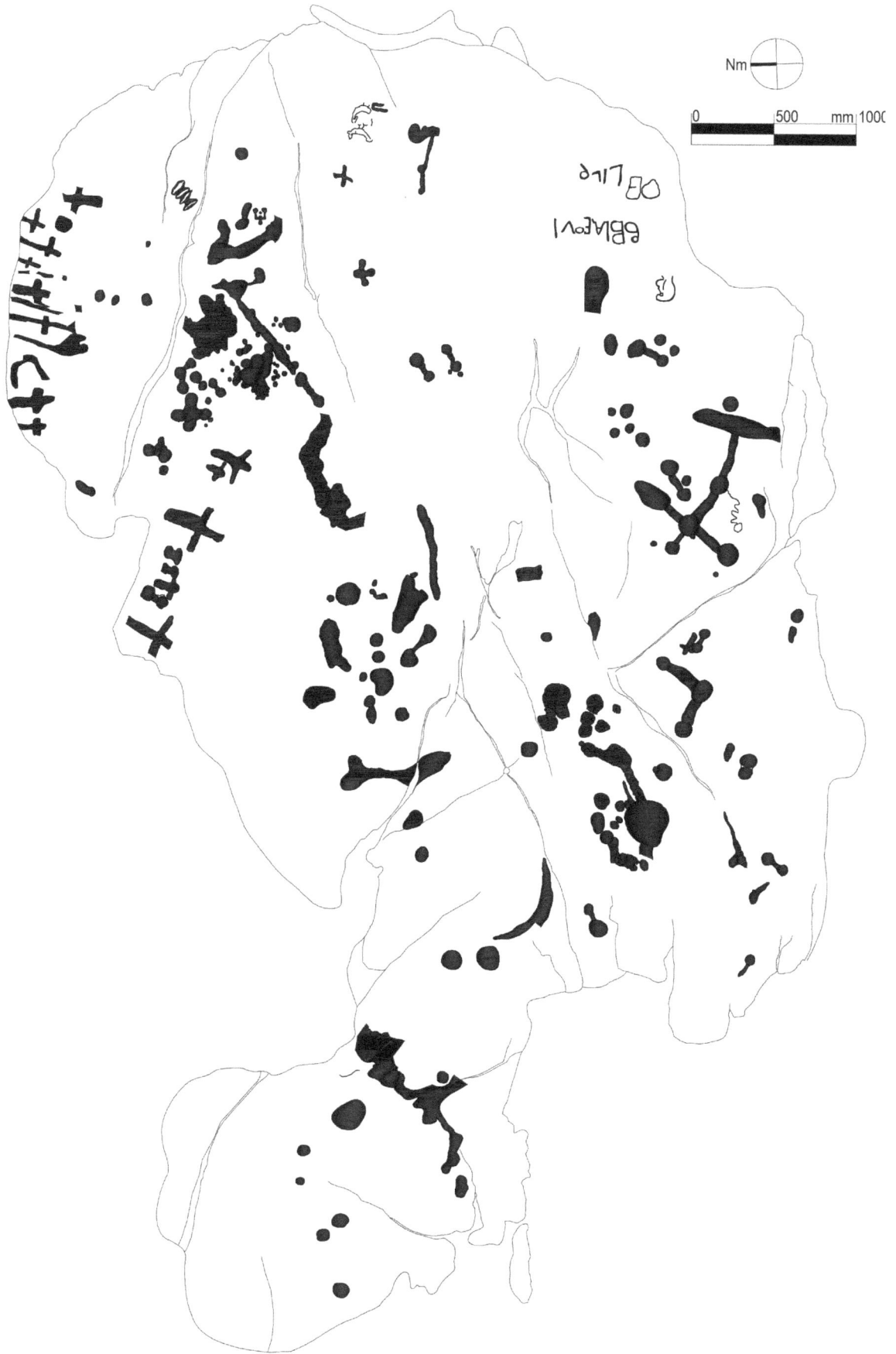

Rilievo del supporo con evidenza di tutte le incisioni.

Vista d'insieme che evidenzia le numerose coppellazioni e canaletti.

Antropomorfo, elaborazione digitale. La tipologia dell'incisione permette di inquadrare questo elemento, per analogia, in un periodo almeno afferente al Bronzo. Queste rappresentazioni sono anche più antiche con una forbice temporale che arriva al Neolitico.

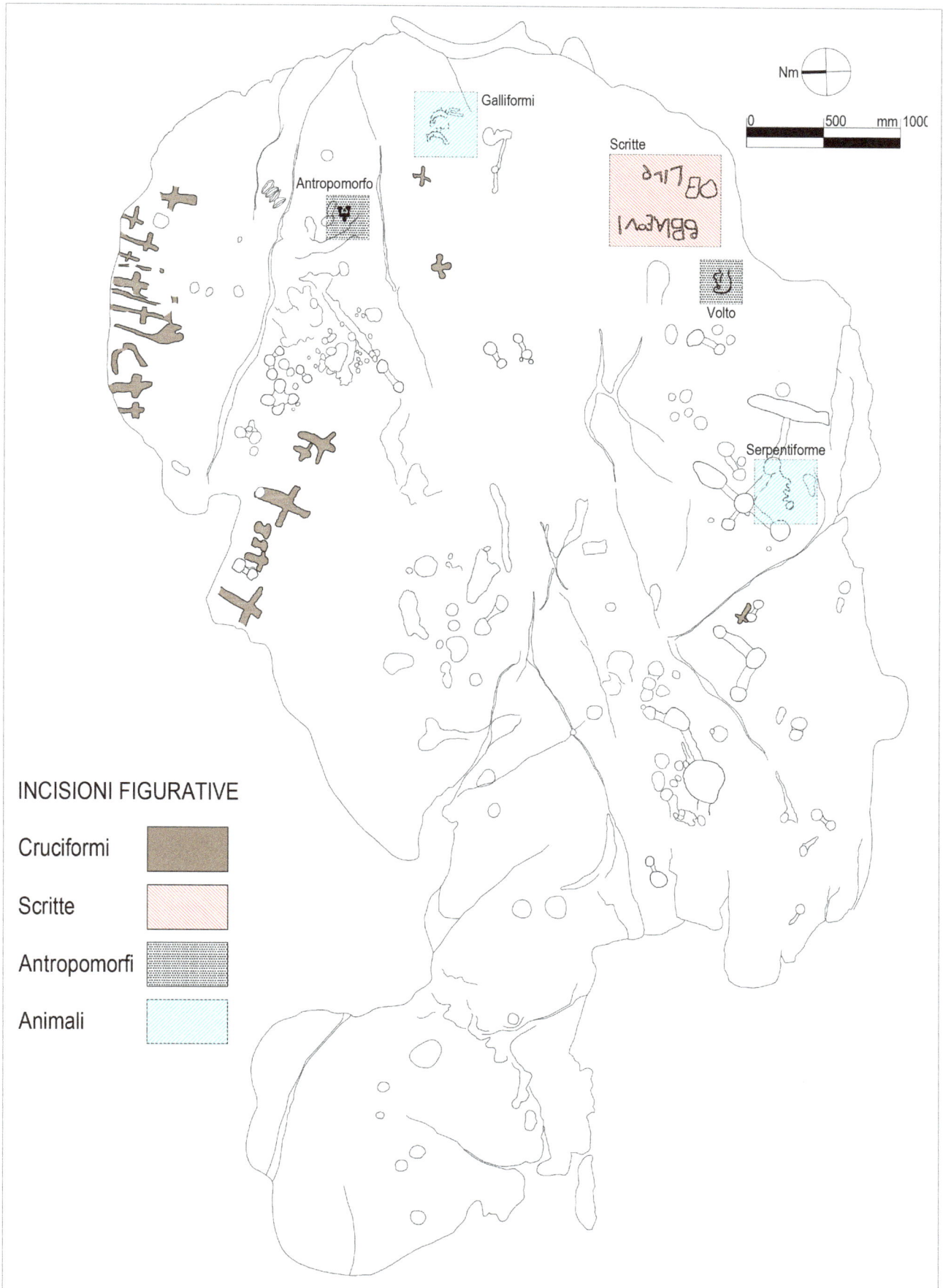

Galliformi

Antropomorfo

Scritte

Volto

Serpentiforme

INCISIONI FIGURATIVE

Cruciformi

Scritte

Antropomorfi

Animali

Rilievo con evidenza delle incisioni figurative.

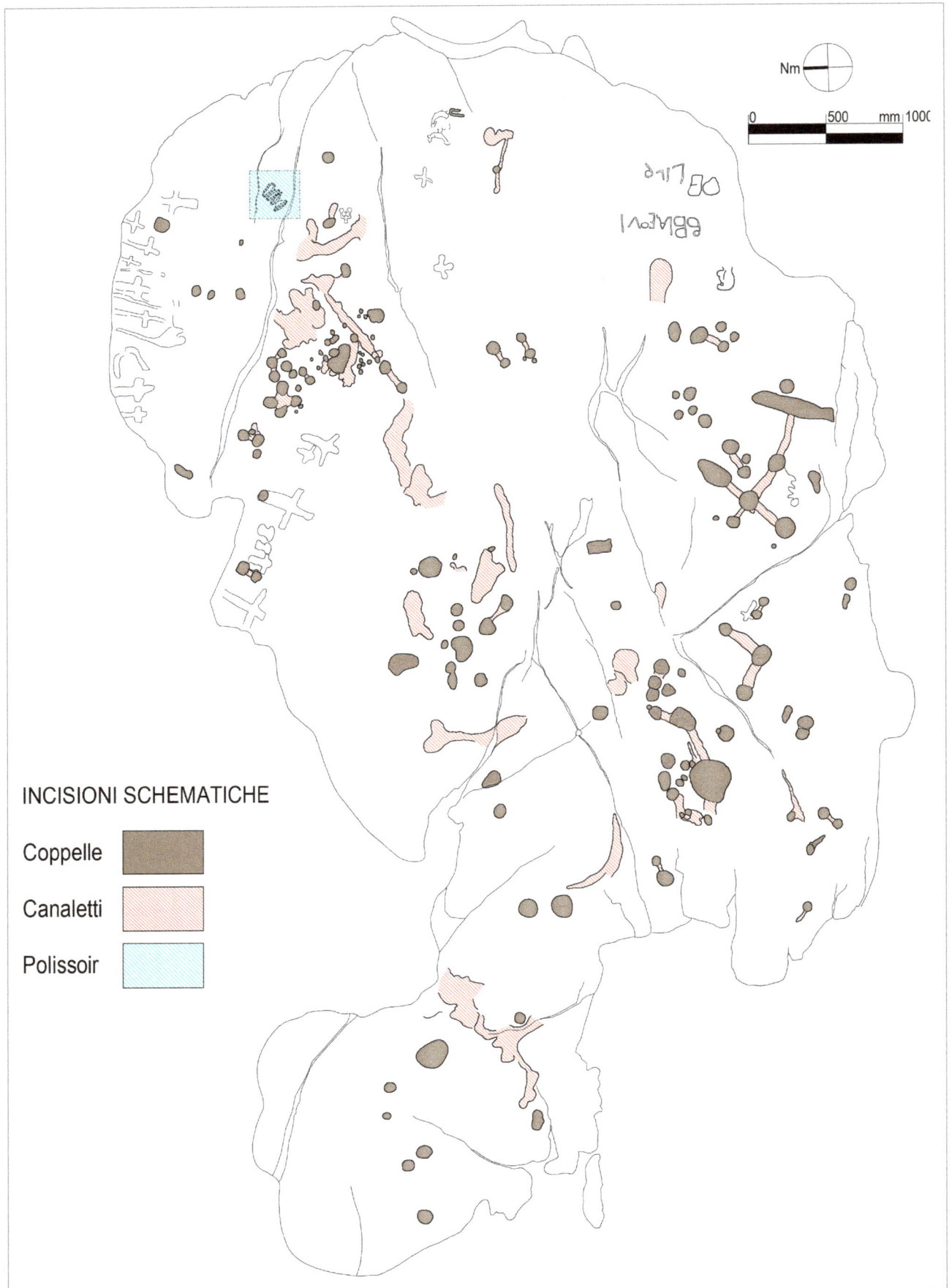

INCISIONI SCHEMATICHE

Coppelle

Canaletti

Polissoir

Rilievo con evidenza delle incisioni schematiche.

Su una porzione del supporto si è notata un'analogia archeoastronomica con le costellazioni del Cigno e della Lira. L'ipotesi deve essere confermata da studi archeoastronomici. Il gruppo, elaborato digitalmente, appare eseguito in fase per profilo incisorio e lavorazione; sullo stesso sono stati incise successivamente dei canaletti.

Alcuni elementi sono inquadrabili in una fase recente.

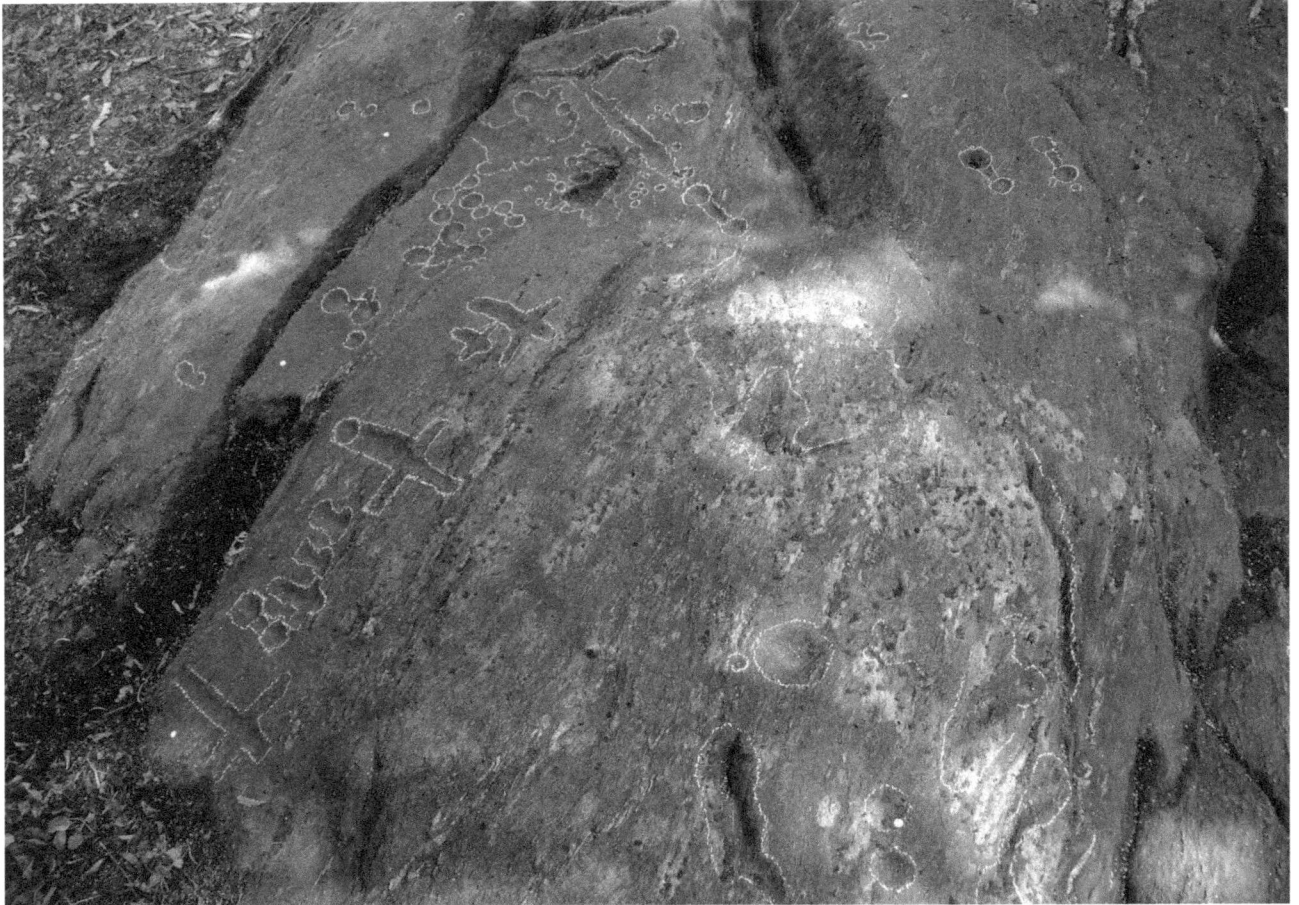

Le incisioni figurative cruciformi sono indice della cristianizzazione e si sono in parte attestate su precedenti coppelle, forse per sostituire rituali animisti. La coppella posta alla base della croce è inglobata dall'elemento di disturbo. Spesso si è documentata la sovrapposizione dei rituali che non vennero mai del tutto soppressi, rivivendo in riti e festività agresti.

I polissoir sono possibili indicatori dell'antichità del supporto e delle sue incisioni.

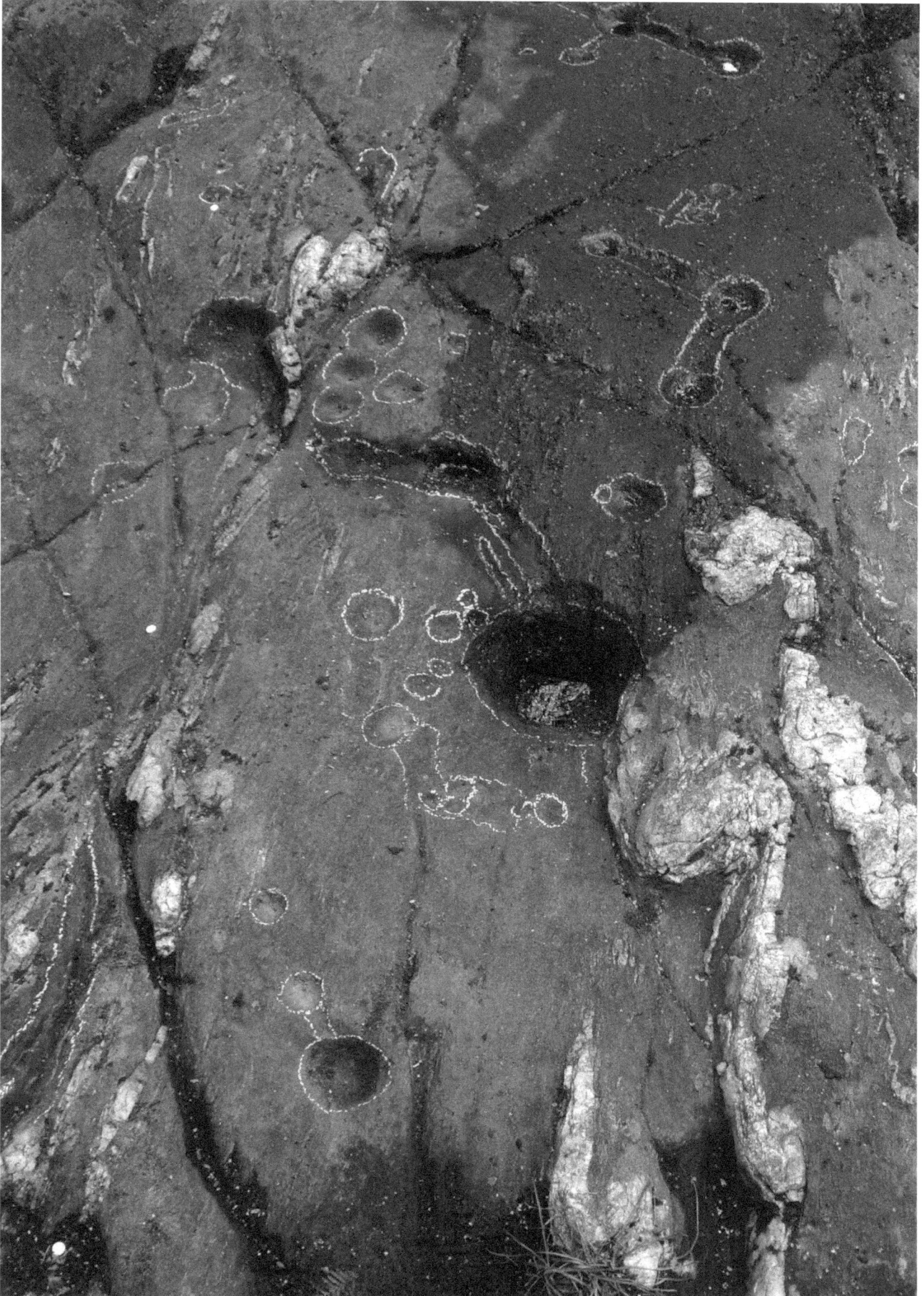

Il sistema di coppelle e canaletti segue uno schema complesso.

IDENTIFICAZIONE

N° scheda	0031	**Comune**	Santa Maria Rezzonico (CO)
Località	Dosso Rezzonico - Cremia	**Quota**	400 m slm
Identificazione	Giovanni Beltramelli	**Data Identificazione**	Anno 1990

Ubicazione ☐fondovalle ☐versante ☐cima ■bosco ☐campo coltivato ☐pascolo ■incolto ☐nucleo abitativo ☐luogo di culto ■presso corsi d'acqua ☐presso sorgenti ■pianoro ■presso vie di percorrenza

DESCRIZIONE

Dimensioni ☐piccola ☐media ■grande

Contesto ■affioramento ☐roccia isolata ☐gruppo di rocce ☐lastra ☐parete/riparo ☐riuso ☐frana

Tipo figurativo ☐animali ■antropomorfi ☐armi e antropomorfi armati ☐carri ☐circolari ■cruciformi ☐simbologie topografiche ☐simboli di fertilità ☐caratteri alfanumerici ■simboli di astrazione ☐megaliti ☐vegetali

Tipo schematico ☐coppelle ☐canaletti ☐pediformi ☐polissoir ☐scivoli ☐elementi utilitari

Morfologia ■liscio ☐ruvido ■orizzontale ☐inclinato ☐verticale ☐concavo ☐convesso ■fratturato ☐gradonato

Lavorazione ☐rotazione ■percussione ■incisione lineare ☐levigatura della superficie

Profilo incisione ■concavo ☐cilindrico ☐a bottiglia ☐conico ☐squadrato ☐irregolare

Documentazione ■fotografica ☐filmati ☐rilievo ☐calco ☐eidotipo ■descrittiva

Descrizione Il supporto è costituito da un grande lastrone levigato. Le tipologie riscontrate sono riferibili a due rappresentazioni antropomorfe, una croce greca e altre incisioni non identificabili.

IDENTIFICAZIONE

N° scheda	0032	*Comune*	Santa Maria Rezzonico (CO)
Località	Dosso Rezzonico - Cremia	*Quota*	400 m slm
Identificazione	Giovanni Beltramelli	*Data Identificazione*	Anno 1990

Ubicazione
☐ fondovalle ☐ versante ☐ cima ■ bosco ☐ campo coltivato
☐ pascolo ■ incolto ☐ nucleo abitativo ☐ luogo di culto ■ presso corsi d'acqua
☐ presso sorgenti ☐ pianoro ■ presso vie di percorrenza

DESCRIZIONE

Dimensioni ☐ piccola ☐ media ■ grande

Contesto ☐ affioramento ☐ roccia isolata ■ gruppo di rocce ☐ lastra ☐ parete/riparo ☐ riuso ☐ frana

Tipo figurativo ■ animali ☐ antropomorfi ☐ armi e antropomorfi armati ■ carri ☐ circolari
☐ cruciformi ☐ simbologie topografiche ☐ simboli di fertilità ☐ caratteri alfanumerici
☐ simboli di astrazione ☐ megaliti ☐ vegetali

Tipo schematico ☐ coppelle ☐ canaletti ☐ pediformi ☐ polissoir ☐ scivoli ☐ elementi utilitari

Morfologia ■ liscio ☐ ruvido ☐ orizzontale ■ inclinato ☐ verticale
■ concavo ☐ convesso ☐ fratturato ☐ gradonato

Lavorazione ☐ rotazione ■ percussione ☐ incisione lineare ☐ levigatura della superficie

Profilo incisione ■ concavo ☐ cilindrico ☐ a bottiglia ☐ conico ☐ squadrato ☐ irregolare

Documentazione ■ fotografica ☐ filmati ■ rilievo ■ calco ■ eidotipo ■ descrittiva

Descrizione Il supporto è un affioramento levigato dall'azione erosiva dei ghiacciai. L'incisione è composta da tre parti: una parte posteriore, una centrale e una anteriore. La parte posteriore mostra un raggruppamento con due forme circolari dalle quali si dipartono quattro tratti longitudinali che si collegano alla parte centrale. La parte centrale a sviluppo longitudinale ha, a circa un terzo della sua lunghezza, due segni perpendicolari. La parte anteriore è costituita da una forma toroidale collegata alla parte centrale. La forma che si delinea è quella di un carro a due ruote con una stanga connessa ad un traino anteriore. Due ipotesi sono plausibili: che il carro sia collegato a un animale alato forse un cigno, correlato ad una simbologia che lo vede trainare un carro celeste, o che la figura stessa sia un carro solare.

Calco negativo ottenuto con sostanze plastiche speciali che non alterano in alcun modo la superficie incisa (archivio Beltramelli). Si noti la sagoma regolare e conica del profilo lungo tutta la superficie incisa; nel calco non sono evidenziate le protuberanze laterali perpendicolari alla parte centrale. La figura è inscrivibile in un rettangolo di 55x26 cm di ingombro. Le forme circolari posteriori hanno un diametro di circa 11 cm, l'asta centrale ha una larghezza di 8 cm e il toroide frontale ha un diametro esterno di 13 cm.

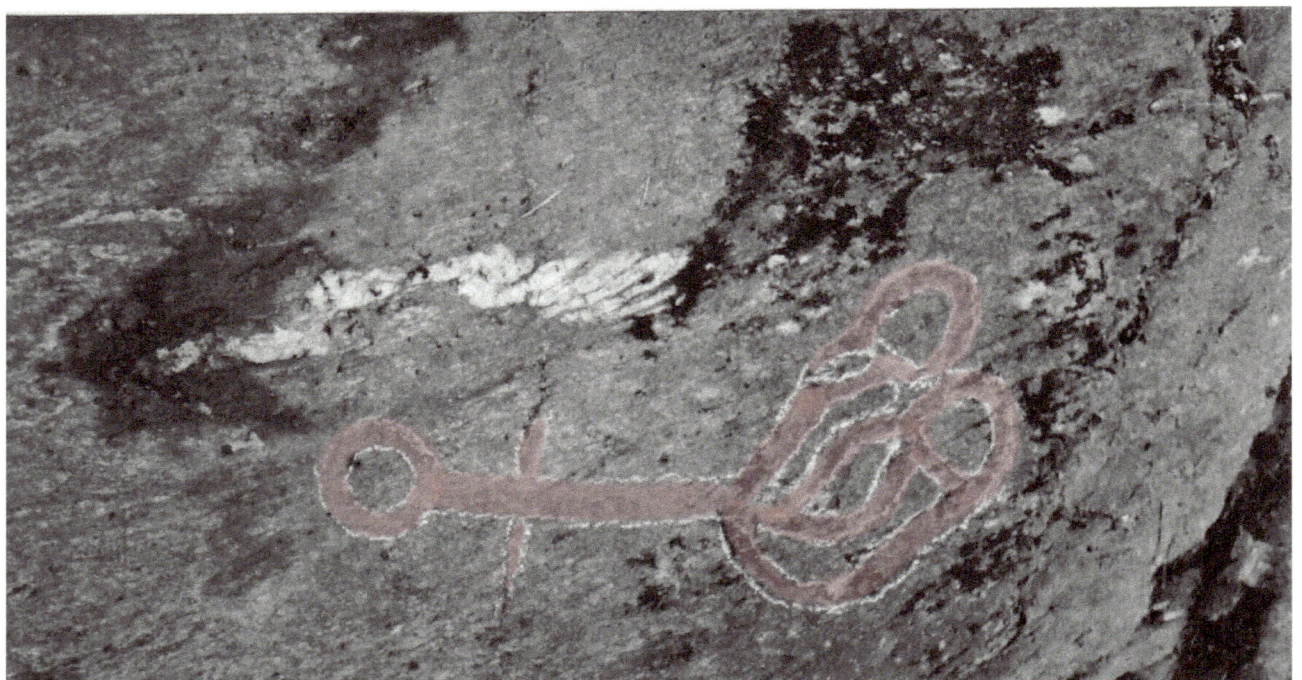

Contestualizzazione dell'incisione sull'affioramento che funge da supporto e mostra chiaramente l'azione esaratrice glaciale. L'incisione è evidenziata digitalmente.

Immagine colorata digitalmente che evidenzia le due parti dell'incisione; il carro posteriore e l'animale anteriore con le protuberanze che sembrerebbero due ali. La parte frontale, rappresentata da una figura circolare, parrebbe nella sua complessità un uccello trainante un carro celeste o una rappresentazione di carro solare.

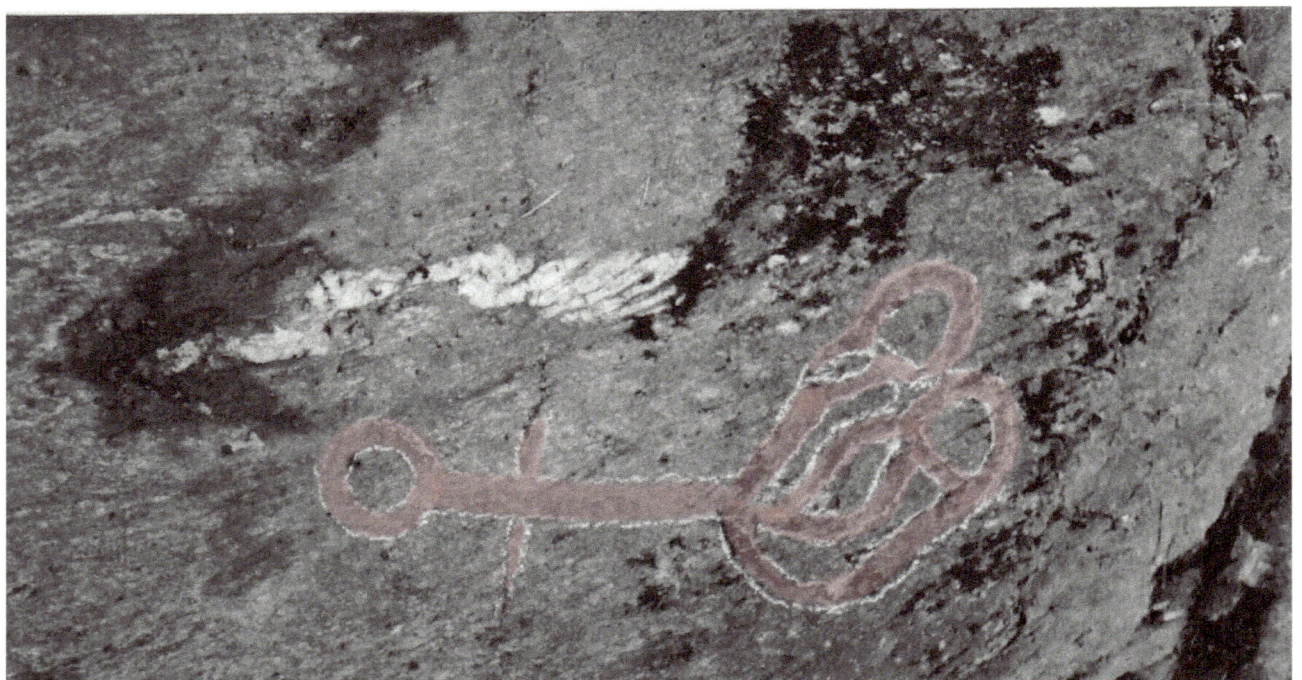

IDENTIFICAZIONE

N° scheda	0033	*Comune*	Santa Maria Rezzonico (CO)
Località	Dosso Rezzonico - Cremia	*Quota*	400 m slm
Identificazione	Giovanni Beltramelli	*Data Identificazione*	Anno 1990

Ubicazione □ fondovalle □ versante □ cima ■ bosco □ campo coltivato
□ pascolo ■ incolto □ nucleo abitativo □ luogo di culto ■ presso corsi d'acqua
□ presso sorgenti □ pianoro ■ presso vie di percorrenza

DESCRIZIONE

Dimensioni □ piccola ■ media □ grande

Contesto ■ affioramento □ roccia isolata □ gruppo di rocce □ lastra □ parete/riparo □ riuso □ frana

Tipo figurativo □ animali □ antropomorfi □ armi e antropomorfi armati □ carri □ circolari
□ cruciformi □ simbologie topografiche □ simboli di fertilità □ caratteri alfanumerici
□ simboli di astrazione □ megaliti □ vegetali

Tipo schematico ■ coppelle □ canaletti □ pediformi □ polissoir □ scivoli □ elementi utilitari

Morfologia ■ liscio □ ruvido □ orizzontale □ inclinato ■ verticale
□ concavo □ convesso □ fratturato □ gradonato

Lavorazione ■ rotazione ■ percussione □ incisione lineare □ levigatura della superficie

Profilo incisione □ concavo □ cilindrico □ a bottiglia ■ conico □ squadrato □ irregolare

Documentazione ■ fotografica □ filmati □ rilievo □ calco □ eidotipo ■ descrittiva

Descrizione Il supporto è costituito da una roccia verticale, unico esemplare in tutta la zona del Dosso. Sulla superficie sono incise dieci coppelle.

IDENTIFICAZIONE

N° scheda	0034	*Comune*	Santa Maria Rezzonico (CO)
Località	Dosso Rezzonico - Cremia	*Quota*	420 m slm
Identificazione	Giovanni Beltramelli	*Data Identificazione*	Anno 1989

Ubicazione ☐ fondovalle ☐ versante ☐ cima ■ bosco ☐ campo coltivato
☐ pascolo ■ incolto ☐ nucleo abitativo ☐ luogo di culto ■ presso corsi d'acqua
☐ presso sorgenti ☐ pianoro ■ presso vie di percorrenza

DESCRIZIONE

Dimensioni ■ piccola ☐ media ☐ grande

Contesto ☐ affioramento ■ roccia isolata ☐ gruppo di rocce ☐ lastra ☐ parete/riparo ☐ riuso ☐ frana

Tipo figurativo ☐ animali ☐ antropomorfi ☐ armi e antropomorfi armati ☐ carri ☐ circolari
☐ cruciformi ☐ simbologie topografiche ☐ simboli di fertilità ☐ caratteri alfanumerici
■ simboli di astrazione ☐ megaliti ☐ vegetali

Tipo schematico ■ coppelle ☐ canaletti ☐ pediformi ☐ polissoir ☐ scivoli ☐ elementi utilitari

Morfologia ☐ liscio ■ ruvido ■ orizzontale ☐ inclinato ☐ verticale
☐ concavo ☐ convesso ☐ fratturato ☐ gradonato

Lavorazione ■ rotazione ■ percussione ☐ incisione lineare ☐ levigatura della superficie

Profilo incisione ■ concavo ☐ cilindrico ☐ a bottiglia ■ conico ☐ squadrato ☐ irregolare

Documentazione ■ fotografica ☐ filmati ☐ rilievo ☐ calco ☐ eidotipo ■ descrittiva

Descrizione La roccia, di dimensioni modeste, presenta numerose coppelle, alcune delle quali erose e poco riconoscibili. Gli elementi parrebbero disposti a formare un semicerchio.

IDENTIFICAZIONE

N° scheda	0035	*Comune*	Santa Maria Rezzonico (CO)
Località	Dosso Rezzonico - Cremia	*Quota*	400 m slm
Identificazione	Giovanni Beltramelli	*Data Identificazione*	Anno 1989

Ubicazione
☐ fondovalle ☐ versante ☐ cima ■ bosco ☐ campo coltivato
☐ pascolo ■ incolto ☐ nucleo abitativo ☐ luogo di culto ■ presso corsi d'acqua
☐ presso sorgenti ☐ pianoro ■ presso vie di percorrenza

DESCRIZIONE

Dimensioni ☐ piccola ■ media ☐ grande

Contesto ■ affioramento ☐ roccia isolata ☐ gruppo di rocce ☐ lastra ☐ parete/riparo ☐ riuso ☐ frana

Tipo figurativo ☐ animali ☐ antropomorfi ☐ armi e antropomorfi armati ☐ carri ☐ circolari
☐ cruciformi ☐ simbologie topografiche ☐ simboli di fertilità ☐ caratteri alfanumerici
■ simboli di astrazione ☐ megaliti ☐ vegetali

Tipo schematico ■ coppelle ☐ canaletti ☐ pediformi ☐ polissoir ☐ scivoli ☐ elementi utilitari

Morfologia ■ liscio ☐ ruvido ■ orizzontale ☐ inclinato ☐ verticale
☐ concavo ☐ convesso ■ fratturato ☐ gradonato

Lavorazione ■ rotazione ■ percussione ☐ incisione lineare ☐ levigatura della superficie

Profilo incisione ☐ concavo ☐ cilindrico ☐ a bottiglia ■ conico ☐ squadrato ☐ irregolare

Documentazione ■ fotografica ☐ filmati ☐ rilievo ☐ calco ■ eidotipo ■ descrittiva

Descrizione
Il supporto ha dodici coppelle disposte secondo dei tracciati. Si riconoscono: un canaletto bilobato, una disposizione circolate composta da quattro elementi e una rosa camuna. Quest'ultimo è un simbolo particolarmente significativo che nella sua forma coppellare si evolve, come riscontrato e studiato in altri siti, nella forma di svastica, elemento rappresentativo del dinamismo cosmico del disco solare e della sua rotazione e simbolo uranico di rigenerazione.

IDENTIFICAZIONE

N° scheda	0036	*Comune*	Santa Maria Rezzonico (CO)
Località	Dosso Rezzonico - Cremia	*Quota*	m slm 400
Identificazione	Giovanni Beltramelli	*Data Identificazione*	Anno 1989

Ubicazione ☐fondovalle ☐versante ☐cima ■bosco ☐campo coltivato
☐pascolo ■incolto ☐nucleo abitativo ☐luogo di culto ■presso corsi d'acqua
☐presso sorgenti ☐pianoro ■presso vie di percorrenza

DESCRIZIONE

Dimensioni ☐piccola ☐media ■grande

Contesto ■affioramento ☐roccia isolata ☐gruppo di rocce ☐lastra ☐parete/riparo ☐riuso ☐frana

Tipo figurativo ☐animali ☐antropomorfi ☐armi e antropomorfi armati ☐carri ☐circolari
☐cruciformi ☐simbologie topografiche ☐simboli di fertilità ☐caratteri alfanumerici
☐simboli di astrazione ☐megaliti ☐vegetali

Tipo schematico ■coppelle ☐canaletti ☐pediformi ☐polissoir ☐scivoli ☐elementi utilitari

Morfologia ■liscio ☐ruvido ■orizzontale ☐inclinato ☐verticale
☐concavo ☐convesso ☐fratturato ☐gradonato

Lavorazione ■rotazione ■percussione ☐incisione lineare ☐levigatura della superficie

Profilo incisione ■concavo ☐cilindrico ☐a bottiglia ■conico ☐squadrato ☐irregolare

Documentazione ■fotografica ☐filmati ☐rilievo ☐calco ■eidotipo ■descrittiva

Descrizione Il masso è un affioramento sul quale sono incise numerose coppelle, di cui ventotto chiaramente visibili e identificabili. Si evidenzia una grossa coppella scavata nella parte centrale del supporto, che forma una vasca ovoidale di raccolta per fluidi.

IDENTIFICAZIONE

N° scheda	0037	**Comune**	Santa Maria Rezzonico (CO)
Località	Dosso rezzonico - Cremia	**Quota**	400 m slm
Identificazione	Giovanni Beltramelli	**Data Identificazione**	Anno 1989

Ubicazione
☐ fondovalle ■ versante ☐ cima ■ bosco ☐ campo coltivato
☐ pascolo ■ incolto ☐ nucleo abitativo ☐ luogo di culto ■ presso corsi d'acqua
☐ presso sorgenti ☐ pianoro ■ presso vie di percorrenza

DESCRIZIONE

Dimensioni ☐ piccola ☐ media ■ grande

Contesto ☐ affioramento ☐ roccia isolata ■ gruppo di rocce ☐ lastra ☐ parete/riparo ☐ riuso ☐ frana

Tipo figurativo ☐ animali ☐ antropomorfi ☐ armi e antropomorfi armati ☐ carri ☐ circolari
☐ cruciformi ☐ simbologie topografiche ■ simboli di fertilità ☐ caratteri alfanumerici
☐ simboli di astrazione ☐ megaliti ☐ vegetali

Tipo schematico ☐ coppelle ☐ canaletti ☐ pediformi ☐ polissoir ☐ scivoli ☐ elementi utilitari

Morfologia ☐ liscio ■ ruvido ☐ orizzontale ☐ inclinato ■ verticale
☐ concavo ☐ convesso ☐ fratturato ☐ gradonato

Lavorazione ☐ rotazione ■ percussione ☐ incisione lineare ☐ levigatura della superficie

Profilo incisione ■ concavo ☐ cilindrico ☐ a bottiglia ☐ conico ☐ squadrato ■ irregolare

Documentazione ■ fotografica ☐ filmati ☐ rilievo ☐ calco ☐ eidotipo ■ descrittiva

Descrizione Il supporto è una roccia verticale sulla quale vi è una grande incisione incompleta e di difficile interpretazione, ma che sembra essere riconducibile ad una forma fallica. Le lavorazioni ben delineate e marcate sembrano appartenere ad una finestra temporale recente.

IDENTIFICAZIONE

N° scheda	0038	*Comune*	Santa Maria Rezzonico (CO)
Località	Dosso Rezzonico - Cremia	*Quota*	400 m slm
Identificazione	Giovanni Beltramelli	*Data Identificazione*	Anno 1989

Ubicazione
☐fondovalle ☐versante ☐cima ■bosco ☐campo coltivato
☐pascolo ■incolto ☐nucleo abitativo ☐luogo di culto ☐presso corsi d'acqua
☐presso sorgenti ☐pianoro ■presso vie di percorrenza

DESCRIZIONE

Dimensioni ■piccola ☐media ☐grande

Contesto ■affioramento ☐roccia isolata ☐gruppo di rocce ☐lastra ☐parete/riparo ☐riuso ☐frana

Tipo figurativo ☐animali ☐antropomorfi ☐armi e antropomorfi armati ☐carri ☐circolari ☐cruciformi ☐simbologie topografiche ☐simboli di fertilità ☐caratteri alfanumerici ☐simboli di astrazione ☐megaliti ☐vegetali

Tipo schematico ■coppelle ☐canaletti ☐pediformi ■polissoir ☐scivoli ☐elementi utilitari

Morfologia ■liscio ☐ruvido ■orizzontale ☐inclinato ☐verticale ☐concavo ■convesso ☐fratturato ☐gradonato

Lavorazione ☐rotazione ☐percussione ☐incisione lineare ☐levigatura della superficie

Profilo incisione ■concavo ☐cilindrico ☐a bottiglia ■conico ☐squadrato ☐irregolare

Documentazione ■fotografica ☐filmati ■rilievo ☐calco ■eidotipo ■descrittiva

Descrizione Il supporto è la parte sommitale emergente di un affioramento. Sono visibili quattro coppelle e un polissoir. Quest'ultimo è un solco marcato dovuto al suo utilizzo che consiste nello strisciamento per affilare sulla roccia di strumenti litici e metallici.

IDENTIFICAZIONE

N° scheda	0039	*Comune*	Santa Maria Rezzonico (CO)
Località	Carcente	*Quota*	660 m slm
Identificazione	Giovanni Beltramelli	*Data Identificazione*	Anno 1996

Ubicazione
☐ fondovalle ☐ versante ☐ cima ☐ bosco ☐ campo coltivato
☐ pascolo ☐ incolto ■ nucleo abitativo ☐ luogo di culto ☐ presso corsi d'acqua
☐ presso sorgenti ☐ pianoro ■ presso vie di percorrenza

DESCRIZIONE

Dimensioni ■ piccola ☐ media ☐ grande

Contesto ☐ affioramento ☐ roccia isolata ☐ gruppo di rocce ☐ lastra ☐ parete/riparo ■ riuso ☐ frana

Tipo figurativo ☐ animali ☐ antropomorfi ☐ armi e antropomorfi armati ☐ carri ☐ circolari
☐ cruciformi ☐ simbologie topografiche ☐ simboli di fertilità ☐ caratteri alfanumerici
■ simboli di astrazione ☐ megaliti ☐ vegetali

Tipo schematico ☐ coppelle ☐ canaletti ☐ pediformi ☐ polissoir ☐ scivoli ☐ elementi utilitari

Morfologia ☐ liscio ■ ruvido ☐ orizzontale ☐ inclinato ■ verticale
☐ concavo ☐ convesso ☐ fratturato ☐ gradonato

Lavorazione ☐ rotazione ■ percussione ☐ incisione lineare ☐ levigatura della superficie

Profilo incisione ■ concavo ☐ cilindrico ☐ a bottiglia ☐ conico ☐ squadrato ☐ irregolare

Documentazione ■ fotografica ☐ filmati ☐ rilievo ☐ calco ☐ eidotipo ■ descrittiva

Descrizione I supporti sono inglobati nelle mura di un'abitazione come pietre per costruzione. Le incisioni rappresentano il sole e la luna.

Incisione con simbologia lunare.

Incisione con simbologia solare.

IDENTIFICAZIONE

N° scheda	0040	*Comune*	Santa Maria Rezzonico (CO)
Località	Monti di Rezzonico, Montuglio	*Quota*	914 m slm
Identificazione	Giovanni Beltramelli	*Data Identificazione*	Anno 2000

Ubicazione ☐fondovalle ■versante ☐cima ☐bosco ☐campo coltivato
☐pascolo ☐incolto ☐nucleo abitativo ☐luogo di culto ☐presso corsi d'acqua
☐presso sorgenti ☐pianoro ■presso vie di percorrenza

DESCRIZIONE

Dimensioni ☐piccola ■media ☐grande

Contesto ☐affioramento ■roccia isolata ☐gruppo di rocce ☐lastra ☐parete/riparo ☐riuso ☐frana

Tipo figurativo ☐animali ☐antropomorfi ☐armi e antropomorfi armati ☐carri ☐circolari
☐cruciformi ☐simbologie topografiche ☐simboli di fertilità ☐caratteri alfanumerici
☐simboli di astrazione ☐megaliti ☐vegetali

Tipo schematico ■coppelle ☐canaletti ☐pediformi ☐polissoir ☐scivoli ☐elementi utilitari

Morfologia ☐liscio ■ruvido ■orizzontale ☐inclinato ☐verticale
☐concavo ☐convesso ☐fratturato ☐gradonato

Lavorazione ■rotazione ■percussione ☐incisione lineare ☐levigatura della superficie

Profilo incisione ☐concavo ☐cilindrico ☐a bottiglia ■conico ☐squadrato ☐irregolare

Documentazione ■fotografica ☐filmati ☐rilievo ☐calco ☐eidotipo ■descrittiva

Descrizione Lungo il sentiero che porta a Breglio si trova questo masso con incise numerose coppelle di diametro variabile tra 4 cm e 20cm. Molte coppelle sembrano erose dall'azione degli agenti atmosferici.

IDENTIFICAZIONE

N° scheda 0041   **Comune** Santa Maria Rezzonico (CO)
Località Monti di Rezzonico   **Quota** 700 m slm
Identificazione Giovanni Beltramelli   **Data Identificazione** Anno 2000
Ubicazione ☐fondovalle ■versante ☐cima ■bosco ☐campo coltivato ■pascolo ☐incolto ☐nucleo abitativo ☐luogo di culto ■presso corsi d'acqua ☐presso sorgenti ☐pianoro ■presso vie di percorrenza

DESCRIZIONE

Dimensioni ☐piccola ☐media ■grande
Contesto ☐affioramento ☐roccia isolata ☐gruppo di rocce ☐lastra ■parete/riparo ☐riuso ☐frana
Tipo figurativo ☐animali ■antropomorfi ☐armi e antropomorfi armati ☐carri ☐circolari ■cruciformi ☐simbologie topografiche ☐simboli di fertilità ■caratteri alfanumerici ☐simboli di astrazione ☐megaliti ☐vegetali
Tipo schematico ■coppelle ■canaletti ☐pediformi ☐polissoir ☐scivoli ☐elementi utilitari
Morfologia ☐liscio ■ruvido ☐orizzontale ☐inclinato ■verticale ☐concavo ☐convesso ☐fratturato ☐gradonato
Lavorazione ■rotazione ■percussione ☐incisione lineare ☐levigatura della superficie
Profilo incisione ■concavo ☐cilindrico ☐a bottiglia ■conico ☐squadrato ☐irregolare
Documentazione ■fotografica ☐filmati ☐rilievo ☐calco ☐eidotipo ■descrittiva
Descrizione Incisione situata su una roccia verticale composta da un canaletto che congiunge una vaschetta e una coppella. Lateralmente all'incisione si trova una croce antropomorfa con la data 1941.

IDENTIFICAZIONE

N° scheda	0042	*Comune*	Santa Maria Rezzonico (CO)
Località	Monti di Rezzonico	*Quota*	800 m slm
Identificazione	Giovanni Beltramelli	*Data Identificazione*	Anno 2002

Ubicazione ☐ fondovalle ■ versante ☐ cima ■ bosco ☐ campo coltivato
■ pascolo ☐ incolto ■ nucleo abitativo ☐ luogo di culto ■ presso corsi d'acqua
☐ presso sorgenti ☐ pianoro ■ presso vie di percorrenza

DESCRIZIONE

Dimensioni ☐ piccola ■ media ☐ grande

Contesto ■ affioramento ☐ roccia isolata ☐ gruppo di rocce ☐ lastra ☐ parete/riparo ☐ riuso ☐ frana

Tipo figurativo ☐ animali ☐ antropomorfi ☐ armi e antropomorfi armati ☐ carri ☐ circolari
☐ cruciformi ☐ simbologie topografiche ☐ simboli di fertilità ☐ caratteri alfanumerici
☐ simboli di astrazione ☐ megaliti ☐ vegetali

Tipo schematico ■ coppelle ■ canaletti ☐ pediformi ☐ polissoir ☐ scivoli ☐ elementi utilitari

Morfologia ■ liscio ☐ ruvido ■ orizzontale ☐ inclinato ☐ verticale
☐ concavo ☐ convesso ☐ fratturato ☐ gradonato

Lavorazione ■ rotazione ■ percussione ☐ incisione lineare ☐ levigatura della superficie

Profilo incisione ■ concavo ☐ cilindrico ☐ a bottiglia ■ conico ☐ squadrato ☐ irregolare

Documentazione ■ fotografica ☐ filmati ☐ rilievo ☐ calco ☐ eidotipo ■ descrittiva

Descrizione Il masso è la parte sommitale di un affioramento. Vi sono incise dodici coppelle con un diametro medio di 10 cm. La singolarità del masso è legata al disegno, ad oggi non interpretato, composto da canaletti che non hanno funzione di elementi di unione tra le coppelle, ma risultano delle entità a sé.

IDENTIFICAZIONE

N° scheda	0043	*Comune*	Santa Maria Rezzonico (CO)
Località	Monti di Rezzonico	*Quota*	914 m slm
Identificazione	Giovanni Beltramelli	*Data Identificazione*	Anno

Ubicazione
☐ fondovalle ☐ versante ☐ cima ☐ bosco ☐ campo coltivato
■ pascolo ☐ incolto ■ nucleo abitativo ☐ luogo di culto ■ presso corsi d'acqua
☐ presso sorgenti ☐ pianoro ■ presso vie di percorrenza

DESCRIZIONE

Dimensioni ☐ piccola ☐ media ■ grande

Contesto ☐ affioramento ■ roccia isolata ☐ gruppo di rocce ☐ lastra ☐ parete/riparo ☐ riuso ☐ frana

Tipo figurativo ☐ animali ☐ antropomorfi ☐ armi e antropomorfi armati ☐ carri ☐ circolari
☐ cruciformi ☐ simbologie topografiche ☐ simboli di fertilità ☐ caratteri alfanumerici
☐ simboli di astrazione ☐ megaliti ☐ vegetali

Tipo schematico ■ coppelle ■ canaletti ☐ pediformi ☐ polissoir ☐ scivoli ☐ elementi utilitari

Morfologia ☐ liscio ■ ruvido ☐ orizzontale ■ inclinato ☐ verticale
☐ concavo ☐ convesso ■ fratturato ■ gradonato

Lavorazione ■ rotazione ■ percussione ☐ incisione lineare ☐ levigatura della superficie

Profilo incisione ■ concavo ☐ cilindrico ☐ a bottiglia ■ conico ☐ squadrato ☐ irregolare

Documentazione ■ fotografica ☐ filmati ☐ rilievo ☐ calco ☐ eidotipo ■ descrittiva

Descrizione Masso posto in posizione panoramica con incise sulla sommità coppelle di dimensioni ridotte. Da esse si diparte un canaletto che percorre il masso per tutta la sua lunghezza fino a giungere ad una coppella più grande posta alla base. Sembrerebbe esservi un significato sacrale dell'elemento, legato a ritualità di fecondazione della terra con liquidi.

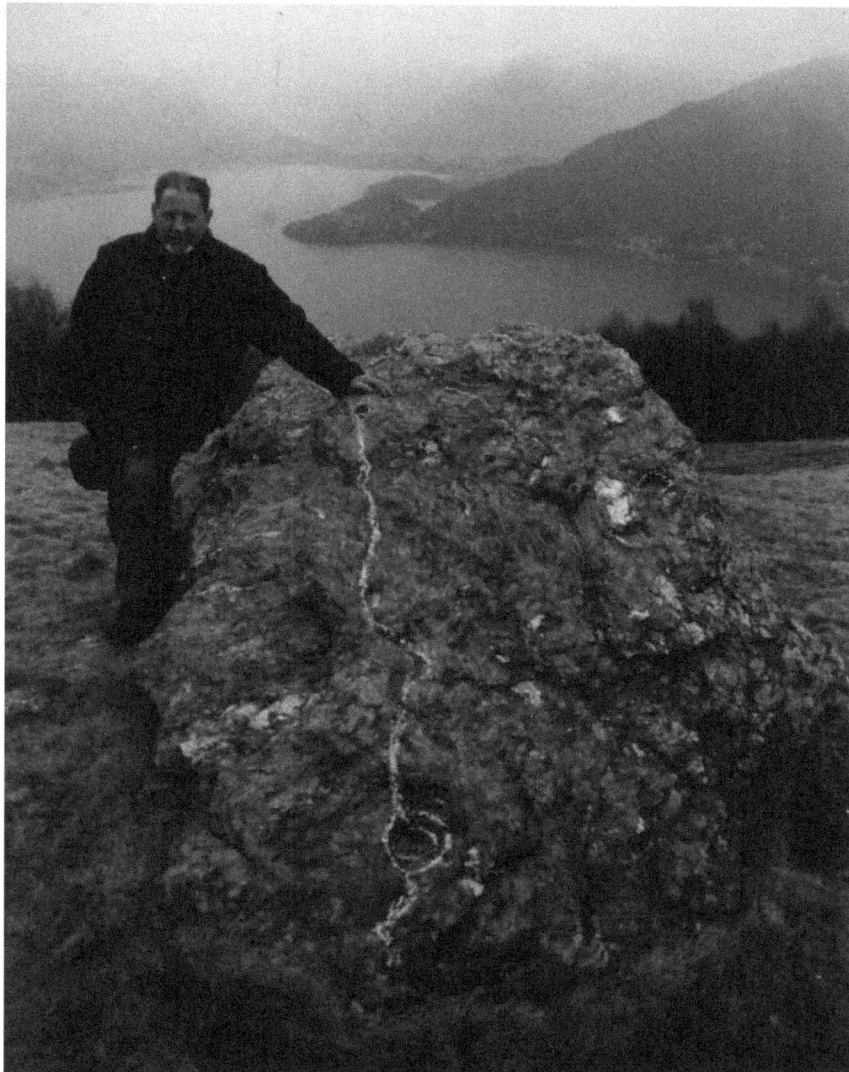

IDENTIFICAZIONE

N° scheda	0044	*Comune*	Santa Maria Rezzonico (CO)
Località	Monti di Rezzonico	*Quota*	915 m slm
Identificazione	Giovanni Beltramelli	*Data Identificazione*	Anno 2001

Ubicazione
☐ fondovalle   ■ versante   ☐ cima   ☐ bosco   ☐ campo coltivato
■ pascolo   ☐ incolto   ■ nucleo abitativo ☐ luogo di culto   ■ presso corsi d'acqua
☐ presso sorgenti ☐ pianoro   ☐ presso vie di percorrenza

DESCRIZIONE

Dimensioni   ☐ piccola   ☐ media   ■ grande

Contesto   ☐ affioramento ■ roccia isolata ☐ gruppo di rocce ☐ lastra   ☐ parete/riparo ☐ riuso ☐ frana

Tipo figurativo   ☐ animali   ☐ antropomorfi   ☐ armi e antropomorfi armati ☐ carri   ☐ circolari
☐ cruciformi   ☐ simbologie topografiche ☐ simboli di fertilità   ☐ caratteri alfanumerici
☐ simboli di astrazione   ☐ megaliti ☐ vegetali

Tipo schematico   ■ coppelle   ■ canaletti   ☐ pediformi   ☐ polissoir ☐ scivoli   ☐ elementi utilitari

Morfologia   ☐ liscio   ■ ruvido   ☐ orizzontale   ■ inclinato ☐ verticale
☐ concavo   ☐ convesso   ☐ fratturato   ☐ gradonato

Lavorazione   ■ rotazione   ■ percussione ☐ incisione lineare ☐ levigatura della superficie

Profilo incisione   ■ concavo   ☐ cilindrico   ☐ a bottiglia   ■ conico   ☐ squadrato ☐ irregolare

Documentazione   ■ fotografica ☐ filmati   ☐ rilievo   ☐ calco   ☐ eidotipo   ■ descrittiva

Descrizione   Masso con coppelle sommitali che, mediante un canaletto percorrente tutto il dorso del supporto, si collegano ad una coppella di dimensioni maggiori, posta al piede del supporto. Il percorso del canaletto prosegue fino al livello del terreno. Sulla superficie del masso sono incise altre sei coppelle con diametri variabili che raggiungono i 20 cm.

IDENTIFICAZIONE

N° scheda	0045	Comune	Bodone, Peglio (CO)
Località	Alpe Duria	Quota	1838 m slm
Identificazione	Giovanni Beltramelli	Data Identificazione	Anno 2000

Ubicazione ☐fondovalle ■versante ☐cima ☐bosco ☐campo coltivato ■pascolo ☐incolto ■nucleo abitativo ☐luogo di culto ☐presso corsi d'acqua ■presso sorgenti ☐pianoro ■presso vie di percorrenza

DESCRIZIONE

Dimensioni ■piccola ☐media ☐grande

Contesto ☐affioramento ☐roccia isolata ☐gruppo di rocce ☐lastra ☐parete/riparo ■riuso ☐frana

Tipo figurativo ☐animali ☐antropomorfi ☐armi e antropomorfi armati ☐carri ☐circolari ☐cruciformi ☐simbologie topografiche ☐simboli di fertilità ☐caratteri alfanumerici ■simboli di astrazione ☐megaliti ☐vegetali

Tipo schematico ■coppelle ☐canaletti ☐pediformi ☐polissoir ☐scivoli ☐elementi utilitari

Morfologia ■liscio ☐ruvido ☐orizzontale ☐inclinato ■verticale ☐concavo ☐convesso ☐fratturato ☐gradonato

Lavorazione ■rotazione ■percussione ■incisione lineare ☐levigatura della superficie

Profilo incisione ■concavo ☐cilindrico ☐a bottiglia ■conico ☐squadrato ☐irregolare

Documentazione ■fotografica ☐filmati ☐rilievo ☐calco ☐eidotipo ■descrittiva

Descrizione Frammenti di lastre di materiali diversi, innestati nei muri perimetrali della baita dell'alpeggio. Si notano una coppella ed un simbolo astratto non identificabile.

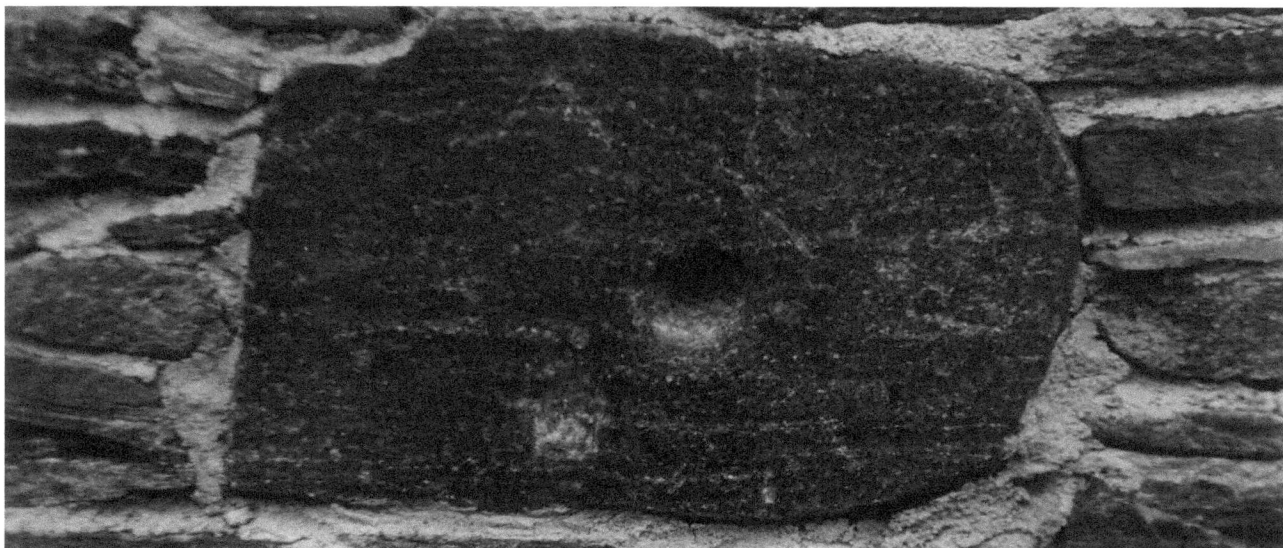

IDENTIFICAZIONE

N° scheda	0046	*Comune*	Bodone, Peglio (CO)
Località	Alpe Duria	*Quota*	1838 m slm
Identificazione	Giovanni Beltramelli	*Data Identificazione*	Anno 2000

Ubicazione
☐fondovalle ■versante ☐cima ☐bosco ☐campo coltivato
■pascolo ☐incolto ■nucleo abitativo ☐luogo di culto ☐presso corsi d'acqua
■presso sorgenti ☐pianoro ■presso vie di percorrenza

DESCRIZIONE

Dimensioni ■piccola ☐media ☐grande

Contesto ☐affioramento ☐roccia isolata ☐gruppo di rocce ☐lastra ☐parete/riparo ■riuso ☐frana

Tipo figurativo ☐animali ☐antropomorfi ☐armi e antropomorfi armati ☐carri ☐circolari ☐cruciformi ☐simbologie topografiche ☐simboli di fertilità ■caratteri alfanumerici ☐simboli di astrazione ☐megaliti ☐vegetali

Tipo schematico ☐coppelle ☐canaletti ☐pediformi ☐polissoir ☐scivoli ☐elementi utilitari

Morfologia ■liscio ☐ruvido ☐orizzontale ☐inclinato ■verticale ☐concavo ☐convesso ☐fratturato ☐gradonato

Lavorazione ☐rotazione ■percussione ☐incisione lineare ☐levigatura della superficie

Profilo incisione ■concavo ☐cilindrico ☐a bottiglia ☐conico ☐squadrato ☐irregolare

Documentazione ■fotografica ☐filmati ☐rilievo ☐calco ☐eidotipo ■descrittiva

Descrizione Frammenti di lastre di materiali diversi, innestati nei muri perimetrali della baita dell'alpeggio. È evidente un'incisione non identificabile.

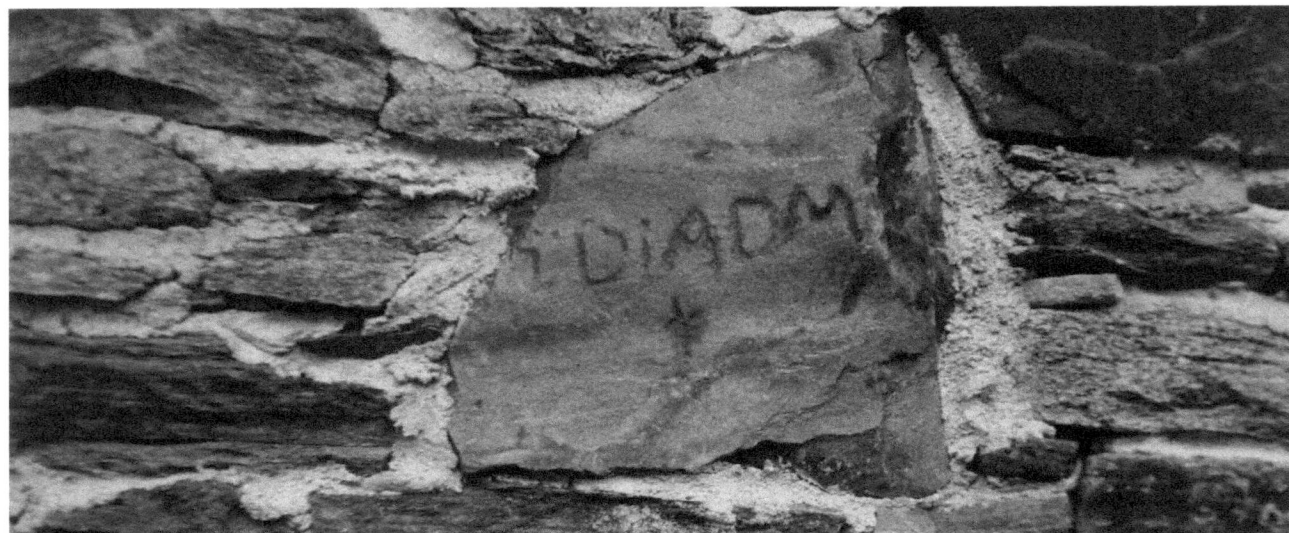

IDENTIFICAZIONE

N° scheda	0047	*Comune*	Bodone, Peglio (CO)
Località	Alpe Duria	*Quota*	1838 m slm
Identificazione	Giovanni Beltramelli	*Data Identificazione*	Anno 2000

Ubicazione
☐ fondovalle ■ versante ☐ cima ☐ bosco ☐ campo coltivato
■ pascolo ☐ incolto ■ nucleo abitativo ☐ luogo di culto ☐ presso corsi d'acqua
■ presso sorgenti ☐ pianoro ■ presso vie di percorrenza

DESCRIZIONE

Dimensioni ■ piccola ☐ media ☐ grande

Contesto ☐ affioramento ☐ roccia isolata ☐ gruppo di rocce ☐ lastra ☐ parete/riparo ■ riuso ☐ frana

Tipo figurativo ☐ animali ☐ antropomorfi ☐ armi e antropomorfi armati ☐ carri ☐ circolari ☐ cruciformi ☐ simbologie topografiche ☐ simboli di fertilità ■ caratteri alfanumerici ☐ simboli di astrazione ☐ megaliti ☐ vegetali

Tipo schematico ☐ coppelle ☐ canaletti ☐ pediformi ☐ polissoir ☐ scivoli ☐ elementi utilitari

Morfologia ■ liscio ☐ ruvido ☐ orizzontale ☐ inclinato ■ verticale ☐ concavo ☐ convesso ☐ fratturato ☐ gradonato

Lavorazione ☐ rotazione ■ percussione ■ incisione lineare ☐ levigatura della superficie

Profilo incisione ■ concavo ☐ cilindrico ☐ a bottiglia ☐ conico ☐ squadrato ☐ irregolare

Documentazione ■ fotografica ☐ filmati ☐ rilievo ☐ calco ☐ eidotipo ■ descrittiva

Descrizione Frammenti di lastre di materiali diversi, innestati nei muri perimetrali della baita dell'alpeggio. Si notano sul manufatto delle lettere.

IDENTIFICAZIONE

N° scheda	0048	*Comune*	Dongo (CO)
Località	San Gottardo	*Quota*	450 m slm
Identificazione	Giovanni Beltramelli	*Data Identificazione*	Anno 2000

Ubicazione
☐ fondovalle ☐ versante ☐ cima ■ bosco ☐ campo coltivato
☐ pascolo ☐ incolto ☐ nucleo abitativo ☐ luogo di culto ■ presso corsi d'acqua
☐ presso sorgenti ☐ pianoro ■ presso vie di percorrenza

DESCRIZIONE

Dimensioni ☐ piccola ☐ media ■ grande

Contesto ☐ affioramento ■ roccia isolata ☐ gruppo di rocce ☐ lastra ☐ parete/riparo ☐ riuso ☐ frana

Tipo figurativo ☐ animali ☐ antropomorfi ☐ armi e antropomorfi armati ☐ carri ☐ circolari
☐ cruciformi ☐ simbologie topografiche ☐ simboli di fertilità ☐ caratteri alfanumerici
☐ simboli di astrazione ☐ megaliti ☐ vegetali

Tipo schematico ■ coppelle ■ canaletti ☐ pediformi ☐ polissoir ☐ scivoli ☐ elementi utilitari

Morfologia ☐ liscio ■ ruvido ☐ orizzontale ■ inclinato ☐ verticale
☐ concavo ■ convesso ☐ fratturato ☐ gradonato

Lavorazione ■ rotazione ■ percussione ☐ incisione lineare ☐ levigatura della superficie

Profilo incisione ■ concavo ☐ cilindrico ☐ a bottiglia ■ conico ☐ squadrato ☐ irregolare

Documentazione ■ fotografica ☐ filmati ☐ rilievo ☐ calco ■ eidotipo ■ descrittiva

Descrizione Grande roccia sporgente, convessa sulla parte alta. Sul dorso si trovano numerose coppelle e canaletti, mentre la parte a valle, significativamente inclinata, non presenta alcun segno di lavorazione.

IDENTIFICAZIONE

N° scheda	0049	*Comune*	Dongo (CO)
Località	Barbignano Alta	*Quota*	270 m slm
Identificazione	Giovanni Beltramelli	*Data Identificazione*	Anno 2008

Ubicazione ■ fondovalle ☐ versante ☐ cima ☐ bosco ☐ campo coltivato ☐ pascolo ☐ incolto ☐ nucleo abitativo ■ luogo di culto ■ presso corsi d'acqua ☐ presso sorgenti ☐ pianoro ■ presso vie di percorrenza

DESCRIZIONE

Dimensioni ☐ piccola ☐ media ■ grande

Contesto ☐ affioramento ■ roccia isolata ☐ gruppo di rocce ☐ lastra ■ parete/riparo ☐ riuso ☐ frana

Tipo figurativo ☐ animali ☐ antropomorfi ☐ armi e antropomorfi armati ☐ carri ☐ circolari ☐ cruciformi ☐ simbologie topografiche ☐ simboli di fertilità ☐ caratteri alfanumerici ■ simboli di astrazione ☐ megaliti ☐ vegetali

Tipo schematico ■ coppelle ☐ canaletti ☐ pediformi ☐ polissoir ☐ scivoli ☐ elementi utilitari

Morfologia ☐ liscio ■ ruvido ■ orizzontale ☐ inclinato ■ verticale ☐ concavo ☐ convesso ☐ fratturato ■ gradonato

Lavorazione ■ rotazione ■ percussione ☐ incisione lineare ☐ levigatura della superficie

Profilo incisione ■ concavo ■ cilindrico ■ a bottiglia ■ conico ■ squadrato ☐ irregolare

Documentazione ■ fotografica ☐ filmati ■ rilievo ☐ calco ■ eidotipo ■ descrittiva

Descrizione Il masso è alla quota più bassa tra tutti quelli individuati, nel fondovalle della Valle Albano al limite dell'abitato di Barbignano Alta. É situato immediatamente a valle di uno dei sentieri abbandonati che percorrono il versante destro orografico. La dimensione del masso è notevole tanto che, adossata ad esso, si trova una vecchia costruzione ormai abbandonata; l'intera zona è completamente invasa dalla vegetazione spontanea. Il supporto è un grosso masso quadrangolare impostato su due livelli, uno superiore con sviluppo orizzontale e uno inferiore verticale. Sulla parte superiore sono più forme coppellari; nel livello inferiore abbiamo segni di profonde nicchie scavate, completamente patinate e coperte di muschi. Tra esse una è stata colorata e utilizzata in fase con l'uso dell'abitazione per porre una statuetta devozionale. Si può ipotizzar e che il sito originario fosse connesso con funzioni cultuali, presumibilmente protrattesi nel tempo e adattate ai nuovi paradigmi religiosi.

Livello inferiore del masso al quale si accede da incavi laterali scolpiti nella roccia viva; sul lato in vista vi sono numerosi segni di lavorazione la cui patinatura ne denota l'antichità. Si noti la nicchia colorata e utilizzata come luogo votivo.

Le coppelle più antiche presenti sul masso sono quelle circolari: alcune di esse sono di difficile lettura per via della scarsa profondità.

Coppella quadrangolare.

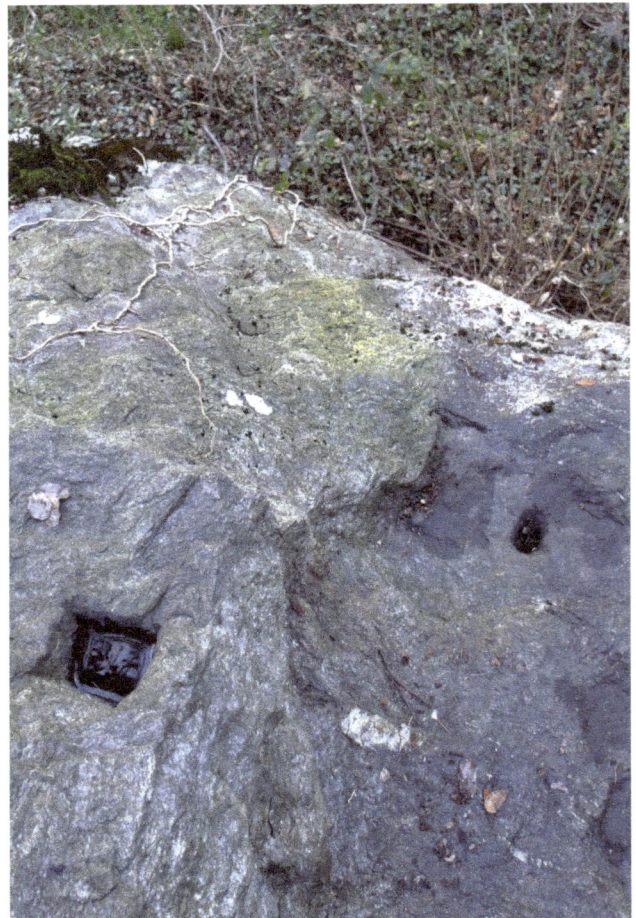

Vista di una coppella quadrangolare e della coppella con sezione a bottiglia.

Sopra e a lato: singolare coppella con sezione a bottiglia, unica tra quelle rinvenute, collegata alle attività di coltivazione del masso. Potrebbe trattarsi di un incavo per inserire un'olivella di sollevamento o di infissione, sistema documentato dall'età del Ferro e ancora oggi utilizzato.

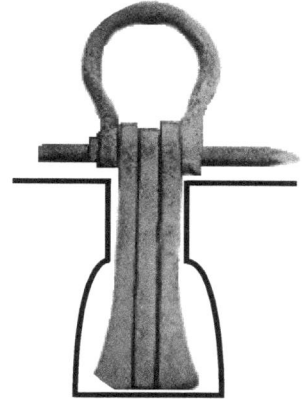

Vista della parte superiore con evidenza di alcune coppelle: si notino le lavorazioni di coltivazione sulla superficie rocciosa per ricavare blocchi di materiale lapideo.

Segni di coltivazione sulla roccia.

Menhir, lavorato artificialmente, riversato al suolo e individuato a ridosso del sentiero che costeggia il masso.

IDENTIFICAZIONE

N° scheda	0050	*Comune*	Dongo (CO)
Località	Proprietà privata	*Quota*	200 m slm
Identificazione	Segnalazione locale	*Data Identificazione*	Anno 2012

Ubicazione ☐fondovalle ☐versante ☐cima ☐bosco ☐campo coltivato
☐pascolo ☐incolto ■nucleo abitativo ☐luogo di culto ☐presso corsi d'acqua
☐presso sorgenti ☐pianoro ☐presso vie di percorrenza

DESCRIZIONE

Dimensioni ■piccola ☐media ☐grande

Contesto ☐affioramento ■roccia isolata ☐gruppo di rocce ☐lastra ☐parete/riparo ■riuso ☐frana

Tipo figurativo ☐animali ☐antropomorfi ☐armi e antropomorfi armati ☐carri ☐circolari
☐cruciformi ☐simbologie topografiche ☐simboli di fertilità ☐caratteri alfanumerici
☐simboli di astrazione ☐megaliti ☐vegetali

Tipo schematico ■coppelle ☐canaletti ☐pediformi ☐polissoir ☐scivoli ☐elementi utilitari

Morfologia ☐liscio ■ruvido ■orizzontale ☐inclinato ☐verticale
■concavo ☐convesso ☐fratturato ☐gradonato

Lavorazione ■rotazione ■percussione ☐incisione lineare ☐levigatura della superficie

Profilo incisione ■concavo ☐cilindrico ☐a bottiglia ■conico ☐squadrato ☐irregolare

Documentazione ■fotografica ☐filmati ☐rilievo ☐calco ☐eidotipo ■descrittiva

Descrizione Il masso è all'interno di una abitazione privata da tempo immemore; nemmeno gli anziani del nucleo familiare conservano memoria del rinvenimento. L'elemento è caratterizzato da una grossa coppella centrale le cui dimensioni e forma la identificano come macina per la triturazione dei cereali; la stessa collocazione nel foro di una pietra circolare, successiva, sembra sottolineare questa funzione. Ai lati della vasca centrale si trovano due coppelle.

IDENTIFICAZIONE

N° scheda	0051	*Comune*	Dongo (CO)
Località	Sant'Orosia	*Quota*	510 m slm
Identificazione	Giovanni Beltramelli	*Data Identificazione*	Anno 2015

Ubicazione ☐fondovalle ☐versante ☐cima ■bosco ☐campo coltivato
☐pascolo ☐incolto ■nucleo abitativo ☐luogo di culto ☐presso corsi d'acqua
■presso sorgenti ■pianoro ■presso vie di percorrenza

DESCRIZIONE

Dimensioni ■piccola ☐media ☐grande

Contesto ☐affioramento ■roccia isolata ☐gruppo di rocce ☐lastra ☐parete/riparo ☐riuso ☐frana

Tipo figurativo ☐animali ☐antropomorfi ☐armi e antropomorfi armati ☐carri ■circolari
☐cruciformi ☐simbologie topografiche ☐simboli di fertilità ☐caratteri alfanumerici
■simboli di astrazione ☐megaliti ☐vegetali

Tipo schematico ☐coppelle ☐canaletti ☐pediformi ☐polissoir ☐scivoli ☐elementi utilitari

Morfologia ☐liscio ■ruvido ■orizzontale ☐inclinato ☐verticale
☐concavo ☐convesso ☐fratturato ☐gradonato

Lavorazione ☐rotazione ■percussione ☐incisione lineare ■levigatura della superficie

Profilo incisione ■concavo ☐cilindrico ☐a bottiglia ☐conico ☐squadrato ☐irregolare

Documentazione ■fotografica ☐filmati ■rilievo ☐calco ■eidotipo ■descrittiva

Descrizione Il masso è stato rinvenuto in un pianoro, a ridosso di agglomerati di massi usati per delimitare un appezzamento nei pressi di un gruppo di case antiche. L'incisione è di tipo circolare, con una doppia circonferenza: un esterna maggiore e una piccola centrale. Da un punto della circonferenza esterna si diparte una forma allungata; nel complesso la figura sembra rappresentare il sole o, meglio, un carro solare. Il supporto è stato levigato artificialmente.

Si nota il masso di forma prismatica con la superficie incisa e levigata artificialmente.

Indicazione della figura incisa mediante elaborazione digitale; la parte circolare centrale è ulteriormente scolpita.

Foto a destra: in adiacenza all'abitato presso il quale è stato identificato il masso inciso, si riconosce un menhir lavorato, che è stato riadattato a fonte e che reca dei segni di un tentativo di coltivazione.

Foto sotto: vista degli abitati di Catasco e Garzeno situati sul versante opposto della valle Albano.

La ricerca

IDENTIFICAZIONE

N° scheda	0052	**Comune**	Dossi di Liro (CO)
Località	Valle dei Mulini	**Quota**	600 m slm
Identificazione	Giovanni Beltramelli	**Data Identificazione**	Anno 1990

Ubicazione ■ fondovalle □ versante ■ cima □ bosco ■ campo coltivato
□ pascolo ■ incolto ■ nucleo abitativo ■ luogo di culto □ presso corsi d'acqua
■ presso sorgenti ■ pianoro □ presso vie di percorrenza

DESCRIZIONE

Dimensioni ■ piccola □ media ■ grande

Contesto ■ affioramento ■ roccia isolata □ gruppo di rocce ■ lastra ■ parete/riparo ■ riuso ■ frana

Tipo figurativo ■ animali ■ antropomorfi ■ armi e antropomorfi armati ■ carri ■ circolari
■ cruciformi ■ simbologie topografiche ■ simboli di fertilità ■ caratteri alfanumerici
■ simboli di astrazione ■ megaliti ■ vegetali

Tipo schematico □ coppelle ■ canaletti ■ pediformi ■ polissoir ■ scivoli ■ elementi utilitari

Morfologia ■ liscio □ ruvido □ orizzontale ■ inclinato ■ verticale
□ concavo ■ convesso ■ fratturato □ gradonato

Lavorazione □ rotazione □ percussione ■ incisione lineare ■ levigatura della superficie

Profilo incisione □ concavo ■ cilindrico ■ a bottiglia □ conico ■ squadrato ■ irregolare

Documentazione □ fotografica ■ filmati ■ rilievo ■ calco ■ eidotipo □ descrittiva

Descrizione Masso posizionato sul sentiero che conduce ai mulini con incise tre coppelle.

IDENTIFICAZIONE

N° scheda	0053	**Comune**	Garzeno (CO)
Località	Moredina	**Quota**	780 m slm
Identificazione	Giovanni Beltramelli	**Data Identificazione**	Anno 2000

Ubicazione □fondovalle □versante □cima □bosco □campo coltivato □pascolo □incolto ■nucleo abitativo □luogo di culto ■presso corsi d'acqua □presso sorgenti □pianoro ■presso vie di percorrenza

DESCRIZIONE

Dimensioni □piccola □media ■grande

Contesto □affioramento ■roccia isolata □gruppo di rocce □lastra □parete/riparo □riuso □frana

Tipo figurativo ■animali ■antropomorfi □armi e antropomorfi armati □carri □circolari □cruciformi □simbologie topografiche □simboli di fertilità ■caratteri alfanumerici □simboli di astrazione □megaliti □vegetali

Tipo schematico □coppelle □canaletti □pediformi □polissoir ■scivoli □elementi utilitari

Morfologia ■liscio □ruvido □orizzontale ■inclinato □verticale □concavo □convesso □fratturato □gradonato

Lavorazione □rotazione ■percussione ■incisione lineare ■levigatura della superficie

Profilo incisione ■concavo □cilindrico □a bottiglia ■conico □squadrato □irregolare

Documentazione ■fotografica ■filmati ■rilievo ■calco ■eidotipo ■descrittiva

Descrizione Gli scivoli della fertilità rientrano nella cultualità delle culture neolitiche; sono sopravvissute nelle comunità di stampo agreste e rientrano nell'ambito dei culti litici. Il fenomeno degli scivoli è collegato alla necessità archetipa di riprodurre la specie ed è chiara espressione di una ritualità antica, la cui efficacia è legata a un bisogno comunitario e individuale. Le culture sciamaniche primitive possedevano una diversa visioni ontologica e di causalità, dove l'atto terapeutico, riferito ad una problematica psicologica, funziona perfettamente nel momento in cui il soggetto oltre a trasporre nell'atto la propria volontà e i propri desideri modifica la propria percezione della realtà. Questo aspetto è analogo al placebo utilizzato nella medicina moderna o a certe attività psicoterapeutiche.

Si presume che il meccanismo del rito prevedesse la presenza di determinati aspetti ambientali: un luogo isolato, la vicinanza a fonti d'acqua e l'utilizzo di una roccia liscia e con forte pendenza sulla quale compiere l'atto dello scivolamento. Le superfici di questi supporti hanno un grado di usura tale da non permettere l'attecchimento di forme vegetative; la superficie risulta oleosa, indice dell'applicazione di sostanze per favorire lo slittamento. Il rito è sopravvissuto in atti simili perpetrati fino a pochi decenni fa nelle comunità di stampo agreste-montano, nel culto dello sfregamento delle rocce perpetratosi nel cristianesimo in luoghi diventati santuari e in siti in cui vivono tradizioni legate all'acquisizione della salute per il contatto della roccia.

Lo scivolo di Moredina ha una pendenza del 30% e possiede due linee di discesa, degli indicatori che ne suggeriscono l'antichità -un antropomorfo e un cruciforme- ed elementi incisi recenti che testimoniano una continuità di frequentazione del posto.

L'atto della scivolata è evidente nell'aspetto ludico infantile; lo stesso tipo di atto è resistito nei riti agresti finalizzati a propiziare la fertilità.

La superficie dello scivolo è ancora levigata tanto da impedire a muschi e licheni di attecchirvi.

Un fianco del masso ha incisioni datate 1960; esse attestano una frequentazione continuativa del sito.

Recenti incisioni figurative di animali.

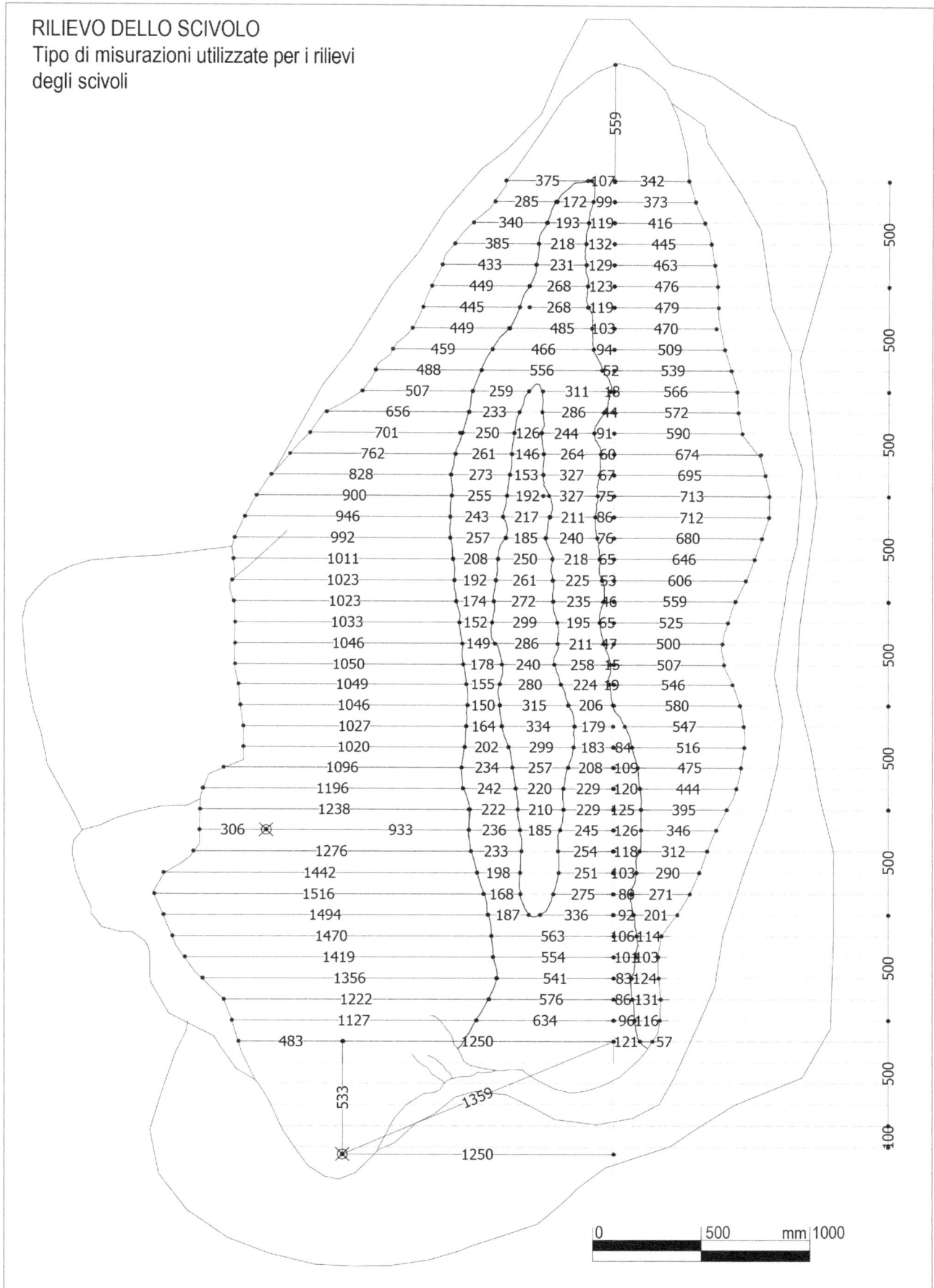

RILIEVO DELLO SCIVOLO
Tipo di misurazioni utilizzate per i rilievi
degli scivoli

Rilievo dello scivolo con indicazione del tipo di misure adottate. La tecnica è quella delle coordinate perpendicolari riferite ad un asse primario longitudinale.

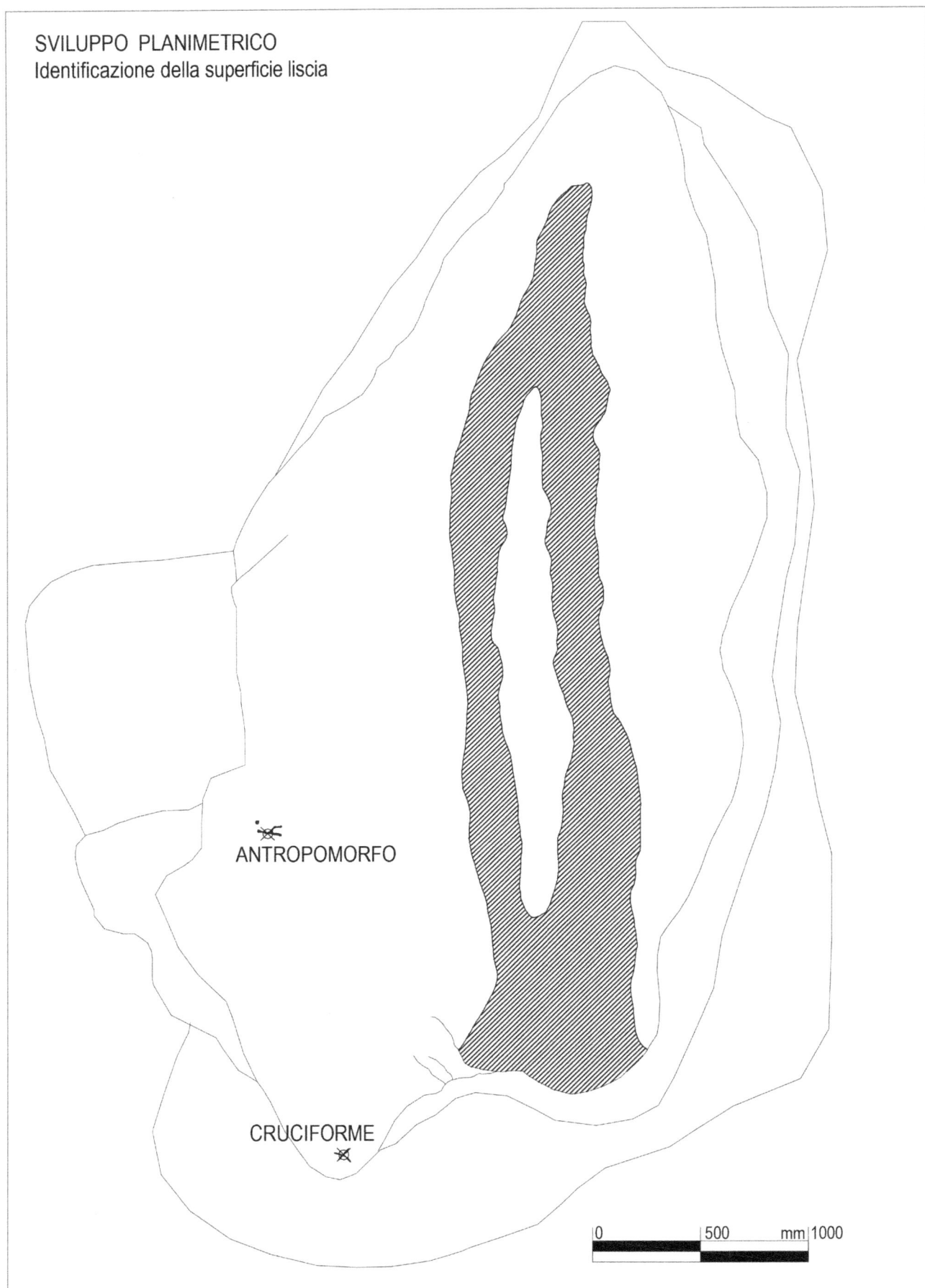

SVILUPPO PLANIMETRICO
Identificazione della superficie liscia

ANTROPOMORFO

CRUCIFORME

|0 |500   mm|1000

Disegno dello scivolo che evidenzia la superficie liscia e il posizionamento delle incisioni presenti sulla faccia primaria del supporto.

CRUCIFORME

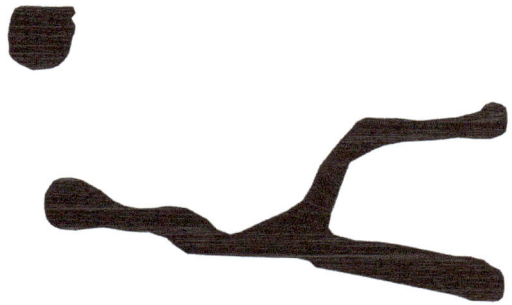

ANTROPOMORFO

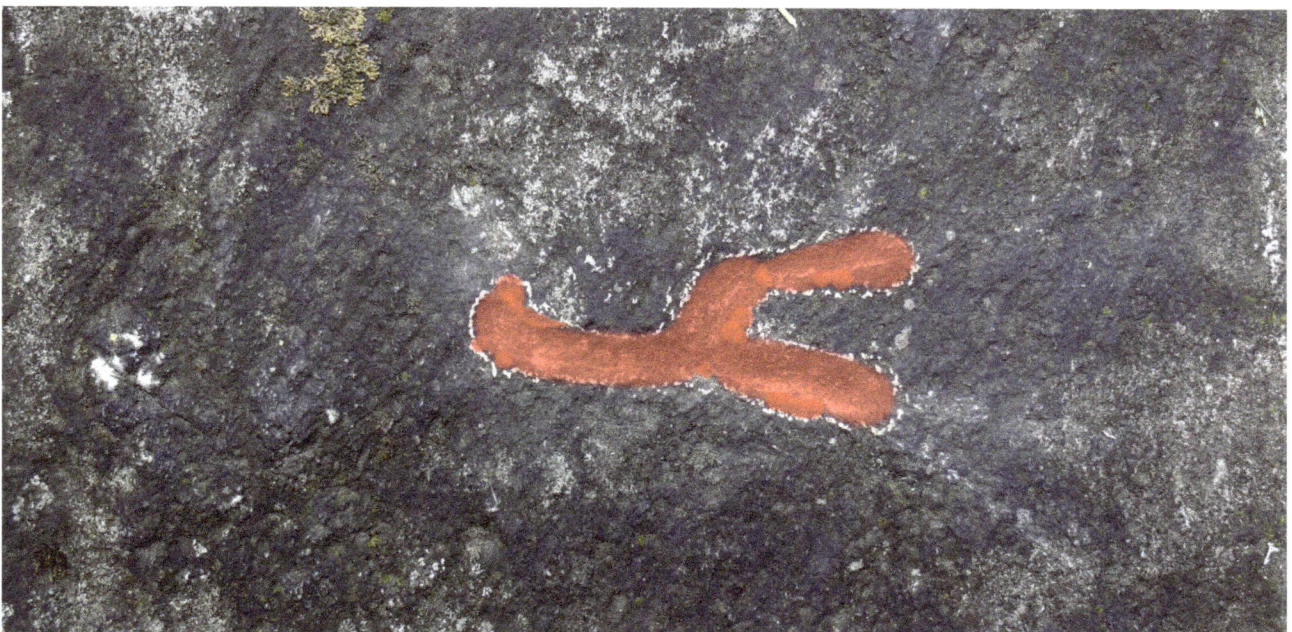

Rilevo del cruciforme e dell'antropomorfo eseguito tramite frottage. Le incisioni sono state evidenziate tramite fotodigitalizzazione.

IDENTIFICAZIONE

N° scheda	0054	*Comune*	Garzeno (CO)
Località	Monti di Brenzeglio	*Quota*	965 m slm
Identificazione	Giovanni Beltramelli	*Data Identificazione*	Anno 2000

Ubicazione ☐ fondovalle ■ versante ☐ cima ☐ bosco ☐ campo coltivato
■ pascolo ☐ incolto ☐ nucleo abitativo ☐ luogo di culto ■ presso corsi d'acqua
☐ presso sorgenti ☐ pianoro ☐ presso vie di percorrenza

DESCRIZIONE

Dimensioni ☐ piccola ☐ media ■ grande

Contesto ☐ affioramento ■ roccia isolata ☐ gruppo di rocce ☐ lastra ☐ parete/riparo ☐ riuso ☐ frana

Tipo figurativo ☐ animali ☐ antropomorfi ☐ armi e antropomorfi armati ☐ carri ☐ circolari
☐ cruciformi ☐ simbologie topografiche ☐ simboli di fertilità ☐ caratteri alfanumerici
☐ simboli di astrazione ☐ megaliti ☐ vegetali

Tipo schematico ■ coppelle ■ canaletti ☐ pediformi ☐ polissoir ☐ scivoli ☐ elementi utilitari

Morfologia ☐ liscio ■ ruvido ☐ orizzontale ■ inclinato ☐ verticale
☐ concavo ☐ convesso ☐ fratturato ■ gradonato

Lavorazione ■ rotazione ■ percussione ☐ incisione lineare ☐ levigatura della superficie

Profilo incisione ■ concavo ☐ cilindrico ☐ a bottiglia ■ conico ☐ squadrato ☐ irregolare

Documentazione ■ fotografica ☐ filmati ☐ rilievo ☐ calco ■ eidotipo ■ descrittiva

Descrizione Grande masso in posizione predominante sulla valle; la superficie è inclinata con incise vaschette e numerose coppelle di forma regolare unite da canaletti.

IDENTIFICAZIONE

N° scheda	0055	*Comune*	Garzeno (CO)
Località	Videa	*Quota*	990 m slm
Identificazione	Giovanni Beltramelli	*Data Identificazione*	Anno 2003

Ubicazione ☐ fondovalle ■ versante ☐ cima ☐ bosco ☐ campo coltivato
■ pascolo ☐ incolto ■ nucleo abitativo ☐ luogo di culto ■ presso corsi d'acqua
☐ presso sorgenti ☐ pianoro ☐ presso vie di percorrenza

DESCRIZIONE

Dimensioni ☐ piccola ☐ media ■ grande

Contesto ☐ affioramento ■ roccia isolata ☐ gruppo di rocce ☐ lastra ☐ parete/riparo ☐ riuso ☐ frana

Tipo figurativo ☐ animali ☐ antropomorfi ☐ armi e antropomorfi armati ☐ carri ☐ circolari
☐ cruciformi ☐ simbologie topografiche ☐ simboli di fertilità ☐ caratteri alfanumerici
☐ simboli di astrazione ☐ megaliti ☐ vegetali

Tipo schematico ■ coppelle ☐ canaletti ☐ pediformi ☐ polissoir ☐ scivoli ☐ elementi utilitari

Morfologia ☐ liscio ■ ruvido ■ orizzontale ☐ inclinato ☐ verticale
☐ concavo ■ convesso ☐ fratturato ☐ gradonato

Lavorazione ■ rotazione ■ percussione ☐ incisione lineare ☐ levigatura della superficie

Profilo incisione ■ concavo ☐ cilindrico ☐ a bottiglia ■ conico ☐ squadrato ☐ irregolare

Documentazione ■ fotografica ☐ filmati ☐ rilievo ☐ calco ☐ eidotipo ■ descrittiva

Descrizione Il supporto è un masso posto in posizione dominante sulla valle Albano. Sulla superficie sono incise venticinque coppelle dalle differenti dimensioni.

IDENTIFICAZIONE

N° scheda	0056	*Comune*	Garzeno (CO)
Località	Zeda	*Quota*	1095 m slm
Identificazione	Giovanni Beltramelli	*Data Identificazione*	Anno 2001

Ubicazione
☐ fondovalle ■ versante ☐ cima ☐ bosco ☐ campo coltivato
■ pascolo ☐ incolto ☐ nucleo abitativo ☐ luogo di culto ☐ presso corsi d'acqua
■ presso sorgenti ☐ pianoro ■ presso vie di percorrenza

DESCRIZIONE

Dimensioni
☐ piccola ■ media ☐ grande

Contesto
☐ affioramento ■ roccia isolata ☐ gruppo di rocce ☐ lastra ☐ parete/riparo ☐ riuso ☐ frana

Tipo figurativo
☐ animali ■ antropomorfi ☐ armi e antropomorfi armati ☐ carri ☐ circolari
☐ cruciformi ☐ simbologie topografiche ☐ simboli di fertilità ☐ caratteri alfanumerici
☐ simboli di astrazione ☐ megaliti ☐ vegetali

Tipo schematico
■ coppelle ■ canaletti ☐ pediformi ☐ polissoir ☐ scivoli ☐ elementi utilitari

Morfologia
☐ liscio ■ ruvido ☐ orizzontale ☐ inclinato ■ verticale
☐ concavo ☐ convesso ☐ fratturato ☐ gradonato

Lavorazione
■ rotazione ■ percussione ☐ incisione lineare ☐ levigatura della superficie

Profilo incisione
■ concavo ☐ cilindrico ☐ a bottiglia ■ conico ☐ squadrato ☐ irregolare

Documentazione
■ fotografica ☐ filmati ☐ rilievo ☐ calco ■ eidotipo ■ descrittiva

Descrizione
Il masso, in parte interrato, si trova in prossimità di un nucleo abitativo. Sulla superficie sono incise otto coppelle di cui tre sono collegate da due canaletti. Un altro canaletto è stato scavato lungo la base del supporto. Il petroglifo più interessante è un antropomorfo itifallico.

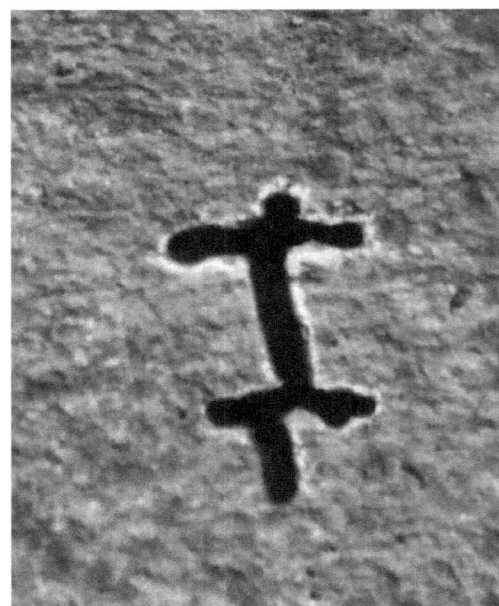

Particolare dell'antropomorfo itifallico evidenziato digitalmente.

IDENTIFICAZIONE

N° scheda	0057	*Comune*	Garzeno (CO)
Località	Albia	*Quota*	900 m slm
Identificazione	Giovanni Beltramelli	*Data Identificazione*	Anno 2000

Ubicazione ☐fondovalle ☐versante ☐cima ■bosco ☐campo coltivato
☐pascolo ☐incolto ■nucleo abitativo ☐luogo di culto ■presso corsi d'acqua
☐presso sorgenti ■pianoro ■presso vie di percorrenza

DESCRIZIONE

Dimensioni ■piccola ☐media ☐grande
Contesto ■affioramento ☐roccia isolata ☐gruppo di rocce ☐lastra ☐parete/riparo ☐riuso ☐frana
Tipo figurativo ☐animali ☐antropomorfi ☐armi e antropomorfi armati ☐carri ☐circolari
☐cruciformi ☐simbologie topografiche ☐simboli di fertilità ☐caratteri alfanumerici
☐simboli di astrazione ☐megaliti ☐vegetali
Tipo schematico ■coppelle ■canaletti ☐pediformi ☐polissoir ☐scivoli ☐elementi utilitari
Morfologia ■liscio ☐ruvido ■orizzontale ☐inclinato ☐verticale
☐concavo ■convesso ☐fratturato ☐gradonato
Lavorazione ■rotazione ■percussione ☐incisione lineare ☐levigatura della superficie
Profilo incisione ■concavo ☐cilindrico ☐a bottiglia ■conico ☐squadrato ☐irregolare
Documentazione ■fotografica ☐filmati ☐rilievo ☐calco ☐eidotipo ■descrittiva
Descrizione Nella pineta in località Albia affiora dal terreno un masso con una grande coppella del diametro di 40 cm; da essa si diramano due canaletti di deflusso di liquidi destinati alla fecondazione della terra. A circa 30 cm si trova un'altra coppella di dimensioni inferiori.

IDENTIFICAZIONE

N° scheda	0058	*Comune*	Garzeno (CO)
Località	Monti di Garzeno	*Quota*	860 m slm
Identificazione	Giovanni Beltramelli	*Data Identificazione*	Anno 2000

Ubicazione ☐fondovalle ■versante ☐cima ■bosco ☐campo coltivato
☐pascolo ☐incolto ■nucleo abitativo ☐luogo di culto ■presso corsi d'acqua
☐presso sorgenti ☐pianoro ■presso vie di percorrenza

DESCRIZIONE

Dimensioni ■piccola ☐media ☐grande

Contesto ☐affioramento ■roccia isolata ☐gruppo di rocce ☐lastra ☐parete/riparo ☐riuso ☐frana

Tipo figurativo ☐animali ☐antropomorfi ☐armi e antropomorfi armati ☐carri ☐circolari
☐cruciformi ☐simbologie topografiche ☐simboli di fertilità ☐caratteri alfanumerici
☐simboli di astrazione ☐megaliti ☐vegetali

Tipo schematico ■coppelle ☐canaletti ☐pediformi ☐polissoir ☐scivoli ■elementi utilitari

Morfologia ☐liscio ■ruvido ■orizzontale ☐inclinato ☐verticale
☐concavo ☐convesso ☐fratturato ☐gradonato

Lavorazione ☐rotazione ■percussione ☐incisione lineare ■levigatura della superficie

Profilo incisione ■concavo ☐cilindrico ☐a bottiglia ■conico ☐squadrato ☐irregolare

Documentazione ■fotografica ☐filmati ☐rilievo ☐calco ☐eidotipo ■descrittiva

Descrizione Il supporto ha una grossa coppella circolare con un diametro di 50 cm ed una profondità di 30 cm. Questa tipologia, chiamata localmente "pila", è adatta per la macinazione di cereali o per essere utilizzata come unità di misura. Fa parte di una tipologia diffusa sui territori montani, il cui uso è di antica derivazione. Se ne osserva una identica nella piazza principale di Germasino, posizionata di fronte alla chiesa parrocchiale da svariati anni; originariamente era collocata in uno dei muri di sostruzione posti a lato della mulattiera a monte della Chiesa di San Rocco.

IDENTIFICAZIONE

N° scheda	0059	*Comune*	Garzeno (CO)
Località	Garzeno	*Quota*	690 m slm
Identificazione	Giovanni Beltramelli	*Data Identificazione*	Anno 2000

Ubicazione
☐ fondovalle ☐ versante ☐ cima ☐ bosco ☐ campo coltivato
☐ pascolo ☐ incolto ■ nucleo abitativo ☐ luogo di culto ■ presso corsi d'acqua
☐ presso sorgenti ☐ pianoro ☐ presso vie di percorrenza

DESCRIZIONE

Dimensioni ■ piccola ☐ media ☐ grande

Contesto ☐ affioramento ■ roccia isolata ☐ gruppo di rocce ☐ lastra ☐ parete/riparo ■ riuso ☐ frana

Tipo figurativo ☐ animali ☐ antropomorfi ☐ armi e antropomorfi armati ☐ carri ☐ circolari
☐ cruciformi ☐ simbologie topografiche ☐ simboli di fertilità ☐ caratteri alfanumerici
☐ simboli di astrazione ☐ megaliti ☐ vegetali

Tipo schematico ■ coppelle ☐ canaletti ☐ pediformi ☐ polissoir ☐ scivoli ■ elementi utilitari

Morfologia ■ liscio ☐ ruvido ☐ orizzontale ☐ inclinato ■ verticale
☐ concavo ☐ convesso ☐ fratturato ☐ gradonato

Lavorazione ■ rotazione ■ percussione ☐ incisione lineare ■ levigatura della superficie

Profilo incisione ■ concavo ☐ cilindrico ☐ a bottiglia ■ conico ☐ squadrato ☐ irregolare

Documentazione ■ fotografica ☐ filmati ☐ rilievo ☐ calco ☐ eidotipo ■ descrittiva

Descrizione Nella cinta muraria di una abitazione privata, è incluso un grande masso con scavata una coppella, avento un diametro di 35 cm, circondata da una decina di piccole coppelle. La coppella maggiore è riconducibile ad una macina o a un'unità di misura.

IDENTIFICAZIONE

N° scheda	0060	*Comune*	Garzeno (CO)
Località	Zeda	*Quota*	1095m slm
Identificazione	Giovanni Beltramelli	*Data Identificazione*	Anno 2001

Ubicazione
☐ fondovalle ■ versante ☐ cima ☐ bosco ☐ campo coltivato
■ pascolo ☐ incolto ■ nucleo abitativo ☐ luogo di culto ■ presso corsi d'acqua
☐ presso sorgenti ☐ pianoro ☐ presso vie di percorrenza

DESCRIZIONE

Dimensioni ☐ piccola ■ media ☐ grande

Contesto ☐ affioramento ■ roccia isolata ☐ gruppo di rocce ☐ lastra ☐ parete/riparo ☐ riuso ☐ frana

Tipo figurativo ☐ animali ☐ antropomorfi ☐ armi e antropomorfi armati ☐ carri ☐ circolari
☐ cruciformi ☐ simbologie topografiche ☐ simboli di fertilità ☐ caratteri alfanumerici
☐ simboli di astrazione ☐ megaliti ☐ vegetali

Tipo schematico ■ coppelle ☐ canaletti ☐ pediformi ☐ polissoir ☐ scivoli ☐ elementi utilitari

Morfologia ☐ liscio ■ ruvido ■ orizzontale ☐ inclinato ☐ verticale
☐ concavo ☐ convesso ■ fratturato ■ gradonato

Lavorazione ■ rotazione ■ percussione ☐ incisione lineare ☐ levigatura della superficie

Profilo incisione ☐ concavo ☐ cilindrico ☐ a bottiglia ■ conico ☐ squadrato ☐ irregolare

Documentazione ■ fotografica ☐ filmati ☐ rilievo ☐ calco ☐ eidotipo ■ descrittiva

Descrizione Masso fratturato in due parti distinte con incise sulla superficie undici coppelle.

IDENTIFICAZIONE

N° scheda	0061	*Comune*	Garzeno (CO)
Località	Alpe di Gino	*Quota*	2000 m slm
Identificazione	Walter Mucci	*Data Identificazione*	Anno 2000

Ubicazione
☐ fondovalle ■ versante ☐ cima ☐ bosco ☐ campo coltivato
■ pascolo ☐ incolto ■ nucleo abitativo ☐ luogo di culto ☐ presso corsi d'acqua
■ presso sorgenti ☐ pianoro ■ presso vie di percorrenza

DESCRIZIONE

Dimensioni ☐ piccola ☐ media ■ grande

Contesto ☐ affioramento ■ roccia isolata ☐ gruppo di rocce ☐ lastra ☐ parete/riparo ☐ riuso ☐ frana

Tipo figurativo ☐ animali ☐ antropomorfi ☐ armi e antropomorfi armati ☐ carri ☐ circolari
☐ cruciformi ☐ simbologie topografiche ☐ simboli di fertilità ☐ caratteri alfanumerici
☐ simboli di astrazione ☐ megaliti ☐ vegetali

Tipo schematico ■ coppelle ☐ canaletti ☐ pediformi ☐ polissoir ☐ scivoli ☐ elementi utilitari

Morfologia ☐ liscio ■ ruvido ■ orizzontale ☐ inclinato ☐ verticale
☐ concavo ■ convesso ■ fratturato ☐ gradonato

Lavorazione ■ rotazione ■ percussione ☐ incisione lineare ☐ levigatura della superficie

Profilo incisione ☐ concavo ☐ cilindrico ☐ a bottiglia ■ conico ☐ squadrato ☐ irregolare

Documentazione ■ fotografica ☐ filmati ☐ rilievo ☐ calco ☐ eidotipo ■ descrittiva

Descrizione La roccia è un elemento isolato appartenente al gruppo di altri supporti incisi posti nell'area dell'Alpe di Gino. Il masso ha trentanove coppelle ben conservate e realizzate con una tecnica precisa e definita. Le incisioni, seppur definite, mostrano segni di erosione superficiale che hanno parzialmente intaccato il supporto scistoso. Tutto il gruppo, posto ad una quota elevata, si attesta su vie di percorrenza che ricalcano antichi tracciati.

IDENTIFICAZIONE

N° scheda	0062	**Comune**	Garzeno (CO)
Località	Alpe di Gino	**Quota**	2000 m slm
Identificazione	Giovanni Beltramelli	**Data Identificazione**	Anno 2000

Ubicazione ☐ fondovalle ■ versante ☐ cima ☐ bosco ☐ campo coltivato ■ pascolo ☐ incolto ■ nucleo abitativo ☐ luogo di culto ■ presso corsi d'acqua ☐ presso sorgenti ☐ pianoro ■ presso vie di percorrenza

DESCRIZIONE

Dimensioni ☐ piccola ☐ media ■ grande

Contesto ☐ affioramento ☐ roccia isolata ☐ gruppo di rocce ☐ lastra ☐ parete/riparo ☐ riuso ☐ frana

Tipo figurativo ☐ animali ☐ antropomorfi ☐ armi e antropomorfi armati ☐ carri ☐ circolari ☐ cruciformi ☐ simbologie topografiche ☐ simboli di fertilità ☐ caratteri alfanumerici ☐ simboli di astrazione ☐ megaliti ☐ vegetali

Tipo schematico ■ coppelle ☐ canaletti ☐ pediformi ☐ polissoir ☐ scivoli ☐ elementi utilitari

Morfologia ■ liscio ☐ ruvido ■ orizzontale ☐ inclinato ☐ verticale ☐ concavo ■ convesso ■ fratturato ☐ gradonato

Lavorazione ■ rotazione ■ percussione ☐ incisione lineare ☐ levigatura della superficie

Profilo incisione ☐ concavo ☐ cilindrico ☐ a bottiglia ■ conico ☐ squadrato ☐ irregolare

Documentazione ■ fotografica ☐ filmati ☐ rilievo ☐ calco ☐ eidotipo ■ descrittiva

Descrizione La superficie della roccia ha tracce di esarazione; le coppelle sono presenti in numero elevato, oltre cinquanta unità. Il loro grado di erosione non permette una quantificazione precisa ma ne denota l'antichità visto il grado di durezza della matrice scistosa del supporto.

286

IDENTIFICAZIONE

N° scheda	0063	*Comune*	Garzeno (CO)
Località	Alpe di Gino	*Quota*	2000 m slm
Identificazione	Giovanni Beltramelli	*Data Identificazione*	Anno 2000

Ubicazione ☐fondovalle ■versante ☐cima ☐bosco ☐campo coltivato
■pascolo ☐incolto ■nucleo abitativo ☐luogo di culto ■presso corsi d'acqua
☐presso sorgenti ☐pianoro ■presso vie di percorrenza

DESCRIZIONE

Dimensioni ☐piccola ☐media ■grande

Contesto ☐affioramento ☐roccia isolata ■gruppo di rocce ☐lastra ☐parete/riparo ☐riuso ☐frana

Tipo figurativo ☐animali ☐antropomorfi ☐armi e antropomorfi armati ☐carri ☐circolari ☐cruciformi ☐simbologie topografiche ☐simboli di fertilità ☐caratteri alfanumerici ☐simboli di astrazione ☐megaliti ☐vegetali

Tipo schematico ■coppelle ☐canaletti ☐pediformi ☐polissoir ☐scivoli ☐elementi utilitari

Morfologia ☐liscio ■ruvido ■orizzontale ☐inclinato ☐verticale ☐concavo ■convesso ■fratturato ☐gradonato

Lavorazione ■rotazione ■percussione ☐incisione lineare ☐levigatura della superficie

Profilo incisione ■concavo ☐cilindrico ☐a bottiglia ■conico ☐squadrato ☐irregolare

Documentazione ■fotografica ☐filmati ☐rilievo ☐calco ☐eidotipo ■descrittiva

Descrizione La roccia ha incise sulla superficie diciassette coppelle.

IDENTIFICAZIONE

N° scheda	0064	*Comune*	Garzeno (CO)
Località	Alpe di Gino	*Quota*	2000 m slm
Identificazione	Giovanni Beltramelli	*Data Identificazione*	Anno 2000

Ubicazione
☐ fondovalle ■ versante ☐ cima ☐ bosco ☐ campo coltivato
■ pascolo ☐ incolto ■ nucleo abitativo ☐ luogo di culto ■ presso corsi d'acqua
☐ presso sorgenti ☐ pianoro ■ presso vie di percorrenza

DESCRIZIONE

Dimensioni ☐ piccola ☐ media ■ grande

Contesto ☐ affioramento ☐ roccia isolata ■ gruppo di rocce ☐ lastra ☐ parete/riparo ☐ riuso ☐ frana

Tipo figurativo ☐ animali ☐ antropomorfi ☐ armi e antropomorfi armati ☐ carri ☐ circolari
☐ cruciformi ☐ simbologie topografiche ☐ simboli di fertilità ☐ caratteri alfanumerici
☐ simboli di astrazione ☐ megaliti ☐ vegetali

Tipo schematico ■ coppelle ☐ canaletti ☐ pediformi ☐ polissoir ☐ scivoli ☐ elementi utilitari

Morfologia ☐ liscio ■ ruvido ■ orizzontale ☐ inclinato ☐ verticale
☐ concavo ■ convesso ☐ fratturato ☐ gradonato

Lavorazione ■ rotazione ■ percussione ☐ incisione lineare ☐ levigatura della superficie

Profilo incisione ☐ concavo ☐ cilindrico ☐ a bottiglia ■ conico ☐ squadrato ☐ irregolare

Documentazione ■ fotografica ☐ filmati ☐ rilievo ☐ calco ☐ eidotipo ■ descrittiva

Descrizione Supporto con una matrice scistosa compatta. Sulla superficie sono incise diciannove coppelle.

IDENTIFICAZIONE

N° scheda	0065	*Comune*	Garzeno (CO)
Località	Cortesello	*Quota*	795 m slm
Identificazione	Giovanni Beltramelli	*Data Identificazione*	Anno 2005

Ubicazione ☐fondovalle ☐versante ☐cima ☐bosco ☐campo coltivato ■pascolo ☐incolto ■nucleo abitativo ☐luogo di culto ☐presso corsi d'acqua ■presso sorgenti ■pianoro ☐presso vie di percorrenza

DESCRIZIONE

Dimensioni ☐piccola ☐media ■grande

Contesto ☐affioramento ■roccia isolata ☐gruppo di rocce ☐lastra ☐parete/riparo ☐riuso ☐frana

Tipo figurativo ☐animali ☐antropomorfi ☐armi e antropomorfi armati ☐carri ☐circolari ☐cruciformi ☐simbologie topografiche ☐simboli di fertilità ☐caratteri alfanumerici ☐simboli di astrazione ☐megaliti ☐vegetali

Tipo schematico ■coppelle ☐canaletti ☐pediformi ☐polissoir ☐scivoli ☐elementi utilitari

Morfologia ■liscio ☐ruvido ■orizzontale ☐inclinato ☐verticale ☐concavo ☐convesso ☐fratturato ☐gradonato

Lavorazione ■rotazione ■percussione ☐incisione lineare ☐levigatura della superficie

Profilo incisione ■concavo ☐cilindrico ☐a bottiglia ■conico ☐squadrato ☐irregolare

Documentazione ■fotografica ☐filmati ☐rilievo ☐calco ☐eidotipo ■descrittiva

Descrizione Il supporto è un masso piano sulla cui superficie è ricavata una grossa coppella di circa 40 cm di diametro che, nell'immagine, si vede colma d'acqua. La dimensione, la vista della sottostante Valle Albano e l'affaccio verso il monte Legnone indurrebbero a collocare l'incisione nel contesto di riti di purificazione.

IDENTIFICAZIONE

N° scheda	0066	*Comune*	Garzeno (CO)
Località	Presa d'Acqua	*Quota*	890 m slm
Identificazione	Domenico Braga	*Data Identificazione*	Anno 2005

Ubicazione ☐ fondovalle ■ versante ☐ cima ☐ bosco ☐ campo coltivato ■ pascolo ☐ incolto ☐ nucleo abitativo ☐ luogo di culto ■ presso corsi d'acqua ☐ presso sorgenti ☐ pianoro ■ presso vie di percorrenza

DESCRIZIONE

Dimensioni ☐ piccola ■ media ☐ grande

Contesto ☐ affioramento ■ roccia isolata ☐ gruppo di rocce ☐ lastra ☐ parete/riparo ☐ riuso ☐ frana

Tipo figurativo ☐ animali ☐ antropomorfi ☐ armi e antropomorfi armati ☐ carri ☐ circolari ☐ cruciformi ☐ simbologie topografiche ☐ simboli di fertilità ☐ caratteri alfanumerici ☐ simboli di astrazione ☐ megaliti ☐ vegetali

Tipo schematico ■ coppelle ☐ canaletti ☐ pediformi ☐ polissoir ☐ scivoli ☐ elementi utilitari

Morfologia ☐ liscio ■ ruvido ☐ orizzontale ■ inclinato ☐ verticale ☐ concavo ☐ convesso ☐ fratturato ☐ gradonato

Lavorazione ■ rotazione ■ percussione ☐ incisione lineare ☐ levigatura della superficie

Profilo incisione ☐ concavo ☐ cilindrico ☐ a bottiglia ■ conico ☐ squadrato ☐ irregolare

Documentazione ■ fotografica ☐ filmati ☐ rilievo ☐ calco ☐ eidotipo ■ descrittiva

Descrizione Masso a forma piramidale posizionato in luogo dominante sulla valle sottostante. Sulla sommità sono ricavate due coppelle.

IDENTIFICAZIONE

N° scheda	0067	*Comune*	Garzeno (CO)
Località	La Costa	*Quota*	780 m slm
Identificazione	Giovanni Beltramelli	*Data Identificazione*	Anno 2004

Ubicazione ☐fondovalle ■versante ☐cima ☐bosco ☐campo coltivato
■pascolo ☐incolto ■nucleo abitativo ☐luogo di culto ☐presso corsi d'acqua
☐presso sorgenti ☐pianoro ■presso vie di percorrenza

DESCRIZIONE

Dimensioni ■piccola ☐media ☐grande

Contesto ☐affioramento ☐roccia isolata ☐gruppo di rocce ■lastra ☐parete/riparo ☐riuso ☐frana

Tipo figurativo ☐animali ■antropomorfi ■armi e antropomorfi armati ☐carri ☐circolari
☐cruciformi ☐simbologie topografiche ☐simboli di fertilità ☐caratteri alfanumerici
☐simboli di astrazione ☐megaliti ☐vegetali

Tipo schematico ☐coppelle ☐canaletti ☐pediformi ☐polissoir ☐scivoli ☐elementi utilitari

Morfologia ☐liscio ■ruvido ■orizzontale ☐inclinato ☐verticale
☐concavo ☐convesso ☐fratturato ☐gradonato

Lavorazione ☐rotazione ■percussione ☐incisione lineare ☐levigatura della superficie

Profilo incisione ■concavo ☐cilindrico ☐a bottiglia ☐conico ☐squadrato ☐irregolare

Documentazione ■fotografica ☐filmati ☐rilievo ☐calco ☐eidotipo ■descrittiva

Descrizione L'incisione si presta a varie interpretazioni che la collocherebbero in due ambiti storici distanti tra loro. La figura rappresenta un antropomorfo con piedi caprini e con le braccia aperte. Le estremità degli arti stringono tra le mani due oggetti simbolici riconducibili a due animali, ad armi o ad attrezzi. La prima interpretazione può inquadrarsi nell'ambito della stregoneria diffusa massicciamente nella Valle Albano. La seconda è riferibile a un antropomorfo collegato a qualche divinità di stampo animistico con caratteristiche caprine. Occorre rimarcare il fatto che le divinità antiche, demonizzate dal cristianesimo con il fine di estirpare le credenze di stampo pagano, non sono mai completamente scomparse nell'ambito montano, ma piuttosto hanno subito un processo di metamorfosi.

IDENTIFICAZIONE

N° scheda	0068	**Comune**	Gravedona e Uniti (CO)
Località	Germasino, località Sommafiume	**Quota**	2000 m slm
Identificazione	Giovanni Beltramelli	**Data Identificazione**	Anno 2002

Ubicazione

☐ fondovalle ☐ versante ☐ cima ☐ bosco ☐ campo coltivato
■ pascolo ☐ incolto ■ nucleo abitativo ☐ luogo di culto ☐ presso corsi d'acqua
■ presso sorgenti ☐ pianoro ■ presso vie di percorrenza

DESCRIZIONE

Dimensioni ☐ piccola ■ media ☐ grande

Contesto ☐ affioramento ■ roccia isolata ☐ gruppo di rocce ☐ lastra ☐ parete/riparo ☐ riuso ☐ frana

Tipo figurativo ☐ animali ☐ antropomorfi ☐ armi e antropomorfi armati ☐ carri ☐ circolari
☐ cruciformi ☐ simbologie topografiche ☐ simboli di fertilità ☐ caratteri alfanumerici
☐ simboli di astrazione ☐ megaliti ☐ vegetali

Tipo schematico ■ coppelle ☐ canaletti ☐ pediformi ☐ polissoir ☐ scivoli ☐ elementi utilitari

Morfologia ☐ liscio ■ ruvido ■ orizzontale ☐ inclinato ☐ verticale
☐ concavo ☐ convesso ☐ fratturato ☐ gradonato

Lavorazione ■ rotazione ■ percussione ☐ incisione lineare ☐ levigatura della superficie

Profilo incisione ■ concavo ☐ cilindrico ☐ a bottiglia ■ conico ☐ squadrato ☐ irregolare

Documentazione ■ fotografica ■ filmati ■ rilievo ☐ calco ■ eidotipo ■ descrittiva

Descrizione Il supporto si trova in prossimità delle sorgenti del torrente Albano; ha incisa una grossa vaschetta quadrangolare, che probabilmente dovette servire per riti di purificazione, forse legati all'ambito infantile. Il rituale della purificazione ha origini antichissime risalenti alle cultualità preistoriche europee. È ipotizzabile che l'acqua contenuta nell'incavo, scaldata dal sole o illuminata dalla luna, fosse utilizzata per abluzioni rituali. Questo supporto appare esemplare per i suoi elementi significativi quali la vicinanza alla sorgente, l'orientamento e le dimensioni della vasca. Le due coppelle, una circolare posizionata ad un'estremità e una quadrangolare posizionata sulla parte opposta, sono allineate lungo l'asse longitudinale. La coppella ha un diametro di 90 mm e una profondità di 45 mm e la vaschetta ha una superficie di 610x560 mm con una profondità di 200 mm. Le incisioni delineano una direzione prevalente verso est rivolta verso il Monte Legnone, non visibile da questo punto poichè occultato dal dorso su cui si trova il Rifugio Sommafiume. L'elemento è collocato in una conca che sovrasta la sommità della valle Albano; alle spalle si stagliano il Monte Pomodoro (1823 m), la Cima Verta (2079 m) e il Pizzo di Gino (2245 m). Il supporto roccioso è stato lavorato lungo il perimetro fino ad assumere una forma triangolare che ne accentua l'orientamento.

Vista del supporto, lavorato sul perimetro, con il Rifugio Sommafiume sullo sfondo. Nelle immediate vicinanze si trovano le sorgenti del torrente Albano; l'allineamento tra vasca e coppella è diretto verso il monte Legnone.

Area a monte del rifugio Sommafiume dove si trova il masso.

INDICAZIONI RILIEVO

SEZIONE A-A'

Indicazioni del tipo di rilievo condotto sul supporto che è stato misurato secondo un sistema di coordinate perpendicolari ad una linea di riferimento longitudinale. La stessa metodologia è stata utilizzata per prospetti e sezioni.

VISTA PLANIMETRICA

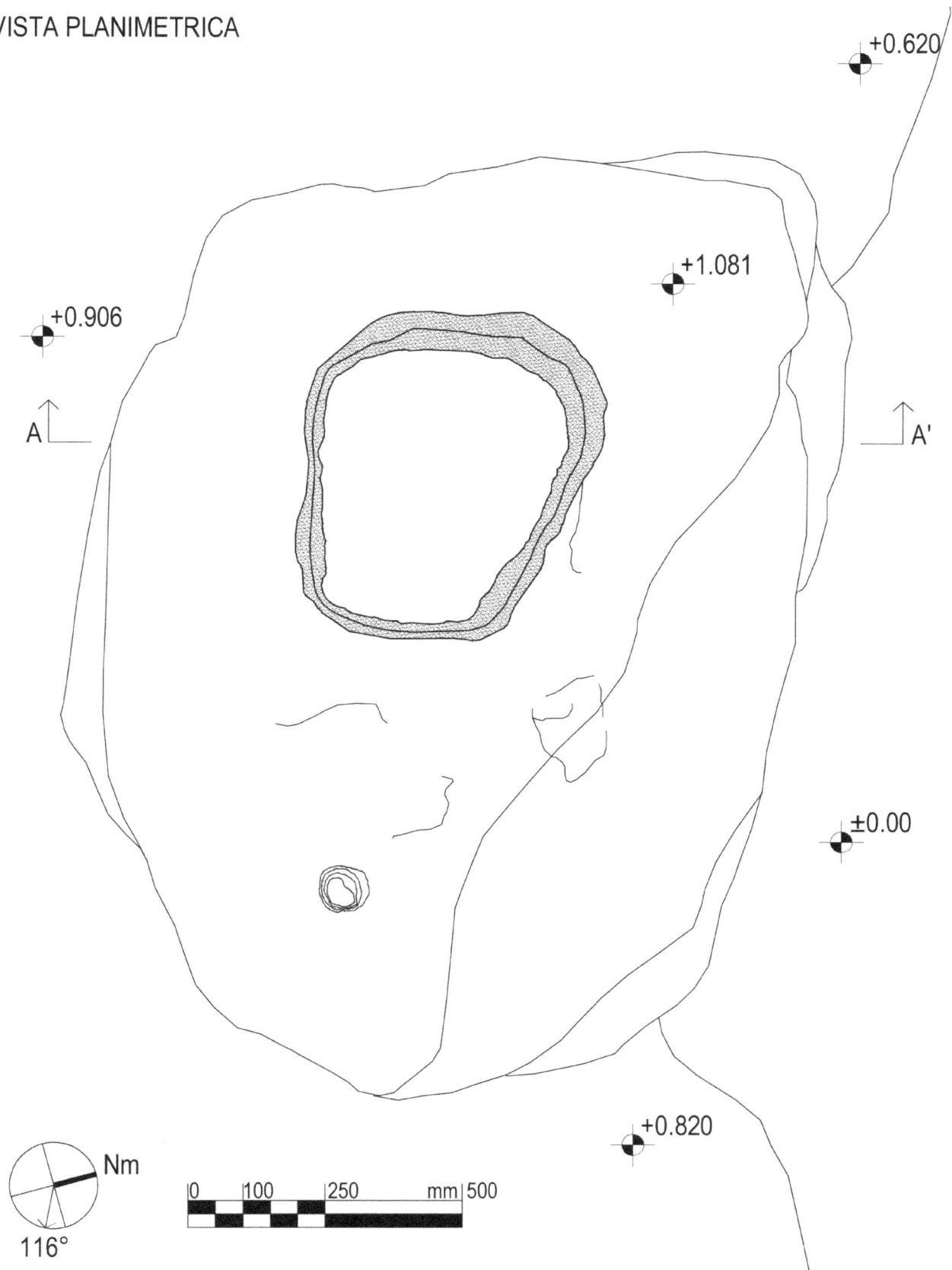

+0.620

+1.081

+0.906

A

A'

±0.00

+0.820

Nm

116°

0 | 100 | 250 | mm | 500

Restituzione del rilievo con riferimenti scalari e indicazioni delle isoipse delle incisioni schematiche presenti sul supporto.

Vaschetta

Coppella

SEZIONE B-B'

SEZIONE A-A'

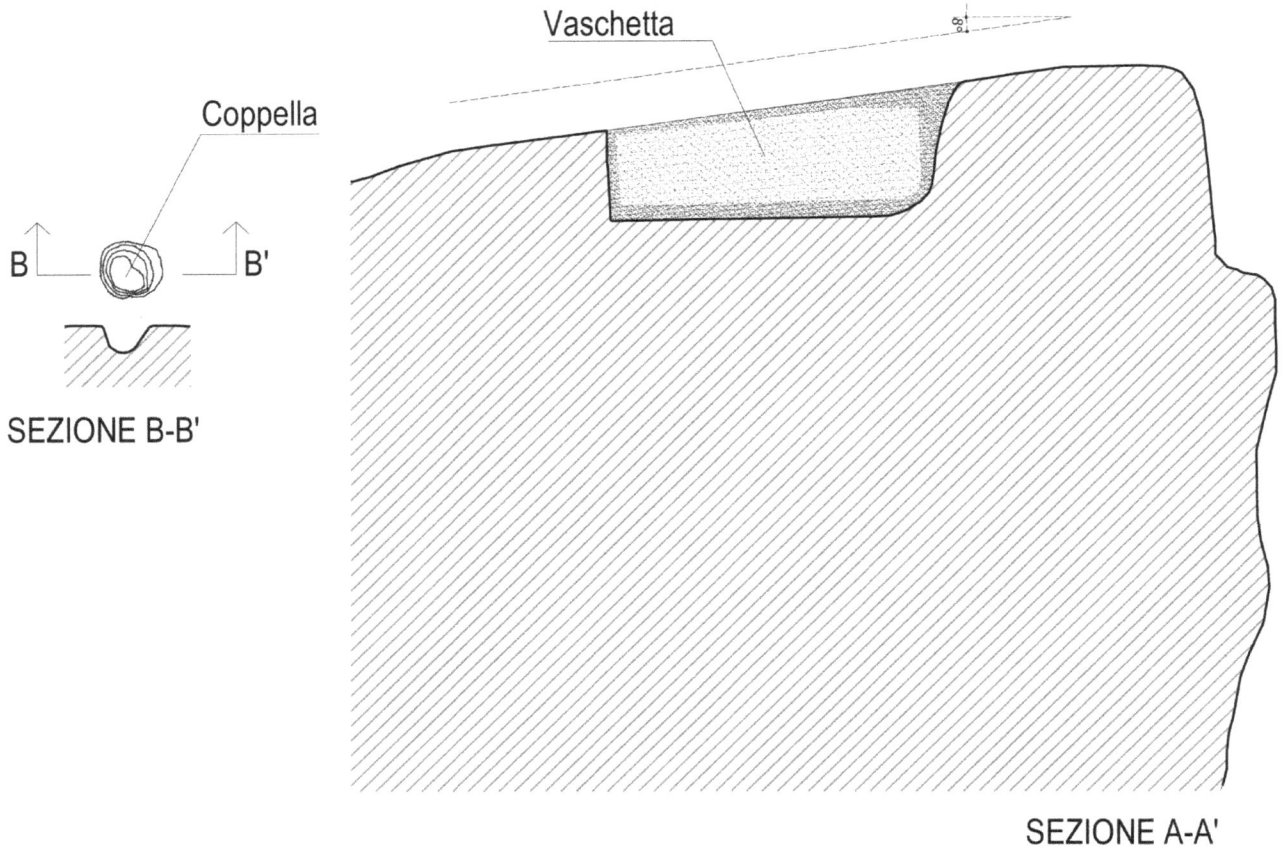

Orientamento masso

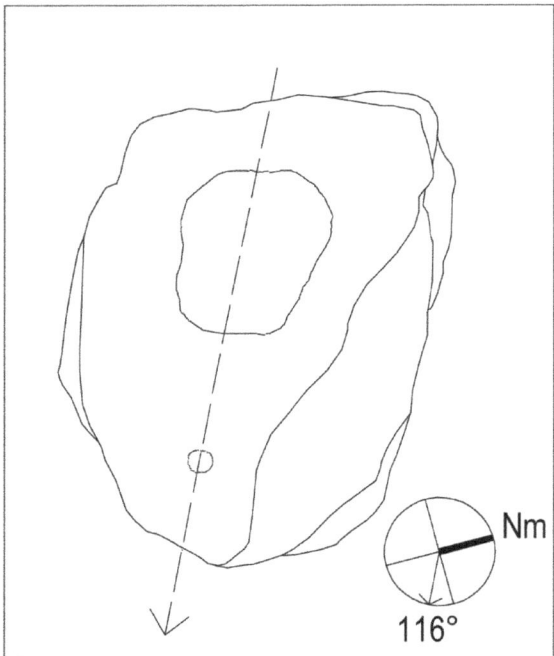

Nm

116°

Sezioni del masso e delle incisioni. Indicazione dell'orientamento della secante longitudinale che unisce vasca e coppella in direzione del monte Legnone.

IDENTIFICAZIONE

N° scheda	0069	*Comune*	Gravedona e Uniti (CO)
Località	Germasino	*Quota*	580 m slm
Identificazione	Giovanni Beltramelli	*Data Identificazione*	Anno 2000

Ubicazione ☐fondovalle ☐versante ☐cima ☐bosco ☐campo coltivato ☐pascolo ☐incolto ■nucleo abitativo ☐luogo di culto ☐presso corsi d'acqua ☐presso sorgenti ☐pianoro ■presso vie di percorrenza

DESCRIZIONE

Dimensioni ■piccola ☐media ☐grande

Contesto ☐affioramento ☐roccia isolata ☐gruppo di rocce ☐lastra ☐parete/riparo ■riuso ☐frana

Tipo figurativo ☐animali ■antropomorfi ☐armi e antropomorfi armati ☐carri ☐circolari ☐cruciformi ☐simbologie topografiche ☐simboli di fertilità ☐caratteri alfanumerici ■simboli di astrazione ■megaliti ☐vegetali

Tipo schematico ☐coppelle ☐canaletti ☐pediformi ☐polissoir ☐scivoli ☐elementi utilitari

Morfologia ■liscio ☐ruvido ☐orizzontale ☐inclinato ■verticale ☐concavo ☐convesso ☐fratturato ☐gradonato

Lavorazione ☐rotazione ■percussione ☐incisione lineare ☐levigatura della superficie

Profilo incisione ■concavo ☐cilindrico ☐a bottiglia ■conico ☐squadrato ☐irregolare

Documentazione ■fotografica ■filmati ■rilievo ☐calco ■eidotipo ■descrittiva

Descrizione La stele, collocata all'interno della muratura di una antica abitazione di proprietà della famiglia Allio, è probabilmente attribuibile al Calcolitico. È posizionata capovolta; la parte mancante può forse individuarsi in un altro incluso della muratura. La raffigurazione mostra una figura antropomorfa, probabilmente itifallica, con un capo sul quale appaiono segni corniformi; al di sotto dell'antropomorfo si osservano due figure, una circolare e una arcuata. Le appendici potrebbero far rientrare l'incisione nelle tipiche rappresentazioni calcolitiche di divinità teriomorfe, collegate a culti alpini di origine preistorica come i tauriformi del Bego o i cervidi che si evolveranno nella rappresentazione di Cernunnos. L'interpretazione è supportata dalle due raffigurazioni riconducibili ai simboli lunare e solare. Ciò assume una forte valenza simbolica individuata dal Sansoni nelle rappresentazioni ierogamiche, dove il simbolo maschile solare-uranico-celeste, sovrasta quello femminile lunare-vulvare-ctonio. Siamo in presenza di un significativo tassello nel contesto petroglifico. Nelle prossimità della stele si osservano altri riusi che mostrano simboli solari e altre raffigurazioni (scheda 73). Il luogo dal quale provengono questi riusi, ipotizzabile nell'area adiacente, potrebbe definire il luogo originario dal quale si è sviluppato poi il nucleo abitativo.

L'incisone si trova nel nucleo storico dell'abitato.

Altri riusi presentano incisioni figurative.

Viste della stele inserita nella muratura. Molte abitazioni del nucleo antico dell'abitato adottano questa tipologia costruttiva che consiste nel reimpiegare elementi lapidei anche incisi nelle murature e soprattutto nelle spallette degli ingressi.

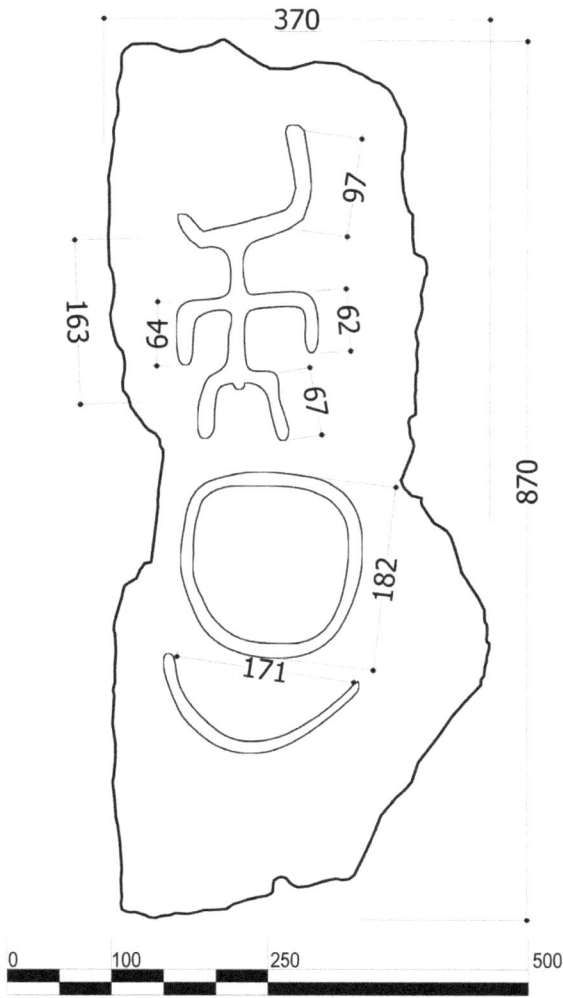

Rilievo della stele, ruotata di 180° rispetto al posizionamento nel muro, con le indicazioni dimensionali. La rotazione permette di ristabilire il corretto senso di osservazione del manufatto.

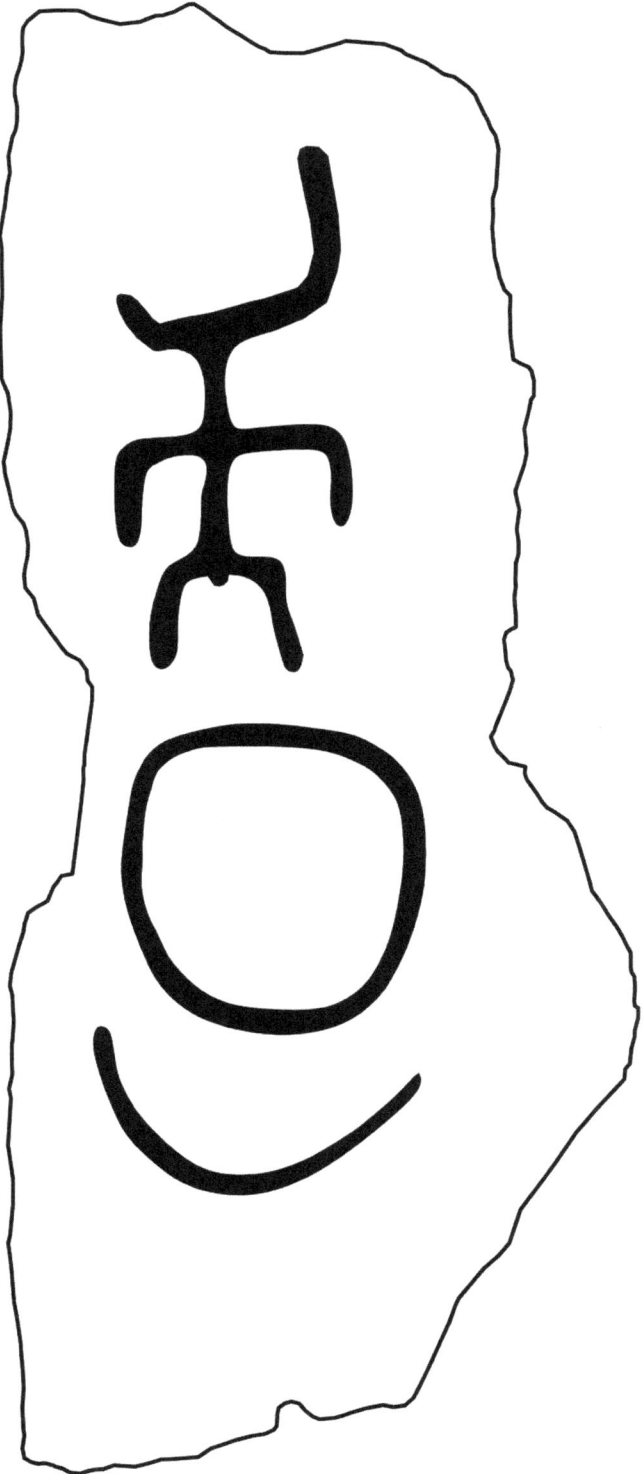

Si osservi la raffigurazione antropomorfa itifallica con la forma corniforme nella parte superiore. L'iconografia parrebbe in linea con le rappresentazioni teriomorfe di divinità calcolitiche riscontrabili nei culti taurini del Bego e nei cervidi evolutisi in figure di divinità nei processi di "transfer cultuale" (Cernunnos). Nella parte inferiore sembra osservarsi la presenza congiunta di due simboli astrali presenti nell'immaginario del Calcolitico e rappresentativi di un significato ierogamico fortemente simbolico: il sole uranico maschile e la luna ctonia femminile.

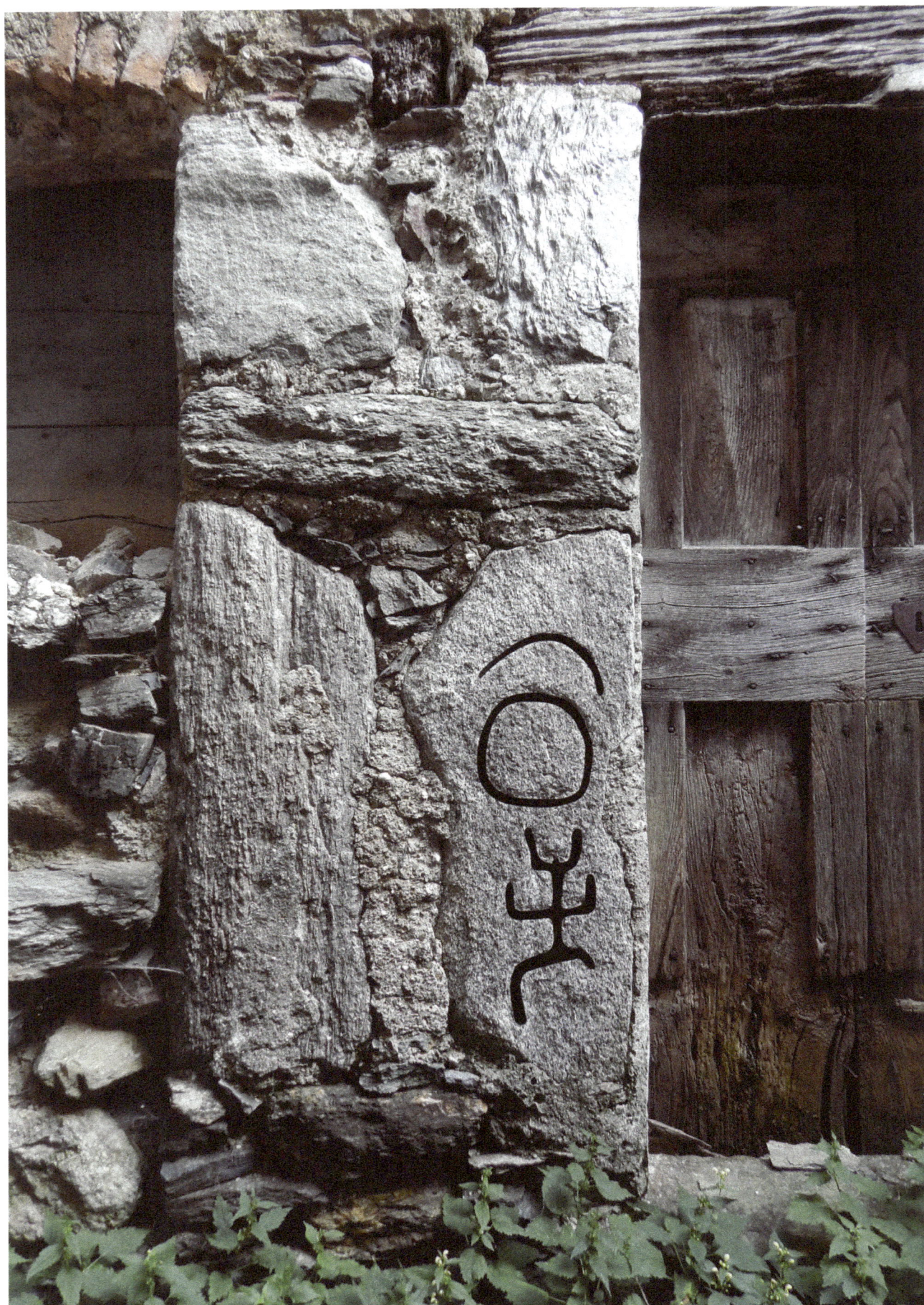

Sovrapposizione del rilievo alla stele.

IDENTIFICAZIONE

N° scheda	0070	*Comune*	Gravedona e Uniti (CO)
Località	Germasino località Pugnano	*Quota*	1198 m slm
Identificazione	Giovanni Beltramelli	*Data Identificazione*	Anno 2000

Ubicazione ☐fondovalle ■versante ☐cima ■bosco ☐campo coltivato ☐pascolo ☐incolto ☐nucleo abitativo ☐luogo di culto ☐presso corsi d'acqua ☐presso sorgenti ☐pianoro ☐presso vie di percorrenza

DESCRIZIONE

Dimensioni ☐piccola ☐media ■grande

Contesto ☐affioramento ■roccia isolata ☐gruppo di rocce ☐lastra ☐parete/riparo ☐riuso ☐frana

Tipo figurativo ☐animali ☐antropomorfi ☐armi e antropomorfi armati ☐carri ☐circolari ☐cruciformi ☐simbologie topografiche ☐simboli di fertilità ☐caratteri alfanumerici ☐simboli di astrazione ☐megaliti ☐vegetali

Tipo schematico ■coppelle ■canaletti ☐pediformi ☐polissoir ☐scivoli ☐elementi utilitari

Morfologia ■liscio ☐ruvido ■orizzontale ■inclinato ☐verticale ☐concavo ☐convesso ☐fratturato ■gradonato

Lavorazione ■rotazione ■percussione ☐incisione lineare ☐levigatura della superficie

Profilo incisione ■concavo ☐cilindrico ☐a bottiglia ■conico ☐squadrato ☐irregolare

Documentazione ■fotografica ☐filmati ☐rilievo ☐calco ☐eidotipo ■descrittiva

Descrizione Il supporto si trova all'interno di una pineta. Sulla superficie sono presenti ventuno coppelle ben visibili e delineate. La matrice rocciosa è analoga alla maggior parte dei supporti scistosi; le coppelle appaiono antiche per l'erosione dovuta all'azione degli agenti atmosferici.

IDENTIFICAZIONE

N° scheda	0071	*Comune*	Gravedona e Uniti (CO)
Località	Germasino località Sant'Anna	*Quota*	984 m slm
Identificazione	Giovanni Beltramelli	*Data Identificazione*	Anno 2000

Ubicazione ☐fondovalle ■versante ☐cima ■bosco ☐campo coltivato ☐pascolo ■incolto ■nucleo abitativo ☐luogo di culto ■presso corsi d'acqua ☐presso sorgenti ☐pianoro ■presso vie di percorrenza

DESCRIZIONE

Dimensioni ■piccola ☐media ☐grande

Contesto ☐affioramento ■roccia isolata ☐gruppo di rocce ☐lastra ☐parete/riparo ☐riuso ☐frana

Tipo figurativo ☐animali ☐antropomorfi ☐armi e antropomorfi armati ☐carri ☐circolari ☐cruciformi ☐simbologie topografiche ☐simboli di fertilità ☐caratteri alfanumerici ☐simboli di astrazione ☐megaliti ☐vegetali

Tipo schematico ■coppelle ☐canaletti ☐pediformi ☐polissoir ☐scivoli ☐elementi utilitari

Morfologia ☐liscio ■ruvido ■orizzontale ☐inclinato ☐verticale ☐concavo ☐convesso ☐fratturato ☐gradonato

Lavorazione ☐rotazione ■percussione ☐incisione lineare ■levigatura della superficie

Profilo incisione ■concavo ☐cilindrico ☐a bottiglia ☐conico ☐squadrato ☐irregolare

Documentazione ■fotografica ■filmati ■rilievo ☐calco ■eidotipo ■descrittiva

Descrizione Il masso ha incisa una vasca quadrangolare che per dimensioni e morfologia parrebbe rientrare nell'ambito dei rituali di purificazione. Il profilo del supporto è scolpito con una forma che riprende quella piramidale del monte Legnone, verso il quale è orientato. Ciò rappresenterebbe un atto di mimesi con l'elemento adorato, rafforzando l'aspetto totemico del masso.

Vista del masso: si notino le dimensioni considerevoli della vasca quadrangolare.

302

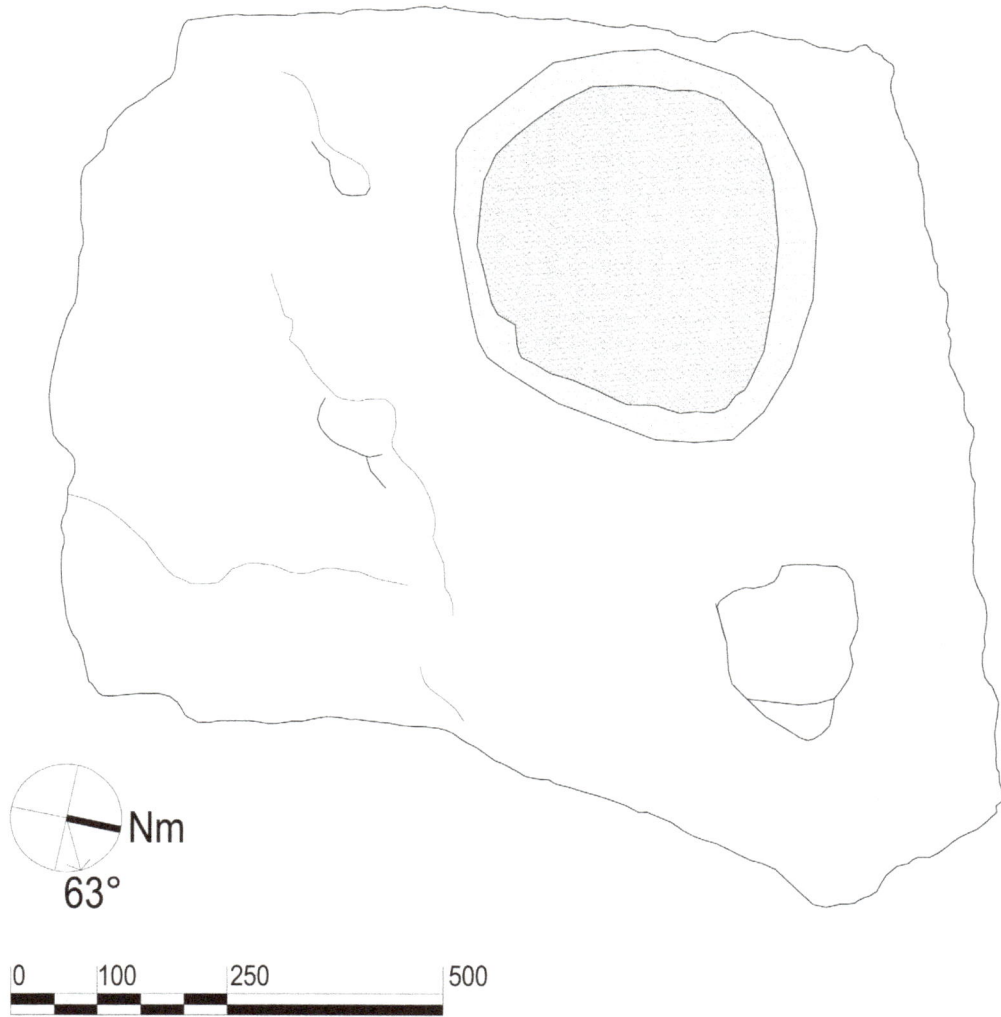

Nm

63°

0   100   250   500

Rilievo del supporto.

Il masso è stato scolpito lungo il bordo per assumere una forma triangolare.

L'orientamento del masso è diretto verso il monte Legnone del quale assume le caratteristiche morfologiche.

IDENTIFICAZIONE

N° scheda	0072	*Comune*	Gravedona e Uniti (CO)
Località	Germasino località Croce	*Quota*	1500 m slm
Identificazione	Giovanni Beltramelli	*Data Identificazione*	Anno 1997

Ubicazione ☐fondovalle ☐versante ■cima ☐bosco ☐campo coltivato
■pascolo ☐incolto ☐nucleo abitativo ☐luogo di culto ☐presso corsi d'acqua
☐presso sorgenti ☐pianoro ■presso vie di percorrenza

DESCRIZIONE

Dimensioni ☐piccola ☐media ■grande

Contesto ☐affioramento ■roccia isolata ☐gruppo di rocce ☐lastra ☐parete/riparo ☐riuso ☐frana

Tipo figurativo ☐animali ☐antropomorfi ☐armi e antropomorfi armati ☐carri ☐circolari
☐cruciformi ☐simbologie topografiche ☐simboli di fertilità ☐caratteri alfanumerici
☐simboli di astrazione ☐megaliti ☐vegetali

Tipo schematico ■coppelle ■canaletti ☐pediformi ☐polissoir ☐scivoli ☐elementi utilitari

Morfologia ■liscio ☐ruvido ■orizzontale ☐inclinato ☐verticale
☐concavo ☐convesso ☐fratturato ☐gradonato

Lavorazione ■rotazione ■percussione ☐incisione lineare ☐levigatura della superficie

Profilo incisione ■concavo ☐cilindrico ☐a bottiglia ■conico ☐squadrato ☐irregolare

Documentazione ■fotografica ☐filmati ☐rilievo ☐calco ☐eidotipo ■descrittiva

Descrizione Il masso si trova in una posizione dominante la Valle Albano in prossimità della croce posta sulla propaggine orientale del monte Cortafon. Le incisioni riscontrate sono: due coppelle grandi, diametro medio 10 cm, dieci coppelle piccole, diametro medio 5 cm, e cinque canaletti che collegano alcune coppelle.

IDENTIFICAZIONE

N° scheda	0073	**Comune**	Gravedona e Uniti (CO)
Località	Germasino	**Quota**	580 m slm
Identificazione	Giovanni Beltramelli	**Data Identificazione**	Anno 2000

Ubicazione   □fondovalle ■versante □cima □bosco □campo coltivato
□pascolo □incolto ■nucleo abitativo □luogo di culto □presso corsi d'acqua
□presso sorgenti □pianoro ■presso vie di percorrenza

DESCRIZIONE

Dimensioni   ■piccola □media □grande

Contesto   □affioramento □roccia isolata □gruppo di rocce ■lastra □parete/riparo ■riuso □frana

Tipo figurativo   □animali □antropomorfi □armi e antropomorfi armati □carri □circolari
■cruciformi □simbologie topografiche □simboli di fertilità □caratteri alfanumerici
■simboli di astrazione □megaliti □vegetali

Tipo schematico   □coppelle □canaletti □pediformi □polissoir □scivoli ■elementi utilitari

Morfologia   □liscio ■ruvido □orizzontale □inclinato ■verticale
□concavo □convesso □fratturato □gradonato

Lavorazione   □rotazione ■percussione □incisione lineare ■levigatura della superficie

Profilo incisione   ■concavo ■cilindrico ■a bottiglia □conico □squadrato □irregolare

Documentazione   ■fotografica ■filmati ■rilievo □calco ■eidotipo ■descrittiva

Descrizione   I due reperti sono inseriti nella muratura di un rustico di proprietà della famiglia Allio (collocati in prossimità della stele descritta nella scheda 69). Il primo incluso è un supporto cilindrico con due lavorazioni: un foro cilindrico e un'incisione cruciforme forse destinata ad accogliere un sistema ligneo o metallico per effettuare lavorazioni. Si è ipotizzato che possa trattarsi della base di un maglio, di una macina o essere la base di un torchio . Nel territorio montuoso abruzzese dei Vestini Cismontani sono stati rinvenuti dei monoliti simili con incisioni a forma di H, inquadrabili al VII-VI sec. a. C., collegati a templi dedicati ad Ercole, il cui scopo sarebbe la produzione di vino destinato a riti religiosi. Il secondo reperto ha due segni: una croce potenziata e un simbolo a ferro di cavallo.

A destra: vista di insieme degli inclusi nel muro di costruzione. A destra dei pluviali si apre il passaggio coperto che porta alla stele con antropomorfo.

A destra: vista di insieme degli inclusi nel muro di costruzione. A destra dei pluviali si apre il passaggio coperto che porta alla stele con antropomorfo.

Sopra: una delle incisioni presenti nel nucleo antico del paese. Questi cruciformi inscritti in una figura circolare, presumibilmente afferenti all'ambito cristiano e scolpiti sopra gli architravi, avevano probabilmente una funzione scaramantica ereditata da un retaggio ancestrale.

A sinistra: particolare dell'incluso con cruciforme e ferro di cavallo, raffigurazione rara e antica.

Vista dell'incavo presente nel supporto cilindrico; questo elemento doveva essere la base di un maglio, di una macina o di un torchio. Si noti la colorazione di fondo della parete.

IDENTIFICAZIONE

N° scheda	0074	**Comune**	Stazzona (CO)
Località	Castanedo	**Quota**	500 m slm
Identificazione	Giovanni Beltramelli	**Data Identificazione**	Anno 2003

Ubicazione ☐fondovalle ☐versante ☐cima ☐bosco ■campo coltivato ☐pascolo ☐incolto ■nucleo abitativo ☐luogo di culto ☐presso corsi d'acqua ☐presso sorgenti ☐pianoro ■presso vie di percorrenza

DESCRIZIONE

Dimensioni ■piccola ☐media ☐grande

Contesto ☐affioramento ■roccia isolata ☐gruppo di rocce ☐lastra ☐parete/riparo ☐riuso ☐frana

Tipo figurativo ☐animali ☐antropomorfi ☐armi e antropomorfi armati ☐carri ☐circolari ☐cruciformi ☐simbologie topografiche ☐simboli di fertilità ☐caratteri alfanumerici ☐simboli di astrazione ☐megaliti ☐vegetali

Tipo schematico ■coppelle ☐canaletti ☐pediformi ☐polissoir ☐scivoli ☐elementi utilitari

Morfologia ☐liscio ■ruvido ☐orizzontale ☐inclinato ■verticale ☐concavo ☐convesso ☐fratturato ☐gradonato

Lavorazione ☐rotazione ■percussione ☐incisione lineare ■levigatura della superficie

Profilo incisione ☐concavo ■cilindrico ☐a bottiglia ☐conico ■squadrato ☐irregolare

Documentazione ■fotografica ☐filmati ☐rilievo ☐calco ☐eidotipo ■descrittiva

Descrizione Grande pietra rotonda, con incisa una vasca rettangolare adiacente ad un foro cilindrico più profondo. Si intravvedono dei cerchi simili a medaglie con croci forse affrescate. Il reperto potrebbe appartenere a una macina o alla base di un torchio.

IDENTIFICAZIONE

N° scheda	0075	*Comune*	Gravedona e Uniti (CO)
Località	Gravedona	*Quota*	200 m slm
Identificazione	Giovanni Beltramelli	*Data Identificazione*	Anno 2001

Ubicazione ☐fondovalle ☐versante ☐cima ☐bosco ☐campo coltivato ☐pascolo ☐incolto ■nucleo abitativo ☐luogo di culto ■presso corsi d'acqua ☐presso sorgenti ☐pianoro ☐presso vie di percorrenza

DESCRIZIONE

Dimensioni ■piccola ☐media ☐grande

Contesto ☐affioramento ■roccia isolata ☐gruppo di rocce ☐lastra ☐parete/riparo ☐riuso ☐frana

Tipo figurativo ☐animali ☐antropomorfi ☐armi e antropomorfi armati ☐carri ☐circolari ☐cruciformi ☐simbologie topografiche ☐simboli di fertilità ☐caratteri alfanumerici ☐simboli di astrazione ☐megaliti ☐vegetali

Tipo schematico ■coppelle ☐canaletti ☐pediformi ☐polissoir ☐scivoli ☐elementi utilitari

Morfologia ☐liscio ■ruvido ■orizzontale ☐inclinato ☐verticale ☐concavo ■convesso ☐fratturato ☐gradonato

Lavorazione ■rotazione ■percussione ☐incisione lineare ☐levigatura della superficie

Profilo incisione ☐concavo ☐cilindrico ☐a bottiglia ■conico ☐squadrato ☐irregolare

Documentazione ■fotografica ☐filmati ☐rilievo ☐calco ☐eidotipo ■descrittiva

Descrizione Masso emerso dal lago durante un periodo di siccità. La parte superiore ha incise delle coppelle, si ha una composizione quadrilobata riconducibile alla rappresentazione di una rosa camuna. Le tre incisioni lineari sono dei segni di coltivazione che mostrano il tentativo di spaccare il masso.

IDENTIFICAZIONE

N° scheda	0076	*Comune*	Gravedona e Uniti (CO)
Località	Consiglio di Rumo località Brenzio	*Quota*	520 m slm
Identificazione	Giovanni Beltramelli	*Data Identificazione*	Anno 2001

Ubicazione ☐fondovalle ■versante ☐cima ☐bosco ☐campo coltivato
☐pascolo ☐incolto ☐nucleo abitativo ■luogo di culto ■presso corsi d'acqua
☐presso sorgenti ☐pianoro ■presso vie di percorrenza

DESCRIZIONE

Dimensioni ☐piccola ☐media ■grande

Contesto ☐affioramento ■roccia isolata ☐gruppo di rocce ☐lastra ☐parete/riparo ☐riuso ☐frana

Tipo figurativo ☐animali ☐antropomorfi ☐armi e antropomorfi armati ☐carri ☐circolari
☐cruciformi ☐simbologie topografiche ☐simboli di fertilità ☐caratteri alfanumerici
☐simboli di astrazione ☐megaliti ☐vegetali

Tipo schematico ■coppelle ☐canaletti ☐pediformi ☐polissoir ☐scivoli ☐elementi utilitari

Morfologia ☐liscio ■ruvido ■orizzontale ☐inclinato ☐verticale
☐concavo ■convesso ☐fratturato ■gradonato

Lavorazione ■rotazione ■percussione ☐incisione lineare ■levigatura della superficie

Profilo incisione ☐concavo ☐cilindrico ☐a bottiglia ■conico ☐squadrato ☐irregolare

Documentazione ■fotografica ☐filmati ☐rilievo ☐calco ☐eidotipo ■descrittiva

Descrizione Il masso ha dimensioni considerevoli. Le coppelle incise sulla sua superficie piana superano le cinquanta unità. La posizione panoramica, la morfologia levigata del supporto e la planarità del sito suggeriscono una frequentazione assidua nel corso del tempo e una funzione legata a riti di stampo animistico. La levigatura della superficie è di origine naturale.

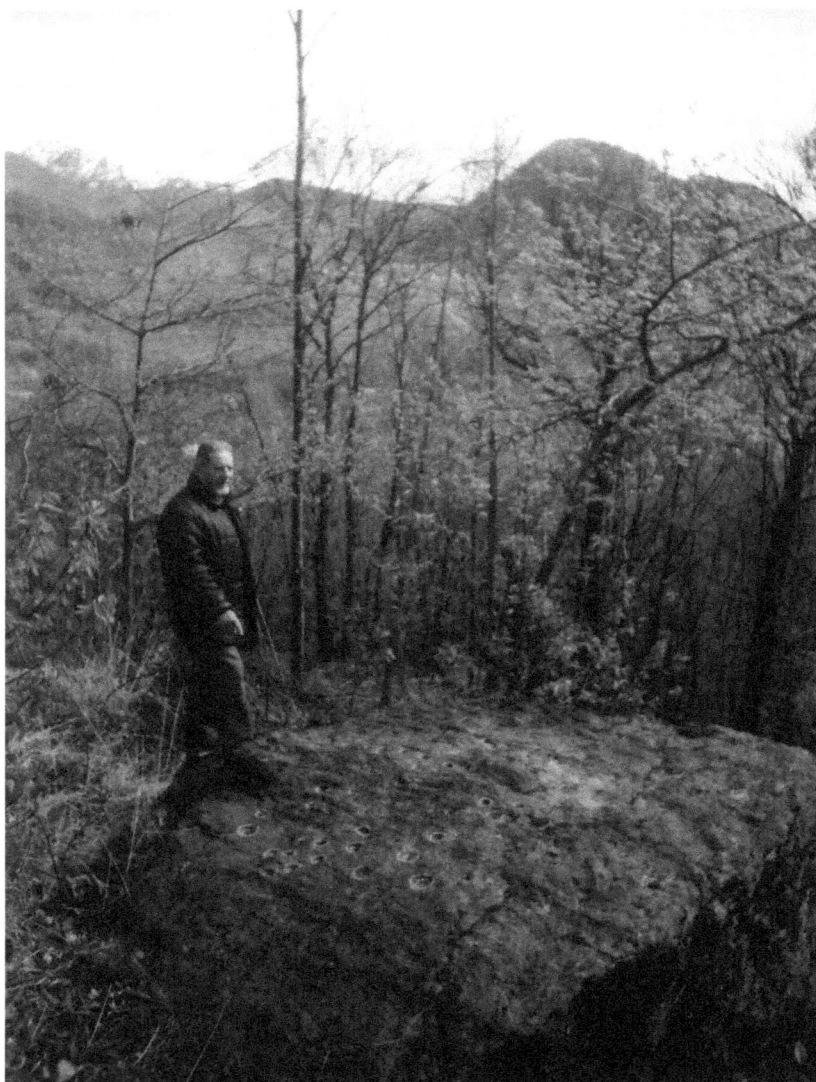

IDENTIFICAZIONE

N° scheda	0077	*Comune*	Gravedona e Uniti (CO)
Località	Consiglio di Rumo località Cappelle	*Quota*	500 m slm
Identificazione	Giovanni Beltramelli	*Data Identificazione*	Anno 2001

Ubicazione ☐fondovalle ■versante ☐cima ■bosco ☐campo coltivato
■pascolo ☐incolto ☐nucleo abitativo ■luogo di culto ■presso corsi d'acqua
☐presso sorgenti ☐pianoro ■presso vie di percorrenza

DESCRIZIONE

Dimensioni ☐piccola ■media ☐grande

Contesto ☐affioramento ■roccia isolata ☐gruppo di rocce ☐lastra ☐parete/riparo ☐riuso ☐frana

Tipo figurativo ☐animali ☐antropomorfi ☐armi e antropomorfi armati ☐carri ☐circolari
☐cruciformi ☐simbologie topografiche ☐simboli di fertilità ☐caratteri alfanumerici
☐simboli di astrazione ☐megaliti ☐vegetali

Tipo schematico ■coppelle ☐canaletti ☐pediformi ☐polissoir ☐scivoli ☐elementi utilitari

Morfologia ☐liscio ■ruvido ■orizzontale ☐inclinato ☐verticale
☐concavo ■convesso ■fratturato ■gradonato

Lavorazione ■rotazione ■percussione ☐incisione lineare ☐levigatura della superficie

Profilo incisione ☐concavo ☐cilindrico ☐a bottiglia ■conico ☐squadrato ☐irregolare

Documentazione ■fotografica ☐filmati ☐rilievo ☐calco ☐eidotipo ■descrittiva

Descrizione Masso isolato sulla cui sommità sono incise dodici coppelle e numerosi segni. A causa dell'erosione superficiale i segni non sono identificabili; il grado di usura del supporto, costituto da una dura matrice scistosa, ne sottolinea l'antichità.

IDENTIFICAZIONE

N° scheda	0078	*Comune*	Gravedona e Uniti (CO)
Località	Consiglio di Rumo, Ponte di Mangiavacca	*Quota*	660 m slm
Identificazione	Giovanni Beltramelli	*Data Identificazione*	Anno 2004

Ubicazione ☐fondovalle ☐versante ☐cima ■bosco ☐campo coltivato
■pascolo ☐incolto ☐nucleo abitativo ☐luogo di culto ■presso corsi d'acqua
☐presso sorgenti ☐pianoro ■presso vie di percorrenza

DESCRIZIONE

Dimensioni ■piccola ☐media ☐grande

Contesto ☐affioramento ■roccia isolata ☐gruppo di rocce ☐lastra ☐parete/riparo ☐riuso ☐frana

Tipo figurativo ☐animali ☐antropomorfi ☐armi e antropomorfi armati ☐carri ☐circolari
☐cruciformi ☐simbologie topografiche ☐simboli di fertilità ☐caratteri alfanumerici
☐simboli di astrazione ☐megaliti ☐vegetali

Tipo schematico ■coppelle ☐canaletti ☐pediformi ☐polissoir ☐scivoli ■elementi utilitari

Morfologia ☐liscio ■ruvido ■orizzontale ☐inclinato ☐verticale
☐concavo ■convesso ☐fratturato ☐gradonato

Lavorazione ■rotazione ■percussione ☐incisione lineare ■levigatura della superficie

Profilo incisione ■concavo ☐cilindrico ☐a bottiglia ■conico ☐squadrato ☐irregolare

Documentazione ■fotografica ☐filmati ☐rilievo ☐calco ☐eidotipo ■descrittiva

Descrizione Masso emisferico con una grande coppella centrale dal diametro di 35 cm, sul cui bordo sono scolpite alcune coppelle. Si ipotizza una funzione utilitaria di macina o di misura per cereali; sulla superficie sono incise sei coppelle.

IDENTIFICAZIONE

N° scheda	0079	*Comune*	Gravedona e Uniti (CO)
Località	Consiglio di Rumo località Ganda	*Quota*	500 m slm
Identificazione	Giovanni Beltramelli	*Data Identificazione*	Anno 2000

Ubicazione ☐ fondovalle ☐ versante ☐ cima ☐ bosco ☐ campo coltivato
☐ pascolo ☐ incolto ■ nucleo abitativo ☐ luogo di culto ■ presso corsi d'acqua
☐ presso sorgenti ☐ pianoro ■ presso vie di percorrenza

DESCRIZIONE

Dimensioni ■ piccola ☐ media ☐ grande

Contesto ☐ affioramento ☐ roccia isolata ☐ gruppo di rocce ☐ lastra ☐ parete/riparo ■ riuso ☐ frana

Tipo figurativo ☐ animali ☐ antropomorfi ☐ armi e antropomorfi armati ☐ carri ☐ circolari
☐ cruciformi ☐ simbologie topografiche ☐ simboli di fertilità ☐ caratteri alfanumerici
☐ simboli di astrazione ☐ megaliti ☐ vegetali

Tipo schematico ■ coppelle ☐ canaletti ☐ pediformi ☐ polissoir ☐ scivoli ■ elementi utilitari

Morfologia ☐ liscio ■ ruvido ■ orizzontale ☐ inclinato ☐ verticale
☐ concavo ☐ convesso ☐ fratturato ☐ gradonato

Lavorazione ■ rotazione ■ percussione ☐ incisione lineare ■ levigatura della superficie

Profilo incisione ■ concavo ☐ cilindrico ☐ a bottiglia ■ conico ☐ squadrato ☐ irregolare

Documentazione ■ fotografica ☐ filmati ☐ rilievo ☐ calco ☐ eidotipo ■ descrittiva

Descrizione Masso rettangolare, irregolare, che reca al centro una profonda coppella incisa dal diametro di 36 cm e circondata da dieci coppelle. Rientra nelle incisioni utilitarie.

IDENTIFICAZIONE

N° scheda	0080	*Comune*	Stazzona (CO)
Località	Pineta sopra località Sassello	*Quota*	1250 m slm
Identificazione	Giovanni Beltramelli	*Data Identificazione*	Anno 2003

Ubicazione ☐fondovalle ■versante ☐cima ■bosco ☐campo coltivato ☐pascolo ☐incolto ☐nucleo abitativo ☐luogo di culto ■presso corsi d'acqua ☐presso sorgenti ☐pianoro ☐presso vie di percorrenza

DESCRIZIONE

Dimensioni ☐piccola ■media ☐grande

Contesto ☐affioramento ☐roccia isolata ■gruppo di rocce ☐lastra ☐parete/riparo ☐riuso ☐frana

Tipo figurativo ☐animali ☐antropomorfi ☐armi e antropomorfi armati ☐carri ☐circolari ☐cruciformi ☐simbologie topografiche ☐simboli di fertilità ☐caratteri alfanumerici ☐simboli di astrazione ☐megaliti ☐vegetali

Tipo schematico ■coppelle ■canaletti ☐pediformi ☐polissoir ☐scivoli ☐elementi utilitari

Morfologia ☐liscio ■ruvido ■orizzontale ☐inclinato ☐verticale ☐concavo ☐convesso ■fratturato ■gradonato

Lavorazione ■rotazione ■percussione ☐incisione lineare ☐levigatura della superficie

Profilo incisione ■concavo ☐cilindrico ☐a bottiglia ■conico ☐squadrato ☐irregolare

Documentazione ■fotografica ☐filmati ■rilievo ☐calco ■eidotipo ■descrittiva

Descrizione Masso collocato in una pineta con numerose coppelle e canaletti. Potrebbe inquadrarsi nei supporti riferibili a riti cultuali propiziatori per la fertilità, per via della composizione dei canaletti che fanno confluire lo scorrimento di fluidi verso la terra in una simbologia fecondatoria. Le coppelle riscontrate sul masso sono state scavate in modo molto accurato e presentano tre tipologie ben identificabili.

Vista del masso con evidenziate coppelle e canaletti. Si noti come questi ultimi facciano confluire i liquidi versati nelle coppelle sul terreno.

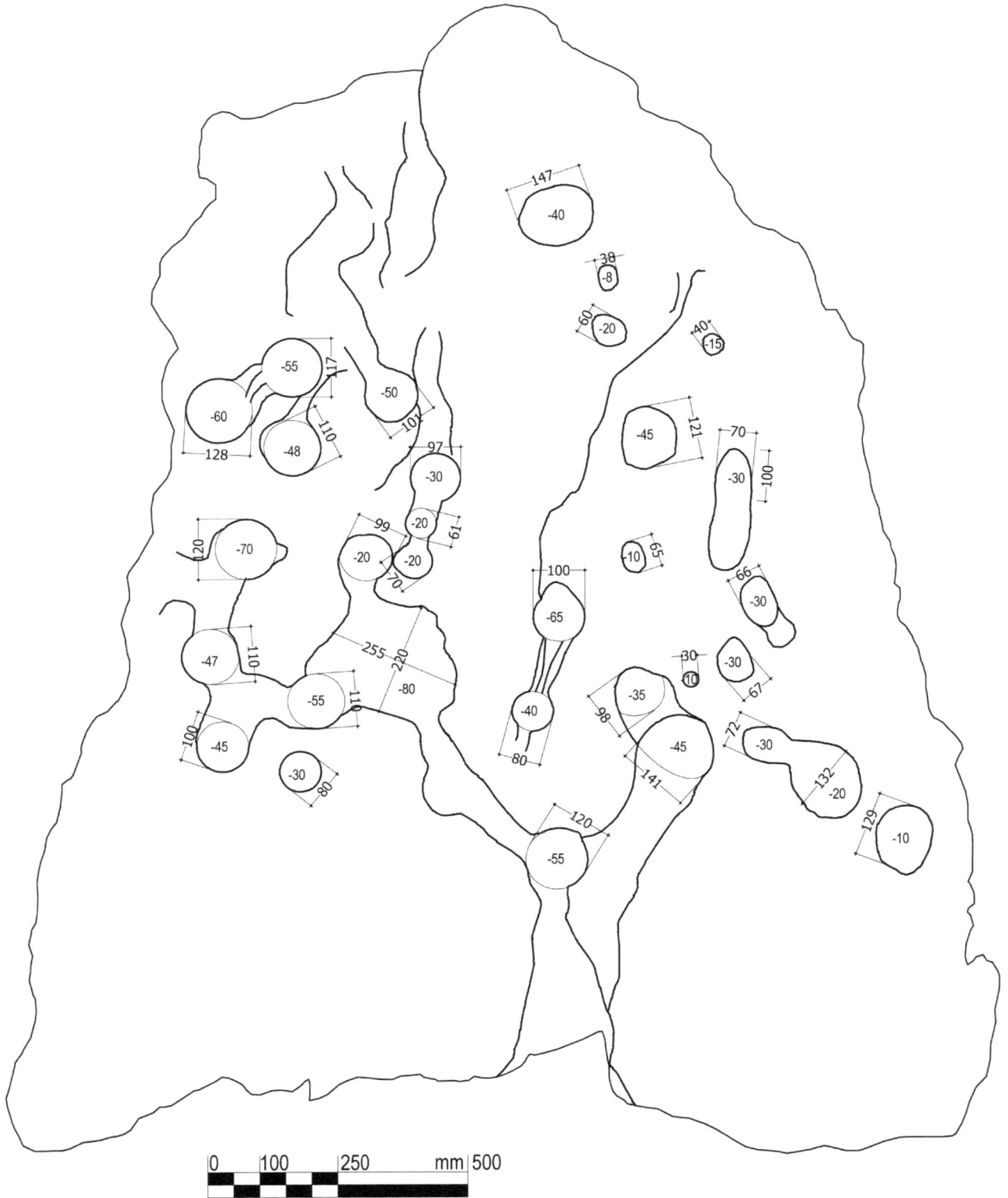

Rilievo del masso con evidenziate dimensioni e profondità delle coppelle.

VISTA PLANIMETRICA
Identificazione rapporto diametro profondità

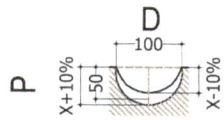

D
100
50
x+10% x-10%

x=D/P
X=2
X=2+10%=2,3
X=2-10%=1,8

sezione allungata
(x<1,8)

sezione circolare
(1,8≤x≤2,3)

sezione ribassata
(x>2,3)

| 0 | 100 | 250 | mm | 500 |

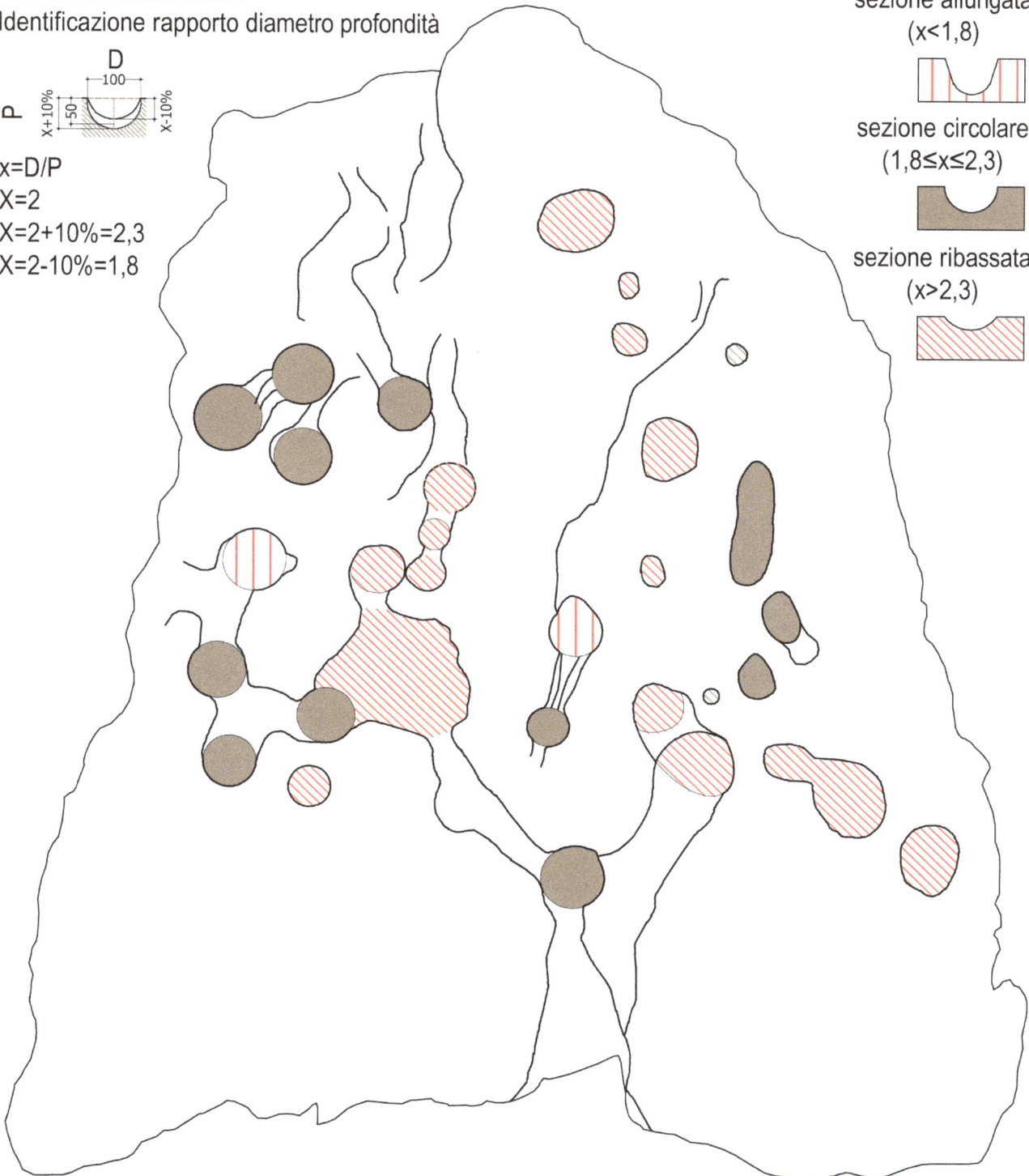

Indicazione delle tre tipologie coppellari riscontrate. Le sezioni sono allungate, circolari e ribassate. Il rapporto tra diametro e profondità determina un valore che inquadra ogni coppella in una specifica famiglia. Questo tipo di analisi, applicato in fase di studio anche ad altri supporti incisi, permette di definire dei caratteri identificatori dell'elemento inciso.

IDENTIFICAZIONE

N° scheda	0081	*Comune*	Stazzona (CO)
Località	Sariva	*Quota*	760 m slm
Identificazione	Giovanni Beltramelli	*Data Identificazione*	Anno 2003

Ubicazione
☐fondovalle ■versante ☐cima ■bosco ☐campo coltivato
☐pascolo ■incolto ☐nucleo abitativo ☐luogo di culto ☐presso corsi d'acqua
■presso sorgenti ☐pianoro ■presso vie di percorrenza

DESCRIZIONE

Dimensioni ☐piccola ☐media ■grande

Contesto ■affioramento ☐roccia isolata ☐gruppo di rocce ☐lastra ☐parete/riparo ☐riuso ☐frana

Tipo figurativo ☐animali ☐antropomorfi ☐armi e antropomorfi armati ☐carri ☐circolari
☐cruciformi ☐simbologie topografiche ☐simboli di fertilità ☐caratteri alfanumerici
☐simboli di astrazione ☐megaliti ☐vegetali

Tipo schematico ■coppelle ☐canaletti ☐pediformi ☐polissoir ☐scivoli ☐elementi utilitari

Morfologia ☐liscio ■ruvido ■orizzontale ☐inclinato ☐verticale
☐concavo ☐convesso ☐fratturato ☐gradonato

Lavorazione ■rotazione ■percussione ☐incisione lineare ☐levigatura della superficie

Profilo incisione ☐concavo ☐cilindrico ☐a bottiglia ■conico ☐squadrato ☐irregolare

Documentazione ■fotografica ☐filmati ☐rilievo ☐calco ☐eidotipo ■descrittiva

Descrizione La roccia si trova in posizione dominante sull'Alto Lario. Il supporto ha una grossa coppella posta centralmente sulla superficie, una vaschetta e numerose coppelle scolpite su tutta la superficie.

IDENTIFICAZIONE

N° scheda	0082	*Comune*	Stazzona (CO)
Località	Tre cappelle	*Quota*	660 m slm
Identificazione	Giovanni Beltramelli	*Data Identificazione*	Anno 2002

Ubicazione ☐fondovalle ■versante ☐cima ■bosco ☐campo coltivato
■pascolo ☐incolto ☐nucleo abitativo ■luogo di culto ☐presso corsi d'acqua
■presso sorgenti ☐pianoro ■presso vie di percorrenza

DESCRIZIONE

Dimensioni ☐piccola ☐media ■grande

Contesto ☐affioramento ■roccia isolata ☐gruppo di rocce ☐lastra ☐parete/riparo ☐riuso ☐frana

Tipo figurativo ☐animali ☐antropomorfi ☐armi e antropomorfi armati ☐carri ☐circolari ☐cruciformi ☐simbologie topografiche ☐simboli di fertilità ☐caratteri alfanumerici ☐simboli di astrazione ☐megaliti ☐vegetali

Tipo schematico ■coppelle ☐canaletti ☐pediformi ☐polissoir ☐scivoli ☐elementi utilitari

Morfologia ☐liscio ■ruvido ■orizzontale ☐inclinato ☐verticale ☐concavo ☐convesso ■fratturato ■gradonato

Lavorazione ■rotazione ■percussione ☐incisione lineare ☐levigatura della superficie

Profilo incisione ☐concavo ☐cilindrico ☐a bottiglia ■conico ☐squadrato ☐irregolare

Documentazione ■fotografica ☐filmati ☐rilievo ☐calco ☐eidotipo ■descrittiva

Descrizione Il supporto, sulla cui superficie sono incise ventitre coppelle, si trova nel mezzo di una pineta, vicino a tre cappelle dedicate a santi cristiani. Il sito ha avuto una frequentazione protratta nel tempo; elementi architettonici di questo tipo venivano edificati con l'intenzione di scoraggiare il perpetrarsi di rituali di stampo pagano o animistitico.

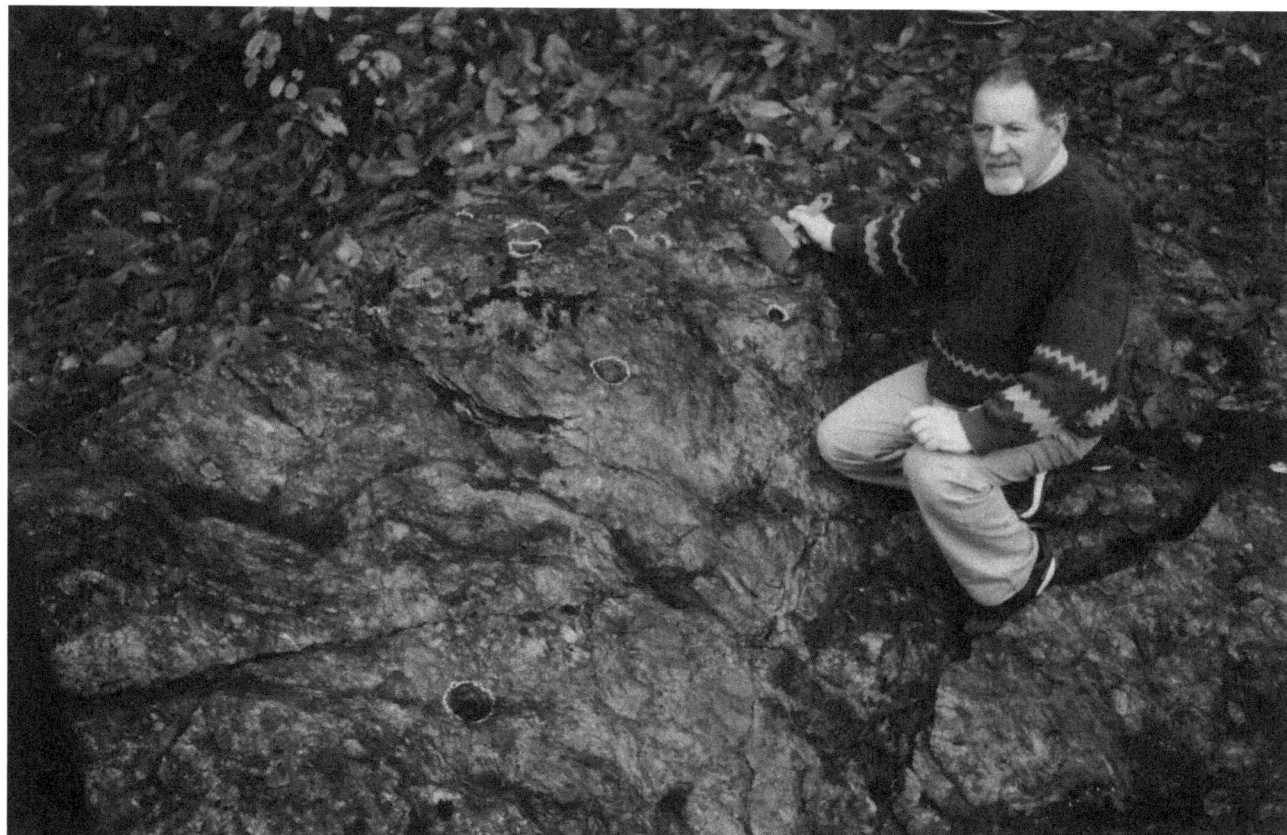

IDENTIFICAZIONE

N° scheda	0083	*Comune*	Stazzona (CO)
Località	Sasso Bravo	*Quota*	1180 m slm
Identificazione	Giovanni Beltramelli	*Data Identificazione*	Anno 2000

Ubicazione ☐fondovalle ☐versante ■cima ■bosco ☐campo coltivato
☐pascolo ☐incolto ☐nucleo abitativo ☐luogo di culto ☐presso corsi d'acqua
■presso sorgenti ■pianoro ■presso vie di percorrenza

DESCRIZIONE

Dimensioni ☐piccola ☐media ■grande

Contesto ☐affioramento ■roccia isolata ☐gruppo di rocce ☐lastra ☐parete/riparo ☐riuso ☐frana

Tipo figurativo ☐animali ☐antropomorfi ☐armi e antropomorfi armati ☐carri ☐circolari
☐cruciformi ☐simbologie topografiche ☐simboli di fertilità ☐caratteri alfanumerici
☐simboli di astrazione ☐megaliti ☐vegetali

Tipo schematico ■coppelle ■canaletti ☐pediformi ☐polissoir ☐scivoli ☐elementi utilitari

Morfologia ☐liscio ■ruvido ■orizzontale ■inclinato ☐verticale
☐concavo ☐convesso ■fratturato ■gradonato

Lavorazione ■rotazione ■percussione ☐incisione lineare ☐levigatura della superficie

Profilo incisione ■concavo ☐cilindrico ☐a bottiglia ■conico ☐squadrato ☐irregolare

Documentazione ■fotografica ☐filmati ☐rilievo ☐calco ☐eidotipo ■descrittiva

Descrizione Masso che si sviluppa su due livelli. Sul livello superiore sono presenti coppelle circolari isolate. Sul livello inferiore sono ricavate coppelle, canaletti e vaschette collegate tra loro secondo uno schema che parrebbe distribuire i liquidi di scorrimento sulla superficie per giungere al terreno sottostante.

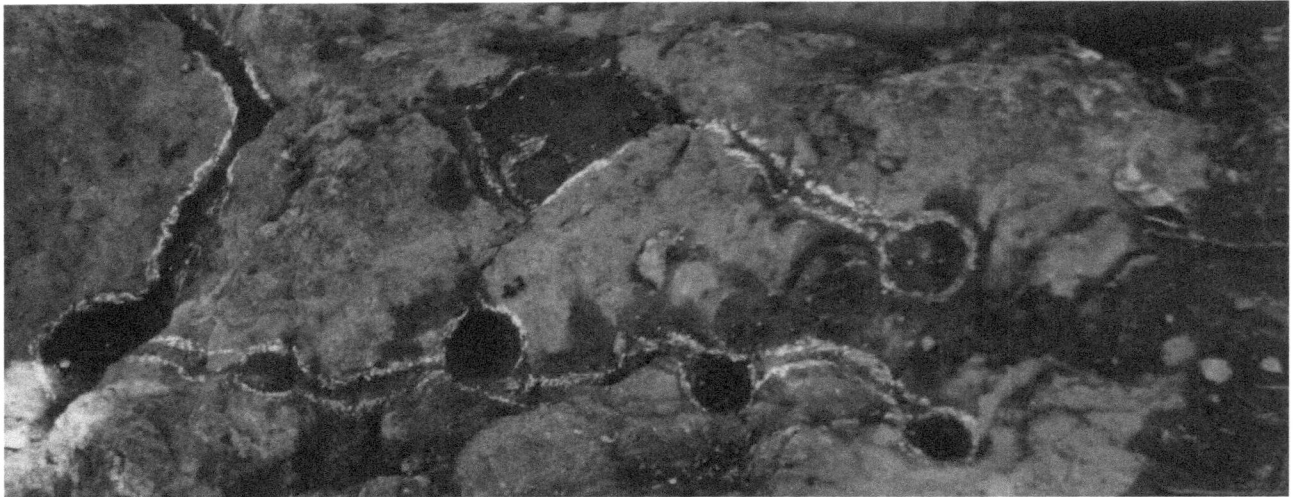

IDENTIFICAZIONE

N° scheda	0084	*Comune*	Stazzona (Co)
Località	Sasso Bravo	*Quota*	1170 m slm
Identificazione	Giovanni Beltramelli	*Data Identificazione*	Anno 2008

Ubicazione
□ fondovalle ■ versante □ cima ■ bosco □ campo coltivato
□ pascolo □ incolto ■ nucleo abitativo □ luogo di culto □ presso corsi d'acqua
■ presso sorgenti □ pianoro ■ presso vie di percorrenza

DESCRIZIONE

Dimensioni ■ piccola □ media □ grande

Contesto □ affioramento □ roccia isolata □ gruppo di rocce ■ lastra □ parete/riparo ■ riuso □ frana

Tipo figurativo ■ animali ■ antropomorfi □ armi e antropomorfi armati □ carri □ circolari
■ cruciformi □ simbologie topografiche ■ simboli di fertilità □ caratteri alfanumerici
■ simboli di astrazione □ megaliti □ vegetali

Tipo schematico ■ coppelle □ canaletti □ pediformi □ polissoir □ scivoli □ elementi utilitari

Morfologia □ liscio ■ ruvido □ orizzontale □ inclinato ■ verticale
□ concavo □ convesso □ fratturato □ gradonato

Lavorazione ■ rotazione ■ percussione □ incisione lineare ■ levigatura della superficie

Profilo incisione ■ concavo □ cilindrico □ a bottiglia ■ conico □ squadrato ■ irregolare

Documentazione ■ fotografica □ filmati ■ rilievo □ calco ■ eidotipo ■ descrittiva

Descrizione Lastra scistosa rinvenuta nel materiale di riuso di un'abitazione rurale; nei pressi vi sono altri supporti, un masso coppellare e una stele, che fanno presupporre la presenza di un luogo significativo dal punto di vista cultuale e rituale. Le tipologie figurative rappresentano gruppi di antropomorfi associati secondo schemi di tipo corale e narrativo, con elementi tesi ad esaltare dei caratteri cultuali; le incisioni schematiche sono disposte secondo un chiaro schema geometrico. La superficie è stata preparata tramite levigazione e asportazione di pezzi sporgenti; su di essa si ravvisano elementi riferibili a simboli di fertilità (falli, serpentiformi) e a rappresentazioni antropomorfe (itifallici e atti di accoppiamento). La fascia inferiore ha l'elemento di maggior dimensione e rilievo (G1): una rappresentazione fallica disposta orizzontalmente la cui importanza è rimarcatata da una profonda incisione perimetrale, come a sottolineare il carattere cultuale della narrazione. Il gruppo posto alla sua destra (G8) è il più articolato: si notano due antropomorfi di cui uno itifallico, cinque serpentiformi e un bucranio. La fascia mediana riporta due gruppi omogenei (G3 e G4). Ogni gruppo presenta un itifallico che compie un atto d'accoppiamento verso un antropomorfo posto di schiena. Gli altri tre gruppi (G9, G2 e G6) hanno incisioni non identificabili. La fascia superiore mostra due gruppi con coppelle: il primo (G5) è composto da una coppella bilobata, mentre nel secondo vi sono tre coppelle con una composizione triangolare. Le larghezze delle incisioni sono uniformi; in funzione del soggetto variano tra 10 e 15 mm. Il profilo è conico con profondità tra i 5 e i 10 mm. La matrice scistosa del supporto, che tende a creare microfratture nel punto di lavorazione, rende difficile stabilire se i segni di incisione siano stati eseguiti con strumenti metallici o litici.

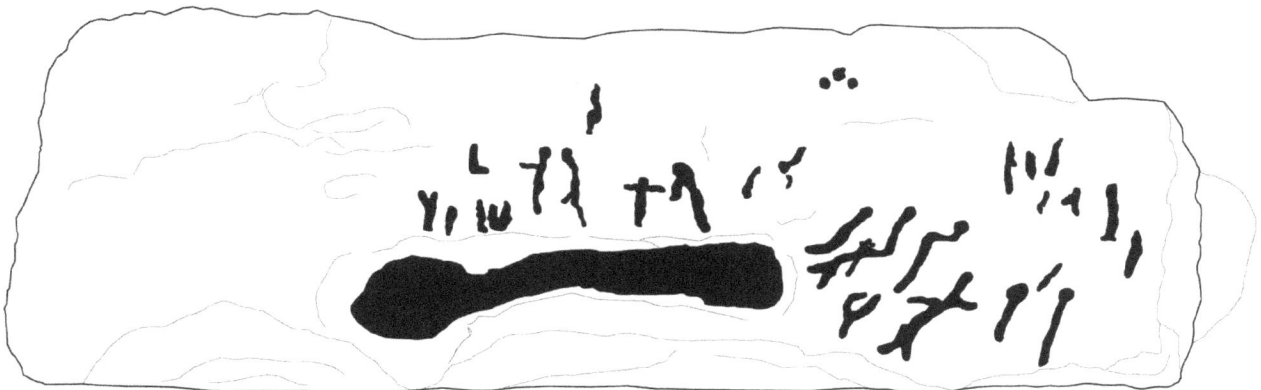

Rilievo della lastra con evidenziate le raffigurazioni e le lavorazioni sul supporto.

Immagine della lastra preparata per la georeferenziazione; i triangoli blu indicano le mire di riferimento.

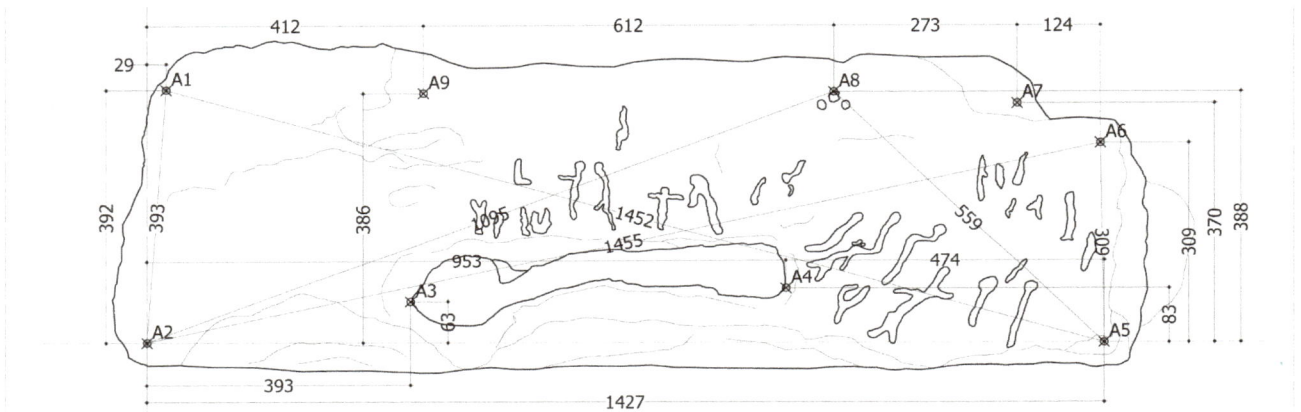

Indicazione delle misurazioni effettuate sull'eidotipo per il fotoraddrizzamento.

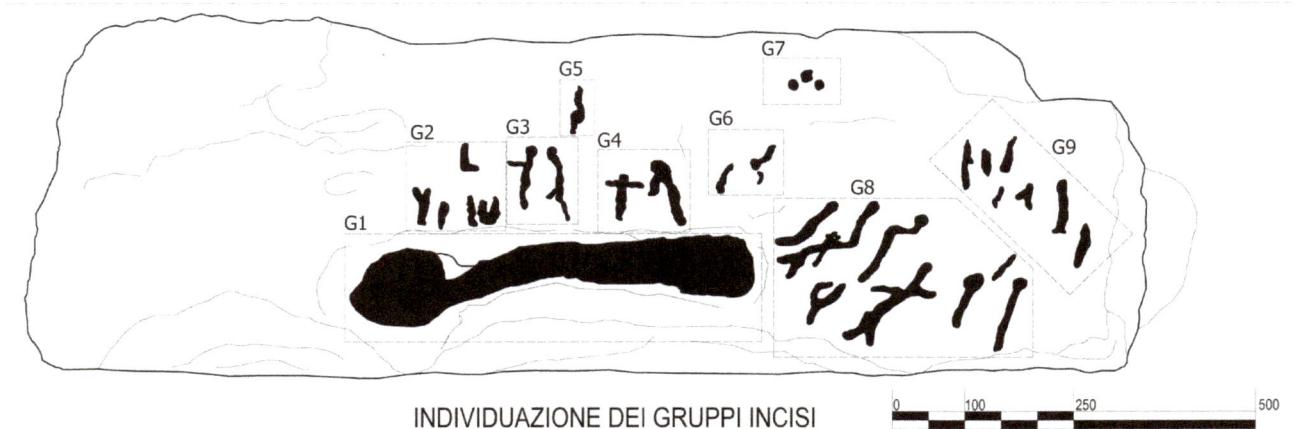

INDIVIDUAZIONE DEI GRUPPI INCISI

Individuazione dei gruppi figurativi.

G8. gruppo con figura itifallica, serpentiformi e bucrani

serpentiforme
itifallico
serpentiforme
gruppo di serpentiformi
bucranio
antropomorfo

G9. incisioni non identificabili

G6. incisioni non identificabili

G7. coppelle disposte a triangolo

G4. Atto di accoppiamento con figura itifallica

G3. Atto di accoppiamento con figura itifallica

G2. Incisioni non identificabili e bucrani

bucranio
bucranio

G5. Coppella bilobata

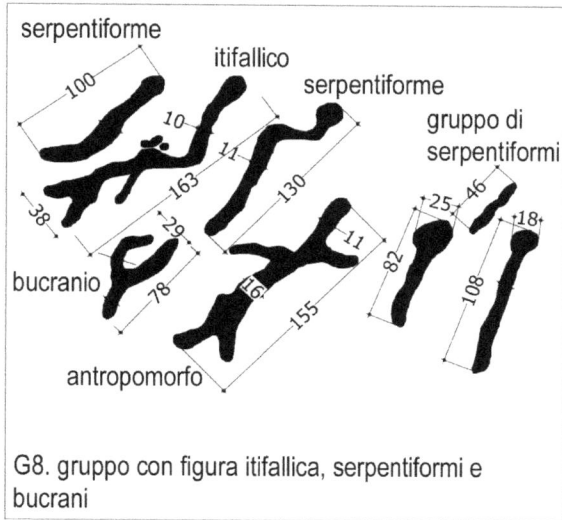

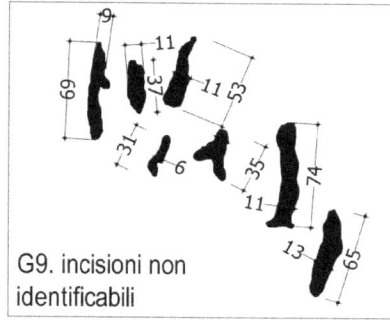

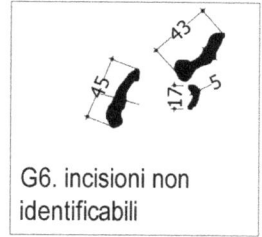

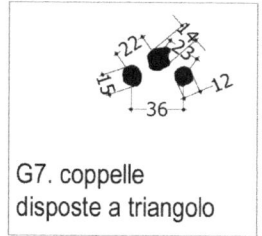

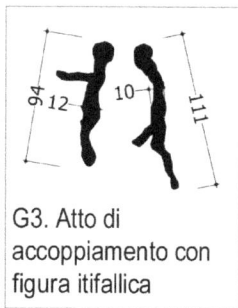

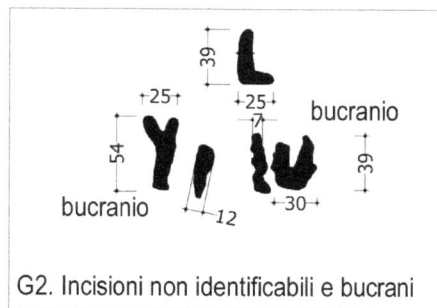

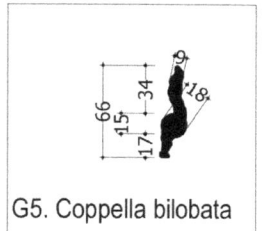

incisione perimetrale ottenuta mediante risparmio del materiale lapideo

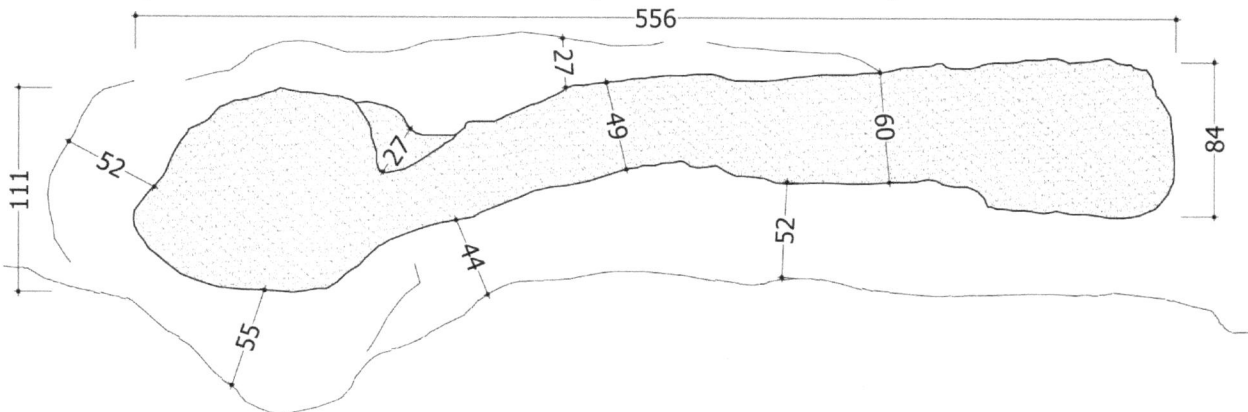

G1. Simbolo fallico

Restituzione di dettaglio dei gruppi incisi.

La luce radente evidenzia al meglio le incisioni.

Momento di convivialità con alcuni membri della Società Archeologica Comense, in occasione dell'esposizione di quanto individuato presso Sasso Bravo.

IDENTIFICAZIONE

N° scheda	0085	*Comune*	Stazzona (Co)
Località	Sasso Bravo	*Quota*	1170 m slm
Identificazione	Giovanni Beltramelli	*Data Identificazione*	Anno 2008

Ubicazione
☐ fondovalle ■ versante ☐ cima ■ bosco ☐ campo coltivato
☐ pascolo ☐ incolto ■ nucleo abitativo ☐ luogo di culto ☐ presso corsi d'acqua
■ presso sorgenti ☐ pianoro ■ presso vie di percorrenza

DESCRIZIONE

Dimensioni ■ piccola ☐ media ☐ grande
Contesto ☐ affioramento ☐ roccia isolata ☐ gruppo di rocce ■ lastra ☐ parete/riparo ■ riuso ☐ frana
Tipo figurativo ■ animali ■ antropomorfi ☐ armi e antropomorfi armati ☐ carri ☐ circolari
☐ cruciformi ☐ simbologie topografiche ☐ simboli di fertilità ☐ caratteri alfanumerici
■ simboli di astrazione ☐ megaliti ☐ vegetali
Tipo schematico ☐ coppelle ☐ canaletti ☐ pediformi ☐ polissoir ☐ scivoli ☐ elementi utilitari
Morfologia ☐ liscio ■ ruvido ☐ orizzontale ☐ inclinato ■ verticale
☐ concavo ☐ convesso ☐ fratturato ☐ gradonato
Lavorazione ■ rotazione ■ percussione ☐ incisione lineare ■ levigatura della superficie
Profilo incisione ■ concavo ☐ cilindrico ☐ a bottiglia ☐ conico ☐ squadrato ■ irregolare
Documentazione ■ fotografica ☐ filmati ■ rilievo ☐ calco ■ eidotipo ■ descrittiva
Descrizione Gruppo figurativo rinvenuto come materiale di riuso che presenta una struttura di tipo corale con una figura centrale, fulcro della composizione, e due gruppi a corollario. L'elemento centrale (G2) è composto da una fugura antropomorfa in atteggiamento orante (sacerdote o sciamano) al cui lato si trova una figura filiforme, forse antropomorfa. Sui lati sinistro e destro vi sono due gruppi distinti (G1 e G3) di antropomorfi con atteggiamento devozionale. È presumibile che l'oggetto di devozione sia la figura centrale. Il gruppo più a destra (G4) è composto da una coppella.La scistosità del supporto rende difficoltoso stabilirne le modalità di lavorazione.

Particolare della lavorazione del supporto.

Rilievo della lastra con evidenza delle incisioni.

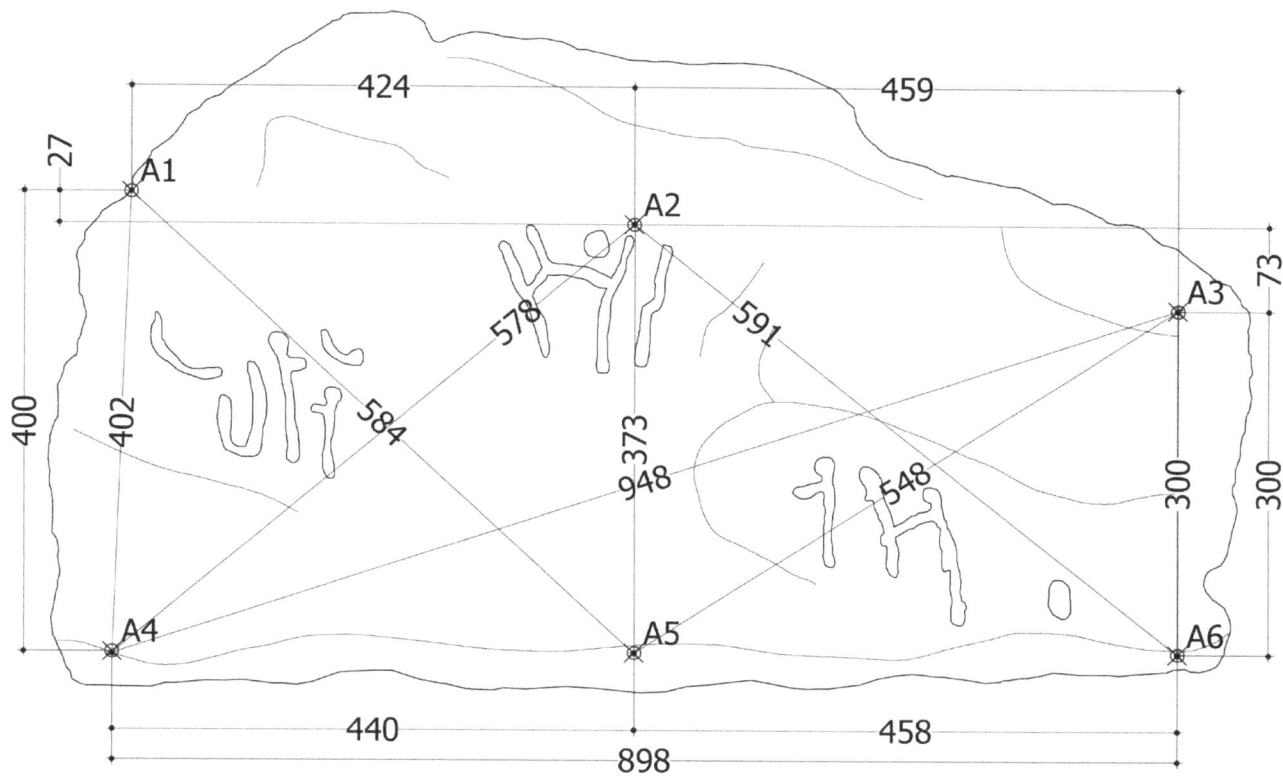

Raddrizzamento ottenuto con georeferenziazione; indicazione delle misure rilevate.

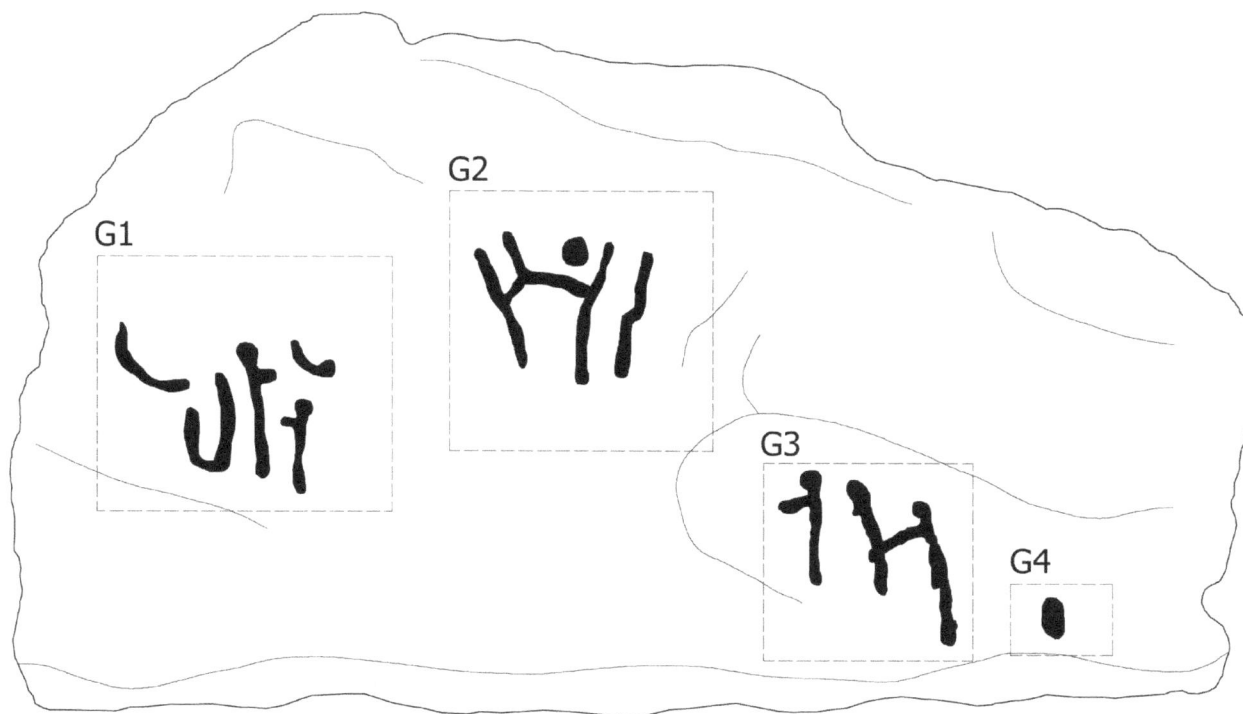

Indicazione dei gruppi figurativi.

184
orante
76
9
114
90
orante
41
20
08
116
44
orante

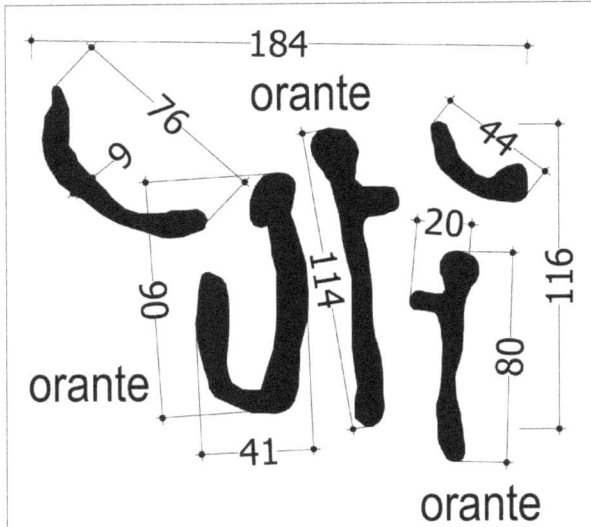

G1. gruppo con antropomorfi e segni lineari

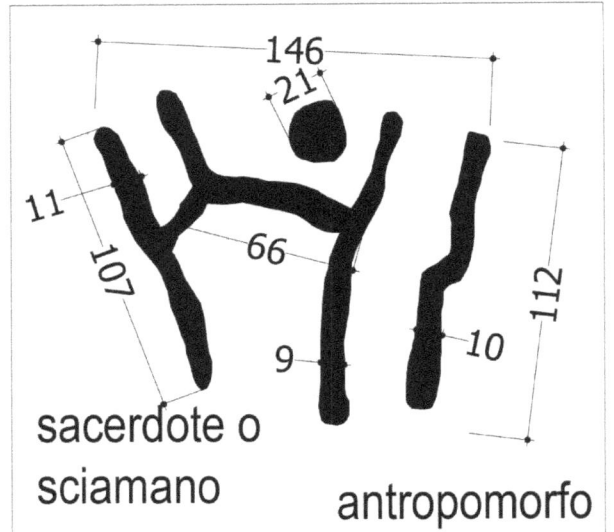

146
21
11
107
66
9
10
112
sacerdote o sciamano
antropomorfo

G2. gruppo con orante e antropomorfo lineare

40
18
16
14
96
100
59
123
35

G3. gruppo con antropomorfi

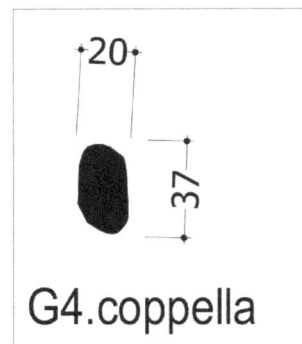

20
37

G4.coppella

Interpretazione dei gruppi figurativi.

IDENTIFICAZIONE

N° scheda	0086	*Comune*	Stazzona (Co)
Località	Sasso Bravo	*Quota*	1170 m slm
Identificazione	Giovanni Beltramelli	*Data Identificazione*	Anno 2008

Ubicazione ☐fondovalle ■versante ☐cima ■bosco ☐campo coltivato
☐pascolo ☐incolto ■nucleo abitativo ☐luogo di culto ☐presso corsi d'acqua
■presso sorgenti ☐pianoro ■presso vie di percorrenza

DESCRIZIONE

Dimensioni ■piccola ☐media ☐grande

Contesto ☐affioramento ☐roccia isolata ☐gruppo di rocce ■lastra ☐parete/riparo ☐riuso ☐frana

Tipo figurativo ■animali ■antropomorfi ☐armi e antropomorfi armati ☐carri ☐circolari
☐cruciformi ☐simbologie topografiche ☐simboli di fertilità ☐caratteri alfanumerici
☐simboli di astrazione ☐megaliti ☐vegetali

Tipo schematico ☐coppelle ☐canaletti ☐pediformi ☐polissoir ☐scivoli ☐elementi utilitari

Morfologia ☐liscio ■ruvido ☐orizzontale ☐inclinato ■verticale
☐concavo ☐convesso ☐fratturato ☐gradonato

Lavorazione ☐rotazione ■percussione ☐incisione lineare ☐levigatura della superficie

Profilo incisione ☐concavo ☐cilindrico ☐a bottiglia ■conico ☐squadrato ■irregolare

Documentazione ■fotografica ☐filmati ■rilievo ☐calco ■eidotipo ■descrittiva

Descrizione Lastra con tre antropomorfi di cui uno itifallico e due nell'atto di alzare gli arti; sembrerebbe che le figure stiano brandendo una scure. La figura a sinistra ha un rigonfiamento sul capo interpretabile come un elmo; la parte inferiore è sovrapposta ad una sagoma di animale. Il perimetro del supporto è scolpito per creare una sporgenza centrale, similmente ad altre lastre individuate che non hanno segni di incisione, ma assumono una morfologia fallica forse correlata a rituali di iniziazione o fertilità.

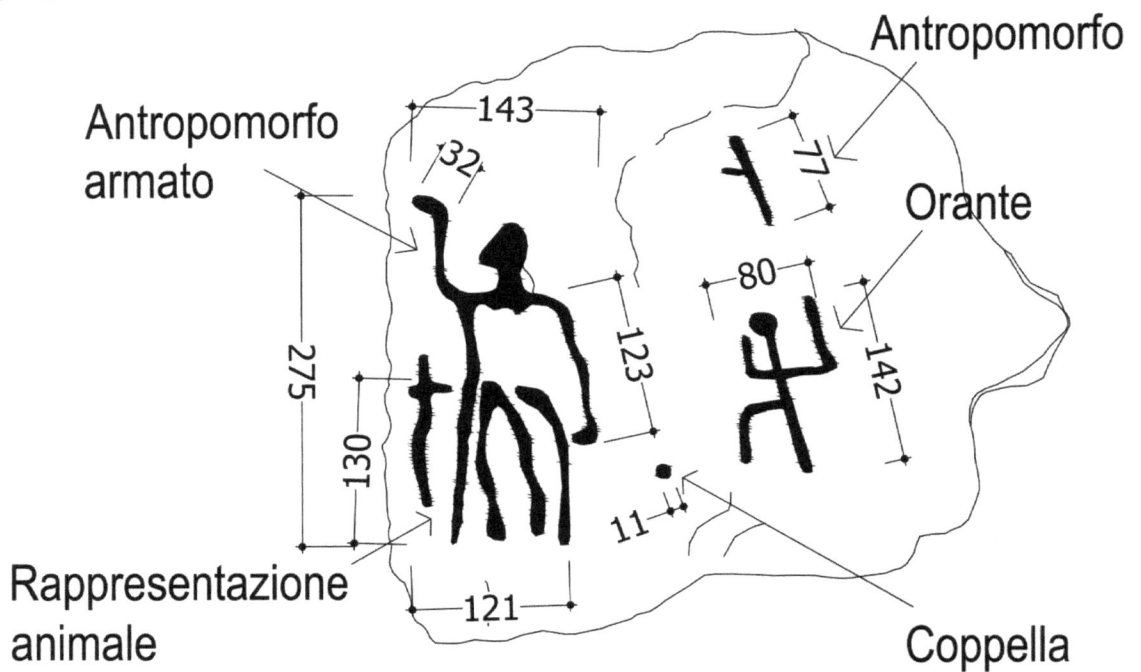

Antropomorfo

Antropomorfo
armato

Orante

Rappresentazione
animale

Coppella

Rappresentazione della lastra e indicazione delle dimensioni delle figure incise.

IDENTIFICAZIONE

N° scheda	0087	*Comune*	Stazzona (Co)
Località	Sasso Bravo	*Quota*	1170 m slm
Identificazione	Giovanni Beltramelli	*Data Identificazione*	Anno 2008

Ubicazione ☐fondovalle ■versante ☐cima ■bosco ☐campo coltivato
☐pascolo ☐incolto ■nucleo abitativo ☐luogo di culto ☐presso corsi d'acqua
■presso sorgenti ☐pianoro ■presso vie di percorrenza

DESCRIZIONE

Dimensioni ☐piccola ■media ☐grande

Contesto ☐affioramento ■roccia isolata ☐gruppo di rocce ☐lastra ☐parete/riparo ☐riuso ☐frana

Tipo figurativo ☐animali ☐antropomorfi ■armi e antropomorfi armati ☐carri ☐circolari
☐cruciformi ☐simbologie topografiche ☐simboli di fertilità ☐caratteri alfanumerici
☐simboli di astrazione ■megaliti ☐vegetali

Tipo schematico ☐coppelle ☐canaletti ☐pediformi ☐polissoir ☐scivoli ☐elementi utilitari

Morfologia ☐liscio ■ruvido ☐orizzontale ☐inclinato ■verticale
☐concavo ☐convesso ☐fratturato ☐gradonato

Lavorazione ☐rotazione ■percussione ☐incisione lineare ☐levigatura della superficie

Profilo incisione ■concavo ☐cilindrico ☐a bottiglia ☐conico ☐squadrato ☐irregolare

Documentazione ■fotografica ☐filmati ■rilievo ☐calco ■eidotipo ■descrittiva

Descrizione La stele appartiene alla categoria delle stele antropomorfe; i segni di lavorazione delineano una figura, probabilmente femminile, il cui volto è ricavato da una forma semicircolare incisa. Il viso è caratterizzato da un tratto vericale, il naso, e due elementi circolari, gli occhi. Lateralmente e sotto il volto si notano due elementi ovoidali, forse dei monili, e una piastra quadrangolare. Sulla parte centrale della stele si riconoscono delle forme floreali, a destra è incisa una scure. Lungo le creste perimetrali posteriori, sono incise delle greche a "zig zag". Il monolite potrebbe essere inquadrato per comparazione tra il Calcolitico e il Bronzo antico.

Particolare della zona sommitale con la relativa immagine.

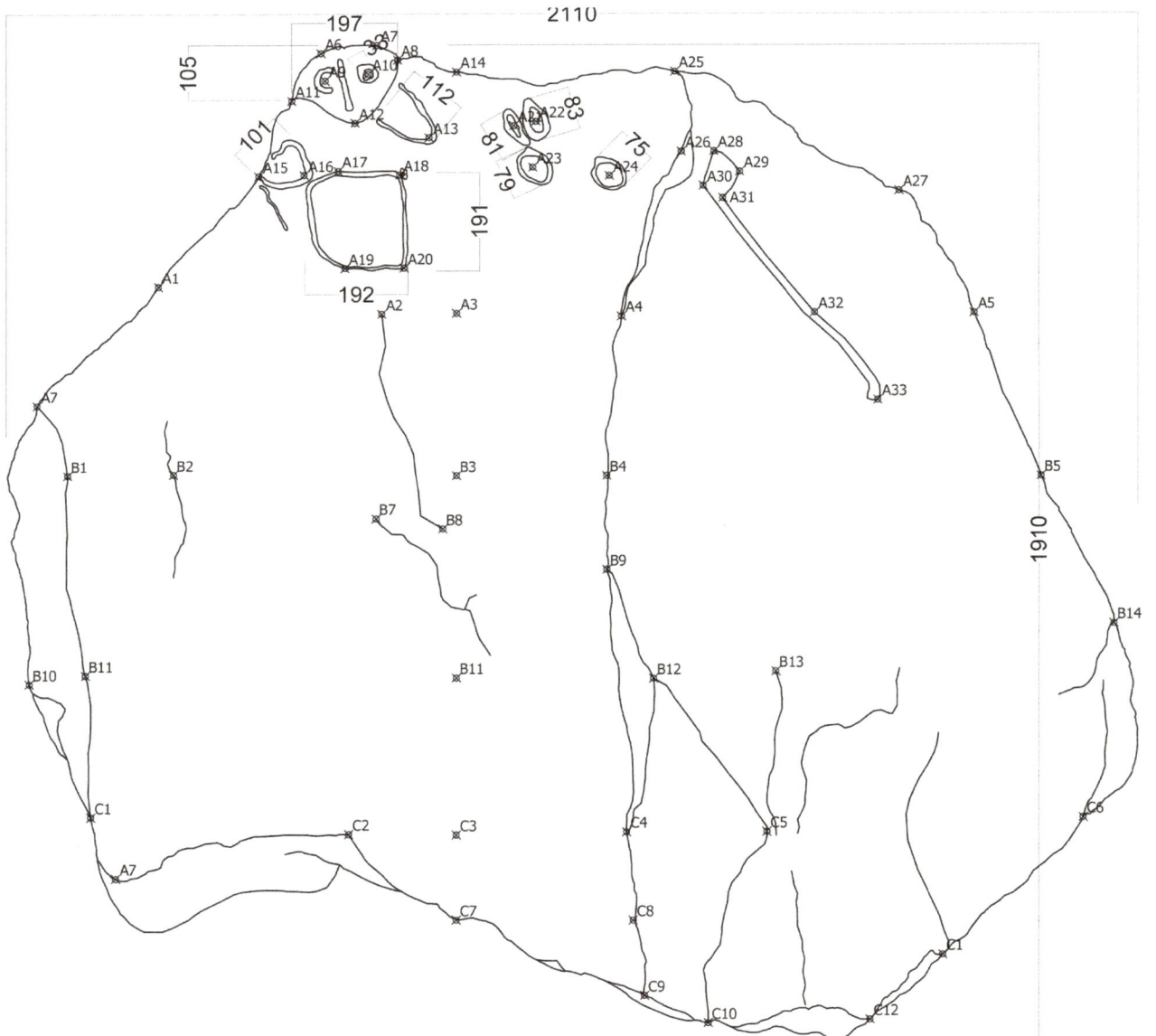

Indicazione delle mire utilizzate per la georeferenziazione del supporto.

Vista della stele.

Vista del Lario dalla posizione della stele.

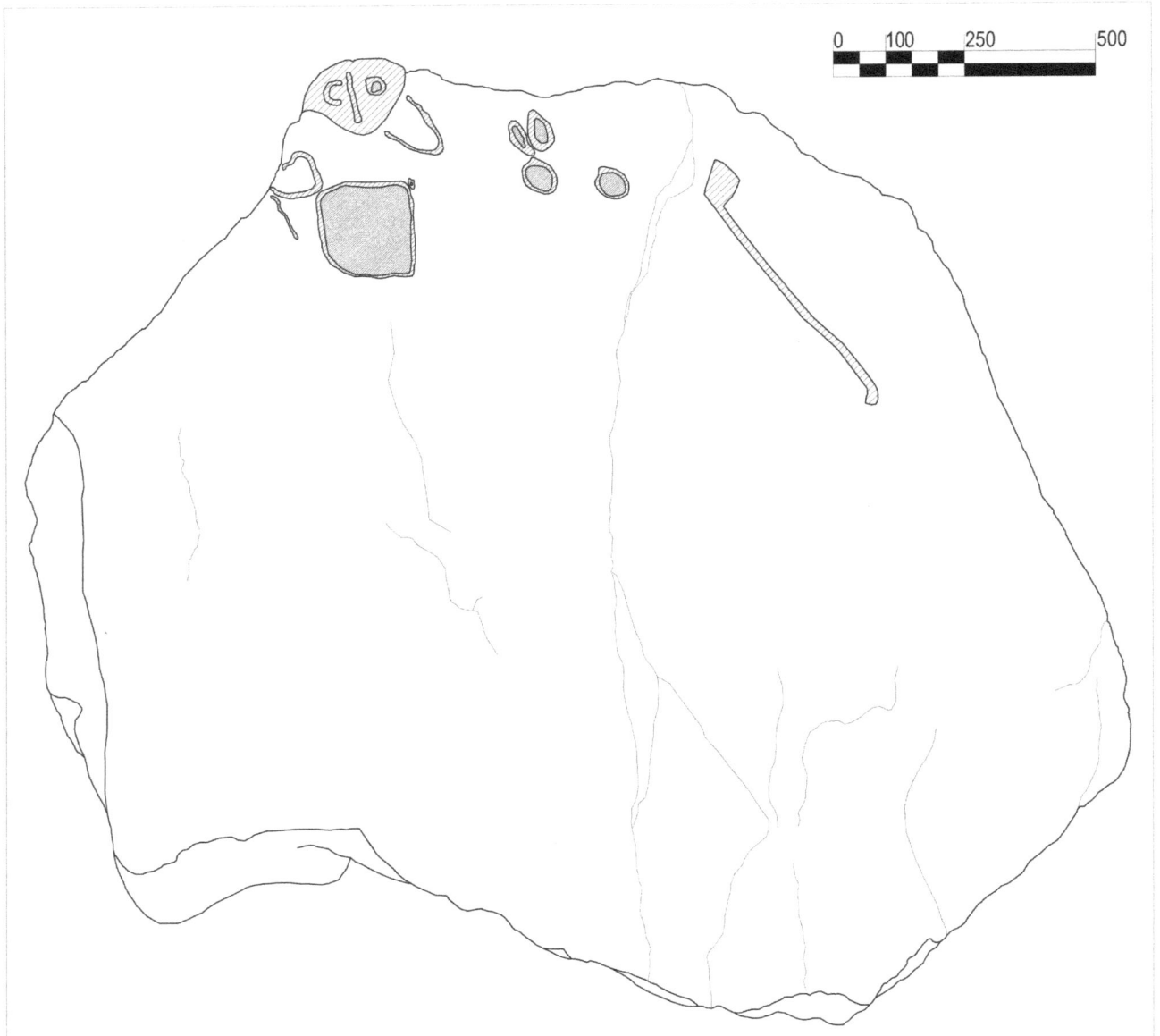

Rilievo della stele antropomorfa con indicazione delle parti riconoscibili sulla superficie.

Vista delle incisioni a greca sulla parte retrostante del masso.

Scure evidenziata digitalmente.

IDENTIFICAZIONE

N° scheda	0088	*Comune*	Livo (CO)
Località	Salita ai Monti	*Quota*	675 m slm
Identificazione	Giovanni Beltramelli	*Data Identificazione*	Anno 2002

Ubicazione □fondovalle ■versante □cima ■bosco □campo coltivato
□pascolo □incolto □nucleo abitativo □luogo di culto ■presso corsi d'acqua
□presso sorgenti □pianoro ■presso vie di percorrenza

DESCRIZIONE

Dimensioni □piccola □media ■grande

Contesto □affioramento □roccia isolata ■gruppo di rocce □lastra □parete/riparo □riuso □frana

Tipo figurativo □animali □antropomorfi □armi e antropomorfi armati □carri □circolari
□cruciformi □simbologie topografiche □simboli di fertilità □caratteri alfanumerici
□simboli di astrazione □megaliti □vegetali

Tipo schematico ■coppelle □canaletti □pediformi □polissoir □scivoli □elementi utilitari

Morfologia □liscio ■ruvido ■orizzontale □inclinato □verticale
□concavo □convesso □fratturato ■gradonato

Lavorazione ■rotazione ■percussione □incisione lineare □levigatura della superficie

Profilo incisione □concavo □cilindrico □a bottiglia ■conico □squadrato □irregolare

Documentazione ■fotografica □filmati □rilievo □calco □eidotipo ■descrittiva

Descrizione Il masso è il più grande tra quelli rinvenuti nell'area altolariana. Si distinguono gruppi di incisioni coppellari disposti secondo allineamenti apparentemente intenzionali.

IDENTIFICAZIONE

N° scheda	0089	*Comune*	Livo (CO)
Località	Alpe Colla	*Quota*	1380 m slm
Identificazione	Giovanni Beltramelli	*Data Identificazione*	Anno 2003

Ubicazione
☐ fondovalle ■ versante ☐ cima ■ bosco ☐ campo coltivato
■ pascolo ☐ incolto ☐ nucleo abitativo ☐ luogo di culto ☐ presso corsi d'acqua
■ presso sorgenti ☐ pianoro ■ presso vie di percorrenza

DESCRIZIONE

Dimensioni ☐ piccola ■ media ☐ grande

Contesto ☐ affioramento ☐ roccia isolata ■ gruppo di rocce ☐ lastra ☐ parete/riparo ☐ riuso ☐ frana

Tipo figurativo ☐ animali ☐ antropomorfi ☐ armi e antropomorfi armati ☐ carri ☐ circolari ☐ cruciformi ☐ simbologie topografiche ☐ simboli di fertilità ■ caratteri alfanumerici ☐ simboli di astrazione ■ megaliti ☐ vegetali

Tipo schematico ■ coppelle ☐ canaletti ☐ pediformi ☐ polissoir ☐ scivoli ☐ elementi utilitari

Morfologia ■ liscio ☐ ruvido ■ orizzontale ☐ inclinato ☐ verticale ☐ concavo ☐ convesso ☐ fratturato ☐ gradonato

Lavorazione ■ rotazione ■ percussione ☐ incisione lineare ☐ levigatura della superficie

Profilo incisione ■ concavo ■ cilindrico ☐ a bottiglia ☐ conico ☐ squadrato ■ irregolare

Documentazione ■ fotografica ☐ filmati ☐ rilievo ☐ calco ☐ eidotipo ■ descrittiva

Descrizione Stele non più in posizione veticale con una vaschetta rotonda centrale. Sulla superficie vi sono incisi caratteri alfabetici non identificabili.

337

IDENTIFICAZIONE

N° scheda	0090	*Comune*	Livo (CO)
Località	Capanna Como	*Quota*	1780 m slm
Identificazione	Mario Calzoni	*Data Identificazione*	Anno 2005

Ubicazione ☐ fondovalle ■ versante ☐ cima ☐ bosco ☐ campo coltivato
■ pascolo ☐ incolto ☐ nucleo abitativo ☐ luogo di culto ☐ presso corsi d'acqua
■ presso sorgenti ☐ pianoro ☐ presso vie di percorrenza

DESCRIZIONE

Dimensioni ■ piccola ☐ media ☐ grande

Contesto ☐ affioramento ■ roccia isolata ☐ gruppo di rocce ☐ lastra ☐ parete/riparo ☐ riuso ☐ frana

Tipo figurativo ☐ animali ☐ antropomorfi ☐ armi e antropomorfi armati ☐ carri ☐ circolari
☐ cruciformi ☐ simbologie topografiche ☐ simboli di fertilità ☐ caratteri alfanumerici
☐ simboli di astrazione ☐ megaliti ☐ vegetali

Tipo schematico ■ coppelle ■ canaletti ☐ pediformi ☐ polissoir ☐ scivoli ☐ elementi utilitari

Morfologia ☐ liscio ■ ruvido ■ orizzontale ☐ inclinato ☐ verticale
☐ concavo ☐ convesso ☐ fratturato ☐ gradonato

Lavorazione ■ rotazione ■ percussione ☐ incisione lineare ☐ levigatura della superficie

Profilo incisione ■ concavo ☐ cilindrico ☐ a bottiglia ■ conico ☐ squadrato ☐ irregolare

Documentazione ■ fotografica ☐ filmati ☐ rilievo ☐ calco ☐ eidotipo ■ descrittiva

Descrizione Il masso si trova in prossimità della sorgente del lago Darengo. Si notano tre coppelle allineate lungo una direttrice, due canalette ed altre incisioni non identificabili. I laghi alpini sono sovente stati utilizzati, alla pari delle sorgenti, come siti di depositi votivi per le divinità del luogo. È probabile che questa incisione sia collegata a questo tipo di utilizzo.

IDENTIFICAZIONE

N° scheda	0091	*Comune*	Livo (CO)
Località	Bocchetta Inghirina - Cavrigh	*Quota*	1890 m slm
Identificazione	Walter Mucci	*Data Identificazione*	Anno 2000

Ubicazione
☐ fondovalle ☐ versante ■ cima ☐ bosco ☐ campo coltivato
■ pascolo ☐ incolto ☐ nucleo abitativo ☐ luogo di culto ■ presso corsi d'acqua
☐ presso sorgenti ☐ pianoro ■ presso vie di percorrenza

DESCRIZIONE

Dimensioni ☐ piccola ☐ media ■ grande

Contesto ■ affioramento ☐ roccia isolata ☐ gruppo di rocce ☐ lastra ☐ parete/riparo ☐ riuso ☐ frana

Tipo figurativo ☐ animali ☐ antropomorfi ☐ armi e antropomorfi armati ☐ carri ☐ circolari
☐ cruciformi ☐ simbologie topografiche ☐ simboli di fertilità ☐ caratteri alfanumerici
☐ simboli di astrazione ☐ megaliti ☐ vegetali

Tipo schematico ■ coppelle ■ canaletti ☐ pediformi ■ polissoir ☐ scivoli ☐ elementi utilitari

Morfologia ■ liscio ☐ ruvido ☐ orizzontale ☐ inclinato ☐ verticale
☐ concavo ☐ convesso ☐ fratturato ☐ gradonato

Lavorazione ■ rotazione ■ percussione ■ incisione lineare ☐ levigatura della superficie

Profilo incisione ■ concavo ☐ cilindrico ☐ a bottiglia ■ conico ☐ squadrato ☐ irregolare

Documentazione ■ fotografica ☐ filmati ☐ rilievo ☐ calco ☐ eidotipo ■ descrittiva

Descrizione Il supporto è un affioramento roccioso parzialmente interessato da fenomeni di esarazione glaciale. Ha numerose incisioni coppellari ed è fratturato in vari punti; si identificano anche canaletti e polissoir, caso unico riscontrato a questa quota. Le incisioni appaiono molto antiche visto il loro grado di erosione in relazione alla durezza del supporto.

IDENTIFICAZIONE

N° scheda	0092	*Comune*	Livo (CO)
Località	Alpe Predone	*Quota*	1430 m slm
Identificazione	Giovanni Beltramelli	*Data Identificazione*	Anno 2000

Ubicazione
☐ fondovalle ■ versante ☐ cima ☐ bosco ☐ campo coltivato
■ pascolo ☐ incolto ☐ nucleo abitativo ☐ luogo di culto ☐ presso corsi d'acqua
■ presso sorgenti ☐ pianoro ■ presso vie di percorrenza

DESCRIZIONE

Dimensioni ☐ piccola ☐ media ■ grande

Contesto ☐ affioramento ☐ roccia isolata ■ gruppo di rocce ☐ lastra ☐ parete/riparo ☐ riuso ☐ frana

Tipo figurativo ☐ animali ☐ antropomorfi ☐ armi e antropomorfi armati ☐ carri ☐ circolari
☐ cruciformi ☐ simbologie topografiche ☐ simboli di fertilità ■ caratteri alfanumerici
☐ simboli di astrazione ☐ megaliti ☐ vegetali

Tipo schematico ■ coppelle ■ canaletti ☐ pediformi ☐ polissoir ☐ scivoli ☐ elementi utilitari

Morfologia ■ liscio ☐ ruvido ☐ orizzontale ■ inclinato ☐ verticale
☐ concavo ☐ convesso ■ fratturato ☐ gradonato

Lavorazione ■ rotazione ■ percussione ☐ incisione lineare ☐ levigatura della superficie

Profilo incisione ■ concavo ☐ cilindrico ☐ a bottiglia ■ conico ☐ squadrato ☐ irregolare

Documentazione ■ fotografica ☐ filmati ☐ rilievo ☐ calco ☐ eidotipo ■ descrittiva

Descrizione Il supporto è situato accanto ad una baita presso l'Alpe Predone. Le incisioni sono composte da sei coppelle e un canaletto. Nella parte superiore del masso si osservano due sigle, forse incise da pastori o alpigiani che hanno frequentato il luogo: *W PF.* e *PI. V.* L'incisione più singolare è posta inferiormente a destra delle scritte e sembra raffigurare una nota musicale.

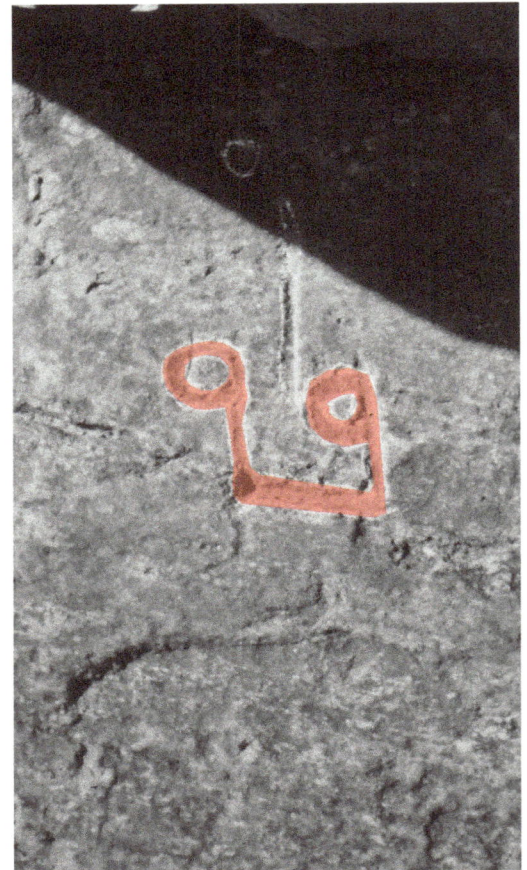

Sopra: incisione a forma di nota musicale evidenziata con elaborazione digitale.

A sinistra: vista del masso coppellare con evidenziate le scritte.

IDENTIFICAZIONE

N° scheda	0093	*Comune*	Livo (CO)
Località	Alpe Mugium - Dosso del Liro	*Quota*	1580 m slm
Identificazione	Giovanni Beltramelli	*Data Identificazione*	Anno 2000

Ubicazione ☐fondovalle ■versante ☐cima ☐bosco ☐campo coltivato
■pascolo ☐incolto ☐nucleo abitativo ☐luogo di culto ☐presso corsi d'acqua
■presso sorgenti ☐pianoro ■presso vie di percorrenza

DESCRIZIONE

Dimensioni ☐piccola ☐media ■grande

Contesto ☐affioramento ☐roccia isolata ■gruppo di rocce ☐lastra ☐parete/riparo ☐riuso ☐frana

Tipo figurativo ☐animali ■antropomorfi ☐armi e antropomorfi armati ☐carri ☐circolari
☐cruciformi ☐simbologie topografiche ☐simboli di fertilità ■caratteri alfanumerici
☐simboli di astrazione ☐megaliti ☐vegetali

Tipo schematico ■coppelle ☐canaletti ☐pediformi ☐polissoir ☐scivoli ☐elementi utilitari

Morfologia ■liscio ☐ruvido ■orizzontale ■inclinato ☐verticale
☐concavo ☐convesso ■fratturato ☐gradonato

Lavorazione ■rotazione ■percussione ☐incisione lineare ☐levigatura della superficie

Profilo incisione ■concavo ☐cilindrico ☐a bottiglia ■conico ☐squadrato ☐irregolare

Documentazione ■fotografica ☐filmati ☐rilievo ☐calco ☐eidotipo ■descrittiva

Descrizione Davanti alla baita dell'Alpe Mugium si trova un masso raffigurante incisioni di varie epoche tra le quali emergono coppelle e figure di epoca monarchica. La sopravvivenza di incisioni temporalmente così distanti, indicano una continuità di frequentazione del luogo.

Sopra: incisioni figurative recenti.

A sinistra: vista del supporto inglobato nella costruzione.

IDENTIFICAZIONE

N° scheda	0094	*Comune*	Peglio (CO)
Località	Argesio	*Quota*	570 m slm
Identificazione	Giovanni Beltramelli	*Data Identificazione*	Anno 1990

Ubicazione
☐fondovalle ☐versante ☐cima ☐bosco ■campo coltivato
☐pascolo ☐incolto ■nucleo abitativo ☐luogo di culto ■presso corsi d'acqua
☐presso sorgenti ☐pianoro ■presso vie di percorrenza

DESCRIZIONE

Dimensioni ■piccola ☐media ☐grande

Contesto ☐affioramento ☐roccia isolata ☐gruppo di rocce ■lastra ☐parete/riparo ☐riuso ☐frana

Tipo figurativo ☐animali ☐antropomorfi ☐armi e antropomorfi armati ☐carri ☐circolari
☐cruciformi ☐simbologie topografiche ☐simboli di fertilità ☐caratteri alfanumerici
☐simboli di astrazione ☐megaliti ☐vegetali

Tipo schematico ■coppelle ☐canaletti ☐pediformi ☐polissoir ☐scivoli ☐elementi utilitari

Morfologia ☐liscio ■ruvido ■orizzontale ☐inclinato ☐verticale
☐concavo ☐convesso ■fratturato ☐gradonato

Lavorazione ■rotazione ■percussione ☐incisione lineare ■levigatura della superficie

Profilo incisione ■concavo ☐cilindrico ☐a bottiglia ■conico ■squadrato ☐irregolare

Documentazione ■fotografica ☐filmati ☐rilievo ☐calco ☐eidotipo ■descrittiva

Descrizione Lastra situata davanti ad un casolare con incise cinque coppelle e una vaschetta rettangolare. La vaschetta è realizzata in modo preciso ed è posta centralmente nella parte destra del supporto, preparato per le incisioni con lavorazioni di levigatura.

IDENTIFICAZIONE

N° scheda	0095	*Comune*	Peglio (CO)
Località	Alpe Melbino	*Quota*	1545 m slm
Identificazione	Giovanni Beltramelli	*Data Identificazione*	Anno 2005

Ubicazione ☐ fondovalle ■ versante ☐ cima ☐ bosco ☐ campo coltivato
■ pascolo ☐ incolto ☐ nucleo abitativo ☐ luogo di culto ■ presso corsi d'acqua
☐ presso sorgenti ☐ pianoro ☐ presso vie di percorrenza

DESCRIZIONE

Dimensioni ■ piccola ☐ media ☐ grande

Contesto ☐ affioramento ☐ roccia isolata ☐ gruppo di rocce ■ lastra ☐ parete/riparo ☐ riuso ■ frana

Tipo figurativo ☐ animali ■ antropomorfi ☐ armi e antropomorfi armati ☐ carri ☐ circolari
■ cruciformi ☐ simbologie topografiche ☐ simboli di fertilità ■ caratteri alfanumerici
☐ simboli di astrazione ☐ megaliti ☐ vegetali

Tipo schematico ■ coppelle ☐ canaletti ☐ pediformi ☐ polissoir ☐ scivoli ☐ elementi utilitari

Morfologia ■ liscio ☐ ruvido ■ orizzontale ☐ inclinato ☐ verticale
☐ concavo ☐ convesso ☐ fratturato ☐ gradonato

Lavorazione ■ rotazione ■ percussione ☐ incisione lineare ☐ levigatura della superficie

Profilo incisione ■ concavo ☐ cilindrico ☐ a bottiglia ■ conico ☐ squadrato ☐ irregolare

Documentazione ■ fotografica ☐ filmati ☐ rilievo ☐ calco ☐ eidotipo ■ descrittiva

Descrizione Nei resti della baita dell'Alpe Melbino si notano due lastre affiancate in un deposito di frana: sulla prima vi sono delle lastre con incisioni cruciformi, tre coppelle di dimensioni inferiori poco visibili, delle scritte ed alcune figure antropomorfe. Sulla seconda si trova un'unica coppella.

IDENTIFICAZIONE

N° scheda	0096	**Comune**	Colico (LC)
Località	Monte Legnone	**Quota**	400 m slm
Identificazione	Giovanni Beltramelli	**Data Identificazione**	Anno 2000

Ubicazione
☐fondovalle ■versante ☐cima ■bosco ☐campo coltivato
■pascolo ☐incolto ☐nucleo abitativo ☐luogo di culto ■presso corsi d'acqua
☐presso sorgenti ☐pianoro ☐presso vie di percorrenza

DESCRIZIONE

Dimensioni ☐piccola ■media ☐grande

Contesto ☐affioramento ■roccia isolata ☐gruppo di rocce ☐lastra ☐parete/riparo ☐riuso ☐frana

Tipo figurativo ■animali ☐antropomorfi ☐armi e antropomorfi armati ☐carri ☐circolari
☐cruciformi ☐simbologie topografiche ☐simboli di fertilità ☐caratteri alfanumerici
■simboli di astrazione ☐megaliti ☐vegetali

Tipo schematico ☐coppelle ☐canaletti ☐pediformi ☐polissoir ☐scivoli ☐elementi utilitari

Morfologia ☐liscio ■ruvido ☐orizzontale ■inclinato ☐verticale
☐concavo ■convesso ☐fratturato ☐gradonato

Lavorazione ☐rotazione ■percussione ☐incisione lineare ☐levigatura della superficie

Profilo incisione ■concavo ☐cilindrico ☐a bottiglia ☐conico ☐squadrato ☐irregolare

Documentazione ■fotografica ☐filmati ☐rilievo ☐calco ☐eidotipo ■descrittiva

Descrizione Sul supporto sono presenti dei simboli di astrazione, non ancora identificati Un'ipotesi plausibile è legata alla rappresentazione di un rettile, probabile riferimento al mondo ctonio, e a una simbologia legata all'ambito di riti di fertilità.

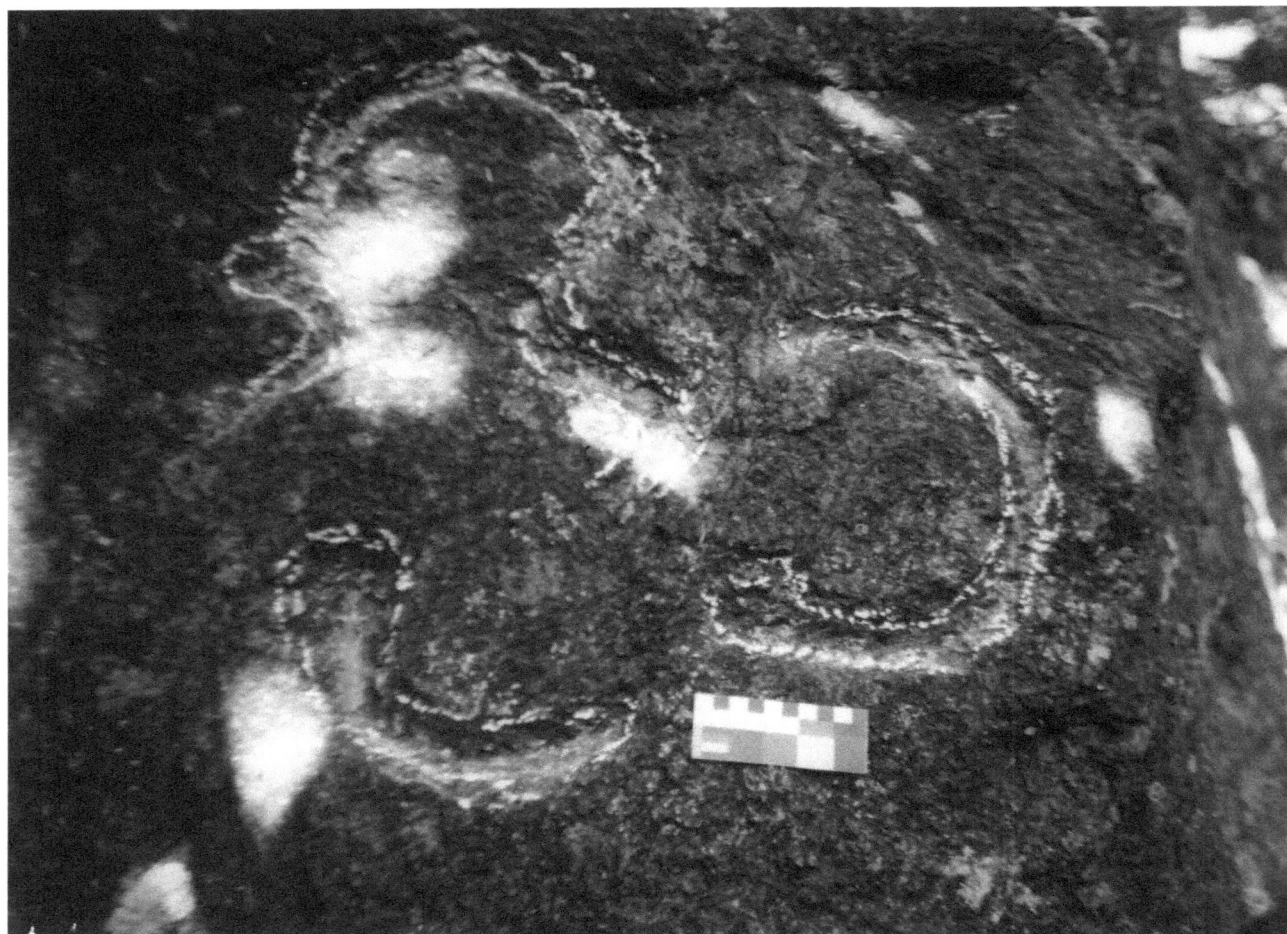

IDENTIFICAZIONE

N° scheda	0097	*Comune*	Colico (LC)
Località	Monte Legnone	*Quota*	400 m slm
Identificazione	Giovanni Beltramelli	*Data Identificazione*	Anno 2000

Ubicazione
☐ fondovalle   ■ versante   ☐ cima   ■ bosco   ☐ campo coltivato
■ pascolo   ☐ incolto   ☐ nucleo abitativo   ☐ luogo di culto   ■ presso corsi d'acqua
☐ presso sorgenti   ☐ pianoro   ■ presso vie di percorrenza

DESCRIZIONE

Dimensioni   ☐ piccola   ■ media   ☐ grande

Contesto   ☐ affioramento   ■ roccia isolata   ☐ gruppo di rocce   ☐ lastra   ☐ parete/riparo   ☐ riuso   ☐ frana

Tipo figurativo   ■ animali   ■ antropomorfi   ☐ armi e antropomorfi armati   ☐ carri   ☐ circolari
☐ cruciformi   ☐ simbologie topografiche   ☐ simboli di fertilità   ☐ caratteri alfanumerici
☐ simboli di astrazione   ☐ megaliti   ☐ vegetali

Tipo schematico   ■ coppelle   ☐ canaletti   ☐ pediformi   ☐ polissoir   ☐ scivoli   ☐ elementi utilitari

Morfologia   ☐ liscio   ■ ruvido   ☐ orizzontale   ■ inclinato   ☐ verticale
☐ concavo   ☐ convesso   ■ fratturato   ☐ gradonato

Lavorazione   ■ rotazione   ■ percussione   ☐ incisione lineare   ☐ levigatura della superficie

Profilo incisione   ■ concavo   ☐ cilindrico   ☐ a bottiglia   ☐ conico   ☐ squadrato   ☐ irregolare

Documentazione   ■ fotografica   ☐ filmati   ☐ rilievo   ☐ calco   ■ eidotipo   ■ descrittiva

Descrizione   Incisione che rientra nella tipologia della zona; si potrebbe ipotizzare una similitudine con profilo di un volto, ma ciò potrebbe essere dettato da un fenomeno di illusione pareidolitica. Sul supporto troviamo una coppella ovale ed altre coppelle laterali più piccole.

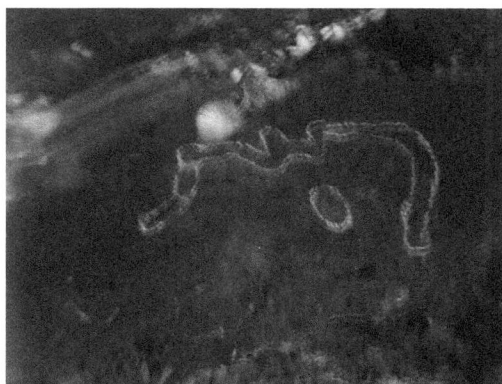

Rilievo e immagine dell'incisione.

IDENTIFICAZIONE

N° scheda	0098	*Comune*	Colico (LC)
Località	Monte Legnone	*Quota*	600 m slm
Identificazione	Giovanni Beltramelli	*Data Identificazione*	Anno 2000

Ubicazione ☐fondovalle ■versante ☐cima ■bosco ☐campo coltivato
■pascolo ☐incolto ☐nucleo abitativo ☐luogo di culto ■presso corsi d'acqua
☐presso sorgenti ☐pianoro ■presso vie di percorrenza

DESCRIZIONE

Dimensioni ■piccola ☐media ☐grande

Contesto ☐affioramento ■roccia isolata ☐gruppo di rocce ☐lastra ☐parete/riparo ☐riuso ☐frana

Tipo figurativo ■animali ☐antropomorfi ☐armi e antropomorfi armati ☐carri ☐circolari ☐cruciformi ☐simbologie topografiche ☐simboli di fertilità ■caratteri alfanumerici ☐simboli di astrazione ☐megaliti ☐vegetali

Tipo schematico ■coppelle ■canaletti ☐pediformi ☐polissoir ☐scivoli ☐elementi utilitari

Morfologia ☐liscio ■ruvido ■orizzontale ☐inclinato ☐verticale ☐concavo ☐convesso ☐fratturato ☐gradonato

Lavorazione ■rotazione ■percussione ☐incisione lineare ☐levigatura della superficie

Profilo incisione ■concavo ☐cilindrico ☐a bottiglia ■conico ☐squadrato ☐irregolare

Documentazione ■fotografica ☐filmati ■rilievo ☐calco ■eidotipo ■descrittiva

Descrizione L'incisione rappresenta una composizione di più elementi. La porzione maggiore è occupata da un'incisione serpentiforme; sulla parte inferiore sono incise cinque coppelle, mentre sulla zona superiore sinistra sono evidenti canaletti e caratteri alfanumerici. Una caratteristica dell'area è la presenza di elementi serpentiformi tale per cui sembrerebbe ipotizzabile la presenza di una cultualità legata a riti propiziatori di fertilità.

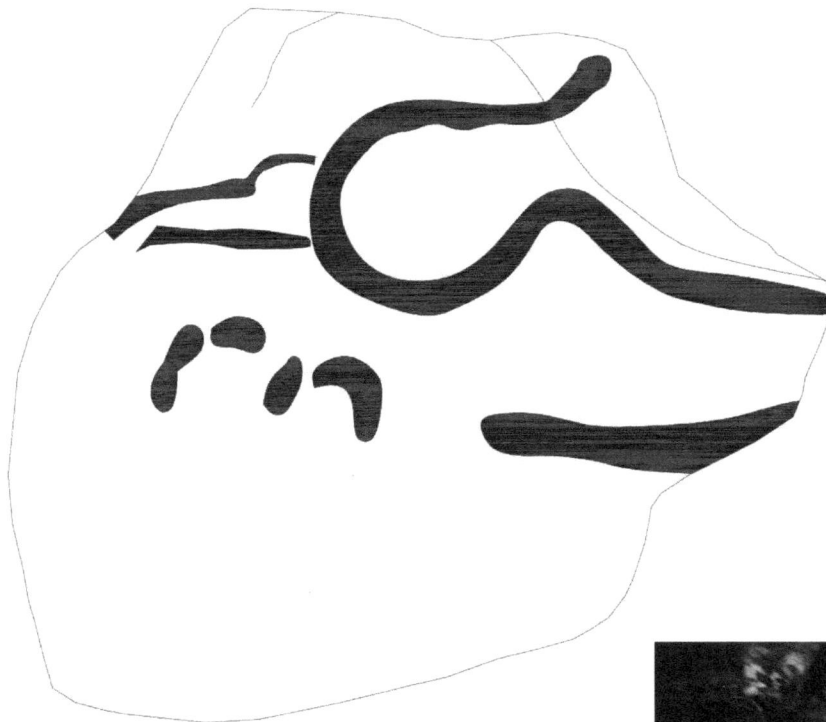

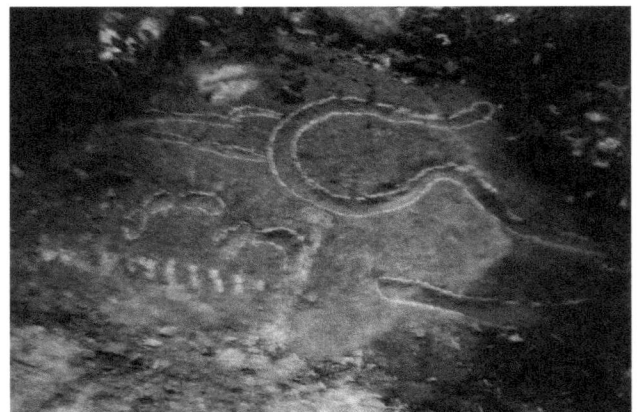

Rilievo e immagine dell'incisione.

IDENTIFICAZIONE

N° scheda	0099	*Comune*	Colico (LC)
Località	Montecchio Sud	*Quota*	250 m slm
Identificazione	Giovanni Beltramelli	*Data Identificazione*	Anno 2004

Ubicazione ☐ fondovalle ☐ versante ☐ cima ■ bosco ☐ campo coltivato ■ pascolo ☐ incolto ■ nucleo abitativo ☐ luogo di culto ■ presso corsi d'acqua ☐ presso sorgenti ☐ pianoro ■ presso vie di percorrenza

DESCRIZIONE

Dimensioni ☐ piccola ■ media ☐ grande

Contesto ☐ affioramento ☐ roccia isolata ■ gruppo di rocce ☐ lastra ☐ parete/riparo ☐ riuso ☐ frana

Tipo figurativo ■ animali ☐ antropomorfi ☐ armi e antropomorfi armati ☐ carri ■ circolari ☐ cruciformi ■ simbologie topografiche ☐ simboli di fertilità ☐ caratteri alfanumerici ■ simboli di astrazione ☐ megaliti ☐ vegetali

Tipo schematico ■ coppelle ■ canaletti ☐ pediformi ☐ polissoir ☐ scivoli ☐ elementi utilitari

Morfologia ☐ liscio ■ ruvido ■ orizzontale ☐ inclinato ☐ verticale ☐ concavo ■ convesso ■ fratturato ■ gradonato

Lavorazione ■ rotazione ■ percussione ☐ incisione lineare ☐ levigatura della superficie

Profilo incisione ■ concavo ☐ cilindrico ☐ a bottiglia ■ conico ☐ squadrato ☐ irregolare

Documentazione ■ fotografica ☐ filmati ☐ rilievo ☐ calco ☐ eidotipo ■ descrittiva

Descrizione Il supporto è composto da un masso unico diviso in due settori figurativi distinti sui quali sono incisi dei gruppi di petroglifi. Il primo gruppo figurativo ha undici coppelle e un'incisione figurativa che parrebbe rappresentare un'aracnide. Il secondo gruppo, posto nella parte inferiore, ha incisioni figurative associate a numerose coppelle. Il disegno è diviso in una parte superiore e una inferiore da una sorta di canaletto serpentiforme. L'incisione inferiore è di tipo circolare concentrica mentre quella superiore ha una composizione labirintica. Originariamente il labirinto non rappresentava un percorso dal quale era necessario trovare la via di uscita ma, al contrario, si trattava di un percorso iniziatico e cultuale che permetteva di giungere a un centro. Ciò corrispondeva a un atto di purificazione o al raggiungimento di una conoscenza misterica.

Il primo gruppo rappresenta una figura aracniforme associata a coppelle.

Il secondo gruppo ha coppelle e due incisioni divise da una figura serpentiforme. Le due incisioni hanno una tipologia circolare concentrica e una labirintica.

IDENTIFICAZIONE

N° scheda	0100	*Comune*	Colico (LC)
Località	Montecchio Sud	*Quota*	250 m slm
Identificazione	Giovanni Beltramelli	*Data Identificazione*	Anno 2004

Ubicazione
☐fondovalle ☐versante ☐cima ■bosco ☐campo coltivato
■pascolo ☐incolto ■nucleo abitativo ☐luogo di culto ■presso corsi d'acqua
☐presso sorgenti ☐pianoro ■presso vie di percorrenza

DESCRIZIONE

Dimensioni ☐piccola ■media ☐grande

Contesto ■affioramento ☐roccia isolata ☐gruppo di rocce ☐lastra ☐parete/riparo ☐riuso ☐frana

Tipo figurativo ☐animali ☐antropomorfi ☐armi e antropomorfi armati ☐carri ☐circolari
☐cruciformi ☐simbologie topografiche ☐simboli di fertilità ☐caratteri alfanumerici
☐simboli di astrazione ☐megaliti ☐vegetali

Tipo schematico ■coppelle ☐canaletti ☐pediformi ☐polissoir ☐scivoli ☐elementi utilitari

Morfologia ☐liscio ■ruvido ■orizzontale ☐inclinato ☐verticale
☐concavo ■convesso ■fratturato ☐gradonato

Lavorazione ■rotazione ■percussione ☐incisione lineare ☐levigatura della superficie

Profilo incisione ☐concavo ☐cilindrico ☐a bottiglia ■conico ☐squadrato ☐irregolare

Documentazione ■fotografica ☐filmati ☐rilievo ☐calco ☐eidotipo ■descrittiva

Descrizione Supporto inciso a coppelle disposte secondo dei precisi allineamenti.

IDENTIFICAZIONE

N° scheda	0101	*Comune*	Colico (LC)
Località	Montecchio Sud	*Quota*	250 m slm
Identificazione	Giovanni Beltramelli	*Data Identificazione*	Anno 2004

Ubicazione
☐fondovalle ☐versante ☐cima ■bosco ☐campo coltivato
■pascolo ☐incolto ■nucleo abitativo ☐luogo di culto ■presso corsi d'acqua
☐presso sorgenti ☐pianoro ■presso vie di percorrenza

DESCRIZIONE

Dimensioni ☐piccola ☐media ■grande

Contesto ■affioramento ☐roccia isolata ☐gruppo di rocce ☐lastra ☐parete/riparo ☐riuso ☐frana

Tipo figurativo ☐animali ☐antropomorfi ☐armi e antropomorfi armati ☐carri ☐circolari
☐cruciformi ☐simbologie topografiche ☐simboli di fertilità ☐caratteri alfanumerici
☐simboli di astrazione ☐megaliti ☐vegetali

Tipo schematico ■coppelle ☐canaletti ☐pediformi ☐polissoir ☐scivoli ☐elementi utilitari

Morfologia ■liscio ☐ruvido ■orizzontale ☐inclinato ☐verticale
☐concavo ☐convesso ■fratturato ■gradonato

Lavorazione ■rotazione ■percussione ☐incisione lineare ☐levigatura della superficie

Profilo incisione ■concavo ☐cilindrico ☐a bottiglia ■conico ☐squadrato ☐irregolare

Documentazione ■fotografica ☐filmati ☐rilievo ☐calco ☐eidotipo ■descrittiva

Descrizione Il supporto è fortemente eroso a causa dell'esposizione agli agenti atmosferici; la durezza del supporto suggerisce la vetustà delle incisioni; si riescono a identificare venti coppelle.

IDENTIFICAZIONE

N° scheda	0102	**Comune**	Colico (LC)
Località	Montecchio Sud	**Quota**	250 m slm
Identificazione	Giovanni Beltramelli	**Data Identificazione**	Anno 2004

Ubicazione
☐ fondovalle ☐ versante ☐ cima ■ bosco ☐ campo coltivato
■ pascolo ☐ incolto ■ nucleo abitativo ☐ luogo di culto ■ presso corsi d'acqua
☐ presso sorgenti ☐ pianoro ■ presso vie di percorrenza

DESCRIZIONE

Dimensioni ☐ piccola ☐ media ■ grande

Contesto ■ affioramento ☐ roccia isolata ☐ gruppo di rocce ☐ lastra ☐ parete/riparo ☐ riuso ☐ frana

Tipo figurativo ■ animali ☐ antropomorfi ☐ armi e antropomorfi armati ☐ carri ☐ circolari
☐ cruciformi ☐ simbologie topografiche ☐ simboli di fertilità ☐ caratteri alfanumerici
☐ simboli di astrazione ☐ megaliti ☐ vegetali

Tipo schematico ■ coppelle ☐ canaletti ☐ pediformi ☐ polissoir ☐ scivoli ☐ elementi utilitari

Morfologia ■ liscio ☐ ruvido ■ orizzontale ☐ inclinato ☐ verticale
☐ concavo ☐ convesso ■ fratturato ☐ gradonato

Lavorazione ■ rotazione ■ percussione ☐ incisione lineare ☐ levigatura della superficie

Profilo incisione ■ concavo ☐ cilindrico ☐ a bottiglia ■ conico ☐ squadrato ☐ irregolare

Documentazione ■ fotografica ☐ filmati ☐ rilievo ☐ calco ☐ eidotipo ■ descrittiva

Descrizione Il supporto è costituito da una grande roccia con incisioni, schematiche e figurative, di difficile lettura per il grado di erosione superficiale della pietra. Tra le incisioni shematiche si osservano: un volatile, un reticolato e una forma circolare dalla quale si diramano raggi ricurvi.

IDENTIFICAZIONE

N° scheda	0103	*Comune*	Colico (LC)
Località	Montecchio Sud	*Quota*	250 m slm
Identificazione	Giovanni Beltramelli	*Data Identificazione*	Anno 2004

Ubicazione ☐ fondovalle ☐ versante ☐ cima ■ bosco ☐ campo coltivato
■ pascolo ☐ incolto ■ nucleo abitativo ☐ luogo di culto ■ presso corsi d'acqua
☐ presso sorgenti ■ pianoro ■ presso vie di percorrenza

DESCRIZIONE

Dimensioni ☐ piccola ☐ media ■ grande

Contesto ■ affioramento ☐ roccia isolata ☐ gruppo di rocce ☐ lastra ☐ parete/riparo ☐ riuso ☐ frana

Tipo figurativo ☐ animali ☐ antropomorfi ☐ armi e antropomorfi armati ☐ carri ☐ circolari ☐ cruciformi ☐ simbologie topografiche ☐ simboli di fertilità ☐ caratteri alfanumerici ☐ simboli di astrazione ☐ megaliti ☐ vegetali

Tipo schematico ■ coppelle ☐ canaletti ☐ pediformi ☐ polissoir ☐ scivoli ☐ elementi utilitari

Morfologia ■ liscio ☐ ruvido ☐ orizzontale ■ inclinato ☐ verticale ☐ concavo ☐ convesso ■ fratturato ☐ gradonato

Lavorazione ■ rotazione ■ percussione ☐ incisione lineare ☐ levigatura della superficie

Profilo incisione ☐ concavo ☐ cilindrico ☐ a bottiglia ■ conico ☐ squadrato ☐ irregolare

Documentazione ■ fotografica ☐ filmati ☐ rilievo ☐ calco ☐ eidotipo ■ descrittiva

Descrizione Il supporto ha numerose coppelle alcune delle quali molto erose e poco visibili. Tutta l'area del Montecchio presenta questo grado di lettura delle incisioni. Dati i tipi di incisioni, di probabile natura sacrale e cultuale, e la posizione ai piedi del Legnone, montagna sacra, si ipotizza questo luogo come uno dei primi nuclei della zona destinato al culto e utilizzato quale luogo di iniziazione.

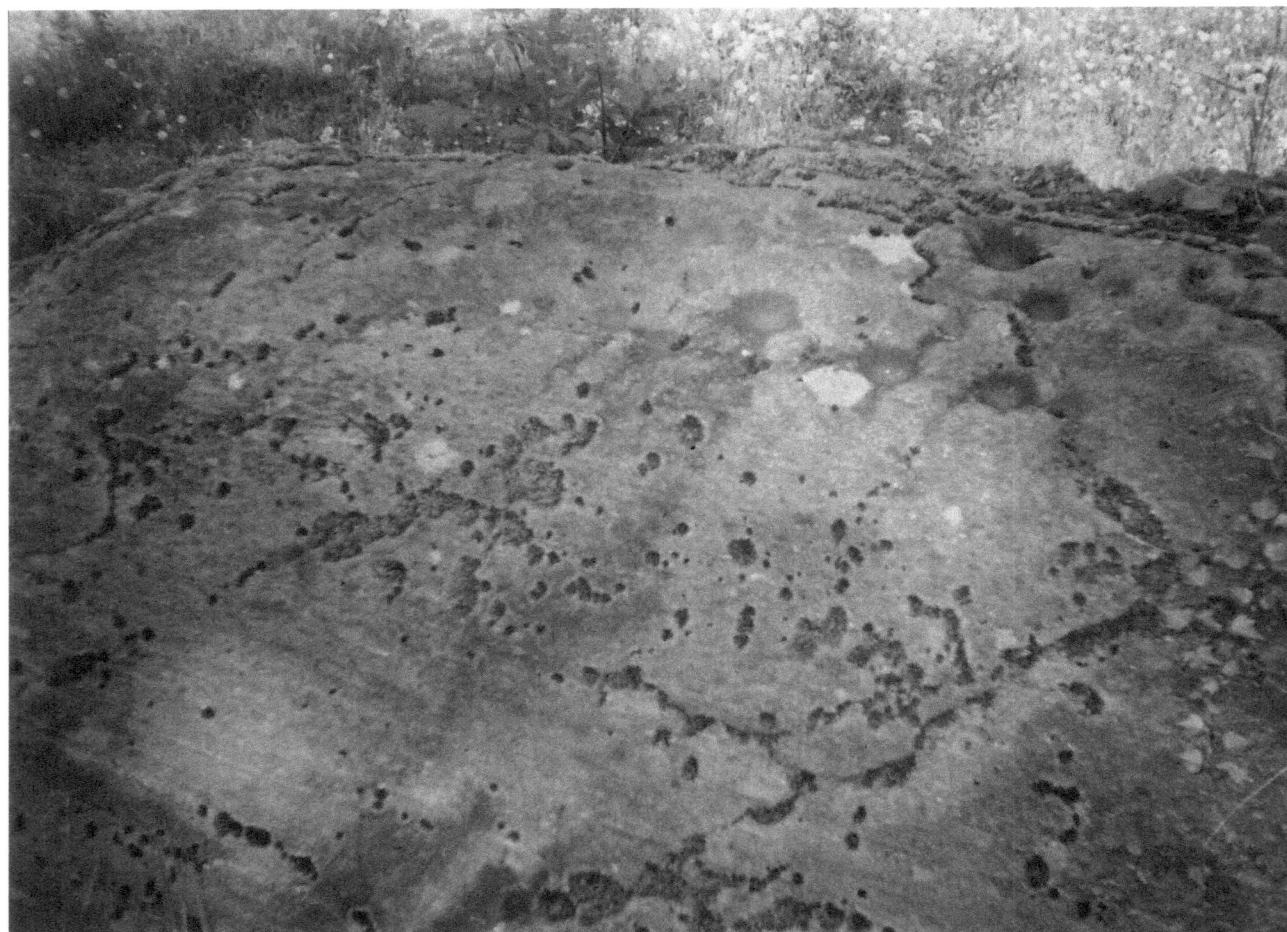

La ricerca

IDENTIFICAZIONE

N° scheda	0104	*Comune*	Colico (LC)
Località	Montecchio Sud	*Quota*	250 m slm
Identificazione	Giovanni Beltramelli	*Data Identificazione*	Anno 2004

Ubicazione ☐fondovalle ☐versante ■cima ■bosco ☐campo coltivato
☐pascolo ☐incolto ☐nucleo abitativo ☐luogo di culto ■presso corsi d'acqua
☐presso sorgenti ■pianoro ■presso vie di percorrenza

DESCRIZIONE

Dimensioni ☐piccola ☐media ■grande

Contesto ☐affioramento ☐roccia isolata ■gruppo di rocce ☐lastra ☐parete/riparo ☐riuso ☐frana

Tipo figurativo ☐animali ☐antropomorfi ☐armi e antropomorfi armati ☐carri ☐circolari
☐cruciformi ☐simbologie topografiche ☐simboli di fertilità ☐caratteri alfanumerici
☐simboli di astrazione ☐megaliti ☐vegetali

Tipo schematico ■coppelle ☐canaletti ☐pediformi ☐polissoir ☐scivoli ☐elementi utilitari

Morfologia ☐liscio ■ruvido ☐orizzontale ■inclinato ☐verticale
☐concavo ☐convesso ■fratturato ■gradonato

Lavorazione ■rotazione ■percussione ☐incisione lineare ☐levigatura della superficie

Profilo incisione ☐concavo ☐cilindrico ☐a bottiglia ■conico ☐squadrato ☐irregolare

Documentazione ■fotografica ☐filmati ☐rilievo ☐calco ☐eidotipo ■descrittiva

Descrizione La roccia ha incise numerose coppelle; di queste nove sono perfettamente allineate verso il lago lungo una direttrice prevalente NE-SO.

353

IDENTIFICAZIONE

N° scheda	0105	*Comune*	Colico (LC)
Località	Montecchio Sud	*Quota*	250 m slm
Identificazione	Giovanni Beltramelli	*Data Identificazione*	Anno 2004

Ubicazione
☐ fondovalle ☐ versante ☐ cima ■ bosco ☐ campo coltivato
■ pascolo ☐ incolto ■ nucleo abitativo ☐ luogo di culto ■ presso corsi d'acqua
☐ presso sorgenti ☐ pianoro ■ presso vie di percorrenza

DESCRIZIONE

Dimensioni ☐ piccola ■ media ☐ grande

Contesto ☐ affioramento ☐ roccia isolata ■ gruppo di rocce ☐ lastra ☐ parete/riparo ☐ riuso ☐ frana

Tipo figurativo ☐ animali ☐ antropomorfi ☐ armi e antropomorfi armati ☐ carri ☐ circolari
☐ cruciformi ☐ simbologie topografiche ☐ simboli di fertilità ☐ caratteri alfanumerici
☐ simboli di astrazione ☐ megaliti ☐ vegetali

Tipo schematico ■ coppelle ■ canaletti ☐ pediformi ■ polissoir ☐ scivoli ☐ elementi utilitari

Morfologia ☐ liscio ■ ruvido ■ orizzontale ☐ inclinato ☐ verticale
☐ concavo ■ convesso ☐ fratturato ☐ gradonato

Lavorazione ■ rotazione ■ percussione ■ incisione lineare ☐ levigatura della superficie

Profilo incisione ■ concavo ☐ cilindrico ☐ a bottiglia ■ conico ☐ squadrato ☐ irregolare

Documentazione ■ fotografica ☐ filmati ☐ rilievo ☐ calco ☐ eidotipo ■ descrittiva

Descrizione Roccia con coppelle, due vaschette rettangolari, un canaletto, un affilatoio e altri segni non decifrati.

IDENTIFICAZIONE

N° scheda	0106	*Comune*	Colico (LC)
Località	Montecchio Sud	*Quota*	250 m slm
Identificazione	Giovanni Beltramelli	*Data Identificazione*	Anno 2004

Ubicazione ☐ fondovalle ■ versante ☐ cima ■ bosco ☐ campo coltivato
■ pascolo ☐ incolto ■ nucleo abitativo ☐ luogo di culto ☐ presso corsi d'acqua
■ presso sorgenti ☐ pianoro ■ presso vie di percorrenza

DESCRIZIONE

Dimensioni ☐ piccola ☐ media ■ grande

Contesto ■ affioramento ☐ roccia isolata ☐ gruppo di rocce ☐ lastra ☐ parete/riparo ☐ riuso ☐ frana

Tipo figurativo ☐ animali ☐ antropomorfi ☐ armi e antropomorfi armati ☐ carri ☐ circolari
☐ cruciformi ☐ simbologie topografiche ☐ simboli di fertilità ☐ caratteri alfanumerici
☐ simboli di astrazione ☐ megaliti ☐ vegetali

Tipo schematico ■ coppelle ☐ canaletti ☐ pediformi ☐ polissoir ☐ scivoli ☐ elementi utilitari

Morfologia ■ liscio ☐ ruvido ■ orizzontale ☐ inclinato ☐ verticale
☐ concavo ☐ convesso ■ fratturato ☐ gradonato

Lavorazione ■ rotazione ■ percussione ☐ incisione lineare ☐ levigatura della superficie

Profilo incisione ☐ concavo ☐ cilindrico ☐ a bottiglia ■ conico ☐ squadrato ☐ irregolare

Documentazione ■ fotografica ☐ filmati ☐ rilievo ☐ calco ☐ eidotipo ■ descrittiva

Descrizione La roccia ha più di quaranta coppelle incise; i petroglifi sono marcati e visibili.

IDENTIFICAZIONE

N° scheda	0107	*Comune*	Colico (LC)
Località	Montecchio Sud	*Quota*	250 m slm
Identificazione	Giovanni Beltramelli	*Data Identificazione*	Anno 2004

Ubicazione ☐fondovalle ■versante ☐cima ■bosco ☐campo coltivato
■pascolo ☐incolto ☐nucleo abitativo ☐luogo di culto ☐presso corsi d'acqua
■presso sorgenti ☐pianoro ■presso vie di percorrenza

DESCRIZIONE

Dimensioni ☐piccola ☐media ■grande

Contesto ■affioramento ☐roccia isolata ☐gruppo di rocce ☐lastra ☐parete/riparo ☐riuso ☐frana

Tipo figurativo ☐animali ☐antropomorfi ☐armi e antropomorfi armati ☐carri ☐circolari
☐cruciformi ☐simbologie topografiche ☐simboli di fertilità ☐caratteri alfanumerici
☐simboli di astrazione ☐megaliti ☐vegetali

Tipo schematico ☐coppelle ☐canaletti ■pediformi ☐polissoir ☐scivoli ☐elementi utilitari

Morfologia ■liscio ☐ruvido ■orizzontale ☐inclinato ☐verticale
☐concavo ☐convesso ■fratturato ☐gradonato

Lavorazione ☐rotazione ■percussione ☐incisione lineare ☐levigatura della superficie

Profilo incisione ■concavo ☐cilindrico ☐a bottiglia ☐conico ☐squadrato ☐irregolare

Documentazione ■fotografica ☐filmati ☐rilievo ☐calco ☐eidotipo ■descrittiva

Descrizione Il supporto ha incisi due pediformi, elementi rari nel panorama dei petroglifi dell'Alto Lario. Se ne segnala un altro in questa zona e uno sul dosso tra Santa Maria Rezzonico e Cremia. Ai pediformi si associano luoghi preposti a riti di legittimazione e di passaggio, generalmente svolto al cospetto di una divinità; il posizionamento del piede nell'orma scavata diviene un simbolo iniziatico riconosciuto dal contesto sociale.

IDENTIFICAZIONE

N° scheda	0108	*Comune*	Colico (LC)
Località	Montecchio Sud	*Quota*	250 m slm
Identificazione	Giovanni Beltramelli	*Data Identificazione*	Anno

Ubicazione ☐fondovalle ■versante ☐cima ■bosco ☐campo coltivato
■pascolo ☐incolto ■nucleo abitativo ☐luogo di culto ☐presso corsi d'acqua
■presso sorgenti ☐pianoro ■presso vie di percorrenza

DESCRIZIONE

Dimensioni ☐piccola ☐media ■grande

Contesto ■affioramento ☐roccia isolata ☐gruppo di rocce ☐lastra ☐parete/riparo ☐riuso ☐frana

Tipo figurativo ☐animali ☐antropomorfi ☐armi e antropomorfi armati ☐carri ☐circolari
☐cruciformi ■simbologie topografiche ☐simboli di fertilità ☐caratteri alfanumerici
☐simboli di astrazione ☐megaliti ☐vegetali

Tipo schematico ■coppelle ■canaletti ■pediformi ☐polissoir ☐scivoli ☐elementi utilitari

Morfologia ■liscio ☐ruvido ☐orizzontale ■inclinato ☐verticale
☐concavo ☐convesso ■fratturato ■gradonato

Lavorazione ■rotazione ■percussione ☐incisione lineare ☐levigatura della superficie

Profilo incisione ■concavo ☐cilindrico ☐a bottiglia ■conico ☐squadrato ☐irregolare

Documentazione ■fotografica ☐filmati ■rilievo ☐calco ■eidotipo ■descrittiva

Descrizione Il sito è collocato sulla sommità del Montecchio Sud. La sua importanza, da contestualizzarsi con le altre incisioni figurative dell'area, è dovuta alla presenza di alcuni elementi che ne sottolineano il carattere sacrale. I fattori di riferimento sono la posizione predominante sull'Alto Lario, il collegamento visuale con il monte Legnone e l'antichità degli elementi incisi, visibilmenti consumati dagli agenti atmosferici nonostante la tenacia della matrice rocciosa.

L'area si affaccia sulla parte sommitale altolariana.

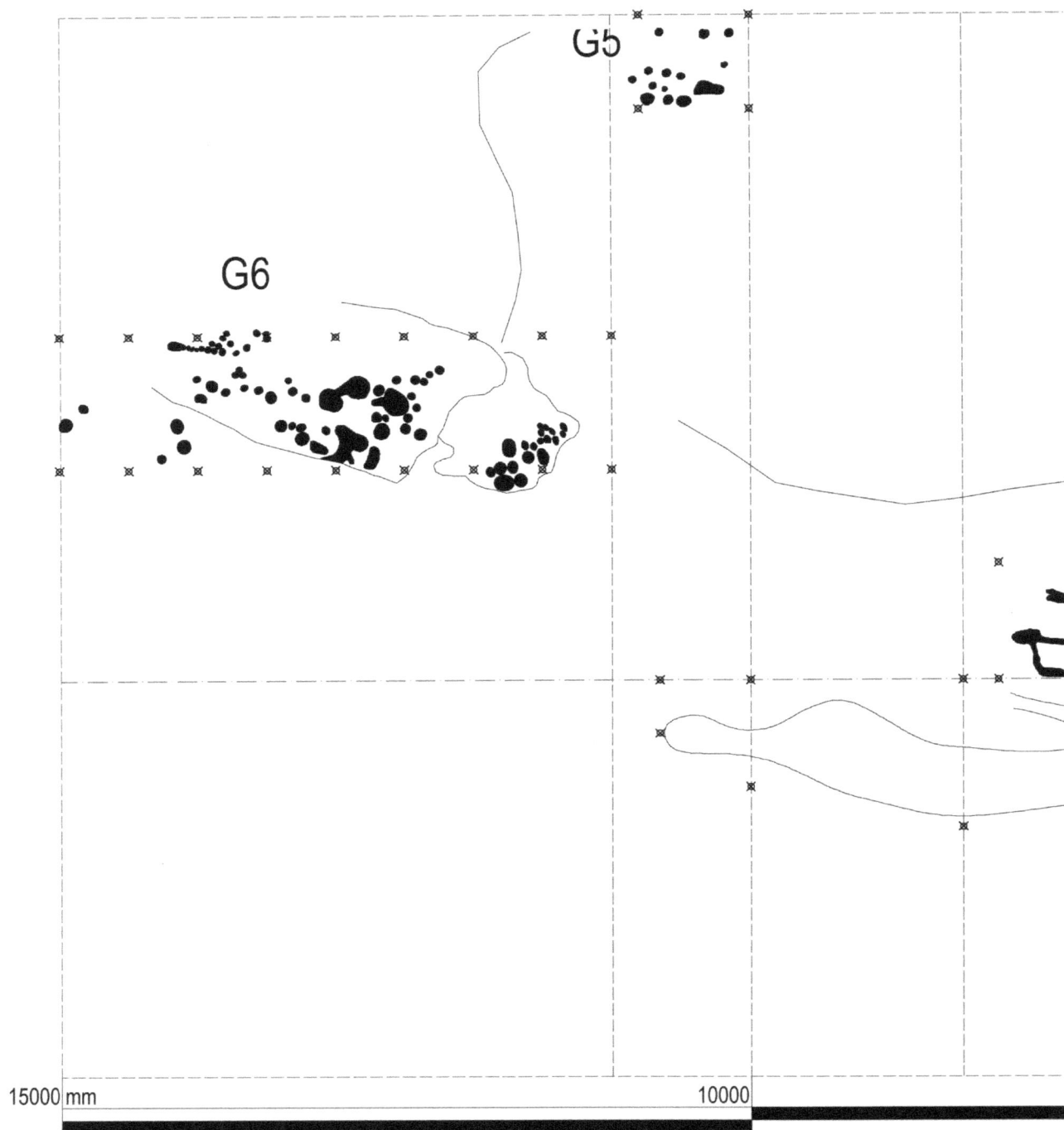

Inquadramento del rilievo svolto sull'affioramento con i posizionamenti delle zone incise. Il supporto ha uno sviluppo superiore ai 30 m. Le incisioni sono composte da sei raggruppamenti, omogenei per tipologia e concentrazione. Tutti rientrano in un *unicum* che sfrutta le concavità della roccia; in esse confluiscono i tracciati dei canaletti e su esse si affacciano le seriazioni coppellari. Il punto di arrivo delle diverse pendenze è in una vaschetta del gruppo 1. Solo il gruppo con il pediforme risulta isolato da questo sistema di convogliamento dettato dalle pendenze; si trova staccato su una superficie piana che si affaccia sul Monte Legnone.

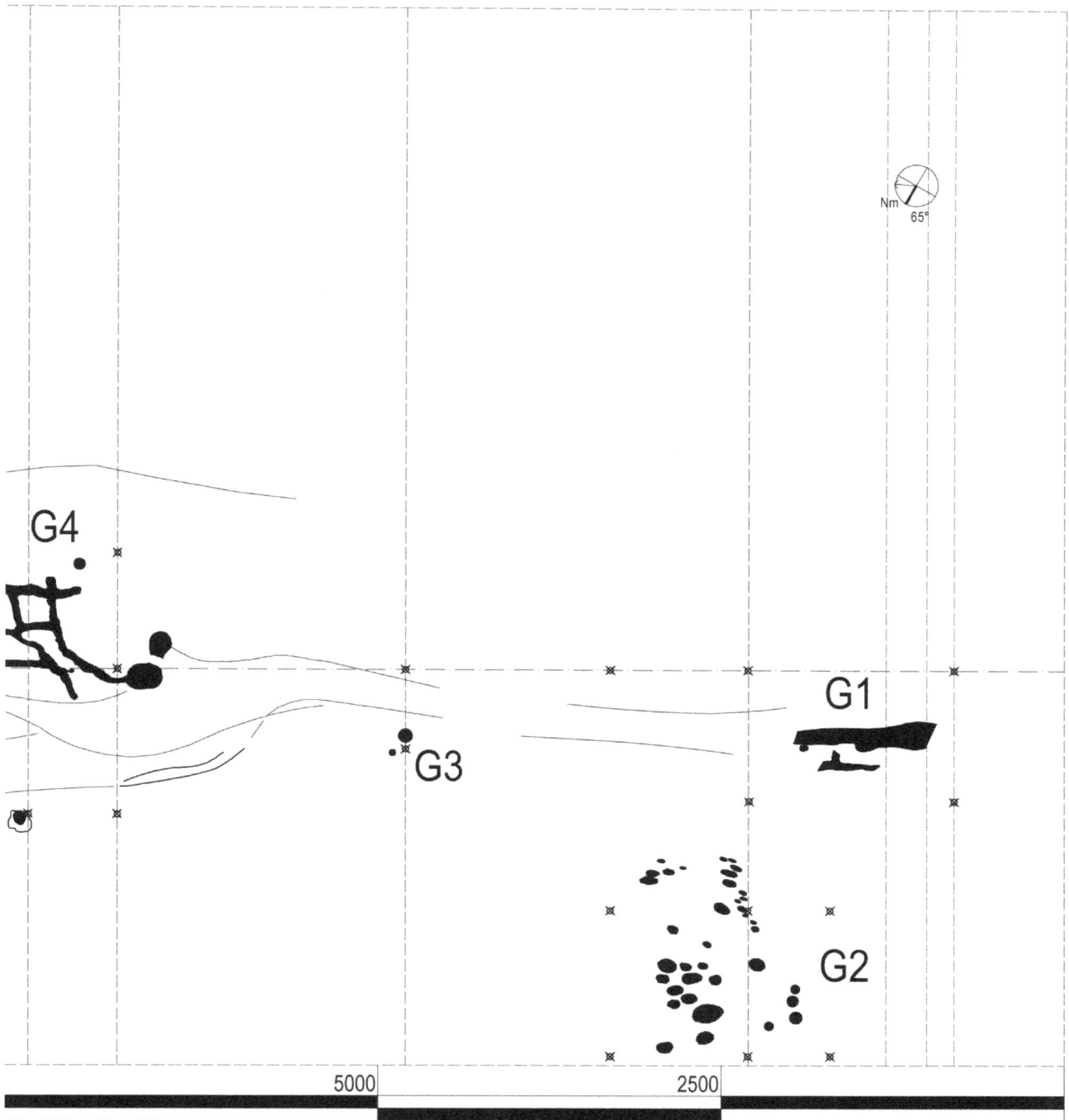

Parte terminale dell'inquadramento.

La posizione del sito è significativa sia per il dominio dell'area altolariana sia per l'incombenza del monte Legnone. L'aspetto sacrale è sottolineato da due elementi significativi: un pediforme e un reticolo. Quest'ultimo è visibile in primo piano ed è l'unico esempio rinvenuto nelle aree indagate. Il grado di erosione della roccia, visibile sulle coppelle, colloca il luogo tra i più antichi di tutto l'areale indagato.

G6

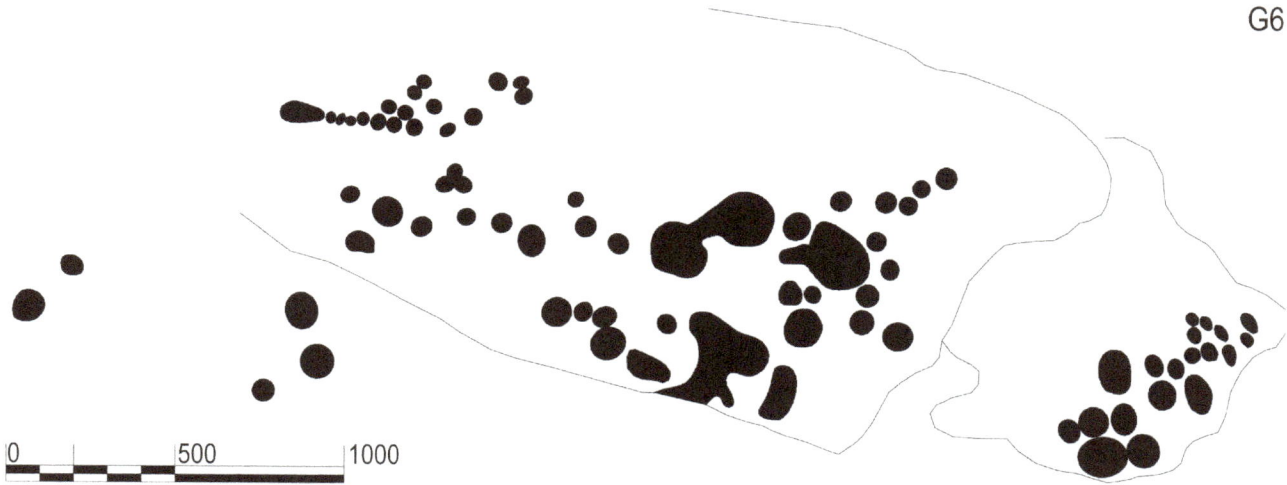

Gruppo G6. Sviluppo delle incisioni conseguente al rilievo svolto con georeferenziazione.

Gruppo G6. Il gruppo è realizzato sulla parte convessa del masso. Le coppelle sono agglomerate in gruppi definiti da precisi allineamenti direzionali.

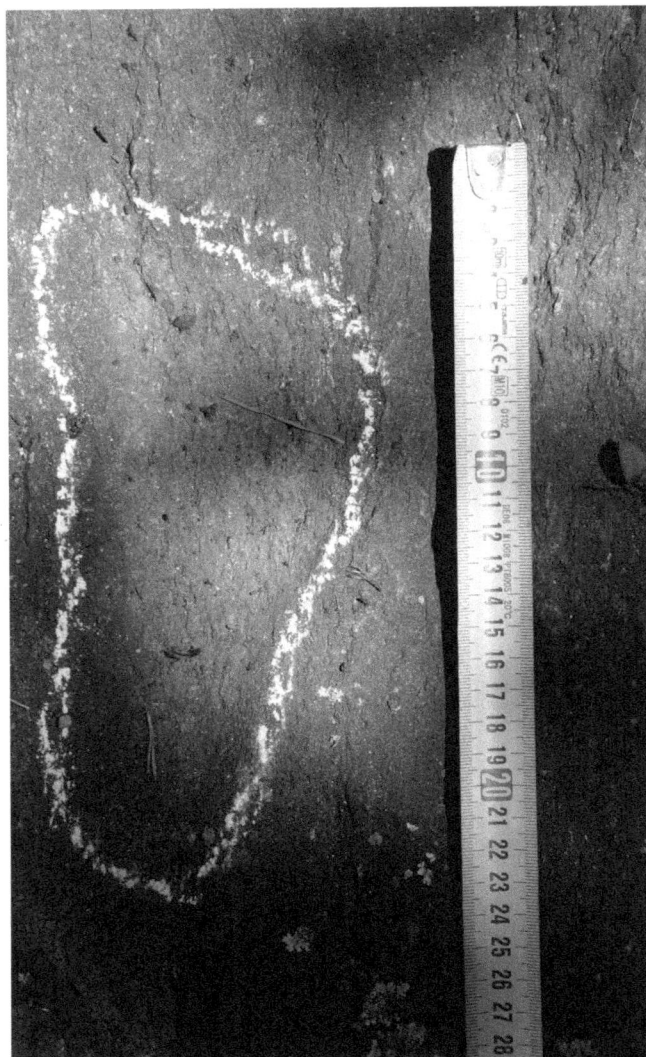

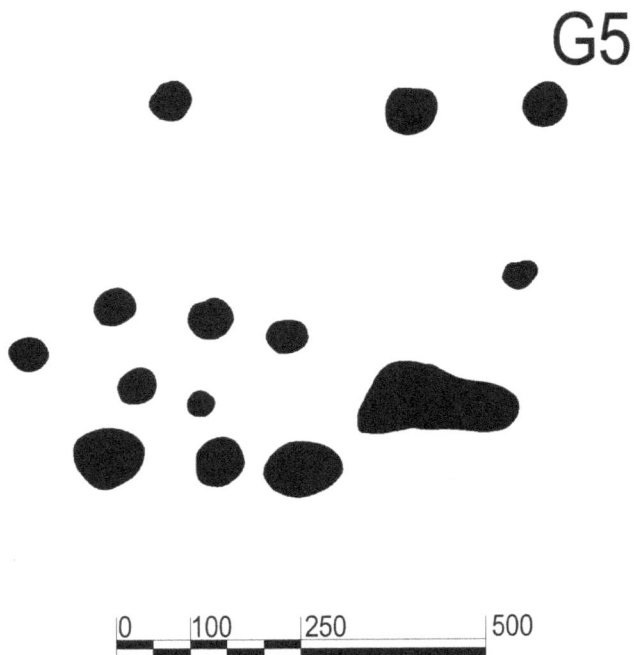

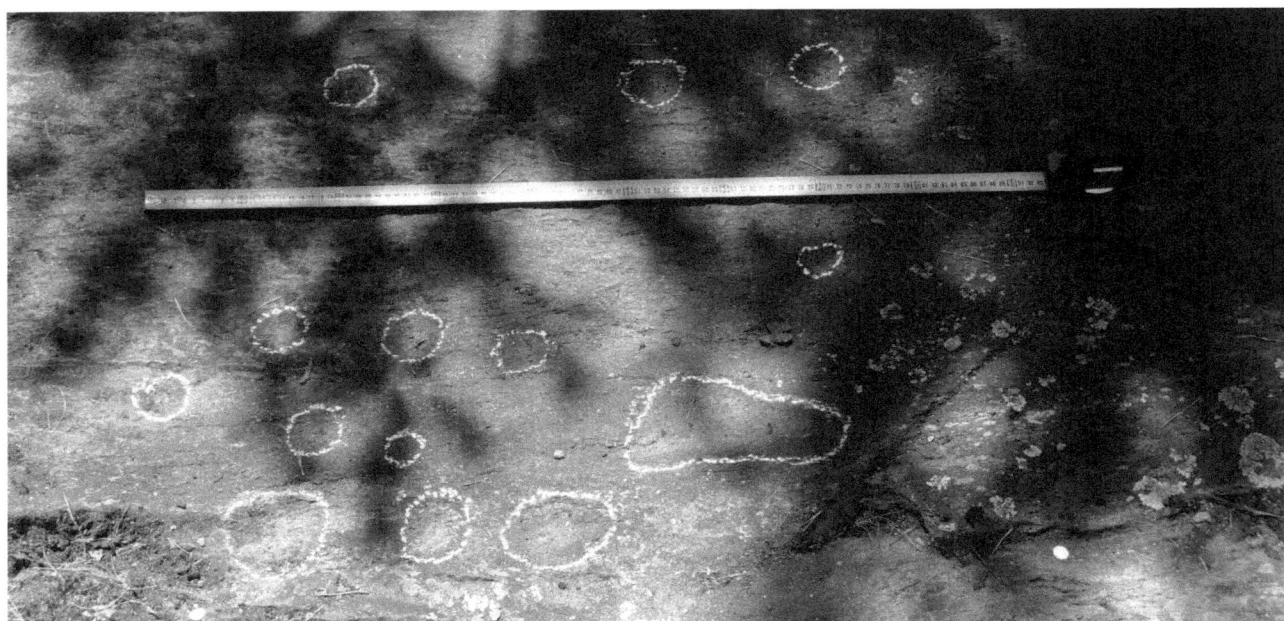

Gruppo G5. Il gruppo si affaccia sul monte Legnone; è composto da un agglomerato coppellare al cui interno si trova un pediforme. Le coppelle sono allineate secondo una precisa direzione verso la montagna. La presenza del pediforme indicherebbe in questo luogo un punto nodale; esso è infatti un simbolo di tipo elettivo a carattere sacrale che rappresenta l'elemento di collegamento tra gli aspetti divino e terrestre. Nella cultura primitiva, fino a tutta l'età del Ferro i culti litici legati a questo simbolo rappresentavano la legittimazone divina del potere temporale.

G4

Gruppo G4. La figura si configura come un reticolo elemento che, nel contesto dei significati topografici dell'arco alpino, è associato alle rappresentazioni di campi arati. Questi simbolismi sono legati a riti di fertilità della dea madre terra in cui la pioggia era l'elemento di connessione con il modo uranico, rappresentato dal fulmine e dalla sua trasposizione serpentiforme. Sembrerebbe un elemento figurativo antico, rafforzato qui dalla sua realizzazione a canaletti; l'incisione aveva forse la funzione di raccogliere liquidi e trasportarli verso il terreno, trasformando l'elemento simbolico in un atto reale di stampo magico-rituale.

G2

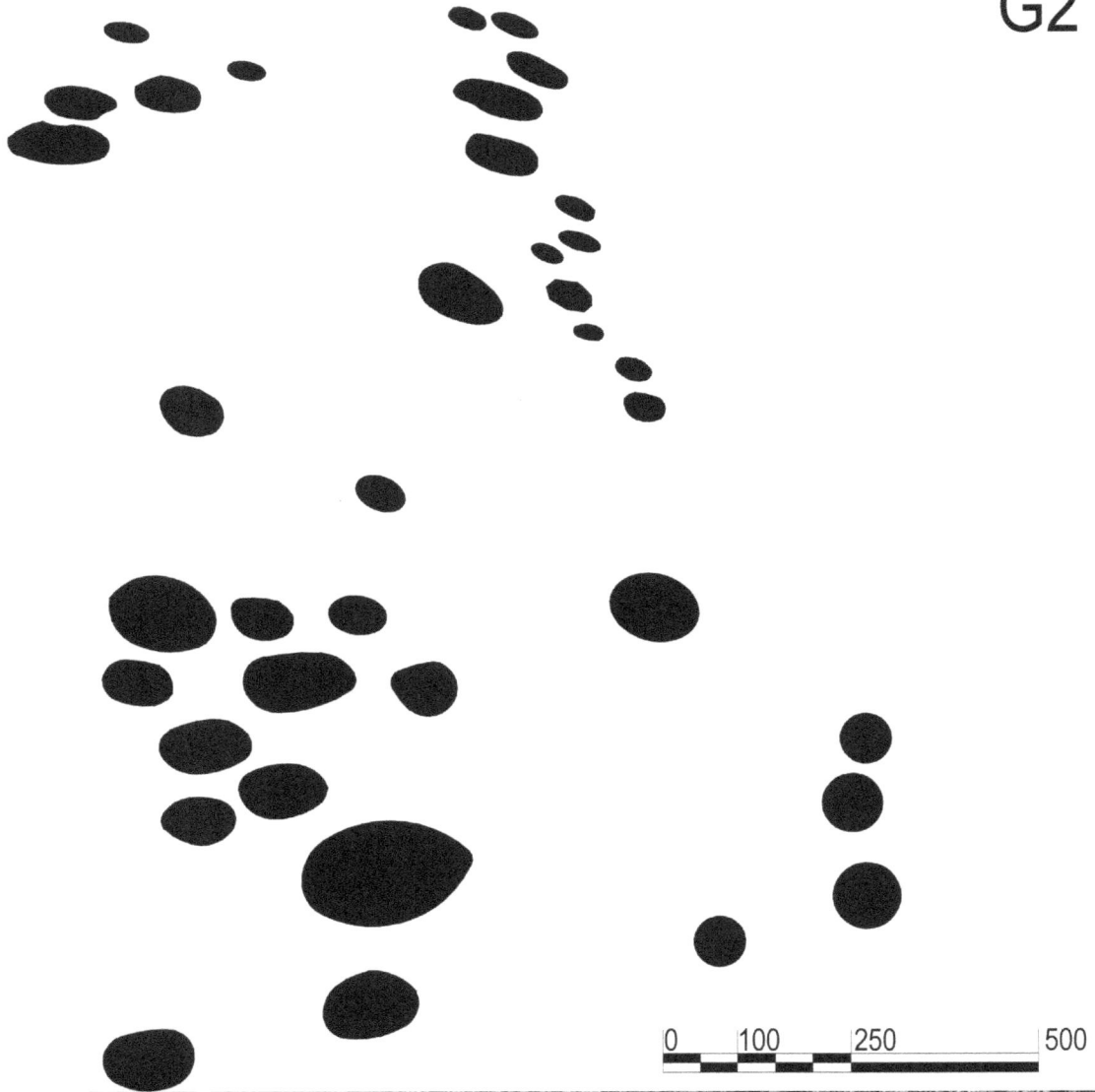

Gruppo G2. Le incisioni coppellari appaiono raggruppate in insiemi numerosi e omogenei per dimensioni e profondità. La loro caratteristica si riscontra nella disposizione in zone concentrate.

G3

Gruppo G3. Raggruppamento formato da due coppelle isolate.

G1

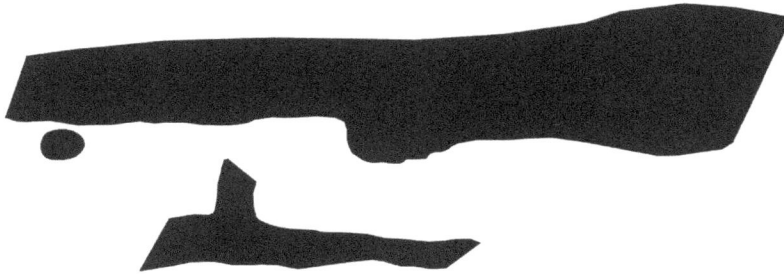

Gruppo G1. Rilievo e foto. Gli elementi incisi sono composti da canaletti e da una coppella. Rappresentano il punto di convogliamento di un sistema di scorrimento dei fluidi che sfrutta le convessità e le concavità del supporto.

Parte finale del supporto con evidenza delle varie pendenze.

IDENTIFICAZIONE

N° scheda	0109	*Comune*	Colico (LC)
Località	Monteggio	*Quota*	250 m slm
Identificazione	Giovanni Beltramelli	*Data Identificazione*	Anno 2004

Ubicazione ☐fondovalle ■versante ☐cima ■bosco ☐campo coltivato
☐pascolo ☐incolto ☐nucleo abitativo ☐luogo di culto ■presso corsi d'acqua
☐presso sorgenti ☐pianoro ☐presso vie di percorrenza

DESCRIZIONE

Dimensioni ☐piccola ☐media ■grande

Contesto ☐affioramento ☐roccia isolata ■gruppo di rocce ☐lastra ☐parete/riparo ☐riuso ☐frana

Tipo figurativo ☐animali ☐antropomorfi ☐armi e antropomorfi armati ☐carri ☐circolari
☐cruciformi ☐simbologie topografiche ☐simboli di fertilità ☐caratteri alfanumerici
☐simboli di astrazione ☐megaliti ☐vegetali

Tipo schematico ■coppelle ■canaletti ☐pediformi ☐polissoir ☐scivoli ☐elementi utilitari

Morfologia ☐liscio ■ruvido ☐orizzontale ■inclinato ☐verticale
■concavo ☐convesso ■fratturato ■gradonato

Lavorazione ■rotazione ■percussione ☐incisione lineare ☐levigatura della superficie

Profilo incisione ■concavo ☐cilindrico ☐a bottiglia ■conico ☐squadrato ☐irregolare

Documentazione ■fotografica ☐filmati ☐rilievo ☐calco ☐eidotipo ■descrittiva

Descrizione La roccia è posta in posizione dominante sulla pianura. Si notano oltre venti coppelle ben delineate e di varie dimensioni, con alcuni canaletti la cui traccia giunge fino a livello del terreno.

IDENTIFICAZIONE

N° scheda	0110	*Comune*	Colico (LC)
Località	Monteggio	*Quota*	250 m slm
Identificazione	Giovanni Beltramelli	*Data Identificazione*	Anno 2004

Ubicazione
☐fondovalle ☐versante ☐cima ■bosco ☐campo coltivato
☐pascolo ☐incolto ☐nucleo abitativo ☐luogo di culto ■presso corsi d'acqua
☐presso sorgenti ☐pianoro ■presso vie di percorrenza

DESCRIZIONE

Dimensioni ☐piccola ☐media ■grande

Contesto ☐affioramento ☐roccia isolata ■gruppo di rocce ☐lastra ☐parete/riparo ☐riuso ☐frana

Tipo figurativo ☐animali ☐antropomorfi ☐armi e antropomorfi armati ☐carri ☐circolari
☐cruciformi ☐simbologie topografiche ☐simboli di fertilità ☐caratteri alfanumerici
☐simboli di astrazione ☐megaliti ☐vegetali

Tipo schematico ■coppelle ☐canaletti ☐pediformi ☐polissoir ☐scivoli ☐elementi utilitari

Morfologia ☐liscio ■ruvido ☐orizzontale ■inclinato ☐verticale
☐concavo ☐convesso ☐fratturato ☐gradonato

Lavorazione ■rotazione ■percussione ☐incisione lineare ☐levigatura della superficie

Profilo incisione ☐concavo ☐cilindrico ☐a bottiglia ■conico ☐squadrato ☐irregolare

Documentazione ■fotografica ☐filmati ☐rilievo ☐calco ☐eidotipo ■descrittiva

Descrizione Sulla roccia sono incise nove coppelle posizionate in sequenza con una composizione cruciforme. L'asse di sviluppo prevalente coincide con una direzione orientata verso verso la pianura sottostante.

IDENTIFICAZIONE

N° scheda	0111	*Comune*	Colico (LC)
Località	Monte Perdonasco	*Quota*	730 m slm
Identificazione	Giovanni Beltramelli, Alberto Pozzi	*Data Identificazione*	Anno 2003

Ubicazione ☐ fondovalle ■ versante ☐ cima ■ bosco ☐ campo coltivato ■ pascolo ☐ incolto ☐ nucleo abitativo ☐ luogo di culto ■ presso corsi d'acqua ☐ presso sorgenti ☐ pianoro ■ presso vie di percorrenza

DESCRIZIONE

Dimensioni ☐ piccola ☐ media ■ grande

Contesto ■ affioramento ☐ roccia isolata ☐ gruppo di rocce ☐ lastra ☐ parete/riparo ☐ riuso ☐ frana

Tipo figurativo ☐ animali ☐ antropomorfi ☐ armi e antropomorfi armati ☐ carri ☐ circolari ☐ cruciformi ☐ simbologie topografiche ☐ simboli di fertilità ☐ caratteri alfanumerici ☐ simboli di astrazione ☐ megaliti ☐ vegetali

Tipo schematico ☐ coppelle ☐ canaletti ☐ pediformi ☐ polissoir ■ scivoli ☐ elementi utilitari

Morfologia ■ liscio ☐ ruvido ☐ orizzontale ■ inclinato ☐ verticale ☐ concavo ☐ convesso ■ fratturato ☐ gradonato

Lavorazione ☐ rotazione ☐ percussione ☐ incisione lineare ■ levigatura della superficie

Profilo incisione ■ concavo ☐ cilindrico ☐ a bottiglia ☐ conico ☐ squadrato ☐ irregolare

Documentazione ■ fotografica ☐ filmati ■ rilievo ☐ calco ■ eidotipo ■ descrittiva

Descrizione Scivolo della fertilità caratterizzato dalle considerevoli dimensioni e dalla pronunciata inclinazione. Ciò permette di ipotizzare come l'atto propiziatorio fosse legato a una cultualità che presupponeva una forte volontà da trasporre nello svolgimento di un atto "drammatico". L'universo femminile era il depositario di questo culto che si ricollegava a quello della dea Madre, rappresentata dalla luna e dalla presenza di sorgenti o corsi d'acqua. I molteplici scivoli individuati sull'arco alpino, evidenziano come il rituale si dovesse svolgere in luoghi appartati; le superfici dello scivolo e le parti corporee interessate al contatto con la roccia, presumibilmente, dovettero essere spalmate di sostanze oleose. Ciò è stato appurato da più studiosi in residui di riti perpetrati nell'ambito agreste fino agli anni Sessanta del secolo scorso.

Dallo scivolo si domina l'area altolariana.

L'inclinazione e la lunghezza dello scivolo sono considerevoli: la massima pendenza è pari al 44% e lo svilupppo della zona di scivolamento è di circa 15 m. La posizione panoramica, che permette la vista del lago e del Legnone, la presenza di un altro scivolo e le numerose incisioni serpentiformi, fanno supporre che questo luogo fosse deputato ad ospitare dei culti rituali di fertilità.

Lo scivolo inizia sulla sommità dell'affioramento con uno sviluppo superiore ai 15 metri.

Vista della sagoma del monte Legnone, che conserva una forma piramidale dai diversi punti di osservazione.

IDENTIFICAZIONE

N° scheda	0112	**Comune**	Colico (LC)
Località	Monti sopra San Rocco	**Quota**	900 m slm
Identificazione	Giovanni Beltramelli	**Data Identificazione**	Anno 2004

Ubicazione ☐fondovalle ■versante ☐cima ■bosco ☐campo coltivato
☐pascolo ☐incolto ■nucleo abitativo ☐luogo di culto ■presso corsi d'acqua
■presso sorgenti ☐pianoro ■presso vie di percorrenza

DESCRIZIONE

Dimensioni ■piccola ☐media ☐grande

Contesto ☐affioramento ■roccia isolata ☐gruppo di rocce ☐lastra ☐parete/riparo ☐riuso ☐frana

Tipo figurativo ☐animali ☐antropomorfi ☐armi e antropomorfi armati ☐carri ☐circolari
☐cruciformi ☐simbologie topografiche ☐simboli di fertilità ☐caratteri alfanumerici
☐simboli di astrazione ☐megaliti ☐vegetali

Tipo schematico ■coppelle ■canaletti ☐pediformi ☐polissoir ☐scivoli ☐elementi utilitari

Morfologia ☐liscio ■ruvido ☐orizzontale ■inclinato ☐verticale
☐concavo ☐convesso ☐fratturato ☐gradonato

Lavorazione ■rotazione ■percussione ☐incisione lineare ☐levigatura della superficie

Profilo incisione ■concavo ☐cilindrico ☐a bottiglia ■conico ☐squadrato ☐irregolare

Documentazione ■fotografica ☐filmati ■rilievo ☐calco ■eidotipo ■descrittiva

Descrizione Posto nella proprietà della famiglia Pasina questo masso è tra i più significativi per quanto concerne la connessione tra coppelle e canalette nei culti di fertilità. L'esecuzione accurata e l'inclinazione accentuata della superficie ne fanno un tipo esemplare.

VISTA PLANIMETRICA

Vista delle coppelle e dei canaletti con alcune indicazioni dimensionali.

Particolare del reticolo con la suddivisione in quadranti, metodo utilizzato per il rilievo del supporto e delle incisioni.

IDENTIFICAZIONE COPPELLE E CANALETTI

Coppella

Canaletto

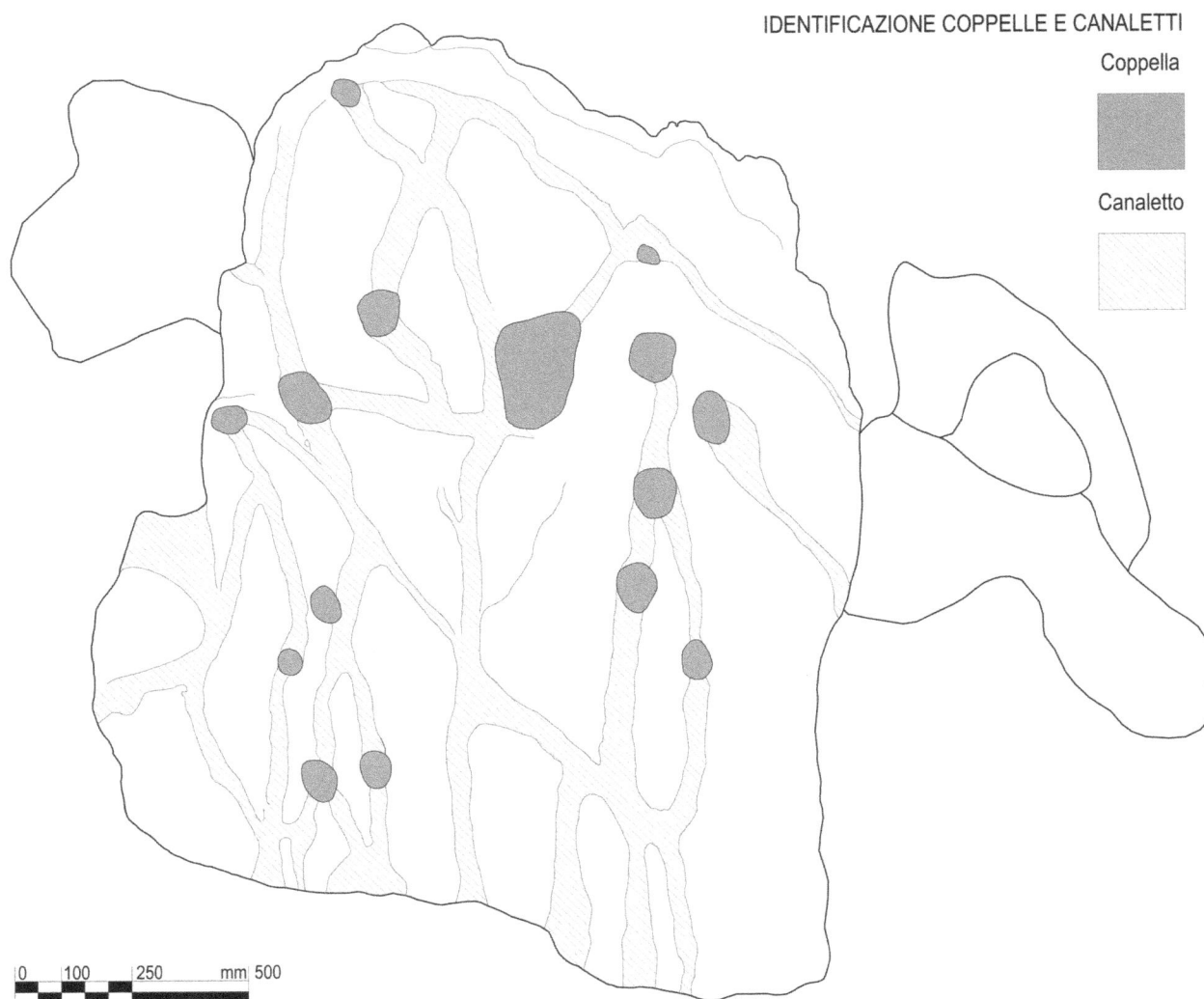

0 100 250 mm 500

Vista del supporto con indicazioni di coppelle e canaletti.

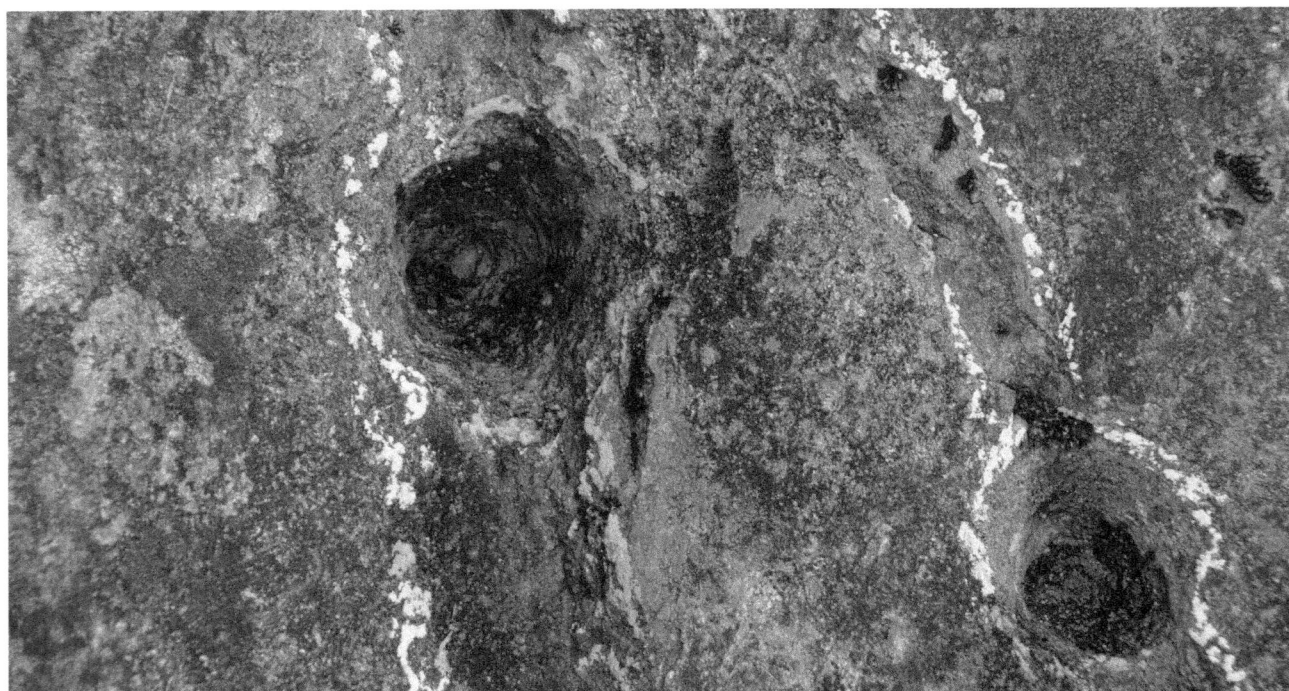

Particolare di due coppelle e canaletti che mostrano il grado di perizia dell'incisore.

IDENTIFICAZIONE

N° scheda	0113	*Comune*	Colico (LC)
Località	Monti sopra San Rocco	*Quota*	750 m slm
Identificazione	Giovanni Beltramelli	*Data Identificazione*	Anno 2004

Ubicazione
☐fondovalle ■versante ☐cima ■bosco ☐campo coltivato
☐pascolo ☐incolto ■nucleo abitativo ☐luogo di culto ☐presso corsi d'acqua
☐presso sorgenti ☐pianoro ■presso vie di percorrenza

DESCRIZIONE

Dimensioni ■piccola ☐media ☐grande

Contesto ☐affioramento ■roccia isolata ☐gruppo di rocce ☐lastra ☐parete/riparo ☐riuso ☐frana

Tipo figurativo ☐animali ☐antropomorfi ☐armi e antropomorfi armati ☐carri ☐circolari
☐cruciformi ☐simbologie topografiche ☐simboli di fertilità ☐caratteri alfanumerici
☐simboli di astrazione ☐megaliti ☐vegetali

Tipo schematico ■coppelle ☐canaletti ☐pediformi ☐polissoir ☐scivoli ☐elementi utilitari

Morfologia ☐liscio ■ruvido ■orizzontale ☐inclinato ☐verticale
☐concavo ■convesso ☐fratturato ☐gradonato

Lavorazione ■rotazione ■percussione ☐incisione lineare ☐levigatura della superficie

Profilo incisione ■concavo ☐cilindrico ☐a bottiglia ■conico ■squadrato ☐irregolare

Documentazione ■fotografica ☐filmati ☐rilievo ☐calco ☐eidotipo ■descrittiva

Descrizione Roccia situata a valle del massso della scheda 112. Sulla superficie presenta alcune coppelle ed una vaschetta rettangolare profonda 20 cm per raccogliere acqua piovana la cui tipologia parrebbe ricondursi a riti purificatori.

IDENTIFICAZIONE

N° scheda	0114	**Comune**	Colico (LC)
Località	Monti sopra San Rocco	**Quota**	750 m slm
Identificazione	Giovanni Beltramelli	**Data Identificazione**	Anno

Ubicazione ☐fondovalle ■versante ☐cima ■bosco ☐campo coltivato ☐pascolo ■incolto ■nucleo abitativo ☐luogo di culto ☐presso corsi d'acqua ☐presso sorgenti ☐pianoro ■presso vie di percorrenza

DESCRIZIONE

Dimensioni ■piccola ☐media ☐grande

Contesto ☐affioramento ☐roccia isolata ■gruppo di rocce ☐lastra ☐parete/riparo ■riuso ☐frana

Tipo figurativo ☐animali ☐antropomorfi ☐armi e antropomorfi armati ☐carri ☐circolari ☐cruciformi ☐simbologie topografiche ☐simboli di fertilità ☐caratteri alfanumerici ☐simboli di astrazione ☐megaliti ☐vegetali

Tipo schematico ■coppelle ☐canaletti ☐pediformi ☐polissoir ☐scivoli ☐elementi utilitari

Morfologia ☐liscio ■ruvido ■orizzontale ☐inclinato ☐verticale ☐concavo ☐convesso ☐fratturato ☐gradonato

Lavorazione ■rotazione ■percussione ☐incisione lineare ☐levigatura della superficie

Profilo incisione ■concavo ☐cilindrico ☐a bottiglia ■conico ■squadrato ☐irregolare

Documentazione ■fotografica ☐filmati ☐rilievo ☐calco ☐eidotipo ■descrittiva

Descrizione I supporti sono formati da alcune pietre sparse con incise delle coppelle e una vaschetta rettangolare; le stesse facevano parte di un rustico abbandonato ora in rovina.

IDENTIFICAZIONE

N° scheda	0115	*Comune*	Colico (LC)
Località	Monti sopra San Rocco	*Quota*	800 m slm
Identificazione	Giovanni Beltramelli	*Data Identificazione*	Anno 2004

Ubicazione
☐ fondovalle ■ versante ☐ cima ■ bosco ☐ campo coltivato
☐ pascolo ☐ incolto ☐ nucleo abitativo ☐ luogo di culto ■ presso corsi d'acqua
☐ presso sorgenti ☐ pianoro ■ presso vie di percorrenza

DESCRIZIONE

Dimensioni ☐ piccola ☐ media ■ grande

Contesto ☐ affioramento ■ roccia isolata ☐ gruppo di rocce ☐ lastra ☐ parete/riparo ☐ riuso ☐ frana

Tipo figurativo ☐ animali ☐ antropomorfi ☐ armi e antropomorfi armati ☐ carri ☐ circolari
☐ cruciformi ☐ simbologie topografiche ☐ simboli di fertilità ☐ caratteri alfanumerici
☐ simboli di astrazione ☐ megaliti ☐ vegetali

Tipo schematico ■ coppelle ☐ canaletti ☐ pediformi ☐ polissoir ☐ scivoli ☐ elementi utilitari

Morfologia ☐ liscio ■ ruvido ■ orizzontale ■ inclinato ☐ verticale
☐ concavo ☐ convesso ☐ fratturato ■ gradonato

Lavorazione ■ rotazione ■ percussione ☐ incisione lineare ☐ levigatura della superficie

Profilo incisione ☐ concavo ☐ cilindrico ☐ a bottiglia ■ conico ☐ squadrato ☐ irregolare

Documentazione ■ fotografica ☐ filmati ☐ rilievo ☐ calco ☐ eidotipo ■ descrittiva

Descrizione La roccia ha una marcata forma piramidale di origine naturale che può averne influenzato la scelta quale supporto. Sulla superficie sono incise numerose coppelle. Sulla sommità della roccia è stato ricavato un vano, forse utilizzato per deporre oggetti votivi, offerte o idoli.

IDENTIFICAZIONE

N° scheda	0116	*Comune*	Colico (LC)
Località	Monti sopra San Rocco	*Quota*	800 m slm
Identificazione	Giovanni Beltramelli	*Data Identificazione*	Anno 2004

Ubicazione ☐fondovalle ■versante ☐cima ■bosco ☐campo coltivato
☐pascolo ■incolto ☐nucleo abitativo ☐luogo di culto ☐presso corsi d'acqua
☐presso sorgenti ☐pianoro ☐presso vie di percorrenza

DESCRIZIONE

Dimensioni ☐piccola ■media ☐grande

Contesto ☐affioramento ■roccia isolata ☐gruppo di rocce ☐lastra ☐parete/riparo ☐riuso ☐frana

Tipo figurativo ☐animali ☐antropomorfi ☐armi e antropomorfi armati ☐carri ☐circolari
☐cruciformi ☐simbologie topografiche ☐simboli di fertilità ■caratteri alfanumerici
☐simboli di astrazione ☐megaliti ☐vegetali

Tipo schematico ■coppelle ☐canaletti ☐pediformi ☐polissoir ☐scivoli ☐elementi utilitari

Morfologia ☐liscio ■ruvido ☐orizzontale ■inclinato ☐verticale
☐concavo ☐convesso ☐fratturato ■gradonato

Lavorazione ■rotazione ■percussione ☐incisione lineare ☐levigatura della superficie

Profilo incisione ■concavo ☐cilindrico ☐a bottiglia ■conico ☐squadrato ☐irregolare

Documentazione ■fotografica ☐filmati ☐rilievo ☐calco ☐eidotipo ■descrittiva

Descrizione Il masso con forma conica reca incise otto coppelle ben visibili, alcune delle quali molto profonde. Sulla superficie sono incise in rilievo le due lettere A e C.

IDENTIFICAZIONE

N° scheda	0117	*Comune*	Colico (LC)
Località	Monti sopra San Rocco	*Quota*	800 m slm
Identificazione	Giovanni Beltramelli	*Data Identificazione*	Anno

Ubicazione ☐fondovalle ■versante ☐cima ■bosco ☐campo coltivato ☐pascolo ■incolto ☐nucleo abitativo ☐luogo di culto ■presso corsi d'acqua ☐presso sorgenti ☐pianoro ■presso vie di percorrenza

DESCRIZIONE

Dimensioni ☐piccola ☐media ■grande

Contesto ■affioramento ☐roccia isolata ☐gruppo di rocce ☐lastra ☐parete/riparo ☐riuso ☐frana

Tipo figurativo ☐animali ☐antropomorfi ☐armi e antropomorfi armati ☐carri ☐circolari ☐cruciformi ☐simbologie topografiche ☐simboli di fertilità ☐caratteri alfanumerici ☐simboli di astrazione ☐megaliti ☐vegetali

Tipo schematico ■coppelle ☐canaletti ☐pediformi ☐polissoir ☐scivoli ☐elementi utilitari

Morfologia ■liscio ☐ruvido ■orizzontale ☐inclinato ☐verticale ☐concavo ☐convesso ■fratturato ☐gradonato

Lavorazione ■rotazione ■percussione ☐incisione lineare ☐levigatura della superficie

Profilo incisione ☐concavo ☐cilindrico ☐a bottiglia ■conico ☐squadrato ☐irregolare

Documentazione ■fotografica ☐filmati ☐rilievo ☐calco ☐eidotipo ■descrittiva

Descrizione Il supporto è costituito da un affioramento con superficie planare. I petroglifi incisi sono dieci coppelle, di cui otto disposte in cerchio e con due sulla fascia esterna. La chiara composizione circolare indica un probabile collegamento ad una simbologia solare.

Moredina. Nelle vicinanze dei luoghi con presenza di massi incisi si trovano sovente corsi d'acqua o sorgenti.

CAPITOLO IV

CONCLUSIONI

In Valcamonica dall'anno 2006 si è formato un gruppo istituzionale di coordinamento che riunisce più enti preposti alla gestione di questo bene culturale. Tra i principali protagonisti del sodalizio ricordiamo il Ministero per i Beni e le Attività Culturali, la Provincia, i Comuni sul cui territorio si attestano le aree incise e la Comunità Montana. Lo scopo primario del gruppo di coordinamento è quello di attuare il Piano di Gestione del sito Unesco, collaborando al contempo con le varie attività di promozione, gestione e tutela del sito. Questa puntualizzazione mostra come il fenomeno delle incisioni rupestri possa essere utilizzato appieno per la promozione e la valorizzazione del territorio in seno ad un programma di sviluppo e arricchimento delle popolazioni locali. Non si vuole certamente asserire che tutti i siti con presenza di incisioni rupestri siano deputati a rientrare nella lista Unesco: la Valcamonica è un luogo unico, con una ricchezza di incisioni tale da avere queste precise caratteristiche. Si vuole diversamente sottolineare il fatto che anche in una microscala, legata a piccole entità territoriali, la presenza di un'area incisa può favorire, se ben pianificata e gestita, attività locali di stampo economico e culturale.

La mancanza di fondi, che attualmente pare essere la piaga delle amministrazioni, non deve essere ostativa alla persecuzione di un obiettivo. Le sinergie necessarie per la valorizzazione di un territorio possono essere compiute anche a basso costo se supportate da un programma di coordinamento in grado di far dialogare e interagire le realtà culturali, turistiche, lavorative, educative, commerciali e naturalistiche. La collettività non è un affiancamento di compartimenti stagni ma, piuttosto, un sistema organico che deve far dialogare le parti rendendole partecipi di un piano comune per il benessere di chi abita e fruisce il territorio. La regia di questi rapporti è in capo alle amministrazioni; ad esse rivolgiamo il nostro pensiero affinché attuino politiche comunitarie. Con la volontà è possibile muovere il territorio, creare progetti e sinergie di valorizzazione e sviluppo; diversamente si assiste ad un depauperamento delle risorse.

Il territorio altolariano annovera numerose e significative incisioni, che non sono ancora state censite e scoperte nella loro totalità, e per le quali sono necessari altri studi accurati e approfonditi. Questa presenza potrebbe essere il punto di partenza per la creazione di un museo territoriale che funga da *trait d'union*, da collettore in grado di toccare le corde sociali ed economiche. Non si pensi a ipotesi utopiche; ciò accade già in altri territori con risultati eccellenti che permettono agli abitanti di vivere e guadagnare delle loro risorse.

Lo studio del mondo dei petroglifi comporta una serie di incognite talora spiazzanti, dovute all'impossibilità di avere una chiave di lettura e interpretazione scevra da errori. È un atteggiamento analitico tipico del pensiero razionalista, che tende a voler classificare ogni elemento del reale. Nell'istante in cui si modifica il proprio atteggiamento le cose possono assumere un differente aspetto. Ci si è così chiesti se l'attenzione dovesse essere diretta verso l'interpretazione di un sistema linguistico comprensibile solo da chi ne aveva familiarità, oppure se fosse il caso di confrontarsi con una sovrastruttura sociale nella ricerca di un messaggio residuo che travalica quello comunicativo. Abbiamo identificato questo aspetto con il legame che ci unisce a chi ha creato e realizzato queste opere, alla trasmissione di un messaggio di continuità, identitario, che esprime una conoscenza esatta e logica, seppur empirica e basata su differenti modelli paradigmatici, ma che è alla base del nostro sistema logico evolutivo. Ma questa, come abbiamo rimarcato, è solo un'interpretazione. Tuttavia, parafrasando un noto testo dell'Anati,[1] ci piace ritenere che le popolazioni da cui giungono queste espressioni siano alla base della popolazione e della cultura europea e che, al di là del corso del tempo, ci trasmettano un messaggio che travalica il linguaggio della pietra.

---

1. Emmanuel Anati, *I Camuni alle radici della civiltà europea*, Jaca Book, (Milano, 1970).

Germasino. Stele con antropomorfo e simbologia ierogamica.

BIBLIOGRAFIA

BIBLIOGRAFIA GENERALE

AA. VV. *AttraVerso le Alpi. Uomini, vie di scambi nell'antichità*, Archäologisches Landesmuseum Baden-Württemberg. Stoccarda, 2002.

De Abreu, Mila Simões. *Alcune note su Panóias, un santuario rupestre nel Douro*, in «*Santuários - III Congresso Internazionale santuari, cultura, arte, rogazioni, pellegrinaggi, paesaggi, persone*», Centro Camuno di Studi Preistorici. Capo di Ponte, 2016.

Airvaux, Jean. *L'art préhistorique du Poitou-Charentes, sculptures et gravures des temps glaciaires*, La Maison des Roches. Parigi, 2001.

Aleksovski, Dusko. *Les signes sémiotiques, éléments principaux de la communication préhistorique*, in «*Arte e comunicazione nelle società pre-letterate*», AA.VV., Atti del XIV Valcamonica Symposium, Edizioni del Centro. Capo di Ponte, 2011.

Alföldy, Géza. *Panóias, o santuário rupestre*, in «*Religiões da Lusitânia. Loquuntur Saxa*», Jose Cardim Ribeiro, Ministero della Cultura, Istituto portoghese dei Musei, Museo Nazionale di Archeologia. Lisbona, 2002.

Alföldy, Géza. *Storia sociale dell'antica Roma*, Il Mulino. Bologna, 1987.

Anati, Emmanuel. *Capire l'arte rupestre*, Edizioni del Centro. Capo di Ponte, 2007.

Anati, Emmanuel. *Evolution and style in camunian rock art: an inquiry into the formation of European civilisation*, Edizioni del Centro. Capo di Ponte, 1975.

Anati, Emmanuel. *Grafismo e semiotica nell'arte preistorica e tribale*, in «*Bollettino del Centro Camuno di Studi Preistorici n. 31-32*», Edizioni del Centro. Capo di Ponte, 1999.

Anati, Emmanuel. *I Camuni. Alle radici della civiltà europea*, Jaca Book. Milano, 1982.

Anati, Emmanuel. *Il Masso di Borno*, Edizioni del Centro. Breno, 1966.

Anati, Emmanuel. *La Civilisation du Val Camonica*, Arthaud. Paris, 1960.

Anati, Emmanuel. *La datazione dell'arte preistorica camuna*, Edizioni del Centro. Breno, 1963.

Anati, Emmanuel. *La grotta-santuario di Porto Badisco*, in «*Bollettino del Centro Camuno di Studi Preistorici n. 34*», Edizioni del Centro. Capo di Ponte, 2004.

Anati, Emmanuel. *Luine collina sacra*, Edizioni del Centro. Capo di Ponte, 1982.

Anati, Emmanuel. *Methods of recording and analyzing rock engravings*. Edizioni del Centro. Capo di Ponte, 1977.

Anati, Emmanuel. *Origini della Civiltà Camuna*. Edizioni del Centro. Capo di Ponte, 1974.

Anati, Emmanuel. *Stele monumentali preistoriche nell'area alpina* in «*Bollettino del Centro Camuno di Studi Preistorici n. 1*, Edizioni del Centro. Capo di Ponte, 1964-1965.

Anati, Emmanuel. *World rock art. The primordial language*, in «*Bollettino del Centro Camuno di Studi Preistorici n. 27*», Edizioni del Centro. Capo di Ponte, 1993.

Arcà, Andrea. *Arte schematica e coppelle: significati iconografici o valenza funzionale?*, in «*Bollettino del Centro Camuno di Studi Preistorici n. 34*», Edizioni del Centro. Capo di Ponte, 2004.

Arcà, Andrea. Fossati, Angelo. *Le pitture rupestri sotto riparo dell'arco alpino, uno sguardo d'insieme*, in «*Preistoria alpina, vol. 46*», De Marinis Raffaele, Dalmeri Giampaolo, Pedrotti Annaluisa, Museo delle Scienze. Trento, 2012.

Arcà, Andrea. Casini, Stefania. De Marinis, Raffaele, Fossati, Angelo, *Arte rupestre, metodi di documentazione: storia, problematiche e nuove prospettive*, in «*Rivista di Scienze Preistoriche, vol. LVIII*», Istituto Italiano di Preistoria e Protostoria. Firenze, 2008.

Arcà, Andrea. Rubat Borel, Francesco. *Rocce e tavole a coppelle nella regione alpina, contesti archeologici e ambientali*, in «*Bulletin d'études préhistoriques et archeologiques alpines, XXV-XXVI*», Société Valdôtaine de Préhistoire et d'Archéologie. Aosta, 2015.

Bahn, Paul. (1998). *Prehistoric Rock Art: Polemics and Progress*. Cambridge University Press. New York, 2010.

Battaglia, Raffaello. *La statua megalitica di Ossimo in Valcamonica: contributo all'iconografa religiosa delle antiche popolazioni alpine*. in «*Rivista Scienze Preistoriche*», Istituto Italiano di Preistoria e Protostoria. Firenze, 1957.

Battaglia, Raffaello. *Ricerche etnografche sui petroglifi della cerchia alpina*. Studi Etruschi. Firenze, 1934.

Beltran, Antonio. *Shamanismo y mitologia en la pintura prehistorica de la zona sacralizada del Rìo Martìn (Teruel, España)*, in «*Bollettino del Centro Camuno di Studi Preistorici n. 33*», Edizioni del Centro. Capo di Ponte, 2001-2002.

Biasutti, Renato. *Razze e popoli della Terra*, vol. I, Editrice Torinese. Torino, 1958.

Binaghi, Maria Adelaide. Squarzanti, Mauro. *La raccolta archeologica e il territorio*. Museo Civico di Sesto Calende. Gallarate, 2000.

Breuil, Henri. *Les peintures rupestres schématiques de la Péninsule iberique,* Grevin. Lagny-sur-Marne, 1933.

Breuil, Henri. Leroi-Gourhan, André. Coppens, Yves. *Le grandi tappe della preistoria e della paleoantropologia,* Jaca Book. Milano, 1986.

Brighton, Simon. Welbourn, Terry. *Echoes of the Goddess. A Quest for the Sacred Feminine in the British Landscape,* Ian Allan. Hersham, 2010.

Broglio, Alberto. *Introduzione al Paleolitico,* Laterza. Bari, 2006.

Broglio, Alberto. *La decorazione pittorica della Grotta di Fumane,* in *«Annuario storico della Valpolicella, vol. 27»,* Centro di documentazione per la Storia della Valpolicella. Fumane, 2010-2011.

Broglio, Alberto. De Stefani, Mirco. Gurioli, Fabio. Pallecchi, Pasquino. Giachi, Gianna. Higham, Thomas. Brock, Fiona. *L'art aurignacien dans la décoration de la Grotte de Fumane,* in *«L'Anthropologie vol.113»,* Elsevier Masson. Issy les Moulineaux, 2009.

Brusa Zeppellini, Gabriella. *Morfologia dell'immaginario. L'arte delle origini fra linguistica e neuroscienze,* Arcipelago. Firenze, 2009.

Burkert, Walter. *La creazione del sacro,* Adelphi. Milano, 2003.

Camps, Gabriel, *La Preistoria,* Bompiani. Milano, 1985.

Capuano, Romolo Giovanni. *Bizzarre illusioni. Lo strano mondo della pareidolia e i suoi segreti,* Mimesis. Sesto San Giovanni, 2012.

Casadio Giovanni, *Lo sciamanesimo. Prima e dopo Mircea Eliade,* Il Calamo. Roma, 2014.

Casini, Stefania. Fossati, Angelo. *Aspetti della religiosità antica in relazione ai valichi alpini,* in *«Bulletin d'etudes prehistoriques et archeologiques alpines»,* Société Valdôtaine de Préhistoire et d'Archéologie. Aosta, 2016.

Casini, Stefania. Fossati, Angelo. *Le pietre degli dei. Statue-stele dell'età del Rame in Europa. Lo stato della ricerca.* Congresso Internazionale, Università Cattolica del Sacro Cuore di Brescia, in *«Notizie Archeologiche Bergomensi»,* Civico Museo Archeologico di Bergamo. Bergamo, 2007.

Casini, Stefania. Fossati, Angelo. Motta, Filippo. *Un santuario celtico alle fonti del Brembo? Le iscrizioni in alfabeto di Lugano incise su roccia a Carona (Bergamo),* in *«Les Celtes et le Nord de l'Italie (Premier et Second Âges du Fer)»,* Barral, Philippe. Guillaumet, Jean-Paul. Roulière-Lambert, Marie-Jeanne. Saracino, Massimo. Vitali, Daniele, S.A.E. Digione, 2014.

Cesare, Giulio. *De Bello Gallico,* Mondadori. Milano, 1987.

Church, Warren B. *Chachapoya Indians,* in *Encyclopedia of Anthropology vol.2,* Birx, James, Sage Publications. Thousand Oaks, 2006.

Cinti, Decio. *Dizionario mitologico,* Sonzogno. Milano, 1989.

Clottes, Jean. *La grotte Chauvet. L'art des origins,* Editions du Seuil. Parigi, 2001.

Clottes Jean, Lewis-Williams David. *Les Chamanes de la préhistoire, Texte intégral, polémique et réponses,* La Maison Des Roches. Parigi, 2001.

Copiatti, Fabio. *Incisioni rupestri e scivoli della fertilità nei dintorni dell'insediamento protostorico di Miazzina (VB),* in *«Inter Alpes. Insediamenti in area alpina tra preistoria ed età romana»,* Gruppo Archeologico Mergozzo. Mergozzo, 2012.

Copiatti, Fabio. De Giuli, Alberto. *Sentieri antichi. itinerari archeologici nel Verbano, Cusio, Ossola,* Grossi. Domodossola, 1997.

Copiatti, Fabio. Poletti Ecclesia, Elena. *A protezione della soglia. Simboli incisi su architravi di edifici medievali nel Verbano Cusio Ossola* in *«Bollettino del Centro Camuno di Studi Preistorici n.39»,* Edizioni del Centro. Capo di Ponte, 2015.

Copiatti, Fabio. Poletti Ecclesia, Elena. *Messaggi sulla pietra. Censimento e studio delle incisioni rupestri del Parco Nazionale Val Grande, tracce di antichi resti agresti,* Parco Nazionale Val Grande. Verbania, 2014.

Copiatti, Fabio. Poletti Ecclesia, Elena. *Una stele figurata da Beura. Simulacro di un'ancestrale divinità femminile?,* in *«Almanacco Storico Ossolano»,* AA. VV., Grossi. Domodossola, 2015.

Cornaggia Castiglioni, Ottavio. *La datazione assoluta delle incisioni rupestri camune: Precisazioni,* in *«Valcamonica Symposium»,* Edizioni del Centro. Capo di Ponte, 1970.

Corradi Musi, Carla. *Lo sciamano e il suo 'doppio',* Carattere. Bologna, 2007.

Corradi Musi, Carla. *Sciamanesimo in Eurasia. Dal mito alla tradizione,* Aracne. Roma, 2008.

Corradi Musi, Carla. *Simboli e miti della tradizione sciamanica,* Bologna, Carattere. Bologna, 2007.

Dames, Michael. *Mythic Ireland,* Thames and Hudson. Londra, 1996.

Daudry, Damien. Fossati, Angelo. *Prospezione sul territorio della Société Valdôtaine de Préhistoire et d'Archéologie: rilievi di alcune incisioni rupestri, campagne 2004; 2011-2014,* in *«Bulletin d'études préhistoriques et archeologiques alpines, vol. XXV-XXVI»,* Société Valdôtaine de Préhistoire et d'Archéologie. Aosta, 2015.

Dehau, Etienne. Carvallo, Fernando. *Pérou. Vision de l'empire du soleil,* Hermé. Parigi, 2003.

Bibliografia

Delporte, Henri. *L'image de la femme dans l'art préhistorique*, Picard. Parigi, 1979.

Delporte, Henri. *L'image des animaux dans l'art préhistorique*, Picard. Parigi, 1979.

De Marinis, Raffaele. *Capo di Ponte: scavo nell'area dei Massi di Cemmo*, Notiziario della Soprintendenza Archeologica della Lombardia. Milano, 1985.

De Marinis, Raffaele. *Como e la Lombardia nell'età del Ferro*, Società Archeologica Comense, Como, 2002.

De Marinis, Raffaele. *Il territorio prealpino e alpino tra i laghi di Como e di Garda dal Bronzo Recente alla fine dell'età del Ferro*, in «*I Reti. Die Räter*», Metzger Ingrid, Gleirscher Paul, Athesia. Bolzano, 1992.

De Marinis, Raffaele. *La cultura del Breno-Dos dell'Arca e il problema degli Euganei*, in «*Atti del II Convegno Archeologico Provinciale*», Grosio 20-21 ottobre 1995, edito da Raffaella Poggiani Keller. Sondrio, 1999.

De Marinis, Raffaele. *La datazione dello stile III A*, in «*Le pietre degli dei. Menhir e stele dell'Età del Rame in Valcamonica e Valtellina*», AA.VV., Centro Culturale Niccolò Rezzara. Bergamo, 1994.

De Marinis, Raffaele. *Le popolazioni alpine di stirpe retica*, in «*Italia Omnium Terrarum Alumna*», Pugliese Carratelli Giovanni, Scheiwiller. Milano, 1988.

De Marinis, Raffaele. *Problemi di cronologia dell'arte rupestre della Valcamonica*, in «*Atti della XXVIII Riunione Scientifca dell'Istituto Italiano di Preistoria e Protostoria*», Firenze, 1992.

De Marinis, Raffaele. S*tatue-stele, stele antropomorfe e massi istoriati dell'età del Rame nella regione alpina*, in «*Dei nella pietra. Arte e concettualità delle statue-stele*», Mailland, Federico, Quaderni di Archeologia lombarda. Milano, 2000.

De Marinis, Raffaele. Biaggio-Simona, Simonetta. *I Leponti tra mito e realtà*, Dadò. Locarno, 2000.

De Marinis, Raffaele. Brillante, Giuseppe. *Ötzi. L'uomo venuto dal ghiaccio. La mummia del Similaun*, Marsilio. Venezia, 1998.

De Marinis, Raffaele. Brillante, Giuseppe. *L'età del rame: la Pianura Padana e le Alpi al tempo di Ötzi*, Compagnia della stampa. Roccafranca, 2013.

De Marinis, Raffaele. Spadea, Giuseppina. *I liguri: un antico popolo europeo tra Alpi e Mediterraneo*, Skira. Milano, 2004.

De Marinis, Raffaele. Casini, Stefania. Pedrotti, Annaluisa. *Statue-stele e massi incisi nell'Europa dell'età del Rame*, Comune di Bergamo. Bergamo, 1996.

D'Errico, Francesco. *L'Art gravé Azilien. De la technique à la signification*, CNRS. Bordeaux, 1994.

D'Errico, Francesco. Backwell, Lucinda. *From Tools to Symbols: From Early Hominids to Modern Humans*, Wits University Press John Benjamins Publishing Company. Johannesburg, 2005.

D'Errico, Francesco. Henshilwood, Christopher Stuart. *Homo Symbolicus: The Dawn of Language, Imagination and Spirituality*, John Benjamins Publishing Company. Amsterdam, 2001.

Eliade Mircea, *Lo sciamanismo e le tecniche dell'estasi*, Edizioni Mediterranee, 2005.

Ellis Davidson Hilda Roderick, *Myths and Symbols in Pagan Europe: Early Scandinavian and Celtic Religions*, Syracuse University Press. New York, 1988.

Fabietti, Ugo. *Storia dell'antropologia*, Zanichelli. Bologna, 1991.

Fantoni, Roberto. Cerri, Riccardo. Carlesi, Piero. Rivoira, Matteo. Cusan, Federica. *I nomi delle montagne prima di cartografi e alpinisti*, Istituto dell'Atlante Linguistico Italiano - Club Alpino Italiano. Varallo, 2016.

Flanagan, Laurence. *Ancient Ireland. life before the Celts*, Gill & Macmillan. Dublino, 2000.

Fleckinger, Angelika. *Ötzi. L'uomo venuto dal ghiaccio*, Folio. Vienna-Bolzano, 2009.

Gaggia, Fabio. *Le incisioni rupestri del Monte Baldo*, in «*Bollettino del Centro Camuno di Studi Preistorici n. 34*», Edizioni del Centro. Capo di Ponte, 2004.

Gaspani, Adriano. *Astronomia e antica architettura sull'arco alpino*, Priuli e Verlucca. Ivrea, 2009.

Gaspani, Adriano. *Astronomia e geometria nelle antiche chiese alpine*, Priuli e Verlucca. Ivrea, 2000.

Gaspani, Adriano. Ceruti, Silvia. *L'astronomia dei celti*, Keltia. Aosta, 1997.

Gimbutas, Maria. *Il linguaggio della Dea*, Venexia. Roma, 2008.

Graziosi, Paolo. *L'arte dell'antica età della pietra*, Sansoni. Firenze, 1956.

Graziosi, Paolo. *Le pitture preistoriche della grotta di Porto Badisco*, Giunti Martello. Firenze, 1980.

Grimaldi, Piercarlo. *Bestie, santi, divinità. Maschere animali dell'Europa tradizionale*, Museo Nazionale della Montagna e Regione Piemonte. Torino, 2003.

Jones, Gwyn. *I Vichinghi. Avventura di una cilviltà*, Newton Compton. Roma, 1977.

Jung, Carl Gustav. *L'uomo e i suoi simboli*, Tea. Milano, 1991.

Kern, Hermann. *Labirinti*, Feltrinelli. Milano, 1981.

Koepping, Klaus-Peter. *Adolf Bastian and the psychic unity of mankind: The foundations of Anthropology in nineteenth century Germany*, University of Queensland Press. St Lucia, 1983.

Kruta, Venceslas. *I Celti*, L'Ippocampo. Milano, 2007.

Kruta, Venceslas. Licka, Milan. *I Celti di Boemia e di Moravia*, Kronos. Varese, 2005.

Ledoux, Joseph. *Il cervello emotivo*, Baldini & Castoldi. Milano, 2014.

Leroi-Gourhan, André. *Il gesto e la parola. Tecnica e linguaggio*, Mimesis. Sesto San Giovanni, 2018.

Leroi-Gourhan, André. *I più antichi artisti d'Europa. Introduzione all'arte parietale paleolitica*, Jaca Book. Milano, 1983.

Leroi-Gourhan, André. *Le religioni della preistoria. Paleolitico*, Adelphi. Milano, 1993.

Lévy-Bruhl, Lucien. *L'anima primitiva*, Bollati & Boringhieri. Torino, 2013.

Lévi-Strauss, Claude. *La via delle maschere*, Einaudi. Torino, 1999.

Mailland, Federico. *La danza degli archetipi. Alle radici del linguaggio simbolico*, in «Bollettino del Centro Camuno di Studi Preistorici n.42», Edizioni del Centro. Capo di Ponte, 2016.

Manini Calderini, Oliviera *Sulla traccia dei riti agresti, delle superstizioni e leggende popolari: nuove scoperte di massi incisi nel Parco Naturale del Monte Fenera*, in «De Valle Sicida», Società Valsesiana di Cultura. Borgosesia 1995.

Marazzi, Sergio. *Atlante orografico delle Alpi: SOIUSA. Suddivisione orografica internazionale unificata del Sistema Alpino*, Priuli e Verlucca. Ivrea, 2006.

Marineo, Sabina. *Il primo europeo, uomo di Neanderthal, tracce di una specie scomparsa*, Controstoria. Lussemburgo, 2015.

Marretta, Alberto. *I Camuni e i rapporti con i Celti golasecchiani*, Terra Insubre. Varese, 2003.

Marretta, Alberto. *Inventario dell'arte preistorica italiana: metodologie e finalità*, in «Bollettino del Centro Camuno di Studi Preistorici n. 34», Edizioni del Centro. Capo di Ponte, 2004.

Marretta, Alberto. Cittadini, Tiziana. Fossati, Angelo. *La Riserva Naturale Incisioni Rupestri di Ceto, Cimbergo, Paspardo. Guida ai percorsi di visita*. Edizioni del Centro, Capo di Ponte, 2007.

McNeil Cooke, Ian. *Mother and Sun, the Cornish Fogou*, Men-an-Tol Studio. Penzance, 1993.

Muschiari, Matteo. Spazio e sciamanesimo nell'arte paleolitica, in «Bollettino del Centro Camuno di Studi Preistorici n. 33», Edizioni del Centro. Capo di Ponte, 2001-2002.

Pandakovic, Darco. Dal Sasso, Angelo. Montagna, Mauro. Testa, Marco. *Museo paesaggistico della Valle di Livo*, Amministrazione Provinciale di Como. Como, 1996.

Paulus, Frédéric. *Individuation, enation. Emergences et régulations bio-psycho-sociologiques du psychisme*, Presses Universitaire du Septentrion. Villeneuve-d'Ascq, 2000.

Pellegrini, Giovan Battista. *Toponomastica italiana*, Hoepli. Milano, 1990.

Poggiani Keller, Raffaella. *Valtellina e mondo alpino nella preistoria*, Panini. Modena, 1989.

Pozzi, Alberto. *Megalitismo: architettura sacra della preistoria*, Società Archeologica Comense. Como, 2009.

Priuli, Ausilio. *Etnoarcheologia in alta valle Camonica e il mistero dei villagi scomparsi. Tra incisioni rupestri, luoghi di culto e insediamenti umani antichi*, Unione dei Comuni dell'Alta Valle Camonica. Breno, 2010.

Priuli, Ausilio. *I graffiti rupestri di Piancogno. Le incisioni di età celtica e romana in Valle Camonica*, Società editrice Vallecamonica. Darfo Boario Terme, 1993.

Priuli, Ausilio. *Il linguaggio della preistoria: l'arte dal Paleolitico all'Età dei metalli in Italia*, Ananke. Torino, 2006.

Priuli, Ausilio. *Le incisioni rupestri dell'Altopiano dei Sette Comuni*, Priuli e Verlucca. Ivrea, 1983.

Priuli, Ausilio. *Preistoria: l'arte e la sua evoluzione,* Museo d'arte e vita preistorica. Capo di Ponte, 1979.

Priuli, Ausilio. Pucci, Italo. *Incisioni rupestri e megalitismo in Liguria,* Priuli e Verlucca. Ivrea, 1994.

Rapisarda, Alberto. *I monoliti-torchio dell'Abruzzo aquilano e il culto di Ercole,* All'Insegna del Giglio. Sesto Fiorentino, 2007.

Remotti, Francesco. Scarduelli, Pietro. Fabietti, Ugo. *Centri, ritualità, potere. Significati antropologici dello spazio,* Il Mulino. Bologna 1989.

Renfrew, Colin. *L'europa della preistoria,* Laterza. Bari, 1996.

Renfrew, Colin. *Preistoria. L'alba della mente umana,* Einaudi. Torino, 2011.

Rognoni, Andrea. *Toponomastica della Lombardia,* Mursia. Milano, 2009.

Roussot, Alain. *L'art préhistorique,* Editions Sud Ouest. Bordeaux, 1994.

Sacco, François. Sauvet, Georges. *Il centro dell'uomo. Psicoanalisi e preistoria,* Flaccovio. Palermo, 2005.

Sansoni, Umberto. *Il segno e la storia: arte rupestre preistorica e medievale in Valchiavenna,* Consorzio Parco Marmitte dei Giganti. Chiavenna, 1995.

Sansoni, Umberto. *Immagini: scorci sulla Preistoria dalle rocce della Valcamonica,Valtellina e Grigioni,* Edizioni del Centro. Capo di Ponte, 2007.

Sansoni, Umberto. *L'arte rupestre di Sellero,* Edizioni del Centro. Capo di Ponte, 1987.

Sansoni, Umberto. *Simboli nei millenni. Attorno e dentro il nodo di Salomone: le spirali, il cerchio, il labirinto,* Edizioni del Centro. Capo di Ponte, 2007.

Sansoni, Umberto. Gavaldo, Silvana. *L'arte rupestre del Pia d'Ort: la vicenda di un santuario preistorico alpino,* Edizioni del Centro. Capo di Ponte, 1995.

Sansoni, Umberto. Bonomelli, Fausto. Bendotti, Loris. *Cervi e cavalli. Figurazioni rupestri e mito nel contesto pre-protostorico europeo,* in *«Arte e comunicazione nelle società pre-letterate»,* AA.VV., Atti del XIV Valcamonica Symposium, Edizioni del Centro. Capo di Ponte, 2011.

Sansoni, Umberto. Marretta, Alberto. Lentini Salvatore. *Il segno minore: arte rupestre e tradizione nella Bassa Valcamonica (Pisogne e Piancamuno),* Edizioni del Centro. Trescore Balneario, 2001.

Scarduelli, Pietro. *Antropologia del rito,* Bollati Boringhieri. Torino, 2000.

Scotti, Pietro. *L'arte dei popoli primitivi,* Bompiani. Milano, 1952.

Semon, Richard Wolfgang. *The mneme,* Ulan Press. Neuilly sur Seine, 2012.

Società Geologica Italiana. *Alpi e Prealpi lombarde. Guide geologiche Regionali,* Be-ma. Milano, 1990.

Spagnolo Garzoli, Giuseppina. *Viridis lapis. La necropoli di Craveggia e la pietra ollare in Valle Vigezzo,* Parco Nazionale Val Grande. Verbania, 2012.

Süss, Emanuele, *Nuove iscrizioni Nord-Etrusche a Capodiponte,* Commentari dell'Ateneo di Brescia. Brescia, 1954.

Tecchiati, Umberto. *Culti nella preistoria delle Alpi. Le offerte, i santuari, i riti,* Folio. Bolzano, 1999.

Tosatti, Anna Maria. *La viabilità montana nella Protostoria nel quadro delle incisioni rupestri della toscana nord-occidentale. Un'ipotesi di lavoro,* in *«Montagne incise, pietre incise. Archeologia delle risorse nella montagna mediterranea, n. 17»,* Stagno, Anna Maria, All'insegna del Giglio. Sesto Fiorentino, 2013.

Turner, Victor. *Il processo rituale. Struttura e anti-struttura,* Morcelliana. Brescia 1972.

Turner, Victor. *Simboli e momenti della comunità . Saggio di antropologia culturale,* Morcelliana. Brescia 2003.

Ulmer Museum. *The Return of the Lion Man: History, Myth, Magic,* Thorbecke. Ostfildern, 2013.

Van Ginkel, Evert. Steehouwer, Koos. *Archeologieboek Nederland,* ANWB. L'Aia, 1998.

Vigneri, Matilde. *Narrazione, comunicazione, trasmissione nell'arte preistorica. Una lettura psicoanalitica,* in *«Arte e comunicazione nelle società pre-letterate»,* AA.VV., Atti del XIV Valcamonica Symposium, Edizioni del Centro. Capo di Ponte, 2011.

Von Hagen, Adriana. *Chachapoya Iconography and Society at Laguna de los Cóndores, Peru,* in *«Andean Archaeology II: Art landscape and society»,* Helaine Silverman, William Isbell, Kluwer Academic/Plenum. Norwell, 2002.

Waisbard, Simone. *Machu Picchu. La favolosa città perduta degli Incas,* Sugarco Edizioni. Milano, 1974.

Warburg, Aby. *Gli Hopi. La sopravvivenza dell'umanità primitiva nella cultura degli Indiani dell'America del Nord,* Aragno. Torino, 2006.

Warburg, Aby. *La rinascita del paganesimo antico. Contributi alla storia della cultura,* La Nuova Italia. Firenze, 1966.

Westmaas, Maarten. *Hunebedden,* In Boekvorm Uitgevers. Assen, 2009.

Zavaroni, Adolfo. *Remarks on three figures of Cernunno*s, Symposium of the Societas Celtologica Nordica. Helsinki, 2006.

BIBLIOGRAFIA RIFERITA ALLE NOTE

AA.VV. *Archeologia nel Parco del Ticino*, Musumeci Editore. Quart, 1995.

AA.VV. *Archéologie en Vallée d'Aoste*, Regione Valle d'Aosta. Saint-Pierre, 1981.

AA.VV. *Como nell'antichità,* Società Archeologica Comense. Como, 1987.

Aczel, Amir. *Le cattedrali della preistoria*, Raffaello Cortina Editore. Milano, 2010.

Alföldy, Géza. *Die Mysterien von Panóias Vila Real, Portugal*, in «*Madrider Mitteilungen n. 38*», AA.VV., Philipp von Zabern, Madrid, 1997.

Allegranzi, Aldo. Leonardi, Piero. Rigoni, Giuseppe. *Le incisioni rupestri della Val d'Assa sull'Altipiano dei Sette Comuni*, in «*Preistoria Alpina - Vol.18*», Museo Tridentino di Scienze Naturali. Trento.

Allione, Brigitte. Delluc, Gilles. *Connaitre Lascaux*, in «*U.A. 184 du C.N.R.S.*», Musée de l'Homme, Editions Sud Ouest. Parigi,1989.

Amadeo, Giacomino. *Piano di governo del territorio LR 12/05 e s.m.i. Documento di Piano 2012 / 2017 Relazione, Allegato 3, Analisi naturalistica e paessaggistica*, Comune di Colico. Colico, 2013.

Anati, Emmanuel. *I massi di Cemmo*, Edizioni del Centro. Capo di Ponte, 1972.

Anati, Emmanuel. *La civiltà delle pietre. Valcamonica una storia per l'Europa*, Edizioni del Centro. Capo di Ponte, 2004.

Anati, Emmanuel. *Presentazione*, in *Sciamanismo e mito, Atti del XVI Valcamonica Symposium 1998*, AA.VV., Edizioni del Centro. Capo di Ponte, 2001-2002.

Arcà, Andrea. Fossati, Angelo. *Sui sentieri dell'arte rupestre, Le rocce incise delle Alpi*, CDA & Vivalda. Torino, 1995.

Ashby, Thomas. *Gli acquedotti dell'antica Roma*, Edizioni Quasar di Severino Tognon. Roma, 1991.

Ausilio, Priuli. *L'utilità dell'archeologia sperimentale per meglio comprendere l'arte rupestre*, in «*Capo di Ponte - Guida Turistica, Comune di Capo di Ponte*», AA.VV., Agenzia Turistico Culturale. Capo di Ponte, 2009.

Banzi, Elena. *Archeologia nel Parco del Ticino*, Musumeci Editore. Saint-Christophe, 1995.

Basilico, Roberto. Bianchi, Sara. *Il Trou de Touilles in Val di Susa, Piemonte, Italia. Indagini Archeologiche in un Acquedotto Alpino del XVI Sec.*, Hypogean Archaeology n.4, BAR International Series 1933. Oxford, 2009.

Bataille, Georges. *L'erotisme*, Editions de Minuit. Parigi, 1957.

Bednarik, Robert. *Cupules, Rock Art Research, 25/1*, Melbourne Archaeological Publ. Melbourne Informit. Melbourne, 2008.

Bednarik, Robert. *Myths About Rock Art*, Journal of Literature and Art Studies 3. Melbourne 2013.

Bednarik, Robert. *Reply: On cupule interpretation, Rock Art Research, 25/2*, Melbourne Archaeological Publ. Melbourne Informit. Melbourne, 2008.

Beretta, Claudio. *I nomi dei fumi, dei monti, dei siti - Strutture linguistiche preistoriche*, Centro Camuno di studi preistorici, Ulrico Hoepli Editore. Milano, 2007.

Bernardi, Aurelio. *Il divino e il sacro nella montagna dell'italia antica*, in «*Xenia. Scritti in onore di Pietro Treves*», AA.VV., L'Erma di Bretschneider, Napoli, 1985.

Biganzoli, Antonio. *Valle Strona arcaica. Territorio storia e preistoria nelle incisioni rupestri*, Museo del paesaggio Verbania. Gravellona Toce, 2005.

Binda, Franco. *Archeologia rupestre nella svizzera italiana*, Dadò. Locarno, 1996.

Brusa Zappellini, Gabriella. *Vortici piumati e ibridi ornitomorfi nell'arte rupestre*, in «*Sciamanismo e mito*», AA.VV., Atti del XVI Valcamonica Symposium 1998, Edizioni del Centro. Capo di Ponte, 2001-2002.

Butti Ronchetti, Fulvia. Niccoli, Chiara. *I passi alpini centrali: un aggiornamento*, in «*Alpis Poenina, Grand Saint Bernard, Une voie à travers l'Europe*», AA.VV., Imprimerie Valdôtaine. Aosta, 2008.

Caminada, Giulia. *Como e la provincia lariana* in «*Toponomastica della Lombardia*», a cura di Andrea Rognoni, Mursia. Milano, 2009.

Cani, Fabio. Monizza, Gerardo. *Como e la sua storia*, Nodo Libri. Como, 1993.

Carove, Luigi. *Il castello di Musso e le sue cave di marmo*, Pietro Cairoli. Milano, 1929.

Bibliografia

Castelletti, Lanfredo. Franco d'Errico. Laura, Leoni, *«Il sito mesolitico del Monte Cornizzolo»* in *«Il popolamento delle Alpi in età mesolitica»*, AA.VV., Museo Tridentino di Scienze Naturali. Trento, 1983.

Chevalier, Jean. Gheerbrandt, Alain. *Dizionario dei simboli*, Biblioteca Universale Rizzoli. Milano, 1999.

Ciola, Gualtiero. *Noi, Celti e Longobardi*, Edizioni Helvetia. Spinea, 2008.

Collins, Desmond. *L'avventura della preistoria. Viaggio nel passato dell'uomo dalla scimmia all'artista*, Newton Compton Editori. Roma, 1980.

Colombo, Luciano. *I colori degli antichi*, Nardini. Firenze, 1995.

Conca Muschialli, Giuseppina. Monti, Giovanni. *Brenzio, arte, vita incontri tra passato e futuro*, Arti grafche Sampietro. Menaggio, 2001.

Copiatti, Fabio. *Tracce di antichi resti agresti. Coppellle e rocce scivolo in Valle Antigorio*, in *«Antigorio, antica terra di pietra. Ambiente, geologia, archeologia, arte e tradizione di una valle alpina»*, a cura di Elena Poletti Ecclesia, Comunità Montana Valli dell'Ossola. Gravellona Toce, 2012.

Copiatti, Fabio. De Giuli, Alberto. Priuli, Ausilio. *Incisioni rupestri e megalitismo nel Verbano Cusio Ossola*, Grossi. Domodossola, 2003.

Corona, Mario. *Le civiltà preistoriche in Italia*, Libritalia. Ginevra, 1977.

Cossard, Guido. *L'astronomia nasce in Valle d'Aosta a Saint Martin de Corléans*, Musumeci. Quart, 2017.

Costanzo, Allione. Saudin, Anna. *Lo sciamanesimo siberiano*, Xenia. Milano, 2002.

De Lumley, Henry. *Le rocce delle meraviglie. Sacralità e simboli nell'arte rupestre del Monte Bego e delle Alpi Marittim*e, Jaca Book. Milano, 1996.

De Mortillette, Paul. *Origine du culte des morts: les sépultures préhistoriques*, Gamber. Parigi, 1914.

Del Lucchese, Angelo. Formicola, Vincenzo. *Museo preistorico dei Balzi Rossi*, Stamperia Artistica Nazionale. Torino, 2005.

Della Misericordia, Massimo. *Divenire comunità. Comuni rurali, poteri locali, identità sociali e territoriali in Valtellina e nella montagna lombarda nel tardo Medioevo*, Unicopli. Milano, 2006.

Diamond, Jared. *Armi, acciaio e malattie. Breve storia del mondo negli ultimi tredicimila anni*, Einaudi. Torino, 2014.

Di Curioni, Giulio. *Geologia: Parte 1. Geologia applicata delle provincie lombarde, Volume 1*, Hoepli. Milano, 1877.

Donini, Ambrogio. *Breve storia delle religioni*, Newton Compton. Roma, 2010.

Farè, Ida. *Che cos'è un luogo*, in *«Il discorso dei luoghi»*, AA.VV., Liguori Editore. Napoli, 1992.

Fassin, Ivan. *Credenze e leggende dell'area orobica valtellinese: un esempio di interpretazione*, in *«Bollettino Società Storica Valtellinese n. 60»*. Sondrio, 2007.

Fedele, Francesco. *L'uomo, le Alpi, la Valcamonica - 20.000 anni di storia al Castello di Breno*, La Cittadina. Boario Terme, 1988.

Fedele, Francesco. *Ossimo (Valcamonica): scavi in siti cultuali calcolitici con massi incisi*, in *«Le Pietre degli Dei. Menhir e stele dell'età del Rame in Valcamonica e Valtellina»*, AA.VV., Centro Culturale Niccolò Rezzara. Bergamo, 1994.

Forcellina, Marica. Dilani, Sergio. Petey, Patrizia. Scoffone, Paolo. *Sistema viario e comunità rurale in Valle d'Aosta*, Priuli e Verlucca. Ivrea, 1992.

Foster, Sally. *Picts, Gaels and Scots: Early Historic Scotland*, Birlinn General. Edimburgo, 2014.

Frey, Armin. *Magiche rocce fertili. Il potere delle rocce* in *«Sardegna Antica- Culture mediterranee, n. 43»*. Nuoro, 2013.

Gaggia, Fabio. *Le incisioni rupestri del lago di Garda*, Archeonatura. Verona, 1982.

Gaspani, Adriano. *La cultura di Golasecc*a, Keltia Editrice. Aosta, 1999.

Gaspani, Adriano. Dimitriadis, Giorgio. *Analisi delle configurazioni di coppelle mediante reti neuronali artificiali e logica fuzzy*, in *«Valcamonica Symposium 2000, Prehistoric and Tribal Art: Conservation and Protection of the Messages: Inventory, Archives»*, Edizioni del Centro. Capo di Ponte, 2000.

Giacomino, Amadeo. P*iano di governo del territorio LR 12/05 e s.m.i. Documento di Piano 2012 / 2017 Relazione, Allegato 3, Analisi naturalistica e paessaggistica*, Comune di Colico. Colico, 2013.

Giedion, Sigfried. *L'eterno presente:le origini dell'arte*, Feltrinelli. Milano, 1965.

Gimbutas, Marija. *Il linguaggio della Dea. Mito e culto della Dea Madre nell'Europa Neolitica*, Longanesi. Milano, 1990.

Giussani, Antonio. *Due cippi Romani scoperti in Olonio*, Periodico della Società Storica Comense fasc. 49. Como, 1900.

Goleman, Daniel. *Intelligenza emotiva*, Rizzoli. Milano, 1995.

389

Grattè, Lucien. *Survivance de l'art parietal*, Maury. Millau, 1985.

Gremmo, Roberto. *Le grandi pietre magiche. Residui di paganesimo nella religiosità popolare alpina*, Storia ribelle. Biella, 2009.

Grosso, Fulvio. *On the Potential Use of Cup-Marks*, in *«Anthropology of Consciousness n. 21»*, American Anthropological Association. Arlington, 2010.

Guaitoli, Maria Teresa. *La dimensione di guerriero, principe ed eroe attraverso le fonti letterarie e alla luce delle testimonianze archeologiche*, in *«Guerrieri, Principi ed Eroi fra il Danubio e il Po dalla Preistoria all'Alto Medioevo»*, Temi. Trento, 2004.

Guénon, René. *Il simbolismo delle corna*, in *«Simboli della scienza sacra»*, Adelphi. Milano, 1990.

Jorio, Piercarlo. *Il magico, il divino, il favoloso nella religiosità alpina*, Priuli e Verlucca. Ivrea, 2006.

Jung, Carl Gustav. *Gli archetipi e l'inconscio collettivo*, Boringheri. Torino, 1980.

Jung, Carl Gustav. *L'homme à la découverte de son âme - Structure et fonctionnement de l'inconscient*, Mont Blanch. Ginevra, 1946.

Lazzati, Marco. *La Valle Intelvi, le origini, la storia, l'arte, il paesaggio, gli artisti comacini*, Be-Ma. Milano, 1986.

Legoux, Pierre. *Ètude odontologique de la race de Grimaldi*, in *«Bulletin du Musée d'Antropologie Préhistorique de Monaco, vol.10»*, Museum of Prehistoric Anthropology of Monaco. Monaco, 1963.

Leroi-Gourhan, André. *L'art pariétal: langage de la préhistoire*, Jérôme Millon. Grenoble, 2009.

Lisignoli, Matteo. Valchiavenna. *Consorzio per la promozione turistica della Valchiavenna*, Chiavenna, 2015.

Livio, Tito. S*toria di Roma dalla sua fondazione*, vol. III (Libri V-VII), Rizzoli. Milano, 1996.

Magni, Antonio. *Pietre cuppelliformi nuovamente scoperte nei dintorni di Como* in *«Rivista archeologica della Provincia di Como, Fascicolo 43°-44°»*, Tipografca Editrice Ostinelli. Como, 1901.

Manca, Giacobbe. *Mito di Mamojada. Archeologia, pietre magiche, antropologia, Associazione culturale Atzen*i*»*. Mamojada, 2008.

Martinelli, Elisa. *Analisi palinologiche e geofisiche per la ricostruzione delle trasformazioni ambientali nella regione lariana tra Tardiglaciale e Olocene*, Università dell'Insubria. Como, 2014.

Martini, Fabio. *Archeologia del Paleolitico. Storia e culture dei popoli cacciatori-raccoglitori*, Carocci. Roma, 2008.

Martini, Fabio. Baglioni, Lapo. Poggiani Keller, Raffaella. *Le incisioni rupestri protocamune di Darfo-Boario Terme: revisione e ipotesi di una cronologia paleolitica della figura zoomorfa sulla roccia n. 34 di Luine*, in *«Preistoria Alpina, 44»*, Museo Tridentino di Scienze Naturali. Trento, 2009.

Mazzoleni, Bruno. *Alta via del Lario*, Nuova Editrice Delta. Gravedona, 1996.

Meschiari, Matteo. *Spazio e Sciamanesimo nell'arte paleolitica*, in *«Sciamanismo e mito»*, AA.VV., Atti del XVI Valcamonica Symposium 1998, Edizioni del Centro. Capo di Ponte, 2001-2002.

Negroni Catacchio, Nuccia. Martinelli, Stefano. Giorgi, Marina. Priuli, Ausilio. *Pianvalle* in *«Como fra Etruschi e Celti. La città preromana e il suo ruolo commerciale»*, AA.VV., Società Archeologica Comense. Como, 1986.

Niccoli, Chiara. *Breve censimento dei ritrovamenti archeologici dell'Alto Lario Comasco dalla preistoria al Romanico*, in *«Rivista Archeologica dell'antica Provincia e Diocesi di Como, anno XVIII n.1»*. Como, 2004.

Osvaldo. Coïsson, Ferruccio Jalla, *Le incisioni rupestri della Val Pellice*, in *«Bollettino della Società di Studi Valdesi - Bulletin de la Société d'Histoire Vaudoise, anno XC, Vol. 126»*, AA.VV., Società di Studi Valdesi. Torre Pellice, 1969.

Padovan, Gianluca. *Milano celta: le tre fortezze*, Lo Scarabeo. Milano, 2014.

Pellegrini, Rita. *Antica vita fra le masoni - Garzeno*, Attilio Sampietro. Menaggio, 2009.

Peluffo, Nicola. *Memoria e arte preistorica*, in *«Atti del XXI Valcamonica Symposium 2013»*, AA.VV., Edizioni del Centro. Capo di Ponte, 2004.

Piva, Alberto. *Vercelli i suoi mercati ed i suoi mercanti* in *«Archivio della Società di Storia ed Arte Vercellese n. 1»*, Società di Storia ed Arte Vercellese. Vercelli, 1912.

Piva, Gino. *La tecnica della pittura ad olio e del disegno artistico*, Hoepli. Milano, 1985.

Poggiani Keller, Raffaella. *Cemmo: il sito storico della scoperta dell'arte rupestre e le novità delle ricerche in corso*, in *«La Valle delle incisioni: 1909-2009 cento anni di scoperte; 1979-2009 trenta anni con l'Unesco in Valle Camonica»*, Tipografa Camuna. Breno, 2009.

Pozzi, Alberto. *Incisioni rupestri a S. Maria Rezzonico e Cremia. Alto Lario, Como*, Società Archeologica Comense, Comune di Cremia, Comune di Santa Maria Rezzonico. Como, 2000.

Pozzi, Leopoldo. *Gli scivoli della fertilità*, in «*Istituto Archeologico Valtellinese - Notiziario n.8*». Sondrio, 2010.

Prestipino, Carmelo. *Alla scoperta delle rocce incise nel geoparco del Beigua*, Erredi. Genova, 2013.

Prestipino, Carmelo. *Le incisioni rupestri del massiccio del Beigua*, in «*L'arte come sorgente di storia, Atti del XXV Valcamonica Symposium 2013*», AA.VV., Edizioni del Centro. Capo di Ponte, 2013.

Priuli, Ausilio. *Incisioni rupestri nelle Alpi*, Priuli e Verlucca. Ivrea, 1983.

Priuli, Ausilio. *Le incisioni rupestri: cronologia e rapporti con l'abitato*, in «*Como fra Etruschi e Celti. La città preromana e il suo ruolo commerciale*», AA.VV., Società Archeologica Comense. Como, 1986.

Priuli, Ausilio. *Le incisioni rupestri della Valcamonica*, Priuli e Verlucca. Ivrea, 2006.

Priuli, Ausilio. *Le incisioni rupestri nel mondo alpino occidentale, dalla Liguria di ponente al Ticino*, in «*Archäologie un Felsbildforschung*», AA.VV., Anisa. Liezen, 1999.

Priuli, Ausilio. *Preistoria in Valle Camonica. Itinerari illustrati dei siti e dell'Arte Rupestre*, Museo Didattico d'Arte e Vita Preistorica. Capodiponte, 1981.

Priuli, Ausilio. *Segni come parole, il linguaggio perduto*, Priuli e Verlucca. Ivrea, 2013.

Ramirez, Juan Antonio. *Arte preistorica e primitiva*, Fenice 2000. Milano, 1994.

Rebecchi, Francesco. *S.Jorio e S.Anna, cenni storici sulla parrocchia di Germasino e i suoi oratori*, manoscritto, archivio parrocchiale di Germasino. Germasino, 1926.

Riva, Gianpiero. *I mè Noni i me diseven... Leggende e storie dell'Alto Lario e dintorni*, Lariologo. Como, 2009.

Rognoni, Andrea. *Sondrio Valchiavenna e Valtellina* in «*Toponomastica della Lombardia*», AA.VV., Mursia. Milano, 2009.

Rossi, Maurizio. *Geo-archeologia dei petroglifi nelle Alpi Occidentali: un capitolo quasi tutto da scrivere*, in «*Archäologie un Felsbildforschung*», Anisa. Liezen 1999.

Rousset, Paul-Luis. *Ipotesi sulle radici preindoeuropee dei toponimi alpini*, Priuli & Verlucca. Ivrea, 1991.

Saintyves, Pierre. *I santi successori degli dei. L'origine pagana del culto dei santi*, Arkeios. Roma, 2016.

Sansoni, Umberto. *Arature e ierogamie: culti agrari e riti di fondazione nell'arte rupestre*, in «*Atti del XXI Valcamonica Symposium*», AA.VV., Edizioni del Centro. Capo di Ponte, 2004.

Sansoni, Umberto. *La sacralità della Montagna. La Valsaviore, le Alpi, i Monti degli Dei*, Edizioni del Centro. Capo di Ponte, 2006.

Sansoni, Umberto. Silvana Gavaldo, Cristina Gastaldi, *Simboli sulla roccia. L'arte rupestre della Valtellina Centrale dalle armi del bronzo ai segni cristiani*, Edizioni del Centro. Capo di Ponte, 1999.

Sciesa, Enrico. *Geologia delle Alpi Centrali lungo la traversa Colico-Passo dello Spluga*, Il naturalista valtellinese, Atti Mus. Civ. Stor. Nat. Morbegno, 1991.

Sebesta, Carlo. Stenico, Scipio. *Introduzione ad un catasto della coppellazione e segnatura nel Trentino*, in «*Società di Cultura Preistorica Tridentina*», AA.VV., Studi Trentini di Scienze Storiche I Volume XLVI. Trento 1967.

Silcan, Liam Allison. *I primi abitanti alpini*, Keltia Editrice. Aosta, 1996.

Simonelli, Mario Giovanni. *Arcaici altari rupestri in Valtellina*, in «*Istituto archeologico valtellinese. Notiziario 2004*», AA.VV., Poletti. Tirano, 2004.

Sommo, Giovanni. *Vercelli e la memoria dell'antico*, Edizione elettronica archeovercelli.it. Vercelli, 2008.

Strabone, *Geografia*, libro VI, 6.6.

Tajetti, Oscar. *I Leponzi*, articolo apparso sul sito www.lepontiacomensis.org, Associazione Culturale Lepozia Comensis. Dangri, 2005.

Tanda, Giuseppa. *L'ipogeismo in Sardegna: arte, simbologia, religione*, in «*L'ipogeismo nel mediterraneo. origini, sviluppo, quadri culturali. Congresso Internazionale 1994, volume I*», AA.VV., Università degli studi di Sassari. Sassari, 2000.

Trommsdorff, Volkmar. Nievergelt, Peter. *The Bregaglia Iorio intrusive and its feld relation*, Mem. Soc. Geol. It. Roma, 1983.

Uberti, Marisa. *Ludica, sacra, magica triplice cinta*, Gedi. Roma, 2012.

Uboldi, Marina. *Il Caslè di Ramponio Verna. Guida ai luoghi e agli scavi*, Nodo. Ramponio Verna, 2011.

Uggeri, Giovanni. *Il contributo della toponomastica alla ricerca topografica* in «*La topografa antica*», Giovanna Bonora, Pier Luigi Dall'Aglio, Stella Patitucci, Giovanni Uggeri, Clueb. Bologna, 2000.

Van Gennep, Arnold. *I riti di passaggio*, Bollati Boringhieri. Torino, 1981.

Vasta, Marco. Ladakh. *Il paese degli alti passi*, Calderini. Bologna, 1988.

Vitebsky, Piers. *Gli sciamani, viaggi nell'anima, trance, estasi e rituali di guarigione*, E.D.T. Torino, 1998.

Warburg, Aby. *Il rituale del serpente*, Adelphi. Milano, 1998.

Zecchinelli, Mariuccia. *Il passo alpino di S. Jorio nella storia e nella leggenda*, in «*Rivista archeologica dell'antica provincia e diocesi di Como*», Noseda. Como, 1956.

Zecchinelli, Mariuccia. *Le tre Pievi ... Gravedona, Dongo, Sorico*, Attilio Sampietro Editore. Menaggio, 2011.

HYPOGEAN ARCHAEOLOGY
Research and Documentation of Underground Structures
Edited under the aegis of the Federazione Nazionale Cavità Artificiali
(F.N.C.A.)

N° 1. *Italian Cadastre of Artificial Cavities, Part 1 (Including introductory comments and a classification)*, di Roberto Basilico, Luigi Bavagnoli, Stefano Del Lungo, Gianluca Padovan, Klaus Peter Wilke, translation by Ivana Micheli, British Archaeological Reports, International Series 1599, Oxford 2007.

N° 2. *Atti I Congresso Nazionale di Archeologia del Sottosuolo: Bolsena 8-11 Dicembre 2005, Archeologia del Sottosuolo: Metodologie a Confronto*, Volumi 1 e 2, a cura di Roberto Basilico, Luigi Bavagnoli, Stefano Del Lungo, Gianluca Padovan, Klaus Peter Wilke, British Archaeological Reports, International Series 1611, Oxford 2007.

N° 3. *Bibliografia archeologica, speleologica e tecnica delle cavità artificiali italiane ed estere. Primo Contributo (2000 titoli con abstract)*, di Luigi Bavagnoli e Gianluca Padovan, British Archaeological Reports, International Series 1827, Oxford 2008.

N° 4. *Il* Trou de Touilles *in Val di Susa, Piemonte, Italia. Indagini Archeologiche in un Acquedotto Alpino del XVI Sec.*, di Roberto Basilico e Sara Bianchi, British Archaeological Reports, International Series 1933, Oxford 2009.

N° 5. *Atti II Congresso Nazionale di Archeologia del Sottosuolo: Orte 6-9 Aprile 2007, L'acqua, il fuoco e i luoghi del sacro in cavità*, a cura di Roberto Basilico, Sara Bianchi, Maria Antonietta Breda, Claudia Ninni, Davide Padovan, Gianluca Padovan, Alessandro Verdiani, British Archaeological Reports, International Series 2067, Oxford 2010.

N° 6. *Atti III Congresso Nazionale di Archeologia del Sottosuolo: Massa 5-7 Ottobre 2007, Archeologia del rifugio antiaereo: utilizzo di opere ipogee antiche e moderne per la protezione dei civil*i, a cura di Roberto Basilico, Maria Antonietta Breda, Gianluca Padovan, British Archaeological Reports, International Series 2218, Oxford 2011.

N° 7. *Luoghi e Architetture della Grande Guerra in Europa. I sistemi difensivi dalle teorizzazioni di Karl von Clausewitz alla realtà della Prima Guerra Mondiale*, a cura di Maria Antonietta Breda, British Archaeological Reports, International Series 2438, Oxford 2012.

N° 8. *Luoghi e Architetture della transizione: 1919 – 1939. I sistemi difensivi di confine e la protezione antiaerea nelle città. Storia, conservazione, riuso / Sites and Architectural Structures of the Transition Period:1919 – 1939. Border defense system and air raid protection in the cities. History, conservation, reuse*, a cura di Maria Antonietta Breda, British Archaeological Reports, International Series 2675, Oxford 2014.

N° 9. *Luoghi e Architetture del secondo conflitto mondiale: 1939 – 1945. Sistemi difensivi e cemento armato: archeologia, architettura e progettazione per il riuso / Sites and Architectural Structures of the Second World War: 1939 – 1945. Defence systems and reinforced concrete: archaeology, architecture and reuse projec*t, a cura di Maria Antonietta Breda e Gianluca Padovan, British Archaeological Reports, International Series 2805, Oxford 2016.

N° 10. *Archeologia dell'Acqua potabile a Milano. Dagli antichi pozzi ordinari al moderno sistema di acquedotto urban*o, di Maria Antonietta Breda e Gianluca Padovan, British Archaeological Reports, International Series 2894, Oxford 2018.

N° 11. *Le acque del passato: opere idrauliche dall'antichità al XX secolo. IV Congresso di Archeologia del Sottosuolo*, a cura di Sara Fumagalli e Gianluca Padovan, British Archaeological Reports, International Series 2907, Oxford 2018.

N° 12. *Antro delle gallerie, indagini di archeologia mineraria in Valganna (Varese)*, di Amedeo Gambini, British Archaeological Reports, International Series 2916, Oxford 2019.

Ingram Content Group UK Ltd.
Milton Keynes UK
UKHW050215210323
418837UK00005B/22

9 781407 356419